Das Buch

P9-ASA-130

Das Interesse an der Musik fremder Kulturkreise hat in den letzten Jahrzehnten in allen Bereichen zugenommen, nicht zuletzt durch die Möglichkeit, auf eigenen Reisen selbst Eindrücke auch ferner Regionen zu sammeln. Diesem wachsenden Interesse möchte der vorliegende Band begegnen. Die einzelnen Beiträge beschäftigen sich ausschließlich mit der Musik außerhalb Europas, deren Erscheinungsformen und deren Funktionen im Leben der Menschen sie schildern. Der Vielfalt der Materie und der Anzahl der Autoren entsprechend sind musikethnologischer Ausgangspunkt und Darstellungsweise in den einzelnen Beiträgen sehr verschieden. Manche Artikel haben geradezu dokumentarischen Wert, da in ihnen musikalische Phänomene beschrieben werden, die inzwischen aufgrund der raschen Veränderungen, denen viele außereuropäische Kulturen unterworfen sind, bereits ganz oder teilweise der Vergangenheit angehören.

Die Reihe

Die ›edition MGG‹ ist eine Folge von Taschenbüchern, in denen Beiträge aus der universalen Musikenzyklopädie ›Die Musik in Geschichte und Gegenwart‹ (MGG) nach thematischen Schwerpunkten zusammengestellt sind. Die von Friedrich Blume bei Bärenreiter herausgegebene MGG gilt als Jahrhundertleistung der Musikwissenschaft – ein Werk von bleibendem dokumentarischen und wissenschaftlichen Wert. Jedem Band der ›edition MGG‹ sind ein Vorwort, weiterführende Literaturhinweise und, sofern sinnvoll, eine Diskographie beigegeben.

edition MGG

Außereuropäische Musik
in Einzeldarstellungen

Mit einer Einleitung von
Josef Kuckertz
sowie weiterführender Literatur
und Diskographie von
Rüdiger Schumacher

Ex libris
H. Jungraithmayr

Deutscher
Taschenbuch
Verlag

Bärenreiter
Verlag

Als Taschenbuch zusammengestellt aus: Die Musik in Geschichte und Gegenwart. Allgemeine Enzyklopädie der Musik. Unter Mitarbeit zahlreicher Musikforscher des In- und Auslandes herausgegeben von Friedrich Blume. 14 Bände: Kassel 1949–1968. Band 15 und 16 (Supplement): Kassel 1969–1979. Band 17 (Register) in Vorbereitung (Bärenreiter)

September 1980
Gemeinschaftliche Ausgabe:
Deutscher Taschenbuch Verlag GmbH & Co. KG,
München, und
Bärenreiter-Verlag Karl Vötterle GmbH & Co. KG,
Kassel · Basel · London
© 1980 Bärenreiter-Verlag, Kassel
Umschlaggestaltung: Celestino Piatti
Satz und Noten: Bärenreiter, Kassel
Druck und Binden: C. H. Beck'sche Buchdruckerei, Nördlingen
Printed in Germany · ISBN 3-423-04330-x (dtv)
                    ISBN 3-7618-4330-5 (Bärenreiter)

INHALT

ASIEN UND DIE ISLAMISCHE WELT

EINLEITUNG

Die vorliegende Auswahl von Einzeldarstellungen außereuropäischer Musik mag in der getroffenen Anordnung wie das Programm einer »musikalischen Weltreise« erscheinen. Doch die Reise beginnt nicht in Europa, unserem heimatlichen Erdteil, sondern im Süden Afrikas bei Menschengruppen, deren Leben und Denken noch heute tief mit dem Naturgeschehen verbunden ist. Europäischen Boden würde der Reisende nirgendwo betreten, und ebensowenig sind ihm Ausblicke auf die Zentren der abendländischen Musik in Amerika und Australien sowie in einzelnen Ländern Asiens und Afrikas gewährt. Dagegen ist die einheimische Musik in diesen Erdteilen, soweit überschaubar, ins volle Licht gerückt. Manche Darstellungen beziehen auch jene Klanggebilde ein, die unter dem Einfluß abendländischer Musik entstanden sind. Sie generell als Vorstufen oder Brücken zur »Verwestlichung« aufzufassen hieße jedoch, die Zukunft vorausbestimmen zu wollen.

Die Daten der Erstveröffentlichung dieser Artikel verteilen sich auf den Erscheinungszeitraum der nach dem Alphabet gegliederten Enzyklopädie ›Die Musik in Geschichte und Gegenwart‹ (MGG), also auf die Jahre 1949 bis 1979. Dank Langspielplatte und tragbarem Tonbandgerät gelangte gerade in diesen Jahren eine Fülle neuer Aufnahmen außereuropäischer Musik an die Stätten wissenschaftlicher Bearbeitung, und die bedeutend verbesserte Klangqualität der Einspielungen erlaubte weit genauere Detailuntersuchungen als bisher. Damit gewann die Forschung erheblichen Auftrieb, und naturgemäß zehrten die Beiträge aus späterer Zeit von diesem größeren Kenntnisstand. Aber nicht nur Vorteile bieten Dokumentationen der Gegenwart; sie mögen Lücken aufweisen, wo sie auf stark sich wandelnde oder von Zerstörung bedrohte Kulturen ausgerichtet sind. Für solche Kulturen erscheinen frühere Berichte als die besseren Quellen.

Älteres hat also nicht automatisch geringeren Wert, Jüngeres verdient nicht unbedingt den Vorzug. Zugleich mit den technischen Möglichkeiten der Forschung und den verfeinerten Untersuchungen wandelte sich im 20. Jahrhundert jedoch das Urteil über die Eigenart und den Entwicklungsstand der verschiedenen Musikstile außerhalb Europas. Soll der »Stellenwert« der hier gebotenen Beiträge recht gewürdigt werden, so empfiehlt es sich zunächst, einige Tendenzen der Forschung im Laufe ihrer Geschichte zu umreißen.

Zur Erforschung der außereuropäischen Musik seit 1885

Kunde von der Musik fremder Länder erhielt man in Europa erstmals aus Berichten von Forschungsreisenden im 16. und 17. Jahrhundert.[1] Umfassendere Monographien einzelner Musikkulturen erschienen nach längeren Landesaufenthalten der Autoren oder anhand einheimischer Schriften bereits im 18. und 19. Jahrhundert,[2] doch erst gegen Ende des 19. Jahrhunderts begann eine systematische Erfassung der bis dahin bekannten Beobachtungen im Rahmen der Musikwissenschaft. Im Jahre 1885 betrachtete Guido Adler die Aufgabe, »die Tonproducte, insbesondere die Volksgesänge verschiedener Völker, Länder und Territorien behufs ethnographischer Zwecke zu vergleichen und nach der Verschiedenheit ihrer Beschaffenheit zu gruppiren und [zu] sondern« als ein »dankenswerthes Nebengebiet« systematischer Musikforschung. Diesem Forschungszweig legte er den Namen »Musikologie« bei, den er mit »vergleichende Musikwissenschaft« umschrieb.[3] Entscheidende Förderung erfuhr das Interesse an fremdländischer Musik durch Thomas A. Edisons Erfindung des Phonographen im Jahre 1877 und dessen erfolgreichen Einsatz zur Aufnahme von Indianergesängen durch den amerikanischen Ethnologen Jesse Walter Fewkes im Jahre 1889. Mit Aufnahmegeräten ausgerüstete Forscher, vor allem musikinteressierte Ethnologen, brachten in den folgenden Jahren eine große Zahl von Musikeinspielungen auf Wachswalzen nach Europa. Gesammelt wurden die Walzen seit dem Jahre 1899 im Phonogrammarchiv der Kaiserlichen Akademie der Wissenschaften in Wien sowie seit 1900 von Carl Stumpf und Erich M. von Hornbostel im Psychologischen Institut Berlin. Das Fachgebiet, in welchem nun die Niederschrift und Analyse der eingebrachten Klangaufnahmen größte Bedeutung erlangte, erhielt den Namen »Vergleichende Musikwissenschaft«, und dieser Begriff wird im deutschen Sprachraum – entgegen anderen Bezeichnungen, wie Musikethnologie oder Ethnomusikologie, Musikalische Völkerkunde oder Ethnologische Musikforschung u. a. m. – bis heute bevorzugt.

[1] Vgl. Frank L. Harrison, Time, Place and Music. An Anthology of Ethnomusicological Observations c. 1550 to c. 1800, Amsterdam 1973, Knuf.
[2] Genannt seien nur Jean Joseph Marie Amiot, Mémoire sur la musique des Chinois tant anciens que modernes, Paris 1779; William Jones, On the Musical Modes of the Hindus, Kalkutta 1792; Raphael Georg Kiesewetter, Die Musik der Araber nach Originalquellen dargestellt, Leipzig 1842, Breitkopf & Härtel.
[3] Guido Adler, Umfang, Methode und Ziel der Musikwissenschaft, in: Vierteljahrsschrift für Musikwissenschaft 1, 1885, S. 14.

Angeregt durch den grundlegenden Vergleich der Tonleitern verschiedener Kulturen, die der englische Physiker Alexander J. Ellis 1884 in einem Vortrag behandelt hatte,[4] betonte Erich M. von Hornbostel die Vorzüge der vergleichenden Methode für die Erforschung auch anderer Faktoren fremder Musik, so etwa des Konsonanz- und Rhythmusproblems. Doch seine Gedanken und Pläne überstiegen die Erkenntnis sachlicher Details oder die Charakterisierung jedes einzelnen untersuchten Musikrepertoires bei weitem. Ein totales »musikalisches Weltbild« suchte er zu gewinnen, gemäß seinen Worten: »Wir möchten die fernste, dunkelste Vergangenheit entschleiern und möchten aus der Fülle des Gegenwärtigen das Zeitlose, Allgemeine herausschälen; mit anderen wollen wir: wir wollen die entwicklungsgeschichtlichen und die allgemein-ästhetischen Grundlagen der Tonkunst kennen lernen.«[5] Dieses hohe Ziel hat man bis heute nicht erreicht, denn es gibt weder eine allseitig ausgewogene Weltgeschichte der Musik noch einen Katalog ihrer überall gültigen Fakten und Prinzipien, ja man hat erkennen müssen, daß die meisten für grundlegend gehaltenen Erscheinungen, z. B. Konsonanzen wie Oktave und Quinte, einfachste Metren und Rhythmen, selbst einzelne Klänge oder Laute, in jeder Musikkultur eine andere Funktion und Qualität gewinnen können.

Mögen diese Grundfragen nur mit größter Mühe oder überhaupt nicht endgültig zu beantworten sein, so ist doch sicher, daß allein der kosmopolitisch eingestellte Forscher sich ihrer annehmen wird. Aus Worten, die den vorher zitierten folgen, spricht dagegen das Bewußtsein E. M. von Hornbostels für seinen geographischen Standort. Wichtig ist ihm, daß wir, »wenn auch mit einiger Vorsicht, den Zustand ›primitiver‹ Völker mit früheren Stufen unserer eigenen Kultur in Parallele setzen« können. Deutlicher hebt Curt Sachs, der sich vor allem um eine Gesamtschau der Musikinstrumente aller Zeiten und Kulturen bemüht, den Blick auf das heimatliche Europa hervor. Noch im Jahre 1959 ist er der Meinung: »was uns die Wissenschaft von der Musik fremder Kulturen zeichnet, ist das Schicksal, das *uns* geführt hat und führen wird, und der Weg, den *wir* gegangen sind.« Es gilt also, »die Hauptzüge einer Entwicklung bloßzulegen, die von rohen Anfängen bis zu der Ebene steigt, auf der sich das Hochgebirge der modernen europäischen Tonkunst aufbaut«,

---

[4] Die Druckfassung des Vortrags ›On the Musical Scales of Various Nations‹ erschien im Journal of the Society of Arts, London 1885. E. M. von Hornbostel legte eine Übersetzung ins Deutsche mit dem Titel ›Über die Tonleitern verschiedener Völker‹ in den Sammelbänden für vergleichende Musikwissenschaft 1, 1922, S. 1–77, vor.

[5] Erich M. von Hornbostel, Die Probleme der vergleichenden Musikwissenschaft, in: Zeitschrift der Internationalen Musikgesellschaft 7, 1905/06, S. 96.

während dagegen die Fremdkulturen höchstens »fruchtbestandene Höhenzüge« zwischen den »Wohnebenen der Menschen« aufweisen.[6] Fast überdeutlich bringen diese Worte den kritischen Punkt bei der Erforschung uns fernstehender Musik zum Vorschein: Beurteilt man außereuropäische Musik nach abendländischen Maßstäben, dann läßt sie sich kaum auf eine hohe Stufe rücken. Eine ähnliche Abwertung könnte aber der abendländischen Musik widerfahren, wenn sie aus der Perspektive asiatischer Hochkulturen betrachtet wird. Für eine angemessene Einordnung ist es daher erforderlich, neben dem musikalischen Klang auch das Selbstverständnis der Teilnehmer an musikalischen Vorgängen in jeder Kultur zu erfassen.

Bis in unsere Zeit wirken die weitgesteckten Gedanken und Ziele der Berliner Schule vergleichender Musikwissenschaft nach, und sie richten sich in jedem Falle auf die Musik als kulturelles Phänomen. Gefragt wird unter diesen Aspekten nach den Gesängen und ihren Texten, nach Musikinstrumenten und Instrumentalmusik, den Tonsystemen und der Notenschrift, nach Melodie und Rhythmus, Einstimmigkeit und Mehrstimmigkeit, der Stellung der Musiker, den psychologischen Wirkungen der Musik, ihrer Bewertung und Bedeutung in der Mythologie und Religion. Dieser Themenkatalog kommt in einführenden Werken deutscher Forscher deutlich zum Ausdruck,[7] und sicher galt er schon früh als »Leitfaden« für die Untersuchung jedes eingebrachten Musikrepertoires. Im Sinne des von E. M. von Hornbostel formulierten Ziels, die »fernste, dunkelste Vergangenheit entschleiern« zu wollen, hatte sich der Psychologe Carl Stumpf mit einem im Jahre 1911 veröffentlichten Buch auch den Anfängen der Musik zugewandt.[8] Intensiver fragte Richard Wallaschek, der Begründer der Vergleichenden Musikwissenschaft in Wien, nach ihrem Ursprung, doch beobachtete er nicht nur »primitive Musik«, sondern das Musikerleben des Menschen überhaupt.[9] Indem er

[6] Curt Sachs, Vergleichende Musikwissenschaft. Musik der Fremdkulturen (= Musikpädagogische Bibliothek Band 2), Heidelberg ²1959, Quelle & Meyer, S. 5 f.
[7] Z. B. Curt Sachs, Vergleichende Musikwissenschaft in ihren Grundzügen, Leipzig 1930, sowie die in Anmerkung 6 zitierte 2. Auflage dieses Werkes; Fritz Bose, Musikalische Völkerkunde, Freiburg i. Br. 1953, Atlantis; Kurt Reinhard, Einführung in die Musikethnologie, Wolfenbüttel 1968, Möseler; Walter Wiora, Ergebnisse und Aufgaben vergleichender Musikforschung, Darmstadt 1975, Wissenschaftliche Buchgesellschaft.
[8] Carl Stumpf, Die Anfänge der Musik, Leipzig 1911, Barth, Nachdruck Hildesheim-New York 1979, Olms.
[9] Zu diesen Ausführungen s. Walter Graf, Die vergleichende Musikwissenschaft in Österreich seit 1896, in: Yearbook of the International Folk Music Council 6, 1974, S. 15–43.

dem musikalischen Hören aus völkerkundlicher, physiologischer und psychologischer Perspektive nachging, ja sogar pathologische Fälle in seine Untersuchungen einbezog, erkannte er die Funktion und Wirkung der Musik in den tieferen Schichten der menschlichen Natur. Von daher versuchte er, das in den verschiedenen Kulturen differenzierte Musikempfinden und Sozialverhalten beim Musizieren zu erklären.

Robert Lach, als Nachfolger Richard Wallascheks seit 1920 Professor für Vergleichende Musikwissenschaft, Psychologie und Ästhetik der Tonkunst an der Universität Wien, beschäftigte sich erneut mit der Frage nach dem Ursprung der Musik. Für ihn bildet der »Urschrei« – nicht aus Angst, sondern aus Freude am Klang hervorgebracht – den Anfang der Musik. Unter veränderten emotionalen und physiologischen Bedingungen habe dann der Urschrei wechselnde Intonationen und Akzente erhalten, und daraus seien Sprache und Musik hervorgegangen, bis die Entwicklung schließlich zur Architektonik höherer musikalischer Gebilde gelangt sei. Letztlich richtete sich das Interesse Robert Lachs, getragen von den evolutionistischen Ideen Charles Darwins und Herbert Spencers, auf eine »Biologie der Musik«, also wohl auf ihre natürliche Entwicklung aus der Natur des Menschen.

Nach einer kriegsbedingten Unterbrechung nahm Walter Graf im Jahre 1952 die Forschungen seines Lehrers Robert Lach wieder auf, modifizierte sie jedoch im Ansatz. Ihm erschien es angebracht, »zwischen biologischen (im weitesten Wortsinne) und kulturellen Faktoren zu unterscheiden und sowohl ihr gegenseitiges Wechselspiel als auch Persönlichkeit und die jeweiligen Umstände zu berücksichtigen«.[10] Diese doppelte Ausrichtung erforderte die Verfeinerung der Quellenkritik und führte unter anderem zu einer neuen Beschäftigung mit den Intervallen der Gebrauchsleitern. Entscheidend gefördert hat Walter Graf die Aufnahme und Untersuchung von Stimmklängen sowie allgemein die Klangforschung mit Hilfe des Oszillographen, später (bis heute) des Sonagraphen. Dieser wird eingesetzt »für Untersuchungen der gesanglichen Stimmgebung, der klanglichen Komponente bei Musikinstrumenten und ihrer Verwendung, der Beziehungen zwischen den biologischen und den kulturellen Faktoren in der Musik, der Rolle der Klangfarbe im musikalischen Ausdruck, für Untersuchungen auf dem Gebiet des Rhythmus, der Tonalität, der psychosomatischen Beziehungen der Musik usw.«[11] Daß Walter Graf den kulturellen Ausprägungen der Musik gleiche Bedeutung beimißt wie ihren Natur-Faktoren, unterschei-

---

[10] Walter Graf, a.a.O., S.29.
[11] Walter Graf, a.a.O., S.30.

det sein Forschungsprogramm vorteilhaft von den Bestrebungen seiner Vorgänger. Dabei erfaßt er die Einzelheiten nach systematischen Gesichtspunkten, soweit sein Standort in Europa den Blick reichen läßt.

Amerikanische Gelehrte haben von den Aufgaben und Zielen vergleichender Musikforschung, vor allem der Berliner Schule, schon um die Jahrhundertwende Kenntnis genommen. Auftrieb gewann die Forschung dort nach 1933, als ehemalige Schüler und Mitarbeiter E. M. von Hornbostels nach Amerika emigrierten. Später aber hielten die Wissenschaftler Vergleiche einzelner musikalischer Phänomene, z. B. melodischer Fügungen, rhythmischer Strukturen oder tonaler Systeme, aus verschiedenen, oft weit voneinander entfernten Kulturen nicht mehr für sinnvoll; denn damit ließ sich kein tieferes Verständnis für die Eigenart des einzelnen Musikrepertoires gewinnen, und Hypothesen über Kulturzusammenhänge aus solchen Vergleichen abzuleiten, schien ihnen zu gewagt. Ins Positive wandte sich die kritische Haltung, als um 1940 der Begriff »Ethno-Musicology« in die Diskussion gelangte. Unter dieser Bezeichnung schlossen sich im Frühjahr 1953 einige Gelehrte, die bisher die Vergleichende Musikwissenschaft gepflegt hatten, zum Gedankenaustausch zusammen und suchten auf dem Briefwege Verbindung mit anderen Fachkollegen und interessierten Personen.[12] Diese Initiative wurde von den Angesprochenen mit Enthusiasmus begrüßt und führte bald darauf zur Gründung der Society for Ethnomusicology, der bis heute größten Organisation des gesamten Fachgebietes.

Offenbar hatte man zu Anfang geglaubt, der neue Begriff sei Ausdruck eines neuen Konzeptes. Diese Annahme wies Mieczyslaw Kolinski, ein Schüler von Hornbostels und Mitbegründer der Society for Ethnomusicology, mit dem Hinweis zurück, allgemein verstehe man unter Vergleichender Musikwissenschaft *oder* Ethnomusicology die Wissenschaft von der nicht-europäischen Musik. Der neue Name erscheine gerechtfertigt, da in diesem Fachzweig die Beschreibung gegenüber dem Vergleich im Vordergrund stehe. Nehme man aber den »ethnozentrischen Gesichtspunkt« ernst und erkläre die nicht-europäische Musik zum Hauptgegenstand westlicher Ethnomusikologie, dann sei z. B. Hindu-Ethnomusikologie mit Nicht-Hindu-Musik, japanische Ethnomusikologie mit nicht-japanischer Musik beschäftigt.[13] Nach dieser Definition deuten die Wortbestandteile »Ethno-« oder »nicht-« allein auf den geographischen Standort des

---

[12] Vgl. Ethnomusicology. Newsletter Nr. 1, 1953, S. 1 f.

[13] Mieczyslaw Kolinski, Ethnomusicology, its Problems and Methods, in: Ethnomusicology. Newsletter Nr. 10, Mai 1957, S. 1 f.

Betrachters hin. Dieser befindet sich außerhalb seines Forschungsgebietes, umgekehrt ausgedrückt: die zu untersuchende Musik liegt außerhalb der Musikkultur, welcher der Betrachter angehört. Die Gefahr der vorschnellen Bewertung einer fremden Musik, die der europazentrischen, besonders von Curt Sachs formulierten Einstellung anhaftet, ist damit gebannt. Heute ist dem Forscher vollends bewußt, daß sich jegliches fremde Musikgut erst nach der Erschließung seiner spezifischen Grundlagen mit hinreichender Genauigkeit beschreiben läßt.

In den Jahren 1960 flossen der amerikanischen Ethnomusikologie neue Anregungen aus der Ethnologie (Anthropologie) und dem Interesse an praktisch-musikalischer Betätigung zu. Stärkste Impulse aus der Ethnologie wurden durch Alan P. Merriam vermittelt, und diese sind in seinem Buch ›The Anthropology of Music‹ (1964) zusammengefaßt. Aufgabe der Ethnomusikologie ist nach Merriam »the study of music in culture«. Klingende Musik gilt als das Resultat menschlicher Verhaltensvorgänge (»human behavioral processes«), sie wird also gemäß den Werten, Haltungen und Überzeugungen der eine Kultur bildenden Menschen gestaltet. Daher verfolgt die Ethnomusikologie drei Ziele: 1. Sie stellt fest, was Musik ist und welche Struktur sie hat. Der Ethnomusikologe muß deshalb in der Lage sein, Musik zu notieren, zu analysieren und angemessen zu beschreiben. 2. Zu erkennen ist das menschliche Verhalten innerhalb einer Kultur als Voraussetzung der Schaffung musikalischer Klänge. 3. Darzulegen ist das Verhältnis zwischen den Bestrebungen der Ethnomusikologie und den allgemeinen Bemühungen der Geistes- und Sozialwissenschaften, denn Musik gestaltet, betont und lenkt soziales, politisches, ökonomisches, sprachliches und religiöses Verhalten. Gesangstexte enthüllen zudem viele Angelegenheiten einer Gesellschaft, und die Musik ist ein äußerst nützliches Hilfsmittel zur Analyse gesellschaftlicher Strukturen.[14] Nimmt man in der Tat an, die Musik habe in jeder Kultur eine solch allseitig durchdringende Wirkung, so hat Merriams Konzept doch den Nachteil, daß musikalische Äußerungen nur als Mittel zur Erkenntnis anderer Kulturerscheinungen, nicht für sich selbst genommen werden. Die Betrachtung eines Musikrepertoires wird mithin überflüssig, wenn der Ethnologe seine Ergebnisse auf anderem Wege erzielt. Offen bleibt, ob damit die ausgewogene Darstellung einer ganzen Kultur noch möglich ist.

Gegenüber der vornehmlich ethnologischen Ausrichtung haben andere Forscher den größten Nachdruck auf die Musik selbst gelegt. Führend hierbei ist Mantle Hood, ehemals Direktor

---

[14] Alan P. Merriam, The Anthropology of Music, Evanston (Illinois) 1964, Northwestern University Press, S. 6 und 14.

des bedeutenden Institute of Ethnomusicology der University of California, Los Angeles. Er bestreitet nicht den Nutzen des Studiums von Nachbargebieten, so der Geschichte, Ethnographie, Folklore und Literatur, von Tanz, Religion, Theater usw., und er erwähnt viele Bereiche, in denen Wissen über Musik vorteilhaft angewandt werden kann.[15] Voraussetzung für das Verständnis fremder Musik ist nach Mantle Hood jedoch ein Sich-Einleben durch praktisches Musizieren, und daraus soll der Ethnomusikologe die notwendigen Grundlagen für verbale Aussagen über den zu erforschenden Musikstil gewinnen.[16] Kaum wird der Leser zweifeln, daß der intime Umgang mit der Musik, die der Forscher untersuchen will, für ihn ein Vorteil ist. Es fragt sich nur, wie weit seine praktische Fertigkeit reichen muß, damit er, getreu seiner Aufgabe, ein Musikrepertoire überschauen und erläutern kann. Folgt er den Forderungen der Praxis zu weit, dann bleibt ihm vielleicht nicht die Zeit, sich hinreichend auf das Umfeld und womöglich auf frühere Stadien der betreffenden Musik zu konzentrieren.

Mit Maß verfolgt, hat aber trotz dieser Einschränkungen sowohl die ethnologische als auch die praxisbezogene Ausrichtung ihre Vorteile. Entscheidend ist in jedem Falle, wie weit die Eigenart der einen Kultur im Bewußtsein einer anderen Kultur verständlich gemacht werden kann. Dies ist letztlich die Aufgabe jeder auf fremde Kulturen eingestellten Wissenschaft in einer Welt, die auch große Distanzen immer rascher zu überwinden trachtet und damit sogar Menschen in einander fernen Ländern auf Wunsch den Eindruck relativer Nähe vermittelt. Diese Aufgabe schließt vergleichende Forschung keineswegs aus, sondern macht sie gerade dort sinnvoll, wo entweder Kriterien für eine schärfere Abgrenzung der einzelnen Musikstile gegeneinander gesucht werden oder wo die Wechselwirkung zwischen verschiedenen Musikkulturen heute und zu früheren Zeiten in Frage steht. Konzentriert sich das Interesse auf die Musikgeschichte eines Landes, so sind Kenntnisse älterer Sprachen sowie archäologische und kunsthistorische Methoden erforderlich. Vielfach ist der Musikforscher hier auf die Hilfe von Fachvertretern benachbarter Disziplinen angewiesen. In jüngster Zeit melden sich mehr und mehr auch einheimische Wissenschaftler zu Wort, und durch den Dialog mit ihnen gewinnen wir an vielen Punkten ein tieferes oder neues Verständnis für die verschiedenen musikalischen Äußerungen auf der Erde.

Die erwähnten Forschungstendenzen kommen in den hier vorgelegten Artikeln mit wechselnder Deutlichkeit zum Aus-

[15] Mantle Hood, The Ethnomusicologist, New York 1971, McGraw-Hill, S. 3 f.
[16] Mantle Hood, a. a. O., Kapitel 1 ›Musical Literacy‹, S. 24–49.

druck. Bestimmend für die Aussagekraft eines Beitrages ist nicht nur die Methode des Autors, sondern auch der Forschungsstand zur Zeit seiner Abfassung. Insgesamt richten sich die Darstellungen an Leser im Abendland. Ihnen wollen sie zur Einführung dienen.

Die Beiträge

Das Bild von der Musik Südafrikas, das in den beiden Artikeln ›Bantu‹ und ›Buschmann- und Hottentottenmusik‹ entworfen wird, ist in seiner Blickrichtung der Vergleichenden Musikwissenschaft Berliner Prägung verpflichtet. Doch dem Autor Percival R. Kirby (1887–1970), selbst Musiker und seit 1914 mit der Musikerziehung der Europäer und Afrikaner am Natal Education Department beauftragt, gelang es durch langjährige Forschungen, die wesentlichen Fakten der Musikausübung in den Ländern Südafrikas konkret zu erfassen und systematisch zu ordnen. Größten Raum nimmt die Behandlung der Musikinstrumente ein, so kurz sie auch erscheint. Daneben skizziert Kirby treffend die Prinzipien der Mehrstimmigkeit bei den Bantu, die Melodiebildung in notwendiger Übereinstimmung mit den Silbentönen der Tonsprachen Südafrikas, die Bedeutung der Gesänge im Leben des Menschen und der Gemeinschaft. Auch auf den europäischen Einfluß weist er hin und betont die Unmöglichkeit, Texte aus Tonsprachen auf abendländische Melodien zu übertragen. Zu prüfen wäre allerdings, wie weit die Bantu-Mehrstimmigkeit wirklich als Parallele zum französischen Organum des 12. Jahrhunderts gelten kann. Jüngere Forschungen konzentrieren sich stärker auf die Funktion der Musik bei den einzelnen Stammesgruppen Südafrikas.

Die Rolle der Musik im Leben der Menschen ist in dem Beitrag ›Westafrika‹ besonders hervorgehoben. Der Autor, André Schaeffner (*1895) – 1929 bis 1965 Vorsteher der Musikinstrumentensammlung und Leiter der ethnologischen Abteilung im Musée de l'Homme Paris – untersuchte bei sechs Forschungsreisen in den Jahren 1931 bis 1958 vor allem die Musik und das Brauchtum im westlichen Afrika. So erläutert er zunächst die Lebensweise der Negerbevölkerung und den sehr langsamen Vorgang ihrer Islamisierung. Eigens erwähnt Schaeffner den Hofstaat der Häuptlinge und Könige, der stets Berufsmusiker einschließt, beschreibt sodann die Initiationsriten in den Waldgebieten und die Profanmusik in der Savanne. Größten Raum nimmt auch hier die Betrachtung der Musikinstrumente ein, doch richtet sich die Aufmerksamkeit besonders auf ihre Funktion und Bedeutung im rituellen und weltlichen Bereich. Über die Struktur der Musik ist kaum etwas gesagt.

Anders ist der Artikel ›Zentralafrika‹ konzipiert, der hin und wieder auf Westafrika ausgreift. Nur am Rande spricht der Verfasser Paul Collaer (*1891) – aktiv tätig vor allem als Musiker und Organisator in seinem Heimatlande Belgien – von den Menschen in Zentralafrika, doch wendet er sich kurz ihrer Musikanschauung zu. Genauer geht er auf die Rhythmik, die Melodik und die Mehrstimmigkeit ein und illustriert seine Worte durch einige Notenbeispiele. Die Musikinstrumente sind nur stichwortartig erwähnt, der Aufbau von Ensembles angedeutet. Einige treffende Bemerkungen über die Musik der Pygmäen im Kongo-Gebiet beschließen den Beitrag.

Eine umfassende Diskussion eigener Forschungserfahrungen anhand von Publikationen anderer Wissenschaftler hat Klaus P. Wachsmann (*1907) – der u. a. bei E. M. von Hornbostel und Curt Sachs in Berlin studierte, 1937 nach Uganda ging, 1944–1947 im Erziehungsdienst der Protestantischen Mission Uganda stand und 1948–1957 als Kurator das Uganda Museum in Kampala leitete – unter dem Stichwort ›Ostafrika‹ ausgebreitet. Die Darstellung beschränkt sich auf »die Stämme in Kenya, Ruanda Urundi, Tanganyika und Uganda«, also im Zentralgebiet Ostafrikas. Als Kennzeichen der Musik in diesen Ländern nennt Wachsmann u. a. (nach Melville J. Herskovits) ein reiches Repertoire musikalischer Formen und eine Vielzahl solistisch verwendeter Musikinstrumente sowie (nach Marius Schneider) verschiedene Arten chorischer Mehrstimmigkeit bei Wechselgesängen mit einem Solisten. Dann erwähnt er die Versuche, ältere musikalische Kulturschichten zu rekonstruieren, hebt die Kulturkontakte Ostafrikas mit Ländern bis nach China seit der Zeit um Christi Geburt hervor, erläutert den Einfluß arabischer und persischer Musik sowie die mögliche Herkunft des afrikanischen Xylophons aus Südost-Asien. Der Aufnahme abendländischer Musik auf dem Wege über die Missionen geht das Schlußkapitel nach. So gestattet der Blick in die historische Tiefe und die räumliche Ferne ein Verständnis für den weltweiten Kontext der ostafrikanischen Musikkultur. Damit modifiziert K. P. Wachsmann das Ziel E. M. von Hornbostels, ein »musikalisches Weltbild« zu gewinnen: Nicht mehr aus der Perspektive Europas, sondern aus der geographischen Lage seines Forschungsgebietes betrachtet und ordnet er das Geschehen ringsum.

Der Artikel ›Äthiopische Musik‹ markiert den Übergang von der häufig geschichtslos scheinenden, oder ohne Kenntnis früherer Stadien dargestellten, Musik Afrikas zur Geschichte der Musik im Vorderen Orient und in Europa. Darin umreißt Hans Hickmann (1908–1968) – der in Berlin studierte und 1933 bis 1957 in Ägypten, vor allem in Kairo, als Musikwissenschaftler und Musiker wirkte – zunächst die uralte Tradition der afrikanischen Völker im Hochland Äthiopiens, dann den Kulturaustausch mit dem alten Ägypten sowie die Strömungen der christlichen, jüdischen und mohammedanischen Religion, die alle in der Musik, besonders der koptischen Liturgie, ihre Spuren hinterlassen haben. Einem Hinweis auf die Volksmusik (doch nicht auf die Stammesmusik der Somali und Galla) folgt eine Betrachtung der Musikinstrumente und ihrer Zuordnung zum Herrscher, der christlichen Liturgie oder dem weltlichen Bereich. Mit Hinweisen auf die musikalischen Formen endet der Bericht.

Im Sudan findet man vielfach gleiche Musikinstrumente wie in Äthiopien. Dieses Gebiet, zumal die Landschaft Nubien im Norden, hatte infolge politischer Angliederung an das Alte Ägypten lange Zeit intensive Beziehungen zu dessen Hochkultur und unterlag später dem Einfluß des Christentums. Seit dem 15. Jahrhundert festigte der Islam seine Macht im Sudan, ließ aber dem Musikleben weitgehend die überlieferte Eigenart.

Mit der Darstellung ›Sumerisch-babylonische Musik‹ werden wir zu sehr frühen, bis etwa 3000 v. Chr. zurückreichenden Zeugnissen der Musikgeschichte in den heute erloschenen Kulturen des Alten Vorderen Orients geführt. Die Quellen: Reliefdarstellungen, Rollsiegelabdrücke und kleine Statuen, Musikinstrumente aus Grabbeigaben und Tontäfelchen mit Aufzeichnungen in Keilschrift, wurden von der Forschung seit Mitte des 19. Jahrhunderts aufgrund allgemeiner Musikkenntnisse mit kunstwissenschaftlichen und philologischen Methoden ständig genauer gedeutet. Wilhelm Stauder (* 1903), der sich als Professor an der Universität Frankfurt vorwiegend mit der Musik des Altertums, mit Akustik und Instrumentenkunde beschäftigte, hat die bisher gewonnenen Einsichten durch eigene Forschungen wesentlich erweitert. Naturgemäß sind Musikinstrumente und ihre Abbildungen für Forschungen der sicherste Bestand. Die Harfen, Leiern und Lauten, Trommeln und Blasinstrumente stehen plastisch vor uns und lassen sich nach Zeit und Ort ihrer Herkunft bestimmen, wenn auch die Zuweisung der Namen, da nur in Ausnahmefällen beim Instrument notiert, bisher erst in großen Zügen gelungen ist. Aus sumerischen und akkadischen Hymnen sind die in der Religion begründeten Musikanschauungen und die an der Dichtung orientierten musikalischen Formen abzulesen. Sogar über den Stand der sumerischen Musik-Priester und über die Musikausbildung in den Tempelschulen berichten die Quellen, ferner über eine siebenstufige Grundskala, aus welcher durch fortgesetztes Umstimmen der einzelnen Töne ein System von sieben Modi hervorging. Die Aufzeichnungen einer hurrischen Hymne mit Angabe der Tonfolgen aus Ugarit (14.–13. Jahrhundert v. Chr.), von Emmanuel Laroche in ›Ugaritica‹ 5, 1968, publiziert, konnten trotz mehrfacher Versuche bisher nicht eindeutig entziffert werden. Sonst schweigen die Quellen über die Struktur und Klanggestalt der einst gewiß sehr hoch geschätzten Musik.

Die Ausstrahlung der alten Kulturen Mesopotamiens gelangte seit dem 14. Jahrhundert v. Chr. nordwärts bis in das Großreich der Hethiter, wie der Beitrag ›Hethitische Musik‹ des Archäologen Max Wegner deutlich macht. Allerdings sind aus Kleinasien, mehr noch aus den nordsyrischen Kleinfürstentümern des 10.–8. Jahrhunderts v. Chr., nur Musikinstrumente bekannt geworden. Besonders die Leiern zeigen Ähnlichkeit mit den Leierinstrumenten des klassischen Griechenlands, so daß der Autor annimmt, jene hätten diesen als Muster gedient.

Älter noch als die musikalischen Zeugnisse aus Mesopotamien sind die Klanggeräte, die Bodenfunde aus der vorgeschichtlichen Zeit Ägyptens ans Licht gebracht haben. Mit einer Beschreibung dieser Klappern, Rasseln, Flöten und Heulrohre beginnt Hans Hickmanns Beitrag ›Ägypten‹, der die Musikgeschichte des Landes am Nil bis auf die Gegenwart verfolgt. Als Quellen aus der Zeit vom Alten Reich bis zum Tode Alexanders des Großen dienen vor allem Abbildungen an Grabwänden, die uns, da sie meist Tänze, Musikinstrument und Beischriften verbinden, einen recht lebendigen Eindruck von der Musik dieser fast drei Jahrtausende und ihrer allmählichen Wandlung vermitteln. Über Intervalle und Tonleitern schweigen die altägyptischen Schriften, so daß sie nur durch Messungen an Musikinstrumenten rekonstruiert werden können. Fremde Einflüsse änderten das Instrumentarium in der hellenistischen und der römischen Zeit; älteres Musikgut wird vorwiegend von der Liturgie der koptischen Kirche bewahrt. Nach der Annahme des Islam, also seit 640 n. Chr., floß arabische, seit 1517 türkische Musik nach Ägypten, und während dieses Zeitraums wurde der Stand der Musikpflege stets vom Interesse der Herrscher bestimmt. Mit der Übernahme des Tonsystems, musikalischer Formen und der Instrumente aus dem arabisch-persischen Raum gliederte sich Ägypten vollends in das Musiksystem der islamischen Länder ein und pflegte diese Tradition trotz der Anziehungskraft europäischer Musik bis heute.

Die Grundlagen der weitgehend übereinstimmenden Musik vorderorientalischer Länder, speziell das Ton- und Skalensystem, die Prinzipien der Melodie- und Formbildung, die auf dem Trommelspiel basierende Rhythmik, sind in den Werken der Musikhistoriker von Al-Fārābī (872–950) bis Ṣafī ad-Dīn († 1293) eingehend dargelegt. Regionale Unterschiede wurden damit jedoch nicht ausgelöscht, und zahlreiche Volks- oder Stammesgruppen haben ihre eigene Musiktradition bis heute bewahrt. Erwachsen ist die musikalische Hochkunst aus einfachen

24

Volksmelodien syrischer, persischer und byzantinischer Herkunft, die den arabischen Gesängen aus vor- und frühislamischer Zeit zugefügt wurden. Von letzteren ausgehend, skizziert der in Rabat (Marokko) ansässig gewesene Musiker Alexis Chottin in seinem Beitrag ›Arabische Musik‹ zunächst die Entfaltung dieser Kunst an den Kalifenhöfen von Damaskus und Bagdad (seit 762). Nach dem Gang der Ereignisse werden die Musiker und ihre Familien, die Instrumente, die musikalischen Formen sowie die Werke der Gelehrten hervorgehoben. Ein eigener Abschnitt ist der arabischen Musik am Hofe von Córdoba in Spanien gewidmet, die dort durch den Musiker Ziryāb aus Bagdad im 9. Jahrhundert n. Chr. eingeführt wurde und gewiß bald zu ihrem typischen Stil gelangte. Diese andalusische Musik fand nach der Vertreibung der Araber aus Spanien (seit 1236) in Nordafrika eine neue Heimat. Ihre weitere Entwicklung in den Schulen und Musikzentren Tunesiens, Algeriens und Marokkos, zudem die Volksmusik dieser Länder betrachtet Alexis Chottin genauer in seinem Artikel ›Nordafrikanische Musik‹. Eingehend bespricht er die abweichende Gestaltung der »nauba« (»nūba«, literarisch »naubah«) genannten musikalischen Großform in den einzelnen Musikzentren, soweit dafür Worte allein ausreichen. Die Gattungen der Volksmusik erläutert der Verfasser anhand ihrer Bezeichnungen, die wichtigsten Instrumente stellt er nach Form und Spielweise vor. Mit einem Blick auf die traditionellen Ensembles beschließt er seine der Gegenwart zugewandte Übersicht.

Hinsichtlich der theoretischen Grundlagen und einer Reihe von Musikinstrumenten gleicht die musikalische Hochkunst der Türkei und des Iran weitgehend der Musik in den arabischen Ländern. So konzentriert sich Kurt Reinhard (1914–1979), der als Leiter des Phonogrammarchivs und Professor für Vergleichende Musikwissenschaft an der Freien Universität Berlin von 1948 bis 1977 zahlreiche Forschungsreisen in die Türkei unternahm, in seiner Darstellung ›Türkei‹ auf die Sondererscheinungen: die türkischen Militärkapellen; verschiedene, zum Teil mit einheimischen Namen bezeichnete Instrumente; die Volksmusik mit ihren zahlreichen Gattungen, Vers- und Strophenformen; den Melodiestil in rhythmisch freien Formen und die Gestaltung rhythmisierter Stücke; das noch heute frische Musikleben der verschiedenen Bevölkerungsschichten; schließlich die religiöse Musik der tanzenden Derwische. Gerade die aktuelle Situation der türkischen Musik kommt in diesem Beitrag zum Ausdruck, nicht zuletzt durch den Hinweis, daß die Tradition gegenwärtig erneut gepflegt wird.

Dagegen zeichnet Henry George Farmer (1882–1965), der bedeutende Erforscher mittelalterlicher arabischer Musik, die Musik in Persien vor allem in den älteren Phasen ihres

Geschichtsverlaufs und in ihren Beziehungen zu den umliegenden Ländern nach. Musiker, Instrumente und das Leben bei Hofe, aber auch theoretische Erörterungen der islamischen Gelehrten kommen dabei zu Wort. Damit werden die Darstellungen arabischer Musik in der vorliegenden Sammlung an manchen Punkten ergänzt, doch über die persische Musik des 19. und 20. Jahrhunderts ist nichts gesagt.

Gegenüber den vorderorientalischen Kulturen erscheint das kulturelle Geschehen des indo-pakistanischen Subkontinents einschließlich Sri Lankas eigentümlich geschichtslos. Dies spiegelt sich auch im musikalischen Bereich, und so wird in der Darstellung ›Indien‹ nicht dessen Musikgeschichte entrollt, sondern die ältere und jüngere Musiktheorie aus der Sicht der modernen Praxis besprochen. Damit reflektiert der Autor Arnold Adriaan Bake (1899–1963), der in Leiden Sanskrit und Gesang, dann an der Tagore-Universität Śāntiniketan Theorie und Praxis der nordindischen Musik studierte, später ausgedehnte Forschungsreisen in Indien unternahm und dabei soviel wie möglich praktisch lernte und musizierte, die Einstellung der indischen Gelehrten. Kurz stellt Bake zu Anfang seiner Übersicht die Schriften älterer Musiktheoretiker vor. Dann wendet er sich der Rezitation des Rigveda (Ṛgveda) und der Melodik des Sāmaveda zu. Eine Diskussion des älteren Skalensystems und der »jāti«-Melodietypen schließt sich an, und darauf werden die modernen Skalensysteme Nord- und Südindiens skizziert. Es folgt eine Besprechung der Kompositionsformen Nordindiens, der wichtigsten Konzertinstrumente im Norden und Süden sowie der Metrik aus früherer und modernerer Zeit. Gegenüber den Belangen der musikalischen Hochkunst Nordindiens ist die südindische Musik nicht adäquat behandelt. Das gilt auch für den kurz erwähnten Tanz. Auf die reiche Volksmusik Indiens weist A. A. Bake zwar hin, doch erörtert er sie nicht, wohl weil ihre systematische Erforschung zur Zeit seiner Reisen gerade erst begann.

Trotz aller Stilunterschiede hat die musikalische Hochkunst Indiens und des Vorderen Orients, weitgehend auch die Volksmusik dieser Gebiete eines gemeinsam: Die Gesänge und Instrumentalstücke sind meist einstimmig, genauer monomelodisch, und die tragende Melodie kann von einem mitwirkenden Melodieinstrument engräumig umspielt sowie von Trommeln rhythmisch begleitet werden. Einen starken Gegensatz dazu bilden die mehrstimmigen Gesänge im Kaukasus, die Ernst Emsheimer (*1904) unter dem Stichwort ›Georgische Volksmusik‹ behandelt hat. Der Autor, nach seinem Studium in Wien und Freiburg i. Br. von 1932 bis 1937 an der Staatlichen Akademie für Kunstwissenschaft der UdSSR in Leningrad tätig und seit 1949 Leiter des Musikhistorischen Museums Stockholm, hatte 1936 bei einer

Forschungsreise in die Hochgebirgstäler des nördlichen Kaukasus Gelegenheit, die kunstvolle Mehrstimmigkeit an Ort und Stelle zu studieren. Sein Beitrag beschreibt die Lebensweise und Geschichte der Georgier, den Gang der Forschung seit der Mitte des 19. Jahrhunderts, das reiche Musikleben bei Festen und besonderen Gelegenheiten, die Typen der Mehrstimmigkeit und die Musikinstrumente. Mehrfach ist vermerkt worden, die Polyphonie der Georgier habe mittelalterliche Mehrstimmigkeit angeregt oder habe als ihr spätes Relikt zu gelten. Dagegen betont Emsheimer ihre Eigenständigkeit, gewiß mit Recht, wenn man die Melodien und Reibeklänge ins Auge faßt. Doch im weiteren Sinne bieten sich Parallelen in West und Ost.

Gegenüber der Einheitlichkeit im Kaukasus beherbergt das Gebiet, das sich vom Kaspischen Meer aus weit nach Osten erstreckt, eine große Zahl verschiedener Musikstile. An der nördlichen Handelsstraße von Bagdad nach China gelegen, haben diese Länder stets dem Einfluß von außen offen gestanden. Sie gehören heute zur Sowjetunion, zu China und Tibet sowie zur Mongolischen Volksrepublik. In seinem Beitrag ›Zentralasien‹ konzentriert sich Mark Slobin jedoch auf den so bezeichneten Gebietskomplex der UdSSR, also die Kirgisische, Usbekische, Tadshikische, Turkmenische und Kasachische Republik, woselbst er, ebenso wie in Afghanistan, von 1967 bis 1969 Feldforschungen betrieb. Bis zum 8. Jahrhundert n. Chr., so stellt er fest, floß musikalisches Gut von dort nach China, und im Gefolge des Islam gelangte persisch-arabische Musik nach Zentralasien, wenn auch manche Volksgruppen ihre Tradition beibehielten. Gegenwärtig wird vielerorts Musik nach europäischem Vorbild geschaffen, doch schätzt und sammelt man auch das überlieferte Gut der verschiedenen Völkerschaften.

Ein recht geschlossenes Bild bietet das Hochland Tibet, über dessen Volksmusik in den schwer zugänglichen Tälern wir jedoch noch kaum unterrichtet sind. Bekannt wurden nur einige weiter verbreitete Gesangsgattungen, so epische Rezitationen und teils mehrstimmige Arbeits- und Tanzlieder. Von großer Bedeutung ist die Musik in den lamaistischen Tempeln und Klöstern, höchst eindrucksvoll darunter der von Trommeln und Becken begleitete Chorgesang mit engräumigen Melodien in tiefer Baßlage sowie das im Freien musizierende Ensemble aus Kegeloboen, Langtuben, Trompeten und Trommeln. Dieses ganz dem Kult verpflichtete Eigengut der Lama-Mönche verbreitete sich mit der tibetanischen Form des Buddhismus seit dem 16. Jahrhundert auch in der Mongolei. Die Volksmusik der Mongolen ist, wie Ernst Emsheimer zeigt, durch Forschungen seit dem 18. und 19. Jahrhundert besser erschlossen als die der Tibeter. Treffend hat der Autor die Stilmerkmale mongolischer Musik herausgestellt:

Steht der Forscher lebendiger Musik gegenüber, dann neigt er meist zur Beschreibung ihrer Grundlagen, Formen und Gestaltungsweisen; allenfalls fragt er nach ihren Wurzeln in älterer Zeit. Die Überlieferung von Schrift- und Bildzeugnissen regt dagegen eher eine Geschichtsforschung an, auch wenn das Ziel in der Rekonstruktion des Vergangenen besteht. Weitgehend aus Schriftquellen schöpft die kurzgefaßte Musikgeschichte des ostasiatischen Kaiserreiches, die unter dem Titel ›China‹ geboten wird. Datierbar werden die Dokumente der seit alter Zeit hochgeschätzten Musik mit Beginn der Shang-Dynastie (ca. 1523 v. Chr.), und aus den Schriften der Zeit des Konfuzius lassen sich die Grundlagen der Musik auch für spätere Epochen ablesen. Hervorzuheben ist das Acht-Klassen-System der Musikinstrumente nach dem Material ihrer Herstellung; die Fünftonleiter zum praktischen Gebrauch und die Skala mit zwölf Halbtönen zur Stimmung der Glocken und Steinspiele; die Musikanschauung, nach welcher die archaische Ritualmusik das Wohlverhalten der Menschen fördert, die »Neue Musik« vom 4. Jahrhundert v. Chr. ab jedoch verderblichen Einfluß ausgeübt haben soll. Zum Schluß des 1. Kapitels stellt Kenneth Robinson die Neuerungen der Han-Zeit (206 v. Chr. – 220 n. Chr.) heraus: Die Öffnung der Kultur nach außen; die Gründung des kaiserlichen Musikbüros und seine Verantwortung für Dokumente mit Musiknotationen; sowie die nunmehr einsetzende Suche nach dem wahren Grundton Huang Chung, dessen Pfeife die Grund-Maßeinheit im Staate bildete. Die Entwicklung seit dem Ende der Han-Zeit verfolgt Hans Eckardt: zunächst den Einbruch westasiatischer Musik und die Gründung der »Sieben Musikabteilungen«, dann die »Neun Orchester« zur Ordnung des gesamten Musiklebens, weiterhin die spätere Stilmischung, die Bankett- und Unterhaltungsmusik der T'ang-Zeit (618–907), die staatliche Lenkung der Musik und die Ausbildung der Jugend. Vom 13. Jahrhundert an verfällt die hochklassische Kunst, doch die Theatermusik erfährt einen starken Aufschwung. Das Musikleben im 20. Jahrhundert und die Volksmusik sind, wohl infolge der lange verschlossenen Grenzen, nicht erwähnt, und auf die Klanggestalt der chinesischen Musik gehen die Verfasser nirgendwo ein.

Mit einer Zusammenfassung der Musikgeschichte beginnt auch der Artikel ›Korea‹; diese hebt die starken Einflüsse aus China, besonders der Musik zur T'ang-Zeit hervor, und macht daneben die selbständige Weiterbildung des aufgenommenen Gutes in Korea deutlich. Dann beleuchten die Schweizerin Martina Deuchler und der in Seoul wirkende Lee Hye-ku die Struktur und das Repertoire der traditionellen Musik: die beiden pentatonischen Gebrauchsskalen, die metrischen Perioden und das rhythmisierende Trommelspiel, die Strophengliederung musikalischer

Formen und die Notation. Besondere Beachtung erfährt die teils nach chinesischem Vorbild aufgeführte Opfermusik bei Feiern für Gottheiten und für Konfuzius, die Bankettmusik bei Hofzeremonien in der königlichen Festhalle sowie die Militärmusik für Umzüge außerhalb der Stadtmauern. Auch die Volksmusik wird berücksichtigt, dann das spezifische koreanische Musikinstrumentarium vorgeführt, das zum Teil noch heute solistisch oder im Ensemble erklingt.

Der Beitrag ›Japan‹ des Musikwissenschaftlers und Japanologen Hans Eckardt (1905–1969) zeigt deutlich, daß sich die Forschung der jüngsten Zeit gerade diesem ostasiatischen Lande zugewandt hat, und die Untersuchungen werden gegenwärtig in verschiedenen Bereichen fortgesetzt. Gleichwie im Artikel ›China‹, werden die Ereignisse und Fakten in ihrer geschichtlichen Folge dargestellt, und diese beginnt mit der von China tief beeinflußten Vor- und Frühgeschichte, die an Bodenfunden von Musikinstrumenten erkennbar ist. Seit dem 5. Jahrhundert n. Chr. wurde auch koreanische Musik in Japan rezipiert. Im Gefolge des Buddhismus, der, nach offiziellem Datum, im Jahre 552 angenommen wurde, gelangte Musik aus Indien, Zentral- und Südostasien nach Japan, dann drang die Hochkunst der chinesischen T'ang-Kultur auf die Insel. Alle diese Stile hat man gepflegt und allmählich den eigenen Vorstellungen angeglichen. Japanische Eigenart tritt in der Heian-Zeit (9.–12. Jahrhundert) hervor, und damals entwickelte sich die »gagaku« genannte Hofmusik. Aus Elementen älteren Theaterspiels und buddhistischen Ritualgesangs entstand im 14. Jahrhundert das höchst sublime, lyrische Nō-Theater. Die Tokugawa-Zeit (1573–1868) sah den Aufstieg des Gesangs zur Begleitung der Shamisen-Langhalslaute und des Solospiels der Koto-Wölbbrettzither, ferner die Ausbildung der Musik im Schauspiel und im Puppentheater. Im Jahre 1868 öffnete sich das lange nach außen abgeschlossene Land, und bald erhielt die europäische Musik einen festen Platz im japanischen Musikleben. Bis heute hat sie ihre Anziehungskraft behalten, vielfach auch neue Kompositionen auf Grund traditioneller Klangvorstellungen angeregt. Stärker als andere Länder Asiens hat damit Japan die Schaffung einer neuen Musikkultur vorangebracht.

Für China und Japan, gleichwie für den alten Vorderen Orient, das alte Ägypten und die islamischen Länder, ist die Musikgeschichtsschreibung auf Grund zahlreicher datierbarer Schriftdokumente gewiß die übersichtlichste Form der Darstellung. Wo ältere Zeugnisse fehlen oder ihre Entstehungszeit in Frage steht, klingende Musik aber in großem Umfange zugänglich ist, wird sich die Forschung zweckmäßig zunächst der Gegenwart zuwenden. Unter diesem Aspekt ist der Beitrag ›Südostasien‹ der

Musikethnologin Judith Becker zu betrachten, für welchen die
Verfasserin, die gegenwärtig an der University of Michigan tätig
ist, u.a. eigene Untersuchungen in Burma und Thailand zu Rate
ziehen konnte. Ein kurzer Abriß der Kultur- und Musikgeschichte verweist auf den starken Einfluß aus Indien vom 1. bis
10.Jahrhundert n.Chr., dem in späterer Zeit eine selbständige
Entwicklung der Länder Burma, Thailand, Kambodscha, Laos
und Malaysia sowie der Inselwelt Indonesiens folgte. In der dort
einheimischen, bis heute gepflegten Musik trifft man vor allem
Ensembles an, deren Klangcharakter von melodiefähigen Schlaginstrumenten bestimmt wird. Auf ihr Repertoire beziehen sich die
kurzen Erörterungen der metrischen Struktur von Musikstücken,
der Tonsysteme und der durch Umspielung gewonnenen Mehrstimmigkeit. Auch das Lernen durch Nachahmen und die Wirkung der Musik auf den Menschen sind erwähnt. Größten
Umfang nimmt die Darstellung der Musikinstrumente ein, die
nach Ländern und dann weiter nach der Funktion der Instrumente in den verschiedenen Ensembles gegliedert ist. Dabei
zeigen sich vor allem auf der Malayischen Halbinsel Einflüsse aus
China und, im Gefolge des Islam, aus dem Vorderen Orient,
während in Java die bodenständige Musik trotz Islam bis heute
erhalten blieb.

Auf die Musik der Inselwelt gehen die folgenden vier Artikel
genauer ein. Ihr Verfasser, Jaap Kunst (1891–1960), der in seiner
Jugend das Violinspiel erlernte, untersuchte als Regierungsbeam-
ter im damaligen Niederländisch-Indien von 1919 bis 1934 das
Musikrepertoire mehrerer Inseln, vor allem die Orchestermusik
Javas und Balis, bevor er 1936 als Konservator der Abteilung
Anthropologie an das Tropeninstitut in Amsterdam ging und
1952 einen Lehrauftrag für Ethnomusikologie an der Universität
Amsterdam erhielt. Vor allem auf seinen eigenen Forschungen,
grundlegend auch für seine Nachfolger, beruht der Inhalt dieser
Artikel. Unter dem Stichwort ›Indonesische Musik‹ verweist
Kunst zunächst auf den Reichtum an Rassen und Kulturen in
diesem weiten Inselgebiet. Dicht gedrängt beschreibt er den
Bestand an Musikinstrumenten und Melodien, so wie er sie bei
den einzelnen Stämmen und Gelegenheiten benutzt fand. Damit
überblickt der Leser den Musikbesitz auf Sumatra und den
umliegenden Inseln, auf Borneo und Celebes, den kleinen Sunda-
Inseln und den Molukken, also in den Gebieten außerhalb der
Hochkulturen Java und Bali.

Als ›Hindu-javanische Musik‹ bezeichnet Jaap Kunst die
ältere, nach indischem Vorbild geschaffene Musik an den Fürstenhöfen Zentral-Javas. Mitgebracht wurde die indische Musik
seit dem 5.Jahrhundert n.Chr. von Brahmanen, die wohl als
Lehrer der Prinzen ins Land gerufen wurden und vor allem

indische Religion und Literatur einführten. Quellen der hindu-javanischen Musik sind vorwiegend Steinreliefs an den Wänden zentral-javanischer Tempel. Vom 10. bis 11. Jahrhundert an setzte sich das einheimische Instrumentarium durch, das gewiß schon vor der Hindu-Zeit vorhanden war. Damit dürfte sich auch die Grundlage der heute bekannten Hochkunst Zentral-Javas entwickelt haben, deren gegenwärtigen Stand Jaap Kunst im Artikel ›Java‹ beschreibt. Zunächst wendet er sich ihren Tonsystemen und den Liedformen zu. Eingehender erörtert er die »gamelan« genannten Orchester und die Struktur ihrer Musik, die von der Gliederung des Ensembles in die Gruppen der melodieführenden, umspielenden, interpunktierenden und rhythmisierenden Instrumente nicht zu trennen ist. Hinweise auf die Formen der Gamelan-Kompositionen bei der Begleitung von Schattenspielen und die psychisch-tonale Stimmung der sechs Modi schließen sich an. Nicht gleich, wohl aber verwandt mit dem zentral-javanischen ist der west-javanische Stil, während die »krontjong«-Musik, zum Schluß skizziert, unter portugiesischem Einfluß entstand. Im ganzen bietet gerade diese Übersicht eine gute, Verständnis für die Klanggestalt der Gamelan-Musik weckende Einführung in die javanische Musik. Der Artikel ›Gamelan-Musik‹ fügt Einzelheiten über die verschiedenen Gamelan-Typen, auch jene in Bali, hinzu.

Daß auf der kleinen Nachbarinsel im Osten Javas selbst eine Vielzahl von Instrumentalensembles gespielt wird, zeigt der Artikel ›Bali‹ von Ernst Schlager, einem Chemiker, der Bali zwischen 1937 und 1941 mehrfach besuchte, von 1942 bis 1945 dort interniert war und während dieser Zeit die Musik mit großer Begeisterung beobachtete. Kurz ist zu Anfang des Beitrags das Verhältnis der balinesischen zur javanischen Musik, dann das Musikleben in Bali skizziert. Gleich folgt der sachliche Befund, präzise, teils stichwortartig formuliert, und dieser umfaßt die gesungenen Dichtungen, Kinder- und Volkslieder, die Musikinstrumente, die Skalen, vor allem die Gamelan-Typen, deren Schlager fünf genauer beschreibt: das Ensemble »gendér wajang« zur Begleitung von Schattenspielen; verschiedene rituelle Siebenton-Gamelan, die in den Dörfern Zentral- und Ost-Balis gespielt werden; mehrere Ensembles mit langen Bambusflöten als melodieführenden Instrumenten; den Gamelan mit großen Gongs für Tempelfeste und fürstliche Zeremonien; und die vorwiegend aus Gitterrasseln (»angklung«) oder Maultrommeln (»génggong«) bestehenden Ensembles. Wie in Java, so bestimmt auch in Bali der Typ des Ensembles die Art der Musik. Doch der Musikstil auf beiden Inseln, der früher vielleicht in gewissen Formen übereinstimmte, weist heute zumindest bei den großen Orchestern erhebliche Unterschiede auf: In Java strömt der Orchestersatz gleich einem breiten Klangband ruhig dahin, in Bali dagegen erhält eine engräumig umspielte Melodie durch das Hämmern der kleinen Metallstabspiele stärkste Dynamik.

Erfolgt die Beschreibung der Musik Südostasiens auch nicht aus historischer Sicht, so doch stets unter kulturmonographischen Aspekten. Weitausholende Vergleiche treten damit zurück, und Fragen nach dem Ursprung des musikalischen Gutes gehen nicht über die belegbaren Fakten hinaus. Für das früher sehr dünn besiedelte Australien und das riesige Seegebiet Ozeanien gilt es jedoch, die Berichte und Klangdokumente der verschiedenen, in Steppengebieten, Urwaldregionen und auf zahllosen kleinen Inseln verstreuten Stämme und Völker zu überschauen. Dieser Aufgabe haben sich die beiden folgenden Artikel angenommen, der erste durch einen Vergleich zahlreicher Musikbeispiele und Hinweise auf das Musikverständnis der Menschen, der zweite mit einem Blick auf die Funktion der Musik in den einzelnen Ethnien.

Marius Schneider (*1903), der seit 1932 das Phonogrammarchiv der Staatlichen Museen Berlin leitete, 1944 die Musikethnologische Abteilung des Instituto de Musicología in Barcelona gründete und von 1955 bis 1968 das Fachgebiet Vergleichende Musikwissenschaft an der Universität zu Köln vertrat, ordnet in seinem Beitrag ›Australien und Austronesien‹ die Musik der indonesischen, australischen, melanesischen und polynesischen Völker außerhalb der Hochkulturgebiete nach ihren angenommenen Altersschichten. Danach gehören Kleinwüchsige zur ältesten Schicht, und ihre formenreichen Gesänge, vielfach an Text und Gebärde gebunden, enthalten u. a. Nachahmungen von Naturgeräuschen. Eine höhere Stufe erreichen die älteren malaiischen, melanesischen und australischen Völker, deren Melodien oft treppenartig absteigen. Mehrstimmigkeit in Terzen, Quarten oder Quinten kommt vor, und zu einer Solostimme kann der Chor eine Ostinatofigur singen. Noch höher wird die »austronesische mittlere Bauernkultur Südostasiens« angesetzt, und dort herrscht das Dreiklangsmelos, in der Mehrstimmigkeit die Bordunbildung vor. Schließlich wird die polynesische Musik erwähnt, die uns Europäer durch ihr oft harmonisches Gerüst unmittelbar anspricht. Ein Abschnitt ist der hohen Bedeutung der Musik in der Mythologie gewidmet, ein anderer beschreibt summarisch die verbreiteten Musikinstrumente. Damit versucht die Darstellung, die Musikgeschichte der Menschheit in einem Gebiet zu erhellen, das keine Schriftzeugnisse der Vergangenheit, wohl aber die mündliche Überlieferung altertümlicher Erfahrungen besitzt.

Barbara B. Smith, die an der Universität Hawaii das Fach Ethnomusikologie vertritt, gliedert ihren Beitrag ›Ozeanien‹ nach geographischen Gesichtspunkten. Die ersten Abschnitte, über Musikinstrumente, Melanesien und Mikronesien, gehen kaum über Marius Schneiders Darlegungen hinaus, doch wird von den mikronesischen Palau-Inseln eine durch die Mission beeinflußte Melodie mitgeteilt. Eine Bereicherung bietet indessen der Abschnitt über Polynesien, besonders zur Musik in Hawaii: Ihre wichtigsten Gesänge, Rhythmen und Instrumente werden treffend vorgeführt. Gleiches gilt für die Musik der Maori in Neuseeland, deren Merkmale, Wirkung und Darbietungsweise Peter Platt – tätig an der University of Sydney – beschreibt.

Man nimmt an, daß die Inselwelt der Südsee aus dem Westen, also von Indonesien, ja von Indien her besiedelt wurde. Auch nach Amerika sind die Menschen, soviel wir heute wissen, von Westen her eingewandert, doch nicht im Süden, sondern im hohen Norden über die Landbrücke, die vor zehn bis zwölf Jahrtausenden im Gebiet der Beringstraße bestand. Noch heute deuten die Körpermerkmale der Indianer und der Eskimos auf mongoliden Ursprung hin. Wie weit ihre Kultur alte Erinnerungen bewahrt hat, ist schwer aufzuzeigen. Ihre Musik lenkte aber schon im 18. und 19. Jahrhundert die Aufmerksamkeit der Forscher auf sich, so daß die Merkmale des Repertoires inzwischen recht klar zu überschauen sind.

Der ›Eskimo-Musik‹ hat sich der Schweizer Musikethnologe Zygmunt Estreicher (* 1917) zugewandt. In dem weiten Gebiet von der Ostküste Sibiriens bis nach Grönland verbreitet, besteht die Eskimo-Bevölkerung aus zahlreichen Stämmen. Sie alle kennen den einstimmigen Gesang, den sie mit einer Rahmentrommel begleiten. Vielfach tanzen sie dazu. Die Melodien sind allgemein strophisch gegliedert; ihr Tonumfang bis zur Septime umgibt einen »Kern« von zwei bis drei Tönen. Genauer untersucht Estreicher die Struktur der Melodien und ihre Stilmerkmale bei den einzelnen Eskimo-Gruppen. Letztere erlauben, das relative Alter der Gesänge zu bestimmen.

Die ›Indianer Nordamerikas‹ beschreibt Bruno Nettl (* 1930) – der 1952 mit einer Dissertation zu diesem Thema promovierte, sich in weiteren Publikationen verschiedenen Gebieten der Ethnomusikologie zuwandte und dieses Fach gegenwärtig an der University of Illinois vertritt – in einem selbständigen Beitrag. Große Unterschiede bestehen in der Kultur der Indianer; sie ist ärmlich im Wüstengebiet von Nevada und Utah, gleicht dagegen fast den orientalischen Hochkulturen bei den Pueblo in Arizona und Neu-Mexiko. Viele ihrer meist einstimmigen Lieder dienen dem Kult, andere sind für verschiedene weltliche Gelegenheiten vorgesehen. Oft sind die Gesänge einem ganzen Stamm bekannt, andere gelten als Eigenlieder, und manche Indianer empfangen ihre Lieder von Schutzgeistern im Traum. Im Überblick unterscheidet·Nettl sechs Stilareale bei den Indianern Nordamerikas. Die Melodik der primitivsten Stämme weist wohlgeformte Bögen auf, während Stücke mit vielen Tonrepetitionen bei höherentwikkelten Stämmen vorkommen und die Terrassenmelodik von den Pueblo gepflegt wird. Zur Beurteilung der Stilhöhe einer Melodie ist auch die Art des Singens zu berücksichtigen. Daneben spielen die Texte eine Rolle, obwohl sie oft aus Silben ohne Wortsinn bestehen. Trotz mancher auf den Hintergrund der Musik zielenden Bemerkung betrachtet Nettl vorwiegend die Musik selbst, bedient sich also eher der vergleichenden Methode als des von A. P. Merriam vorgeschlagenen anthropologischen Ansatzes, nach welchem die Musik aus dem Verhalten der Menschen einer Kultur zu verstehen sei.

In Mittelamerika trifft man nach der Darstellung von Kurt Pahlen (* 1907), der 1929 in Wien promovierte und 1939–1969 in Südamerika als Chor- und Orchesterdirigent wirkte, auf ein höchst vielfältiges Völkergemisch von Abkömmlingen der alten Hochkulturen, von Weißen und als Sklaven eingeführten Afrikanern, und dem entspricht das bunte musikalische Bild. Vorteilhaft hebt sich dagegen die klare Beschreibung der altmexikanischen Musik ab, die der mexikanische Musikforscher Vicente T. Mendoza (1894–1964) auf Grund von Berichten spanischer Chronisten vorlegt. Instrumente, ihre Erbauer und Spieler, Sänger und Tänzer, stellt er mit ihren Bezeichnungen zusammen. Ferner legt er mehrere Gesänge der Indios vor und erläutert die metrischen und klanglichen Grundelemente der Komposition. Solche Stücke sollen, wie er vermutet, Rückschlüsse auf die altmexikanische Musik erlauben.

Im Artikel ›Südamerika‹ entwickelt Kurt Pahlen zu Anfang eine Hypothese über die Musik der indianischen Epoche. Dann wendet er sich der Kolonialzeit zu und gibt über jedes südamerikanische Land einen kurzen Bericht nach Art abendländischer Musikgeschichtsschreibung mit Namen und Jahreszahlen der meist europäischen Musiker. Künstlerische Musik spanischer, deutscher, österreichischer und italienischer Herkunft wurde an den Kathedralen und Adelshöfen gepflegt. Daneben entstanden in den Jesuiten-Missionen Argentiniens, Brasiliens, Nord-Chiles und Paraguays Schöpfungen einheimisch-europäischen Mischstils, und in Brasilien hielten die reichen Grundherren Negerchöre, die sie an Festtagen im Gottesdienst singen ließen. Umgekehrt sind aus den Missionsschulen bedeutende einheimische Organisten, Kapellmeister und Komponisten hervorgegangen, ein Zeichen mehr für die musikalische Begabung und Bildbarkeit der Indios. Leider erwähnt Pahlen die Musik selbst mit keinem Wort, so daß der Leser von der Struktur der Mischprodukte keine Vorstellung gewinnt.

Die große Vielfalt der Musikstile Südamerikas hebt Bruno Nettl in seinem Beitrag ›Lateinamerikanische Musik‹ hervor, der auch Mittelamerika einbezieht. Die Stilarten einfachster Indianerstämme deuten auf nahe Verwandtschaft mit der Musik der nordamerikanischen Indianer hin. Weit entwickelter erscheint jedoch die Musik der mexikanischen Hochkulturen, die, wie bereits im Beitrag ›Mittelamerika‹ gezeigt, ein reiches Musikinstrumentarium besaßen und wohl auch Mehrstimmigkeit kannten. Sonst hat sich in Lateinamerika vielfach spanische und portugiesische Volksmusik durchgesetzt, zudem die Musik westafrikanischer Neger. Stilmischungen blieben dabei nicht aus. Von alledem gibt der Artikel, nicht zuletzt mit Hilfe der Notenbeispiele, eine klare Vorstellung.

Zusammengenommen erscheinen die Erfahrungen und Forschungsergebnisse, die in den vorliegenden Einzeldarstellungen ausgebreitet sind, als ein höchst farbenreiches Mosaik von der Musik außerhalb des Abendlandes. Nicht nur vom Stand der Einsichten in die musikalischen und kulturellen Fakten und Vorgänge ist das Mosaik geprägt, sondern auch von den Einstellungen der Betrachter, die auf historische oder beschreibende, kurz skizzierende oder breiter erzählende Darstellungsweise gerichtet sein können. An manchen Stellen zeigten sich Lücken, teils weil die Dokumente fehlen oder die Forschung noch im Fluß ist, teils auch weil der Autor sie aus seinem Blickwinkel nicht als solche erkannte. Hier ist das Feld für künftige Forschungen, soweit ihre Ergebnisse in der neueren, am Schluß des Bandes verzeichneten Literatur noch nicht vorliegen.

Köln, Februar 1980   Josef Kuckertz

AFRIKA

Percival R. Kirby
(Übersetzung aus dem Englischen von Friedrich Hornburg)
Südafrika I: Bantu

Südafrika ist die Region südlich des Limpopo, ungefähr südlich
des 22. Breitengrades. Sie ist für die Musikwissenschaft besonders
interessant, weil sich offenbar bei diesen Völkern gewisse Rest-
spuren einer sehr frühen Musikausübung erhalten haben. Sie gibt
darüber hinaus Antwort auf eine Anzahl von Fragen hinsichtlich
der europäischen Musikübung in mittelalterlicher, klassischer und
selbst in vorgeschichtlicher Zeit, die bisher noch ungeklärt oder
nur teilweise geklärt waren. Südafrika hatte lange Zeit hindurch
eine besondere Stellung, verglichen mit dem übrigen Teil des
ungeheuren Kontinents, insofern inne, als sein Hinterland bis in
jüngere Zeit hinein selten von Fremden, Europäern oder Asiaten,
besucht worden ist. In der Musik jener Völker, die in nördliche-
ren Gegenden wohnen, sind fremde Einflüsse stärker als weiter
südlich, wo sich die ursprünglichen Eigenschaften bei den Urein-
wohnern am besten erhalten haben. Schon seit den Tagen Vasco
da Gamas, der als erster im Dezember 1497 seinen Fuß an das
Gestade dieses Landes setzte, enthalten die Tagebücher der
Reisenden, Missionare und Händler häufig Beschreibungen und
sogar Darstellungen von der Musik der Eingeborenen, welche es
ermöglichen, ein leidlich klares Bild von der Entwicklung dieser
Kunst zu gewinnen. Aufeinanderfolgende Epochen haben in
Südafrika aufeinanderfolgende Kulturen gebracht, jede von ihnen
mit den ihr eigenen Lebensgewohnheiten und Merkmalen einschließlich der Musik. Einige von ihnen sind praktisch unverändert geblieben, während andere Züge der Veränderung infolge
der Berührung mit anderen Systemen zeigen. Die Bantu, die aus
verschiedenen Stämmen bestehen und sozial komplexer entwik-
kelt sind als die Buschmänner und Hottentotten, übertreffen an
Zahl bei weitem alles, was sonst von den Rassen Südafrikas
übriggeblieben ist. Vier Hauptzweige haben für viele Jahrhunderte Südafrika bewohnt und sind erst vor verhältnismäßig kurzer
Zeit durch die immer stärker werdende Ausbreitung der weißen

Bevölkerung auf mehr oder weniger abgeschlossene Gebiete zusammengedrängt worden.
1. Die Nguni, welche die Xhosa, Zulu und Swazi umfassen. Ihr Wohngebiet ist der südöstliche Küstendistrikt, und ihre Dialekte enthalten alle aus der Sprache der Buschmänner und Hottentotten übernommene Ausdrücke.
2. Die Tonga, die in Mozambique leben.
3. Die Sotho-Tswana einschließlich der Nord-Sotho von Transvaal, der Süd-Sotho von Basutoland und der Tswana (oder Betschuana) von Betschuanaland.
4. Die Venda vom nordöstlichen Transvaal.

Die Musikinstrumente dieser Völker sind zahlreich und verschieden.

Alle Bantu-Völker Südafrikas gebrauchen *Tanzrasseln*, die entweder an den Fußgelenken getragen oder in der Hand gehalten werden. Die erste Art besteht bei den Sotho-Tswana aus mit Steinen gefüllten Kokons, welche an einer Lederschnur aufgereiht sind, während die Sotho von Basutoland statt dessen Ziegenfell verwenden. Die Nguni-Völker benutzen auch Kokons, ordnen sie aber zu Büscheln. Einige wenige Stämme stellen diese Rasseln aus geflochtenen Palmblättern her. Die Venda jedoch konstruieren ihre Fußrasseln aus ausgehöhlten Früchten, die an Schilfrohr aufgereiht werden. Die Handrasseln aller Bantu-Völker bestehen aus ausgehöhlten Kürbissen, die mit Steinen gefüllt und auf Stöcke gesteckt werden.

Trommeln werden von den Sotho-Tswana angefertigt und gebraucht. Diese sind gewöhnlich einfellig und mit einem konischen Resonator aus Holz versehen. Die Sotho von Basutoland stellen jedoch ihre Trommeln aus Ton her, seit ihr Land größtenteils seiner Bäume beraubt worden ist. Diese Trommeln werden bei heiligen Handlungen und bei den herkömmlichen Tänzen benutzt. Die Nguni-Völker andererseits scheinen in früheren Zeiten keine richtige Trommel besessen zu haben; sie benutzten statt dessen den Schild aus Ochsenhaut, also das Trommelfell ohne Resonator. Eine Geheim-Trommel der Zulufrauen, die bei der ersten Menstruation eines Zulumädchens benutzt wurde, bestand aus einem tönernen Biertopf mit einem darübergespannten Ziegenfell, das durch Lederzungen befestigt und in Spannung gehalten wurde. Sie wurde nicht geschlagen, sondern durch die Reibung zum Klingen gebracht, die die feuchten Hände des Spielers durch Herabgleiten an einem vertikal auf der Mitte des Trommelfells gehaltenen Schilfrohr erzeugen. Alle anderen bei den Nguni-Völkern noch zu findenden Trommeln sind unverkennbar Nachahmungen des europäischen Typs mit Ausnahme der tamburinähnlichen Trommeln der Shangana-Tonga, welche mit Trommelstöcken geschlagen und sowohl für die Austreibung der bösen Geister als auch für den gewöhnlichen Tanz benutzt werden. Die Venda, die kulturell mit den Karanga Süd-Rhodesiens verbunden sind, haben zwei Typen von Trommeln. Eine ist ein einfelliges konisches Instrument, welches mit der Hand geschlagen wird, das genaue Gegenstück der Sotho-Tswana-Trommel; das andere ist ein großes halbkugelförmiges Instrument, auch einfellig bespannt, das aber mit einem Stock geschlagen wird. Dieses letztgenannte Instrument wird gewöhnlich paarweise gebraucht, und zwar ist eines größer als das andere; sie werden von verschiedenen Personen geschlagen und ebenso wie die konischen Trommeln gleichzeitig mit den Rohrflötenensembles dieses Stammes benutzt.

Mit Resonatoren versehene *Xylophone*, die mit gummiüberzogenen Schlägeln geschlagen werden, sind in der Südafrikanischen Union nur bei den Venda gefunden worden, wo sie von großem Format sind, ungefähr 22 Töne umfassen und heptatonisch gestimmt sind. Sie werden gleichzeitig von zwei Spielern mehrstimmig gespielt. Außerhalb der Union, in Mozambique, werden ähnliche Instrumente, wenn auch geringeren Tonumfangs, in vier verschiedenen Größen von den Tshopi-Völkern hergestellt. Jedes dieser Instrumente wird von einem Spieler gespielt, aber mehrere von ihnen werden zu Ensembles zusammengefaßt. Seitdem viele Tshopi in den Goldminen von Johannisburg arbeiten, sind diese Ensembles regelmäßig in den Unterkünften zu hören, wenn auch die Instrumente hier aus dem örtlich vorhandenen Material angefertigt werden. Diese mit Resonatoren versehenen Xylophone sind zweifellos malaiischen Ursprungs. Eine seltsame Tatsache verdient hierbei Beachtung. Die malaiischen Grundtypen sind pentatonisch gestimmt, während die Instrumente der Venda heptatonisch sind. Allerdings sind die Zeremonial-Gesänge der Venda, besonders solche, die zu den Initialfeiern und dergleichen gehören, pentatonisch. Es scheint also, als ob hier in einigen Punkten die Verschmelzung von drei Kulturen vorläge, 1. der malaiischen, 2. der wahrscheinlich asiatischen (möglicherweise indischen) und 3. der bantuiden. Die mit Eisenzungen versehene *Sanza*, wie sie gewöhnlich genannt wird, wird auch bei den Venda gefunden. Sie ist in derselben Weise gestimmt wie die mit Resonatoren versehen Xylophone. Die heptatonische Leiter, in der diese beiden Typen von Instrumenten gestimmt sind, ist identisch mit der der Rohrflötenensembles dieses Stammes.

Alle Bantu-Völker Südafrikas benutzen Tierhörner als *Signaltrompeten*. Die Trompeten aus Antilopenhörnern stellen den ältesten Typus dar und haben ihnen auch ihren Namen gegeben. Das Blasloch ist immer seitlich angebracht. Vermutlich zeugen an der Spitze angeblasene Hörner von fremdem Einfluß.

Alle Stämme benutzen auch *Signalflöten*, die aus einfach

geschlossenen Flöten aus Schilfrohr, Knochen oder Horn bestehen und in der Art der einfachen Panpfeifen geblasen werden.
Ebenso geblasen werden neuere, ähnliche *Holzflöten* mit einer
engen und groben konischen Bohrung, wie sie von verschiedenen
Stämmen angefertigt werden; die unterste Öffnung dient als
Griffloch. Mit diesen Flöten werden 2 oder 3 Töne erzeugt. Diese
Rohrflötenensembles der Venda bestehen normalerweise aus 19
einzelnen Panpfeifen aus Schilfrohr, die an ihrem unteren Ende
durch natürliche Knoten geschlossen sind. Diese Pfeifen sind
heptatonisch gestimmt. Die Flötenstimmen bewegen sich in
parallelen Quinten. Die Nationaltanz-Melodie, die »tshikona«,
klingt wie folgt, wobei die Stimmen bis auf zwei Oktaven nach
unten verdoppelt werden.

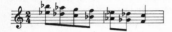

Diese einfache, ad infinitum wiederholte Phrase wird durch
verschiedene auf den Trommeln gespielte Rhythmen begleitet.
Die Musik wird nur von Männern ausgeübt. Viele der Flötenspie-
ler tragen Fußrasseln. Beim Musizieren tanzen sie im Kreis, in
dessen Mitte sich die Trommler befinden. Diese Rohrflötenensembles sind von einigen der benachbarten Sotho-Stämme, die
südlich der Venda wohnen, nachgeahmt worden. Weil aber die
Vokalmusik dieser Stämme pentatonischen Charakter trägt, sind
ihre Rohrflöten auch pentatonisch gestimmt, – die Leiter ist die
gleiche, wie sie die Buschmänner haben – und sie sind zweifellos
auf dieselbe Weise dorthin gelangt. Flöten, die von Einzel-
Spielern als Soloinstrument gebraucht werden, erscheinen in den
verschiedensten Arten bei mehreren Bantustämmen. Eine heutige *Querflöte* aus Schilfrohr hat das charakteristische Blasloch
in der Nähe des einen Endes und drei Grifflöcher an dem anderen
Ende. Sie ist bei den Venda, den Shangana-Tonga und den Swazi
zu finden. Es ist kaum zweifelhaft, daß die letzteren sie von den
ersteren übernommen haben, aber das Instrument selbst, zumindest das in ihm enthaltene Prinzip, scheint von den Bantu von
irgendeiner anderen fremden Kultur übernommen worden zu
sein. Die Leiter, nach der das Instrument gestimmt ist, ist bis zu
einem großen Teil zufällig, denn die Länge des Pfeifenrohres
unterliegt nur der Laune des Schöpfers und die Grifflöcher sind in
ihrer Anordnung seiner rechten Hand angepaßt. Dessenungeach-
tet stimmen doch, obwohl schwerlich zwei Instrumente gleich
sind, die hauptsächlichsten Merkmale der Leitern überein, insofern als die großen Intervalle den großen und die kleinen
Intervalle den kleinen entsprechen. Natürlich ist ein Zusammenspiel auf solchen Instrumenten ausgeschlossen.

Die Ost-Nguni, die die Swazi, Zulu und Xhosa umfassen, haben eine *Längsflöte* aus Rohr mit dem Blasloch an einem Ende. Sie hat keine Grifflöcher, sondern die untere Öffnung des Rohres wird stattdessen benutzt. Da das Rohr, wenn es offen ist, alle Teiltöne der Obertonreihe zum Klingen bringt, dagegen, wenn es geschlossen ist, nur die ungeradzahligen Obertöne erklingen läßt, können Melodien, die sich auf den Tönen dieser beiden Oberton- reihen aufbauen, auf dem Instrument gespielt werden. Die daraus' resultierende Leiter ist natürlich pentatonisch. Dieses Instrument wird nur zur Sommersonnenwende benutzt und ist mit dem Fest der ersten Früchte des Jahres verbunden. Es wird solistisch eingesetzt, und jeder Spieler spielt auf ihm seine eigene individuelle Melodie; es ist ein Überbleibsel der primitiven Form, welche zur Entwicklung des Kerns des Flötenmundstücks führte. Eine zweite Form, heute nur noch bei den Zulu gebräuchlich, zeigt einen weiteren Schritt in der Entwicklung des Kernflöten- mundstücks. Dieses Instrument wird aus zwei Schilfrohren gemacht, eines in das andere gesteckt und die Spitze des dickeren an beiden Seiten schräg geschnitten. Die untere Öffnung dient als Griffloch. Der Spieler legt einen der schräg geschnittenen Ränder an die Unterlippe, während die andere Schneide mit der halb- kreisförmigen Öffnung zusammen mit der Oberlippe ein richtiges, wenn auch nur zeitweises Kernmundstück bildet. Diese Instru- mente werden immer paarweise hergestellt und von zwei Spielern antiphonisch gespielt. Sie stehen ebenfalls mit dem Fest der ersten Früchte in Verbindung.

Ein Bantu-Stamm, die Shangana-Tonga, konstruiert eine Art primitiver *Okarina* aus den Hülsen getrockneter runder Früchte, deren Inhalt entfernt ist. Diese haben neben dem Blasloch gewöhnlich noch 2 Grifflöcher, und da diese ohne viel Rücksicht auf Lage und Größe gebohrt sind, ist die sich hieraus ergebende Elementar-Leiter rein zufällig.

Saiteninstrumente werden von allen Bantu-Stämmen der Süd- afrikanischen Union und der Nachbargebiete angefertigt und gespielt. Alle einheimischen Formen scheinen ursprünglich aus dem Schießbogen entstanden zu sein, selbst bei Stämmen, die den Schießbogen niemals als Waffe benutzt haben, wie beispielsweise die Zulu. Noch auffälliger ist, daß alle einheimischen Formen einen Faktor gemeinsam haben: sie besitzen nämlich nur eine Saite, um harmonische Töne zusammen mit ihren Grundtönen hervorzubringen. Das Stadium, mehrere Saiten zu gebrauchen, wie es bei der Harfe der Fall ist, wo die Grundtöne die Basis bilden, ist augenscheinlich von den südafrikanischen Eingeborenen- nen-Völkern niemals erreicht worden. Die *harmonische Technik* dieser Saiteninstrumente folgt ausnahmslos drei Prinzipien. Die Harmonie-Töne werden entweder 1. im Akkord zusammenklingend, 2. einzeln zur Melodiebildung oder 3. mit ihren Grundtönen zusammenklingend zur Erzeugung einer einfachen Mehrstimmigkeit gebraucht. Aber in allen Fällen wird ein Resonator, sei es nun zur Verstärkung oder zur Abwandlung der Klangfarbe der durch diese Instrumente erzeugten Töne, angewandt. Manchmal ist es der Mund des Spielers, der diesem Zweck dient, meistens ist es aber eine Kürbisschale, die an dem Instrument befestigt wird.

Die *spieltechnischen Methoden* der Bantu sind dieselben wie die der Buschmänner. Es ist jedoch wichtig zu erfahren, daß die Bantu 8 Typen von Saiteninstrumenten gebrauchen, die sich leicht in drei Gruppen einteilen lassen, entsprechend der beim Spiel angewandten Technik, wie sie oben gezeigt wurde. Gruppe 1 umfaßt zwei Typen (früher für eine einzige Art gehalten). Jede Art besteht aus einer Bogenstange, die mit einer einzigen Saite und mit einer Kalebasse als Resonator versehen ist, wobei die Saite leicht mit einem steifen Grashalm oder einem dünnen Zweig geschlagen wird. Bei der ersten Art läuft die Saite von dem einen bis zum anderen Ende des Bogens, während die Kalebasse nahe dem unteren Ende befestigt ist. Die Saite gibt, wenn sie berührt wird, den Obertonklang, und ein zweiter Klang kann durch Drücken auf das untere Ende der Saite erzeugt werden, was als ein erster Versuch des Greifens angesehen werden kann. Bei der zweiten Art wird die Saite durch eine Schlinge nach der Bogenstange hin, ungefähr in der Mitte der Saite, angezogen, die Kalebasse an diesem Punkt der Bogenstange angebracht. Wird nun die Saite entweder oberhalb oder unterhalb dieses Befestigungspunktes geschlagen, so ergibt sie zwei Obertonklänge, während ein dritter Klang durch Drücken auf den unteren Teil der Saite in der Nähe des Punktes, an dem die Saite zur Bogenstange hin angezogen ist, erzielt werden kann. Beide Typen, allerdings hauptsächlich die erste Art, werden zur Begleitung der menschlichen Stimme, entweder für Solo- oder Chormusik, angewandt. Die Vokalmelodie basiert auf den unteren Partialtönen der zwei (oder drei) Obertonklänge, die das Instrument hervorbringt. Noch einmal wird hier der gewaltige Einfluß vor Augen geführt, den die *Obertonreihe* auf die Musik ausgeübt hat, und zwar sowohl auf die vokale als auch auf die intrumentale.

Gruppe 2 umfaßt ebenfalls zwei Varianten. Die erste, die ursprünglich eine Erfindung der Hottentotten war und die augenscheinlich von den benachbarten Tswana-Stämmen übernommen wurde, wird im einzelnen bei den Hottentotten besprochen. Wie bereits gezeigt wurde, gibt die Saite dieses Instruments durch leichtes Schlagen mit einem Grashalm oder dünnen Zweig in der Nähe ihres unteren Endes einen Obertonklang, dessen Grundtonhöhe durch Auflegen des Kinns auf den oberen Teil der Saite verändert werden kann. Aber durch Berühren der Saite mit den Handknöcheln an verschiedenen Schwingungspunkten können einige Obertöne der Saite ausgesondert und diese mit den Grundtönen zu einfachen Melodien von großem Umfang verarbeitet werden, deren Verlauf allein durch physikalische Erwägungen bestimmt ist. Weit häufiger wird aber das Instrument als Begleitung zur Singstimme gebraucht. Die zweite Variante dieser Gruppe, die verhältnismäßig neuen Ursprungs zu sein scheint, besteht aus einem hohlen Holz- oder manchmal auch Bambusrohr, das mit einer Drahtsaite und einem Stimmwirbel versehen ist. Die Saite wird in Vibration versetzt vermittels eines kleinen Holzbogens, der mit Kuhschwanzhaaren bezogen ist; das bessere Angreifen der Bogenhaare wird durch Bogenharz bewirkt. Ursprünglich diente der Mund als Resonator, wie es noch bei den Venda üblich ist; aber in neuerer Zeit wird eine kleine Paraffin-Dose als Resonator benutzt und das Instrument an die Schulter gehalten. Die Spieltechnik ist eigenartig. Durch kreisförmige Streichbewegungen des Bogens können die Obertöne ausgesondert und bei geschickter Handhabung kleine Melodien gespielt werden. Durch Drücken der Saite nahe ihrem unteren Ende können Obertöne eines bzw. zweier so hinzugefügter Grundtöne erzeugt und somit der Spielraum der von dem Spieler erdachten Melodien erweitert werden. Diese Grundtöne werden jedoch normalerweise nicht gebraucht.

Gruppe 3 umfaßt vier Varianten. Die erste Art besteht aus einer Bogenstange aus hohlem Schilfrohr, welche mit einer Saite aus einer Tiersehne oder Pflanzenfaser bespannt ist. Das Instrument wird horizontal mit dem einen Ende des Bogens vor den geöffneten Mund gehalten, der als Resonator dient, während die Saite mit dem Zeigefinger gezupft wird. Dadurch daß die Mundhöhle in ihrer Größe verändert werden kann, können die einzelnen Obertöne gleichzeitig mit dem Grundton zum Erklingen gebracht werden. Durch Drücken auf die Saite in der Nähe des dem Mund entgegengesetzten Endes kann man noch ein oder zwei auf diese Weise erzeugte Grundtöne samt ihren Obertönen erhalten. Aber in allen Fällen sind die Obertöne mit ihren Grundtönen gleichzeitig hörbar. Die sich daraus ergebende Musik besteht aus einer *elementaren Mehrstimmigkeit*, in welcher der Verlauf der Stimmen und die Folge der Intervalle einzig und allein von Naturgesetzen bestimmt sind. Diese Art von Saiteninstrumenten ist ausnahmslos bei allen Bantustämmen Südafrikas zu finden. Der zweite Typ ist ein Bogen von besonderer Konstruktion. Der Bogen besteht entweder aus einem Stück harten Holzes, welches nach den Enden zu dünner wird, wobei ein dickes Mittelstück stehen bleibt, oder aber aus einem kurzen, dicken Stück Holz, in dessen Enden dünne, biegsame Gerten aus Holz oder Schilfrohr hineingepaßt sind. Die Saite, die heutzutage meistens aus Draht besteht und in früheren Zeiten aus einer Sehne oder sogar aus Giraffenhaar hergestellt wurde, ist nahe der Mitte einwärts gezogen. Das Instrument, das an den Mund gehalten wird, wie im Falle des eben beschriebenen Instruments, wird auf ähnliche Art gespielt, wobei der Mund als Resonator dient, während die Saite mit dem Finger oder mit einem Dorn-Plektrum angerissen wird. Da die Saite zum Bogen hin einwärts gezogen ist, können zwei Grundtöne, jeder mit seinen Obertönen, hervorgebracht werden, wobei der Spieler durch seine Mundstellung den jeweils gewünschten Oberton bestimmt. Durch Drücken auf die Saite kann die Tonhöhe des Grundtones erhöht werden. Die sich daraus ergebende Musik ist wiederum mehrstimmig. Die dritte Art ist ein kurzer Bogen aus festem Holz mit dünneren Enden, die scharf nach oben gebogen sind und dem Bogen das Aussehen eines platten, wenn auch breiten Buchstabens U geben. Der Mittelteil des Bogens ist der Länge nach auf einer Seite eingekerbt. Von dem einen zum anderen Ende des Bogens wird die flache Rippe eines Palmblattes in feuchtem Zustand aufgespannt, auf der, wenn sie getrocknet ist, gespielt werden kann. Der Spieler hält das Instrument horizontal, so daß das eine Ende der Palmblattrippe quer vor seinem geöffneten Mund liegt, während er durch das Hin- und Herreiben mit einem Stock über die Kerben des Bogens die Palmblatt-Saite in Vibration versetzt. Hierbei erklingt der Grundton zusammen mit den Obertönen, wobei durch Veränderung der Luftmenge in der Mundhöhle die Auswahl der Obertöne vorgenommen wird. Die Tonhöhe des Grundtones kann durch Greifen in der schon beschriebenen einfachen Weise verändert werden. Auch hier ist eine elementare Zweistimmigkeit, welche durch Naturgesetz bestimmt ist, das Ergebnis. Die vierte Form besteht aus einem kurzen und harten hohlen Schilfrohr. In das eine Ende ist eine dünne, biegsame Gerte aus Holz oder Schilfrohr eingelassen. Eine Saite aus Pflanzenfaser oder auch gedrehten Binsen ist an dem unteren Ende des starren Rohres befestigt und nach der Spitze der biegsamen Gerte, die sich dadurch krümmt, gespannt. Die Saite wird gestrichen vermittels eines kurzen Maisrohrs (Zea-Mais), dessen rauhe Oberfläche die genügende Reibung schafft. Wie in dem Fall der eben besprochenen Typen werden durch die Saite sowohl der Grundton als auch die Obertöne erzeugt. Der Grundton wird durch Drücken auf die Saite und die Obertöne durch die verschiedene Größe der Mundhöhle verändert, welche auch hier die Funktion eines Resonators hat. Die Musik, die auf diesem Instrument gespielt wird, ist ebenfalls eine einfache Art von Zweistimmigkeit.

Eine geschlossene Untersuchung der Mehrstimmigkeit der vier Typen der Instrumente von Gruppe 3 gibt Aufschluß über einige frühe europäische Musizierformen, die bis jetzt nur zum Teil erklärbar waren. Kirby hat viele der auf den Instrumenten gespielten Stücke sorgfältig analysiert und konnte folgende vorherrschenden *Prinzipien im Verlauf der beiden Stimmen* feststellen (zur Vereinfachung der Beschreibung der gebrauchten Intervalle ist die Unterstimme um eine Oktave höher transponiert).

1. Normalerweise werden nur vollkommene Konkordanzen benutzt. Diese sind a) Einklang, b) Oktave, c) Quinte.
2. Wenn eine Note der Unterstimme wiederholt wird, so besteht die Oberstimme a) ebenfalls aus wiederholten Tönen oder schreitet b) von der Quinte in die Oktave und möglicherweise c) von der Oktave in die Quinte (obgleich Kirby hierfür kein Beispiel gefunden hat).
3. Wenn die Unterstimme um einen Ton steigt, geht die Oberstimme a) in Oktaven mit der Unterstimme, b) in Quinten mit der Unterstimme, c) von der Quinte zum Unisono.
4. Wenn die Unterstimme um einen Ton fällt, geht die Oberstimme a) im Unisono mit der Unterstimme, b) vom Unisono zur Oktave, c) in Quinten mit der Unterstimme.
5. Wenn die Unterstimme um eine Terz nach oben steigt, geht die Oberstimme a) von der Oktave zur Quinte, b) von der Quinte zum Unisono, c) von der Quinte zur Oktave.
6. Wenn die Unterstimme um eine Terz nach unten fällt, geht die Oberstimme a) vom Unisono zur Quinte, b) in Quinten mit der Unterstimme und möglicherweise c) vom Unisono zur Oktave (wenngleich Kirby hierfür kein Beispiel gefunden hat).

Das Terzintervall kommt im Zusammenklang grundsätzlich nicht vor. Durch diese Analyse scheint die Existenz eines bestimmten *Schemas der Mehrstimmigkeit* aufgezeigt zu sein, welches von physikalischen Gesetzen abhängig und dem die elementare Vokalmusik der Bantu großenteils gefolgt ist. Überdies scheinen die Prinzipien der Stimmfortschreitung und der verwendeten Intervalle den Prinzipien des »Neuen Organum« im 12. Jahrhundert zu entsprechen. Im besonderen scheinen diese Prinzipien eine vollkommene Analogie zu denjenigen zu zeigen, die in den Randbemerkungen der Handschrift aus dem Pariser Kloster St. Victor 813 (Paris, Bibliothèque Nationale, lat. 15139) niedergelegt sind, nur daß der anonyme Verfasser die für das »Alte Organum« charakteristischen parallelen Oktaven und Quinten verwarf, die aber noch heute die Hauptmerkmale der Bantumusik bilden.

Das Studium der *Vokalmusik* der Bantustämme Südafrikas wird durch die Tatsache erschwert, daß die Bantu viele Jahre hindurch in enger Beziehung mit Europäern gelebt und dadurch ein gut Teil europäischer Musik aufgenommen haben. Während aber die auf einheimischen Instrumenten gespielte Musik im allgemeinen ihren alten Charakter behält, weil sie von Naturgesetzen bestimmt wird, verrät die Vokalmusik in vielen Punkten den fremden Einfluß. Dies ist besonders auffällig bei Ensemblemusik in den Missions-Gebieten oder in städtischen Bezirken, in denen europäische Musik häufig durch Aufführungen oder durch mechanische Wiedergabe zu hören ist. Im allgemeinen kann gesagt werden, daß die ursprüngliche Vokalmusik der Bantu noch zu hören ist entweder beim Gesang eines Einzelnen (denn europäischer Sologesang scheint bei den Bantu keinen Eindruck hinterlassen zu haben) oder bei Arbeitern, die zu irgendeiner gemeinsamen Arbeit, in städtischen Bezirken oder in ihren Siedlungen, vereint sind. Christliche Choralmusik und gewisse städtische Chormusikformen zeigen immer europäischen Einfluß, selbst wenn sie von schwarzen Afrikanern komponiert sind.

In den Bantu- und Hottentotten-Sprachen bestimmen die *Tonhöhen*, auf denen die Wortsilben ausgesprochen werden, weitgehend die Bedeutung dieser Worte, und diese Tatsache hat durch lange Zeit die Natur der Vokalmelodien der Bantu beeinflußt. Es kann in der Tat festgestellt werden, daß die Melodien der ältesten Zeremonialgesänge, die in der Regel selbst von einer großen Sängergruppe unisono vorgetragen wurden, durch die Sprechtöne der Wortsilben geformt und diese wiederum von den Melodien verziert wurden. Wo der Versuch einer Mehrstimmigkeit in der Vokalmusik gemacht wurde, scheint eine Art von Quinten-Organum, das sich in den Grenzen einer pentatonischen Leiter entwickelt hat, die Grundlage zu sein. Der Grund für einen solchen Parallelismus ist nicht schwer zu erkennen. Da der Sprechton in hohem Maße die Wortbedeutung bestimmt, folgt daraus, daß die Stimmen der Sänger in Parallelen fortschreiten müssen. Unter diesen Umständen ist eine echte Mehrstimmigkeit unmöglich und kann sich nicht eher entwickeln, als der Ton aufhört, ein vorherrschender Faktor in der Sprache zu sein und der Akzent an seine Stelle tritt. Die Übertragung europäisch-christlicher Gesänge durch Missionare in die verschiedenen Bantu-Sprachen unter Beibehaltung der originalen vierstimmigen Satzweise muß so gehalten sein, daß beides, nämlich Wort und Gesang, geändert werden, denn das metrische System der europäischen Kirchengesänge ist im allgemeinen dem der Bantu-Sprachen vollkommen entgegengesetzt. Als Ergebnis hört man gewöhnlich Bantu-Chöre Kirchenlieder singen, in denen die Wortakzente verkehrt sind und die Melodien, auf die sie gesungen werden, den natürlichen Sprechtönen der Wortsilben Gewalt antun.

Die *Bantu-Gesänge* behandeln viele Ereignisse des Volkslebens und sind bei allen Stämmen ähnlich. Die Nguni, die die Swazi, Zulu und Xhosa umfassen, können als typisch hierfür angesehen werden. Bei diesen Völkern begleitet der Gesang den Menschen von der Wiege bis zum Grabe. Die Mutter singt Wiegenlieder, die Kinder haben ihre eigenen Lieder und Kinderspiele. Wie in den alten Tagen der Singfabel schließen ihre Geschichten oft kleine Lieder ein, um die Wirkung zu erhöhen. Die Viehhirten haben ihre eigenen Gesänge, und die Mädchen gleichen Alters singen ebenfalls bei ihrer Arbeit. Beide Geschlechter nehmen an den Initiationsgesängen teil. Es gibt Brautwerbe- und Hochzeitsgesänge. Verheiratete Männer und Frauen haben noch heute ihre Gesänge bei der Arbeit, sei es nun zum Pflücken, Hacken, Dreschen oder Holzfällen. Dazu kommen Trinklieder und Totenklagen. In früheren Zeiten, als Kriege häufig waren, wurden regelmäßig Klan-Gesänge gesungen, darunter Lieder auf Häuptlinge, Jagd- und Kriegslieder. Die zuletzt genannten umfassen Gesänge vor und nach der Schlacht, während bei der eigentlichen Schlacht nur Kriegsgeschrei ausgestoßen wurde. Endlich wurden alle magischen Riten, die von den Medizinmännern ausgeübt wurden, von Gesang begleitet. Da diese Zauberkunst heutzutage durchaus noch nicht verschwunden ist, kann man solche Gesänge noch jetzt hören. Typische Sololieder, die gewöhnlich vom Sänger improvisiert wurden, sind die Wiegen-, Hirten- und Brautlieder. Andere, die mit dem Kralleben verbunden waren, werden von kleinen Gruppen, Stammesgesänge von großen Chören gesungen. Letztere zeigen gewöhnlich die elementare Mehrstimmigkeit, die gelegentlich Anzeichen einer größeren Freiheit beim Singen der verschiedenen Stimmen und eine Tendenz zur Einführung der Antiphonie und selbst einer einfachen Imitation erkennen lassen. Die Stimme, die von der Mehrzahl der Sänger gesungen wird, heißt »vuma« (ein Bantu-Wort, das »übereinstimmen« bedeutet). Diese »übereinstimmende« Stimme ist das, was man als cantus firmus bezeichnen würde. Die allgemeine Anwendung der Baritonstimme (der Stimme eines durchschnittlichen Mannes), die in der Tiefe bis zum *G* des Basses geht, einen Umfang von nahezu zwei Oktaven hat und als Grundstimme für den Zeremonialgesang dient, zeigt Analogien zu dem griechischen Choralgesang und den Praktiken der gregorianischen Choristen der frühchristlichen Zeit.

Die *Komposition* der Bantu-Gesänge ist in manchen Fällen Sache eines Berufskomponisten. Da die Bantu ursprünglich keine Schriftsprache und auch keine Notenschrift besaßen, waren und blieben solche Gesänge immer der Gefühlsausdruck eines Einzelnen. Mehrstimmige Gesänge andererseits stammten ursprünglich ebenfalls von einem Einzelnen, der seine neue Schöpfung seinen Freunden vorsang. Diese stimmten dann mit ein, indem sie eine zweite Stimme oder mehrere Stimmen in Übereinstimmung mit den Grundprinzipien der Mehrstimmigkeit der Bantu dazu improvisierten nach Richtlinien, die bereits aufgezeigt wurden. Von größter Bedeutung bei den Gesängen der südlichen Bantu, seien es nun Solo- oder Chorlieder, ist, daß die Form durch die Länge eines einfachen musikalischen Gedankens bestimmt wird und daß der Rhythmus verhältnismäßig einfach ist. Modulationen kommen niemals vor. Komplexere musikalische Formen sind auf europäischen Einfluß zurückzuführen. Das gleiche gilt für Modulationen. Da die ursprünglichen Leitern *pentatonischen Charakter* hatten und kein Intervall enthielten, welches kleiner als ein Ganzton ist, erzeugt die europäische diatonische Leiter immer noch Verwirrung bei den Bantu Südafrikas, soweit es die Intonation betrifft, und chromatische Musik ist ihnen nahezu unverständlich. Nach Beobachtung von Kirby setzten Chorsänger, wenn sie einem ungewöhnlichen Zusammenklang oder einer ungewöhnlichen Umkehrung eines ihnen vertrauten Klanges gegenüberstanden, einen anderen dafür an seine Stelle, der ihnen vertrauter war.

Eine seltsame Praxis wurde bei den Venda von Nordtransvaal gefunden. Während der Initiationszeremonien der Venda-Mädchen ist den männlichen »Clowns«, die bei dieser Gelegenheit tanzen, nicht erlaubt zu sprechen. Sie dürfen sich nur durch leises Pfeifen verständigen. Sie tun dies, indem sie das Steigen und Fallen des Sprechtons der Worte oder kurzer Phrasen, die sie sich zuflöten, nachahmen. Diese Nachahmung ist zwar sehr echt, ihre Möglichkeiten sind jedoch begrenzt. Diese Praxis zeigt klar die enge Verbindung, die zwischen der *Sprache* und dem *Gesang* der Bantu besteht.

Percival R. Kirby
(Übersetzung aus dem Englischen von Friedrich Hornburg)
Südafrika II: Buschmann- und Hottentottenmusik

Zu den ältesten Bewohnern Südafrikas gehören die *Buschmän-ner*, ein Jägervolk, das sich ursprünglich über den größten Teil Südafrikas verbreitet hatte, heutigen Tages aber auf die Kalahari-Steppe und die Nachbargebiete beschränkt ist. Die Hauptwaffe des Buschmanns war der *Schießbogen,* mit dem er seine vergifteten Pfeile abschoß. Unter glücklichen Umständen ergab die Bogensehne, wenn sie in voller Spannung gezupft wurde, einen Ton mit einer Anzahl von Obertönen, besonders 4 bis 9, die der Buschmann durch die Resonanz seiner Mundhöhle, deren Volumen er dem Zweck entsprechend veränderte, verstärken konnte. Die Buschmänner der Kalahari-Steppe gebrauchen den Schießbogen tatsächlich in der beschriebenen Weise als *Musikbogen.* Durch diesen Brauch werden zweifellos zwei bedeutsame Punkte gekennzeichnet: die Entwicklung eines Musikinstruments aus einem Gebrauchsgegenstand und außerdem die Erkenntnis und praktische Anwendung der Obertöne. Die Abbildung eines Mannes mit Bison an der Wand der Höhle Trois-Frères bei Montesquieu in Frankreich, eine Malerei aus der Magdalenien-Epoche, zeigt eben diese Art der Musikübung in vorgeschichtlicher Zeit. Diese Erkenntnis und die Anwendung der Obertöne durchdrang die ganze Buschmannmusik, sowohl die instrumentale als auch die vokale, mit Ausnahme der Klänge ihrer einfachen Blasinstrumente, deren Töne auf Zufall beruhen, wie bei den Signalpfeifen (einfache Hirtenflöten), welche aus den Hörnern junger Antilopen oder aus den Kielen von Straußenfedern gefertigt sind, oder wie bei den primitiven Okarinas aus kleinen Steppenkürbissen. Wenn der Schießbogen als Musikinstrument gebraucht wird, gibt es zwei Spielarten. Bei der ersten hält der Buschmann den Bogen horizontal, wobei er das eine Ende des Bogens quer vor den offenen Mund legt. Wenn er nun die Saite in der Nähe des entgegengesetzten Endes mit dem Finger anreißt, verstärkt er die verschiedenen Partialtöne (4–9) vermittels seines Mundes und bringt so einfache, kleine rhythmische Melodien hervor, die auf den Obertönen basieren, einschließlich des 7. Partialtones; gleichzeitig ist er sich des Grundtones der Saite bewußt, welcher als Bordunton dient. Er verändert bei dieser Art, den Bogen zu gebrauchen, nicht die Tonhöhe durch Greifen auf der Saite, sondern gibt sich damit zufrieden, die Obertöne eines einzigen Grundtones gegeneinander auszutauschen. Die Musik, welche mit dem Schießbogen solcherweise hervorgebracht werden kann, scheint mehr oder weniger planlos. Der alte Buschmann, den Kirby 1936 in der Kalahari-Steppe hörte, schien schon damit zufrieden, die Obertöne auszutauschen, ohne sich um eine Wiederholung der Phrasen zu kümmern. Vermutlich kommt jedoch solche Wiederholung gelegentlich vor. Die zweite Art, auf dem Schießbogen Musik zu machen, wie sie von den Buschmännern ausgeübt wird, besteht darin, daß der Bogen vertikal gehalten wird. Die Stange des Bogens wird mit der linken Hand nahe dem unteren Ende gefaßt und die Mitte der Stange gegen eine Kalebasse (heutzutage eine leere Konservendose) gedrückt, deren offene Seite auf der Brust des Spielers liegt. Die Saite wird leicht mit einem kurzen steifen Grashalm, der in der rechten Hand gehalten wird, geschlagen, wodurch der Klang erzeugt wird. Um die Tonhöhe der Saite zu verändern, drückt der Spieler mit Daumen und Zeigefinger seiner linken Hand auf die Saite. Der Tonhöhenunterschied der leeren Saite gegenüber der gegriffenen Saite ist verschieden, doch beträgt er gewöhnlich einen Ganzton oder eine kleine Terz. Aber auch ein ungewöhnlicher Kunstgriff wird von dem Spieler angewandt, wodurch der Charakter der auf diesem Instrument gespielten Musik vollkommen verändert wird. Indem die Bogenstange leicht nach abwärts bewegt wird, wird der Resonator vom Körper des Spielers entfernt, so daß seine Öffnung mehr oder weniger frei liegt. Das hat die bemerkenswerte Wirkung, daß der Spieler in die Lage versetzt ist, gewisse durch die Saite erzeugte Töne der Obertonreihe herauszulösen und zu verstärken; gleichzeitig hört man den Grundton entweder der leeren oder gegriffenen Saite. Das Ergebnis ist eine *einfache Zweistimmigkeit.* Die Unterstimme wird durch den abwechselnden Gebrauch von zwei Grundtönen gebildet, während die Oberstimme dazu die ausgewählten Obertöne dieser beiden Grundtöne bringt. Diese Art der Mehrstimmigkeit ist natürlich physikalischen Gesetzen unterworfen, und ihre Untersuchung zeigt eine enge Beziehung zu gewissen musikalischen Praktiken des europäischen Mittelalters, wie später zu zeigen sein wird. Die auf diese Weise mit dem Schießbogen erzeugte Musik hat eine bestimmte *Form,* obgleich sie auf eine einfache Phrase beschränkt ist. Diese Phrase wird kontinuierlich wiederholt, wobei die Unterstimme stets die gleiche bleibt, und die einzige Veränderung die gelegentliche Auswahl anderer Obertöne in der Oberstimme bei sonst regelmäßigem und unverändertem Baß ist. Eine sehr bemerkenswerte Tatsache sei noch erwähnt. Die Untersuchung einer Anzahl von *Liedern*, welche auf diesem Instrument gespielt wurden (denn der Schießbogen wurde, wenn er in dieser Art gebraucht wurde, zeitweilig zum Musikinstrument), offenbart die Tatsache, daß die erste Hälfte der Phrase, die das musikalische Muster bildet, entweder in der gleichen Art wie die zweite gegriffen wird, oder aber daß beide Teile einander entgegengesetzt gegriffen werden. Durch diese Tatsache ist eine physiologische Grundlage wenigstens für den einfachsten Typus einer musikalischen Form gegeben.

Auch die *Vokalmusik* der Buschmänner scheint auf den Obertönen zu beruhen, wie sie auf dem Schießbogen erzeugt werden, wenn dieser zu musikalischen Zwecken verwendet wird. Die generelle Leiter, die durch Vergleichen von 9 typischen Chorliedern abgeleitet wurde, die entweder unisono oder zweistimmig gesungen wurden, war entschieden pentatonisch. Diese Leiter,

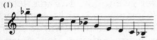

die sich auf natürliche physikalische Gesetze gründet, scheint eine der ursprünglichsten, wenn nicht sogar die einfachste Art einer *pentatonischen Leiter* zu sein. Nur Frauen haben Anteil an diesen Chorgesängen, die ohne Worte lediglich auf Vokalisen gesungen werden. Ein auffälliges Merkmal ist das »Jodeln«, eine Erscheinung, welche von den Reisenden William J. Burchell (1812) und James Edward Alexander (1837) festgestellt wurde. Ersterer bemühte sich, diese Praxis in Noten zusammen mit Wortsilben aufzuzeichnen, letzterer nur die Wortsilben; da aber keiner das Wort »Jodeln« kannte, welches zu jener Zeit noch keinen Eingang in die englische Sprache gefunden hatte, war dieses Phänomen bisher der Aufmerksamkeit der Anthropologen entgangen, bis es 1936 von Kirby beobachtet und beschrieben wurde. Die Vorsängerin beginnt den Gesang leise mit einem rhythmischen *Melodie-Modell*, welches unveränderlich auf der oben schon angedeuteten Leiter beruht. Sie führt ihn weiter, indem sie eine einfache rhythmische Phrase einführt, in der die in dem Melodie-Modell angedeuteten Einfälle entwickelt werden, wobei sie den Rhythmus durch Händeklatschen angibt. Sobald sie die Melodie festgelegt hat, welche gewöhnlich aus einer sechstaktigen Phrase im Dreiertakt besteht, fallen die übrigen Frauen ein, indem sie versuchen, ihr im Unisono zu folgen, die Originalphrase ständig wiederholend, bis irgendeine energische Sängerin eine neue Phrase von gleicher Länge einführt, die von den anderen nach und nach aufgegriffen wird. In einigen Gesängen wurden 4 solcher Phrasen festgestellt, deren Wechsel, soweit dieser erkennbar wurde, zufällig war. Alle diese Chorgesänge werden von den Sängerinnen durch *Händeklatschen und Tanzschritte* begleitet.

Der Buschmann hat auch einen gewissen Teil fremder Musik aufgenommen. Kleine Volkslieder mit afrikanischem Text und selbst Kirchenlieder kann man ihn oft singen hören. Wenn er

51

aber singt, bedient er sich der europäischen Leiter, indem er
eine primitive Art, Musik zu machen, für dieses Mal ablegt.
Wenn er aber zu den ihm eigenen Gesängen zurückkehrt, findet
sich darin keine Spur europäischen Einflusses.

Eine zweite Gruppe südafrikanischer Eingeborener, deren
Musik erörtert werden muß, sind die *Hottentotten*. Im Gegensatz
zu den Buschmännern waren sie halbnomadische Hirten. Drei
Zweige der Hottentotten-Rasse hat es anscheinend seit frühester
Zeit in Südafrika gegeben, die Gonaqua, die Korana und die
Namaqua. Der erste dieser Zweige scheint das Küstengebiet der
Algoa Bay bis zum Great Kei River bewohnt zu haben, ist aber
heute vollkommen ausgestorben. Der zweite, die Korana, lebte
vermutlich in dem Gebiet zwischen Kapstadt und der Mossel Bay,
als die Portugiesen 1497 nach Südafrika kamen, wurde aber
durch die Macht der Umstände nordwärts gedrängt und gleichfalls dezimiert; heutigen Tages trifft man nur mehr wenige,
vollkommen entwurzelt, an den Ufern des Vaal River entlang
verstreut an. Der dritte Zweig, die Namaqua, lebte und lebt
auch heute noch in dem südwestlichen Gebiet Südafrikas und im
Westen der Kalahari-Steppe, obgleich auch er leider bis auf eine
geringe Zahl zusammengeschmolzen ist. Als Vasco da Gama im
Dezember 1497 in dem heute als Mossel Bay bekannten Gebiet
landete, stieß er auf eine Anzahl Hottentotten, möglicherweise
Korana, welche ihn mit einem Ensemble von *Rohrflöten* empfin-
gen. Es waren vier oder fünf, die akkordisch gespielt wurden.

Kirby hat diese Ensembles gründlich und über viele Jahre
hinweg studiert. Jede Flöte war eine einfache geschlossene Pfeife,
ursprünglich aus Schilfrohr, und vermittels eines beweglichen
Stöpsels gestimmt, der aus gekauten Pflanzenfasern bestand und
in das untere Ende der Flöte eingepaßt wurde. Von jeder Flöte
wurde nur ein einziger Ton hervorgebracht, und jeder Spieler war
verantwortlich für seine einzige Note. Nach Sammlung aller
verfügbaren Bruchstücke von Berichten der Reisenden aller
Zeiten und nach dem Besuch aller Gebiete, in denen diese
Ensembles heute noch zu hören sind (sie sind nämlich von
gewissen Bantu-Stämmen und selbst von gewissen Buschmännern
übernommen worden), konnte mit ziemlicher Sicherheit festgestellt werden, daß die Leiter, nach der diese Flöten gestimmt
waren, aus vier Tönen bestand, die in der Höhe und Tiefe
verdoppelt werden konnten. Es läßt sich hieraus leicht ersehen,

(2)

daß diese Leiter vom 3. und 4. Oberton zweier Obertonreihen
abgeleitet ist, deren Grundtöne um einen Ton voneinander

unterschieden sind. Noch heute werden die Rohrflöten der Namaqua (die, da Rohr in den Wüstengebieten, in denen sie jetzt leben, nicht mehr zu beschaffen ist, aus Akazienrinde gemacht werden) und der Tswana (Betschuana), welche sie von den Korana ungefähr am Ende des 18.Jahrhunderts übernahmen, auf diese Leiter gestimmt. Die Flöten der Tswana bewahren diese alte Stimmung genau, aber die Namaqua stimmen nur die größeren Instrumente in dieser Weise. Sie nehmen eine Anzahl »Triller-Pfeifen« von kleinerem Format hinzu (ein Mann handhabt mehrere von ihnen), in Nachahmung der Konzertina, wie sie sagen. Diese »Triller-Pfeifen« müssen jedoch erst ungefähr im 4.Jahrzehnt des 19.Jahrhunderts eingeführt worden sein.

Die Hottentotten scheinen in den frühen Tagen südafrikanischer Geschichte weder Saiten-Instrumente gefertigt noch gebraucht zu haben. Der Grund hierfür mag in der Tatsache liegen, daß sie ursprünglich keinen Schießbogen benutzten. Als die Portugiesen 1497 landeten, fanden sie die Hottentotten mit Holzspeeren bewaffnet, deren scharfe Spitzen durch Feuer gehärtet waren. Bis 1622 erfährt man nichts von dem Gebrauch eines »unkriegerischen« Bogens. Zweifellos wurden die Hottentotten durch die unmittelbare Berührung mit dem Feind, den Buschmännern, die eine weittragende Waffe besaßen, gezwungen, diese zu übernehmen, und nachdem dies geschehen war, verwerteten sie bald deren musikalische Möglichkeiten. Tatsächlich stößt man 1686 erstmals auf die Beschreibung eines neuen Musikbogens, eine Erfindung der Hottentotten, der weder zur Jagd noch zu Kriegszwecken verwendet werden konnte. Dies war die berühmte »gora«, ein *Saiten-Blasinstrument*, welches für Südafrika eigentümlich ist, oft fälschlicherweise den Buschmännern zugeschrieben wird, die es aber, genau wie einige der Bantu-Völker, später von den Hottentotten übernommen haben. Die Gora besteht aus einem Bogen, dessen Stange ungefähr drei Fuß lang ist. An der Saite, die aus einer Sehne gefertigt ist, wird an einem Ende ein spatelförmiges Stück eines flachen Federkiels befestigt, dessen Spitze an der Bogenstange angebracht ist. Das andere Ende der gespannten Saite ist an der Bogenstange festgemacht. Der Spieler hält das Federkiel-Ende an den Mund und nimmt den Federkiel zwischen die geöffneten Lippen, ohne jedoch die Zähne zu berühren. Dann atmet er sehr stark ein. Hierdurch wird der Federkiel zum Schwingen gebracht und mit ihm die Saite, die auf diese Weise die Obertöne ihres Grundtons erklingen läßt. Die Obertöne, die gewöhnlich gebraucht wurden bzw. gebraucht werden, sind die Teiltöne 5–9 der Obertonreihe einschließlich natürlich des 7.Teiltons. Unter den vielen Reisenden, die dieses Instrument im Laufe der Jahre beschrieben haben, trifft keiner dessen wahre Natur besser als Martin Heinrich Karl

Lichtenstein, der beobachtete, daß dieselbe Reihe von Tönen auch in der Vokalmusik der Hottentotten vorkam, denen er begegnete. Das ist sehr wichtig, da allem Anschein nach dieses neue Merkmal erst im 17.Jahrhundert in die Musik der Hottentotten eingedrungen ist. Hier kommt man noch einmal mit der Kenntnis und dem Gebrauch der Obertonreihe in unmittelbare Berührung. Unter den Hottentotten gibt es heutzutage nur noch ganz wenige Spieler dieses Instruments.

Nachdem der Bogen als Waffe übernommen und ein mit einer Saite bespanntes Musikinstrument neuer Art erfunden war, gingen die Hottentotten dazu über, auf dem Bogen auch Musik auf andere Arten zu machen. Die erste Art glich der von den Buschmännern angewandten Methode, die wahrscheinlich von diesen übernommen worden war. Die zweite Art war aber neu. In diesem Fall war der Bogen für den Musikgebrauch besonders hergerichtet worden. Die Bogenstange war dünner als bei einem gewöhnlichen Schießbogen, und die Saite wurde so gespannt, daß die Bogenstange beinahe zu einem Halbkreis gekrümmt war. Dann setzte sich der Spieler auf den Erdboden, indem er das untere Ende des halbkreisförmig gebogenen Bogens auf einen leeren Milchschlauch aus Leder oder auf eine umgestürzte Holzschüssel stützte, die als Resonator dienten. Er hielt den Bogen mit dem rechten Bein fest, das er über die Stange legte und auf diese drückte. Dann berührte er das untere Ende der Saite leicht mit einem Schilfrohr oder Strohhalm und erhielt so den Grundton. Durch leichtes Berühren der Mitte der Saite mit dem zweiten Glied des Zeigefingers der linken Hand und durch nochmaliges Streichen der Saite mit dem Schilfrohr konnte er den zweiten Partialton der Obertonreihe erzeugen. Dann konnte er, indem er die Saite mit dem Kinn berührte, die Tonhöhe des Grundtones um einem Ton erhöhen und bei Berührung der Saite im Knotenpunkt die Oktave erzeugen. Er verfügte also über vier Töne, die er beliebig erklingen lassen konnte. Dieses sind die einzigen Töne, die erklangen, wenn dieses Instrument von den Hottentotten gespielt wurde. Aber das Instrument wurde auch häufig zur Begleitung der Singstimme benutzt und ergab einen kurzen *polyphonen Ostinato,* über dem der Sänger, der sich gewöhnlich selbst begleitete, ganz ungezwungen eine lange Melodie ersann, die mehr Sprache als Gesang war. C. Meinhof zeichnete mehrere dieser Gesänge auf, und Wilhelm Heinitz versuchte sie zu analysieren. Seine Bemühungen konnten jedoch keine bestimmte Vorstellung von der wahren Natur dieser Musik geben, denn Meinhofs unentwickelter Phonograph konnte die Töne des Instruments nicht aufnehmen, und Heinitz war demzufolge nicht über die harmonischen Probleme unterrichtet.

Die *Vokalmusik* der Hottentotten gibt eine Reihe schwer zu

beantwortender Fragen auf, da Schallaufzeichnung in früherer Zeit nicht möglich war, und die wenigen Beispiele aufgezeichneter Hottentotten-Gesänge praktisch alle einen fremden Einfluß, besonders von Missionaren, zeigen. Doch findet sich ein Schlüssel dazu in Lichtensteins Bemerkung bezüglich der Gleichheit der Leitern der Gora und des Hottentotten-Gesanges. Aber dies ist nicht alles. Obgleich die Obertonreihe sowohl für den Hottentotten als auch für den Buschmann den wesentlichsten Punkt seiner Musik bildete, war noch ein anderer Faktor von ungeheurer Bedeutung, als der Hottentotte Melodien mit Text zu singen begann. Dieser Faktor war der *Sprachton*, ein Phänomen, welches jahrhundertelang der Aufmerksamkeit selbst von Sprachforschern entgangen war, die sich zweifellos seiner bedienten, ohne das Problem richtig zu erkennen; denn in den Dialekten der Hottentotten wie auch in den Bantu-Sprachen wird die genaue Bedeutung eines Wortes durch die relativen Tonhöhen bestimmt, auf welchen die verschiedenen Silben ausgesprochen werden. Zwei Worte, die gleich ausgesprochen, aber verschieden intoniert werden, haben verschiedene Bedeutung; d.h. also, wenn ein Angehöriger einer Ethnie, deren Sprache den Sprechton als bestimmenden Faktor gebraucht, eine Wortphrase oder einen Satz zu singen versucht, muß seine Stimme dem Steigen und Fallen der Silben folgen, wie es beim Sprechen üblich ist, wobei er sie übertreiben oder auch auf Noten von bestimmter musikalischer Tonhöhe festlegen kann. Tut er dieses nicht, so wird die Bedeutung der Worte verändert oder geht sogar verloren. So mächtig ist der Einfluß des Sprechtons auf die Sprache der Hottentotten, daß, als Kirby einen alten Korana die alten Gesetze seines Volkes rezitieren hörte, die Tonhöhen der verschiedenen Silben klar ausgeprägt waren und mit vollkommener Genauigkeit in Noten niedergeschrieben werden konnten. Das Phänomen der *Abhängigkeit des Sprechtones von einer harmonischen Grundlage* ist am leichtesten zu beobachten, wenn ein Lied mit Begleitung des Musikbogens gesungen wird, der oben schon beschrieben wurde. Es gibt aber auch unbegleitete Melodien, die in ihren Merkmalen und in ihrer Beschaffenheit ebenso ausgeprägt sind, in denen aber die Melodiedisposition den Vorrang hat vor dem Sprechton. Zwei solcher Gesänge wurden von einem wohl über hundert Jahre alten Korana gesungen, nachdem dieser gefragt worden war, ob er die Töne singen könne, nach denen ehemals die Rohrflöten gestimmt worden seien. Die Worte waren vollkommen bedeutungslos, da sie augenscheinlich nur als Grundlage für die Töne dienen sollten. Was aber von ganz besonderer Wichtigkeit war, ist die Tatsache, daß die in der Melodie gebrauchten Töne ganz genau der Leiter entsprachen, in der die Rohrflöten der Hottentotten ursprünglich gestimmt waren. Nur die ältere Generation konnte noch die echten Hottentotten-Lieder singen; die jüngere Generation, besonders die Mädchen, bevorzugten europäische Gesänge, welche sie zweistimmig sangen. Es konnte festgestellt werden, daß die Korana-Hottentotten in ihrer Sprache getrennte Ausdrücke haben für das gleichzeitige Singen zweier Stimmen im Einklang oder auf verschiedenen Tönen. Es ist nicht überraschend, dieses in der Sprache einer Ethnie zu finden, die dafür bekannt ist, eine Art von Mehrstimmigkeit schon im 15. Jahrhundert angewandt zu haben.

ANDRÉ SCHAEFFNER
(Übersetzung aus dem Französischen von Karin Gries)
Westafrika

I. Abgrenzung des Gebiets Westafrika und allgemeine Beschreibung. – II.
Tonsysteme, musikalische Formen und Gebräuche. – III. Musikinstrumente

I. Abgrenzung des Gebiets Westafrika und allgemeine Beschreibung

Gemäß der üblichen Aufteilung hat Westafrika als Grenzen im
Westen die Atlantikküste, im Süden das große äquatoriale
Waldgebiet, im Osten den Tschad-See und das Becken von
Logone und Schari, im Norden die Oasen der Sahara; diese sind
von Negern bevölkert, die entweder eingeboren oder als Sklaven
aus dem Sudan (dem heutigen Mali) dorthin gebracht worden
sind. Jenseits dieser Grenzen erstrecken sich Länder, die von
Menschen der weißen Rasse (hauptsächlich Berbern) bewohnt
werden oder von Kongonegern, welche die Bantusprachen sprechen. So willkürlich diese Abgrenzung, die sich auf die natürliche
Geographie und ethnische sowie sprachliche Unterscheidungen
gründet, auch erscheinen mag, umfaßt sie doch eine Gesamtheit
von Gesellschaften, die eine gewisse Anzahl gemeinsamer Charakteristika aufweisen. Sie setzen sich im wesentlichen zusammen
aus Ackerbauern, die von ihrer Ernte leben, während einige
Volksschichten mehr oder weniger als Nomaden Viehzucht
betreiben oder sich dem Fischfang in den Flüssen widmen. Die
Jagd bleibt dem einzelnen überlassen und gibt keine Gelegenheit
zu Gemeinschaftsunternehmungen wie in Zentralafrika. Eine
Einheit bildet im allgemeinen das Dorf unter der Autorität
einiger Ältester, die auch für die Ausübung des Kultes sorgen.
Dieser besteht vor allem in Gaben und Opfern, die den Ahnen,
den »ersten Menschen«, welche man als die Begründer des
Dorfes ansieht, dargebracht werden. Die Jugendlichen, oft beiderlei Geschlechts, sind Initiationsriten von unterschiedlicher
Dauer unterworfen; in deren Verlauf können Unterweisungen
erteilt werden, die gleichermaßen der militärischen Vorbereitung
wie der musikalischen Erziehung dienen. Geheime Vereinigun-
gen, Maskenbünde offenbaren sich zu bestimmten Gelegenheiten; daran nehmen nur die männlichen Erwachsenen teil. So
erklärt es sich, daß die Riten der Feldbestellung (Fest der
Aussaat), der Initiationsfeiern und Maskenumzüge sowie die
Begräbnisriten die hauptsächlichen, ja sogar einzigen Gelegenheiten sind, wo Musik und Tanz eine hervorragende Rolle spielen.

Dennoch haben sich in verschiedenen Gegenden entweder durch den Zusammenschluß mehrerer Dörfer oder durch die Initiative einiger Eroberer kleine Königreiche oder große Feudalstaaten gebildet (Mali, Songhai, Mossi, Ghana, Abomey, Benin usw.), deren Könige und Oberhäupter einen Hofstaat haben und Berufsmusiker oder aus diesen zusammengestellte kleine Orchester unterhalten. In einige dieser Staaten ist der Islam eingedrungen, aber, stark abweichend von demjenigen in Nordafrika und im Vorderen Orient, sind durch ihn Aberglaube und alte Bräuche nicht völlig verdrängt worden. Die *Islamisierung* vollzog sich allmählich und fand ihre Verbreitung in der Hauptsache nicht durch Araber, sondern zunächst durch Berber, später durch die Peulvölker und schließlich durch echte Neger. So konnten durch den Islam nur wenige Elemente arabischer Musik eindringen, seien es Instrumente, Tonleitern oder Melodietypen. Z.B. haben sich die Oboe, die lange Trompete, die Pauke und die Geige in Westafrika wenig verbreitet. Instrumente des Hofes oder, wie im Falle der Geige, Instrumente der fahrenden Musiker oder der Sekten der Besessenen sind nicht über den islamischen Einflußbereich hinausgedrungen. Weder die Längsflöte arabischen oder altägyptischen Ursprungs, noch die Schnabelflöte wurden von den Afrikanern im Westen benutzt; sie spielen einzig und allein die Querflöte oder die Kerbflöte, die, eine wie die andere, rein afrikanischer Herkunft sein können. Was den Gesang anbetrifft, unterscheidet er sich sowohl durch den Klang der Stimmen als auch durch die Art der Verzierungen vom arabischen Gesang; zudem entspringen ihm primitive Formen der Mehrstimmigkeit, die ebenso im Spiel bestimmter Blasinstrumente erscheinen (Flötenduos, Trompetenorchester).

II. Tonsysteme, musikalische Formen und Gebräuche

Soweit man nach Tonaufnahmen oder nach an Ort und Stelle gemachten Beobachtungen urteilen kann, sind die *Tonleitern* in Westafrika auf zwei Typen zurückzuführen: eine den arabischen Modi sowie der europäischen Tonleiter fremde Heptatonik, die teilweise chromatisch gefärbt ist, und eine völlig reine Pentatonik ohne jede Abänderung, welche in ihrer dem javanischen »Slendro« sehr nahestehenden Form nur im Westen anzutreffen ist. Die Aufteilung beider Systeme ist regional bedingt; während die Bevölkerung der Savanne sich die heptatonische Tonleiter zu eigen machte, bleibt die des Waldes sowie des Gebirges der Pentatonik treu. Dieser kulturelle Gegensatz zwischen Savanne, Wald oder Gebirge zeigt sich auch bei der Analyse anderer musikalischer Merkmale.

Die *Initiationsriten* der Knaben und Mädchen sind besonders umfangreich bei den Völkern der Waldgebiete. In den Ländern der Savanne beschränkt sich die Initiation im allgemeinen auf die Beschneidung oder Exzision und auf eine Unterweisung von sehr kurzer Dauer (nicht viel mehr als zwei Wochen), während der kein wirklicher Unterricht musikalischer oder anderer Art gegeben werden kann. Anders bei denjenigen Völkern, die im Walde geblieben sind oder in Ermangelung dessen sich ein heiliges Wäldchen zu bewahren wußten, wo die Riten im Geheimen vollzogen werden. Dort bestehen Jungen und Mädchen physische Proben und erhalten einen langen künstlerischen Unterricht, der vor allem auf der Übung des musikalischen Gedächtnisses, der Tanzpraxis und sogar des mehrstimmigen Gesanges beruht. Die Tanzbewegungen werden vielfach durch Klangsignale bestimmt, deren Sinn die Nicht-Initiierten nicht verstehen können und die zu entschlüsseln die jungen Prüflinge gelernt haben. Diese Signale setzen sich aus kurzen rhythmischen Formeln von einem oder mehreren Tönen zusammen, die entweder durch Schlaginstrumente (Schlitztrommeln, Rasseln usw.) oder durch Musikbögen erzeugt werden und Eigennamen (von Personen oder Orten) bezeichnen, Richtungen angeben oder Bewegungen spezifizieren; all diese Dinge können der Choreographie, der Verständigung über eine große Entfernung und kriegerischen Handlungen dienen. Was die Gesänge betrifft, so werden die meisten einzig und allein am Ort der Unterweisung ausgeführt; die dazugehörigen Worte können geheim sein und werden oft von den Prüflingen selbst nicht verstanden. Diese Gesänge werden selten im Unisono vorgetragen. In Nordguinea bestehen sie aus Folgen von Terzen; in Südguinea wie im Süden von Dahomey bilden sie eine ununterbrochene Aufeinanderfolge von Phrasen, die von einem Vorsänger (oder einer kleinen Solistengruppe) und vom Chor gesungen werden und sich zeitweise überschneiden; dieses Prinzip des responsorischen oder antiphonischen Gesangs kann zu Überschneidungen oder wirklicher Polyphonie führen.

Es gibt auch andere Punkte, in denen sich die musikalischen *Bräuche der Savanne und des Waldgebiets* unterscheiden. In letzterem ist die Musik fast ausschließlich ritueller Art, darüber hinaus findet sie sich nur noch in den Liedern der Frauen, kleinen kindlichen Liedern oder im Einzelspiel einiger Instrumente (Pfeife, Sanza usw.). Im Gebiet der Savanne gibt es eine regelrechte profane Musik, die Hand in Hand geht mit einer großen Vielfalt an Saiteninstrumenten (Bogenharfen, Harfenzithern, Harfenlauten, Streichinstrumente). Diese Instrumente nehmen an keiner religiösen Zeremonie teil und werden von professionellen oder halbprofessionellen Musikern gespielt, die entweder an den Hof eines regierenden Herren gebunden sind

oder von Dorf zu Dorf ziehen. Man hat diese Hof- oder reisenden
Musiker oft mit den Spielleuten oder Troubadouren des Mittelalters verglichen. Gewöhnlich singen sie und begleiten sich selbst
auf ihren Instrumenten. Ihr Repertoire setzt sich zusammen aus
Preisliedern sowie Gesängen historischen, legendenartigen,
humoristischen oder satirischen Inhalts. Es gibt aber unter ihnen,
besonders in Casamanca und bei den Malinke, einige Instrumentalisten, die für ihre Virtuosität bekannt sind. Ebenso werden
entlang dem Niger in den Ländern Djerma oder Songhai Streich-
instrumentenspieler angetroffen, die kleine Instrumentalstücke
aufführen oder Tänze begleiten. Die Häuptlinge unterhalten
kleine Orchester, die sehr verschiedenartig zusammengesetzt sein
können: lange Trompeten und Pauken; Oboen, Streichinstrumente und Trommeln; Xylophone, Glocken und Gesang u.a. In
Nachahmung dieser Orchester haben sich Instrumentalensembles
gebildet, die völlig unabhängig und sogar in den Waldgebieten
häufig anzutreffen sind. So ruft man im Süden Dahomeys zu
verschiedenen Gelegenheiten (saisonbedingten Arbeiten, heidnischen Riten, christlichen Sakramenten, sportlichen Veranstaltungen) Orchester dieser Art herbei. Die Bestandsaufnahme ihrer
Instrumente enthüllt entweder ein Erbe an primitiven Verfah-
rensweisen oder eine beständige Erfindung neuer Klangmöglichkeiten.

III. Musikinstrumente

Der Gebrauch der *Rassel* ist in Westafrika ebenso verbreitet wie
in Äquatorialafrika; ihr Rasseln mischt sich unter den Klang
verschiedener Instrumente oder bildet die einzige Begleitung für
Gesang oder Tanz. Ein spezieller, von außen perkutierter Rassel-
typ begegnet hauptsächlich im Waldgebiet von Nordguinea bis in
den Süden Nigerias; der Resonator, ein Flaschenkürbis, enthält
keine Rasselkörper, sondern ist von einem Netz bedeckt, in das
Fruchtkerne, Muscheln, Perlen oder Wirbelknochen von Schlan-
gen geknüpft sind, die an die Außenwand schlagen. Von dieser
auf der Außenseite perkutierten Rassel wurde zu Beginn des
18. Jahrhunderts aus dem Königreich Benin berichtet. Sie wird zu
kultischen Handlungen in Dahomey und bei den Initiationsriten
der Mädchen in Nordguinea benutzt, ebenso bei afro-amerikani-
schen Kulten auf den Karibischen Inseln und in Brasilien. Ein
anderer Typ der Rassel ist aus zwei kleinen Fruchtschalen
geformt, die mit Körnern gefüllt und untereinander durch ein
Schnürchen verbunden sind; ein schnelles Drehen des Handge-
lenks läßt sie aneinander stoßen und erzeugt verschiedene Schlag-

folgen, von denen jede einem Spruch oder einem Sprichwort entsprechen kann.

Sistren archaischen Typs werden in Mali und Guinea während der Initiation der Knaben oder Mädchen benutzt. Größer als die Sistren des alten Ägypten oder der abessinischen Kirche, sind sie aus Holz und weisen kein einziges Stück Metall auf. Sie sind aus einem Ast angefertigt, an dem man einen Zweig stehenläßt. Der Ast dient als Handgriff, und auf dem Zweig werden Rasselscheiben aus Kalebassenschale aufgereiht. Bei manchen dieser Instrumente ist das obere Ende des Handgriffs in Form einer Maske geschnitzt; andere sind mit einem Netz aus verschiedenfarbigen Baumwollfäden in Form eines Fadenkreuzes bespannt, das eine apotropäische Bedeutung hat.

Die *Schellen und Glocken* sind im allgemeinen aus Eisen oder Kupfer. Die Schellen können an das Handgelenk der Xylophonspieler gehängt werden und mit ihrem metallischen Geräusch das Schlagen der Holzstäbe begleiten. Die Glocken, die fast immer unbeweglich gehalten werden, werden von außen mit einem Ring oder Stab angeschlagen, wodurch eine größere rhythmische Präzision ermöglicht wird. Bestimmte Arten bestehen aus einem Rohr, das in seiner ganzen Länge aufgeschlitzt ist; die Ränder des Schlitzes können geriffelt sein, so daß das Instrument als Schraper benutzt werden kann. Die Glocken werden außer in den Orchestern der Häuptlinge, in denen sie manchmal von Frauen geschlagen werden, auch zu rituellen Anlässen gebraucht; ihr Ton schützt vor bösen Geistern und begleitet in dieser Eigenschaft die Entlassung der Initiierten und ertönt anläßlich der Leichenbegängnisse. Der »Mann mit der Glocke« kann der Handwerker sein, der sie geschmiedet hat, oder ein etwas außerhalb der Gesellschaft stehender Würdenträger. Je nachdem, ob sie von der linken oder der rechten Hand gehalten wird, ist sie das Ehrenzeichen für einen bedeutenden Initiierten (wenn nicht einen Zauberer) oder des Ältesten.

Bei verhältnismäßig isoliert lebenden Volksschichten in Mali, Togo und Nigeria konnte man die Existenz von *Phonolithen* und selbst *Lithophonen* feststellen; sei es, daß im Inneren von Höhlen Sandsteinblöcke auf anderen Felsen ausbalanciert oder auf dem Boden ausgebreitet und mit Hilfe eines Paares Kieselsteine geschlagen werden oder daß vier oder fünf Platten, die auf einem Strohbett angeordnet werden, derart zugeschnitten sind, daß darauf verschiedene Töne hervorgebracht werden können. Bei den Dogon in Mali üben sich die Knaben darin, auf den Phonolithen die Rhythmen der Maskentänze zu schlagen.

Halbierte Flaschenkürbisschalen, die umgekehrt auf den Boden gelegt werden, können eine Art *Glockenspiel* bilden und Anlaß zu akrobatischen Spielen geben, indem sie z.B. abwechselnd mit der flachen Hand, dem Handgelenk, dem Ellenbogen und den Füßen geschlagen werden. Von feinen Stengeln, die in Büscheln zusammengebunden sind, geschlagen, begleiten diese halbierten Kürbisschalen zusammen mit einem Streichinstrument Rauschtänze. Die weit verbreitete *Wassertrommel* besteht aus einer mit Wasser gefüllten Schale, in der eine umgestülpte Kalebassenhälfte schwimmt; sie wird mit der Hand oder mit Hilfe eines Stockes oder Flaschenkürbisfragmentes geschlagen. Die Wassertrommel ist im allgemeinen ein Fraueninstrument, sie ertönt anläßlich einer Mondfinsternis oder des islamischen Neujahrstages. Man glaubt, daß ein wohltätiger Wassergeist zu den Orten kommt, an denen man dieses Instrument schlägt, und alle Menschen, die von einer durch böse Geister auferlegten Krankheit befallen sind, heilt. In dieser Eigenschaft wird sie auch in den Sekten der Medizinmänner gebraucht. Von Männern gespielt, findet die Wassertrommel auch Eingang in kleine, nur aus Schlaginstrumenten zusammengesetzte Instrumentalensembles, in denen ihr besonderer Klang einen Gegensatz zu den anderen Instrumenten bildet. Derartige Orchester treten bei Leichenbegängnissen hervor oder begleiten einfach die Tänze der Frauen.

Die in Westafrika gebräuchlichen *Schlitztrommeln* haben im allgemeinen Lippen (Mali, Guinea, Liberia, Elfenbeinküste), selten Zungen (Kamerun). Im Gegensatz zu dem allgemein üblichen Typ des Instruments sind diese Lippen nicht immer von unterschiedlicher Stärke. Wenn die Trommel die Form eines Zylinders annimmt, brauchen die beiden konkaven Seitenwände, die zum Erklingen gebracht werden sollen, nicht in der gleichen Entfernung rechts oder links vom Schlitz zu liegen. Das bemerkenswerteste Beispiel findet sich in einem riesigen Instrument aus dem Süden der Elfenbeinküste, das im Musée de l'Homme in Paris aufbewahrt wird: von einem der äußeren Enden aus gesehen ist der Schlitz ganz klar zur Seite hin verschoben. Auf den Schlitztrommeln in Nordguinea entspricht die eine Lippe einer Verdünnung der Seitenwand und bringt einen bestimmten Ton hervor, während die andere keine Höhlung bedeckt und ein mattes Geräusch erzeugt; daraus resultiert nicht etwa ein Gegensatz zwischen einem tieferen und einem höheren Ton, sondern zwischen einem vollklingenden Ton und einem Geräusch, das sich gemäß der Art des Anschlags verändert. Die so übermittelten Botschaften zeichnen sich sowohl durch ihren Rhythmus als auch durch ihren Klang aus. In Guinea (Baga, Kissi, Toma) wie an den Grenzen Liberias und der Elfenbeinküste wird zu den Initiationsriten der Knaben und Mädchen eine besondere Art der Schlitztrommel benutzt, die *Xylophon-Trommel*. Diese besteht aus einem Zylinder (manchmal ausgebuchtet), dessen Außenwand mehrere parallele Schlitze aufweist; durch sie werden zwei, drei oder vier Lamellen abgeteilt, die den Platten des Xylophons ähnlich, im Gegensatz zu diesen jedoch an beiden Enden fest mit der Außenwand verwachsen sind. Die erzeugten Intervalle können etwas kleiner als die Mollterz oder größer als die Durterz sein; auch gründen sich hier die getrommelten Formeln auf Unterschiede nicht nur der Tonhöhe, sondern auch des Klanges, entsprechend der Art, wie man die Lamellen und andere Teile der Außenwand anschlägt. In Nordguinea wird die Xylophon-Trommel im allgemeinen von drei Trommlern geschlagen: einer schlägt die Signale, die die Bewegungen des Tanzes der Initiierten vorschreiben, zwei andere schlagen auf den beiden äußeren Enden des Instruments einen Grundtakt, und gleichzeitig singen alle drei zwei- oder dreistimmig. Kleinere Schlitztrommeln und Xylophon-Trommeln können, wie in Indonesien, aus einem Bambusrohr geschnitten sein; sie dienen als Signalinstrumente oder gehören kleinen Geheimbünden.

Die in den Gebieten der Savanne verbreiteten *Xylophone* bestehen aus Holzlamellen, die auf einem rechtwinkligen oder trapezförmigen Rahmen befestigt sind. Der Rahmen wird auf den Boden gestellt, der Spieler sitzt auf der Erde. Unter jedem Stab ist ein kugelförmiger Flaschenkürbis angehängt, in den ein Loch gebohrt wird. Dieses wird durch eine kleine Membrane bedeckt, so daß eine Mirlitonwirkung entsteht; daher der summende Klang des Instruments. Im Waldgebiet trifft man zwei primitivere Formen des Xylophons an: Stäbe oder kleine Balken sind quer über die Schenkel des Spielers gelegt, der sie mit Hilfe von Steinen oder Stöcken schlägt, oder sehr große Platten sind über einer Erdgrube aufgehängt und werden mit mehreren Paaren von Stöcken geschlagen. Von diesem letzteren Typ wird im 17. und 18. Jahrhundert sowohl von den Antillen als auch von der Küste Guineas berichtet.

Das Vorhandensein der *Sanza* an sehr verstreut liegenden Punkten Westafrikas wirft die Frage auf, ob diese Instrumente einheimischen Ursprungs oder durch ehemalige Sklaven aus dem Kongo an die Atlantikküste gebracht worden sind. Ihre Lamellen sind aus Metall, spanischem Rohr oder Palmenstengeln hergestellt und auf der Oberseite einer Schale oder eines würfelförmigen Kastens befestigt.

Unter den in Westafrika gebräuchlichen *Membranophonen* müssen jene, die durch den Islam Eingang gefunden haben und in keinem Ritual auftauchen, ausgesondert werden. So bleiben die Pauken Attribut der Häuptlinge; einzig die kleine Pauke kann das Wahrzeichen eines Beschneiders sein, außer in den Gegenden, wo die richtige Initiation praktiziert wird. Die kleine Trommel in Form einer Sanduhr, deren Ursprung dunkel bleibt, findet sich im allgemeinen in den Händen von Zauberern und wird nur in

Ausnahmefällen mit anderen Membranophonen zusammen gespielt. Die veränderliche Spannung des Trommelfells läßt sie einen flexiblen Ton hervorbringen, aber auch zwei oder drei durchaus identifizierbare Töne; einzig soziologische Gründe könnten erklären, warum sie nicht für Trommelsprachen gebraucht wurde. Die Mehrzahl der zu den verschiedenen Kulten mit Vorliebe gebrauchten Trommeln hat nur ein Fell: es sind dies die ältesten, und sie sind zweifellos rein afrikanischen Ursprungs. Auch handelt es sich hierbei um die am schönsten verzierten Instrumente, von Flöteninstrumenten und Elfenbeintrompeten abgesehen. Sie können große Ausmaße erreichen. Die einen stehen senkrecht aufgerichtet auf dem Boden (Elfenbeinküste, Kamerun usw.), die anderen auf zwei oder drei Füßen oder auf einem geschnitzten Sockel (Guinea). Im Waldgebiet haben viele Trommeln die Form eines mehr oder weniger verlängerten Mörsers. Sie werden oft paarweise gespielt, mit hohen und tiefen Tönen. In Ländern der Savanne ist das Fell auf die Oberseite eines dicken runden Flaschenkürbisses gespannt. Unter den Trommeln mit zwei Fellen gibt es nur selten solche, die gleichzeitig sowohl für die Riten benutzt werden als auch profane Tänze begleiten können. Indessen kann man feststellen, daß bei vielen Völkern, die über mehrere Trommelarten verfügen, der Gebrauch jeder einzelnen, auch der Art mit zwei Fellen, unumstößlich festgesetzt ist. Im allgemeinen sind einige unter ihnen Gegenstand von Tabus während einer bestimmten Zeit des Jahres oder sobald ein Ritus (Initiation, Begräbnis) jede Aktivität der Gemeinschaft ausschaltet.

Von allen Teilen des Kontinents ist Westafrika derjenige, der die größte Vielfalt an *Saiteninstrumenten* bietet, Zithern, Harfen sowie Kombinationen dieser verschiedenen Arten. Harfen-Lauten in Casamanca oder Guinea müssen als musterhaft in der Ausführung betrachtet werden. Nichtsdestoweniger bleibt ihr Gebrauch verhältnismäßig beschränkt. Kein Saiteninstrument nimmt an kultischen Handlungen teil; nur wenige befinden sich in den Händen von Wahrsagern oder Zauberern. Andererseits werden wenige unter ihnen unter ausschließlicher Berücksichtigung des Saitenklanges gespielt. Schon ihre Resonatoren aus Flaschenkürbis oder ihr Resonanzboden aus Haut können mit der flachen Hand oder mit Ringen geschlagen werden. Und wie die mörserförmigen Trommeln mit großen Rasselgeräten aus Weißblech behängt werden, so sind auch zahlreichen Harfen Geräuschinstrumente, Schellen oder kleine Rasseln zugefügt. So tragen die großen bogenförmigen Harfen auf dem höchsten Punkt ihres Bogens große Weißblechplatten; sie sind von Ringen eingefaßt, die durch das Anzupfen der Saiten ins Beben geraten und deren Klang beinahe übertönen. Man sieht hierin zu Unrecht ein Zeichen der Entartung; wahrscheinlich ersetzt nur das Material, das man heute von in Europa hergestellten Gegenständen entleiht, das althergebrachte lokalen Ursprungs. Einiges Altertümliche hat sich noch in den Musikbögen, die in Obervolta, Norddahomey oder Ghana gebraucht werden, erhalten; das Abschnellen der Saite dient nur dazu, kleine Resonatoren oder am Holz des Bogens befestigte Klappern zum Schwingen zu bringen. Vielleicht war es dieselbe Art von Bögen, die im 14.Jahrhundert von dem arabischen Reisenden Ibn Batuta erwähnt werden und mit denen man den König von Melli begrüßte. Die Musik der Saiteninstrumente nimmt einen besonderen Platz ein, sei es aus dem Bedürfnis heraus, die Melodielinie instrumental einzubetten, sei es die Suche nach fremdartigen Klängen. Ihr gründliches Studium würde es gestatten, eine Abgrenzung zwischen dem, was echtes Eigentum der Neger ist, und dem, was nachträgliches Importgut darstellt, vorzunehmen.

In Westafrika (Mali, Guinea, Dahomey usw.) finden sich auch die primitivsten Arten der Zither. Anstelle von Saiten werden dünne Rindenstreifen von den Stengeln der Hirse, spanischen Rohr oder Bambus einzeln losgelöst und mit Hilfe eines Stegs gespannt. Die Rohrzithern werden nach demselben Prinzip wie die Valiha in Madagaskar angefertigt, haben aber nicht mehr als zwei Saiten, die man schlägt. Die Floßzithern, ähnlich denjenigen, die man in Indien antrifft, bestehen aus vier bis zwölf Hirse- oder spanischen Rohr-Stengeln, deren Fasern von zwei durchgehenden Stöcken angehoben werden; diese werden geschabt oder gezupft, und die Rückseite des Instruments kann mit der Hand geschlagen werden.

Die *Blasinstrumente* können nach ihrem rituellen oder profanen Gebrauch aufgeteilt werden. Einige muß man nach dem Material unterscheiden, aus welchem sie hergestellt sind. So sind die in Westafrika weitverbreiteten Flöteninstrumente aus Hirsestengeln, Holz oder Horn die Instrumente der Knaben, Hirten oder Jäger, während die Gefäßflöten aus Ton oder weichem Stein ausschließlich zu den Initiationsriten gebraucht werden. Die meisten von ihnen geben jeweils zwei oder drei Töne her, die eine Sekunde oder ungefähr eine Oktave auseinanderliegen und zu Verständigungszwecken gebraucht werden können wie das Pfeifen mit dem Mund. Die Flöten aus den verschiedenen pflanzlichen Stengeln, die öfter quer als gerade geblasen werden, erzeugen selten mehr als fünf Töne; bis auf einige Ausnahmen dienen sie dem profanen Gebrauch. In Gruppen werden sie nicht im Unisono gespielt, sondern in ungefähr parallel verlaufenden Intervallen im Abstand von Sekunden, Quarten und Quinten. Die Trompeten sind aus Horn, Elfenbein, Holz oder Eisen und werden wie die Flöten öfter quer als gerade gespielt. Bauern und

Jäger benutzen die Quertuben aus Horn, um die Feldarbeit, die Jagd sowie die Leichenbegängnisse zu begleiten. Die Trompeten aus Elfenbein, Holz oder Eisen, seien sie quer oder gerade, sind immer an die Person irgendeines Oberhauptes gebunden. Diese kann zudem über ein Orchester von Trompeten mit oder ohne Pauken verfügen. Die Hörner aus Elfenbein sind aus Westafrika völlig verschwunden, obwohl sie im Königreich Benin Gegenstände von besonders kunstvoller Ausführung waren.

Das Vorhandensein des *Schwirrholzes* in Westafrika ist erst Ende des vorigen Jahrhunderts entdeckt worden. Im Gegensatz zu dem australischen oder melanesischen Instrument weist es keine geschnitzte oder gemalte Verzierung auf, auch kann es aus einer Eisenplatte angefertigt sein. Sein Gebrauch variiert den verschiedenen Volksstämmen entsprechend, aber in den meisten Fällen ist es mit dem Maskenbund oder den männlichen Initiationsriten verknüpft. Im Süden Dahomeys werden in den Geheimbünden viele Schwirrhölzer ungleicher Ausmaße gleichzeitig gebraucht; sie drehen sich nach- oder miteinander und erzeugen Brummtöne von verschiedener Höhe, der einzig bekannte Fall einer von Schwirrhölzern hervorgebrachten Mehrstimmigkeit.

Paul Collaer
(Übersetzung aus dem Französischen von Horst Mäder)
Zentralafrika

I. Abgrenzung des Gebiets Zentralafrika und allgemeine Beschreibung. – II.
Musikanschauung und musikalische Formen. – *a. Musikanschauung. – b. Tanz.*
– c. Rhythmik. – d. Melodik. – e. Mehrstimmigkeit. – III. Musikinstrumente. –
IV. Pygmäen

I. Abgrenzung des Gebiets Zentralafrika und allgemeine Beschreibung

Das Gebiet Zentralafrika umfaßt die nördlichen Savannen
(Tschad, Zentralafrikanische Republik, Nordkamerun), die tropi-
schen Waldgebiete (Südkamerun, Kongo bis zum Kasai) und die
südlichen Savannen (Gabun, Angola, Katanga). Diese *geographische Einteilung* ergibt sich aufgrund klar lokalisierbarer kultureller Merkmale, wobei sich allerdings gerade die Musik nicht
eindeutig auf derartige geographische Abgrenzungen festlegen
läßt, mit Ausnahme gewisser Instrumente und Melodieformen,
die aus dem östlichen oder nilotischen Sudan in den Nordosten
des Kongo eingedrungen sind. Zwischen Zentral- und Westafrika
bestehen durch Ursprung, Geschichte und Kultur der Bevölkerung enge Beziehungen.

Im wesentlichen ist diese Zone von *Bantus* bewohnt. Die ersten
Bantus drangen vom östlichen Teil Westafrikas nach Zentralafrika vor. Von Süden aus durchzogen sie rasch den Urwald am
Äquator und besetzten ein Gebiet, das sich von der Kongomün-
dung bis an die Küste von Tanganjika erstreckt. Im Kongo
bildeten sich mehrere Staaten, die um die Vorherrschaft kämpf-
ten, deren Existenz jedoch zu einer bedeutenden Ausdehnung der
Handelsstraßen führte und die Verbreitung kultureller Errungenschaften über große Flächen begünstigte.

Die Hypothese vom hamitischen Ursprung der westafrikanischen Völker wird heute abgelehnt. Wahrscheinlich gehen viele
von ihnen auf Stämme zurück, die schon sehr früh in diesen
Gebieten ansässig waren. Andere kamen von Süden, wieder
andere wanderten von Norden ein (Fang, Kope). Die von ihnen
hervorgebrachte Zivilisation hat ein hohes Alter und kennt lange
Perioden einer autonomen Entwicklung. Gabun im Süden wird
von einer Bevölkerung bewohnt, die ebenfalls viel älter ist, als
mündliche Traditionen vermuten lassen.

Die *Lebensumstände* der Afrikaner sind rückständig und unter-
entwickelt. Die schwarze Bevölkerung steht gesellschaftlich, technisch und intellektuell auf einer frühen Stufe. »Leurs insuffisances

et leurs difficultés portent principalement sur des actes de dénombrement, de mesure et d'analyse de l'espace objectif. En revanche, il semble que le même Noir témoigne de grandes capacités d'accomodation à tout ce qui s'inscrit dans des schèmes temporels rythmiques, à tout ce qui remue, danse, chante et sollicite immédiatement sa mimique. Ce que j'appellerai la cybernétique du Noir semble se constituer traditionnellement sur des schèmes musico-chorégraphiques, alors que la nôtre semble le faire principalement sur des schèmes arithmo-géométriques« (A. Ombredane). Andererseits ist das Gegensatzpaar *Soziozentrik – Egozentrik* bei afrikanischen Völkern stark ausgeprägt; sie richten sich in ihrem Verhalten nach Vorbildern, die ihnen von Autoritäten auferlegt werden. Jedoch besitzt jeder einzelne seine stark ausgeprägte Persönlichkeit, die ihn vom Mitmenschen unterscheidet. Dieser Dualismus wirkt sich auch in einem Merkmal der Musik deutlich aus, im antiphonischen Gesang, in dem der Chor unablässig die traditionelle melodische Formel wiederholt, der Solist jedoch mit einer Fülle immer neuer, persönlicher Einfälle frei darüber improvisiert.

II. Musikanschauung und musikalische Formen

a. Musikanschauung
Es gibt sehr verschiedene Stufen der Musikentwicklung, und diese Ungleichheit entspricht nicht geographischen Unterschieden: die Pygmäen z. B. haben eine ihnen eigene Musik. Gebiete, in denen die Musik große Bedeutung hat, sind z. B. die des Schari-Tschad, der Ober-Uélé (Mangbetu, Zande, Bushong), die Ufer des Leopold II.-Sees (Ekonda), also weit voneinander entfernte Gebiete und Stämme. Zwischen diesen Zentren entwickelter Musik gibt es Regionen, deren Musik durchschnittliches Niveau oder primitive Züge aufweist. Trotz dieser Niveau-Unterschiede stellt die Musik Zentralafrikas in Auffassung und Ausübung eine große Einheit dar. Wenn sich das Nordostgebiet dabei abhebt, so liegt das an der Fusion zentralafrikanischer und nilotischer Merkmale. Zwischen der Westküste und den zentralen Gebieten besteht jedoch kein deutlicher Unterschied, beiden gemeinsame Züge treten nur verschieden scharf hervor. So spielt das Schlagzeug an der Westküste eine noch größere Rolle als im Zentralbekken. Ebenso verhält es sich mit den rhythmischen Strukturen. Trotzdem muß man sich vor vorschnellen Verallgemeinerungen hüten: die Rhythmik der Luba (Katanga) scheint besonders verfeinert zu sein.

Bei aller Mannigfaltigkeit kann man die Einheit der Musikkultur Afrikas nur verstehen, wenn man auf die ältesten *Grundan-*

schauungen zurückgeht. Diese scheinen sich einerseits bei den Pygmäen im Urwald und andererseits bei denjenigen Völkern erhalten zu haben, die lange genug abseits von neuen Entwicklungen standen, damit älteste Traditionen bewahrt wurden. Ihre Anschauung stellt ein vollständiges Ganzes dar, wobei alle Einzelheiten ihrer Musik mit den Formen des alltäglichen Lebens eng verbunden sind. Musik und Wort haben den gleichen Ursprung; die ersten Worte wurden den Urahnen der Menschheit in rhythmischer Form von einem vermittelnden Monitor enthüllt, der im Namen des Weltschöpfers handelte. So werden bis heute die rhythmischen Strukturen aus Formeln erklärt, die sich auf rituelle Handlungen der Ahnen bei der Bildung der menschlichen Gesellschaft beziehen. Dieser *Allgegenwart des Wortes in der Musik* entspricht symbolisch das Element des Wassers, denn das schöpferische und lebenspendende Wort ist mit dem Wasser, ohne das kein Leben möglich ist, gleichgestellt. Die Musik ist aber nicht nur Wortrhythmus, sie ist auch Gesang. Diesem entspricht ein weiteres Grundelement, das Öl. Ganz materiell äußert sich diese Vorstellung in der Anwendung von Öl und Wasser bei der Herstellung der verschiedensten Instrumente. Damit werden die Trommelfelle befeuchtet, um sie zu spannen. Gleichzeitig läßt man dadurch das Wort des Monitors und der Ahnen in sie eindringen. Wenn man in Flöten und Tuben eine Mischung aus Pflanzenöl und Wasser gießt, verbessert man den Klang und läßt gleichzeitig den Gesang der himmlischen Gewalten in sie eingehen. Die Saiten der Harfenlauten und das Innere der eisernen Glocken werden auf gleiche Weise präpariert. Die Mischung dieser beiden Elemente ist auf Fruchtbarkeitssymbolik zurückzuführen, wobei das Wasser das weibliche, das Öl das männliche Prinzip darstellen. Die Zahlen 3 und 4 (4 kann man dabei auf 2 zurückführen) werden einer weit verbreiteten Symbolik folgend auf den Mann und die Frau bezogen. Die Musik wirkt befruchtend und hat Einfluß auf Zeugung und Vegetation, sie ist das Bindeglied, das den Menschen, ein »Korn des Universums«, mit der Welt, die ihn umgibt, zusammenhält. Die Musik ist eine ewige Erneuerung der Lebenskräfte. Mehr oder weniger bewußt und zumindest teilweise werden solche Grundanschauungen in ganz Schwarzafrika von der Tradition beibehalten. Allerdings sind sie in Zentralafrika nicht so unbeeinträchtigt und bewußt bewahrt worden wie bei den westafrikanischen Dogon.

b. Tanz

Die tänzerische Ekstase wird bei den Afrikanern durch folgende Faktoren hervorgerufen und begünstigt: eine Monotonie der Melodik, die jeweils nur eine einzige Phrase umfaßt und durch Trommeln eingehämmert wird, Händeklatschen, der Lärm der

Tanzrasseln, der Rauschzustand, der durch drehende Bewegung ausgelöst wird, tranceähnliche Zustände durch Wiederholung der gleichen stereotypen Gesten. Dies alles schläfert das Bewußtsein ein und legt das Unterbewußtsein frei. Die Persönlichkeit wird zurückgedrängt, jeder wird zeitweilig ein Teil einer kollektiven Einheit; die Masse befindet sich in tänzerischer Ekstase.

c. Rhythmik

Die Zahlen 2, 3, 5, 7 und 9 spielen, ursprünglich von der Symbolik ausgehend und dann von der Tradition weitergegeben, beim Bau der Skalen und bei der Anordnung der Rhythmen eine beherrschende Rolle. So konnte Claude Laloum die Bedeutung der Zahlen 5 und 7 für Skalen und Rhythmen bei den Yoruba nachweisen. Rhythmen mit fünf Zählzeiten $(3+2)$ finden sich häufig im Nordostteil Zentralafrikas. Diesem Einfluß unterliegen die angrenzenden Gebiete Uganda, Ruanda und Urundi. Bei den Luba (Savanne von Katanga) haben die wichtigen Jagdgesänge asymmetrische Rhythmen. Man findet hier Kombinationen von drei, fünf, sieben und sogar neun Zeiteinheiten, wie es von J. Gansemans dargestellt worden ist (siehe Notenbeispiel 1).

(1) Jagdgesang der Luba (nach J. Gansemans, De jachtliederen der Luba-Shankadi, Philosophische Dissertation Universität Löwen 1967)

Oft ist auf die Polymetrik bei zusammengesetzten Rhythmen der Afrikaner hingewiesen worden. Hierbei spielen meist zwei oder drei Trommeln zusammen. Die kleinste wiederholt fortwährend die gleiche rhythmische Einheit und übernimmt die Rolle des Metronoms. Auf dieser Grundlage entwickelt der eine Trommler im einfachsten Fall zweiteilige, der andere dreiteilige Rhythmen, indem er dem in Notenbeispiel 2 gezeigten Grundschema folgt. Dieses Schema wird noch komplizierter, wenn ein Spieler etwas später als der andere einsetzt. Bei gesungenen Tänzen kann der Gesang in einem zweiteiligen Metrum von einer Trommel mit einem dreiteiligen Metrum begleitet werden. Wenn man darüber hinaus an die weit verbreitete Gewohnheit denkt, während des melodischen Ablaufs von zweiteiligen zu dreiteiligen

Metren überzugehen, ferner daran, daß jeder Ausführende seinen Part oft beginnt, ohne ihn mit den Einsätzen seiner Mitspieler zu synchronisieren, so begreift man den Reichtum an rhythmischen Möglichkeiten bei den Afrikanern.

(2) Polymetrisches Schema

An den Westufern des Tanganjika- und Kiwusees, die die Grenze zwischen Zentral- und Ostafrika darstellen, trifft man den Stil der an den gegenüberliegenden Ufern lebenden Völker an, wie er z.B. für die königlichen Trommler der Tussi charakteristisch war: die großen Trommeln, die zu zahlreichen Gruppen zusammengestellt werden (von sieben bis zu zwanzig), spielen komplexe Rhythmen, bisweilen Ostinati, von denen sich ein Solist abhebt, der den Grundrhythmus synkopiert. Es scheint die Aufgabe dieses Solisten zu sein, durch sein Spiel die schöpferische Kraft der königlichen Trommeln zu erneuern. Polymetrik und Polyrhythmik muß man als rein afrikanische Traditionen ansehen.

d. Melodik

Angesichts der Größe des Raums und der Verschiedenheit des kulturellen Niveaus muß eine Klassifikation der afrikanischen Melodien ein unvollkommener Versuch bleiben. Es gibt wie überall in der Welt zwei-, drei- und viertönige Tonskalen. Aber am verbreitetsten sind *Pentatonik* und *Heptatonik*; dabei ist die Intervallgröße in jedem dieser Systeme von Gegend zu Gegend verschieden. Zentralafrika bevorzugt absteigende Melodiekurven, manchmal aber mit einem raschen Aufstieg am Anfang. In den Gebieten des Nordens sind die Melodien unter ostsudanesischem Einfluß länger und wellenförmiger (Zande, Mangbetu). Der Stil des Ensemblegesanges ist antiphonisch. Dabei gibt es drei Grundmöglichkeiten. Solist und Chor singen oft genau die gleiche melodische Phrase nacheinander. Oder der Chor setzt dem Solo eine eigene Melodie refrainartig entgegen. Oder der Chor unterlegt dem Solo ein immerfort wiederholtes Ostinato. Allgemein kurze Melismen sind in der Nordostzone anzutreffen und wahrscheinlich auf islamischen Einfluß zurückzuführen. Oft beschränken sie sich auf einfache Ornamente oder Vorschläge (siehe Notenbeispiel 3).

(3) Beschneidungsgesang der Bapere (nach R. Brandel, The Music of Central Africa, Den Haag 1961)

Solistische Männerstimme

e. Mehrstimmigkeit

Im antiphonen Gesang antwortet der Chor nicht nur im *Unisono* (siehe Notenbeispiel 3), sondern oft auch in *Terzparallelen* (siehe Notenbeispiel 4). Ebenso sind *Quartenparallelen* verbreitet, die man in Süd- und Ostafrika aber noch häufiger antrifft. Im äquatorialen Zentralafrika kommen zu den Parallelen noch *Gegenbewegungen* hinzu, in dem Maße, in dem die Bedeutung des Chors gegenüber dem Solisten zunimmt. In Angola sind Terzen- und Quintenparallelen geläufig (siehe Notenbeispiel 5).

(4) Gesang der Mangbetu (nach R. Brandel)

(5) Tanzlied der Okandi-Frauen

Bordun und *Ostinato* sind gleichfalls in Zentral- und Westafrika häufig anzutreffen. Alle diese Züge finden sich gesammelt und entwickelt bei den Ekonda. Hier musizieren zwei oder drei Solisten und ein vier- oder fünfstimmiger Chor. Dazu begleiten ein oder zwei aus Palmblattrippen gefertigte Schraper, in komplexen Rhythmen, so daß sich äußerst differenzierte Kombinationen ergeben.

Außer Tanzliedern sind Jagd- und Geburtsgesänge, Bootsgesänge beim Paddeln, Preisgesänge, Märchenlieder und andere erzählende Stücke, Lieder zu Spielen, religiöse Zeremonien, Krankenheilung, Lieder für Initiationsriten und Gerichtsverhandlungen (Palaver) die verbreitetsten Gattungen. Bei letzteren haben beide Parteien je einen mit einer Trommel versehenen Wortführer, der von seinen Anhängern umgeben ist. Beide bringen ihre Argumente vor. Da die Afrikaner sich gern durch Bilder, Sprichwörter und Parabeln ausdrücken, setzt der Wortführer auf den Höhepunkten der Diskussion zum Vortrag seiner lyrischen Betrachtungen an, und die Trommel gibt dem Chor den Einsatz. Am Ende der Sitzung, die sich lange hinziehen kann, spricht der Richter sein Urteil, das er von der eigenen Gerichtstrommel als der Vertretung der höchsten Gewalt bestätigen läßt. Dieser Ablauf erinnert an die Ordnung der griechischen Tragödie mit ihrem Wechsel von gesprochenem Wort und gesungenem Chor.

III. Musikinstrumente

Zahl und Mannigfaltigkeit der afrikanischen Instrumente sind so groß, daß hier von einer Aufzählung abgesehen werden muß. Es sollen nur die wichtigsten ohne die afrikanischen Namen, die von Stamm zu Stamm verschieden sind, genannt werden. *Idiophone*: Große und kleine Schlitztrommeln; Xylophone zahlreicher Typen, von zwei bis zu ungefähr dreißig Klangstäben, mit oder ohne Kalebassenresonatoren; die verschiedenen Typen der »sanza« mit Zungen aus Bambus oder aus Eisen, auf einem Brett oder Resonanzkasten; einfache, zu zweien oder dreien zusammengefaßte Eisenglocken, von außen perkutiert oder mit einem Klöppel im Inneren; Rasseln aus Kalebassen oder Flechtwerk; Schraper aus Eisen oder Palmrippen. *Membranophone*: Ein- oder zweifellige Trommeln in allen vorstellbaren Formen; Reibtrommeln; Pauken. *Chordophone*: Einsaitige Fidel; Brett- und Stabzithern; ein- oder mehrsaitige Musikbogen; Winkel- und Gabelharfe (Rahmenzither nach Curt Sachs); verschiedene Leiertypen; Lauten. *Aerophone*: Schwirrhölzer; Holz- und Knochenpfeifen; Längsflöten mit drei, fünf oder sechs Grifflöchern, Schnabel-, Kerb- und Querflöten; Schalmeien, Oboen; Trompeteninstrumente aus Horn, Holz und Elfenbein; Metalltrompeten.

Ursprung und geographische Verteilung dieser Instrumente sind schwierige und weitgehend ungelöste Probleme. Während die Sanza rein afrikanischen Ursprungs ist, scheinen das Xylophon über den Indischen Ozean von Idonesien, die Harfen und die Leiern (Mangbetu und Zande) vom östlichen Sudan eingedrungen zu sein. Die einsaitige Fidel und Gabelharfe sind überall in der Sudanzone anzutreffen. Offensichtlich sind die großen Schlitztrommeln eine Besonderheit der Urwaldzone, wie die Glocken und Schellen aus Eisen an Bergbaugebiete gebunden sind.

Die Zusammenstellung dieser Instrumente zu Ensembles hängt von zwei Faktoren ab, der *Funktion der Musik* und der *gesellschaftlichen Gliederung*. Manche Völker, die sich aus Kasten zusammensetzen, besitzen eine Kaste von Berufsmusikern. In den Sultanaten des Tschad, bei den Azande und Basonge sind die Ensembles heterogen und setzen sich aus Xylophonen, Flöten, Harfen, Trommeln, Glocken, Schellen usw. zusammen. Bei den Basonge spielt das Xylophon die Hauptrolle; Flöten (manchmal zehn Spieler), Trommeln, Schellen usw. folgen ihm. Meist gehören Sänger- und Tänzergruppen zu diesen Ensembles. Bei den Ekonda geht diese Organisation so weit, daß mehrere Ensembles Gesänge und Choreographien ausarbeiten und sie in periodisch veranstalteten Wettbewerben zeigen.

In den Hofensembles der Tussi spielt gewöhnlich eine große Anzahl Trompeteninstrumente in der Hoquetus-Technik, denn jedes Instrument kann nur zwei Töne hervorbringen. Sie werden von stark besetztem Schlagzeug begleitet, in dem Trommeln, Rasseln und Eisenglocken vorherrschen.

Im nordöstlichen Kongo werden Instrumente gleicher Familie, die einzeln nur einen Ton erzeugen können, zu Ensembles zusammengefaßt. Jedes Instrument ist von verschiedener Größe und hat seinen eigenen Namen; ihre Anzahl entspricht den Tönen, die für die Ausführung einer Melodie nötig sind. Selbstverständlich sind sie sorgfältig aufeinander abgestimmt. In dieser Weise wird bei den Logo musiziert, die nur Blas- und Schlaginstrumente haben: sehr lange Trompeteninstrumente aus Kalebassen, von denen jedes nur einen Ton spielt, mit dem Namen »kanga«; die Schlaginstrumente heißen »lari«. Es gibt neun Kanga. Notenbeispiel 6 zeigt den auszuführenden Ton und den Eigennamen des einzelnen Instruments an: Die Lari sind nach abnehmender Größe in »kindri«, »bili« und »larimva« unterschieden.

(6) Logo, Trompetenensemble

Gespielter Ton:									
Name der Trompete	aori	asidri oder sidri	akoti	soma	oriwa	agolova	asalo	aora	ira

Gewisse Instrumentalensembles sind *kultischen Zeremonien*, Initiationen und Beschneidungen vorbehalten. Einige Instrumente werden deshalb geheim gehalten. Die Bakumu, die am

Äquator östlich des Kongoflusses leben, reservieren nicht weniger als sechs Instrumente ausdrücklich für Beschneidungszeremonien: »amita« ist ein großes Schneckengehäuse, das unter der Achsel gehalten wird und durch eine Röhre verlängert ist, auf die man schlägt (damit wird der Schrei des Vogels Magimbi nachgeahmt); »akondo«, ein in ganzer Länge ausgehöhlter Stab mit Wildschweinborsten im Inneren, der je nach Lippenstellung einen tiefen oder hohen Ton hervorbringt; »baga«, Stäbe, die gegeneinandergeschlagen werden; »etulu«, ein Schraper, der das Fröschequaken, »ntufu«, eine Trompete, die den Schrei des Tukan, und »atuamba«, ein Schwirrholz, das das Löwengebrüll imitiert. Alle diese Instrumente haben symbolische Bedeutung.

Fast überall tragen die Zauberer an Pflöcken oder am Handgelenk Schellen, die aus Hülsen mit getrockneten Körnern bestehen (Bambala, Kwango). Oft führen sie auch Holzglöckchen mit ein oder zwei Klöppeln mit sich (Mongelima).

Bei den *Schlitztrommeln* scheinen beide Haupttypen deutlich getrennte Aufgaben zu haben. Der zylindrische, ausgehöhlte Baumstamm mit zwei ungleich dicken Schlitzrändern, oft in Afrika noch mit dem Namen »tam tam« bezeichnet, dient besonders der Signalübermittlung. Es ist die »sprechende Trommel«, welche die verschiedenen Tonhöhen der Silben in den Tonsprachen wiedergeben und meist in der Stille des Morgens über große Entfernungen Nachrichten nach einem üblichen Code übertragen kann. Der andere Typ in Trapezform ist tragbar und dient meist zur Begrüßung der Häuptlinge und Besucher von Rang. Zusätzlich wird er zur Rhythmisierung der Tänze verwendet (Bakusu).

Weiterhin sind zwei *Zithertypen* hervorzuheben, die im Osten Zentralafrikas anzutreffen sind: die »zenze« mit zwei Saiten über einem Stab und die Brettzither »mafili« bei den Bakumu-Baleka (Nordosten). Die Zenze (oder »nzenze«) besteht aus einem ungefähr 60 cm langen, 1,5 cm breiten Stab mit drei Bünden an einem Ende. Eine Saite aus Raphiafaser ist an dem einen Ende befestigt, läuft zum anderen, kehrt zum ersten zurück, wird dort verknotet usw. So ergeben sich zwei oder drei Saiten; die ersten beiden laufen über die Bünde, die dritte dient als Bordun. Der Ton wird von einer halben Kalebasse verstärkt, die der Spieler gegen seinen Brustkorb stützt. Bei dem Mafili der Bakumu sind über ein hohles Brett (Länge 70–100 cm, Breite 30 cm) 16 Saiten aus dünnen Lianen, die nach dem Entfernen der Rinde an der Sonne getrocknet sind, gespannt. Auf dem Brett befinden sich Kerben, durch die die Saiten laufen. Die Stimmung geschieht durch Bambusstäbchen zwischen Saiten und Brett. Die linke Hand spielt die sechs oberen, die rechte die unteren Saiten (siehe Notenbeispiel 7). Dieses Instrument ist auch bei den Tussi in

Ruanda verbreitet. Bei den Ekonda ist noch die Nasenflöte hervorzuheben.

(7) Stimmung der »mafili« der Bakumu mit 16 Saiten

IV. Pygmäen

Diese kleinwüchsigen Gruppen, die nicht mit den Bantus verwandt sind, leben zurückgezogen in den Wäldern des Ituri (Ba-Mbuti), des mittleren Kongo (Ba-Benzele) und des oberen Sanga (Ba-Binga). Dahin sind sie durch Invasionen der Bantus und Sudanesen zurückgedrängt worden. Sie sind Jäger, die von den Produkten des Waldes leben und mit den Bantus der Umgebung Tauschhandel betreiben. Sie sind sehr musikalisch und singen mit untrüglicher Genauigkeit, haben keine Instrumente, haben aber von den Bantus Trommeln, Rasseln und Glocken übernommen. Für den Rhythmus verwenden sie jedoch immer Gegenschlagstäbe. Ihre Melodien enthalten große Intervallsprünge (Quarten, Quinten, Sexten) und haben weite Umfänge. Sie wenden auch Jodeltechnik an: für die hohen Töne wechseln sie unvermittelt ins Falsett. Um die verschiedenen Motive einer Melodie unter sich aufzuteilen, bedienen sie sich der Hoquetus-Technik. Die Pygmäen singen ferner Lieder in Vokalisen ohne Worte. Ihre Gesänge beziehen sich meist auf Ereignisse der Jagd; bei solchen Unternehmungen bieten Auszug und Rückkehr Gelegenheit zu rituellen Gesängen (siehe Notenbeispiel 8).

(8) Gesang der Pygmäen Ba - Binga (nach Y. Grimaud, Schallplatteneinführung zu ›Musique des Pygmées et des Bochimans‹, Paris)

Polyphonie ergibt sich bei ihnen, wie zum Beispiel bei den Buschmännern, durch die Überlagerung zweier oder dreier verschiedener Melodien, die unterschiedlich lang sind und wiederholt werden. Auch mehrere gleichzeitige Schlagzeugrhythmen ergeben eine Art Mehrstimmigkeit. Es ist also eine große Vielfalt von Kombinationen zu beobachten, die sich in jedem gegebenen Moment im gleichen Verhältnis wie zu Beginn des Stückes befinden. Es handelt sich um eine konzentrische Entwicklung, die in der Art eines melodisch-rhythmischen Ringes vonstatten geht (siehe Notenbeispiel 9).

(9) Polyphoner Gesang der Pygmäen Ba - Binga (nach Y. Grimaud)

KLAUS P. WACHSMANN
(Übersetzung aus dem Englischen von Wilhelm Pfannkuch)
Ostafrika

I. Definition des Begriffes Ostafrika. – II. Die Kennzeichen ostafrikanischer Musik. – III. Kulturhistorische Theorien und die Musik in Ostafrika. – IV. Kulturkontakte der Vergangenheit. – V. Der arabische Einfluß. – VI. Ostafrikanische Musik und ihre Beziehungen zur Musik Südostasiens. – VII. Ostafrikanische Musik und die allgemeinen Merkmale der Musik der Neger. – VIII. Musikinstrumente. – IX. Die Berührung mit der Musik des Abendlandes

I. Definition des Begriffes Ostafrika

Der geographische Terminus Ostafrika bezeichnet im allgemeinen das zwischen dem Western Rift Valley und dem Indischen Ozean gelegene Gebiet. Diese Abgrenzung deckt sich in großen Zügen mit der sogenannten »Ostafrikanischen Rinderzüchter-Region«, einem der von dem amerikanischen Anthropologen Melville Jeans Herskovits vorgeschlagenen zehn Kulturgebiete. Es erstreckt sich vom tiefen Süden des Kontinents über mehr als 5000 Kilometer hinauf zu den großen Seen und noch darüber hinaus. Da der südliche Teil und der hohe Norden dieses weiten Gebietes an anderer Stelle behandelt sind, beschränkt sich die Darstellung auf die Stämme in Kenia, Ruanda Urundi, Tanganjika und Uganda. Der Terminus Ostafrika wird ausschließlich im Sinne dieser Definition verwendet.

II. Die Kennzeichen ostafrikanischer Musik

Da nur wenige eingehende Arbeiten über dieses Gebiet vorliegen, kann der Artikel weniger ein umfassendes Bild der Musik Ostafrikas vermitteln als vielmehr die Aufmerksamkeit auf einige isolierte Entdeckungen lenken. Gleichwohl ist Herskovits der Ansicht, daß die *kulturelle Einheit* der »Ostafrikanischen Rinderzüchter-Region« auch in musikalischen Zügen zum Ausdruck komme. Er bemerkt, daß, im Gegensatz zu der allgemeinen Armut der anderen Kunstformen, die musikalischen Formen reich und ausgeprägt sind, daß die Funktion der Trommel, die hier für die Bezeichnung rituellen und sozialen Ranges wichtig ist, von untergeordneter Bedeutung als Begleitinstrument des Gesangs ist, daß es außer der Trommel eine Vielzahl von Musikinstrumenten gibt, deren solistische Verwendung charakteristisch für die ostafrikanische Musik sei, und endlich, daß

78

Xylophonmusik, obwohl verhältnismäßig selten, doch hochentwickelt ist.

Nach Marius Schneider (Über die Verbreitung afrikanischer Chorformen, in Zeitschrift für Ethnologie 69, 1937, S.79) unterscheiden sich ostafrikanische und südafrikanische Musik von der Musik des übrigen Afrika durch ihre *Chorformen*. Das Solo des Vorsängers weist deutlich ein tonales Element auf, und Vorsänger und Chor kontrastieren miteinander. Die chorische Faktur ist höher entwickelt und neigt mehr zu tonaler Orientierung und zur Mehrstimmigkeit, als es in anderen afrikanischen Gebieten der Fall ist.

Man nimmt allgemein an, daß auf rhythmische Vielfalt und Durcharbeitung in Ostafrika weniger Wert gelegt wird als zum Beispiel an der Guinea-Küste, wo Rhythmus und Schlaginstrumente fast austauschbare Termini sind. In Ostafrika haben Schlaginstrumente oft melodische Funktion. Wo das nicht der Fall ist, wie zum Beispiel in der Trommelstimme »mpunyi« der Ganda-Trommelquartette, haben sie eine metronomische Bedeutung oder gleichen dem von Rose Brandel so bezeichneten »ostinato«.

III. Kulturhistorische Theorien und die Musik in Ostafrika

Während dieser kurze Überblick sich damit begnügte, die Merkmale zusammenzufassen, wie sie sich dem 20.Jahrhundert darbieten und die heutige Einheit des Gebietes Ostafrika zum Ausdruck bringen, wurden diese von anderer Seite in zeitlicher Tiefe interpretiert und für die Rekonstruktion von musikalischen Kulturschichten benützt. Schneider ist diesen Weg mehrfach gegangen. Er hat zum Beispiel festgestellt, daß *strenger Parallelismus* aus der »altnigritischen Kultur« stammt, die, mit Ausnahme des ostafrikanischen Nordostens, fast überall in der »Ostafrikanischen Rinderzüchter-Region« Spuren hinterlassen hat. Gelegentlich der Besprechung des Borduns hat Schneider beobachtet, daß dieser in Afrika im allgemeinen nur in primitiver Form vorkommt, im Osten des Kontinents, den die »durch europide Einschläge charakterisierten Bantuvölker besiedeln«, jedoch gut entwickelt ist. Von den anderen Kulturschichten, die die Völkerkunde in Afrika unterschieden hat, beziehen namentlich die Kulturen der Steppenjäger und der Osthamiten große Gebiete Ostafrikas ein. Die *Steppenjäger-Kultur* zieht sich in einem breiten, von Nordost nach Südwest verlaufenden Gürtel über Ostafrika und reicht damit etwa über drei Fünftel dieses Areals. Über die *Musik der Jägervölker* im allgemeinen berichtet Schnei-

der (in New Oxford History of Music, Band 1, S. 13), daß sie mit
vielem Schreien durchsetzt sei, aus freiem Sprechrhythmus mit
geringer tonlicher Fixierung bestanden habe, und daß es sich um
eine sehr individuelle Art von Musik-Übung gehandelt habe, bei
der es weniger auf ein Gleichgewicht zwischen Metrum und
Melodik angekommen sei als bei seßhaften Bauern; eine Mittelstellung hätten die Hirten eingenommen. Diese Züge kommen
sämtlich in Ostafrika vor, ein Vergleich zum Beispiel zwischen der
Musik der Ganda und der der Gishu oder Sebei dürfte stilistische
Gegensätze dieser Art ergeben.

Die osthamitische Kultur schließt die nördliche Hälfte Ostafrikas ein, hat sich jedoch nirgends in reiner Form erhalten.
Schneider erwähnt *hamitisch-negerische Gruppen*, welche Träger
eines umfangreichen polyphonen Stils geworden seien, den die
Hamiten aber nicht für sich beanspruchen könnten, weil sie ihn
von den Negern entlehnt hätten, mit denen sie sich vermischt
haben (Die musikalischen Beziehungen zwischen Urkulturen,
Altpflanzern und Hirtenvölkern, in Zeitschrift für Ethnologie 70,
1938, S. 297). Die ostafrikanische Musik umfaßt zahlreiche
Splittergruppen; Schneiders Versuch, sie in größerem Zusammenhang zu sehen, ist zu begrüßen. Die Interpretation musikalischer Phänomene unter dem Gesichtspunkt solcher völkerkundli-
chen Klassifikation war besonders fruchtbar im Hinblick auf die
Musikinstrumente. In ›The Ethnology of African Sound Instruments‹ (in Africa 6, 1933, S. 277–311), wo er ähnliche Kultur-
Rekonstruktionen vornimmt, hat Erich Moritz von Hornbostel
das afrikanische Instrumentarium und seine Verwandtschaft mit
Instrumenten aus anderen Teilen der Welt beschrieben. Die
ostafrikanischen Instrumente sind besonders stark in seiner fünften Gruppe vertreten (»Pan Erythraean Ancient; distribution:
Indonesia to Africa«); sie entspricht der dreizehnten Schicht bei
Curt Sachs (Geist und Werden der Musikinstrumente, Berlin
1929), zu der u. a. die ausschließlich in Ostafrika vorkommende
Trogzither gehört. Unter welchem Gesichtspunkt man auch
immer die kulturhistorischen Beziehungen der ostafrikanischen
Musik behandelt, ihre Erforschung ist dadurch sehr erschwert,
daß, wie der Archäologe Mortimer Wheeler bemerkt hat, »the
whole human make-up of East Africa through the ages is still
more mystery than fact« (Study Centre for Africa's Past, in The
Times, 24. Mai 1960, S. 13), und zwar nicht nur im Hinblick auf
die ethnische Vergangenheit, sondern auch auf frühe Kontakte
mit der Alten Welt, dem Fernen Osten, der arabischen Welt und
den Anfängen der europäischen Kolonisationen.

IV. Kulturkontakte der Vergangenheit

Musikalische Einflüsse aus der Alten Welt brauchen hier nicht erörtert zu werden; sie sind sehr spekulativ, doch bietet Hornbostels Gruppe VII (The Ethnology of African Sound Instruments, S. 292f.) eine Art Hintergrund. Wie tief die *Kultur des Altertums* allerdings in das Innere Afrikas vorgedrungen war, wird eindeutig durch den Fund von neun (?) griechischen Auloi (vom Jahre 15 v. Chr.) demonstriert, die in einer Pyramide in dem alten Meroë, d. h. nur wenige Kilometer jenseits des nördlichen Zipfels der Herskovitsschen »Ostafrikanischen Rinderzüchter-Region«, ausgegraben wurden. Man hatte bereits Kenntnis von Ostafrika im 1. Jahrhundert n. Chr.: das Περίπλους τῆς Ἐρυθρᾶς Θαλάσσης erwähnt arabische Piloten und Mittelsmänner, die die Sprachen der Küste beherrschten und Ehen mit eingeborenen Frauen eingingen. G. S. P. Freeman-Grenville (Some Recent Archeological Work on the Tanganyika Coast, in der Zeitschrift MAN 58, 1958, S. 109) glaubt in einem chinesischen Dokument, das von einem im Jahre 863 gestorbenen Schreiber herrührt, einen Verweis auf einen ostafrikanischen Stamm, die Masai, feststellen zu können. Der älteste Bericht über ostafrikanische Musiker wurde von André Schaeffner in einem arabischen und zwei chinesischen Texten gefunden (Ethnologie musicale ou Musicologie comparée, in Colloques de Wégimont, Elsevier 1956, S. 22). In einem Falle wird die Anwesenheit von Negermusikern auf Sumatra, wohin sie von arabischen Kaufleuten gebracht worden waren, für das Jahr 724 erwähnt. Schaeffner hat noch andere Belege, welche zeigen, daß man in Arabien schon vor dem 7. Jahrhundert Negermusik gekannt hat.

V. Der arabische Einfluß

Die Musik der Suaheli an der Küste ist besonders stark arabisch geprägt. Das typisch arabische Instrument, die konische Oboe, wird in dem Küstengebiet, z. B. von den Hirten der Shambala, geblasen. Das Küstengebiet wurde aber auch von der Musik des Binnenlandes beeinflußt. Negersklaven haben vielfach die Bräuche ihrer heimatlichen Landschaften bei ihren Herren eingeführt. So wurde z. B. der Ki-Nyasa-Tanz von Sklaven vom Nyasa-See über Sansibar nach dem äußersten Nordosten Ostafrikas gebracht, wo er ein Tanz für die Sklaven und das niedere Volk geblieben ist. Ähnlichen geographischen Ursprungs ist der Ki-Nyanga-Tanz der Küstenbewohner bei Malindi, der für den Erfolg der Ernte rituelle Bedeutung hat, ursprünglich jedoch ein

Tanz für die Initiation junger Leute gewesen war. Importierte Negertänze dieser Art werden gepflegt neben solchen Tänzen, die mit den Maskat-Arabern aus Arabien oder mit anderen aus Shiraz (Persien) seit 1100 n. Chr. herüberkamen. Eine Entscheidung darüber, welche Kultur die gebende und welche die nehmende gewesen ist, ist nicht immer möglich. So z. B. bei dem Schlaginstrument aus Büffelhorn, welches an der Küste zu zweien der von R. Skene beschriebenen Hochzeits-Zeremonientänze von Frauen mit dünnen Stöcken geschlagen, aber auch zusammen mit den Trompetenchören der Iramba, eines hamitisierten Bantu-Stammes bei Singida, benutzt werden.

Arabische Musik spielt naturgemäß im weiteren Binnenland eine geringere Rolle. Spuren finden sich vor allem bei den Sukuma und den Nyamwezi, welche engeren Umgang mit arabischen Händlern und Karawanen hatten als andere Binnenlandstämme. Zweifellos wurden von ihnen auch arabische Tanzformen übernommen; wahrscheinlich handelt es sich bei dem Mahia-Tanz mit seinen Flintenschüssen um eine solche Übernahme. Wo von arabischem Einfluß die Rede ist, zieht man gewöhnlich den Gesichtspunkt der *Intonation* mit in Betracht. Alan Parkhurst Merriam glaubt, daß zumindest im Kongo Intervalle unterhalb der Halbtongrenze als von arabischem Ursprung angenommen werden müssen (African Music Reexamined, in Zaire VII, 1953, S. 251). Er bemerkt, daß hier »the hummed introduction which sets the general modality for the music and text which follow« (ebenda) vom Maqam-Modell angeregt sein könnte; sie findet in Ostafrika eine Parallele in dem fast unmerklichen Übergang vom instrumentalen Einstimmvorgang zum Gesang, die jedoch nicht arabischen Ursprungs zu sein braucht. Im Zusammenhang mit der Erörterung arabischer Einflüsse sei daran erinnert, daß diese das Ergebnis nicht nur des Sklavenhandels und der Handelsniederlassungen an der Küste sein können, sondern daß (möglicherweise frühere) Völkerwanderungen für arabische Züge verantwortlich gemacht werden müssen. Hornbostel spricht von einer »early Hamitic migration across the Red Sea« (The Ethnology of African Sound Instruments, S. 293), von welcher die über ganz Afrika verbreiteten Trompeten aus Tierhörnern mitgebracht worden sein könnten. Das häufige Vorkommen arabischer Wörter kann, braucht jedoch nicht auf musikalische Berührung mit der arabischen Welt zu deuten. Suaheli selbst ist reich an arabischen Lehnwörtern; als »lingua franca« Ostafrikas wird es in weiten Gegenden verstanden, sogar von Stämmen, deren Musik bisher nicht des arabischen Einflusses verdächtigt worden ist.

VI. Ostafrikanische Musik und ihre Beziehungen zur Musik Südostasiens

Für den tatsächlichen Kontakt zwischen der Ostküste Afrikas und den Völkern Südostasiens hat die Ethnologie Unterlagen geliefert. So gibt es z. B. die in der christlichen Ära über den Indischen Ozean nach Madagaskar verlaufende *Hova-Wanderung*. Von den Musikinstrumenten hat das *Xylophon* wohl in diesem Zusammenhang die größte Beachtung erhalten. Nach Laurence Picken (The Music of Far Eastern Asia, in New Oxford History of Music, Band 1, London 1957, S. 188) basiert die Musik des Fernen Ostens auf Idiophon-Spielen, wie sie sich in den Randgebieten, z. B. in Indonesien, erhalten haben, deren Spuren im angenommenen Zentrum China jedoch nur gering sind. Bruno Nettl (Music in Primitive Culture, Cambridge/Massachusetts 1956, S. 100) glaubt die Mitte des 1. Jahrtausends als möglichen Zeitpunkt für das Auftreten von Xylophonen in Afrika annehmen zu können. Man darf jedoch die Möglichkeit nicht ausschließen, daß es sich um verschiedene Kontakte gehandelt hat, welche sich über größere Zeitabschnitte erstreckt haben und durch verschiedene musikalische Elemente und Einzelheiten vertreten sind. Hornbostel und Sachs weisen die Holm- und Kürbis-Xylophone verschiedenen Schichten zu: Holm-Xylophone begegnen in Hornbostels »West-African Culture« (Gruppe III), Kürbis-Xylophone in der »Pan-Erythraean Ancient« (Gruppe V). Über den Ursprung des Instruments selbst hat Hornbostel keine Zweifel: »Das afrikanische Xylophon stammt aber aus Südostasien (Birma, Siam)« (Artikel ›Xylophon‹ in Deutsches Kolonial-Lexikon, 3. Auflage Leipzig 1920).

Von den beiden von Olga Boone (Les Xylophones du Congo Belge, in Annales du Musée du Congo Belge, Serie 3, Faszikel 21, Oktober 1936) unterschiedenen Haupttypen des Instruments begegnet in Ostafrika nur das mit losen Platten belegte Holm-Xylophon. Ähnlichkeiten zwischen ostafrikanischen und indonesischen Instrumenten könnten in der absoluten Tonhöhe, in Stimmvorgang, Spieltechnik und Bauart vermutet werden. Belege für eine festgelegte Tonhöhe finden sich weder auf vokalem noch auf instrumentalem Gebiet. In diesem Zusammenhang muß auf die schrillen Schreie der Frauen hingewiesen werden, welche oft bei Tänzen oder im Chorgesang zu hören sind. Diese Schreie bewegen sich auf Tönen zwischen *b''* und *cis'''*; Abweichungen sind sehr selten. Solche Konstanz kann physiologische Gründe haben; ob sie auch musikalische Bedeutung hat, ist unbekannt. Was *absolute Tonhöhe und Stimmung* bei ostafrikanischen Xylophonen angeht, so müssen praktische Umstände mit in Betracht gezogen werden. Die Eigenart des Holzes (Markhamia platycalyx z.B. findet für mehrere in Uganda untersuchte Instrumententypen Verwendung) und seine Behandlung während der Herstellung sind für konstante Stimmung nicht günstig. Da die Instrumente, z. B. in Uganda, beim Spielen stark abgenutzt werden (die Klöppel werden mit großer Gewalt gegen die Endkanten geschlagen), müssen sie bald nachgestimmt werden, und die Erhaltung einer Stimmung ist oft eine Sache des Zufalls. Da in den meisten dieser Instrumente der Stimmvorgang die Verdünnung der Platten einschließt (wie in Java entweder in der Mitte zur Vertiefung des Tones oder an den Enden zur Erhöhung des Tones), werden diese um so mehr abgenutzt, je wichtiger die tonale Präzision für die Musiker ist. Besonders die tiefen Töne müssen bald durch neue Platten ersetzt werden. Mit Ausnahme der Alur- und Jao-Xylophone, welche auf Grasbündel montiert sind, werden die Platten aller ostafrikanischen Instrumente auf frischen Bananenstämmen gespielt, mit ausgezeichneten klanglichen Resultaten. Bananenstämme geben allerdings Feuchtigkeit ab (besonders da sie recht schnell in Fäulnis übergehen), und Feuchtigkeit beeinflußt den Ton. Die Messungen, die an Museumsexemplaren vorgenommen wurden, dürften daher wohl von dem Ideal abweichen, das die Xylophonbauer und -musiker befriedigen würde. Da bei den Volksmusikanten dieses Ideal nicht in Worte gefaßt wird, ist man darauf angewiesen, den ursprünglichen *Stimmvorgang* während der Herstellung und die späteren, gelegentlichen Korrekturen in diesem Sinne zu interpretieren. Bei den Ganda z.B. spielen Obertöne und zählbare Schwebungen innerhalb des Stimmvorgangs keine Rolle. Dieser besteht vielmehr aus 1. einer Folge von Transpositionen eines Normal-Intervalls, beginnend mit dem höchsten Ton, und 2. der Vollendung der Oktave nach fünf solchen Transpositionen. Mit Hilfe dieses praktisch-musikalischen Vorgangs gelingt es den Musikern tatsächlich, die sehr schwierige Teilung der Oktave in fünf annähernd gleiche Intervalle zu verwirklichen. Wenn das Normal-Intervall zu groß genommen wird, wird die Oktave überschritten; wird es zu klein genommen, wird die Oktave zu kurz. Wird eine Stimmung bemängelt, so überprüft der Spieler spontan zuerst die Oktaven; wird hier ein Fehler entdeckt, so werden die Transpositionen nachgeprüft und im Sinne der annähernd gleich-stufigen fünfteiligen Stimmung korrigiert. Es ist bemerkenswert, daß diese Methode auch auf andere stimmbare Instrumente der Ganda angewendet wird, so auf Lyren, Harfen und auf den 12-Trommelchor »ntenga«. Die Tendenz, die Intervalle zu nivellieren, konnte auch bei den Stimmungen der Soga und Acholi beobachtet werden. Man darf jedoch nun nicht folgern, daß diese Untersuchungen musikalische Praktiken ans Licht gefördert haben, die als typisch für ganz Ostafrika angesehen werden können. Die Konjo z.B. benutzen Intervalle, die die Oktave in sieben Teile teilen würden, doch sind ihre Oktaven weniger genau als die der Ganda. In Gwere lassen die Intervalle der Harfen und Xylophone auf eine Vierteilung der Oktave schließen. Es ist tatsächlich angesichts der heutigen Kenntnis der Musikwissenschaft nicht möglich, ein allgemeingültiges Bild der ostafrikanischen Praktiken zu vermitteln, und es ist heute charakteristisch für die Forschung, daß Detaileinblicke auf rein musikalischem Gebiet als dringend notwendig erachtet werden. Es wäre hinzuzufügen, daß die genannten Stimmungen der Ganda, Konjo und Gwere möglicherweise auch mit der Vokalmusik einen Zusammenhang haben.

Der Vergleich dieser ostafrikanischen Stimmungen mit Systemen in Südostasien ist noch dadurch erschwert, daß diese Systeme nicht mit der für einen derartigen Vergleich notwendigen Präzision definiert werden.

Zum Aspekt der *Spieltechnik* kann lediglich das »amadinda« der Ganda als ein besonderer Xylophonstil herangezogen werden. Dabei zeigt sich die bei den Ganda gebräuchliche Instrumentalmusik als im wesentlichen derart beschaffen, daß die Töne zweier isorhythmischer Themen wie die Finger gefalteter Hände ineinander verschränkt sind, so daß niemals zwei Töne gleichzeitig erklingen. In der Xylophonmusik sind zur Ausführung der Themen zwei Spieler erforderlich, von denen jeder sein Thema mittels zweier Klöppel vorträgt, welche sich in Oktavabstand parallel über die »Klaviatur« bewegen; selbstverständlich kennen andere Stämme Varianten dieser Technik. In einem der Xylophonstile in Ganda tritt zu diesem Grundgerüst ein drittes Element, welches auf den »amakonezi« (d.h. auf den beiden oberen Platten, die naturgemäß das oben erwähnte Normal-Intervall bilden) vorgetragen wird. Sie klingen eine Oktave höher als die beiden mittleren Platten des Amadinda (d.h. als die sechste und siebente Platte in einem aus zwölf Platten bestehenden Instrument) und zwei Oktaven höher als die beiden untersten Platten und haben die Aufgabe, das Thema zu oktavieren. Da es sich jedoch nur um zwei Amakonezi-Platten handelt, ist es verständlich, daß diese dann schweigen müssen, wenn einer der übrigen, außerhalb des Amakonezi-Bereiches liegenden Töne in den Grundthemen vorkommt.

Die Wirkung der Amakonezi-Technik ist die künstlerische Illusion einer unabhängigen dritten Stimme, einer Art Diskant. Außerdem bereichert sie die rhythmische Struktur des Amadinda-Spielens: die beiden anderen Themen sind durch ihre isorhythmische Gestalt auf dynamische Akzente angewiesen. Sie ist schwer zu spielen, und erfahrene Spieler sind nur selten anzutreffen. Wieviel Erfahrung tatsächlich dazugehört, wird durch eine Erörterung der Theorie des sogenannten »muko«

deutlich, die ihre Formulierung dem Ganda-Musiker Joseph Kyagambiddwa verdankt. Der Muko bezieht sich auf die Abwandlung der Themen durch Transposition. Eine Transposition der beiden Grundthemen macht unter Umständen eine Oktavversetzung nötig, um die Themen dem Umfang des Instruments anzupassen; sie bewirkt aber keine Störung der tonalen Struktur, weil ja alle Intervalle gleichwertig sind. Für die Amakonezi-Stimme hat die Transposition der Grundthemen allerdings weitreichende Konsequenzen. War z.B. die ursprüngliche Lage der Stimme:

dann führt eine Transposition um drei Platten (was annähernd einer Quinte entspricht) zu folgender Gestalt:

Kyagambiddwas Beispiele 162 I und III, die hier abgeändert und ergänzt wurden, um sie der Tonlage eines sorgfältig gestimmten und gemessenen Instruments anzunähern; *h* und *fis* sind einen Viertelton höher zu denken. Der Spieler der führenden Stimme (a) wird »omunazi« genannt, der von (b) ist »omwauzi« oder »omutabuzi«, d.h. »der Aufteiler« oder »der Mischer«, und der von (c) ist »omukonezi«. Die Stimme (d), Kyagambiddwas Alternative für (c), zeigt, in welchem Sinne er selbst seine Theorien elastisch behandelte.

Es nimmt daher nicht wunder, daß Kyagambiddwa beobachten konnte, jeder Muko habe seinen eigenen Charakter. Gerhard Kubik, der 1959 das Amadinda-Spielen im Uganda-Museum unter Anleitung desselben Ganda-Musikers wie Kyagambiddwa studiert hat, ist der Ansicht, daß die Amakonezi-Technik doch komplizierter ist, als Kyagambiddwa sie dargestellt hat. Ein Vergleich dieser Technik mit derjenigen, die Mantle Hood für javanische Gamelan-Musik beschrieben hat, ergibt bestimmte Ähnlichkeiten. Die Amadinda-Technik ist jedoch nur eine von mehreren in Ostafrika vorhandenen Arten. Bei mehreren ostafrikanischen Instrumenten handelt es sich um mehroktavige Xylophone, auf denen mehrere Spieler die geforderte Oktav-Verdoppelung ausführen können. Nach Jaap Kunst (Music in Java, 2. Auflage Den Haag 1949, S. 171) gibt es auch auf Java mehroktavige Instrumente, doch setzt sich die Saron-Gruppe gewöhnlich aus vier einoktavigen Instrumenten zusammen, von denen jedes einen anderen Umfang hat. Das tiefste Instrument besteht aus Platten, die an der Oberfläche mit Buckeln versehen sind; hier müssen die Xylophone der Ruli und Nyala erwähnt werden, da zwei oder drei ihrer tieferen Platten gleichfalls Buckel an der Oberfläche tragen. Die eingeborenen Musiker können ihr Vorkommen weder aus sachlichen noch aus mythologischen Gründen erklären. Man ist versucht, in diesem Buckel eine skeuomorphische Form gewisser asiatischer Metallophone zu sehen. Die Nyala und Ruli haben noch eine andere Praxis, die auch an Java erinnert: sie halten oft eine Sonderplatte in Bereitschaft, die sie aber offenbar niemals benutzen. Sachs (Die Musikinstrumente Indiens und Indonesiens, Berlin und Leipzig 1923, S. 28) spricht von dem Gebrauch der javanischen Musikanten, »ein paar Reserveplättchen im Kasten« zu haben.

VII. Ostafrikanische Musik und die allgemeinen Merkmale der Musik der Neger

Dazu konnten allgemeine Beobachtungen gemacht werden, welche sich zwar nicht spezifisch auf Ostafrika beziehen, jedoch zum Verständnis der Merkmale ostafrikanischer Musik dienlich sein können. Wie in anderen Teilen Schwarzafrikas kennt auch Ostafrika eine Tendenz zur Wiederholung, zum Gebrauch kurzer Phrasen, zur Vermeidung der Variationen und zu polyphonen Bildungen. Bezüglich des *Rhythmus* ist Arthur Morris Jones (Studies in African Music, 2 Bände, London 1959) davon überzeugt, daß der Zusammenprall ungleicher Rhythmen die raison d'être aller Negermusik sei. Was die *Mehrstimmigkeit* betrifft, hat Marius Schneider bei den Makua im tiefen Süden Ostafrikas Sekundparallelen festgestellt (Ist die vokale Mehrstimmigkeit eine Schöpfung der Altrassen?, in Acta Musicologica 23, 1951, S. 43 f.). Terzparallelen sind von den Hova und Nitscha jenseits der

Südgrenze Ostafrikas bekannt; in A. M. Jones' Karte der Harmonik sind sie nur sporadisch im Süden Ostafrikas eingezeichnet (Studies in African Music, Band 1, S. 230). Gebrochene (»interlocking«) Terzen werden bei den Nyamwesi gesungen. Quart- und Quintparallelen sind bei den Dschagga, den Nitscha, Nyamwesi und Sukuma bekannt, Quint-Quart-Wechsel bei den Batwa und den Kindiga. Schneider hat auch auf den *Parallelismus* hingewiesen, welcher auf tonalen Vorstellungen beruht, mit dem Ergebnis, daß in bestimmten Zusammenhängen an die Stelle von Quinten und Quarten Sekunden, Terzen und Sexten treten; Schneider stützt sich auf Beispiele u. a. der Batwa. Die Musik der Pygmäen und Buschmänner kennt den *Kanon.* Über *freie Imitation* mit weiten Abständen zwischen den Themen wird von den Bahutu und Acholi berichtet. Im Rahmen instrumentaler Musik oder gemischter Ensembles sind Fugato-Einsätze der Stimmen üblich. Die Grenze zwischen Sprache und Gesang wird von den charakteristischen Lobgesängen der Hima dargestellt.

VIII. Musikinstrumente

Obgleich Ostafrika als Ganzes reich an Instrumenten ist, sind einige Stämme damit weniger gut ausgestattet als andere. Die Kindiga haben, abgesehen von einer Kürbisrassel, keine Klanginstrumente, kennen aber beim Tanzen organisiertes Pfeifen (mit dem Mund) und Händeklatschen. Hamitische oder nilo-hamitische Hirtenvölker wie z. B. die Karamojong, die Nandi und Masai besitzen im allgemeinen weniger Instrumente als andere Gruppen, doch gibt es Ausnahmen wie z. B. die Teso. Verallgemeinerungen in dieser Hinsicht sind schwierig, gleichgültig, ob man sie auf ökologische Ursachen, geistige Fähigkeiten oder ethnische Veranlagung basiert. Es ist bemerkenswert, daß die Musiker selbst oft über den fremden Ursprung der bei ihnen gebräuchlichen Instrumentaltypen berichten; Nomenklatur und Legende wirken als Hilfsmittel der Erinnerung. So können im Falle der Teso mehrere Instrumente als durch Import vollzogene Bereicherung des an sich armen Instrumentariums angesehen werden.

Die *Klangfarbe* ist anpassungsfähig; es scheint, daß im großen und ganzen ein übernommenes Instrument dem Geschmack des Stammes angeglichen wird. Die Schalenleiern, die sich wahrscheinlich erst während der letzten drei bis vier Jahrhunderte von Norden her verbreiteten und heute ungefähr fünfzehn ostafrikanischen Stämmen bekannt sind, haben im Laufe ihrer Wanderung den Steg modifiziert, um dem jeweiligen lokalen Klangideal gerecht zu werden. Man kann oft eine Tendenz beobachten, die den klaren Ton ablehnt und den Summ- oder Rasselton vorzieht. Bei den Ganda und Nyoro läßt man Harfensaiten z.B. gegen Ringe aus Eidechsenhaut schwingen, welche in dem gewünschten Abstand von der Saite am Harfenhals, verstellbar, angebracht sind. Bei den Soga wird die rasselnde Klangfarbe mittels eines hakenförmigen Schlägels, auf dem zwei kugelförmige Fruchtschalenrasseln aufgespießt sind, zu dem Geräusch der Harfensaiten hinzugefügt, indem ein zweiter Spieler mit dem Schlägel auf das Resonanzfell der Harfe trommelt. Bei den Hutu und Sukuma wird die Saite eines Musikbogens mit einem dünnen Stöckchen angeschlagen, das der Spieler zusammen mit einer leichten Fruchtschalenrassel in der Hand hält; bei jedem Schlag gegen die Saite erklingt gleichzeitig das Rasselgeräusch. Die Sanza besitzen kleine metallene Klingelmanschetten, die lose über die Metallzungen geschoben sind und leise klirren. In ihrer Vorliebe für derartige Klangmischungen sind die Ostafrikaner aber nicht allein; man findet sie auch in Westafrika.

IX. Die Berührung mit der Musik des Abendlandes

Unmittelbare Kontakte mit Europa sind jüngeren Datums; Johannes Rebmann hat als erster Europäer erst 1848 den Kilimandscharo erblickt und John Hanning Speke die Nilquelle erst 1862 entdeckt. Die Hornsignale der Soldaten wurden gelegentlich auf selbstgemachten Instrumenten nachgeahmt, haben aber die traditionellen Trompeter nicht bewogen, die Naturtonreihe in ihre eigene Praxis zu übernehmen. Bei den Gishu sind die Trillerpfeifen der Polizisten und Fußballschiedsrichter sogar in die vorbereitenden Tänze der Beschneidung eingedrungen; nach dem zweiten Weltkrieg war militärischer Drill die Grundlage der Mädchentänze der Acholi und anderer Tänze bei anderen Stämmen.

Die *Missionen* haben schon früh hier und da mit der Verwendung einheimischer Musik im Dienst der Kirche experimentiert; die ›Church Missionary Society‹ hat in dem Portal der Kathedrale zu Namirembe ein Trommelensemble aufgestellt. Im Akkulturationsvorgang scheint die Generation, welche als erste der abendländischen Musik ausgesetzt gewesen war, festumrissene Vorstellungen geschaffen zu haben, die sie dann an spätere Generationen weiterleitete. Diese Vorstellungen von musikalischen Phänomenen des Abendlandes, die sich im Laufe der frühesten Phase des Kulturkontaktes entwickelt haben, scheinen für den merkwürdig antiquierten Geschmack im Stile des 19.Jahrhunderts verantwortlich zu sein, der sogar die Musik der 1950er Jahre noch durchzieht. Man muß jedoch dabei betonen, daß die abendländischen Kontaktträger wohl kaum erfahrene und fortschrittliche Musiker gewesen sein dürften.

Mit dem Beginn *intensiver Erziehung* und *bewußter Unterrichtsmethodik* setzte die Musik damit ein, die Wirkungen dieser frühen Kristallisationen der musikalischen Vorstellungen zu berichtigen; dieser Korrekturvorgang wird sich aller Wahrscheinlichkeit nach weiter ausbreiten, da das Erziehungswesen in dem letzten Jahrzehnt einen ungeahnten Aufschwung erfahren hat. Nach dem Kriege hat man bewußt versucht, die Pflege der afrikanischen Musik zu fördern und Festivals und Wettbewerbe zu diesem Zwecke eingerichtet. Sie befassen sich sowohl mit der traditionellen Volksmusik als mit Experimenten in autochthonen Stilformen. Eine ganze Generation von Komponisten versucht sich heute im einheimischen Idiom.

Hans Hickmann
Äthiopische Musik

I. Abgrenzung des Gebiets und allgemeine Beschreibung. – II. Archäologischer Befund. – III. Kirchenmusik. – IV. Musikinstrumente. – V. Musikalische Formen

I. Abgrenzung des Gebiets und allgemeine Beschreibung

Unter äthiopischer Musik soll die Gesamtheit der ostafrikanischen Musik im geographisch-politischen Komplex des heutigen Äthiopischen Staates verstanden werden. Somit handelt es sich nicht allein um die sogenannte »abessinische« Musik, sondern auch um diejenige der verschiedenen Somali- und Gallastämme, die dieses ausgedehnte Territorium bewohnen. Rassenkundlich einer starken Überschichtung und Durchdringung hamitisch-semitischer Völkerverschiebungen unterworfen, lassen sich in der Musik die gleichen Umformungsprozesse feststellen, die sich auch sprach- und religionsgeschichtlich aufweisen lassen.

Altem Kulturboden entwachsen, spiegelt die Legende des äthiopisch-abessinischen Hochlandes besonders deutlich die zunächst magische, dann liturgische Verbundenheit der Musik wider. Uralte Traditionen wie die der berühmten Kriegstrommeln des Negus und andere charakteristische afrikanische Parallelen stellen eine unendlich reiche Quelle für die musikwissenschaftliche Forschung dar, und der antik-ägyptische Einfluß geht noch heute klar aus der liturgischen Verwendung des Sistrums hervor.

Es ist interessant, daß selbst die drei großen monotheistischen Religionen sich liturgisch mehr oder weniger auf die äthiopische Musikübung beziehen. Aus diesem Grunde ist eine systematische Erforschung der koptisch-abessinischen Liturgie für eine Erfassung der frühchristlichen Musik von besonderer Wichtigkeit. Aber auch der Islam macht seine Ansprüche geltend, ist doch der erste Muezzin noch zu Zeiten des Propheten Mohammed ein abessinischer Sklave namens Bilâl Ibn Riyah gewesen. Neben sabäisch-himyaritischen Einflüssen kommt endlich das Judentum zu seinem Recht: gewisse Instrumente sollen der Tradition nach altjüdischen Instrumenten entsprechen. Den äthiopischen Kirchengesang muß man sich demnach als eine Mischung altjüdischen Tempelgesanges und koptisch-byzantinisch-armenischer Riten vorstellen.

II. Archäologischer Befund

Die Schriftsteller und Reisenden des Altertums bezeichnen mit »Nubien« diejenigen Ländereien, die ungefähr dem heutigen Äthiopien entsprechen und welche bereits zur Zeit des Alten Reiches der ägyptischen Herrschaft einverleibt worden waren.

Schon im *Alten Reich* gab es Zwergtänzer, die sich die Pharaonen aus dem fernen Nubien kommen ließen, um sich und die Höflinge an ihren grotesken Sprüngen zu ergötzen. Im *Neuen Reich* häufen sich die Darstellungen äthiopischer Soldaten, und die thebanischen Gräberbilder legen ein lebendiges Zeugnis davon ab, daß diese Soldaten oft auch musikalisch von Bedeutung waren, werden sie doch häufig als Trommel-, Trompeten- und Kastagnettenspieler dargestellt. Um diese Zeit erhält auch die ägyptische Götterwelt einen äthiopischen Zuwachs in Gestalt des Gottes Bes, Gottheit afrikanischen Ursprungs, die mit ihren grotesken Schelmereien mit Tanz und Instrumentalspiel in Zusammenhang gebracht wird. Die Instrumente dieses Gottes sind Glocken und Handpauken, nur einmal wird er mit einer Harfe dargestellt. Die *Spätzeit* sieht dann die Äthiopier sogar als Herren in Ägypten, Blütezeit eines reinafrikanischen Einflusses auf das Niltal, welches nach der Piankhi-Nemrod-Episode seine Zuflucht im Rückzugsgebiet von Meroë findet. Amerikanische Ausgrabungen haben interessante Instrumentenfunde zutage gefördert.

III. Kirchenmusik

Auf afrikanischem Urbestand aufbauend, hat sich die äthiopische Musikkultur langsam unter ägyptischem und jüdischem Einfluß umgewandelt, um im 4. Jahrhundert den ersten Kontakt mit der christlichen (syrischen) Liturgie aufzunehmen. Die eigentliche *Christianisierung* ist aber dann erst im 13. Jahrhundert und später vor sich gegangen, unter dem Einfluß koptischer Mönche aus Ägypten, und nachdem der Islam während langer Jahrhunderte das kulturelle Leben Äthiopiens umgeformt hatte. Diesen mannigfaltigen Umschichtungen ist es zu verdanken, wenn die heutige äthiopische Kirchenmusik noch viele merkwürdige Reste aufweist, insbesondere den Gebrauch von großen Trommeln und Pauken, Becken und Sistren. Die europäischen Kirchenglocken sind erst sehr spät in Gebrauch gekommen. Sie haben die jetzt noch vereinzelt auftauchenden Holz- oder Steinplatten mehr und mehr verdrängt.

Der Legende nach stammt die äthiopische Kirchenmusik in

direkter Tradition von der Praxis des Psalmsingens aus der Zeit Davids und Salomons. Als Schöpfer des Kirchengesanges gilt der Hl. Yared. Eine durchgreifende Reform der Liturgie-fand im 16. Jahrhundert statt.

Die *Liturgie* ist in fünf großen Hymnenwerken niedergelegt, welche die Kirchengesänge der regelmäßigen Gottesdienste und die der großen Festtage sowie allgemeine Hymnen enthalten. Neben den liturgischen Gesängen existiert eine merkwürdige Form freier Fügung, die »qenie«, den Tropen des europäischen Mittelalters vergleichbar.

Die *Notation* geschah, vielleicht bereits seit dem 6. Jahrhundert, in schwarzen und roten Neumen mit eingezeichneten Angaben über Nomos, Modalität, Noten und Pausen, sowie Haltepunkten und Akzenten. Der rauhe und harte Gemeindegesang wird von Blas- und Saiteninstrumenten, Händeklatschen, Fußstampfen und den oben erwähnten Schlaginstrumenten begleitet. Das Tonsystem der Liturgie ist im wesentlichen auf die drei Arten »gheez«, »araray« und »ezel« beschränkt.

IV. Musikinstrumente

Für die Umschreibung der äthiopischen Instrumentennamen wurde die von C. Sachs in seinem ›Real-Lexikon der Musikinstrumente‹ (Berlin 1913) vorgeschlagene gewählt. Hervorzuheben sind die merkwürdigen Traditionen, die bestimmte Instrumente der *Herrscherwürde* zuordnen. So war der Gebrauch der Schnabelflöte »embilitâ« (abessinisch-galla; mit 7 Grifflöchern), der Trompete »malakat« und der mit Schlägeln bearbeiteten »nagarit« nur den hohen Würdenträgern und dem Monarchen vorbehalten. Die Nagarit wurden für den Herrscher in Silber, für hohe Beamte in Kupfer, für niedere Beamte in Holz angefertigt, und die Anzahl dieser Pauken war genau je nach der Würde und dem Range des betreffenden Würdenträgers geregelt: so wurde der Kaiser bei seinen Armeeinspektionen von 88 Pauken begleitet, ein Ras hatte nur Anrecht auf 44 und andere Beamte auf 22 solcher Pauken, und öffentliche Proklamationen waren stets vom Dröhnen dieser Instrumente angekündigt. Nur die Kirche hatte das Recht, ebenfalls Nagarit zu verwenden.

Bereits im Mittelalter wurde bei einem Vertrag zwischen zwei Herrschern, der die gegenseitigen Machtbefugnisse genau regelte, nicht vergessen, dem einen der beiden Könige zwei silberne Pauken als Zeichen seiner Souveränität zuzusprechen, und häufig tragen diese Instrumente sogar Namen (Bär, Löwe). Die Königstrompeten bestehen aus langen Bambusrohren mit kupfernem

Schallbecher. Das Holzrohr ist mit Haut bedeckt, und der Schallbecherrand ist zuweilen verziert. Neben dem Mundloch befindet sich ein kleines Stimmloch. Das Spiel auf diesen Instrumenten ist stark rhythmisch und besteht in einem scharfen Skandieren weniger Noten, oft sogar nur der gleichen, etwa in der Art, wie man sich das Spiel der altägyptischen Trompeten vorstellen muß.

Die älteren *Lithophone* (Steinplatten zum Signalgeben) sowie die modernen Glocken (»daule« oder »dawal«, »marawat« sowie somali-galla »bilbilla«) sind bereits oben erwähnt worden. Die Sistren (Priesterrasseln altägyptischen Ursprungs) heißen »tsnasin« (Südabessinien) oder »dsanâdsel« (»tsanatsel«). Sie erklingen zur Hostienweihe, und hohe Persönlichkeiten machen es sich zur Pflicht, gelegentlich kostbare, silberne Sistren den Kirchen als Weihgabe darzubringen, ein Gebrauch, der an die goldenen, silbernen oder in Fayence nachgebildeten Votivsistren der altägyptischen Hathortempel zurückdenken läßt. Das äthiopische Sistrum hat weder die Bügel- noch die Naosform des antiken, noch die Rahmenform des modernen koptischen Sistrums, sondern ist hufeisenförmig nach oben geöffnet. Die Priester schütteln es bei ihren liturgischen Tänzen. Nach einer abessinischen Legende hätten sie es vom hl. Yared, dem Schöpfer des liturgischen Gesanges, erhalten, der es erfunden haben soll, um den Gesang der Vögel zu imitieren (sic) und in seiner Anordnung mit drei Querbügeln und jeweils drei Metall-Rasselscheiben die Hl. Dreieinigkeit zu symbolisieren. Die »qakel« sind einfache Schellenrasseln, auf einem Ring aufgereiht. Sie sind auf dem Handrücken des Priesters befestigt und werden bei den liturgischen Tänzen geschüttelt. Zu den Pauken treten als weitere *Membranophone* die volkstümliche Schellentrommel, der die Volksmedizin heilkräftige Eigenschaften zuschreibt, die Kriegstrommel »sitet« sowie die große Trommel »kabaro« (zylindrische Faßtrommel mit zwei Fellen). Besonders die letztere ist ein kultisches Instrument, welches eine große Verehrung genießt. Oft mit kostbaren Stoffen behangen, mit der Hand geschlagen, dient das Instrument zur Begleitung des Kirchengesanges und begleitet die Prozessionen. Das gleiche gilt von der christlichen Zeremonientrommel »tilik abero«.

Außer den erwähnten Blasinstrumenten kennt die äthiopische Musikpraxis verschiedene Typen von Tierhörnern und Flöten.

Unter den *Saiteninstrumenten* ist besonders die »baganâ« genannte, 75 cm hohe Riesenleier der Amhara mit ihrem 25–30 cm hohen und 30–35 cm breiten Resonanzkasten hervorzuheben. Altägyptische Reminiszenz, erinnert dieses Instrument an die vereinzelte Standleier aus der Amarnazeit, deren asiatische Herkunft heute fast sicher erscheint. Nach äthiopischer Anschauung stellt dieses Instrument die Nachbildung der Davidsharfe dar. Daneben erinnert die kleinere Leier »kissar«, »krar« oder »kerâr« an die asiatisch beheimatete Schalen- oder Kastenleier, der man häufig auf den thebanischen Wandmalereien und später im griechisch-römischen Altertum begegnet, ohne vorläufig noch die Beziehungen zwischen den asiatischen und afrikanischen Frühformen dieses Instruments endgültig festlegen zu können. Über die Stimmung dieser meist fünf- oder sechssaitigen Leiern hat bereits Guillaume André Villoteau im frühen 19. Jahrhundert berichtet.

Saitenstimmung der äthiopischen Leier

Das »masenko« genannte Streichinstrument stellt eine äthiopische Abart der einsaitigen arabischen »rebâbah« dar. Als »nzirâ« (»inzirâ«) wird häufig eine dreisaitige Kithara ähnlich der Baganâ bezeichnet, und das Wort »timbo« deckt bei den Gallas beide Instrumente, Masenko und Kerâr.

V. Musikalische Formen

Zwischen *Tanz* und *Gesang* besteht eine enge Verbindung, und das Melodiegut ist noch heute durchaus volksgebunden. Wie so häufig in der Musikauffassung orientalischer oder afrikanischer Völker ist das hervorstechende Charakteristikum der musikalischen Praxis eine Verschmelzung angeborener Improvisationsfreude und traditionsgebundener Formenstarre. Wichtige Formen sind die Klagelieder »leqso«, häufig mit geistvollen Texten versehen, die »lalibalotsch«, Gesänge der Nachkommen einer Art Bruderschaft der Leprakranken, denen es nur nachts gestattet ist zu singen, ferner die »fakara«-Kriegstänze und -lieder (besonders im Godjam) und Jagdweisen. Dazu treten die Gesänge, die entweder solistisch oder mit Beteiligung des Chores zur Begleitung der oben erwähnten Saiteninstrumente vorgetragen werden, zumeist von Berufssängern. Nach orientalischer Sitte spielen dabei die Instrumente nicht nur die Begleitung, sondern führen auch oft kunstreiche Vor-, Nach- und Zwischenspiele aus. Die am meisten geschätzten Weisen sind diejenigen, welche zusammen mit der Leier Baganâ ertönen (zuweilen religiösen Inhalts), darauf folgen in der ästhetisch-sozialen Wertschätzung die mit dem Kerâr und endlich die mit der Masenko vorgetragenen Weisen.

Hans Hickmann
Sudan

Die 1956 begründete Republik Sudan (von as-Sūdān, d. h. Land der Schwarzen), die geographisch ungefähr dem seit 1898 bestehenden früheren Anglo-Egyptian Sudan entspricht, wird im Norden durch Ägypten, im Nordwesten durch Libyen, im Westen und Südwesten durch den Tschad bzw. die zentralafrikanische Republik und den Kongo, im Süden durch Uganda und Kenia, im Osten endlich durch Äthiopien und das Rote Meer begrenzt. Der Nil, Ägyptens Reichtum, ist auch für den Sudan von jeher schicksalhaft gewesen. Auf diesem durch die Natur gegebenen Wege ist der früheste Austausch geistiger und materieller Kulturgüter bewerkstelligt worden, der sich in Ägypten auf dem Gebiete der Musik im Import der ersten (afrikanischen) Faßtrommeln (um 2000 v. Chr.), auf dem Gebiete des Tanzes noch früher (Altes Reich), wenn auch bescheiden, bemerkbar gemacht hat, wobei der Sudan einschließlich Nubien häufig nur als Durchgangsland gedient hat. So hört man von Zwergtänzern (Pygmäen ?), die für heilige Tänze oder zur Unterhaltung am pharaonischen Hofe benötigt wurden. Sie sind mit ziemlicher Sicherheit noch weit südlicher beheimatet gewesen. Echt afrikanisch-sudanesische Typen von Tänzern und Trommlern wirkten als folkloristische Gruppen dann bereits z. Z. der 18. Dynastie bei Prozessionen mit. Nubier finden sich auch als Tänzer, Soldaten oder Polizisten in Ägypten und betätigen sich gelegentlich als Militärmusiker, insbesondere als Trommler. Umgekehrt ist der politische Einfluß der ägyptischen Eroberer auf die nubische und sudanesische Kultur sehr stark gewesen. Spuren lassen sich im Kult (und somit wahrscheinlich auch in der Kultmusik) feststellen, Einflüsse, die zur nachchristlichen Zeit wieder aufgelebt sind und bis nach Äthiopien gereicht haben, bis sie vom Islam abgelöst worden sind. (Die letzten christlichen Reiche im nubischen Raum sind erst im 14. Jahrhundert zerschlagen worden. Von einer gezielten Islamisierung kann erst seit dem 16. Jahrhundert und aus der Zeit nach Mohammed Ali und der Einbeziehung des Sudans in die ägyptische Machtsphäre, besonders seit dem Mahdi-Aufstand und der Schlacht bei Om Durman, die Rede sein. Die beiden letzten Ereignisse leben noch im heutigen Volkslied fort.)

Auch das *Instrumentarium* des nubisch-sudanesischen Raumes ist weitgehend von Altägypten aus beeinflußt worden, da sich hier neben dem Körperschlag (Handklatschen und Fußstampfen) bestimmte Klangwerkzeuge wie Langflöten, Doppelklarinetten,

Lauten, Harfen, Leiern und alle Arten von Idiophonen noch jetzt feststellen lassen bzw. in zentral- und westafrikanischen Ländern anzutreffen sind, wohin sie nur über Nubien und den Sudan gekommen sein können. Die Schalenleier, als »qītārah barbarijah« (nubische oder Barābra-Kissar) bekannt, existiert in mehreren, größenmäßig verschiedenen Formen, und es scheint, daß der größte dieser Leiertypen mit den Großformen der Kastenleiern ursächlich zusammenhängt, die als Nachkommen der sumerischen Prototypen über die Riesenleier der Amarnazeit im 14. vorchristlichen Jahrhundert zur »baganā« Äthiopiens hinführten. Der islamischen Schicht entsprechen Oboeninstrumente (»mizmār«), runde Rahmentrommeln (»ṭār«) und Schellentrommeln in der Volksmusik, Kastenzither, »rebāb« und Laute in der städtischen Kunstmusik, die überhaupt ein lebhaftes Bild intensiver Akkulturation im Rahmen islamisch-arabischer, nicht etwa englischer Beeinflussung bietet. Daneben begnügen sich die heute weitgehend vom Islam missionierten Völkerschaften in Nubien und im südlichen Sudan noch immer mit urtümlichen Leiern (»ṭambūrah«, bei den Bischarin »bāsāmkūb«), Schellen, Rasseln und Rasselgürteln, Antilopenhörnern und verschiedenen Trommelarten (»tubal«, »tūsa«, »gena tūsa«, »miriās«, »darabukka«, »būl«. Nach arabischen Reiseschriftstellern wie Ibn Baṭṭūṭa († 1352) wurden königliche Prozessionen durch das Spiel auf Trommeln (»ṭabl«), Hörnern (»būq«) und Trompeten (»nafīr«) begleitet, und das Orchester des Sultans (»ṭabl khāna«) enthielt auch Oboen (»surnāy«).

Die Musik der Völker, die nördlich von Khartum, also unterhalb des Zusammenflusses von blauem und weißem Nil, oder in südlicheren Regionen wie etwa Darfur oder Kordofan leben, ist nur wenig erforscht worden. In der Musik der eigentlichen Niloten, die sich in drei Völkerschaften aufteilen (die Schilluk mit den Anuak und den Berri, die Dinka und die Nuer), sind die *Gesänge* und *Tanzlieder* im allgemeinen wechselseitig angelegt (Solo-Chorrefrain), inhaltlich an die Feste des Jahres und an die großen Stationen des Lebens gebunden oder stark mythologisch gefärbt, im melodischen Verlauf pentatonisch ausgerichtet und von kurzatmiger Motivik, eine Mischung aus islamischem und schwarzafrikanischem Stil. Dazu treten bei den Schilluk die Leier »tōm« (auch »thoum«), die Rassel »adāl« und die kleine, mit einem biegsamen Lederschlägel gespielte Röhrentrommel Būl. Bestimmte sudanesisch-nubische Tänze scheinen auf altägyptische Vorlagen zurückzugehen.

ASIEN UND DIE ISLAMISCHE WELT

WILHELM STAUDER
Sumerisch-babylonische Musik

I. Allgemeine Grundlagen

a. Forschung

Von der Musikkultur des alten Zweistromlandes war bis vor
kurzem noch wenig bekannt. Zwar finden sich in den Schriften
des Alten Testaments Hinweise auf sie (z. B. Daniel 3, 5 ff.), und
die Ausgrabungen in Kujundschik (Ninive), Kalach (Nimrud) und
Chorsabad (Dur Scharrukin) durch Paul Emile Botta, Austen
Henry Layard u. a. vor etwa einem Jahrhundert förderten
bildliche Belege dieser Musik zu Tage; doch konnte der erste
Versuch einer Darstellung durch Carl Engel (1864) nur unvollständig bleiben, da er sich mit einer Beschreibung der auf den
assyrischen Palastreliefs dargestellten Instrumente begnügen
mußte. Die archäologischen Entdeckungen der letzten Jahrzehnte
sowie die Funde großer Mengen von Keilschrifttafeln, die allerdings bis heute nur z. T. veröffentlicht und übersetzt wurden,
brachten auch Aufschlüsse über das Musikleben der sumerisch-
babylonischen Kultur. Francis William Galpin wertete die Ergebnisse der archäologischen und philologischen Forschung für die
Musik aus und veröffentlichte 1937 ›The Music of the Sumerians
and their Immediate Successors, the Babylonians and Assyrians‹
(Cambridge 1937). Neben Aussagen über die sumerischen,
babylonischen und assyrischen Musikinstrumente konnte er auch
bereits einige auf Textuntersuchungen beruhende Angaben über
die Musik dieser Völker bringen. Fußend auf überholten musikethnologischen Vorstellungen und ohne Berücksichtigung der
einerseits kontinuierlich, andererseits sehr differenziert verlaufenden sumerisch-babylonischen Kulturentwicklung, erkannte er
jedoch die Bedeutung und Aufgaben der Musik für diese alten
Völker nicht richtig und gelangte dadurch häufig zu falschen

Schlüssen. Die übrigen Autoren, die die Musik des Vorderen Orients behandelten, wie Curt Sachs, Henry George Farmer, Friedrich Behn, Claire C. J. Polin usw., fußen im wesentlichen auf den Anschauungen von Galpin. Erst neuerdings wird versucht, bei der Darstellung der Musik des Zweistromlandes die besondere Eigenart der geistigen Kultur Mesopotamiens zu berücksichtigen (Wilhelm Stauder, Henrike Hartmann).

b. Geschichte

Im Gegensatz zu Ägypten, dessen kulturelle Entwicklung von Anfang an ziemlich einheitlich verlief, unterlag Vorderasien während seiner dreitausendjährigen Geschichte ständig Einflüssen unterschiedlicher, oft gegensätzlicher Art, die durch die geographischen Bedingungen hervorgerufen wurden. Diese Spannungen führten seit den frühesten Zeiten zu einer ununterbrochenen Folge von Einbrüchen fremder Völker, die sich in den fruchtbaren Niederungen der beiden Ströme (Euphrat und Tigris) seßhaft machten und sich nach und nach mit den jeweils dort befindlichen Volksteilen vermischten. Der bunte Wechsel der Völker rief ständig politische Umwälzungen hervor, die das kulturelle Leben, damit die religiösen Anschauungen und die Musik beeinflußten.

Die Datierung der einzelnen Epochen der vorderasiatischen Geschichte ist noch Schwankungen unterworfen. Nach der sogenannten kurzen Chronologie sind die Jahreszahlen etwa folgende (Abweichungen nach oben oder unten für die ältere Zeit durchaus möglich): Uruk VI–IV = 3100–2800 v. Chr., Djemdet-Nasr = 2800–2700, Frühdynastisch I (früher Mesilimzeit) = 2600, Frühdynastisch II und III (Ur I-Zeit) = 2550–2350, Akkad = 2350–2150, Gutäer = 2150–2070, Ur III = 2050–1955, Isin-Larsa = 1955–1700, Hammurabi-Dynastie = 1830–1530 (Hammurabi = 1728–1686), Bergvölker (Hethiter, Kassiten, Churriter) = 1500–1150, Mittelassyrisches Reich = 1380–1080, Neuassyrisches Reich = 909–612, Neubabylonisches Reich = 625–539.

c. Quellen

Da Tondenkmäler fehlen, kann die altvorderasiatische Musik nur aus ikonographischen Belegen und literarischen Quellen erschlossen werden. Keilschriftliche Literatur gibt es jedoch erst verhältnismäßig spät, etwa von der Ur III- und Isin-Larsa-Zeit ab. Die Kulttexte, Mythen, Epen, Lehrdichtungen usw., die seit dieser Zeit niedergeschrieben wurden, sind meist keine Neuschöpfungen, sondern Fixierungen von jahrhundertelang mündlich überlieferten Dichtungen. Diese Dichtungen waren von ihrer Entstehung bis zu ihrer schriftlichen Festlegung Veränderungen unterworfen, bedingt durch politischen Wechsel, Änderungen der Kultgebräuche usw. Daher ergeben sich bei der Auswertung der Textstellen, die musikalische Aussagen enthalten, insbesondere für die frühe Zeit, erhebliche Schwierigkeiten. Die Unsicherheit wird noch dadurch vermehrt, daß die sprachwissenschaftliche Forschung die Keilschrifttexte nicht einheitlich übersetzt und insbesondere bei der Interpretation musikalischer Ausdrücke und Instrumentenbezeichnungen z. T. unterschiedliche Meinungen vertritt. Außerdem ist die Chronologie und richtige zeitliche Einordnung der altvorderasiatischen Literatur noch nicht einwandfrei gesichert, so daß aus der Literatur allein keine sicheren Angaben für die Musikgeschichtsschreibung zu gewinnen sind. Nur die Kombination von bildlichen Darstellungen und textlichen Quellen ergibt verwertbare Unterlagen.

II. Musikinstrumente

Die Musikinstrumente können am sichersten bestimmt werden. Ihr Auftreten und ihre Entwicklung jedoch hängen von den politischen Ereignissen ab. Eine typologische Betrachtung ist deshalb nur in engen zeitlichen und geographischen Grenzen möglich.

a. Sumerer

Musikinstrumente lassen sich erstmals in der Uruk IV-Zeit nachweisen. Auf alten sumerischen Schrifttafeln erscheinen Zeichen, die das Bild einer dreisaitigen Rundharfe mit Saitenhals und Resonanzcorpus zeigen. Aus etwa der gleichen Zeit (oder noch etwas früher) stammt die Steinritzzeichnung einer Leier- oder Harfenspielerin aus Megiddo (Syrien-Palästina). Das Instrument ist nur flüchtig angedeutet, so daß Einzelheiten kaum zu erkennen sind. Zahlreiche Siegelbruchstücke aus der Djemdet-Nasr-Zeit bringen Abbildungen von Rundharfen mit drei Saiten, die dem älteren Schriftzeichen durchaus entsprechen. Weiheplatten der Mesilimzeit zeigen bereits größere und kleinere Harfen mit fünf bis sechs Saiten in unsymmetrischer Parabelform. Alle Instrumente werden in vertikaler Haltung und mit bloßen Händen gespielt. Wie weitere Abbildungen und Fundstücke aus den Königsgräbern von Ur zeigen, erhöhte sich die Saitenzahl der Harfe während der Ur I-Zeit auf 11–15. An dem ziemlich schlanken Saitenhals, der mit einer pilzförmigen silbernen oder goldenen Kappe abgeschlossen wurde, befanden sich Knöpfe oder Nägel zur Befestigung der Saiten, die von dort zum bootsförmigen Resonanzkörper liefen. Die häufig abgebildete

Rekonstruktion der sogenannten Schubad-Harfe muß nach Stauder (Die Harfen und Leiern der Sumerer, Frankfurt 1957, S. 20ff.) als irrig angesehen werden. Das auf der Bismaya-Scherbe dargestellte Instrument ist keine sumerische Harfe. Herkommen und Zusammenhänge sind noch nicht restlos geklärt.

Charakteristisch für die sumerische Leier ist die Verbindung des Instruments mit dem Stiersymbol, das Fruchtbarkeitsgedanken und göttliche Macht ausdrückt (die Hörnerkrone war der Kopfschmuck der mesopotamischen Götter). Siegelabrollungen und Einlegearbeiten von der Djemdet-Nasr- bis zur Ur I-Zeit zeigen Leiern, die auf der Nachbildung eines Stierkörpers als Resonator beruhen. Das ursprünglich voll ausgebildete Stiercorpus wird immer mehr stilisiert, so daß zuletzt nur noch der Stierkopf übrig bleibt, der das Vorderteil der Leier ziert. Das Instrument erscheint anfangs als große viersaitige Standleier, später wird es auch als etwas kleinere Tragleier benutzt, und die Saitenzahl vermehrt sich bis auf elf. In den Königsgräbern von Ur (Ur I-Zeit) wurden auch Reste von sumerischen Leiern gefunden, die erfolgreich restauriert werden konnten. Bei der sogenannten bootsförmigen Leier dürfte ebenfalls ein Rekonstruktionsfehler unterlaufen sein. Der Resonanzteil gehörte offensichtlich zu einer Harfe, die Tierfigur jedoch hatte mit dem Instrument nichts zu tun (Stauder, Die Harfen und Leiern der Sumerer, S. 48ff.).

Nach der sumerischen Epoche verschwinden Rundharfe und Stierkopfleier aus dem Zweistromland. Auch die Leiern der Ur III-Zeit zeigen, daß die Bedeutung des alten sumerischen Stiersymbols nicht mehr verstanden wurde.

Während der Mesilim- und Ur I-Zeit erscheinen auf Einlegearbeiten und Rollsiegeln Tanzklappern, deren tatsächlicher Gebrauch aus Grabfunden der Ur I-Zeit belegt ist. Die Herkunft des vereinzelt dargestellten Sistrums in der Ur I- und Akkadzeit ist noch nicht geklärt. Möglicherweise handelt es sich überhaupt nicht um ein Sistrum, sondern um eine Handgriffklapper.

Während der neusumerischen Zeit taucht erstmals die kleine Rahmentrommel auf, die von jetzt ab aus dem vorderasiatischen Instrumentarium nicht mehr wegzudenken ist. Wie Figurinen der Ur III-Zeit zeigen, wird das Instrument anstatt der früheren Klapper von Tänzerinnen beim kultischen Tanze benutzt. Da es stets in gleicher Spielhaltung gezeigt wird (beide Hände fassen das Instrument und halten es vor den Körper der Spielerin), besteht die Möglichkeit, daß es sich um eine zweifellige Trommel mit Körnerfüllung, also um eine Rasseltrommel gehandelt hat, was auch gut dem durch die Figuren symbolisierten Fruchtbarkeitsgedanken (Muttergottheit) entsprechen würde.

Während der gleichen Epoche erscheint auf den Darstellungen eine Riesenrahmentrommel, ein fast mannshohes, zweifelliges

Instrument, dessen zwei an beiden Schmalseiten der Trommel stehende Spieler das vordere und rückwärtige Fell mit beiden Händen schlagen. Die zur Befestigung des Fells dienenden Pflöcke werden auf allen Darstellungen als ein charakteristisches Merkmal besonders hervorgehoben.

Über den Gebrauch der Blasinstrumente bei den Sumerern läßt sich bis jetzt kaum etwas Sicheres sagen. Die wenigen Rollsiegel-darstellungen, die auf Blasinstrumente hindeuten, könnten ebensogut einen anderen Sinn haben (z. B. Saugrohr anstatt Blasinstrument). Einzig einige röhrenförmige Fundstücke aus den Ur-Gräbern könnten als Blasinstrumente interpretiert werden, ohne daß sich jedoch ein Hinweis ergibt, ob es sich um Flöten- oder Rohrblattinstrumente gehandelt haben könnte.

b. Babylonier

Vom Beginn der babylonischen Zeit an ändert sich plötzlich das gesamte Instrumentarium des Zweistromlandes, was mit dem jetzt deutlich werdenden Einfluß der Westsemiten (Ammoriter) zusammenhängt. Die Leier, die von den Sumerern als Vertikalin-strument gebraucht und mit bloßen Händen gespielt wurde, die außerdem auch in der Form der Tragleier noch relativ groß und prunkvoll war, erscheint jetzt als ein kleines, leicht transportables Instrument ohne Stiersymbol. Es wird mehr oder weniger schräg, gelegentlich sogar horizontal nach vorne geneigt und mit einem Plektron gespielt, wobei die eine Hand das Plektron führt und die Finger der anderen Hand an den Saiten anliegen, eine Spieltech-nik, die von jetzt an nicht nur für das Leierspiel im Zweistromland bestimmend wird, sondern sich bis nach Ägypten, Griechenland und Rom verfolgen läßt. Die ursprünglich einfach gebaute Westsemitenleier erhält allmählich geschweifte Jocharme, die in der Mitte des 2. vorchristlichen Jahrhunderts zu der ausgereiften Konstruktion der Leier von Megiddo und den ägyptischen Instrumenten führten.

Auch die Harfe nimmt unter den Babyloniern eine neue Gestalt an. Der Saitenhals setzt nicht mehr die Rundung des Resonanzkörpers fort, sondern wird auf dem Ende des Resona-tors senkrecht errichtet. Damit taucht erstmals in der Musikge-schichte die Winkelharfe auf. Dieses neue Instrument wird sowohl in vertikaler als auch horizontaler Haltung gespielt. Laufen die Saiten vertikal, so werden sie mit bloßen Fingern gezupft; erstrecken sie sich in horizontaler Richtung, so wird ein Plektron wie bei der Leier und auch in gleicher Spieltechnik benutzt. Die Saitenzahl schwankt zwischen vier und acht.

Als Schlaginstrument begegnet weiter die kleine Rahmentrom-mel, die aber nicht mehr wie in der Ur III-Zeit vor den Körper gehalten, sondern an die linke Schulter gelehnt, dabei von der linken Hand erfaßt und mit der rechten geschlagen wird. Im Laufe der babylonischen Zeit tritt eine Lockerung dieser noch etwas strengen Spielhaltung ein, und das Instrument wird frei vor den Körper des Spielers gehalten. Es ist möglich, daß hier bereits die spätere Schlagtechnik der ägyptischen Tamburinspielerinnen angewandt wurde, nämlich das Anschlagen des heller klingenden Fellrandes mit den Fingern der linken Hand und der dunkler klingenden Fellmitte durch die rechte Hand.

Während der babylonischen Zeit erscheint in Mesopotamien auch eine größere Becher- oder Fußtrommel, die bis zur babylonischen Spätzeit ein wichtiges Kultinstrument bleibt. Eine Tafel mit Priesterinstruktionen aus Uruk (Seleukidenzeit) gibt genaue Vorschriften für die Herstellung dieser heiligen Trommel »lilissu« aus dem Fell eines Stiers.

Becken sind von der babylonischen Zeit ab in Mesopotamien nachzuweisen. Große Bedeutung für die Musik Mesopotamiens, Ägyptens und Griechenlands erlangt das am Anfang des 2. vorchristlichen Jahrhunderts erstmals im Zweistromland auftauchende Doppelblasinstrument vom Doppelrohrblattyp. Vereinzelt schon in der Akkadzeit nachweisbar, wird es vor allem von der babylonischen Zeit an viel gespielt, wobei es, wie die zahlreichen Terrakottafiguren und Erwähnungen in den Texten zeigen, auch symbolisch gebraucht wird und auf mythische Zusammenhänge hindeutet. Dieses Instrument gehört von jetzt an ebenso wie das Tamburin zum festen Bestand des vorderasiatischen Instrumentariums.

c. Bergvölker

Neben der horizontalen Westsemitenleier wird während des ganzen 2. Jahrtausends und noch später eine kleine, einfache, rechteckige, vertikal gehaltene und ohne Plektron gespielte Leier angetroffen, die kein Tiersymbol besitzt und daher nicht mit der alten sumerischen Leier in Verbindung steht. Dieses Instrument gehört dem Kreise der Bergvölker (Hethiter, Churriter, Kassiten) an, die es wahrscheinlich bei ihrem Eindringen in das Zweistromland mitbrachten. Das wichtigste Instrument dieser Völker jedoch ist die Langhalslaute, die eine neue Ära des Musizierens einleitet und in Darstellungen des 2. und 1. Jahrtausends regelmäßig vorkommt. Möglicherweise wurde dieses Instrument bereits früher gespielt, wenn auch eine bildliche Überlieferung fehlt. Interessant ist die relativ frühe Darstellung von Alaca Hüyük, bei der das Corpus des Instruments mit seinen eingezogenen Flanken bereits auf die Form der späteren europäischen Gitarre hinweist. Bei den Bergvölkern erscheint neben dem Tamburin auch wieder eine große Rahmentrommel, die wie in der Ur III-Zeit von zwei Spielern geschlagen und von einem dritten Manne gehalten wird.

Aus dem nordsyrisch-hethitischen Raume stammen einige Bronzefiguren; sie spielen anscheinend ein Tamburin, das Sachs (Geist und Werden der Musikinstrumente, Berlin 1929, S. 156) als Rahmentrommel mit Rasselfüllung ansieht. Die für den nordsyrischen Raum typische Stilisierung der Plastiken läßt dies jedoch zweifelhaft erscheinen. Möglicherweise handelt es sich überhaupt nicht um Rahmentrommeln, sondern um beckenähnliche Klangplatten.

d. Assyrer

Das Instrumentarium des 1. vorchristlichen Jahrtausends erscheint fast vollständig auf den Wandreliefs der assyrischen Könige. Infolge der häufigen Deportationen wurden im Assyrerreich die verschiedensten Stämme und Völker Mesopotamiens angesiedelt, und bei Darstellungen wurden sie mit ihren heimischen Instrumenten gezeigt. So findet man die kleine rechteckige Bergvölkerleier, eine primitive Leier mit schrägem Querjoch und geraden oder gebogenen Jocharmen sowie die Westsemitenleier mit gebogenen Jocharmen und gekrümmtem Querjoch, die sich jetzt zu einem kunstvoll gebauten Instrument entwickelt hat. Endlich wird auch eine große Prunkleier mit ungleich langen, aber geraden Jocharmen und schräg verlaufendem Querjoch abgebildet. Die Saitenzahl schwankt zwischen fünf und elf, und die Instrumente werden entsprechend ihrem Herkommen mit oder ohne Plektron gespielt. Die Harfen haben sich bei den Assyrern zu großen vielsaitigen Instrumenten (8–22 Saiten) weiterentwickelt und kommen entsprechend den babylonischen Instrumenten als Vertikal- und Horizontalharfen vor. Die beiden Typen sind jedoch nun so verschieden konstruiert, daß ein beliebiges Wechseln von horizontaler und vertikaler Spielart wie bei den babylonischen Instrumenten nicht mehr möglich ist, d. h. diese Instrumente sind von Anfang an nur für eine Spielhaltung gebaut. Grundsätzlich werden entsprechend der älteren Technik die Vertikalharfe mit bloßen Händen, die Horizontalharfe dagegen mit einem Plektron gespielt.

Die Langhalslaute, das Tamburin sowie die Doppelblasinstrumente unterscheiden sich nicht von den älteren Typen. Neu sind bei den assyrischen Darstellungen eine mittelgroße, zylinderförmige, am Körper befestigte Trommel mit wahrscheinlich zwei Fellen und ein längliches, köcherförmiges, einfelliges Instrument von geringem Durchmesser. Beide Instrumente wurden mit bloßen Händen gespielt. Die Assyrer benutzten auch trompeten- oder posaunenartige Instrumente. Die Darstellungen sind jedoch zu spärlich, als daß über deren Form und Gebrauch etwas gesagt werden könnte. Anscheinend wurden sie nur als Signalinstrumente benutzt. Es ist jedoch möglich, daß derartige Instrumente verbreiteter waren, als aus den wenigen Abbildungen zu schließen ist. Auf späthethitischen Reliefs um etwa 1000 v. Chr. erscheinen bereits horn- und trompetenartige Instrumente.

Die Instrumente, die vorwiegend zur Begleitung des Gesangs und des kultischen Tanzes dienten und schon in der Sumererzeit gelegentlich zu kleinen Instrumentalgruppen zusammengestellt wurden, führten in der Assyrerzeit zu größeren Besetzungen. Der meist gemessen ausgeführte Tanz läßt gelegentlich eine gewisse Akrobatik erkennen.

e. Die Bezeichnungen der Musikinstrumente

In der Literatur der Sumerer, Babylonier und Assyrer finden sich zahlreiche Bezeichnungen für Musikinstrumente. Es ist jedoch außerordentlich schwierig, sie den aus den bildlichen Darstellungen bekannten Instrumententypen sicher zuzuordnen. Weder sind diese Darstellungen mit Instrumentennamen versehen, noch enthalten die Texte Beschreibungen der Instrumente. Außerdem unterscheiden sich nicht nur die akkadischen Bezeichnungen von den sumerischen, sondern ein akkadischer Ausdruck entspricht oftmals mehreren sumerischen und umgekehrt. Anscheinend hat das alte Vorderasien eine strenge Zuordnung von Namen und Instrumenten überhaupt nicht gekannt und die Instrumente nicht nach den heute üblichen instrumentensystematischen Merkmalen, sondern nach anderen Gesichtspunkten wie z. B. nach der Bedeutung des Instruments im Kult benannt. Möglicherweise beziehen sich manche Ausdrücke sogar nur auf die Art der musikalischen Ausführung oder bedeuten Melodieformeln. Die in Verkennung dieser Tatsachen von Galpin versuchte Identifizierung von Instrumenten und sumerischen bzw. akkadischen Bezeichnungen ist größtenteils unrichtig, hat aber leider in die musikwissenschaftliche Literatur Eingang gefunden. Einen gewissen Anhalt für die altorientalische Bedeutung der Instrumentenbezeichnungen gewähren die meist den Namen beigegebenen Determinative, die das Material bezeichnen, das für das betreffende Instrument charakteristisch war (Holz, Kupfer, Bronze, Fell), sowie die babylonischen mehrsprachigen Listen; sie stellen neben die sumerischen Namen die akkadischen Bezeichnungen, ihre Veröffentlichung ist allerdings noch nicht abgeschlossen. Unter Berücksichtigung des augenblicklichen Standes der altorientalischen Philologie (1965) können die sumerischen bzw. akkadischen Instrumentennamen wenigstens in großen Zügen den Gruppen der Chordophone, Membranophone und Aerophone zugeordnet werden, während die Bezeichnungen der Idiophone weiterhin unbestimmt bleiben.

Zu den Saiteninstrumenten sind »balag« (akkadisch [= akk.] »balangu«), »álá« (akk. »alû«), »algar«, »tungal« (akk. »tungalum«), »sabítum« (akk. »sabitum«), »mirítum« (akk. »miritu«), »urzabitum« (»urzabitum«), »ḫarḫar« (»ḫarru«) [ḫ = gesprochen ch wie in ach], »zàmí« (»sammû«), »zagsal« sowie die nur in akkadischer Sprache vorkommenden Ausdrücke »kanzabu«, »ḫarḫardû«, »zanaru«, »ušnaru« [š = gesprochen sch], »tindû«, »mindû«, »tibulû«, »sibatu«, »išartu«, »timbutum« und »telitum« zu rechnen. Von diesen Ausdrücken kann für die altsumerische Zeit nur Balag mit Sicherheit als Harfe interpretiert werden, da das alte Schriftzeichen Balag der Uruk IV-Zeit die Form einer Rundharfe besaß. Von der Ur III-Zeit ab bezog sich dieser Ausdruck aber auch auf Trommelinstrumente, insbesondere scheint »balag-di« die kleine Rahmentrommel bedeutet zu haben. Auch ein Teil der übrigen Instrumentenbezeichnungen dürfte sich sowohl auf Saiteninstrumente als auch auf Trommelinstrumente bezogen haben. Vorwiegend als Trommelinstrumente sind die Ausdrücke »šèm« bzw. »sim« (akk. »ḫalḫallatu«), »tigi« (»tiggu«), »basillatum« (»basillatu«), »aḍapa« (»adapu«), »mezé« (»manzu«), »zamzam« (»samsammu«), »ùb« (»uppu«) und »lilís« (»lilissu«) aufzufassen. Nach einem spätbabylonischen Text mit Abbildungen bezog sich Lilís auf die seit der babylonischen Zeit nachzuweisende große Fußtrommel. Die übrigen Bezeichnungen dürften mehr oder weniger die kleine Rahmentrommel meinen. Bei den Ausdrücken »gigida«, »gidida«, »gigununde«, mit den akkadischen Entsprechungen »embubu«, »malilû«, »šulpu«, »nišḫu«, »kisuratum«, »sassanu«, »ḫabitu« handelt es sich um Blasinstrumente. Die Bezeichnung Embubu war sehr verbreitet und läßt sich durch den späteren lateinischen Ausdruck »ambubaiae« (= syrische Flötenspielerinnen) als das auch für diese Musikantinnen typische Doppelblasinstrument identifizieren. Blechblasinstrumente liefen wahrscheinlich unter der allgemeinen Bezeichnung für Horn »qanû«.

III. Musikanschauung

Die altvorderasiatische Musik war ausschließlich religiös bestimmt, und die Musikinstrumente waren heilige Kultgeräte, denen z. T. göttliche Ehren zuteil wurden. Über eine Volks- oder Profanmusik liegen keine Hinweise vor. Abbildungen von musizierenden Schäfern und Hirten sowie entsprechende Textstellen in der Keilschriftliteratur sind oft mißverstanden und als Belege für eine Profanmusik interpretiert worden. Es handelt sich dabei aber um Symbolismen wie z. B. das Motiv des »pastor bonus«, das häufig den Vegetationsgott Tammuz (Dumuzi) versinnbildlicht. An dieser grundsätzlichen Auffassung hat sich im Laufe der dreitausendjährigen Geschichte Vorderasiens wenig geändert. Zwar haben die ständig in das Zweistromland einwandernden jungen Völker (Akkader, Westsemiten, Bergvölker) das Musikleben befruchtet, insbesondere auch durch die Einführung neuer Instrumente die Klangmöglichkeiten erweitert, man kann aber von der frühen sumerischen bis zur spätbabylonischen Zeit eine kontinuierliche Entwicklung verfolgen, bei der sich die neuen Errungenschaften jeweils ohne Bruch in die bestehende Musikkultur einfügten. Die altvorderasiatische Musikauffassung wurde in ihren Grundzügen durch die Sumerer geprägt, durch die Babylonier etwas modifiziert, änderte sich dann aber nur noch wenig. In den letzten Jahrhunderten v. Chr. sind noch deutliche Beziehungen zu der sumerischen Musik festzustellen. Das belegt nicht nur die Verwendung des Sumerischen als Kultsprache, sondern auch eine Menge bildlicher Darstellungen und Texte wie z. B. das Ritual für die Herstellung der heiligen Trommel Lilissu. Noch zu Ezechiels Tagen (Ez. 8,14) wurden in den Dürremonaten Juni-Juli Tammuz-Klagen gesungen, die auf die ältesten sumerischen Zeiten zurückgehen.

Auch die Assyrer fügten diesen älteren Gedanken wenig hinzu. Ihre Bedeutung lag mehr in der ordnenden Zusammenfassung alles bisher Errungenen. Auch die assyrischen Dank-, Trank- und Speiseopfer hatten ihr Vorbild im sumerischen Kult.

Die Musik begleitete den Menschen von der Geburt bis zum Tode, ja noch darüber hinaus, wie die überlieferten Totenrituale und die Funde in den Königsgräbern in Ur beweisen. Sie erscheint in den täglich durchzuführenden Liturgien im Tagesablauf des Tempels, die sich vom »Erwachen« bis zur »Nachtruhe« der Gottheit erstrecken, in den jährlichen Festen, die Höhepunkte des kultischen Lebens darstellen, sowie während der Feierlichkeiten zu besonderen Ereignissen (z. B. Tempelbau). Wie der Aufbau und der Ablauf der aus Gebeten, hymnischen Lobpreisungen, Opferungen, Buß- und Klageliedern bestehenden Riten, die noch durch kultischen Tanz und mysterienartige Darstellungen bei den Festen ergänzt wurden, so waren auch Aufgaben und Platz der Musik genau festgelegt. Große Bedeutung besaß, insbesondere in der babylonischen Zeit, das Neujahrsfest (»akitu«-Fest) als jahreszeitliche Vegetations- und Fruchtbarkeitsfeier, das sich über eine Reihe von Tagen hinzog und sich meist mit der aus altsumerischer Zeit stammenden Feier der Götterhochzeit verband. Bei dem am vierten Tage dieses Festes rezitierten Weltschöpfungsepos wird ausdrücklich die musikalische Ausführung erwähnt.

IV. Formen

Die altorientalische Musik erscheint nur im Zusammenhang mit den religiösen Texten, die gesprochen, gesungen oder in einer Art Sprechgesang rezitiert wurden und die außerdem von Instrumenten begleitet sein konnten. Eine selbständige Instrumentalmusik gab es wahrscheinlich nicht, außer gelegentlichen kurzen Vor-, Zwischen- und vielleicht auch Nachspielen. Die gesungenen bzw. gespielten Melodien mußten mangels einer Notenschrift durch das Gehör überliefert werden. Die zuerst von Sachs, später von Galpin vertretene Ansicht, das babylonische Weltschöpfungsepos sei mit keilschriftlichen Notenzeichen versehen gewesen, hat sich als Irrtum herausgestellt. Melodien sind deshalb nicht überliefert. Auch die Art der Ausführung der Musikstücke und die Art der Anwendung der Instrumente ist noch nicht geklärt. Sie war den damaligen Musikern bekannt und wurde außerdem oft durch besondere Zusätze am Ende der Texte gekennzeichnet, deren Bedeutung jetzt unverständlich ist. Aus den Formen der Texte sind jedoch gewisse Rückschlüsse möglich. Jedenfalls waren Solo- und Chorgesang, deren responsoriale und antiphonische Anwendung, psalmodische Rezitation, Begleitung durch verschiedene Instrumente und das Zusammenwirken mehrerer Instrumente durchaus bekannt. Die religiösen Texte, die ganz oder abschnittsweise musikalisch ausgeführt wurden, sind Lieder und Hymnen für die freudige und festliche (lobpreisende) Musik, Klagegesänge für Toten- und Kultfeiern sowie Gebete allgemeiner Art. Diese stellen meist Teile von Kulthandlungen dar. Auch Mythen und Epen (z. B. das ›Gilgamesch‹- wie das Weltschöpfungsepos) sind in einer gewissen musikalischen Vortragsart rezitiert worden, die sich vielleicht ähnlich noch bei den heutigen Guslaren findet. Die musikalisch aufzuführenden Lieder und Hymnen waren einerseits durch Instrumentennamen (»adab«, »tigi«, »zàmí« = »zagsal«) gekennzeichnet, die auf das zu verwendende Instrument oder bestimmte melodische Formeln hinweisen, andererseits durch Ausdrücke, die den Bestandteil »šìr« = Lied enthalten (»šìrgídda«, »šìrnamšub«, »šìrnamursangá«). Zu den Klageliedern gehören die den Instrumentennamen »balag« tragende Gattung sowie »éršemma« (»ér« = Klage) und in etwas weiterem Sinne das in der Kassitenzeit entstandene »éršaḫungá«, das sogenannte »Herzberuhigungslied« (um den Zorn der Götter zu besänftigen). Diese als Großformen anzusehenden Gesänge bauten sich jeweils aus bestimmten kleineren Formen auf, deren Auswahl, Kombination und Reihenfolge je nach Art der Großform unterschiedlich waren, innerhalb gleicher Großformen jedoch annähernd konstant blieben. Die genaue Bedeutung dieser Kleinformen (»sagídda«, »sagarra«, »barsud«, »šàbatuk«, »uruenbi«, »gišgigál«, »kišubgu«), die ebenfalls musikalische Ausdrücke darstellen und als weitere Anweisungen für die musikalische Ausführung anzusehen sind, ist noch ungeklärt. Einzig der Ausdruck Gišgigál dürfte etwa dem Begriff Kehrreim entsprechen.

V. Musikerstand

Schon seit der sumerischen Frühzeit gab es in Mesopotamien einen ausgebildeten, ständisch gegliederten Musikerstand, dem hauptamtliche, im Dienste des Tempels stehende Musik-Priester angehörten. Ihre beiden Hauptgruppen wurden mit »gala« und »nar« bezeichnet und gliederten sich wieder in drei Rangstufen, »gala-maḫ« (akk. »galmaḫu«), »gala« (»kalû«) und »gala-tur« (»galaturru«) bzw. »nar-gal« (»nargallu«), »nar« (»narû«) und »nar-tur« (»naruturru«), von denen Gala-maḫ und Nar-gal den höchsten Rang einnahmen (»gal« = groß, »tur« = klein). Gala und Nar unterschieden sich zur sumerischen Zeit hauptsächlich durch ihre Aufgaben im Tempelkult. Der Gala war der Klagepriester (für Totenklagen, Kultklagen), dem Nar oblag die freudenbringende und lobpreisende Musik. Beide Musiker begleiteten ihre Gesänge in der Regel mit Instrumenten. Galpins Unterscheidung von Gala und Nar als Sänger und Instrumentalist ist unrichtig. Während die Inhaber der höchsten Rangstufen, die zu den oberen Tempelbeamten gehörten, nur musikalische Aufgaben zu erfüllen hatten, wurden die beiden niedrigeren Stände auch zu anderer Tätigkeit in der Tempelwirtschaft, z. B. als Schreiber, herangezogen. Andere Musikerbezeichnungen wie »guda«, »umma«, »ludimma« und »balag-di« sind nach ihrer Tätigkeit noch nicht genügend geklärt. Während der babylonischen und assyrischen Zeit steigerte sich das Ansehen von Kalû und Narû sehr; sie führten, meist in größerer Zahl, zusammen die musikalischen Teile der Kulthandlungen aus. Entsprechend den anderen Priesterklassen erhielten sie für ihre Dienstleistungen eine regelmäßige Vergütung, die sich noch durch besondere Zuwendungen und Nebeneinkünfte erhöhte, so daß sie, vor allem wenn sie noch mehrere Ämter in einer Hand vereinigten, zu erheblichem Vermögen gelangten. Während diese Musiker ursprünglich ausschließlich Tempelbeamte waren, stand von der Ur III-Zeit an auch eine größere Anzahl von ihnen im Dienste eines Königs, die dann mit »gala lugal« bzw. »nar lugal« (»lugal« = großer Herr, König) bezeichnet wurden. Die Ämter des Gala und Nar konnten auch von Frauen ausgeübt werden, wie aus den bildlichen Darstellungen und den Gräberfunden der Ur I-Zeit hervorgeht. Der »emesal«-Dialekt, die Kultsprache des Gala, war ursprünglich die Sprache von Priesterinnen. Der kultische Tanz gehörte auch zu den Aufgaben dieser, ebenfalls hochangesehenen Musikerinnen, von denen z. B. die Enkelin Naramsins Lipušiau (Akkadzeit) Balag-di-Spielerin am Sin-Tempel zu Nippur war. Der früheste namentlich erwähnte Musiker ist der Nar Pa-Pab-Bi-gagir-gal (Mesilimzeit). Die bekanntesten Musikerinnen der Ur I-Zeit sind die Balag-Spielerin Nin-é-balag-ni-dug und Ur-Nanše, die große Sängerin. Die Namen der sumerischen Musiker hat H. Hartmann zusammengestellt (Die Musik der sumerischen Kultur, Frankfurt/Main 1960).

In späterer Zeit gab es auch Musiker, denen keine ausgesprochen liturgischen Aufgaben oblagen; sie kommen unter der allgemeinen Bezeichnung »sa enbubîm«, »sa balangi« oder »astalu« vor. Im assyrischen Heere gab es Musiker, die an den Feldzügen der Könige und ihren Triumphzügen teilnahmen.

VI. Musikunterricht

Der Musikunterricht fand ursprünglich an den Tempelschulen statt und wurde zusammen mit den übrigen Fächern, die zur Priesterausbildung gehörten, gelehrt. An die Grundausbildung im Schreiben (Keilschrift), Lesen und Rechnen schlossen sich die eigentlichen priesterlichen Wissenschaften wie Theologie, Kosmologie, Dämonen- und Omenlehre sowie die Musik an, mit besonderer Berücksichtigung der liturgisch-gottesdienstlichen Verrichtungen (Opfer, Beschwörungen), an denen die Musik einen wesentlichen Anteil hatte. Auch die nach und nach im Bereiche des königlichen Palastes entstehenden Schulen, Tafelhaus genannt, führten den Unterricht in gleicher Weise durch, entwickelten sich aber teilweise auch zu Unterrichtsstätten vom Range einer wissenschaftlichen Akademie, an der alle bedeutenden Disziplinen der damaligen Zeit gelehrt wurden; dazu gehörten auch die Musik und ihre theoretischen Grundlagen, die natürlich eng mit der Religion verknüpft waren. Während sich in den Tempelschulen die Musikausbildung nur auf liturgische Zwecke beschränkte, scheinen sich in den Palastschulen ihre Aufgaben auch auf nichtliturgische Zwecke erweitert zu haben, wie die Heranbildung von Heeresmusikern.

Die Ausbildung der Musiker war sehr sorgsam, dauerte für den Tempelmusikanten drei Jahre und wurde mit einer Prüfung abgeschlossen. Die Gebiete, die der Tempelmusiker zu beherrschen hatte, waren entsprechend dem umfangreichen Tempeldienst sehr vielseitig. Er mußte nicht nur die Kulttexte sprechen, rezitieren und singen können, und zwar in sumerischer Sprache, die schon während der babylonischen und assyrischen Zeit als

Umgangssprache ausgestorben war, sondern er hatte auch verschiedene Instrumente zu spielen, deren Anwendung im Kult genau vorgeschrieben war. Außerdem mußte er die jeweils erforderlichen Melodie- und Rezitationsformeln, die verschiedenen Modi und wahrscheinlich auch gewisse rhythmische Differenzierungen beherrschen lernen. Endlich gehörte zu seinen Aufgaben auch die richtige instrumentale Begleitung von Sprache und Gesang.

Die theoretischen Unterweisungen waren kosmologisch bestimmt. Da die Babylonier ausgezeichnete Mathematiker waren, eine gute Beobachtungsgabe besaßen und schon seit den ältesten Zeiten im Zweistromland Saiteninstrumente gebraucht wurden, waren ihnen die Beziehungen zwischen Saitenlänge und Tonhöhe ebenso bekannt wie der Zusammenhang zwischen bestimmten Zahlenverhältnissen und Intervallen, was deutlich den Ausgangspunkt der pythagoräischen Zahlenlehre erkennen läßt. Wie weit bereits Skalen durch Zahlen festgelegt und berechnet wurden, entzieht sich noch der Kenntnis. Mathematische Aufstellungen beschäftigen sich jedoch ausdrücklich mit den Saiten und Tönen von Musikinstrumenten. Die Gleichsetzung von Göttern mit Gestirnen sowie Zahlen führt zu den wichtigen musikalischen Zahlenverhältnissen $1:2$, $2:3$, $3:4$, $4:5$, $5:6$, zeigt andererseits auch den wirklichen Ursprung der Lehre von der Harmonie der Sphären. Besonders bedeutend für die Tonberechnung dürfte die Einführung der Langhalslaute am Anfang des 2. vorchristlichen Jahrhunderts gewesen sein, da hier die Beziehungen zwischen Tonhöhe und Saitenlänge leicht zu demonstrieren und mittels der beiden Saiten zwei Töne leicht zu vergleichen waren. Wahrscheinlich wurden mit diesem Instrument bereits Skalen mathematisch festgelegt. Ein Keilschrifttext aus der Kassitenzeit zeigt, daß spätestens zu dieser Zeit ein 7stufiges diatonisches Tonsystem in Gebrauch war. Der Text entwickelt 7 siebentönige Ausschnitte aus dieser Grundskala, bei der sich die Anfangstöne jeweils um eine Tonstufe nach oben verschieben. Die den Umfang der Grundskala überschreitenden und damit oben fehlenden Töne der einzelnen Leitern werden unten wieder ergänzt, so daß alle Oktavausschnitte stets innerhalb der siebentönigen Grundskala dargestellt werden. Die Ausschnitte bauen sich aus Quintfolgen und Terzen auf. Die Hervorhebung des jeweiligen Anfangs- und Quinttones der Skalen sowie die unterschiedliche Benennung der einzelnen Ausschnitte (»mangari«, »išartum«, »embubu« usw.) läßt erkennen, daß es sich bei dem Keilschrifttext um die Darlegung der 7 Modi handelt (der 8. Modus fällt mit dem 1. zusammen), die hier erstmals in der Musikgeschichte in Erscheinung treten und wahrscheinlich an einer Leier mit 7 Saiten demonstriert wurden.

111

Die Annahme, die Assyrer hätten ein pentatonisches Tonsystem benutzt, läßt sich nicht mehr aufrecht erhalten. Untersuchungen assyrischer Harfendarstellungen haben ergeben, daß dort die Oktave in 12 bzw. 15 Teile gegliedert wurde, wobei wegen des gleichen Abstandes der Saiten im unteren Bereich der Oktave die Intervalle engstufiger waren als im oberen. Berechnungen ergaben für die 12stufige Skala folgende Werte (in Cent): 0 – 70 – 140 – 220 – 310 – 400 – 500 – 600 – 700 – 810 – 930 – 1050 – 1200. Die 15stufige Leiter baute sich in folgender Weise auf: 0 – 60 – 120 – 185 – 250 – 320 – 390 – 460 – 535 – 615 – 700 – 790 – 880 – 980 – 1090 – 1200. In beiden Skalen erscheinen die Terzen und Quinten des Grundtons.

Max Wegner
Hethitische Musik

Aus literarischen Quellen ist wenig für die Kenntnis der hethitischen Musik zu gewinnen. In Kulttexten kommt wiederholt ein »giš ^{d}INANNA«, zu deutsch: ein Ištarholz, vor. Außer dem Hinweis auf besondere Größe erfährt man nichts Näheres über dies Instrument, so daß man einzig aus der Bezeichnung als »Holz« schließen kann, daß es ein hölzernes und demnach wohl ein Saiteninstrument war. Ebenso dürftig ist es mit Fundstücken von wirklichen Instrumenten bestellt; in Zincirli kam ein Steg aus Knochen mit Spuren einer überaus dichten Bespannung von 26 Saiten zutage; nach Analogien aus anderen Bereichen möchte man eher auf eine Harfe als auf eine Leier schließen. Ergiebiger sind die Quellen, die in der bildenden Kunst der Hethiter vorhanden sind, nämlich die Darstellungen von Musikinstrumenten auf figürlichen Reliefs.

Die älteste derartige Darstellung auf Reliefs aus Alaca Hüyük, die etwa in das 15. oder 14. Jahrhundert v. Chr. gehören mögen, zeigen einen Lautenspieler und einen Trompeter. Die Laute gehört wie sämtliche altorientalischen Lauten zur Gattung der wirbellosen Spießlaute. Ungewöhnlich ist hier allerdings, daß der längliche Rumpf an den Längsseiten eingezogen ist. Die häutene Schalldecke über seiner Höhlung zeigt auf jeder Hälfte fünf kleine Löcher. Der Spieß scheint der Decke aufzuliegen, was aber wohl nur durch die Darstellungsweise vorgetäuscht wird; er wirkt, ebenfalls unvorstellbar, gekrümmt und aufgebogen. In einer Folge von querteilenden Linien auf dem Spieß möchte man Bünde erkennen. Ein Mann spielt die Laute mit dem Plektron; Bänder, die vielleicht zum Aufhängen des Instruments dienen, hängen vom Ende des Spießes schlaufenförmig herab. Die Trompete auf einer zweiten Platte derselben Relieffolge erscheint als ein leicht gebogenes, etwa ellenlanges Rohr mit einer seltsamen, pilzförmig umgebogenen Mündung; angesichts der derben Bildhauerarbeit dieser Reliefs aus Alaca Hüyük darf man sich von der abbildlichen Treue dieser Musikinstrumente nicht allzuviel versprechen.

Als hethitisch gelten ferner ein paar hölzerne bzw. bronzene Statuetten mit Musikinstrumenten in den Händen. Zwei dieser Figürchen blasen gerade, trichterförmige Trompeten oder Schalmeien; eines schlägt eine mehr als kopfgroße Rahmentrommel, die es mit der Linken hoch hält, und ein viertes, ein Holzfigürchen aus den Funden von Gurob in Ägypten, hielt anscheinend eine

Winkelharfe mit mindestens fünf Saiten in den Armen. Wird letzteres durch die Fundumstände richtig in die ägyptische XIX. Dynastie (1350–1200) datiert, so gehört es erst an das Ende der hethitischen Großmacht, die um 1190 v. Chr. zusammenbrach. Es ist nicht viel, was bildliche Darstellungen zur Kenntnis der hethitischen Musik im engeren Sinne beitragen; sie lassen nur gerade erkennen, daß alle drei Gattungen von Musikinstrumenten: Saiten-, Blas- und Schlaginstrumente vertreten waren. Auf Ursprünglichkeit und Eigentümlichkeit läßt nichts schließen; alle vorkommenden Instrumente sind bereits früher in den führenden altorientalischen Großreichen Ägyptens und des Zweistromlandes nachzuweisen.

Etwas bunter wird das Bild, wenn man sich den Nachfolgestaaten des hethitischen Großreichs, den nordsyrischen Kleinfürstentümern des 10.–8. Jahrhunderts v. Chr. zuwendet. Musikinstrumente, vielleicht noch aus dem 10. Jahrhundert v. Chr., finden sich in der Darstellung von Männern bei Musik und Tanz auf zwei Orthostatenplatten vom Palasteingang von Cerablus (Karkemisch). Hier kehrt die Laute wieder, ähnlich derjenigen von Alaca Hüyük; der Schallkörper ist jedoch nicht seitlich eingezogen, sondern spatenförmig, und der Spieß erscheint besonders lang. Mit dieser Bauart stimmen die Abbildungen zweier weiterer Lauten auf Reliefs vom Wassertor in Cerablus und vom Burgtor in Zincirli Zug für Zug überein. Auf den Orthostatenplatten von Cerablus erscheinen ferner eine Doppelpfeife, ein gebogenes Horn, eine große Rahmentrommel und ein Paar kleiner, leicht gebogener Klangstäbe; bemerkenswerte Eigentümlichkeiten sind an ihnen nicht zu erkennen.

Auf einem Relief vom Tell Halaf aus dem 9. Jahrhundert v. Chr. ist eine fabelhafte Tierkapelle dargestellt, in der ein Löwe eine ungewöhnlich langgestreckte Kastenleier spielt und ein Bär eine kleine Rahmentrommel schlägt. Ergiebiger in den Einzelheiten ist ein zweites Relief aus Zincirli mit der Darstellung von vier Musikanten, deren zwei je eine kopfgroße Rahmentrommel in der Linken halten und mit der Rechten schlagen, während die anderen beiden Leiern spielen. Eine kleine Kastenleier von streng rechteckiger Form läßt sechs Saiten erkennen, die vom Halter am Kastenboden zum waagerechten Joch fächerförmig gespannt sind, sowie zwei kreisrunde Löcher oben am Schallkasten. Merkwürdiger ist die zweite Leier, weil an ihr verschieden lange, gebogene Arme und ein schräg geführtes, besonders stark geneigtes Joch auffallen; dies könnte der Wirklichkeit entsprechen, schwer verständlich ist jedoch der untere Teil der Leier, an dem ein ausgebildeter Schallkasten völlig fehlt und nur eine schmale Querverstrebung die Saiten hält. Es sind zwölf Saiten zu zählen, die sich stark fächerförmig gegen das schräge Joch ausbreiten.

Das Relief ist zwar in den Einzelheiten sehr kleinteilig und sauber gearbeitet; dennoch möchte man meinen, daß hier die Wirklichkeitstreue durch ornamentale Formfreude überwogen wird. Ein Reliefbruchstück aus Zincirli, das mit der vorigen Platte ebendaher zur gleichen Folge gehören könnte, zeigt gerade noch Reste einer Doppelpfeife, die von einem Mann geblasen wird. Eine etwa gleichzeitige Reliefplatte aus Marasch wiederholt die echte Kastenleier, bespannt mit vier Saiten; ihre rechte Seite ist merkwürdigerweise abgeschrägt.

Bereichert wurde die Kenntnis der Musikinstrumente der nordsyrischen Nachfolgestaaten des Hethiterreiches durch die Entdeckung von Karatepe, das nur kurze Zeit um 730 v. Chr. bewohnt war. Beim Gastmahl des Königs spielt hier eine Kapelle auf, in der alle drei Gattungen der Musikinstrumente vereinigt sind. Doppelpfeife und kleine Rahmentrommel zeigen nichts Neues. Bemerkenswert sind jedoch die Leiern, die keiner der bisher behandelten genau entsprechen und unter sich gänzlich verschieden sind. Eine von ihnen steht der Leier mit dem stark geneigten Joch von Zincirli nahe, berichtigt diese aber insofern, als hier der Schallkasten den erforderlichen Umfang hat; die Saiten zählen nur acht statt zwölf bei jener. Die zweite Leier ist die verblüffendste Parallele zur Phorminx der Griechen, mit dem auffallenden Unterschied jedoch, daß jene sechs, diese nur vier Saiten hat; bei annähernder Gleichzeitigkeit ist Abhängigkeit der einen von der anderen kaum anzunehmen. Die dritte Leier von Karatepe, nicht auf demselben Relief, erstaunt durch gewisse Ähnlichkeiten mit jüngeren griechischen Leiern, die sich in allmählichen Stufen aus der homerischen Phorminx entwickelten. Leider läßt sich nur die Bauart im großen beurteilen; die Saiten sind nicht einzeln angegeben. Wiederum läßt nichts auf gegenseitige Abhängigkeit schließen; es scheint sich vielmehr nochmals zu bestätigen, daß Gleiches unter verwandten Bedingungen an verschiedenen Orten unabhängig voneinander geschaffen wird. Oder wird hier vielleicht doch etwas sichtbar von jenen Wirkungen und Zugriffen, an die die Griechen dachten, wenn sie meinten, Terpander habe im 7. Jahrhundert v. Chr. die siebensaitige Leier erfunden, als er in Kleinasien die Pektis kennen lernte?

Was sich über die hethitische Musik beibringen läßt, ist nicht mehr als ein Inventar von Musikinstrumenten; wenn man zum hethitischen Großreich die nordsyrischen Nachfolgestaaten als Ergänzung hinzunimmt, ist es ein reichhaltiges Inventar. Auffällig ist das völlige Fehlen der Harfen, die sowohl für Ägypten als auch für das Zweistromland so charakteristisch sind; anscheinend spielt in den hethitischen Nachfolgestaaten auch das für den Alten Orient so typische Schlagzeug eine sehr viel bescheidenere Rolle als dort. Besonders verbreitet sind dagegen die Leiern. Es fällt schwer zu denken, daß es gerade die semitischen Nomaden, die Aramäer, die den nordsyrischen Raum eroberten, gewesen wären, denen die Bereicherung des Musiklebens der alten Hethiter zu verdanken sei. Wahrscheinlicher ist, daß in diesem Falle die große Strahlungskraft der assyrischen Kultur entscheidend wirksam wurde, wie denn auch die Reliefs, die die einzigen Quellen sind, in ihrem künstlerischen Charakter assyrisches Gepräge tragen.

Hans Hickmann
Ägypten

I. Altägypten. Von der Vorgeschichte bis zur Zeit Alexanders des Großen. – 1. Geschichtliche Übersicht und Organologie. – *a. Vorgeschichte. – b. Vom Alten Reich (I.–V. Dynastie) bis zum Beginn des Mittleren Reiches (VI.–XI. Dynastie): 3200 bis etwa 2000 v. Chr. – c. Vom Mittleren Reich (XII. Dynastie) bis zum Beginn des Neuen Reiches (XIII.–XVII. Dynastie): etwa 2000–1580 v. Chr. – d. Das Neue Reich (XVIII.–XX. Dynastie): 1580–1090 v. Chr. – e. Die Periode vom Ende des Neuen Reiches bis zur Herrschaft Alexanders des Großen (XXI.–XXXI. Dynastie): 1090–332 v. Chr. –* 2. Das Tonsystem Altägyptens. – II. Die Periode der Ptolemäer: Alexander der Große in Ägypten (332 v. Chr.) bis Kleopatras Tod (30 v. Chr.). – III. Vom Anfang der römischen Epoche (30 v. Chr.) bis zur Eroberung Ägyptens durch die Araber (640 n. Chr.). – IV. Die ägyptische Musik unter dem Einfluß des Islam (von der Eroberung Ägyptens durch Amr Ibn al-Ass im Jahre 640 n. Chr. bis zur Neuzeit). – 1. Geschichte. – 2. Tonsystem. – 3. Musikalische Formen. – 4. Musikinstrumente. – V. Die Neuzeit

I. Altägypten. Von der Vorgeschichte bis zur Zeit Alexanders des Großen

1. Geschichtliche Übersicht und Organologie

a. Vorgeschichte

Die Erforschung der ägyptischen Vorgeschichte hat bereits recht interessante Ergebnisse gezeitigt. Oberflächenfunde und methodische Grabungen lassen eine erstmalige systematische Erfassung des Materials zu, wenn auch die archäologische Seite des Problems noch viele Lücken aufweist. Die *spätneolithischen Menschen* des Niltales, besonders aber die *Bevölkerungen der proto- und prädynastischen Perioden* haben eine primitive Musik gekannt, in welcher die des Alten Reiches bereits vorgebildet ist. *Urständige Musikinstrumente* sind alle Arten von Klappern (von den Gegenschlagstäben, Elfenbein- und Knochenklappern bis zu den Haken-, Gazellen- und Hasenkopfklappern). Sie nehmen besonders in der prädynastischen Periode die interessante Abart von in Form bärtiger Männerköpfe geschnitzten Gegenschlägern an, deren Handgriffe durchbohrt und mittels einer Schnur verknüpft waren. Daneben finden sich ovale, zitronenförmige Tonrasseln, wahrscheinlich dem Vorbild gewisser Früchte nachgebildet. Sie sind entweder einzeln oder zu mehreren aufgefunden worden. Die letzteren sind mit einer Art Öse versehen, so daß man wohl annehmen kann, daß sie zusammen an einem Gürtel oder Riemen aufgehängt gewesen sind. In dieser Zeit muß auch schon die Längsflöte vorgebildet worden sein, da sie am Ende der prähistorischen Periode bildlich belegbar ist. Es ist auch anzunehmen, daß die in den ersten Dynastien vorkommenden Sprachrohre der Nilschiffer mit den der vergleichenden Musikwissenschaft als Heultrompeten bekannten Instrumenten identisch sind. Aus den bildlichen Darstellungen geht mit Sicherheit hervor, daß diese Instrumente auf den mystischen Totenbarken benutzt werden, jenen Schiffen, die den Toten von einem Ufer zum anderen ins Totenreich geleiten. Sie ähneln außerordentlich den späteren Trompeten des Neuen Reiches, ohne allerdings die dort fertig ausgebildete Stürze zu besitzen. Man darf wohl annehmen, daß diese Tonwerkzeuge ebenfalls im vorgeschichtlichen Instrumentarium Ägyptens vorgebildet worden sind.

Aus den bildlichen Darstellungen und Grafitti geht hervor, daß wenigstens ein Teil der Tänze der ägyptischen Hochkultur sich hier bereits feststellen läßt; magische Rundtänze, Waffen- und Maskentänze sowie Fruchtbarkeitsreigen und getanzte Initiationsfeste sind deutlich zu erkennen, begleitet von klapper- und rasselschwingenden Musikern.

b. Vom Alten Reich (I.–V. Dynastie) bis zum Beginn des Mittleren Reiches (VI.–XI. Dynastie): 3200 bis etwa 2000 v. Chr.
In dieser großen, mehr als 1000 Jahre umfassenden Zeitspanne ist das Wichtigste altägyptischen Musikgutes geformt worden. *Instrumentalspiel*, einzeln oder in Gruppen, *Gesang* und *Tanz* sind häufig auf den Wänden der Gräber abgebildet und geben ein anschauliches Bild von der Klangwelt dieser alten, längst verschwundenen Hochkultur. Beigefügte Inschriften bezeugen, daß es sich entweder um Kunsttänze mit bestimmten Sujets handelte (darstellende Tänze) oder aber um bildfreie Tänze. Die ehemals magischen Tänze sind umgewertet zu Pantomimen, immer aber sind sie von Sängern und Musikanten begleitet. Die Texte, Bruchteile der wahrscheinlich zum Tanze gesungenen Lieder, oder die Rufe der Ausführenden sind teilweise erhalten. Die Tanzfiguren bringen bereits alle die Gesten und Schritte, die aus den bildlichen Darstellungen der späteren Zeit bekannt sind.

Händeklatschen zusehender Frauen und das *Geklapper* der hölzernen oder elfenbeinernen Schlagstäbe (in Haken- oder Bumerangform) begleiten rhythmisch die Evolutionen der Tänzer, besonders wenn es sich um akrobatische Darstellungen handelt. Die ruhigen Tanzfiguren dagegen, mehr geschritten als gesprungen, bei denen die Arme typisch-dachförmig über den Kopf gehalten werden, sind gewöhnlich von größeren Instrumentalensembles begleitet, die sich aus einer oder mehreren Längsflöten vom Typus des heutigen »nāy« sowie einem oder mehreren Harfenisten zusammensetzen. Die Musikszenen der V. Dynastie (Sakkara) fügen dann noch eine Doppelklarinette vom Typ der unter den heutigen Musikinstrumenten noch erwähnten »zummā-rah« hinzu.

Die mundlochlosen und halbseitlich gespielten *Längsflöten* sind bemerkenswert wegen ihres weiten Durchmessers und ihrer ungewöhnlichen Länge. Der Spieler hält das Instrument mit weit ausgestreckten Armen. Spätere Funde aus dem Mittleren Reiche haben wirkliche Flöten dieser Art zu Tage gefördert. Sie bestätigen diesen Tatsachenbefund, so daß es sich also nicht etwa um einen Darstellungsfehler des altägyptischen Malers gehandelt haben kann. Diese Flöte wird häufig als »mat« bezeichnet und hat 3–4 Grifflöcher. Die Bogenharfe »bint« wird in ihrer Abart, der Stützharfenform, benutzt. Sie wird sitzend gespielt. Die Anzahl der Saiten und Wirbel schwankt, beschränkt sich aber im wesentlichen auf 5–7 Saiten. Der Resonanzkörper ist sehr klein.

Das Flötenspiel wird nur von Männern ausgeführt, wie auch das der Doppelklarinette, während die Harfen von Männern und Frauen gespielt werden. Sogar die Damen der besten Gesellschaft verschmähten es nicht, sich auf diesem Instrument zu produzieren (Grab des Mereruka in Sakkara). Es ist auffallend, daß sich die Harfen mit wenig Saiten noch bis in die Zeit des Neuen Reiches gehalten haben (viersaitige Harfen des Museums in Kairo).

Die *Sänger*, die immer sitzend dargestellt werden, halten in der Art des heutigen Sängers ihre linke Hand hinter das linke Ohr, während die rechte Hand häufig cheironomische Zeichen ausführt, sei es, um den Melodieablauf in die Luft zu zeichnen, sei es, um rhythmische Zeichen zu geben. Erst vom Neuen Reiche an werden die Sänger und Harfenspieler blind dargestellt.

c. Vom Mittleren Reich (XII. Dynastie) bis zum Beginn des Neuen Reiches (XIII.–XVII. Dynastie): etwa 2000–1580 v. Chr.
Aus den bildlichen Darstellungen und der Struktur der Instrumente des Alten Reiches kann man schließen, daß der leise und eindringliche Charakter des Klangbildes dieser ersten Periode sich von jetzt an immer mehr und mehr verändert. Die »stille« Musik der Frühdynastien wird nunmehr klangfreudiger, rauschender, heftiger. Der weihevolle, ruhig und mäßig dahergeschrittene Tanz der Frühzeit wird ebenfalls immer bewegter, orgiastischer. Es muß diese Wandlung mit dem Einfall der Hyksos zu tun gehabt haben, der asiatisches Musiziergut in Ägypten einführte. Dazu kamen dann im Neuen Reiche die zahlreichen politischen und Handelsbeziehungen der Pharaonen mit Asien. Der dadurch wirksame kulturelle Austausch bedingte eine wachsende Beeinflussung der altägyptischen Klangwelt. Diese Umwandlung ging zunächst langsam vor sich. Östliche Beduinen brachten in ihren Karawanen die neue Leier (»kinnor«) mit sich, die sie den ägyptischen Musikern bereits in der verfeinerten Form

der »kithara« vorstellten: ein Resonanzkasten mit zwei Jochen und einer Querstange, auf der die Saiten befestigt sind, kurz das Bild der *Kithara*, die im griechischen Altertum eine so wichtige Rolle spielen sollte. Die Familie der Harfen ferner bereicherte sich durch die zierliche, mit nur wenigen Saiten bespannte *Schulterharfe*, deren Resonanzkörper sich wesentlich, im Verhältnis zur alten Stützharfe, vergrößerte. Dazu trat die hölzerne, mit zwei Fellen versehene *Schnür-Röhrentrommel* (»tbn«), die im Mittleren Reiche wahrscheinlich nur der Tanz- und Kulturmusik diente, später dann aber zur militärischen Trompete trat und in den bildlichen Darstellungen des Neuen Reiches öfter begegnet.

Immer häufiger trifft man nunmehr auch das kultische Rasselinstrument, das »sistrum«, an. Wahrscheinlich rein ägyptischen Ursprungs, ist es sicher in älteren Perioden vorgebildet worden. Da es aus vergänglichem Material angefertigt wurde, sind seine Spuren vorläufig im Alten Reich noch nicht aufweisbar. In historischer Zeit ist das *Sistrum* in zwei Hauptformen bekannt, als Bügelsistrum (»sekhem«) und als Naossistrum (»seschescht«). Das Bügelsistrum besteht aus einem Handgriff, der nach oben in einem Hathorkopfe endigt. Auf diesem ist ein hufeisenförmiger Metallbügel befestigt, in dessen Wänden mehrere entsprechende Löcher vorgesehen sind. Darin gleiten Metallstäbchen hin und her und erzeugen ein helles, metallisch klirrendes Geräusch, wenn man das Instrument schüttelt. Häufig sind die Querstangen fixiert, so daß sie nicht mehr selbst gleiten können. Jedoch befinden sich dann runde Metallplättchen auf ihnen, die das rasselnde Geräusch hervorbringen. Ist der Bogen durch die Nachbildung eines Kapellchens (»naos«) ersetzt, die auf dem Hathorkopf aufsitzt, so spricht man von einem Naossistrum. Die letzteren sind meist aus Fayence. Die Göttinnen, die vor allem mit Sistrumspiel verehrt wurden, waren Isis und Hathor, der Gott des Sistrumspiels war der jugendliche Gott Ihj.

d. Das Neue Reich (XVIII.–XX. Dynastie): 1580–1090 v. Chr.

Die politische Erneuerung und der soziale Wohlstand des Neuen Reiches fallen zusammen mit einem außerordentlichen *Aufblühen der Tonkunst*. Die bildlichen Darstellungen der thebanischen Nekropole legen davon ein beredtes Zeugnis ab. Zu den bisher bestehenden Instrumenten treten mannigfaltige neue Formen, aber auch ganz neue Klangwerkzeuge. Die *Klappern* sind jetzt zu kunstvoll gearbeiteten Gegenschlägern aus Knochen, Elfenbein oder Nilpferdzahn geworden und sind häufig in Form von kleinen Händen geschnitzt. Die *Membranophone* sind bereichert worden durch runde und merkwürdig geschweifte, viereckige Rahmentrommeln sowie Handpauken (»śr«), und eine schöne zweifellige Bronzetrommel im Museum Kairo zeugt von der Vervollkommnung auch dieses Instrumententyps. Die *Saiteninstrumente* haben sich durch mannshohe, reich besaitete und schön ornamentierte Standharfen sowie zierliche, mit dem Plektrum gespielte Lauten mit mandelförmigem Resonanzkörper vermehrt. Unter den Blasinstrumenten ist die asiatische Doppeloboe zu nennen. Sie besteht aus zwei unverbundenen Rohren, die beim Spiel in spitzem Winkel auseinander gehalten werden. Im Gefolge des Pharaonen erscheint nunmehr auch regelmäßig die Trompete (»scheneb«). Sie hat einen relativ großen Durchmesser und eine deutlich abgesetzte Stürze. Ihr Klang ist dumpf schallend und rauh. Sie ist zumeist aus Bronze. Zwei besonders kostbare Trompeten aus Bronze, Silber und Gold enthielt der Grabschatz Tut-Ankh-Amons. Sie befinden sich, zusammen mit zwei großen Sistren aus vergoldetem Holz und Bronze sowie einem Paar geschmackvoll gearbeiteter Kastagnetten aus Elfenbein aus demselben Funde, im Museum zu Kairo.

e. Die Periode vom Ende des Neuen Reiches bis zur Herrschaft Alexanders des Großen (XXI.–XXXI. Dynastie): 1090–332 v. Chr.
Die in schneller Folge wechselnde Herrschaft der Priesterkönige sowie der libyschen, saïtischen, äthiopischen und persischen Dynastien haben dem ägyptischen Musikwesen nichts wesentlich Neues hinzugefügt. Organologisch gesehen blieb das Instrumentarium, wie es sich im Laufe der Jahrhunderte entwickelt hatte, und begnügte sich mit einer archaisierenden Wiederaufnahme alter Instrumententypen oder dem Vervollkommnen bereits bestehender. Dagegen ist das Musikleben, dank der Fremdherrschaft der Perser und Äthiopier, sicherlich mancherlei Einflüssen unterworfen gewesen. Wenn auch die Tempelmusik die gleiche geblieben sein mag, so ist doch sicherlich das Repertoire der weltlichen Musik durch den Kontakt mit außerägyptischen Musikarten wesentlich bereichert worden.

Immerhin begegnen einige neue Schallwerkzeuge, besonders *Bronzeglocken*, sowie schön gewölbte, zweifellige *Schnürtrommeln*, die sich von den alten Faßtrommeln durch die zierlichere Arbeit, die Größe und wohl auch die Verschnürung unterscheiden.

Um diesen Zeitpunkt muß auch die Abart der neuen Harfengattung, die die Griechen »trigonon« nannten, ihren Einzug in Ägypten gehalten haben.

Eine durchgehende Erneuerung und Bereicherung der Musik erfolgte dann in der *griechisch-römischen Periode*, besonders natürlich in Alexandrien. Aber auch die zahlreichen Terrakotten mit Musikdarstellungen, die im Hinterlande, besonders in El Faijum, gefunden worden sind, geben ein klares Bild von dem reichen Musikleben der Folgezeit.

2. Das Tonsystem Altägyptens

Das Tonsystem der alten Ägypter kann nur methodisch erforscht werden durch Vermessen der bestehenden Instrumente oder der ikonographischen Belege sowie durch akustische Untersuchungen geeigneter Rekonstruktionen von originalen Instrumenten. Die Versuche, auf rechnerischem Wege der Tonsystematik der altägyptischen Instrumente auf die Spur zu kommen, erscheinen verfrüht. Sie müssen durch das akustische Verfahren, gleichzeitig auf die neuentdeckten Instrumente angewendet, überprüft werden, insbesondere was die Blasinstrumente anbelangt. Doch kann man bereits heute als Arbeitshypothese annehmen, daß die Leitern auf diesen letzteren Instrumenten auf dem außermusikalischen Wege der Teilung in gleiche Strecken erzeugt worden sind, so daß es *Maßnormleitern* gewesen wären. (Die Grifflöcher sind in annähernd gleichen Entfernungen voneinander gebohrt. Diese Entfernungen sollen ähnlichen Maßnormen der altasiatischen Kulturkreise entsprechen.) Die älteren Längsflöten aus dem Mittleren Reiche scheinen halbtonlose, großstufige Leitern zu ergeben (anhemitonisch), die »von Asien eingeführte Lauten- und Oboenmusik des Neuen Reiches dagegen [war] kleinstufig (hemitonisch)« (Curt Sachs, Die Tonkunst der alten Ägypter, in Archiv für Musikwissenschaft II, 1920, S. 17).

Was die Lauten anbelangt, so haben Bundeinteilungen an den vorhandenen Instrumenten nicht festgestellt werden können. Hingegen lassen die bildlichen Darstellungen erkennen, daß es sich wohl in der Tat um engstufige Leitern gehandelt hat, die auf diesen Instrumenten gespielt worden sind. Das Griffbrett ist auf eine reine Quart und deren Oktave eingerichtet gewesen.

Die jüngere Musikforschung nimmt an, daß die Harfeninstrumente in reinem Quintschlag gestimmt wurden und ihr Gesamtumfang den Ausschnitt einer Fünftonleiter ergab. Wahrscheinlich sind auf diesen Harfen bordunierende Stützakkorde auf der Basis mehrstimmiger Quint- und Oktavklänge gespielt worden. Das Prinzip des Borduns ist übrigens auch für die Blasinstrumente nachweisbar. Das Umstimmen der Melodie- oder Bordunpfeifen erfolgte durch Aufkleben und Verstopfen der Grifflöcher vermittels einer wachsartigen Masse. Die Trigononharfe soll, nach Flavius Josephus, enharmonisch gestimmt gewesen sein.

Die Struktur der *hymnischen Lieder* kann aus den überlieferten Texten erschlossen werden. Metrik, Prosodie und Rhythmus sind vorläufig noch der musikwissenschaftlichen Erkenntnis verschlossen und werden wohl kaum je anders als durch Vergleich erkannt werden können, da bisher noch keinerlei Spur einer musikalischen Notation gefunden worden ist.

II. Die Periode der Ptolemäer: Alexander der Große in Ägypten (332 v. Chr.) bis Kleopatras Tod (30 v. Chr.)

Diese Periode bedeutet eine weitgehende *Umformung des gesamten ägyptischen Geisteslebens*. Auch die Musik ist mehr und mehr hellenisiert worden. Es sind nicht nur bestimmte Instrumentalgruppen, die jetzt immer mehr in den Vordergrund treten (Doppelaulos, Lyren und Kitharen), sondern auch urägyptische Instrumente wie das Sistrum werden äußerlich dem neuen Stile ebenso wie die Instrumentalmusik und der Gesang dem neuen Weltbilde angepaßt. An neuen Instrumenten gibt es jetzt zum ersten Male die Panflöte und, mittelbar mit diesem Instrument verknüpft, die ersten Orgeln; mechanisierte Panflöten wurden zur Urform der pneumatischen Orgel, während ein wenig später die »hydraulis« erfunden wurde, die spätere Zirkusorgel der byzantinischen Periode. Vermutlich muß man auch für diese Periode das erstmalige Erscheinen der bronzenen Rollschellen ansetzen.

Besonders wertvoll für das Erfassen der antiken Musikkultur sind aber die nunmehr immer häufiger vorkommenden *literarischen Quellen*. Das Kairoer Museum enthält z. B. neben dem bekannten Zenon-Manuskript andere, reizvolle Papyrusfragmente, die gerade wegen ihrer anekdotischen Fassung von besonderem Werte für die Kulturforscher sind und einen lebendigen Eindruck vom Leben und von der Praxis der damaligen Musiker (oder Musikerinnen) geben. Unter hellenistischem Einfluß kam es nun auch zu einem erstmaligen Erfassen des *theoretischen Tonmaterials,* und es entstand eine Art Tonphilosophie, welche die Elemente der Musiktheorie mit denen einer primitiven Musikwissenschaft verknüpfte. Die Ergebnisse der alexandrinischen Musikwissenschaft hat im 2. Jahrhundert n. Chr. ein gewisser Klaudios Ptolemaios zusammengefaßt.

Die *Melodien* dieser Zeit sollten später Elemente von ausschlaggebender Bedeutung für den altchristlichen Kirchengesang werden, nachdem es erst zu einer Verschmelzung des jüdischen Tempelgesanges mit den griechischen Hymnen zur altkoptisch-byzantinischen Kirchenmusik gekommen war.

III. Vom Anfang der römischen Epoche (30 v. Chr.) bis zur Eroberung Ägyptens durch die Araber (640 n. Chr.)

Diese Zeitspanne zeichnet sich durch ein Weiterspinnen der hellenistischen Kultur aus, die aber an Bedeutung immer mehr einbüßte zugunsten der *byzantinisch-koptischen Einflüsse.* Die politische Herrschaft Roms hatte in der Musik nur wenige Spuren hinterlassen. Es handelt sich typischerweise um Terrakottafigurinen mit Tuben, Hörnern und Buccinen sowie um Votivnachbildungen derselben Instrumente, d.h. Militärinstrumente, die dem Vorhandensein römischer Legionäre auf ägyptischem Boden zu verdanken sind.

Was den koptischen Einfluß anbelangt, so sind einige merkwürdige instrumentenkundliche Neuerscheinungen zu verzeichnen: das ägyptische Orchester bereicherte sich um eine Reihe von rhythmischen Instrumenten, die wahrscheinlich kultisch bedingt waren. Becken aus Bronze, Gabelbecken, kleine Becken (»Metallkastagnetten«), die zu den heutigen »aṣ-ṣāgāt« geworden sind, Klappern in Schuhform, dreiteilige, hölzerne Handgriffklappern und wirkliche Kastagnetten in Form von aufgespaltenen Salbölfläschchen oder in Tannenzapfenform. Das koptische Museum in Kairo enthält ferner eine reiche Sammlung z.T. schön verzierter Glöckchen und außerdem ein einzigartiges Saiteninstrument, das im Kloster St.Jeremias bei Sakkara gefunden worden ist und eine Mittelstellung zwischen der Lautenfamilie und der späteren »kamanǧah« einnimmt. Das Kairoer Museum enthält ferner einige Schwirrscheiben, die aus dieser Periode zu stammen scheinen.

Für die *liturgische Musik* der koptischen Kirche ist die Musik der oberägyptischen Klöster musikhistorisch insofern interessant, als sie traditionsreiner als die Liturgie der Städte ist und somit historischer Forschung wertvolle Hinweise in allen Fragen, die den Ursprung der altchristlichen Musik betreffen, geben könnte.

Die *koptische Liturgie* verwendet heute noch neben den Becken gewisse Geräuschinstrumente (Triangel, Glöckchen, Metallkastagnetten), in gewissen Gegenden sogar ein modernes Sistrum, das genau dem altägyptischen Bügelsistrum entspricht, nur daß der Hathorkopf und andere Verzierungen, wie z.B. die obligaten Uräusschlangen, unterdrückt worden sind. Der Kirchengesang verrät neben altem Melodiengut der byzantinisch-koptischen Periode hellenistischer Färbung mehr und mehr den Einfluß der »arabischen« Musik, wie auch die Liturgie arabisches Sprachgut aufgenommen hat.

Spuren einer *musikalischen Notation* der koptischen Musik sind erhalten in Handschriften mit Akzentzeichen, die eine gewisse Ähnlichkeit mit den byzantinisch-ekphonetischen Zeichen haben.

IV. Die ägyptische Musik unter dem Einfluß des Islam (von der Eroberung Ägyptens durch Amr Ibn al-Ass im Jahre 640 n. Chr. bis zur Neuzeit)

Diese lange Zeitspanne ließe sich politisch in zwei Perioden abteilen. Die erste würde von der Eroberung durch die Araber bis zum Ende des ägyptischen Mittelalters im Jahre 1517 reichen. Dieses Datum, Beginn der zweiten Periode, ist gekennzeichnet durch die Eroberung Kairos durch die Türken. Kulturgeschichtlich und besonders musikwissenschaftlich gesehen, würde diese Einteilung aber unnötig sein, da die Ausdrücke »arabische« und »türkische« Musik Sammelbegriffe darstellen, die so ziemlich alle musikgeschichtlichen Einflüsse, die über Ägypten hinweggegangen sind, umfassen. Es sind dies irakische, iranische, armenisch-griechische, andalusische, kaukasische und arabisch-türkische Einflüsse.

1. Geschichte

Über die großen Sänger, Instrumentalvirtuosen, Komponisten und Musiktheoretiker der außerägyptischen Zentren (Damaskus, Baghdad, Mekka, Medina) hat vor allem Henry George Farmer Grundlegendes in seinem Buch ›A History of Arabian Music to the XIIIth Century‹ (London 1929) gesagt. Einige der wichtigsten, von ihm ausführlich behandelten Musiktheoretiker der arabischen Frühzeit sind Al-Fārābī, Al-Kindī und Ibn Sīnā (Avicenna). Alle die in diesem Werke zitierten Persönlichkeiten sind aber für das eigentliche ägyptische Musikleben nur mittelbar von Bedeutung gewesen. Ihr Ruhm und ihr Können wurden zwar auch in Ägypten durch ihre Schüler verbreitet, ohne daß es in diesem Lande zu ähnlichen Höchstleistungen gekommen wäre. Erst spät fing Ägypten an, im Musikleben eine Rolle zu spielen als Kreuzungsstelle musikalischer Strömungen, die zwischen Andalusien und dem Vorderen Orient, insbesondere Damaskus und Baghdad, hin- und herpendeln. Wenige Namen sind für das Studium des *ägyptischen Mittelalters* von direktem Interesse: Der erste fatimidische Kalif Al-Muʿizz und sein Sohn Tamīm (Ende 10. Jahrhundert), Förderer und Liebhaber der Musik; Al-Maghribī (981–1027), bekannt als Musikschriftsteller; Al-Musabbiḥī (977–1029), Musikschriftsteller und Komponist, bekannt durch eine Sammlung von Gesängen; Taqī ad-Dīn as-Sarūqī (†1294), ein bekannter Liederdichter; Abūʾ ṣ-Ṣalt Umayya (*1068 in Andalusien, emigrierte 1096 nach Ägypten, †1134), Komponist und Musikschriftsteller; Abū ʾl-Maǧd Ibn Abī ʾl-Ḥakam, Kamāl ad-Dīn ibn Manʿa, A. Z. Yaḥiā al-Bayāsi und ʿAlam ad-Dīn Qaiṣar (die letzteren teils aus Syrien, teils aus Ägypten stammend), ferner Ibn Abī 'l-Qāsim (1178–1251, geboren in Afsūn in Oberägypten) und Ibn al-Qifṭȳ (1172–1248, gebürtig aus Qifṭ, dem ehemaligen Coptos der alten Ägypter), Autor eines biographischen Werkes über berühmte Musiker der Epoche.

Die Folgezeit sieht dann einen Verfall der Musikpflege, der seinen Tiefstand unter der Mamelukenherrschaft erreicht. Immerhin scheint man selbst während dieser Zeit gewisse musikalische Traditionen beibehalten zu haben, was aus den Titeln gewisser Würdenträger hervorgeht, die Musikinstrumente, wie Trommeln und Trompeten, in ihren Wappen führten.

Erst lange Zeit später, unter Moḥammed ʿAly Pascha, kam es dann wieder zu einer *methodischen Musikpflege* in Ägypten (Gründung von Musikschulen). Berühmte Musiker aus dieser Zeit waren Moḥammed al-Kabbani, As-Sayed Moḥammed Schihab ad-Dīn, Moḥammed al-Moqaddem (Lehrer des späteren ʿAbdū 'l-Ḥamūly), Khaṭṭāb al-Qānūnī, Musṭafā al-ʿAqqād und viele andere.

Unter dem Khediven Ismaʿīl wirkte dann bereits eine Plejade von Musikern, die noch heute im Gedächtnis des musikliebenden ägyptischen Volkes weiterleben. Die wichtigsten sind Moḥammed ʿOthmān, Moḥammed al-ʿAqqād (Qānūnvirtuose), Aḥmed al-Leithy (bekannter Lautenspieler), Ibrāhīm Sahlūn (Kamanǧah), Amīn al-Buzari (Nāyspieler). Berühmte Sänger und Komponisten der gleichen Zeit sind u. a. Schēkh Salāmah al-Heǧāzy und Sayed ad-Darwīsch. Die Musikpflege hat dann einen ungeheuren Aufschwung unter der Regierung von Fuad I. genommen (Begründung der Königlichen Akademie für arabische Musik, Internationaler Musikkongreß Kairo 1932) und unter Fārūq I. eine neue Generation ägyptischer Musiker gezeitigt, die es sich zur Aufgabe machte, einen *modernen Musikstil* zu schaffen.

2. Tonsystem

Die *arabischen Tonleitern* setzen sich aus Halb- und Ganztönen sowie aus Viertel-, Dreiviertel- und gelegentlich auch Fünfvierteltönen zusammen. Die Strukturen der beiden gebräuchlichsten Leitern sind: a) »rast« $1 \, ^3/_4 \, ^3/_4 \, 1 \, 1 \, ^3/_4 \, ^3/_4$, b) »nahawand« $1 \, ^1/_2 \, 1 \, 1 \, ^1/_2 \, ^5/_4 \, ^3/_4$. Die okzidentalischen Dur- und Molltonleitern sind daneben ebenfalls von der ägyptischen Musikpraxis aufgenommen worden, insbesondere um den Studenten das Verständnis der europäischen Musik zu erleichtern. Die Tonleiter wird »maqām« genannt, ein Begriff, der in früher Zeit nicht nur Tonleiter, sondern gleichzeitig melodisch, traditionsgebundenes Melodiemuster bedeutet hat. Dieser Melodietypus wird »innerhalb gewisser Grenzen frei um- und weitergebildet . . ., so daß sein Wesentliches, Form, melodische Kurve, Tonart und -geschlecht, vorherrschende Tonschritte, Rhythmen usw. erhalten bleiben«. Vergleicht man den arabisch-persischen *Maqām* mit dem altgriechischen *Nomos*, so kann man diese Eigenart orientalischen Musikfühlens am besten verstehen, wenn man etwa »den dorischen oder den jonischen Tempel als solch einen bildnerischen Nomos [oder maqām] ansieht und sich klarmacht, wie jeder Baumeister an das gleiche Grundrißschema, an die gleichen Bauglieder und Schmuckmotive gebunden ist und sein Eigenes nur in den persönlichen Zügen des Anordnens und Abwägens gibt« (Sachs, Die Musik der Antike, Potsdam 1928, S. 23f.). Heutzutage wird der Maqām vom ägyptischen Musiker durchaus als Tonleiter im gewöhnlichen Sinne angesehen.

Das *heute gebräuchliche Tonsystem* ist von Mīḥā'īl Muschāqa (*1800, †1888 in Damaskus) festgelegt worden. Es wurde in Ägypten 1905 von dem Musiktheoretiker Kamel al-Kholay eingeführt. Dieses System, welches die Oktave in 24 gleiche Vierteltöne teilt, faßt im wesentlichen praktisch die Gegebenheiten der mittelalterlichen Musiktheorie zusammen, ohne jedoch die historische Tetrachordlehre wieder aufzunehmen. Offenbar unter europäischem Einfluß, erkennt dieses System eine Grundleiter (Rast) und die Temperierung im Rahmen des Oktavprinzips an. Die Praxis hingegen begnügt sich mit einem 17stufigen, auf den praktischen Lautengriffen beruhenden Tonsystem, welches demjenigen des Ṣafī ad-Dīn (13. Jahrhundert) ähnelt.

Die Vierteltöne werden neuerdings mit dem umgekehrten Zeichen für ♭, d. h. ♪ oder ♭ bzw. dem Zeichen für die chromatische Erhöhung (♯) mit nur einem Querbalken ♯ geschrieben. Die Zusammenhänge zwischen der altgriechischen Theorie und der arabischen Musiklehre hat Sachs in seinem Buch ›The Rise of Music in the Ancient World‹ (New York 1943, S. 277ff.) neu behandelt.

In den Werken von Robert Lachmann, Sachs und Alfred Berner (Studien zur arabischen Musik auf Grund der gegenwärtigen Theorie und Praxis in Ägypten, Leipzig 1937) finden sich auch wertvolle Angaben über den hochentwickelten *Rhythmus* der ägyptischen Musik von seinen Anfängen bis zum heutigen ausgereiften Zustande. Verwurzelt in der arabischen Sprache, ist er bereits von Al-Fārābī theoretisch und musikwissenschaftlich analysiert worden und beweist eine große musikalische Mannigfaltigkeit. Interessante Unterteilungen großtaktiger Rhythmen verdienen hervorgehoben zu werden (8 Zeiten = 3+3+2 Zeiten).

3. Musikalische Formen

Die gebräuchlichsten *Formen der Gesangsmusik* sind die »mauwaschahat«, die frei dahinströmenden »layālī« (Ya Lēl-Lieder), ferner »al-mawal«, »ad-dōr« und Monologe sowie Dialoge, zu denen als neues Gebilde der »neschīd« getreten ist, eine Art Marschlied meist patriotischen Inhalts. Daneben finden sich auch bestimmte Formen der gesungenen Volksmusik sowie die religiösen Lieder (Pilgerlieder). Eine zusammenfassende Übersicht gibt der Arbeitsbericht des Kairoer Musikkongresses.

Die wichtigsten *Formen der Instrumentalmusik* sind »al-beschraf« (in Rondoform), »at-taqsīm« (Soloimprovisation auf einem Instrument), »at-taḥmīla« und »al-iftitaḥ« (Ouvertüre).

Ansätze zur *Mehrstimmigkeit* haben sich in der Volksmusik und der religiösen Musik feststellen lassen, neuerdings auch in der Kunstmusik. Das Bordunieren als älteste bekannte Form der Mehrstimmigkeit ist schon von jeher in Ägypten bekannt gewesen und lebt in der heutigen Musikpraxis noch fort.

4. Musikinstrumente

Die Instrumente der Volks- und Kunstmusik sind vom arabischen Mittelalter bis zur Neuzeit im wesentlichen die gleichen geblieben: die Knickhalslaute »al-ʿūd« und die mit Plektrum gespielte Brettzither »al-qānūn«; ein fidelartiges, mit dem Bogen gespieltes Saiteninstrument, die birnförmige »rebābah« sowie die etwas größere Kamanǧah, die heute immer mehr von der europäischen Violine verdrängt wird. An Blasinstrumenten kennt die Frühzeit einfache, ventillose Trompeten (»an-nafīr«) und Hörner, heute längst durch die modernen Blechblasinstrumente ersetzt, während die charakteristische mundstücklose und halbseitlich gespielte Längsflöte der alten Ägypter noch heute im Gebrauch ist (Nāy). Die Klarinettenfamilie ist durch das Volksinstrument Zummārah sowie den bordunierenden »arghūl« vertreten, die Oboe durch den »mizmār«. Kleine Pauken, runde Handtrommeln, während des Mittelalters auch vierkantige, und die Schellentrommel »req« ergänzen das ägyptische Orchester, wie es sich seit Jahrhunderten bis auf den heutigen Tag zusammengesetzt hat.

Daneben treten gewisse Volksinstrumente, wie die Tonvasentrommel »darabukka« und die kupferne, einfellige Handpauke »ṭabl al-bāz«, die nur während des Ramadanmonats gespielt wird.

V. Die Neuzeit

Die Schichten des musikgeschichtlichen Werdegangs des Nillandes spiegeln sich noch heute mit seltener Klarheit in der Musik der Gegenwart. Ältestes Musikgut findet sich noch auf dem

Lande und unter den Nilschiffern oder ist zu Volksbrauch abgesunken, der islamische Kultgesang ist ebenso traditionsgebunden geblieben wie die Hymnen oberägyptischer Mönche, und in der städtischen Musik finden sich alle die Abstufungen, welche die historischen Ereignisse der ägyptischen Musikfolklore wie mit einem Stempel aufgedrückt haben.

Musikethnographisch gesehen, läßt sich die ägyptische neuzeitliche Musik folgendermaßen einteilen. Die Volksmusik auf der einen Seite umfaßt die Lieder der Fellachen, der Beduinen und der Oasenbewohner (zuweilen mit libyschen Beimischungen), wobei die geographischen Verhältnisse eine gewisse Rolle spielen. Die Musik der Deltabevölkerung hat andere Stilmerkmale als die Oberägyptens, der Sinaibeduine singt etwas anders als die Wüstenstämme der westlichen Wüste.

Die *städtische Kunstmusik* zeigt, wie das ihrem Werdegang nach nicht anders zu erwarten ist, noch heute deutlich *türkisch-persische Einflüsse*. Einheimische Orchester benutzen noch immer die traditionellen Instrumente, verschmähen es aber nicht, europäische Geigen, Violoncelli und Kontrabässe, auch Klarinetten, Oboen und Blechblasinstrumente mitspielen zu lassen. Andererseits besitzt das staatliche Konservatorium für Theatermusik ein symphonisches Orchester, das sich mit dem Einstudieren und der Aufführung rein europäischer Konzertprogramme abgibt.

Eine Sondergruppe bildet die religiöse Musik: der melodische Ruf des Muezzin, die melodische Koranrezitation und die vokale und instrumentale Musik der Sufi- oder Derwischorden.

Die musikalischen Strömungen der Gegenwart lassen deutlich drei Grundrichtungen erkennen: Eine konservative Gruppe möchte die arabische Musik so belassen, wie sie seit Jahrhunderten die künstlerische Äußerung der orientalischen Seele gewesen ist. Eine andere Gruppe strebt bedingungslose Europäisierung an und schließt sich besonders an den jungägyptischen Film an. Eine dritte Richtung hält die Mitte zwischen den Extremen. Ihr tätiger Förderer ist Maḥmūd Aḥmed al-Ḥefnŷ (*1896). Vom Unterrichtsministerium unterstützt, hat es diese Richtung sich zum Ziele gesetzt, in formaler und technischer Beziehung den Anschluß an den Okzident zu finden, ohne das Wesentliche der orientalischen Musik, ihren Stimmungsgehalt, aber auch ihre Leitern und Rhythmen, aufgeben zu wollen. Der Musikunterricht ist in allen Schulen obligatorisch. Die Richtlinien für diese Erneuerungsarbeit wurden 1932 festgelegt, anläßlich des Internationalen Musikkongresses in Kairo. Seit längerer Zeit existiert auch ein reiches europäisches Musikleben in Ägypten. Die königliche Oper, in der 1871 Giuseppe Verdis Oper ›Aida‹ uraufgeführt wurde, bringt regelmäßig die Meisterwerke der internationalen Opernliteratur (auswärtige Truppen, aber auch eine ägyptische staatliche Truppe, bringen diese Werke z.T. in den Originalsprachen, heute mehr und mehr in arabischen Übersetzungen). Die ›Société de musique d'Egypte‹ organisiert ferner solistische oder symphonische Konzerte, die ebenfalls viel zur musikalischen Bildung des ägyptischen Publikums beigetragen haben.

Das ägyptische Radio, jetzt unter staatlicher Kontrolle, bringt regelmäßige Sendungen arabischer Musik, hat aber eigene europäische Sektionen geschaffen, die an der Propagierung guter westlicher Musik mithelfen. Ein wichtiger Faktor im Musikleben Kairos ist letztlich die Musikgruppe ›Musica Viva‹ geworden. Indem sie ihren Ausgangspunkt von einer Studiengruppe musikwissenschaftlicher Prägung nahm, ist diese Organisation schnell zu einer Art musikalischer Volksakademie ausgewachsen, die heute schon mehrere hundert Mitglieder zählt und sich mit dem Studium aller theoretischen und praktischen Zweige der europäischen und der orientalischen Musik abgibt.

Die Komponisten Ägyptens haben sich endlich seit 1938 zu einer Sektion der ›Internationalen Gesellschaft für Neue Musik‹ zusammengeschlossen.

ALEXIS CHOTTIN
(Übersetzung aus dem Französischen, Bearbeitung und Zusammenfassung von Hans Hickmann)

Arabische Musik

I. Allgemeines. – II. Die rein arabische Periode. – III. Die Periode der Entwicklung bis ungefähr 830. – IV. Die Periode der Verbreitung. – V. Verbreitung der mohammedanischen Musik im christlichen Spanien. – VI. Die Periode der Konsolidierung. – VII. Die zeitgenössische Periode. – VIII. Zusammenfassung

I. Allgemeines

Unter arabischer Musik ist die des *islamischen Kulturkreises* zu verstehen. In vorislamischer Zeit bestand die Musik der Araber hauptsächlich aus Gesang. Dieser lebte nur im Zusammenhang mit der Poesie und dem Sprachakzent, eine Tatsache, die aus den Begriffen »kalām ul-jadd«, »kalām ul-hazl« (Rede der Anstrengung, Rede der Entspannung) hervorgeht, Begriffe, die sich genau so auf den geistigen Gehalt der poetischen Vorlage wie auf das Ethos der Melodie beziehen. Wenn der Charakter dieser Musik typisch »arabisch« geblieben ist, so ist dies dem Islam und seinen universalistischen Tendenzen zu verdanken. Ihnen ist die Assimilierung aller kulturellen Gegebenheiten der Völker geglückt, denen der Islam auf seinem Wege begegnete. Die arabische Musik, durch den Islam im ganzen Mittleren Osten und im westlichen Mittelmeerbecken verbreitet und entwickelt, erscheint daher als eine Art *Synthese aller musikalischen Ausdrucksmittel* der Länder, die von der *mohammedanischen Eroberung* betroffen worden sind, welche aber ihren Ursprung im Liede der arabischen Kameltreiber nicht verleugnet und den Einfluß der Sprache des Korans erkennen läßt. Zehn Jahrhunderte früher hatte das *griechische Altertum* eine ähnliche Synthese versucht, bedeutet doch die Benennung der verschiedenen melodischen Modi nichts anderes als eine Lokalisierung der bei den Dorern, Phrygern und Lydern erkannten musikalischen Gebräuche. Es handelt sich um die gleiche Erscheinung in der islamischen Kultur, welche sich ebenso in der Musik wie in der Medizin und der Astrologie um die griechischen, persischen und chaldäischen Beiträge bereichert, ja sogar gewisse afrikanische Überlieferungen in sich aufgenommen hat. In der Musik wie in den bildenden Kunst läßt sich daher die Tendenz erkennen, zu einer *Verschmelzung der westlichen Gedankenwelt mit östlichem Empfinden* zu gelangen, um auf diese Art, lange vor der Renaissance, die Verbindung zwischen griechischem Altertum und romanischem Mittelalter herzustellen.

II. Die rein arabische Periode

Die Musik der arabischen Halbinsel war ursprünglich eine *Volkskunst*. Im Munde des Barden wurde das gesungene Wort zum *magischen Spruch*, zu einer gefährlichen Waffe im Kriege. Es ist leicht, sich die Bedeutung des musikalischen Rhythmus vorzustellen, der vorerst einfache Betonung des gesprochenen Rhythmus war. Der arabische Vers benutzte zunächst die kadenzierten Formen der grammatikalischen Funktionen; »duff«, die flache, viereckige und doppelt bespannte Handtrommel, gibt ausgezeichnet die Sprachakzente wieder. Die primitiven Rhythmen hatte der Beduine dem Kamelschritt und dem Pferdegalopp abgelauscht. Diese Grundrhythmen finden sich im »ḥidā« und »khabab« wieder. Der Gesang der arabischen Beduinen aus jener Zeit hatte einen geringen Umfang. Al-Fārābī gibt darüber wertvolle Auskünfte, wenn er von den »heidnischen« (= vorislamischen) Bundeinteilungen des »ṭunbur« (eine Art Laute) spricht. Danach wurde eine Moll-Terz in sechs verschiedene Töne unterteilt. Die musikalischen Formen waren von der Poesie beeinflußt, und diese spiegelte das Leben der Wüstenbewohner wider.

III. Die Periode der Entwicklung bis ungefähr 830

Am Ende des Wahl-Kalifats ergriffen die Omajjaden 661 die Macht und begründeten eine Dynastie, um den Erbfolge-Streitigkeiten ein Ende zu machen. Die neuen Kalifen verlegten den Sitz des sich entwickelnden Reiches nach Syrien und errichteten ihre Hauptstadt in Damaskus. Zu dieser Zeit bildete sich die Kunst der *klanglichen Verbindungen* heraus, der ursprüngliche arabische Gesang bereicherte sich, ein neuer Stil war im Begriff, sich zu entwickeln, und originale Werke entstanden. Die Veränderungen, welche die arabische Musik um diese Zeit durchmachte, waren besonders rhythmischer Natur, aber auch die Wahl der Tonarten wurde nun mannigfaltiger, je weiter sich die Macht der Araber im Mittleren Osten ausbreitete. Dabei hatte die arabische Musik nicht den Zusammenhang mit der Dichtung aufgegeben. Zu den ersten namhaften Künstlern gehören ʿIsā ben ʿAbdallah, genannt Ṭowais (kleiner Pfau), und vor allem Ibn Mussayih. Angeblich fanden beide zu einer neuen, erweiterten Musikauffassung, als sie die Gesänge ausländischer Maurer bei den Bauarbeiten am neuen Kaaba-Heiligtum in Mekka gehört hatten. Ibn Mussayih, ein Neger (genau so wie Bilāl, der erste Muezzin des Islams), reiste nach Syrien und Persien, nachdem er so mit ausländischer Musik in Berührung gekommen war. Er kehrte von dieser Reise mit einem neuen, persönlichen Stil zurück, und hat anscheinend bei der griechischen und persischen Musik Anleihen gemacht. So baute er ein neues Gesangssystem auf, das sich alle Künstler beeilten anzunehmen. Er war einer der ersten arabischen Musiktheoretiker und auch als Komponist bekannt. Er sprengte als erster die Schranke der Oktavbegrenzung, eine viel kühnere Neuerung, als es auf den ersten Blick den Anschein haben mag, bewegt sich der arabische Gesang doch ursprünglich in einem engen Tonraum. Andererseits weiß man aus zeitgenössischen Quellen, daß der *melodische Stil* sich um diese Zeit verfeinerte, künstlerische Wirkungen erstrebte und dem Ohr gefallen wollte, statt nur den dichterischen Text auszugestalten. Zu den Gründern dieser neuen Schule gehörte auch ein Künstler persischen Ursprungs, Muslim Ibn Muḥriz, Sohn eines Freigelassenen der Familie des Abū al-Khattab. Muslim war zunächst Schüler des Ibn Mussayih und setzte dann, wie sein Meister, seine Studien in Syrien und Persien fort. Er erfand einen neuen Rhythmus, den »ramal«. Seine bedeutendste Neuerung jedoch bestand darin, daß er den Rahmen des klassischen Verses sprengte, welcher bis dahin der Musik als Modell diente. Dank seiner Neuerung erhielt die musikalische Linie reichere, rein musikalische Elemente. So brachte die Reform des Ibn Muḥriz die Bildung der vierteiligen Strophe mit sich, die späterhin für die lyrische andalusische Poesie wie für deren melodischen Stil so wichtig wurde. Es ist heute noch möglich, den Sinn dieser Neuerung zu erfassen, wenn man in Kairo oder Fès in den Koran-Schulen zuhören kann, wie die poetischen Lehrstücke zu Ehren des Propheten psalmodiert werden. Diese Rezitationen haben ihren ursprünglichen, urarabischen Charakter bewahrt. Sie sind einfach und streng, rein metrisch, ohne irgendwelche Melismen oder ähnliche Verzierungen. Hört man im Gegensatz dazu eine Strophe andalusischer Musik, eine »muwaschaḥ« oder etwa ein türkisches »semai«, so kann man die Bedeutung einer Wandlung erfassen, von deren Wichtigkeit die arabischen Theoretiker immer wieder sprechen.

Mit der Zeit wurden die Künstler zahlreicher und bildeten Schulen. Ibn Muḥriz unterrichtete zahlreiche Schüler; Djemîla, eine Frau, gründete einen Chor von fünfzig jungen Mädchen; die Virtuosen Ibn Suraidj, Maʿbed und Malik gehören auch zu diesen

Neuerern. Ihr Name ist erhalten, von ihrem Werk kennt man jedoch nichts mehr.

Der Regierungsantritt einer neuen Dynastie, der Abbasiden, 750 brachte das Übergewicht des persischen gegenüber dem griechischen Einfluß mit sich. Ein wichtiges Datum war die Gründung der Stadt Baghdad, der zukünftigen prunkvollen Hauptstadt der großen Kalifen des Islam (762). Musik, bildende Kunst und Architektur erlebten einen ungeheuren Aufschwung, vor allem im Sinne der *linearen Dekoration*. Eine Musikerfamilie machte um diese Zeit viel von sich reden, gab sie doch dem Hofe des Kalifen seine besten Musiker. Ihre bedeutendsten Mitglieder waren Ibrāhīm al-Mauṣilī (742–804), sein Sohn Isḥāq (767–850) und Manṣūr Zalzal (gestorben 791), Ibrāhīms Schwager; der letztere war der Erfinder einer Art Laute von länglicher Form und ein bekannter Theoretiker, dessen Name in einer bekannten Lautenligatur bis heute weiterlebt. Die ausübenden Künstler waren oft gleichzeitig Instrumentenbauer, Komponisten und Lehrer. Die Musik war nicht mehr reine Dekoration, sie wurde zu einer *Wissenschaft*, zu einer *Philosophie*, welche den griechischen Einfluß klar erkennen ließ. Bereits Isḥāq faßte die Regeln zusammen, brachte sie in Einklang mit seinen eigenen Beobachtungen und stellte für sich selbst einen Teil der Euklidischen Theorie wieder her, ohne je einen griechischen Schriftsteller gelesen zu haben. Von der Theorie ging er zur Praxis über und beschrieb genau die Verfahren, die er anwandte, um in dieser oder jener Tonart zu spielen. Sein Stil ist nicht unbekannt; angeblich begannen seine Werke mit einer hohen Note, die Melodie entwickelte sich in langsam ansteigenden Intervallen, wechselnden Bewegungslinien, welche nach zeitgenössischen Berichten »die Vollkommenheit der Kunst ausmachen«. Man erkennt hier bereits den traditionellen Stil der orientalischen Musiker, wie er sich heute noch in den instrumentalen Improvisationen (»taqsīm«) und in den vokalen »mawāl« widerspiegelt. In dieser Zeit intensiver Entwicklung wurde aus dem schlichten Gesang der Wüstenbewohner eine hochentwickelte Kunst, deren hauptsächliche Eigenheiten folgendermaßen zusammengefaßt werden können: Die Tonleiter wurde auf zwei Oktaven erweitert, und zwar auf diatonischer Basis (kombinierter griechischer und persischer Einfluß). Die neuen Erwerbungen wurden den Forderungen der arabischen Metrik angepaßt, die Gattungen je nach den vier grundlegenden Rhythmen in »hazaj«, »ramal«, erster »thaqīl«, zweiter »thaqīl« eingeteilt, zu denen sich noch der »makhūri«, eine Variante des zweiten Thaqīl, gesellte. Dazu kam, daß *die Idee des musikalischen Ausdrucks*, ein neuer und bis dahin unbekannter Begriff, zum ersten Male formuliert wurde. Der Versuch einer primitiven Harmonisierung, der bald wieder aufgegeben wurde, beweist eine erstaunliche Intuition bei den arabischen Musikern.

Die Rolle der Musik am Hofe der Kalifen beschränkte sich nicht mehr auf gelegentliche Unterhaltung; die Musik wurde vielmehr zu einem *ständigen Bestandteil des Zeremoniells*. Im Laufe der Zeremonien oder offiziellen Empfänge mußten die Künstler nacheinander auftreten; daher stammt der Ausdruck »nauba« oder »nûba«, dessen ursprüngliche Bedeutung (Runde) sich bald auf eine Truppe von Ausführenden, später auf die Folge der von einem Orchester gespielten Stücke (Suite) und endlich auf ein Ensemblestück bezog, welches den festgelegten Regeln folgte. Obwohl die Instrumente sich im wesentlichen nicht veränderten, paßten sie sich doch dem stilistischen Fortschritt und der Erweiterung der Tonleiter an. So weist die Laute, das Hauptinstrument der arabischen Musik, Spuren dieser Wandlung auf. Es wurde bereits oben erwähnt, wie Ibn Mussayih vorging, um griechische und persische Elemente aufzunehmen. Als er das »Vollständige System« der Antike auf die Laute übertragen wollte, kombinierte er die Eigenschaften des persischen »barbaṭ« und des altarabischen »mizhar«. Daraus entstand der »ʿūd«, aus dem sich dann die Laute entwickelte, deren äußere Saiten persische Namen haben (»bam«, »zir«), während die beiden mittleren mit arabischen Ausdrücken benannt werden (»mathna«, »mathlath«). Die Stimmung dieses neuen Instruments, in aufeinanderfolgenden Quarten, unterscheidet sich wesentlich von der modernen Stimmung.

Neben der Laute gab es andere Instrumente. Der Ṭunbur ist eine Art Laute mit zwei Saiten und sehr langem Hals; er ist persischen Ursprungs. Sein Spiel galt als besonders ausdrucksvoll. Der »miʿzaf« ist eine Art Harfe oder Zither mit 12 Saiten. Die Schilfrohrflöte, bisher ein Hirteninstrument, wurde nunmehr zum Begleitinstrument des berühmten Sängers Syyāt und blieb von nun an in der arabischen Kunstmusik. Der Rhythmus wurde vom Duff, dem flachen, viereckigen Tamburin, gespielt.

Der Schule von Damaskus folgte die von Baghdad. Das Palast-Orchester, hinter einem geschmückten Vorhang (»sitāra«) sitzend, war bei allen Festlichkeiten zugegen. Allmählich bezog sich der Ausdruck »sitāra« auf die Musiker selbst und gewann damit dieselbe Bedeutung wie der deutsche Begriff »Kapelle«.

IV. Die Periode der Verbreitung

Auf der Höhe ihrer Macht trug diese junge Kultur bereits den Keim ihres Verfalls in sich. Von Damaskus verjagt, flüchteten die

Omajjaden in der Mitte des 8. Jahrhunderts nach dem Westen und machten Córdoba zu ihrem Zentrum. Die Folge dieser politischen Zwistigkeiten war eine Art *kultureller Wettstreit*, es entwickelten sich verschiedenartig eingestellte Schulen mit eigenen künstlerischen Tendenzen. Aber auch in Baghdad selbst spaltete sich das Musikleben, ähnlich wie heute im modernen Orient, in mehrere Richtungen, die des *klassischen, traditionsgetreuen Stils* und die einer *freieren, unabhängigen Schule*. An der Spitze der letzteren stand Ibrāhīm, der Bruder Hārūn ar-Raschīds. Selbst am Hofe waren die Einflüsse dieser beiden Schulen fühlbar. Jede hatte ihre eigenen Solisten: In Samarra die klassische »ʿuraïb«, deren »ʿuraibiya« um den Vorrang mit der romantischen Künstlerin Schāriya kämpfte, die ihrerseits von ihrer Gefolgschaft, den »scharawiya«, umgeben war. Die Bemühungen um eine Synthese scheiterten an der ethnischen Mannigfaltigkeit der mohammedanischen Völker. Selbst der arabischen Sprache ist es nicht gelungen, gewisse folkloristische Eigenheiten auszugleichen.

Al-Kindī, Al-Fārābī, Ibn Sīnā (Avicenna), die Gruppe der »aufrichtigen Brüder«, alle bemühten sich um die wissenschaftliche Erfassung der mohammedanischen Kultur. Sie gingen zwar bewußt auf altarabische Gegebenheiten zurück, erstrebten aber gleichzeitig eine gewisse Universàlität. Sie waren vor allem Philosophen, Enzyklopädisten, welche die *Musik im Zusammenhang mit dem Weltall* betrachteten und in der Welt der Töne nach den Naturgesetzen forschten. In diesem Sinne waren sie die unmittelbaren Erben der griechischen Philosophen. Allerdings war es den letzteren nicht gelungen, die Einheit der Lehre herzustellen. Man findet in ihren Schriften zwei allgemeine Richtungen, denen man auch bei den arabischen Philosophen begegnet. So betrachtet Pythagoras Harmonie und Astronomie als zwei verwandte Wissenschaften, und Aristoteles unterscheidet streng zwischen musikalisch-akustischen und metaphysischen Dingen. Für Plato dagegen sind alle Figuren der Geometrie, die Zahlenverbindungen, die harmonischen Systeme und die Bewegungen der Gestirne in einem engen Verhältnis miteinander verbunden. Ähnliche Gegensätze finden sich nun auch in der arabischen Theorie. So vertrat Al-Fārābī die naturwissenschaftliche Richtung; sein ›Kitāb al-mūsīqī al-kabīr‹ ist mehr eine akustische Abhandlung als eine Musiktheorie. Mystisch-metaphysische Tendenzen vertrat dagegen Al-Kindī, welcher sich bemühte, auf gewissen Analogien ein logisches und zusammenhängendes Musiksystem aufzubauen. Die arabischen Musiktheoretiker übernahmen nun mehrere Elemente des griechischen Musiksystems. Die griechische Theorie unterscheidet die konsonanten und die dissonanten Intervalle. Während die abendländische Melodik auf der Oktave aufgebaut ist, stellt das Tetrachord die Keimzelle aller griechischen Leitern dar. Die beiden äußeren Töne des Tetrachords werden »feststehende Töne« genannt, die beiden mittleren sind »bewegliche Töne«. Von den letzteren hängt der Charakter des Tongeschlechts ab, welches diatonisch, chromatisch oder enharmonisch sein kann. Die Ausdrucksmöglichkeiten der Quarte sind jedoch durch diese drei grundlegenden Geschlechter der melodischen Fortschreitungen keineswegs erschöpft. Innerhalb jedes Geschlechtes können sich die beweglichen Töne durch infinitesimale Bruchteile einer Saite verändern. Die pythagoräische Schule machte es sich zur Aufgabe, mit Hilfe des Monochords diese Varianten wissenschaftlich festzulegen. Nachdem sie die vier *feststehenden Töne* des griechischen Oktochords bestimmt hatte, entdeckte sie das *harmonische Zahlenverhältnis zwischen diesen Tönen* (6–8–9–12), welches die Oktave ($12/6 = 2/1$), die reine Quinte ($9/6 = 3/2$), die reine Quarte ($8/6 = 4/3$), die große Terz ($5/4$), die kleine Terz ($6/5$) und den Ganzton ($9/8$) enthält. Nachdem sie die besondere Beschaffenheit dieser Verhältnisse beobachtet hatte, welche sich formelmäßig durch $\frac{n+1}{n}$ ausdrücken lassen, wandte sie sich vom rein akustischen Problem ab, um sich weitgehenden Spekulationen über die *Variierungsmöglichkeiten der beweglichen Töne* hinzugeben. Jeder Philosoph schlug, je nach seinen eigenen Neigungen, seine eigene Formel vor. Die sich ergebenden Systeme lassen sich nun jeweils in der heutigen orientalischen Musik, z.B. in der ägyptischen Musik, wiederfinden. Die beiden Intervalle 10/9 und 11/10, miteinander multipliziert, ergeben das Verhältnis 11/9, das einem Intervall zwischen der großen Terz 5/4 und der kleinen Terz 6/5 entspricht. Man erhält somit einen bestimmten Terzschritt, ein Intervall, welches noch auf dem Kongreß in Kairo (1932) Anlaß zu leidenschaftlichen Auseinandersetzungen gegeben hat. In diesem Zusammenhang muß man daran denken, daß Ptolemäus gewiß ägyptischer Abkunft war. Dadurch, daß die griechischen Theoretiker nun diese Varianten in die drei ursprünglichen Geschlechter einführten, gelang es ihnen, etwa 15 verschiedene Quarten zu bilden, welche sie paarweise zusammenfügten. Von nun an konnte die Fortsetzung dieser Prinzipien eine fast unendliche Zahl von Möglichkeiten ergeben. Die Praxis bevorzugte jedoch die *7 diatonischen grundlegenden Oktavgattungen*, jede mit ihrem eigenen *Ethos*, d.h. ihrer eigenen physiologischen und moralischen Wirkung. Was die *Rhythmik* anbelangt, kamen die Griechen, von der poetischen Metrik ausgehend, schnell zum Begriff des Taktes, dank der Anwendung von Hebung (»arsis«) und Senkung (»thesis«), so daß heute ihre verschiedenen rhythmischen Formeln ziemlich genau festgelegt und mit den heutigen Taktarten in Zusammenhang gebracht werden können. Al-Kindī nahm nun die metaphysischen Gedankengänge der Neuplatoniker in arabischer Umformung wieder auf, mit dem Unterschiede, daß die Laute das Monochord ersetzte. Al-Fārābī weitete dagegen das mathematisch gefügte System des Aristoteles bis zu seinen äußersten Grenzen aus, indem er wiederum auf die Laute Bezug nahm. Jedoch begegnet nunmehr ein neuer Begriff, der für die Folgezeit von großer Bedeutung geworden ist. Wie schon erwähnt, betrachteten die Griechen die Tonleiter als eine absteigende Folge von Tönen, während sie bei den Arabern als eine aufsteigende Linie aufgefaßt wird. Daraus ergibt sich eine völlige Umkehrung der *Theorie von den Tongeschlechtern* bzw. der jeweiligen Stellung der Stufen. Im chromatischen Tongeschlecht macht sich dieser Umbruch besonders fühlbar. Bei den Griechen finden sich die kleinen Intervalle vor allem im unteren Abschnitt der Quarte; bei den Arabern werden jedoch die kleinen Intervalle auf beiden Seiten den unbeweglichen Tönen angenähert, wodurch das größte Intervall in die Mitte gerät. Diese Erscheinung nennt man die »orientalische Chromatik«. Nichtsdestoweniger bildet das Studium der diatonischen Leiter nach wie vor die Grundlage der arabischen Theorie. Ausgehend vom »Vollständigen System«, stellt Al-Fārābī die zwei Gruppen der starken und schwachen Geschlechter auf. Innerhalb einer einzigen Oktave zusammengeschlossen und in moderner Notation aufgezeichnet, ergibt sich daraus folgendes Bild, wenn man *g* als Ausgangston nimmt:

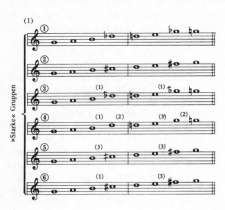

138

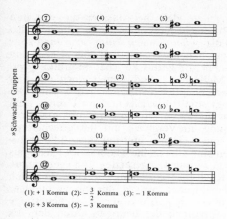

»Schwache« Gruppen

(1): + 1 Komma (2): $-\frac{3}{2}$ Komma (3): − 1 Komma

(4): + 3 Komma (5): − 3 Komma

Unter Berücksichtigung der Intervallumkehrung kann man zwischen diesen Gruppen und den griechischen Geschlechtern folgende Vergleichspunkte aufstellen: Nr. 1 entspricht der Diatonik des Didymos, dargestellt durch die Verhältnisse 9/8 × 10/9 × 16/15 (oder erste »harte« Diatonik des Ptolemäus: 10/9 × 9/8 × 16/15). Dies ist wohl die Urform der modernen abendländischen Tonleiter. Nr. 2 entspricht der Diatonik des Eratosthenes: 9/8 × 9/8 × 256/243, Nr. 3 der Diatonik des Archytas: 8/7 × 9/8 × 28/27. Nr. 4: 8/7 × 8/7 × 49/48 ist den Griechen unbekannt und wahrscheinlich rein theoretisch. Nr. 5 hingegen, worin sich die Diatonik des Ptolemäus: 10/9 × 11/10 × 12/11 wiederfindet, entspricht der heutigen arabischen Leiter der vorderorientalischen Völker. Die marokkanische Musik dagegen kennt nur die im obigen Beispiel aufgeführten Leitern 1 und 2. Nr. 6 endlich entspricht der »weichen« Diatonik des Ptolemäus. In der zweiten Gruppe (7–12) begegnen bestimmte enharmonische und chromatische griechische Tongeschlechter. Al-Fārābī gibt hinsichtlich der beiden ersten Gruppen einen wertvollen Hinweis durch seine Bemerkung, daß sie sich besonders gut zum Lautenspiel eigneten (besonders Nr. 2). Nr. 3 und 4 dagegen seien vor allem in Baghdad für das Ṭunbur-Spiel benutzt worden. Die Laute war also damals der Inbegriff eines diatonischen Instruments. Avicenna zählt 16 Geschlechter auf, von denen 7 »stark« und 9 »weich« sind. Die Intervalle dieser Geschlechter können auf drei verschiedene Arten verteilt werden, so daß sich 48 Kombinationen ergeben. Es scheint, als ob Avicenna auf der Theorie des Ptolemäus aufbaute, welche ihm durch den Kommentator Porphyrius bekannt geworden sein mag. Bereits zur Zeit des Ptolemäus (2. Jahrhundert n. Chr.) gab es jedoch keine enharmonischen Geschlechter mehr, und Avicenna muß zugeben, daß die Musiker die von ihm beschriebenen kleinen Intervalle verwechseln. Es scheinen also praktisch nur noch die *diatonischen und chromatischen Geschlechter* existiert zu haben. In rhythmischer Beziehung unterscheidet sich nun aber die arabische Theorie grundlegend von der griechischen. Maßgebend sind immer noch die *fünf Grundrhythmen* der Beduinen der vorislamischen Musik. Die arabische Musik verdankt somit ihre Eigenart im Grunde dem arabischen Sprachakzent und nimmt in diesem Punkt von vornherein eine Sonderstellung im Vergleich mit der griechischen Theorie ein. Al-Fārābī und Avicenna und mit ihnen alle arabischen Theoretiker stellen eine allgemeine Theorie des Rhythmus (»īqāʿ«) auf, welche sie in »zusammengesetzte« und »getrennte« bzw. »unterbrochene« Rhythmen einteilen. Die ersteren gehen auf den Hazaj der alten Araber zurück, der ein zweiteiliger Marschrhythmus gewesen sein mag. Die zweite Rhythmengruppe führt zur verwickelten Rhythmik der heutigen Orientalen. Es handelt sich dabei oft um eine langwierige und künstliche Nebeneinanderstellung verhältnismäßig einfacher rhythmischer Motive, welche Perioden (»dōr«) von beträchtlicher Länge bilden und häufig einen größeren melodischen Komplex umfassen. Es sind also weniger Rhythmen im wahren Sinne des Wortes als vielmehr *rhythmische Perioden*, ein Element, das wohl byzantinischem Einfluß zu verdanken ist, denn die alten Araber beschränkten sich auf einfache Rhythmen.

Es ging im wesentlichen darum, im Vorhergehenden die beiden Hauptrichtungen zu bestimmen, die der Schule von Baghdad im Osten und der von Córdoba im Westen zugrunde liegen. In letzteren Zentrum sind es besonders der berühmte Musiktheoretiker Ziryāb (gestorben um 845) und seine Schule, welche für die arabische Musik und ihre Entwicklung im Mittelalter von besonderer Bedeutung geworden sind. Ziryāb, dessen wirklicher Name Abū al-Hassan ʿAlȳ ben Nāfiʿ war, studierte in Baghdad bei Isḥāq al-Mauṣilī. Letzterer, auf das wachsende Talent seines Schülers eifersüchtig, entfernte ihn vom Hofe des Hārūn ar-Raschīd. Ziryāb ging nach Andalusien, wo ihn Kalif ʿAbd ar-Raḥmān II., Sohn des Al-Ḥakam im Jahre 822 großzügig empfing. Nach und nach wurde er zum Ratgeber des omajjadischen Kalifen und tonangebend in musikalischen Dingen. Er ist gleichzeitig als Sänger, Dichter und Komponist durch seine gründliche wissenschaftliche und literarische Bildung bekannt geworden. Merkwürdig sind seine Ideen über *therapeutische Eigenschaften der Musik*, welche zur Grundlage seiner in den 24 Naubas niedergelegten Theorie wurden. Die Laute hatte vier Saiten; Ziryāb fügte ihnen eine fünfte zu, nicht etwa um den Umfang des Instruments zu erweitern, sondern aus außermusikalischen Gründen. Die vier

Saiten der Laute entsprechen vier menschlichen Temperamenten, die gelbe Saite Zir der Galle, die zweite, rote Saite dem Blut, die dritte, weiße dem Phlegma, die vierte, schwarze, Bam, der Melancholie. Das Gleichgewicht zwischen ihnen wird folgendermaßen hergestellt: Die Saite Bam, warm und trocken, steht der warmen aber feuchten Mathna gegenüber und wird nach ihr eingestimmt. Die kalte und trockene Zir steht der kalten aber feuchten Mathlath gegenüber. Man hatte jedoch »die Seele vergessen, und wir wissen, daß die Seele im Blute wohnt«. Deshalb fügte Ziryāb inmitten dieser Saiten eine fünfte, die ebenfalls rote Saite »der Seele« hinzu. Auf diesen Theorien baute nun Ziryāb sein Musiksystem auf, in Form eines »Baumes der Tonart«. Um die Tonart bzw. den Melodietypus zu bezeichnen, benutzt der Orient den Ausdruck »maqām«, welcher sich auf die Stufe des Grundtones bezieht. In Andalusien verwendet man dagegen einen Ausdruck, welcher das Verhältnis des Menschen zu den anderen Lebewesen und den Dingen umfaßt (»ṭabaʿ«). Der Unterschied zwischen den beiden Schulen kommt am besten in der Wahl dieser beiden Begriffe zum Ausdruck. Während der erstere ein technisches Phänomen bezeichnet, ist der zweite aus der zeitgenössischen Philosophie entnommen. Das Wirken Ziryābs ist vor allem aber auf dem Gebiet der musikalischen Form von ausschlaggebender Bedeutung geworden. Die Anordnung der Nauba, wie sie noch heute bekannt ist, wurde an einer Stelle bei Al-Maqqarī beschrieben: »In Andalusien beginnt man ein Konzert mit einem naschīd [Rezitativ], welches auf einen beliebigen Rhythmus gesungen wird. Danach folgt ein langsamer Teil und die Veranstaltung endet mit zwei beschwingten Sätzen, laut den von Ziryāb festgelegten Regeln.«

Die Fürsten des Hofes von Córdoba sind in der Folgezeit nicht alle in derselben Weise für die Musikpflege eingetreten. Manche unter ihnen, wie z.B. der strenge ʿAbdallah oder Al-Ḥakam II., neigten der kunstfeindlichen Orthodoxie zu. Andere wieder, wie El-Manṣūr, waren große Musikliebhaber. El-Mahdī knüpfte sogar vorübergehend mit seinen Orchestern von hundert Lauten und hundert Flöten an die altpersische Tradition an.

In Sevilla hielt Ibrāhīm ben Haggāg el-Lakhmi Hof, umgeben von Dichtern und von seiner Sitāra, d.h. seinen Sängerinnen, unter denen sich die berühmte Qamar von Baghdad befand. Der junge Fürst Al-Moʿtamid führte einen Feldzug gegen den Herrscher von Granada, aber auf halbem Wege zersplitterte seine Armee, während er und seine Offiziere es vorzogen, sich von Musikerinnen unterhalten zu lassen. Die berühmtesten Sänger kamen aus Sevilla, wie z.B. Abū Bakr. Dort befand sich auch das Zentrum für den Bau der damals gebräuchlichen Musikinstrumente (Laute, Rebāb, Qanūn). Unter dem Kalifen El-Manṣūr

Ja'qūb entstand die Redensart: »Wenn in Sevilla ein Gelehrter stirbt, so schickt man seine Bücher nach Córdoba, um sie zu verkaufen. Wenn in Córdoba ein Musiker stirbt, so verkauft man seine Instrumente in Sevilla.«

Die politische Lage brachte es mit sich, daß sich mehrere Kulturzentren bildeten, welche der andalusischen Musik reiche Entwicklungsmöglichkeiten schufen und deren mannigfaltige Dialekte zur Folge hatten. Die Musik wurde sogar zur Volkskunst, während sie in Baghdad immer mehr oder weniger das Vorrecht einer Elite und eine Solisten- und Virtuosenkunst geblieben war. Diese Tendenz brachte nunmehr im Westen eine neue, typisch spanische, *lyrische Kunst* hervor. Unter dem Einfluß des volkstümlichen Refrain-Liedes übernahm die arabische Dichtkunst verschiedene neue, strophische Formen, welche der Ode und der Ballade der Renaissance ähneln (»muwaschaḥ« und »zajal«). Mit diesen beiden Formen veränderte sich auch die *musikalische Metrik* grundlegend. Die alte Ballade der Araber war auf einer langen Reihe von Versen gleicher Struktur und gleicher Länge aufgebaut. Infolgedessen war die melodische Phrase, welche sich auf einen einzelnen Vers beschränkte und unverändert häufig wiederholt wurde, sehr beengt. Bei der Berührung mit den Persern und Byzantinern hatte sich diese Einförmigkeit etwas belebt, besonders unter dem Einfluß des Ibn Muḥriz. Letzterer erweiterte, nach dem Vorbild der persischen »rubāyia«, die musikalische Phrase auf zwei Verse. Damit entstand eine Form a a b a. Dieses klassische Schema der antiken Deklamation, auf welchem auch die homerische Rezitation aufgebaut war, existiert noch heute in der arabischen Musik.

So bildeten sich die *Rezitations- und Deklamationsarten*, wie sie in den Koran- und Innungsschulen verbreitet waren und der Skandierung der Unterrichtsdichtungen und der Lobpreisungen auf den Propheten und die Heiligen dienten. Die primitive Form hat zwei Variationen gezeitigt, je nachdem ob sie verziert durch einen Virtuosen (persische Schule) oder durch alternierende Chor- und Solistengruppen vorgetragen wurde (andalusische Schule). Die letztere Art war auf den Einfluß des volkstümlichen Refrain-Liedes zurückzuführen. *Muwaschaḥ* und *Zajal* beruhten im wesentlichen auf den soeben angedeuteten metrischen Varianten, was auch ihrem volkstümlichen und vokalen Charakter entsprach. Beide gründeten sich auf quantitative Silbenmessung. Die Muwaschaḥ, vor allem von den Dichtern am Hofe gepflegt, folgte mehr den ursprünglichen Versmaßen, wie z.B. dem Ramal, während der Zajal gewissermaßen die volkstümliche Abart der Muwaschaḥ war. Der Zajal wurde im andalusischen Dialekt verfaßt, welcher im allgemeinen die Endungen der klassischen Grammatik vernachlässigt. Jedem Vers des Reims entsprach eine andere melodische Phrase; hieraus ergab sich eine wirkliche Entwicklung im modernen instrumentalen Sinne, und so erklärt sich die entscheidende Rolle des Orchesters und der Vokalisen in dieser Musik, die an und für sich ursprünglich vollständig von der Dichtung abhängig gewesen war. Nach Ibn Khaldūn hat ʿObada al-Qazzaz (11. Jahrhundert) die Muwaschaḥ erfunden. Der Zajal wurde besonders durch den volkstümlichen Dichter und Troubadour Ibn Guzmān (12. Jahrhundert) verbreitet. Ibn Guzmān erfreute sich sogar einer so großen Beliebtheit, daß seine Werke drei Monate nach ihrem Bekanntwerden bereits im Irak gesungen wurden. Auch Ibn Saʿīd bestätigt, daß die Azjāl des Ibn Guzmān in Baghdad noch mehr Erfolg hatten als in Andalusien selbst. Diese Rückkehr der arabischen Musik zu ihrem Ursprungsland, diese *Erneuerung des Ostens vom Westen* her, ist eine der sonderbarsten Erscheinungen in der arabischen Musikgeschichte. So hat denn auch die andalusische Musik diejenige des Maghreb beeinflußt. Schon zu Beginn des 10. Jahrhunderts hatte Munis el-Baghdādi in Kairuan eine Schule wesentlich persischen Geschmacks gegründet, und Abu' ṣ-Ṣalt Umayya (geboren 1068) führte den neuen Stil in Mahdia ein. Marokko und Algerien waren dem Einfluß aus Syrien und dem Irak in der Tat viel weniger zugänglich als Tunesien. Vom 13. Jahrhundert an belieferte Spanien allein die afrikanischen Provinzen. In regelmäßigen Abständen gründeten die von der Iberischen Halbinsel verjagten Mauren in den Orten des berberischen Afrika Kulturzentren, in welchen die künstlerischen Traditionen der andalusischen Städte fortlebten. Die erste *Reconquista*, von Ferdinand III. von Kastilien unternommen, verursachte, zusammen mit dem Falle Córdobas (1236), die Auswanderung von 50 000 Mohammedanern nach Tlemcen; die Eroberung von Sevilla (1248) brachte einen weiteren Rückzug nach Granada und Afrika mit sich, und als Folge der Eroberung von Valencia flohen 200 000 Mohammedaner nach Granada und Fès. Vor der endgültigen Reconquista sind jedenfalls zwei ungewöhnlich fruchtbare Jahrhunderte zu verzeichnen. Die andalusische Musik war das Ergebnis dieses Zeitalters, Resultat der mannigfaltigen musikalischen Einflüsse, welche sich von Osten nach Westen und umgekehrt durchkreuzten und befruchteten. Nach dem Feldzug, welchem Ferdinand von Aragon die ganze Südküste von Almeria bis Cadiz verdankte (1485–1489), übernahm Tetuán die Überlieferung dieser maurisch-arabischen Musikkultur. Nachdem der unglückselige Abū-ʿAbdallah Granada den katholischen Königen übergeben hatte, wurde Fès zum Haupttreffpunkt der andalusischen Flüchtlinge. Diese ständigen Rückzüge, von Sevilla nach Tunis (10. und 12. Jahrhundert), später von Córdoba nach Tlemcen und von Valencia nach Fès (12. Jahrhundert), endlich von Granada nach

Tetuán und Fès (15. Jahrhundert), erklären die Unterschiede im Bau und im Stil, wie man sie zwischen den Naubas von Tunis, von Algier-Tlemcen und von Fès-Tetuán feststellen kann. So gab es *drei bzw. vier verschiedene Musikdialekte*, deren Varianten im reziproken Verhältnis zur Entfernung von ihren Herkunftsorten standen; die tunesische Schule war gewiß dem sevillanischen, die algerische dem córdobanischen Einfluß zu verdanken, während Fès und Tetuán stilistisch den ehemaligen Musikzentren von Valencia und Granada nahestanden. Einige Namen berühmter Musiker und Theoretiker sind aus dieser Zeit erhalten geblieben: Abū Bakr (Saragossa-Aragon); Ibn Khariq und Ibn Zai al-Ḥaddād (Valencia); Ibn el-Faḍel, Ibn Naji, der Neger Mahlaf. In Córdoba wirkten der Komponist Moḥammed ben Khaira sowie Aḥmed ben Qadim, in Beja Ibn Qajat, in Badajoz El-Qamit. Sevilla hat eine ganze Reihe von bekannten Musikernamen aufzuweisen; ʿAli ben Jaahdar, Abū Bakr al-Hassar, Obaid Allah ben Jaʿfar, Abū Bakr Sabūni, der Philosoph Ibn Ḥabīb al-Qaṣrī und Abū Bakr ben Sarīm sind die bekanntesten. In Granada wirkte Abū al-Hossēn ʿAli ben al-Ḥamra als Komponist, Virtuose und Theoretiker. Isḥāq ben Simeon, ein jüdischer Musiker aus Córdoba, war vor allem ein ausgezeichneter Improvisator auf der Laute, während man von Yaḥyā ben ʿAbdallah weiß, daß er die Orchestration durch die Anwendung von Blechblasinstrumenten zu erneuern versuchte. So forderte er den »bōq« (gerade Trompete) zur Begleitung gewisser Kompositionen. Der berühmteste Komponist jedoch war der Philosoph Avenpace (Ibn Bāǧǧa; um 1090–1138), gleichzeitig Theoretiker, Sänger und Lautenspieler. Sein Sammelwerk ›Kitāb al-mūsīqī‹ (Buch über Musik) ist zu seiner Zeit dem des Al-Fārābī gleichgestellt worden.

V. Verbreitung der mohammedanischen Musik im christlichen Spanien

Alle Berichte der Reconquista erwähnen musikalische Veranstaltungen, an denen Christen, Juden und Sarazenen teilnahmen. Die lateinische Chronik von Alfonso VII. beschreibt ausführlich den Triumphzug des toledischen Herrschers 1137, »zum Klange der Pauken, Zithern und Psalterien«, desgl. die Chronik Alfonsos XI. für den Einzug des Königs in Sevilla nach dem Sieg in Salado. Nach dem Vorbild der mohammedanischen Fürsten führten die christlichen Herrscher die arabische Musik in ihren eigenen Palästen ein. Die Abrechnungen des königlichen Hauses von Don Sancho IV. von Kastilien erwähnen die arabischen Namen für Jongleurs, Tänzer, Lauten-, Flöten- und Trompetenspieler.

Alfonso von Aragon bat den König von Kastilien, ihm zwei Spielleute zu schicken, die die »xabeba« (»qasbah«-Flöte) und das »canon« (»qanūn«-Psalterion) spielten (1329). Don Pedro IV. fragte nach einem Rebec-Spieler namens Halezigue (1337) und Don Juan II. ließ sich von Valencia eine ganze Truppe von Jongleuren schicken, deren Chef Mazot (Masʿūd) hieß (1389). Vor allem aber war es das Volk selbst, welches mit Begeisterung die sarazenischen Lieder aufnahm, so daß endlich die kirchlichen Behörden dazwischentreten mußten, um den Genuß der Unterhaltungsmusik der Ungläubigen zu tadeln. So verbot das Konzil von Valladolid den Christen, die Orte zu besuchen, an denen die Mauren ihre »bodas« (Hochzeitsfeiern) und ihre Totenfeiern begingen, und vor allem, die christlich-liturgische Musik von maurischen oder jüdischen Musikern ausführen zu lassen.

VI. Die Periode der Konsolidierung

Während dieser Zeit war der Islam im Nahen Osten inneren Kriegen ausgesetzt. Das Banner des Propheten ging in die Hände der Türken über. Ihre mehr nominelle als tatsächliche Oberherrschaft über die levantinischen Staaten reichte nicht aus, die verschiedenartigen Völker ihres Machtbereiches zu einer kulturellen Einheit zusammenzuschweißen. So ist es denn auch im östlichen Mittelmeerbecken nicht zu einem musikalischen Sammelwerk gekommen, während die sogenannte »andalusische« Musik durch mehrere Quellenwerke dokumentiert ist. Die mathematischen Systeme des Al-Fārābī und Avicenna waren vergessen, aber die Musik wurde dank kleinerer Abhandlungen wie z.B. ›Mʿarīfāt al-naghamāt-aththamān‹ (Kenntnis der 8 Töne) nie ganz vergessen. Dieses anonyme Werk enthält die Tabulatur der Laute entsprechend der Quinten-Stimmung, die noch heute in Marokko benutzt wird (im Gegensatz zur ägyptischen Quartenstimmung). Diese Art der Lautenstimmung, welche auch der algerischen »koŭītra« entspricht, ist von der antiken Stimmung der Leier in drei aufeinanderfolgenden Quinten mit Umkehrung der zweiten abgeleitet:

(2)

Dieses Stimmungsprinzip legt also eindeutig das Intervall des Ganztones (d–e) als den Überschuß der Quinte (a–e) über die Quarte (a–d) fest. In diesem kleinen Werk findet man ebenfalls den einzigen bekannten Versuch einer Notation arabischer

Musik. Es handelt sich um eine *Buchstabennotation,* welche die arabischen Schriftzeichen in der Reihenfolge des griechischen Alphabets anordnet (a, b, j, d . . .). Ein weiteres theoretisches Werk über die Naturen, die Elemente und die Tonarten wird dem Lisān ad-Dīn Ibn al Khaṭīb (1374) zugeschrieben, dürfte aber eher von dem Juristen ʿAbd el-Waḥīd al-Wanscharisi (1549) verfaßt worden sein. Es bestätigt die oben bereits skizzierten musiktherapeutischen Lehren sowie die Einteilung der Tonarten in 24 Naubas. Die gleichen Probleme behandelt ein musiktheoretisches Werk des ʿAbd ar-Raḥmān al-Fasi (1650), welcher annähernd wörtlich dieselben Themen wieder aufgreift.

Die andalusische Kunst sollte im 18. Jahrhundert eine Art Renaissance erleben. In Fès komponierte ein gewisser El-Hadj ʿAllal al-Baṭla, welcher in der ersten Hälfte des 18. Jahrhunderts lebte (1729–1757), eine Nauba in der Tonart »istihlāl« (der Mondaufgang). Dieses völlig neue Werk ist weder in den 24 Naubas noch in dem »Tonartenbaum« enthalten, ist aber der Nauba »dīl« (heute nicht mehr gebräuchlich) verwandt. Ein theoretisch geschulter Musiker der Spätzeit, Muḥammad ibn al-Hassan al-Hāik, stellte eine Sammlung der »azjāl« und »tawāschīḥ« (neue Benennung für »muwaschaḥ«) sowie aller klassischen und neoklassischen traditionellen Poesieformen zusammen. Sie sind in der Folge der Naubas angeordnet. Er versuchte auch, häufig genug auf unwissenschaftliche Weise, die Autoren ausfindig zu machen. Es wäre interessant, den Begriff der Urheberschaft zu untersuchen. Offenbar genügte es, daß der Komponist eine Tonart, besser ein Thema, erfand. Die eigentliche musikalische Form war nur die logische Weiterführung. Andererseits kam es auch zu sonderbaren eklektischen Gebilden. So fügte ein junger Sänger die verschiedensten Reminiszenzen zu einem Mosaik zusammen, in welchem ein ägyptischer Taqsīm, ein andalusischer Mawāl und andere folkloristische Elemente schlecht und recht zu einem Ganzen verschmolzen wurden. Ein weiteres Verdienst Hāiks ist es auch, die Aufführungspraxis durch einige Anweisungen geregelt zu haben. In rhythmischer und gesangstechnischer Hinsicht wurde somit dem Virtuosentum eine gewisse Beschränkung auferlegt. Um die gleiche Zeit war die Entwicklung der arabischen Musik im Orient zu einem Stillstand gekommen. Zwar setzten die Theoretiker ihre Untersuchungen fort und bauten das Musiksystem immer weiter aus, ohne jedoch wesentlich Neues hinzuzufügen. Gegen Ausgang des Mittelalters hingegen wurden die alten Werke oft zugunsten neuartiger Formen vernachlässigt, welche türkischer Herkunft waren. Solche *neuen Formen* waren das Orchestervorspiel »peschref« sowie gewisse melismatische Gesänge (»semai«, »nakisch«, »kiaminatik«), aber nirgends, außer vielleicht in der Musik der Derwische, hatte der Orient ein Gegenstück zu den andalusischen Naubas zu bieten. Vom 16. Jahrhundert an blieb die arabische Musik in ihrer Entwicklung stehen, gerade in der Zeit also, in der Europa eine unerhörte Musikentwicklung durchmachte.

VII. Die zeitgenössische Periode

Die Erneuerung der arabischen Musik gehörte zu einem großzügigen *Wiederbelebungsprogramm*, welches von Moḥammed ʿAlī auf politischer Basis begonnen und dann von König Fuad I. fortgesetzt wurde. Es sollte alle Zweige der Wissenschaft und menschlicher Tätigkeit umfassen. Es handelte sich darum, der mohammedanischen Kultur alle Eroberungen der abendländischen Wissenschaft, sowohl auf geistigem als auch auf materiellem Gebiet, einzuverleiben. Somit wurde das Zentrum der Renaissancebestrebungen auf musikalischem Gebiet nach Ägypten verlagert. Zweck des im Jahre 1932 in Kairo abgehaltenen Musik-Kongresses war es, die Reste mohammedanischer Musik zu sammeln und andererseits ihre Entwicklung in Anlehnung an diejenige der europäischen Musik vorzubereiten. Einige Zentralstellen waren bereits gegründet worden, um das musikalische Erbe vor dem Verfall zu retten. So wurde in Kairo das Königliche Institut für Orientalische Musik zum Zentrum des Unterrichts und musiktheoretischer Arbeiten, während sich in Istanbul ein Kreis um Raūf Yekta Bey, den Direktor des Konservatoriums, bildete. In Beirut versuchte Xavier Maurice Collangettes, die Quellenwerke der arabischen Musik zu sammeln, während im Libanon Wadia Sabra zum Haupt der Erneuerungsbestrebungen wurde. In Tunis entstand das Sammelwerk ›La musique arabe‹ von François Rodolphe d'Erlanger. In Algerien führten staatlich subventionierte Truppen die Tradition andalusischer Musik weiter fort, welche späterhin von Jules Rouanet untersucht worden ist. In Marokko wurde in Zusammenarbeit mit dem Institut für eingeborene Kunst ein Konservatorium in Rabat gegründet. Der Musik-Kongreß 1932 in Kairo führte vorerst zur Feststellung, daß die heutigen Tonleitern der arabischen Musik des Orients gänzlich verschieden von denjenigen der westarabischen sind. Letztere besitzt eine Leiter, welche außerordentlich dem temperierten System entspricht. In der Türkei, in Syrien, im Irak und in Ägypten ist man jedoch den Intervallen, welche kleiner als der Halbton sind, treu geblieben. Von einer einheitlichen arabischen Musik kann nicht die Rede sein. Immerhin gibt es gewisse charakteristische Eigenheiten, welche allen arabischen Musikdialekten gemeinsam sind. Dazu gehört die Verwendung mannigfacher Tonarten, welche auf jeder einzelnen der 7 Stufen der Leiter aufgebaut werden können. Ferner ist häufig die übermäßige Sekunde anzutreffen, ein Kriterium, welches allerdings nicht bindend ist. Allen Dialekten der arabischen Musik ist weiterhin der Sinn für komplizierte Rhythmen gemeinsam. Diese Rhythmen werden durch das Schlagwerk in einer von der Melodie fast unabhängigen Art und Weise vorgetragen. Charakteristisch ist endlich der Mangel polyphoner oder harmonischer Elemente und

Grundleiter, mit Sonometer gemessen

Noten der Leiter	arabo-persisch	Frühere Intervalle	Ägyptische Leiter	Natürliche Leiter	Temperierte Leiter in Vierteltönen
G	RAST	10.000	10.000	10.000	10.000
	nim-zirkulah	9.724	9.712	....	9.716
	zirkulah	9.492	9.478	....	9.439
	tik-zirkulah	9.166	9.175	....	9.170
A	DUKAH	8.889	8.910	8.888 $\left(\frac{8}{9}\right)$	8.909
	nim-kurd	8.707	8.696	....	8.656
	kurd	8.437	(8.445) (8.380)	....	8.409
H	SIKAH	8.148	8.175	....	8.170
	nim-būsalik	8.000	7.978	8.000 $\left(\frac{4}{5}\right)$	7.937
	būsalik	7.777	7.748	....	7.712
C	JAHARKAH	7.500	7.500	7.500 $\left(\frac{3}{4}\right)$	7.492
	nim-hijāz	7.291	7.320	....	7.279
	hijāz	7.119	7.111	....	7.072
	tik-hijāz	6.913	6.881	....	6.870
D	NAWA	6.666	6.666	6.666 $\left(\frac{2}{3}\right)$	6.675
	nim-hissār	6.530	6.524	....	6.485
	hissār	6.328	(6.310) (6.270)	....	6.300
	tik-hissār	6.111	6.116	....	6.121
E	ḤUSSĒNI	5.925	5.940	6.000 $\left(\frac{3}{5}\right)$	5.947
	nim-ʿajam	5.769	5.789	....	5.778
	ʿajam	5.555	5.580	....	5.613
F	ʿIRAK bzw. AUJ	5.454	5.450	....	5.453
	nim-māhūr	5.333	5.320	5.333 $\left(\frac{8}{15}\right)$	5.298
	māhūr	5.142	5.120	....	5.147
G	KIRDAN	5.000	5.000	5.000 $\left(\frac{1}{2}\right)$	5.000

die Vorliebe für Sologesang und solistisches Instrumentalspiel, für geringe Klangstärke und für kleine Ensembles. Ein flüchtiger Blick auf die Tabelle zeigt sofort den wesentlichen Charakter der arabischen Leiter. In beiden Tetrachorden ist die arabische Terz etwas tiefer als die europäische. Die Untersuchungen aller Theoretiker im Laufe der Geschichte kommen zu demselben Resultat, und in der Leiter von Ṣafī ad-Dīn wie in der von Aḥmed Amīn ed-Dik findet sich die Ptolemäische Leiter wieder. Jeder Melodietypus und jede Tonart hat nie mehr als 8 Töne in der Oktave, aber die Auswahl dieser 8 Noten kann innerhalb der 24 Stufen der Leiter getroffen werden. So ist der Grundton »rast« Ausgangspunkt für 18 verschiedene Tonarten; der »dukah« hat 16 Tonarten, der »sikah« 4, der »jaharkah« und der »ḥussēni« nur je eine. In Nordafrika gibt es 24 Tonarten, davon 11 in Marokko. Je nachdem, ob die melodische Bewegung aufsteigend oder absteigend ist, können manche Noten Veränderungen unterworfen sein. Baron d'Erlanger hat 110 augenblicklich in Gebrauch befindliche Rhythmen aufzählen können, von denen 20 in Ägypten benutzt werden, während der Maghreb nur etwa 8 davon kennt. Dazu kommen noch die Varianten, und man kann sich ungefähr ein Bild von der ungeheuren Mannigfaltigkeit machen, welche den Rhythmus der arabischen Musik bestimmt.

VIII. Zusammenfassung

Zusammenfassend läßt sich von der arabischen Musik sagen, daß sie ebenso viele Musikdialekte hat wie die europäische oder afrikanische. Diese Varianten haben ihre historischen Ursachen, andere sind ethnisch begründet. Die arabische Musik ist eine *internationale Kunstform* geworden, welche über ihren eigentlichen Ursprung, den einer folkloristisch gebundenen, später zur Kunstmusik der arabisch sprechenden mohammedanischen Völker werdenden Musik, weit hinausgewachsen ist. Sie umfaßt auch nicht-arabische Völker und hat sogar in den Randgebieten auf die Musikform nicht arabisch sprechender Völker eingewirkt (neupersische, türkische, neugriechische, fernöstlich-indische, malaiische und afrikanische Musik). Zumeist mündlich überliefert, ist sie erst heute zu schriftlichen Aufzeichnungen gekommen. Vor der Ḥedschra (622 n. Chr.) eine folkloristische Kunst, unterlag sie nach diesem Datum den Einflüssen der islamischen Theologie, spaltete sich aber während der Blütezeit des arabischen Reiches in eine traditionelle, religiöse Kunst und eine mehr weltlichen Einflüssen unterliegende, aber immer mehr oder weniger nach den klassischen Poesieformen orientierte Kunstmusik, während die unterworfenen Völker, wie z. B. Ägypten, ihre eigene volkstümliche Musik behielten, welche in den ländlichen Bevölkerungsschichten weiterlebte. Die arabische Musik war anfänglich eine *epische Kunst*. Die liturgische Musik beschränkte sich auf rezitativische Formen zumeist solistischer Prägung, welche nur im Gebetsruf des Muezzin künstlerisch interessante Umformungen und Varianten annehmen konnten, während sich die Rezitationen des Imām (Vorbeters) und der ihm assistierenden Lektoren (mit Ausnahme historisch bezeugter Ausschweifungen) mit schmucklosen Formen begnügten. Entsprechend der jeweiligen Einstellung kam es somit gelegentlich und zu bestimmten Zeitpunkten in der Geschichte des Islam zu solistischen Hochleistungen in der Koranrezitation, welche häufig genug aufgrund mehr traditionalistisch eingestellter Epochen auf ihre ursprünglichen einfachen und formelhaften Grundformen zurückgeführt worden war. Solche Schwankungen hat es ja auch immer in der Geschichte des gregorianischen Gesanges gegeben, und sie unterliegen den gleichen historisch, sozial und politisch bedingten Fluktuationen des Geisteslebens, welchem das europäische wie das arabische Mittelalter unterworfen gewesen ist.

Im allgemeinen ist die Aufteilung in eine westliche (auf »andalusischer« Tradition aufbauende) und eine östliche Gruppe der weltlichen Musik auch in der geistlichen Musik festzustellen, wenn auch die Varianten bei weitem gemäßigter sind als dort. Eine wichtige Rolle hat die *arabische Musiktheorie* durch ihre Übersetzungen der musiksystematischen Werke antiker Quellen (Plato, Aristoteles, Euklid, Aristoxenos, Ptolemäus, Nikomachus) gespielt. Der Einfluß der spätantiken Musiktheorie auf die arabische Musik scheint aber von der modernen Musikwissenschaft häufig überschätzt worden zu sein. Der spekulative Geist des Orientalen hat sich gern und häufig mit den Problemen akustischer und systematischer Forschung abgegeben und daher die Probleme antiker Musiktheorie immer wieder aufgegriffen, ohne damit aber einen wesentlichen Einfluß auf die Entwicklung der lebendigen Musik zu nehmen. Letztere ist in viel ausgeprägterem Maße als in Europa immer ihre eigenen Wege gegangen und hat ihren eigenen Entwicklungsprozeß durchgemacht. Das geht schon aus den ständig wechselnden, von der Praxis diktierten Instrumentenstimmungen hervor, welche nur im Falle der Lautenstimmung den Kontakt zur Musiktheorie aufrecht erhalten haben, sich im übrigen aber in der Schaffung unzähliger Gebrauchsleitern auszeichnen. Die wichtigsten Aufteilungen des Griffbrettes der arabischen in Quarten gestimmten, mit Bünden versehenen Kurzhalslaute bzw. Ṭunbur sind historisch erfaßbar, und eine tabellarische, von Robert Lachmann zusammengestellte Übersicht sei hier wegen ihres allgemein musikhistorischen Inter-

Bünde	9. Jahrh. Al-Kindī	10. Jahrh. Al-Fārābī		11. Jahrh. Avicenna	13.–15. Jahrh. Ṣafī ad-Dīn	19.–20. Jahrh. Raūf Yekta Meschāqa	
	Laute	Laute	Ṭunbur	Laute	Laute	Ṭunbur	Laute
Leere Saite »Nachbarn«[1]	0	0	0	0	0	0	0
	–	–	–	–	–	–	48
	90	90	90	–	90	90	–
	–	–	–	–	–	–	97
	–	102	–	–	–	–	–
	114	–	–	112	–	114	–
	–	–	–	139	–	–	–
	–	145	–	–	–	–	145
	–	168	–	–	–	–	–
	–	–	180	–	180	180	–
	–	–	–	–	–	–	195
Zeigefinger	204[2]	204	204	204	204	204	–
Mittelfinger	–	–	–	–	–	–	244
	294[3]	294	294	294	294	294	294
Ringfinger	–	303	–	–	–	–	–
	–	–	–	–	–	318	–
	–	–	–	343	–	–	344
	–	355	–	–	–	–	–
	–	–	384	–	384	384	–
	–	–	–	–	–	–	394
	408[4]	408	408	408	408	408	–
Kleinfinger	–	–	–	–	–	–	444
	–	–	–	–	–	474	–
	498[5]	498	498	498	498	498	495
Stufen in der Oktave[6]	12(+3)	25[7]	17	17	17	24	24

[1] Die »Nachbarn« sind Zwischentöne, außerhalb der Bünde liegend.
[2] Der »pythagoräische« (ditonische) große Ganzton.
[3] Kleine Terz.
[4] Ditonos.
[5] Reine Quart.
[6] Diatonische Siebentonreihen in »pythagoräischer« (ditonischer) Stimmung.
[7] Die große Anzahl der beweglichen Töne (»Nachbarn«) erklärt sich daraus, daß Al-Fārābī viele Gebrauchsleitern verzeichnet hat.

esses angeführt (in Cents umgerechnet): Die Grundform der arabischen Leiter ist diejenige einer siebenstufigen, diatonischen Tonreihe. Alle Varianten sind entweder Temperierungsversuche oder aber von der Praxis beeinflußte Materialleitern, deren theoretische Erfassung eines der schwierigsten Probleme der vergleichenden Musikwissenschaft ist. Allerdings gehen gerade auf diesem Gebiete im modernen Orient die Erneuerungsbestrebungen auf eine endgültige und vereinfachende Erfassung und Fixierung des Materials aus, die es ermöglichen werden, in absehbarer Zeit zu einer geordneten Musiksystematik zu kommen, welche durch die Einführung der modernen Notenschrift wesentlich erleichtert ist.

Die gebräuchlichsten Musikinstrumente sind Schellentrommel »req«, Gefäßtrommel »darabukka«, kleine Pauken »naqqārāt«, Kurzhalslaute »ʿūd«, Langhalslaute »ṭunbur«, Trapezzither »qanūn«, mit Bogen angestrichene Saiteninstrumente »kamangah« und »rebāb«, Längsflöte »nāy«, Klarinetten »zummārah« und »arghūl«, Oboe »mizmār« und ventillose Trompete »nafīr«. Letztere Instrumente werden heute mehr und mehr von den europäischen Instrumenten verdrängt, mit Ausnahme der Lauten und des »qanūn«, welche den Hauptbestandteil der traditionellen Orchester bilden.

ALEXIS CHOTTIN
(Übersetzung aus dem Französischen von Hans Hickmann)
Nordafrikanische Musik

I. Grundlagen. – II. Die andalusische Musik (Schulen und Zentren der Musikkultur in Tunis, Algerien, Marokko). – III. Volksmusik (Tunis, Algerien, Marokko). – IV. Musikinstrumente

I. Grundlagen

Die heutige arabische Musik Nordafrikas zerfällt in zwei große Bereiche, die »klassische« andalusische *Kunstmusik*, eine wissenschaftlich fundierte und hochstehende Stadt- und Hofkunst, und die soziologisch und ethnisch gebundene *Volksmusik*. Erstere beruht auf einem durchdachten Musiksystem und ist der Tradition verhaftet; nur sie wird von den Einheimischen als wirkliche Kunst bzw. Musik im engeren Sinne angesehen.

Der Ausdruck »ʾâlah« (Instrument) wird in Marokko im Gegensatz zu »samáʿ« (das, was man hört) gebraucht. Nur der erstere entspricht dem umfassenden Begriff »Musik«, der noch allgemeiner als »ṭarab« definiert wird (Freude, Erhebung des Herzens und der Sinne) und dann Instrumental- und Vokalmusik umschließt. Samáʿ geht über ʾÂlah hinaus und ist die Verbindung des melodischen Elementes mit einem religiösen Text. Der Moslem unterscheidet solche religiöse Kantillation allerdings strikt von Gesang und betrachtet sie nicht als musikalisch oder melodisch. Zwischen der Musik (der Sinne) und der liturgischen Rezitation gibt es für ihn keine Beziehung.

In Algerien und Tunis ist der Ausdruck Samáʿ ungebräuchlich. Statt ʾÂlah (Marokko) sagt man »ṣanʿah« und »mâlûf« in Tunis. Die hinter diesen verschiedenen Ausdrücken stehenden Auffassungen sind aber überall die gleichen.

Die *andalusische Musik* kann, abgesehen von ihrem künstlerischen Charakter, auch deshalb als »klassisch« bezeichnet werden, weil die Texte der Lieder entweder in der alt-arabischen Literatursprache oder im andalusischen Dialekt gedichtet sind. Letzterer hat seinen klassischen Charakter fast völlig behalten, beide gehören aber zur Gattung der »gemessenen« Sprachen (»mauzûn«). Die *Volksmusik* begnügt sich dagegen bei aller Vielfalt ihrer freieren und unregelmäßigeren Formen mit Texten in vulgärarabischen Dialekten. Der volksmusikalische Text wird als »unregelmäßig« bezeichnet (»malḥûn«). Wie die andalusische gliedert sich auch die Volksmusik in Gattungen nach einer gewissen Rangordnung. Die am meisten geschätzte Form heißt

»grîḥah« in Marokko, »qaṣîdah« in Algerien, »baruâl« in Tunis. Der erste dieser Ausdrücke bedeutet ganz allgemein Inspiration, schöpferische Gabe, die beiden anderen spielen auf in ganz Nordafrika bekannte Formen der Dichtkunst an. An zweiter Stelle stehen beschwingte Refrainlieder und solche satirischen oder schlüpfrigen Inhalts, auch Frauenlieder. Einer noch tieferen Schicht gehören folkloristische Weisen wie Marsch-, Tanz-, Arbeits- und Kriegslieder an, ferner Wiegenlieder und magische Beschwörungsformeln.

II. Die andalusische Musik (Schulen und Zentren der Musikkultur in Tunis, Algerien, Marokko)

Die erste Schule ist in Tunis im 10. Jahrhundert zu Kairuan mit Mûnis el-Baghdâdi gegründet worden. Im 11. Jahrhundert machte sich Abû ṣ-Ṣalt Umayya aus Denia in Andalusien in Mahdia bekannt.

Im zentralen und westlichen Maghreb wurde zunächst Tlemcen zum Kulturzentrum. Nach dem Fall von Córdoba (1236) flüchteten nahezu 50000 Andalusier hierher, während Fès die Flüchtlinge aus Sevilla und Valencia aufnahm. Endlich teilten sich Tetuán und Fès im 15. Jahrhundert in die letzten Anhänger des Abû ʿAbdallah (Boaodil), die von den katholischen Königen aus Granada verjagt worden waren. So kam es also zwischen dem 10. und 15. Jahrhundert zu drei oder vier Schüben, die sich über ganz Nordafrika verteilten, von Tunis bis Marokko. Zur Zeit dieser Rückzugsbewegungen der Araber aus Spanien nach Afrika wird das spätere Zentrum Algier noch nicht erwähnt, da es noch lediglich eine Art Piratenversteck war und erst nach Ende der türkischen Besetzung zur Hauptstadt des Landes wurde. Die Eigentümlichkeiten des musikalischen Erbes, das auf afrikanischem Boden in den verschiedenen Landschaften auf diese Art zustande kam, lassen sich nicht allein in den überlieferten Werken, sondern auch in Musikstil und -theorie erkennen. Darauf bezieht sich ein algerisches Sprichwort (nach J. Rouanet): »Tunis steuert die Erfindung, Oran die Form und Algier den Stil bei.«

Die »nauba« (vulgär »nûba«) ist eine wichtige *musikalische Großform*. Sie ist großzügig angelegt, weist eine Art thematisch-melodischer Einheitlichkeit auf und enthält meist fünf Sätze, von denen jeder einen bestimmten Rhythmus hat. Verschiedene Themen stehen ohne Verarbeitung mosaikartig nebeneinander. Geht der generelle Aufbau einer *Nauba* auf andalusische Tradition zurück, so haben sich in Tunis, Algier, Tlemcen und Fès

Sonderformen gebildet, die als stilistische Varianten voneinander zu unterscheiden sind. Nach J. Rouanet erscheinen fast alle tunesischen Musikstücke ohne Ordnung und System, auch ohne deutlich erkennbare Tonalität und formale Aufgliederung. Ein Stück im Modus »ḥasîn ʿašîrân« sei, nach demselben Autor, aus den verschiedensten Elementen zusammengesetzt, ohne Einheitlichkeit in der tonalen Struktur. Dabei handle es sich durchaus nicht um Plagiat, sondern bewußt um eine Art der Bearbeitung (»taqlîd«), mit dem Ziel, alte Formen den neuen stilistischen Bedürfnissen des Tages anzupassen. Die von François Rodolphe d'Erlanger ins Leben gerufenen Arbeiten und Untersuchungen in Tunis haben ergeben, daß auch die tunesische Nauba im Aufbau der oben geschilderten Form entspricht. Sie besteht aus einer instrumentalen Ouvertüre, der »taušiyah« (vulgär »tûšiyah«), die außerhalb der eigentlichen Nauba steht und der nun fünf Sätze folgen.

Wenn die tunesischen Musiker wie die ägyptischen auch wenig die musikalischen Traditionen zu respektieren scheinen, so haben sie doch wenigstens im Maghreb die Hauptmerkmale des *arabischen Musiksystems* beibehalten. Dazu gehören vor allem die Terz (»sigâh«) und die Septime (»nawa«), die zwischen Dur- und Mollterz (eine Art neutraler Terz) bzw. großer und kleiner Septime stehen (vgl. das System des Ptolemaios, der aufgrund der Verhältnisse $10/9-11/10-12/11$ eine Terz als $10/9 \times 11/9$ errechnete; diese Terz liegt zwischen der Durterz 5/4 und der Mollterz 6/5). Gelegentlich des Musikkongresses in Kairo 1932 ist festgelegt worden, diese Zwischenintervalle durch bestimmte Zeichen anzudeuten, so die halbe Erhöhung ⧣ und die halbe Vertiefung ⱡ , Zeichen, die durchaus genügen, um die Eigenheiten orientalischer Leitern notationsmäßig in Erscheinung treten zu lassen.

In der *algerischen Musik* sind deutlich zwei Stilgruppen zu unterscheiden. Sie sind im Zentrum (Algier) bzw. im Westen (Tlemcen) lokalisiert. Die *andalusischen Traditionen* haben in Algier mannigfaltige Spuren hinterlassen und lassen sich in sieben, methodisch sauber voneinander geschiedenen Gruppen deutlich erkennen: 1. die »naubât g̲h̲arnâṭah«, 2. die »naubât al-inqilâbât« und »mustakhbarât«, 3. die Musik »ʿarabî«, 4. die Musik »ḥauzî«, 5. die »qasâ'id« oder »madîḥ«, 6. die »qadariât ṣanʿah«, 7. die »qadariât alzandani«. Eigentlich sollten die beiden ersten klassisch-andalusischen Arten gesondert aufgeführt werden (»naubât«), ob sie nun als »g̲h̲arnâṭah« (aus Granada stammend) oder als »inqilâbât« (Umkehrungen) bezeichnet werden. Die übrigen fünf Kategorien sind volkstümlicher Herkunft. Das Repertoire der algerischen Musiker kennt 24 alte Naubas, eine zahlenmäßige Angabe, die man in ganz Nordafrika antrifft.

Jedoch existieren davon in Algier lediglich zwölf mehr oder weniger vollständige sowie die Fragmente von vier anderen. Die vulgär »neqlâb« genannte Liedform (von »inqilâb«, Umkehrung, Modulation) unterscheidet sich von der Ṣanʿah (Kunstform) lediglich durch die Einfachheit der Ausführung und ihre Beschwingtheit, nicht durch die formale Anlage (a a a b a oder gelegentlich a b – b b b – ab). Die Refrains der ersteren sind im allgemeinen kürzer als bei der zweiten, auch steht der Neqlâb immer im $^2/_4$.

Eine ausgesprochene Verwandtschaft besteht zwischen den musikalischen Traditionen von Algier und Tlemcen, jedoch werden in Tlemcen die »naubât gharnâṭah« allgemein als »ṣanʿât« bezeichnet. Auch die »inqilâbât« mit »istikhbâr« oder »ṣiyaḥ« sind dort bekannt wie auch gewisse Romanzen, deren Texte mit fragmentarischen Naubas aus Algier zusammenhängen. Zu den Besonderheiten der Tradition in Tlemcen gehört besonders der $^7/_4$-Takt in der Taušiyah der Neqlâbât im Modus »remel-mâya«.

Wie in Algerien existieren auch in *Marokko* zwei Zentren der Musikkultur: Fès und Tetuán. Obwohl sich lokale Eigentümlichkeiten in melodischen Varianten erkennen lassen, kann man jedoch im Grunde von einem *einheitlichen marokkanischen Stil* sprechen. Die zweifache Schichtung dieser Musik in ʾÂlah bzw. Samáʿ und Grîḥah wurde bereits erörtert. Letztere, unter der Volksmusik zu verstehen ist, zeichnet sich durch Kurzmotivigkeit aus. Die Texte gehören einer besonderen Sprache an, die starke dialektische Elemente enthält, daneben aber sehr gewählte Ausdrücke der Schriftsprache. Man unterscheidet fünf volksmusikalische Formen, wozu noch freie Formen volkstümlicher Prägung treten.

Die musikalischen Formen andalusischer Tradition sind in Marokko die folgenden: 1. der »mizân basîṭ« ($^6/_4 = ^2/_4 + ^2/_4 + ^2/_4$); 2. der »mizân qaim-u-nuṣṣ« (literarisch »qâ'im wa niṣf«, wörtlich: aufrecht und ein halb), im $^8/_4$; 3. der »mizân biṭâiḥî« (wörtlich: der sich auf die Gärten bezieht), ebenfalls im $^8/_4 = ^3/_4 + ^3/_4 + ^2/_4$ in Fès, oder im $^{16}/_8 = ^3/_4 + ^6/_8 + ^2/_4$ in Tetuán; 4. der »mizân quddâm« (wörtlich: der sich vorwärts bewegt) im $^6/_8$; 5. der »mizân darǧ« (Stufe) in synkopierten $^8/_8$ oder $^2/_4$.

Die Dauer eines einzelnen Mizân kann eine Stunde überschreiten, ohne die Hörer zu ermüden, wenn sich nur die Bewegung ständig steigert.

Elf Naubas sind überliefert, jedoch sind sie nicht alle vollständig. Ungefähr 1 000 Stücke sind noch in Marokko bekannt, dagegen nur 483 in Algier, 242 in Tlemcen und rund 200 in Tunis. Die marokkanische Musik kennt nicht die Naubât, Neqlabât (oder Inqilâb), die in Algier oder Tlemcen gebräuchlich sind. Dagegen sind zwei andere Arten sehr beliebt, die an die algerischen »mustekhber« erinnern: »mawâl« und »'inšâd«, zwei Formen rhythmisch freier, brillanter Vokalimprovisation.

Die *andalusische Nauba* wird meist von einem Chor, selten solistisch ausgeführt, und zwar mit normalem Stimmklang und -umfang. Bei solistischen Darbietungen wie beim Mawâl wird oft ein nasal gefärbter Stimmklang bevorzugt, während beim 'Inšâd mit Anspannung und Kraft deklamiert wird und an sich tiefe Stimmen in höhere Lagen gepreßt werden. Solistischer Gesang ist stets kunstvoll mit Ornamenten ausgeziert. Bei chorischem Vortrag kommt es gelegentlich zu einer Art Zufallspolyphonie, wenn sich nämlich eine der Stimmen vom Unisonovortrag der Melodie loslöst, etwa einen Ton lang aushält und nunmehr etwas zu spät die melodische Linie wieder erreicht.

Erstaunlicherweise hat die andalusische Tradition Marokkos auch auf die *synagogale Musik* eingewirkt. Im Gegensatz zu dem sonst gebräuchlichen Vorgang, daß nämlich die jüdischen Bibellektionen und synagogalen Gesänge mehr oder weniger die frühchristliche Musik beeinflußt haben, haben die Juden Marokkos, besonders die Gemeinden in Fès und Mogador, den andalusischen Naubas hebräische Texte unterlegt (»piutim«), parallel zum islamischen Gebrauch des Samáʿ. Die jüdische Nauba ist ebenfalls auf dem Prinzip zunehmender Geschwindigkeit der einzelnen Abschnitte aufgebaut. Sie wird mit dem arabischen Ausdruck »ṭarîq« bezeichnet und ohne Begleitung vorgetragen.

Bemerkenswert ist die Einteilung und Zuordnung der Naubas nach andalusischer Tradition in bezug auf die Tageszeiten. Der Zeit von Sonnenaufgang bis Mittag sind fünf Naubas zugeordnet, dem Nachmittag bis zum Sonnenuntergang zwei, dem Abend bis Mitternacht wiederum zwei und der Nacht eine. Nur die Nauba »ramal al-mâyah«, deren Text aus Lobpreisungen für den Propheten besteht, ist von dieser Aufteilung ausgenommen und kann jederzeit gesungen werden. Diesen Bindungen der Musik zum Kosmos entsprechen weitere Zuordnungen (zu Planeten, Elementen, Farben, Körperteilen, Organen, Emotionen usw.), woraus sich die Anwendung bestimmter Modi für Krankheitsdiagnose und Heilung herleitet. Deren letzte Konsequenz ist eine in Fès existierende fromme Stiftung. Diese unterhält eine Musikgruppe, deren Aufgabe es ist, ihre schönsten Naubas im Maristân, der Anstalt für Geistesgestörte, zu spielen, um die Kranken zu heilen (Musiktherapie).

III. Volksmusik (Tunis, Algerien, Marokko)

Die Volksmusik besteht aus einer Gruppe klar umrissener Formen künstlerisch hochstehender Lieder sowie einer zweiten mit einfachen, volkstümlichen Weisen. Die erste ist gekennzeichnet durch dialektal-arabische Texte, durch Verkürzung der melodischen Phrase und Vereinfachung der Rhythmik, unter Verzicht auf längere Perioden und unter Betonung taktmäßig begrenzter Phrasen. Zwei-, drei- und fünfteilige Rhythmik herrscht vor und steht, zuweilen zuungunsten der Melodie, im Brennpunkt des Interesses, mit Ausnahme der religiösen Lieder.

Die bekannteste Form in Tunis ist der *Baruâl*, im stark synkopierten $^2/_4$-Takt. Trotz seiner Kurzmotivigkeit läßt es der Baruâl keineswegs an Frische, Lebhaftigkeit und Originalität fehlen. Im Baruâl versuchen die tunesischen Musiker, die Erinnerung an die traditionelle Musik aufrecht zu erhalten, durch zeitgemäße Texte und durch variierende Erneuerung der überkommenen Melodieformeln.

Für Algerien können vier klar umrissene Formen belegt werden: der ʿArabî, bäuerlichen und beduinischen Ursprungs, eine Primitivform arabischen Musizierens, die sich auf dem Lande oder auf den von Nomaden durchstreiften Hochplateaus erhalten hat, der Ḥauzî, einfacherer Struktur und deswegen weniger hoch eingeschätzt als der ʿArabî, obwohl sich auch in dieser Gattung ansprechende poetische Texte feststellen lassen, die Qaṣîdah, sowohl geistlich wie weltlich und wegen ihrer poetischen Stimmung besonders vom Kleinbürgertum, insbesondere etwa den Händlern und Handwerkern geschätzt (die Melodie ist meist schlicht und wird von einer einsaitigen Fidel oder einer Flöte mit fünf Grifflöchern begleitet), und die »qadriah« (Plural »qadriât«), ein Frauenlied (Berufssängerinnen), von dem es eine als klassisch zu bezeichnende und mit der andalusischen Musik verwandte Abart gibt, während die ganz volkstümliche, »zendanî« genannte Fassung in kleinen Couplets Straßen- und Tagesereignisse oder folkloristische Gebräuche besingt.

In Marokko wird die volkstümliche Musik mit dem allgemeinen Ausdruck Grîḥah (literarisch »qarîḥah«) benannt. Dieses Wort bedeutet eigentlich soviel wie Naturveranlagung. Während die sogenannte klassische Musik (ʾÂlah) ein anonymes, unantastbares Ganzes darstellt, dem nichts Neues hinzugefügt werden kann, schaffen die zeitgenössischen Meister aus dem Bereiche der Grîḥah stets neue Werke, ganz nach den Bedürfnissen ihrer Zeit. Allerdings bewegen sich diese Bestrebungen eher in Neuschöpfungen auf dem Gebiete der Dichtkunst als auf dem der Musik.

Die marokkanische Qṣîdah (literarisch Qaṣîdah), an erster Stelle unter den gebräuchlichen volksmusikalischen Formen, ähnelt der algerischen bis auf einige wenige Abweichungen. Man nennt sie hier »maksûr al-ğanâh«, d. h. mit gebrochenen Flügeln, wenn es sich um Liebeslieder handelt und die einzelnen Strophen mit dem Ausruf »wa huwa yâ wuddî« (ungefähr: nun etwa, mein

Lieber) beginnen, oder aber »mašriqī« (orientalisch), wenn es sich um Lieder religiösen Inhalts handelt. Eine dritte Kategorie, genannt »maslûq«, ist eine verletzende Satire. Weitere Sonderformen der Qaṣîdah sind der »sûsy« (der aus Sûs), der »burğel« (der Einfüßige, mit eigentümlichen melodischen Wendungen), endlich der »gobbaḥi« (der Lärmende) im $^5/_4$-Takt, der an einen Berbertanz des Mittleren Atlas erinnert.

Die Grîḥah-Musik ist stark rhythmisch ausgerichtet. Die Schellentrommel (»ṭarr«), die in der andalusischen Musik die Hauptrolle spielt, vertritt hier lediglich die vierkantige Handtrommel »deff«, zusammen mit einer kleinen, zylindrischen Tontrommel namens »taʿrîğah«. Im rhythmischen Duett »ʾumm wa ḥašîyah« (Mutter und Rand) führt eines dieser letzteren Instrumente die einfachen Schlagzeiten, ein zweites die rhythmischen Unterteilungen aus (»yufarridu – yuṯallithu«).

Im Gegensatz zur abendländischen religiösen Musik ist der *islamische Kultgesang* eine Frage des persönlichen Geschmacks oder Talentes derer, die den Koran rezitieren oder den Gebetsruf intonieren, also des Muezzin, des Imam, des »hellâl«. Es gibt sicher ebensoviele Gebetsrufe wie es Muezzin gibt, da ein jeder nach seinem Geschmack und seiner persönlichen Veranlagung verfährt. Wirklich fixierte psalmodische Formeln existieren eigentlich nur im sogenannten »ḏhikr«, Anrufungen des Namens Allahs. Diese »ḏhekrât« erklingen nicht in der Moschee, sondern in den Häusern der religiösen Bruderschaften. Eine jede hat ihren spezifischen Dhikr, der bei ihren Gebetsübungen und Zusammenkünften in ständiger Wiederholung gesungen wird.

Musik für öffentliche Umzüge wird durch Gruppen von Oboeninstrumenten, den »ghaîṭah«, von Trommeln (»ṭabl«) und gelegentlich auch durch Trompeten- und Horninstrumente ausgeführt. Musik zumeist türkischen Ursprungs, enthält sie Naubas und »bašrafât«, aber auch Anklänge an die andalusische Tradition. Trommel- und Oboengruppen spielen auch die Begleitmusik zu Hochzeits- und Beschneidungsumzügen.

Die Lieder der in Algerien lebenden *Kabylen* zeichnen sich durch ihre große Mannigfaltigkeit und eigenständige Musikalität aus. Jeder Stamm hat seine eigenen Lieder, in denen Kämpfe gegen die Ungläubigen, gegen Nachbarstämme, öffentliche Ereignisse oder die Wunder eines Heiligen besungen werden. Auch gibt es zahlreiche Liebeslieder. Die für Tanz und Umzug bestimmte Instrumentalmusik eigenartiger Prägung wird auf der Ghaîṭah ausgeführt.

Die *Berbermusik* Marokkos zerfällt in einen nordöstlichen und einen südwestlichen Stil. Die den »tâmazight«-Dialekt sprechenden Bewohner der ersteren Zone kennen den Kollektivtanz »ʾaḥidûs«, dessen primitive Weisen im $^5/_4$-Takt stehen, bei klei-

nem Umfang und hoher Lage. Die Berber kennen auch Parallel-
singen in Terzen. Die Bewohner des Südwestens Marokkos, die
Schlûḥ, sprechen den »tâšalḥayt«-Dialekt und bevorzugen den
»'aḥwâš«-Rundtanz (zwei- und dreiteilige Rhythmen). Die
Schlûḥ-Tänzer der Sûs-Ebene haben aus ihrer Kunst eine einträg-
liche Schaustellung gemacht. Die Musik dieser Tänze ähnelt in
vieler Hinsicht der der Bergbewohner, jedoch sind die Tänze
selbst durch kunstreiche choreographische Figuren bereichert.

Außer diesen nach Stämmen unterschiedlichen Musikarten gibt
es noch die der südalgerischen *Tuareg* (»tîwît«), insbesondere ihre
Kriegslieder, ferner die Negertanzmelodien der in Marokko und
Algerien lebenden *Gnâwâ*, die ein 2–3saitiges Lauteninstrument
(»gambrî«), die »bendîr«-Trommel und paarweise gespielte
Kleinbecken (»qarâqeb«), gelegentlich als Metallkastagnetten
bezeichnet, besitzen.

IV. Musikinstrumente

Obwohl die Araber stolz auf ihre traditionellen Instrumente sind
(»rabâb«, »ʿûd«, »duff«, »qaṣabah«), haben sie sich nicht
gescheut, auch andere anzunehmen und der eigenen Musik
anzupassen. Ein gutes Beispiel dafür ist die Violine. Eigentlich
bedeutet der persische Ausdruck »kamân-ğâh« Bogeninstrument.
Daraus wurde arabisch »kâmanğah«, das die volkstümliche
Etymologie von »al-kamâl ğâ'« ableitet, d.h. die Vollkommenheit
ist gekommen.

Wichtigstes Blasinstrument ist die Ghaîṭah, eine Art *Oboe*.
Daneben trifft man eine Art *Klarinetteninstrument*, den mit
einfachem Blatt versehenen »zamr«. Dieses Instrument, das aus
zwei parallelen Rohren besteht, gleicht der ägyptischen »zummâ-
rah«. Der marokkanische Stamm der Zemmûr kennt ein ähnliches Instrument unter dem Namen »aghânîm«, das allerdings
eher zu den Oboen gehört, da die Blätter aus gespaltenem
Rohrblatt bestehen, die andererseits in ein Mundstück aus
Bienenwachs eingeführt sind. Das Spiel des Zamr ist trotz der
beiden Rohre immer einstimmig. Der Spieler deckt gleichzeitig
mit seinen Fingern jeweils zwei der korrespondierenden Grifflöcher, deren jedes Rohr sechs enthält. Diese Grifflöcher ergeben
eine Reihe von sechs Halbtönen. Ein ähnlicher Zamr ist in der
Nähe von Tlemcen nachzuweisen. Er wird durch den Anbau eines
Balges zur Sackpfeife. Die Rohre haben am unteren Ende
Ziegenhörner als Schalltrichter.

An *Flöteninstrumenten* kommen besonders zwei Arten vor, die
schräg gespielte, mundstücklose Längsflöte, ein volkstümliches

Instrument, sowie eine Blockflöte »lîrah« oder »nîrah«, die besonders in den nordmarokkanischen Städten beliebt ist. Sie ähnelt der algerischen »ğawâh«-Flöte und wird sogar, besonders in Tlemcen, in der andalusischen Kunstmusik verwendet.

Die gerade *Trompete* (»nafîr«), zwischen 130 und 150 cm lang, bringt nur einen einzigen Ton hervor. Die rhythmische Wiederholung dieses Tones begleitet feierliche Umzüge in Fès und zeigt während des Fastenmonats Ramadan die Stunde der nächtlichen Mahlzeiten an.

Die mit dem Bogen angespielten älteren *Saiteninstrumente* besitzen alle eine Decke aus Haut und haben fast nie ein Griffbrett. Sie werden unter dem verallgemeinernden Ausdruck Rabâb zusammengefaßt. Die primitive Form des Rabâb findet sich in zwei südlichen, weit voneinander entfernten Regionen Nordafrikas, bei den algerischen Tuareg und den Sûs-Schlûḥ Marokkos. Bei den ersteren heißt es »amez‛ad«, bei den letzteren wird es mit dem alten, nur leicht veränderten Namen »rîbâb« bezeichnet. Auch die entwickeltere, noch in für andalusische Musik spezialisierten Orchestern, wenn auch selten gebrauchte Form des Rabâb hat die Decke aus Haut beibehalten und ist ohne Griffbrett. Das Instrument wird mit zwei tiefgestimmten Saiten bezogen; es wird meist aus einem einzigen, länglichen Stück Nußbaumholz geschnitzt und von Arabern seiner Form nach mit einem liegenden Hasen verglichen.

Die traditionelle Kâmanğah persischen Ursprungs besitzt nur ein kleines, rundes oder herzförmiges Corpus, hat einen sehr langen Hals und einen Stachel aus Metall. In dieser Form existiert sie zwar noch im Vorderen Orient, aber nicht mehr im Maghreb. Der nordafrikanische Musiker versteht heute unter dem Ausdruck Kâmanğah (oder Kâmenğah) die abendländische Violine (oder Bratsche). Allerdings wird sie auf traditionelle Art gehalten und gespielt, auf dem Knie gestützt und mit der linken Hand in der Art hin- und hergedreht, daß die einzelnen Saiten vom Bogen angestrichen werden können. Auch hier hält die Hand des Spielers nach alter Art den Bogen von unten.

Die wichtigsten gezupften oder mit dem Plektrum angeschlagenen Saiteninstrumente sind die Lauten (»al-‛ûd«) und ein Zitherinstrument, der »qânûn«. Die in ganz Nordafrika verbreiteten, mit dem Plektrum gespielten und einem abgerundeten Corpus versehenen Lauteninstrumente zerfallen in drei Kategorien, den eigentlichen »‛ûd« (wörtlich: Holz), bei dem der Hals kürzer als der Resonanzkörper ist, die »kwîtrah« (literarisch »kûwaŷṭarah«) und den »genîbrî«. Die Kwîtrah (Gesamtlänge 70 cm, 35 cm breit), deren Name ein Diminutiv von Gitarre ist, besitzt einen Hals, der länger ist als das Corpus, oder aber Hals und Corpus sind wenigstens gleich lang. Das Plektrum besteht aus einer

Adlerfeder, die zwischen dem Daumen und den beiden ersten Fingern gehalten wird. Die unten befindliche linke Hand des Spielers hält das Instrument in horizontaler Lage, die Decke gegen die Hörer zu gerichtet. Die Familie der Genîbrî (Diminutiv: Gnîbrî) ist vor allem in Marokko weit verbreitet. Alle zu dieser Gruppe gehörenden Instrumente haben ein Corpus aus Schildkrötenpanzer, an den der zumeist mit Wirbeln versehene Hals angepaßt wird. Beim Gnîbrî der Schlûḥ wird dieses Corpus oft durch eine Schale aus emailliertem Blech ersetzt. Die städtische Variante ist langgestreckt-birnenförmig; dasselbe Instrument ist im Süden und bei den Negern größer, das Corpus aus einer länglichen Holzschachtel. Die Decke ist immer aus Haut, die Stimmung in Quinten.

Der Qânûn ist ein trapezförmiges *Zitherinstrument* (von der Gattung der Kastenzithern), dessen rechte Seite eine senkrechte Linie bildet, die zur linken in einem Winkel von ungefähr 45° steht. Das Instrument ist aus Ahornholz. Links auf ihm befindet sich der Saitenhalter und rechts der Steg. Der Boden ist aus 6–7 cm dickem Holz, die Decke besteht aus zwei Teilen. Der erste, aus dünnem Holz, verläuft vom Saitenhalter bis zu einer Entfernung von etwa 10 cm vor dem Steg, der zweite, aus Ziegenhaut, erstreckt sich über die ganze rechte Seite und trägt den Steg. Die von links nach rechts gespannten Saiten (17–25) sind an hölzernen Wirbeln befestigt und werden mit einem metallenen Stimmschlüssel gestimmt. Die Größe des Instruments variiert zwischen 75×50 cm und 100×60 cm, je nach der Anzahl der Saiten. Die mechanischen Umstimmvorrichtungen des ägyptischen Qânûn, bewegliche und umklappbare sattelartige Gebilde, die die Saite um einen Viertelton verkürzen, sind im Maghreb nicht gebräuchlich, da die spezifisch-vorderorientalischen Intervalle des arabischen Musiksystems hier nicht benötigt werden.

Zu den Perkussionsinstrumenten zählen sechs verschiedene Arten von Trommeln (*Membranophone*) sowie eine kleine Auswahl von *Idiophonen*. Der Ṭarr unterscheidet sich von der baskischen Schellentrommel lediglich in den Ausmaßen (Durchmesser 15 bis 18 cm, Rahmen 7 cm). Rasselkörper sind fünf Paar kleine Metallscheiben. Das Spiel dieser Trommel ist ziemlich schwierig. Es gibt drei Anschlagsarten: »dom« ist der Schlag, der einen tiefen Klang erzeugt, »tschek« bezeichnet einen Schlag auf den Rand und »bîn ez-znûǧ« einen anderen, der in der Mitte der Membran ausgeführt wird. Diese Trommel ist wichtigstes Rhythmusinstrument des andalusischen Orchesters, kommt jedoch auch in volkstümlichen Gruppen zur Geltung. Sie wird gleicherweise von Frauen und Männern gespielt. Die »darbûkah« ist eine Tontrommel, deren Corpus oben gebäucht ist und unten in einen zylindrisch langgestreckten Hals ausläuft. Die Membran wird auf die Öffnung aufgeklebt, da wo sie am weitesten ist. Unter der Haut sind zwei Saiten angebracht, die beim Spiel mitschwingen. Diese Trommel existiert in verschiedenen Größen (Durchschnittsmaße 45x20 cm). Die zwei Schlagarten sind »dom« (lautstarker und tiefer Klang) und »tek« (gedämpft). Dieses Instrument wird vorzugsweise von den Volksmusikern gebraucht, gelegentlich aber auch in der andalusischen Kunstmusik. Die »taʿrîgah« und der »agwâl« sind zylindrische Gefäßtrommeln aus Ton von ungefähr gleichbleibendem Durchmesser. Der Agwâl ist doppelt so groß wie die Taʿrîgah, die paarweise gespielt wird.

Die »ṭbilât«, »ṭobla« oder »noqaîrât« sind kleine Pauken aus Ton oder Metall, je zwei miteinander verbunden (Durchmesser des Instruments 20x12 cm). Die Schlägel sind aus Holz und einer Wachskugel. Die »geṣʿâah« ist eine volkstümliche Abart dieser Kleinpauken.

Der Bendîr ist eine große flache Handtrommel, deren am Feuer gebogener Rahmen mit einer einzigen Membran bespannt ist (Durchmesser 45x10 cm). Im Rahmen befindet sich ein Loch für den linken Daumen des Spielers, an der Innenseite der Membran Schnarrsaiten. Bei vertikaler Haltung schlägt die rechte Hand die Hauptrhythmen, während die linke das Instrument am Rande hält und außerdem die rhythmischen Unterteilungen schlägt.

Der »ṭbel« ist eine mittelgroße Trommel mit zwei Membranen (Durchmesser 50x40 cm), die »türkische Trommel« oder »große Trommel« unserer Orchester. Typisches Freiluftinstrument, wird diese Trommel oft mit den Ghaîṭah zusammen gespielt. Die Gnâwâ-Neger benutzen diese Trommel zur Begleitung ihrer Drehtänze, im Verein mit den »qarâqeb«. Letztere, auch »qarqabû« genannt, sind folkloristische, paarweise gebrauchte »Metallkastagnetten«, eine jede mit zwei tellerförmigen Scheiben (30x10 cm), während unter den »snûǧ«, auch »nûwîqsât« genannten Instrumenten kleine Becken zu verstehen sind, von denen die rechte Hand zwei ergreift und sie gelegentlich mit einem von der linken gehandhabten dritten zum Erklingen bringt. Der »nâqûs« endlich besteht aus einem abgerundeten Stück Eisen, das man auf einen Schuh oder eine Unterlage aus Holz auflegt und mit zwei Metallschlägeln spielt (Sûs-Schluḥ, Marokko).

Die Fürsten, insbesondere der Sultan von Marokko, unterhalten ständige Kammerorchester sowie musikalische Ensembles, die bei Umzügen aufspielen. Das Kammerorchester des Sultans besteht aus zwei Rabâb, vier Lauten, drei Kâmangah, einem Ṭarr, zu denen seit einigen Jahren noch ein Qânûn, ein Violoncello und Jazz-Schlagzeug getreten sind. Die Blasmusikkapelle, die auch beritten auftritt, umfaßt ungefähr dreißig Musiker (Kornett, Bügelhorn, Saxhorn, Posaune, Klarinette und Saxophone), die im Einklang oder Oktavabstand andalusische Ṣanʿah-Musik spielen.

Die tunesischen Orchester sind wesentlich kleiner und bestehen aus Laute, Qânûn, Darbûkah und Ṭarr. Folgende volkstümliche Instrumentalensembles, die im Kaffeehaus oder zum Tanz aufspielen, konnten beobachtet werden: eine G͟haîṭah, zwei Bendîr und eine Gesʿâah (Tanzmusik, Biskra), ein Sänger mit einer »qeṣbah« und einer Gesʿâah (Lag͟howat), zwei Ṭbel, zwei Qarâqeb, ein Genîbrî (Negerfest zu Sale), eine Qeṣbah, ein Bendîr, Handklatschen (Volksmusiker auf dem Markt, Süd-Oran), zwei Qeṣbah, ein Bendîr, zwei Taʿrîǧah, ein Zamr (Stamm der Zemmûr), zwei G͟haîṭah, zwei Ṭbel, zwei Nafîr (Meknes, Hochzeitsumzug), ein Rabâb, drei Genîbrî, singende Schlûḥ-Tänzer mit Nûwîqsât und einem Nâqûs-Spieler (Marrakesch).

KURT REINHARD
Türkei

I. Historische Einordnung und Bedeutung

Die türkische Musik, namentlich die Kunstmusik, ist Teil der erstaunlich einheitlichen Musik des Vorderen Orients, die fälschlicherweise gemeinhin als arabisch bezeichnet wird. Aus der schlichten, engmelodischen Volksmusik der Beduinen sowie aus hebräischen und ägyptischen Kultmusikformen hatte sich in frühislamischer Zeit ein eigener Musikstil entwickelt, der aber sehr bald Elemente all der Musikkulturen übernahm und einschmolz, die in den ständig wachsenden Herrschaftsbereich der Kalifen geraten waren. Da die Sprache des Koran, das Arabische, auch in den nichtarabischen Ländern zur Sprache der Gebildeten und der Wissenschaft wurde, läßt sich kaum mit Sicherheit feststellen, wie groß der Anteil der verschiedenen Nationen an der Ausbildung der *vorderorientalischen Kunstmusik* gewesen ist. Zunächst übten zweifellos die Perser einen großen Einfluß aus, doch auch türkische Völkerschaften trugen das Ihre schon bei, ehe sie den anatolischen Raum zu besiedeln begannen. Sie hatten in Transoxanien bereits im 6. Jahrhundert Kontakt mit Iraniern, und bevor sie im Laufe der nächsten Jahrhunderte allmählich alle zum Islam übertraten, konnten schon zahlreiche Türken am Hofe zu Bagdad Schlüsselstellungen gewinnen. Zu ihnen gehören vermutlich bereits zwei Philosophen der islamischen Frühzeit, Farabi (Al-Fārābī; † um 950) und Ibn-Sina (Avicenna; † 1037), die so Wesentliches über Theorie und Praxis der Musik im 9. und 10. Jahrhundert auszusagen vermochten. Obwohl das *erste türkische Reich* im kleinasiatischen Raum, dessen Beginn mit dem Sieg der Seldschuken über die Byzantiner im Jahre 1071 anzusetzen ist, noch nicht das gesamte islamische Gebiet beherrschte, wurde es doch bald zum geistig-kulturellen Mittelpunkt, namentlich in seiner Hauptstadt Konya. Die Berührung mit Byzanz führte schließlich zur Aufnahme noch weiterer einzuschmelzender Kulturelemente. Mit dem 1288 von Osman I. gegründeten Osmanischen Reich gewannen die Türken dann auch politisch die Führung in der gesamten islamischen Welt. Ihr Machtbereich reichte im 16. Jahrhundert von den Grenzen Österreichs und Süd-Rußlands bis nach Indien und über den ganzen Norden Afrikas. *Geistig-geistliches Zentrum* war nun für mehrere Jahrhunderte *Istanbul*, das ehemalige Byzanz bzw. Konstantinopel. Von da an wird die führende Rolle der Türken auch auf musikalischem Gebiet deutlich. Vieles, was sich nun am Bosporus entwickelte, wurde fast unverändert in die arabischen und persischen Länder übernommen. Es erübrigt sich daher, das zu wiederholen, was bereits in den Artikeln ›Ägypten‹, ›Arabische Musik‹ und ›Persien‹ erwähnt wurde. Deshalb soll hier lediglich das dargelegt werden, was dort nicht ausdrücklich als von türkischer Herkunft bezeichnet wurde und was ohnehin speziell auf die anatolische Türkei bzw. auf Istanbul beschränkt blieb.

II. Musikinstrumente

Für die gegenwärtige Aufführungspraxis spielen Rhythmusinstrumente nicht mehr die gleiche Rolle wie einst in den türkischen Militärkapellen. Diese in frühosmanischer Zeit gegründeten, später »mehterhane« genannten und mit dem Janitscharen-Korps verbundenen Ensembles wurden mit letzterem zusammen 1826 aufgelöst. Von den 54 Mitgliedern der voll besetzten Kapelle spielten allein 36 *Rhythmusinstrumente*, und zwar in Gruppen zu je 9 Mann folgende 4 Typen: Becken (»zil«), Schellenbaum (»çağana«), kleines Paukenpaar (»nakkare«) und große sogenannte türkische Trommel (»davul«). Die großen Becken und die erst in Europa Schellenbaum genannte Rassel dürften sicher türkisch-zentralasiatischen Ursprungs sein, während die Trommeln vermutlich dem persisch-indischen Raum entstammen. Nicht-militärische Trommeln sind die mit Schellen versehene »def«, die als Tamburin bekannt ist, und die einfache, ebenfalls einfellige Rahmentrommel »mazhar« der religiösen Orden und schließlich die in der Volksmusik gebräuchliche Becher-(besser Kelch-)Trommel »darbuka« (arabisch), die mit vielen Namen, vor allem »deblek«, belegt wird. Sie wird, im Gegensatz zur Davul, mit beiden bloßen Händen geschlagen.

An *Flöten* benutzt man bis zur Gegenwart lediglich die offene Längsflöte, die in der vor allem religiösen Kunstmusik in verschiedenen Größen verwandte »ney« (arabisch »nay«) und die auch von zentralasiatischen Turkmenen gespielte »kaval«. Beide eng verwandte Typen sind schwer zu spielen, weshalb man neuerdings in der Volksmusik auch Block- und Schnabelflöten verschiedener Bauart, meist »düdük« genannt, verwendet. Man bläst sie nämlich nicht bei gerader Haltung über die Unterlippe an, sondern hält sie schräg und benutzt die Lippen seitlich. Die *Oboen*-Grundtypen sind beide vertreten, die in der Volksmusik gebräuchliche, aber seltene Kurzoboe »mey« ohne Schallstück und mit großem Doppelrohrblatt und die Kegeloboe »zurna« mit kleinem Blatt, die in Symbiose mit der großen Trommel Davul, chorisch gespielt den Stamm der Militärkapellen bildete und als Einzelinstrument, ebenfalls an eine Davul gekoppelt, wichtigster Träger ländlicher Fest- und Tanzmusiken ist. Die Zurna ist jener vom Vorderen Orient über Indien bis nach China verbreitete Oboentyp, den auch das Abendland übernahm. Sie wird so gespielt, daß das gesamte Blatt in die Mundhöhle genommen wird. Im übrigen atmet der Bläser vermittels einer besonderen Technik, ohne sein Spiel zu unterbrechen. *Klarinetten* begegnen nur als Doppelinstrumente »arghul« und »zummara« in den arabisch durchsetzten Südprovinzen und als Spielrohre des Dudelsacks »tulum« an der östlichen Schwarzmeerküste. Eine *Naturtrompete* gewundener Form, die »boru«, soll zwar alttürkischer Besitz sein und ursprünglich aus umwickelter Baumrinde bestanden haben; sie erlangte aber niemals weite Verbreitung und auch nicht ein so hohes Ansehen wie beispielsweise in arabisch-afrikanischen Ländern, sondern wurde vornehmlich im Mehterhane, ebenfalls in einer Gruppe von 9 Instrumenten, verwandt.

Bei den *Saiteninstrumenten* sind die historischen Zusammenhänge noch schwerer zu entwirren. Die Turkvölker besaßen offenbar bereits (wie noch heute ihre mongoliden Verwandten) ein eigenes Streichinstrument »ıklığ« (mit Bogen gespielt), eine Art Stachelgeige, die aus dem »kopuz« entstanden ist und im 12. Jahrhundert auch in Anatolien auftaucht, manche Wandlung durchmachte und später unter persischem Einfluß »kemençe« genannt wird. Vor allem die nomadisierenden Stämme (Yürük) hatten allerlei naturnahe Typen ausgebildet, wie z. B. die »kabak« (Kürbis). Daneben kennen die heutigen Turkmenen im Gebiet des Altai-Gebirges auch Langhalslauten, so daß nicht ausgeschlossen ist, daß die Türken selber an der Entwicklung des »tambur« beteiligt sind. Dieses heute der klassischen Musik dienende, schon von Farabi benutzte Instrument hat ein halbkugeliges Corpus, 8 doppelchörige Saiten und etwa 46 echte Bünde, die 24 Stufen in der Oktave vorsehen. Fast ausschließlich bei Türken findet sich die volkstümliche, ebenfalls mit dem Kopuz verwandte und in verschiedenen Größen gebaute Langhalslaute »bağlama« mit ihrem halbbirnenförmigen Schallkörper, Bünden und wechselnder Zahl der Saiten, deren tiefere stets als Bordun dienen. Dieses Instrument, dessen kleinster Typ »cura« heißt, wird oft »saz« genannt, was auch Musikinstrument allgemein bedeutet. Die bundfreie Kurzhalslaute »ut« ist zweifellos Lehngut von Persern oder Arabern, während die »lavta« sogar europäische Bauelemente aufgenommen hat. Dagegen mag die Zither »kanun«, deren Vorform nach Curt Sachs auf russischem Boden entstanden ist, ein ursprünglich türkisches Instrument sein. Sie war auch im arabischen Bereich lange Zeit Lehrgerät, hat heute für jede dreichörige Saitengruppe mehrere feine Umstimmklappen (»mandal«) und findet im klassischen Ensemble Verwendung. Zwei offenbar recht selbständige, heute noch beliebte Streichinstrumente begegneten bislang zwar nur im früheren türkischen Einflußbereich, es ist aber fraglich, ob sie türkischer Herkunft sind: die gedrungene »kemençe rumi« (anatolisch-griechische Geige), deren ungleich lange 3 Saiten mit den Fingernägeln verkürzt werden und die mittelalterlichen europäischen Fideltypen ähnelt, und die Kemençe vom östlichen Schwarzmeer, die Sachs kaukasisch nennt und die von den Pontos-Griechen in den letzten Jahrzehnten auch in Griechenland als »pontische Lyra« verbreitet wurde. Diese einem Pochette-Typ ähnliche schlanke Geige hat ebenfalls 3 Saiten, auf denen aber stets bordunhaft oder parallel-mehrstimmig gespielt wird. Die wahrscheinlich aus altorientalischen Vorbildern entwickelte, möglicherweise bereits in Asien entstandene Harfe »çeng« mit ihren 24 Saiten ist zwar bis ins 18. Jahrhundert hinein verwendet worden, über ihre Funktion ist jedoch nicht allzu viel bekannt.

III. Volksmusik

a. Volksdichtung

Form und Struktur der türkischen Volksdichtung haben sich (im Gegensatz zur Kunstdichtung) selbständig aus turkvölkischen Wurzeln entwickelt. Die Gepflogenheit, daß sich der Dichter meist in der letzten Strophe selbst nennt, die bis in die Gegenwart reichende Tradition der Volkssänger und die ausgereifte Gestalt der Dichtungen bedingten, daß neben den ständigen Neuschöpfungen viele alte Liedtexte und die Kenntnis von deren Schöpfern erhalten blieben, auch wenn die Niederschriften erst in den letzten Jahrzehnten begonnen wurden und noch immer fortgesetzt werden.

Bauprinzip der Volksdichtung ist die *Silbenzählung* der Zeilen. Durch Silben-, Zeilen- und Strophenzahl sowie durch das Reimschema und den Inhalt unterscheiden sich mehrere Gattungen. Die »koşma«, inhaltlich Liebeslieder, Naturschilderungen oder gesellige Lieder, haben elfsilbige Zeilen und 3 bis 6 vierzeilige Strophen. In der 1. Strophe enden die 1. und 3. sowie 2. und

4. Zeile auf die gleichen Reime, in den anderen Strophen wiederholen alle 4. Zeilen den Reim der 2. bzw. 4. Zeile der 1. Strophe, während die ersten 3 Zeilen innerhalb jeder Strophe gleich enden. Die »türkü« sind ebenfalls meist Liebeslieder, werden aber auch für Erzählungen alltäglicher Ereignisse u. a. in Anspruch genommen. Ihre Gattungsbezeichnung ist zugleich Synonym für Volkslied schlechthin. Die Zeilen können aus 11, 8 und 7 Silben bestehen, innerhalb des gleichen Liedes müssen sie aber einheitlich sein, doch schiebt man oft sinnfreie Silben wie »hey«, »aman« usw. ein. Elfsilbige Türkü haben meist wie die Koşma vierzeilige Strophen, die Türkü mit kürzeren Zeilen bevorzugen dagegen fünfzeilige Strophen, deren erste 3 Zeilen jeweils gleich lauten, während die 4. und 5. Zeilen aller Strophen denselben Reim aufweisen. Manchmal sind letztere sogar in ihren vollen Längen identisch, wodurch sie zu einem Refrain werden. Für Balladen wählt man die oft sehr ausgedehnte Form der »destan«, die bezüglich des Reims den Koşma ähnlich sind, stets aber nur acht- oder siebensilbige Zeilen aufweisen. Das gleiche Reimschema besitzen auch die »semai«, die stets achtsilbig sind, oft Refrainzeilen aufnehmen und Motive der türkischen Stämme abhandeln. Die einfachste Form haben die einstrophigen »mani« mit ihren 4, manchmal auch 6 stets siebensilbigen Zeilen und einem Reim in den 1., 2. und 4. Zeilen. Sie wurden früher im Wechsel oder gar Wettstreit zweier Sänger improvisiert, heute reiht man oft mehrere überlieferte oder vom Ausführenden selber einmal gedichtete Mani aneinander. Die Mani sind oft reich an Wortspielen, während bei allen anderen Formen der *Bilderreichtum der Sprache* sowie die Eigenart auffallen, an die Spitze eines Gedichtes ohne Zusammenhang eine Naturschilderung oder ähnliches zu stellen. Die Refrains, die nach freier Wahl eingeschaltet werden, haben gelegentlich abweichende Silbenzahl. Die Silben der Zeilen werden stets zu Gruppen zusammengefaßt, in Elfsilblern z. B. zu je $6+5$ oder $4+4+3$ Silben.

b. Rhythmisch freie Formen

Zu den bevorzugten Gedichten mit elfsilbigen Zeilen treten stets, zu den Achtsilblern jedoch nicht immer als Melodien sogenannte »uzun hava« (lange Melodie). Diese sind rhythmisch frei, entsprechen also dem sogenannten *Parlando-Typ* (Béla Bartók), haben einen weiten Ambitus und einen insgesamt deszendenten Melodieverlauf. Am Anfang stehende laut gesungene Haltetöne, leise Schlußpulsationen und die Einteilung in 2 bis 4 allmählich absinkende Tonräume entsprechen dem Stil von Hirtenweisen insbesondere bei den Turkvölkern Zentral- und Nordasiens. Die gepreßte, angespannte Singweise und die Überwucherung des Melos durch eine Fülle von Ornamenten sind jedoch vorderorientalische Zutat. Diese mußte offenbar auch deshalb aufgenommen werden, um die Melodien stilistisch den reich ausgezierten Gebetsrufen anzunähern und um ihnen damit in den Augen der Vertreter eines musikfeindlichen orthodoxen Mohammedanismus eine gewisse Existenzberechtigung zu verschaffen. So ist es auch verständlich, daß die *Uzun Hava* als die angesehensten Volksweisen gelten. Für die Kombination der Text- und Melodieformen gibt es kaum Regeln. Nur selten sind die Melodien so lang wie eine Textstrophe, häufiger verwenden sie Wiederholungen einzelner Zeilen, andererseits werden aber auch Textzeilen wiederholt oder um der Weise willen einzelne Silben mehrfach gebracht oder sinnfreie Worte eingefügt. Oft treten zu einer Textstrophe eine geschlossene Melodie und ihre vollständige Wiederholung. Typisch für alle Uzun Hava ist dagegen die Gepflogenheit, die meisten Silben einer Textzeile dem Beginn oder Ende der Melodiezeile fast syllabisch zu unterlegen und die größere Länge der melodischen Phrase vokalisiert und stark ornamentiert zu bieten. Die wichtigsten Formen der Uzun Hava sind »bozlak« und »ağıt«. *Bozlak* haben in drei von vier Fällen elfsilbige Texte, sie dienen meist Liebesliedern. Ihr Ambitus ist besonders groß, meist eine Oktave oder mehr, die Gliederung oft dreiteilig. Obwohl der türkische Bauer den Bozlak als »makam« bezeichnet, bezieht sich das doch nur auf den meist heiteren Ausdrucksgehalt, die Skalen dagegen, die stets heptatonisch sind, können in verschiedenen Modi stehen, beispielsweise dem Jonischen oder Äolischen entsprechen, aber auch dem Phrygischen, Dorischen usw. Ein Ağıt ist fast stets Totenklage, jedenfalls aber von elegisch-trauerndem Charakter. Ein Typ begnügt sich mit einem Quintambitus, ein anderer ist weiter ausladend. Meist nutzt man in 4 Abschnitten ständig tiefer lagernde Tonräume. Die Ornamentierung ist geringer, der Vortragsstil jedoch noch stärker mit schluchzerartigen Motiven durchsetzt. Die Gebrauchsleitern sind auch hier frei wählbar, Skalen mit einem Eineinhalbton-Schritt kommen häufiger vor. Die Texte sind etwa zu gleichen Teilen Elf- bzw. Achtsilbler.

c. Rhythmisch gebundene Formen

Stilistisch gegensätzlich und vermutlich alttürkischer Besitz oder von nicht arabisch-persischen Völkern übernommen sind die tänzerischen und melodisch schlichten Weisen, die gelegentlich als »kırık hava« bezeichnet werden. Das bedeutet »zerbrochene Melodie« und zeigt offenbar an, daß die Uzun Hava als das melodisch intensivere Volkslied betrachtet wird, während der straffe Rhythmus einer *Kırık Hava* das eigentliche Musikalische zerstört. Es ist die nach Bartók im Tempo giusto stehende Form. Während die Uzun Hava von Hause aus eine Liedform darstellt und nur gelegentlich einmal instrumental ausgeführt wird, können Kırık Hava gleichermaßen Lieder wie reine Tanzmelodien sein. Eine oder wenige verbindliche Formstrukturen gibt es nicht. Die Typen reichen von engmelodischen und z. T. noch pentatonischen Chortanzwechselgesängen kleinsten Ausmaßes, wie sie vor allem bei der südöstlichen Grenzbevölkerung beliebt sind, bis zu mehrteiligen Gebilden mit größerem Ambitus. Fast immer sind die Kırık Hava, zu denen auch viele Hirtenlieder und vor allem die Mani-Texte gehören, bevorzugt syllabisch und symmetrisch gegliedert. Es gibt zahllose vor allem choreographisch unterschiedliche Tanzformen, die oft landschaftlich gebunden sind und nicht selten pantomimischen Charakter tragen. Eine davon verbreitete sich fast über die ganze Türkei: der westanatolische »zeybek«. Am bekanntesten ist der (wie viele andere Tänze) als Reigen zu bezeichnende »halay«. Man tanzt ihn zu Davul-Zurna.

So klar *Rhythmus* und *Metrum* auch erscheinen, sie sind sehr häufig doch recht kompliziert und *asymmetrisch*. Hier wie bei den ebenso vielgestaltigen »usul« (rhythmisches Muster) der Kunstmusik ist bisher keineswegs geklärt, wo die Wurzeln dazu liegen. Zweifellos haben die Türken die zusammengesetzten Taktarten weiter verbreitet, z. B. auf dem Balkan, es scheint aber nicht ausgeschlossen, daß sie sie selber erst von den Griechen übernahmen, die ihrerseits die alten quantitierenden Metren allmählich mit Akzenten versahen und damit bei verschiedenen Versfüßen zwangsläufig zu asymmetrischen Taktarten gelangten. Die Türken nennen eines der häufigsten rhythmischen Muster dieser Art »aksak«. Dies bedeutet »hinkend, stolpernd« und zeigt zweifellos an, daß man die asymmetrischen Muster als künstlich veränderte einfache metrische Abläufe empfindet. So dürfte der 9/8-Aksak durch Punktierung der letzten Einheit aus dem 4/4-Takt entstanden sein, weshalb er richtig als 4¹/₂/4 zu bezeichnen wäre: ♩♩♩♩. . Als unregelmäßige Taktarten begegnen ferner 5/8 und 7/8 sowie 8/8, die in 3+3+2 Achtel gegliedert sind. Für den griechischen Ursprung der jetzt allgemein als Aksak bezeichneten Metren spricht ihr gehäuftes Vorkommen in den Westgebieten und an der bis 1922 vornehmlich von Griechen bewohnten östlichen Schwarzmeerküste.

d. Musikleben

Die türkische Volksmusik ist noch sehr lebendig und auch eigenschöpferisch, doch kündigt sich schon hier und da ein durch die moderne Zivilisation bedingter Niedergang an, den man durch die Gründung von zahlreichen Volksmusikgruppen, durch Sammlung und Publikation der Volkslieder und -tänze aufzuhalten sucht. Bemerkenswert ist jedoch das traditionelle, intakte *Volksmusikleben* namentlich der bäuerlichen Bevölkerung. Bei ihr sind die Frauen noch weitgehend von der aktiven Musikausübung in der Öffentlichkeit ausgeschlossen. Frauen singen im Hause, nicht zuletzt Wiegenlieder, und tanzen bei Hochzeiten und anderen Festen dort miteinander. Ihr Repertoire ist nicht grundsätzlich von dem der Männer verschieden, doch singen sie meist mit weniger Anspannung und Ornamentierung. Instrumente werden vornehmlich von Männern gespielt: die *Flöte* als Unterhaltungs- und Lockinstrument von Hirten und, genau so wie die Trommel *Deblek*, ganz allgemein zum Tanz. Doch auch diese Instrumente sind heute selten. Streichinstrumente, der früheren nomadisieren- den Bevölkerung vertrauter, begegnen nur noch wenig, abgese- hen allerdings von der *Kemençe* am östlichen Schwarzmeer. Im übrigen singen die Männer meist solo zwischen den bei Festen zum Tanz aufspielenden *Davul-Zurna*. Diese werden fast immer von Zigeunern gehandhabt. Sie sind Berufsmusiker, und ein Spielerpaar »betreut« meist mehrere Dörfer. Der Trommler ist der Führende, er macht auch oft die Tanzbewegungen mit, während der Oboer abseits steht. So wird (bei Hochzeiten drei Tage lang) viele Stunden am Tage gespielt, wobei sich Tanz an Tanz reiht. Die *Langhalslaute* wird von Laien nur vereinzelt benutzt. Man begleitet auf ihr Gesang, spielt solistisch Liedweisen mit Bordunbegleitung oder auch Instrumentalerzählungen, die nach wie vor beliebt sind, improvisatorischen Charakter tragen und meist sogar auf Flöten vorgetragen werden. Im wesentlichen wird die Bağlama aber noch von den Volkssängern (»âşık«) verwendet, die teils überkommene Lieder singen, teils eigene Gedichte bieten. Sie sind halbe Berufsmusiker wie die gelegent- lich als Minnesänger bezeichneten, heute selten gewordenen *Epensänger*. Diese werden ebenfalls in ihrer Gegend eigens zu Festen engagiert und tragen dann in Prosa und gehobener Rede die allgemein bekannten Epen vor, in die von der Langhalslaute zu begleitende Lieder, meist des Uzun Hava-Typs, eingeschoben werden. Das bekannteste Epos ist das von dem bäuerlichen Ritter und edlen Räuber Köroğlu, der im 16. Jahrhundert gelebt haben soll. Von den älteren Âşık sind als bekannteste zu nennen: Karacaoğlan (17. Jahrhundert) und Dadaloğlu (18. Jahrhundert) und aus der Gegenwart der 1894 geborene blinde Âşık Veysel.

IV. Kunstmusik

a. Theorie und Notation

Alle Darstellungen von Tonsystemen sind im Vorderen Orient Versuche, den reich differenzierten Tonvorrat der praktischen Musik sinnvoll zu ordnen und zu erklären. Bauprinzip ist,

anknüpfend an die griechische Theorie, die *Quintenreihung.*
Während Farabi und Ibn Sina noch an dem 12stufigen System
festhielten, entwickelte Safieddin (Ṣafī ad-Dīn; † 1294), der nach
Ansicht von Rauf Yekta Türke war, ein 17stufiges System, das
aus den Intervallen 24 und 90 C zusammengesetzt ist. Daraus
ergeben sich Halbtongrößen von 90 und 114 C sowie Ganztöne zu
180 und 204 C und viele Kombinationsmöglichkeiten für die
größeren Intervalle, z. B. 228, 270, 318, 474 C. Diese Ordnung
hatte Gültigkeit bis zu Beginn des 20. Jahrhunderts, als (anknüpfend an den Ägypter Michael Meschaqa) Rauf Yekta (1878 bis
1935) in Istanbul sein 24stufiges System vorlegte, das später
Suphi Ezgi (1870–1962) mit einer unerheblichen Abänderung
eingehend darlegte. Nun stehen folgende Werte für die Schrittin-
tervalle (einschließlich des Eineinhalbton-Schrittes) zur Verfügung: (24), 66, 90, 114, 138, 180, 204, 228, 270, 294 und 318 C.
Noch differenzierter sind dann schließlich die Systeme von Salih
Murad Uzdilek, der 24 Gebrauchsstufen aus einem 53gliedrigen
Zirkel ableitet, von Gültekin Oransay, der ein 29stufiges System
entwickelte, und von Ekrem Karadeniz (*1904), der ein tempe-
riertes 41stufiges System vorlegt. Für die Praxis jedoch allein
die *Makame* (arabisch »maqam«, türkisch »makam«) verbindlich.
Jedem Makam liegt eine bestimmte siebenstufige, nicht transpo-
nierbare Gebrauchsleiter zugrunde, die stets in ein Tetrachord
und ein Pentachord untergliedert ist. Der gemeinsame Ton, also
Quarte oder Quinte, hat eine Art Dominant-Funktion. Darüber
hinaus gibt es weitere gewichtige und untergeordnete Stufen, die
Finalis vorbereitende Töne, vorgeschriebene Einleitungsfloskeln
und Schlußklauseln, bevorzugte Motive, verbindliche Ambitus
sowie auf- oder abwärts gerichtete Melodiezüge, erwünschte
Zäsuren und weitere Charakteristika. 13 Makame gelten als
Grundskalen, alle anderen sind aus verschiedenen Vier- bzw.
Fünftongruppen dieser 13 Leitern zusammengesetzt. Außerdem
haben mehrere Skalen einzelne, der melodischen Bewegungsrich-
tung entsprechende Wechseltöne. Schließlich sind den Makamen
jeweils bestimmte Ausdrucksgehalte eigen. Sie gehen möglicherweise auf die Stile von Landschaften und Komponisten zurück,
deren Namen sie tragen.

Jede Komposition ist außer an einen Makam auch stets an ein
bestimmtes *rhythmisches Muster* (Usul) gebunden. Dies wird nur
selten in der Melodie realisiert, sondern möglichst auf ein oder
zwei Trommeln geschlagen. Zu seinem Wesen gehören nicht nur
unterschiedliche Schlagabstände, sondern auch tiefe Haupt- und
hohe Nebenschläge (»düm – tek«) sowie Mittelschläge (»ka«).
Rauf Yekta nennt 40 solcher Usul, die technische, landschaftliche
oder literarisch beschreibende Namen führen. Sie sind teils
einfach und kurz, entsprechen damit also einer schlicht rhythmi-

sierten klaren Taktart (z. B. »sofiyan« im 4/4-Takt als Halbe plus 2 Viertel = . »düm-tek-ka«), können aber auch beträchtliche Längen aufweisen. So zählt beispielsweise »remel« 28 Halbe und setzt sich aus 27 Schlägen in den Werten Ganze, Halbe, Viertel und Achtel zusammen. Das Muster »zarbi fetih« (Schlagen der Eroberung), das seiner Schwierigkeit wegen seit 1800 ungebräuchlich wurde, hat sogar 88 Viertel mit 80 Schlägen (Halbe bis Sechzehntel). Die Schlagfolgen werden nicht variiert, sondern unverändert beibehalten. Heute verzichtet man oft auf Trommelbegleitung, so daß der Usul gar nicht hörbar wird. Er ist nur dann zu erkennen, wenn die anders rhythmisierte Melodie da eine Zäsur aufweist, wo das Schlagmuster zu Ende ist. Unter den *asymmetrischen Usul* gibt es auch den Aksak (9/8). Der Sofiyan 2. Form mit seinem an die Grundform (s. o.) angehängten Achtel beweist eindeutig das künstliche, bewußt herbeigeführte »Stolpern« des Bewegungsablaufes.

Nachdem die Versuche von Safieddin, Abdulkadir ('Abd al-Qādir; † 1435), Prinz Korkut (16. Jahrhundert), Nayi Osman Dede (1652–1729), Prinz Demetrius Kantemir (Dimitrie Cantemir; 1673–1723) und Abdülbâki Nâsir Dede (1765–1820), Melodien mittels einer Buchstabennotenschrift aufzuzeichnen, keinen nachhaltigen Erfolg gehabt hatten, setzte sich die gänzlich neue, auch die Längenwerte berücksichtigende *Notation* des armenischen Kirchenmusikers Hamparsum Limonciyan (1768–1839), die sogenannte »Hamparsum notası«, durch. Ihr ist es zu verdanken, daß in der ersten Hälfte des 19. Jahrhunderts eine große Zahl der damals noch mündlich überlieferten Kompositionen der vergangenen 300 Jahre erhalten blieb. Mit der 1828 begonnenen Modernisierung des Musiklebens am türkischen Hofe durch Giuseppe Donizetti (1788–1856) setzte sich dann allmählich die abendländische Notation durch. Den abweichenden Tonhöhen sucht man durch eigene Vorzeichen gerecht zu werden, die allerdings nicht einheitlich angewandt werden; so unterbreiteten z. B. Ahmed Adnan Saygun (*1907) und Gültekin Oransay neue Vorschläge. Die in den Klassiker-Ausgaben üblichen Akzidentien haben folgende Bedeutungen: Erniedrigung ♭ um 180, ♭ um 114, ♭ um 90 und ♩ um 24 C, Erhöhungen ♯ um 24, ♯ um 90, ♯ um 114 und ♯ um 180 C.

b. Musikgeschichte

Von einer *eigenständigen türkischen Kunstmusik* kann erst vom 13. Jahrhundert an gesprochen werden; allerdings haben sich aus seldschukischer Zeit keine Werke erhalten. Es darf aber angenommen werden, daß für das musikalisch anspruchsvolle Zeremoniell des in dieser Zeit von dem Mystiker Celâleddîn Rumî in Konya gegründeten Ordens der Tanzenden Derwische (»mevlevi«) bereits kunstvolle Kompositionen vorlagen. Die Bedeutung der *Mevlevi* für die Entwicklung der türkischen Musik kann im übrigen überhaupt nicht hoch genug eingeschätzt werden. In ihren Klöstern, nicht zuletzt in den beiden Istanbuler Häusern Galata und Yenikapi, wurden bis ins 20. Jahrhundert hinein immer wieder die vorzüglichsten Musiker und Musikkenner herangezogen. Weitere Ausbildungsstätten (die bekannteste wurde Enderun) entstanden später am Hofe der osmanischen Sultane, für die auch immer wieder theoretische Traktate, meist über die Tonarten, geschrieben wurden. In diese Frühzeit des türkischen Reiches fällt auch die Gründung der schon erwähnten *kaiserlichen Militärkapelle*, die seit dem 15. Jahrhundert »mehter-hane« genannt wurde und in wechselnder Besetzung bei allen im Freien stattfindenden Veranstaltungen mitzuwirken hatte. Die von ihr gespielten Stücke sind großenteils verloren, es ist aber bekannt, daß hier viele neue Formen entwickelt und zahlreiche, nicht nur für die Mehter-Musik bestimmte Künstler ausgebildet wurden. Die gesamte übrige, vornehmlich *kammermusikalische Musikpflege* war mit dem »saray« des Herrschers verbunden. Sänger und Instrumentalisten, die oft gleichzeitig der religiösen Musik dienten, gelangten hier zu höchstem Ruhm und vermochten von hier aus auf die gesamte islamische Welt Einfluß zu nehmen. Einige Sultane oder Angehörige ihrer Familie waren selbst großartige Musiker und Komponisten, so Mahmud I. (Regierungszeit 1730–1754), Selim III. (1760–1808), Mahmud II. (Regierungszeit 1808–1839) und Abdül Aziz (1839–1876). Schließlich bildeten sich auch in den Haushalten von hohen Staatsbeamten und Heerführern in Istanbul und in der Provinz eigene kleine Kapellen, doch ist über deren Schaffen bisher erst wenig bekannt geworden.

Der älteste Komponist, von dessen Kompositionen sich Teile erhalten haben, ist Hatip Zâkirî Hasan Efendi (1545–1623), dessen Leben in eine wegen dauernder Kriege musikarme Zeit fällt und von dessen religiösen Liedern heute noch viele gesungen werden. Erst unter Murad IV. (1623–1640) blühten die Künste wieder auf, so daß jetzt auch mehr Komponisten in Erscheinung traten. Der bekannteste von ihnen war wohl Hafiz Post († 1693), von dessen 1200 Werken nur wenige erhalten blieben und der auch (heute vermutlich anonym weiterlebende) Melodien zu Volksdichtungen geschrieben hat. Kurz nach ihm lebte der noch bedeutendere Buhurîzade Mustafa Itrî (1640–1711), als Lehrer wie als Komponist gleichermaßen berühmt. Bis zur Auflösung des Mevlevi-Ordens im Jahre 1925 wurde lange Zeit immer nur eine Vertonung des Gebetes »nait« von Itrî als Einleitung des Zeremoniells gesungen. Als kunstsinnigste Zeit der türkischen Kulturgeschichte darf die erste Hälfte des 18. Jahrhunderts gelten, in die auch die sogenannte Tulpen-Zeit (»lâle devri«, 1718–1730) fällt. Ihre Bedeutung liegt nicht zuletzt in ihrer Überwindung der vorherigen Isolierung und der Übernahme gewisser volksmusikalischer Elemente, namentlich der Âşık. Diese Blüte des türkischen Musiklebens dauerte dann noch bis in die Regierungszeit Selims III. (1789–1807) fort. Angesehene Komponisten und Musiker dieser Epoche sind Tamburî Mustafa Çavus (etwa 1764–1854) und Hamamîzâde İsmail Dede (1777–1845). Trotz der gleichzeitig eingeleiteten Übernahme westlicher Kultur lebte im 19. und 20. Jahrhundert die klassische türkische Musik weiter, und es entspricht dem in allen außereuropäischen Hochkulturen zu beobachtenden Beharrungsvermögen, daß der einmal ausgereifte Kompositionsstil nun weitergepflegt und kaum fortentwickelt wird. Namhafte Vertreter dieser Spätzeit sind Dellâlzâde İsmail Efendi (1807–1869), der zahlreiche Lieder vom Typ der »beste« schrieb, Tamburî Büyük Osman Bey (1816–1885), Komponist vor allem instrumentaler Ouvertüren (»peşrev«), Zekâi Dede (1829–1897), der durch Reisen nach Ägypten besondere Anregungen empfangen hatte, Hacı Arif Bey (1831–1884) mit seinen mehr als 1000 Werken, der oft mit Franz Schubert verglichene Liedmeister Şevki Bey (1860–1890), der »letzte Klassiker« Lem'i Atlı (1869–1945) und Tamburî Cemil Bey (1871–1925), ein Erzmusikant, von dem noch, als wertvolle Klangquellen, zahlreiche Schallplattenaufnahmen gemacht werden konnten.

c. Religiöse Formen

Die einzigen vom orthodoxen Islam erlaubten Formen religiöser Musik, ja aller Musik überhaupt, sind der Gebetsruf (»ezan«), den der Muezzin fünfmal täglich vom Minarett herab singt, und die Koran-Rezitationen. Die musikalische Gestalt des stets arabisch gesungenen *Ezan,* dessen Grundform 7 Textzeilen in bis zu 12 Melodieabschnitten aufweist, bei besonderen Gelegenheiten jedoch noch Zusätze erhält, ist im gesamten Vorderen Orient ähnlich, erfährt jedoch von Ort zu Ort leichte Abwandlungen. Der Vortrag der *Suren* ist zwar an frei wählbare Makame gebunden, verbleibt aber doch häufig stärker rezitativisch als der meist reich ausgezierte Gebetsruf. Daneben sind, namentlich in der Türkei, viele Teile der Liturgie im Laufe der Zeit vertont worden, nicht zuletzt dann, wenn sie zuvor (oft von den Mystikern) in dichterische Form gebracht worden waren. Hervorragend ist hier das »mevlid« (auch »mevlût«), die Erzählung von der Geburt des Propheten aus dem 14. Jahrhundert, die auch bei Totenfeiern vorgetragen wird. Während all diese Formen rein vokal bleiben, konnte sich im Zeremoniell der verschiedenen Derwisch-Orden auch Instrumentalmusik durchsetzen. So verwendeten die Mevlevi ursprünglich Ney und Nakkare für ihre mystischen Tänze, um später sogar noch weitere Instrumente heranzuziehen.

Ihre Feiern vollziehen sich im allgemeinen so: auf das erwähnte einleitende, solo gesungene Gebet Naıt folgt ein instrumentales Peşrev und dann erklingt vokal-chorisch und instrumental das sogenannte »ayın«, eine aus 4 »selam« (Gruß) bestehende Hymne, während ein verkürztes Peşrev und ein »yürük semai« den Schluß bilden. Alle Stücke (außer dem stets gleichbleibenden Naıt) müssen im selben Makam stehen, auch gibt es Bindungen an bestimmte Rhythmen.

d. Weltliche Formen

Da die eben genannten Instrumentalstücke mit weltlichen Formen identisch sind, ist auch die Art ihrer Ausführung gleich, nämlich heterophon. Obwohl es sich um Kompositionen handelt, haben die Ausführenden die Freiheit, ohne den Gesamtablauf anzutasten, einzelne motivische Wendungen abzuwandeln. Man bevorzugt dafür ornamentierte Floskeln, die man gegen andere stereotype Verzierungen austauscht. Da aber beim Zusammenwirken mehrerer fast immer verschiedene Varianten aufeinander treffen, ergibt sich *Heterophonie*. Als weitere verbindende Ausdrucksmittel fallen (im Gegensatz zur Volksmusik) Verhaltenheit im Tempo und Zurückhaltung in der Stimmgebung auf. Heute werden die Gesangspartien bevorzugt chorisch ausgeführt, während man die instrumentale Melodie nach Möglichkeit durch verschiedene ein- oder mehrfach vertretene Blas- und Saiteninstrumente besetzt. Zu konzertanten Aufführungen stellt man fast immer *Zyklen* (»fasıl«) zusammen, deren Teile alle im gleichen Makam stehen und normalerweise so angeordnet sind: »peşrev«, »kâr«, »beste«, »ağır semai«, »şarkı«, »yürük semai« und »saz semai«. Dem Einleitungsstück kann noch ein »taksim« vorausgehen, auch können solche Improvisationen noch anderswo eingeschoben werden. Die erste und letzte Nummer sind Instrumentalstücke, die dazwischen liegenden Lieder. Peşrev ist eine Art Ouvertüre aus 4 Teilen (»hane«), denen jedesmal der »teslim« genannte Refrain folgt; der zweite Abschnitt kann modulieren. Ein Saz Semai (»saz« heißt hier allgemein Musikinstrument) ist völlig gleich gegliedert, nur muß stets einer der Semai-Rhythmen gewählt werden, die im Peşrev nicht verwandt werden dürfen. Die Liedformen unterscheiden sich oft nur durch die Textstrukturen. Am unverbindlichsten sind die Şarkı, deren Bezeichnung zum Synonym für Kunstlied schlechthin wurde. In ein Beste schiebt man gern sinnfreie Silben ein, während die Kâr schon durch ihre bis zu achtzeiligen Strophen beträchtliche Längen aufweisen. Ağır und Yürük Semai tragen die Namen der Rhythmen, in denen sie

stehen. Genaue Regeln für die Formgestalt gibt es bei keinem
Liedtyp. Melodiezeilen können wiederholt, Refrains eingeschoben werden usw., häufig jedoch wird die 3. Textzeile (»meyan«)
melodisch und durch Modulation hervorgehoben.

V. Gegenwart

a. Ausbildungswesen

Während nach der Berufung Giuseppe Donizettis zum Musikdi-
rektor des Sultanhofes (1828) und durch die Neuerungsbestre-
bungen des »tanzimat« (1839–1880) die *Europäisierung* des
türkischen Musiklebens nur zaghaft fortschritt, wurde eine umfassende Umstellung durch die *Reformpläne Atatürks* in den 1920er
und 30er Jahren systematisch durchgeführt. Bereits in den
Volksschulen lehrt man Musik nach westlichem Vorbild. Die
Erziehung der Dorflehrer besorgen spezielle Schulmusiker, die
zusammen mit den Musiklehrern für die höheren Schulen an
dem seit Jahrzehnten von Eduard Zuckmayer (1890–1972)
geleiteten Gazi-Institut in Ankara ausgebildet werden. Das u. a.
von Paul Hindemith begründete Staatskonservatorium in Ankara
pflegt nur abendländische Musik, an dem älteren Städtischen
Konservatorium zu Istanbul gibt es aber zwei spezielle Abteilungen für türkische Volks- und Kunstmusik. Die gesamte übrige
Ausbildung in der traditionellen Musik ist auf private Institutionen angewiesen.

b. Pflege- und Sammelstätten

Neben dem in den großen Städten ganz europäisch strukturierten
Konzertwesen und neben der auf dem Lande noch großenteils
intakten Volksmusikpflege gibt es nur wenige Stätten, die sich der
klassischen türkischen Musik annehmen. Meist handelt es sich um
Musikzirkel, die in kleinen Städten auch Volksmusik spielen, bzw.
um die eben genannten Institutionen. Die besten Sänger und
Instrumentalisten sind zumeist an den Rundfunkanstalten tätig,
die aber nur wenig Sendezeit für die originale Kunstmusik
erübrigen, dafür jedoch mehr meist bearbeitete Volksmusik sowie
eine Fülle schlagerähnlicher hybrider Unterhaltungsmusik sen-
den. In Istanbul findet jährlich ein großes, von einer Bank
finanziertes Volkstanz-Festival statt, und jeweils im Dezember
werden in Konya Aufführungen von Musik und Tanz des ehemaligen Ordens der Tanzenden Derwische veranstaltet. Neben
einzelnen Verlegern, an ihrer Spitze İskender Kutmani
(1878–1960), hat sich vor allem das Istanbuler Konservatorium
um die Herausgabe der klassischen Kompositionen verdient
gemacht. Dort hat man seit den 1920er Jahren auch zahlreiche

Plattenaufnahmen durchgeführt, während das bis zu seinem Tode (1963) von Muzaffer Sarısözen geleitete Schall-Archiv des Konservatoriums zu Ankara Volksmusik sammelt. Neuerdings bemüht sich Gültekin Oransay in dem von ihm gegründeten ›Türk Küğ Belgeliği‹ (Türkisches Musikarchiv) um eine Quellensammlung und wissenschaftliche Erschließung der gesamten traditionellen Musik.

c. Moderne Komponisten

Von den europäisch eingerichteten Orchestern und Opernhäusern (Ankara, Istanbul) wird nicht allein westliche Musik aufgeführt, in den letzten Jahrzehnten wuchsen im Lande selbst Komponisten heran, die hier und in Kammerkonzerten zu Worte kommen. Ein Teil von ihnen schreibt gänzlich in einem abendländischen Stil, andere wiederum suchen eine Verbindung zwischen melodisch-rhythmischen Elementen der türkischen Musik und europäischer Formgestalt, Harmonik und Instrumentation. Als bedeutendster unter ihnen darf Adnan Saygun gelten, der vor allem durch sein Oratorium ›Yunus Emre‹ bekannt geworden ist. Weitere Namen sind Ulvi Cemal Erkin (*1906), Hasan Ferid Alnar (*1906), Necil Kâzım Akses (*1908), Bülent Tarcan (*1915), İlhan Usmanbaş (*1921) und Nevit Kodalli (*1924).

Henry George Farmer
(Übersetzung aus dem Englischen von Dieter Christensen)

Persien

Alles, was über die frühe Musikgeschichte Persiens bekannt ist, wird durch Denkmäler aus dem 9. und 7. Jahrhundert v. Chr. überliefert. Auf dem ältesten, dem Basrelief von Kūl-i Firaun, sind elamitische Musiker mit einer Rahmentrommel, einer liegenden und einer aufrechten Winkelharfe dargestellt. Die letzteren Instrumente sind als »van« (pahlevī »von«, »vin«) und »čang« bekannt. Diese beiden Typen der Harfe begegnen, gemeinsam mit einer Doppelklarinette und einer Trommel, auch auf dem Ašur-bāni-pal-Basrelief aus dem 7. Jahrhundert v. Chr. im Britischen Museum in London, das auch einen Chor von Hofsängerinnen zeigt. Der Louvre in Paris besitzt eine Terrakotta-Statuette (8. Jahrhundert v. Chr.) aus Susa mit der Darstellung einer Langhalslaute (»tanbūr«), einem Instrument, das wahrscheinlich aus Assyrien entlehnt wurde. Es ist wahrscheinlich, daß auch die persischen Namen für Trommel (»tabīra«) und Trompete (»karranāy«) von den assyrischen (»ṭabbalu« bzw. »qarnu«) abgeleitet sind.

Während der Periode der Achämeniden-Könige (550–330 v. Chr.) trat *religiöse Musik* in Erscheinung. Zwar ist das ›Avesta‹, wie es heute bekannt ist, erst z. Z. von Vologeses I. (51–78 n. Chr.) entstanden, doch findet sich bereits bei Herodot (5. Jahrhundert v. Chr.) neben einem Hinweis auf die Sänger des Zand (»zand-hvān«) die Angabe, daß der Magische Dienst die Hymnen »gāta« und die Lobgesänge »yašt« einschloß. Die Musik spielte an den Höfen eine große Rolle. Es war ein *Hofsänger* des Astyges (†550 v. Chr.), der diesen Herrscher vor den Plänen des Cyrus warnte. Xenophon (5. Jahrhundert v. Chr.) erwähnt die Sängerinnen des persischen Hofes, und als die Griechen Damaskus eroberten, fanden sie mehrere Hundert solcher Frauen im Hofstaat von Darius III. (†330 v. Chr.) vor. Nach Strabo (1. Jahrhundert v. Chr.) wurde die persische Jugend zur Musik erzogen. Zu jener Zeit waren die Griechen die Herren des Orients; dennoch findet sich nicht ein einziges griechisches Wort in der persischen Musiknomenklatur, mit Ausnahme des Terminus »mūsīqī« für Musiktheorie, der aus arabischen Abhandlungen übernommen ist. Es mag wohl sein, daß die Griechen dem Orient mehr entliehen als gegeben haben, wie Instrumentennamen wie »barbiton« (von persisch »barbaṭ«) und »pandura« (von persisch »tanbūra«) anzudeuten scheinen.

Während der folgenden parthischen Arsakiden-Zeit, besonders nach Vologeses III. (147–199), entstanden Strömungen gegen den vorherrschenden Hellenismus; Aramäisch wurde faktisch zur Sprache der Beamtenschicht, und es mag zu dieser Zeit gewesen sein, daß die Trompete »šaipūr« und die Pauke »kōs« (von aramäisch »šōpāra« bzw. »kāsā«) übernommen wurden.

Unter dem Sassaniden Ardašīr I. (224–241) wurde den Musikern ein niedrigerer *sozialer Rang* zugewiesen, woraus entnommen werden könnte, daß sie vorher gehobenere Stellungen innehatten. Während der Regierung von Sāpūr I. (241–272) wurde die Laute Barbaṭ verbessert. Der musikalischste dieser Könige war der in Liedern und Erzählungen wegen seiner musikalischen Neigungen gerühmte Bahrām Gur (420–438). Er hob den Status der Musiker und veranlaßte, wohl um die Kunst zu höherem Ansehen zu bringen, die Einwanderung von Tausenden von Sängern und Tänzern aus Indien, anscheinend über Belutschistan und Luristan (wegen ihrer Bezeichnung als »ẓuttī« oder »lūrī«). Sie werden für die ursprünglichen Zigeuner gehalten. Als Ḥusrau I. Anūširvān (531–579) den Thron bestieg, wurde der Status der Musiker wieder auf den alten niedrigeren Grad herabgesetzt, möglicherweise wegen des tadelnswerten Verhaltens der Ẓuttī. Eine bessere Behandlung erfuhren die Musiker unter Ḥusrau II. Parvīz (580–628), der seine Hofsänger bei allen öffentlichen Gelegenheiten verwendete. Die Felsbilder von Tāq-i Būstan zeigen Musiker, die die oben erwähnten beiden Harfentypen Van und Čang spielen. Trompeten und Trommeln, die Oboe »surnāy« sowie die Mundorgel »bīša'-i mušta«, die mit dem chinesischen »čeng« identisch ist, verstärkten das Instrumentarium. Auf Keramik und Metallgegenständen der späteren Sassaniden-Zeit sind die Laute Barbaṭ, die Laute »rubāb«, die aufrechte Winkelharfe Čang, die Gabelbecken »čagān« und die Mundorgel dargestellt. Die Namen der berühmten Musiker dieser Zeit sind erhalten geblieben. Bārbad war der berühmteste von allen. Ihm werden die »Sieben Königlichen Tonarten« (»ṭurūq-i mulūkiya«) sowie die dreißig berühmten Melodietypen und dreihundertsechzig Melodien zugeschrieben. Nach William Jones kannten die Perser unter Ḥusrau Parvīz nur sieben Tonarten; das erinnert an den im ›Rāmāyana‹ enthaltenen Hinweis, nach dem die indischen Musiker jener Zeit nur sieben »ǧātis« kannten. Die früheste arabische Abhandlung über Musik, ›Risāla fī tartīb al-naġam‹ (Abhandlung über die Einrichtung lieblicher Melodien) von Abū Yūsuf Al-Kindī († um 874) gibt einigen Aufschluß über die Namen dieser *Sieben Königlichen Tonarten*, die Farmer wörtlich wie folgt transkribiert: »šašum«, »imrīn« (»awrang« ?), »isfarās« (»isfahān«?), »sabdār« (»sabz dar sabz«), »nīrūzī« »mihrġānī« usw. Al-Masʿūdī († 956), der sich auf Ibn Ḥurdādbih

(† um 912) beruft, gibt eine Version der Sieben Tonarten, die in wörtlicher Transkription wie folgt aussieht: 1. »salāf«, 2. . . ., 3. . . ., 4. »mādārūsnān« (»māzāndaran«?), 5. »sāykād« (»sābdār«), 6. »sīsum« (»šašūm«), 7. »ġūbarān« oder »ḫuwairān«. In seinem ›Kitāb al-kāfī fi'l-mūsīqī‹ gibt Ibn Zailā († 1048) eine Liste von sogar elf solcher alten persischen Tonarten, doch sind die orthographischen Abweichungen in diesem Manuskript so groß, daß nur ein Name, »nāqūsa«, wiederzuerkennen ist. Selbst die Namen der als die »Dreißig Melodien« (»sī laḥn«) des Bārbad bekannten Melodietypen werden durch Niḍāmī von Ganǧa († um 1203) in seinem ›Ḫusrau va Šīrīn‹, und zwar sowohl in den Drucken als auch in den Manuskripten, ferner im ›Burhānqāṭiʿ‹ und im ›Farhang-i Jahāngīrī‹ so abweichend wiedergegeben, daß nur ausgedehntere Untersuchungen den korrekten Text jemals sichern könnten.

Einige Autoren haben das Fehlen früher persischer Abhandlungen über Musik dadurch zu erklären versucht, daß sie die restlose Zerstörung solcher Werke bei der Eroberung Persiens durch die Araber annahmen; sie haben auch vorgegeben, ihre Feststellungen durch Dokumente zu belegen. Es war Farmer möglich zu beweisen (in Isis 36, 1946), daß solche Dokumente nicht existieren und daß die postulierte Zerstörung nicht historisch ist. Erst seit der Eroberung Persiens im 7. Jahrhundert weiß man etwas über persische Musiktheorie und Praxis, und zwar durch den Einfluß der persischen Kunst auf die arabische. Doch bestand dieser Einfluß schon lange vor dem Islam. In Al-Ḥīra, der Hauptstadt der arabischen Lachämiden-Dynastie, war die persische Harfe als »jank« übernommen worden, und selbst im Hiǧāz, der eigentlichen Wiege des Islam, war die persische Laute aus Al-Ḥīra bekannt. Es hat den Anschein, daß die Araber eine Laute mit Pergament-Decke besaßen, wie sie auch die persische zweisaitige Rubāb aufwies, daß sie bald jedoch die persische Barbaṭ mit ihrer Holzdecke bevorzugten; daher ihr Name »al-ʿūd« (das Holz) für die neue Laute. Das ist auch der Grund, warum die neu übernommenen tiefsten und höchsten Saiten die persischen Bezeichnungen »bamm« (tief) und »zīr« (schrill) erhielten.

Zwei der frühesten Musiker aus islamischer Zeit, beide aus Al-Ḥīra, waren Hunain al-Ḥīrī († um 718) und Aḥmad an-Naṣībī, ein Spieler des Tanbūr, eines persischen Instruments. Selbst im weit nördlich gelegenen Damaskus verwendeten die Ġassaniden-Könige die persische Barbaṭ, und fast alle frühen Hofsänger des Kalifats waren persischer Abstammung; sie führten einen besonderen Singstil ein, der sich von dem der Araber unterschied.

Arabische Musik wurde zuerst von Ibn Misǧaḥ († um 715) in ein System gebracht. Er bereiste sowohl Persien als auch Syrien; was er über persische und byzantinische Musik erfuhr, ermöglichte ihm, eine Grundlage für die *arabische Musiktheorie und Praxis* zu schaffen, die in arabisch sprechenden Ländern allgemein angenommen wurde. Von den Persern wurde die Stimmung der Laute, *A–D–g– c*, entlehnt, während die Skala byzantinisch, d. h. pythagoräisch war. Bünde am Griffbrett (»dasta«) der Laute wurden mit ihrer persischen Bezeichnung »dastān« (Plural »dasātīn«) übernommen. Doch scheinen die Araber etwas besessen zu haben, was die Perser nicht kannten, nämlich den Rhythmus »īqā'«. Wie Muḥammad ʿAwfi, der Verfasser des ›Lubāb al-albāb‹, schreibt, waren die »Königlichen Melodien« des Bārbad »entfernt vom Versmetrum«, und man kann nur annehmen, daß auch seine Musik frei von metrischer Gliederung war. Andererseits wird von einem gewissen Ankīsiya berichtet, der am Hofe des Ḥusrau Melodien nach »sabab«, »watad« und »fāṣila«, d. h. nach den notwendigen prosodischen Faktoren einteilte.

Wie die persische Skala zu jener Zeit beschaffen war, ist nicht bekannt, doch betrugen im 10. Jahrhundert (nach Al-Fārābī) die kleine Terz und die kleine Sexte 303 bzw. 801 C, was mit dem pythagoräischen System nicht übereinstimmt. Interessanter ist die *Khorasan-Skala*, deren Fortschreitungen mit »limma-limma-komma«, d. h. 90–180–204 C, praktisch die Oktave hindurch eine äußerst angenehme und theoretisch fundiertere Leiter ergaben. Sängerinnen (»qaināt«) aus Khorasan waren im 8. und 9. Jahrhundert am Kalifenhof sehr beliebt. Sie sangen »fahlīdiyāt« genannte Melodien, d. h. »Melodien von Fahlīd« oder Bārbad, die auf ihrer einheimischen Langhalslaute (Tanbūr Ḥurasānī) begleitet wurden. Dieses Instrument ergab die oben erwähnte Skala, eine Tatsache, die von den Puristen der arabischen Musik bejammert wurde, wie dem ›ʿIqd al-Farīd‹ des Ibn ʿAbd Rabbihi (†940) zu entnehmen ist.

In Persien selbst wurden neben der Laute und Langhalslaute zahlreiche weitere Instrumente verwendet, nämlich die Langhalslaute »rūd«, die Laute Rubāb, die aufrechte Winkelharfe Čang, die liegende Winkelharfe Van, die besonders in Khorasan beliebt war, die Stachelgeige »kamānča«, die Flöte »nāy«, die Rahmentrommel »dā'ira«, die Sanduhrtrommel »kōba« und die Bechertrommel »dunbaq«. Zum Musizieren im Freien dienten die Oboe Surnāy, die Doppelklarinette »dūnāy«, die Trompete Karranāy, das metallene Blasinstrument »ruyīn nāy«, die Trommel Tabīra, die Pauke Kōs, die Indische Glocke »hindī darāy«, die kleinen Becken »sang« und die großen Becken »sing«. Diese Instrumente erwähnt Niḍāmī von Ganǧa in seinem ›Ḥusrau va Šīrīn‹, doch trifft die Aufzählung eher für seine Zeit als für die der Sassaniden zu.

Da zu jener Zeit arabisch die Sprache der Wissenschaft und Philosophie war, in der auch die Musiktheorie diskutiert wurde, schrieben viele Gelehrte persischer Abstammung, wie ʿUbaidallāh b. ʿAbdallāh b. Ṭāhir († um 912) und sein Verwandter Manṣūr b. Ṭalḥa ihre *Abhandlungen über Musik in arabischer Sprache*. Noch berühmter waren Abu'l-ʿAbbās as-Saraḥsī († 899) und Abū Bakr ar-Rāzī († 925). Ihr Ruhm wurde jedoch durch den des Al-Fārābī († um 950) verdunkelt. Er war türkischer Abstammung; sein arabisch geschriebenes ›Kitāb al-mūsīqī al-kabīr‹ (Größeres Buch über Musik) wurde zum Lehrbuch für Jahrhunderte. Obwohl er für Syrer schrieb, befaßte er sich auch mit der Kunst Persiens. Er erwähnt die instrumentale Virtuosität, die ihm in den »ṭarāyiq« und »rawāsīn« der persischen Musiker begegnete, ihre scharfe kleine Terz von 303 C im Gegensatz zum pythagoräischen Intervall von 294 C und die interessante limma-limma-komma-Skala auf dem Tanbūr von Khorasan. Er weist auch auf ein neues Saiteninstrument »šāhrūd« hin, das 912 von einem' gewissen Aḥwas aš-Soġdī erfunden worden ist. Etwas später schrieb Muḥammad b. Aḥmad al-Ḫwārizmī (spätes 10. Jahrhundert) sein ›Mafātīḥ al-ʿulūm‹, das einen Abschnitt über Musik enthält. Nach ihm wurden die »dastānāt«, d. h. die Tonarten des Bārbad, noch gepflegt und war die Rubāb in Persien und Khorasan beliebt. Niḍāmī von Ganǧa sagt in seinem ›Sikandar Nāma‹: »Die besten Sänger kommen aus Khorasan, aber der Irāk schickt die süßeste Laute.« Während der Herrschaft der Buvaihiden (932–1055) lebte der große arabische Literat Abu'l-Faraǧ al-Iṣfahānī († 967), dessen Name seine Herkunft bezeichnet. Sein großes 21bändiges ›Kitāb al-aġānī al-kabīr‹ (Größeres Buch der Gesänge) ist eine reiche Quelle zur Frage des persischen Einflusses z. Z. des frühen Kalifats. Zwei oder drei der Autoren der ›Rasā'il Ihwān aṣ-ṣafā'‹ (Traktate der Brüder der Aufrichtigkeit) waren Perser; dieses Werk enthält eine äußerst wertvolle Abhandlung über Musik. Werke des Ibn Sīnā (= Avicenna; † 1037), nämlich sein ›Kitāb aš-šifā'‹ (Das Buch von der Heilung) und sein ›Kitāb an-naǧāt‹ (Das Buch von der Befreiung), befassen sich ebenfalls mit Musiktheorie und Praxis; das letztere wurde von Al-Ġuzaǧānī unter dem Titel ›Dāniš-nāma‹ ins Persische übersetzt. Der ›Šifā'‹ gibt (zum ersten Mal) durch die folgenden drei Beispiele einen Einblick in die *melodisch-modale Struktur* der persischen Musik: Navā [F] *E D C H A G F+ E*, Iṣpahān *E− C♯ C H− G♯ G F♯ D♮ [E−]*, Salmakī *E D C H A G♯ G F♯ D♮* (sic). (Die Zeichen + und − hinter einigen der obigen Tonstufen bezeichnen gewisse nicht-pythagoräische Intervalle, nämlich einen Dreivierteltong und eine neutrale Terz, die beide der alten persischen Skala eigen waren. Die Rhythmen waren praktisch mit denen der Araber identisch.)

Im *Instrumentarium* tauchen jetzt einige neue Bezeichnungen auf, wie »salbāq«, das (wenigstens dem Namen nach) an die griechische »sambykē«, einen Harfentyp, erinnert; ein anderes dieser Gruppe ist das »ʿanqā«. Ferner gab es das »ṣanǧ čīnī«, d.h. Chinesisches Ṣanǧ, das anscheinend aus Tongefäßen bestand, die durch unterschiedliche Wasserfüllung abgestimmt und mit Hämmern (»maṭāriq«) angeschlagen wurden. Ibn Zailā, Schüler des Ibn Sīnā und Verfasser einer erschöpfenden arabischen Abhandlung über Musik, ›Kitāb al-kāfī fi'l-mūsīqī‹, war ebenfalls ein Perser.

Überall in iranischen Landen, an den Höfen wie auf dem Lande, wurde musiziert. Eine Zeile von 'Unsur al-Ma'ālī Kaykā'ūs in seinem ›Qābūs-nāma‹ (1082) lautet: »Wenn du Musik hörst, soll es nur die beste sein.« Das ist bezeichnend für wahre Kunstliebhaber. Farrūhī († 1020), der begabte Harfenist am Hofe des Maḥmūd von Ġazna, schrieb: »Harfen erklingen mitten im Grünen, Sänger singen ihre göttlichen Lieder.« Am gleichen Hofe sang Zīnatī-i 'Alavī: »Ladet die Sänger, denn der Becher ruft.« Solche Begleitumstände waren allgemein, wie 'Umar Hayyām lehrt. Das war der Grund, weshalb die strengeren Muslims (besonders in arabisch sprechenden Ländern) Musik in jeder Form verdammten. Von anderen hingegen wurde Musik als geistige Macht gepriesen, so in den Sufi- und Derwisch-Gemeinschaften. Dort führte die Musik eine Ekstase herbei, die das Tor zur letzten Wahrheit zu öffnen schien; so lautet die Lehre von Al-Huǧvīrī (11. Jahrhundert), Al-Ġazālī († 1111) und dessen Bruder Maǧd ad-Dīn († 1126). Alle Seldschuken-Herrscher (1038 bis 1157) liebten die Musik leidenschaftlich; der Lieblingssänger von Sanǧar († 1157) war Kamāl az-Zamān, dessen Beiname seinen Ruhm andeutet.

Wie die Araber die lange »qaṣīda« (Ode) zugunsten der »qiṭʿa« (Ballade) aufgegeben hatten, so bevorzugten die Perser die kürzeren »rubāʿī« und »dūbait«, wobei ein Typ der ersteren, »rubāʿiyy tarāna«, die musikalischen Charakteristika bezeichnet. Es waren die Perser, die ein reines Liebeslied, die »ġazal«, hervorbrachten; das rein arabische Wort hat u.a. die Bedeutung »flirten«.

Weiter im Osten blühte das *Sängerwesen* an den Höfen der Ġaznaviden und Ġoriden. Maḥmūd von Ġazna († 1030), der selbst ein gewandter Spieler der Harfe war, hatte Farrūhī zum Panegyriker. Die Ġoriden von Afghanistan unterstützten, besonders am Hof des Ġiyāṯ ad-Dīn b. Sām († 1200), die Kunst sehr großzügig. Noch größer war das Gönnertum der Schahs von Khwārizm: 'Alā ad-Dīn Muḥammad förderte den berühmten Faḫr ad-Dīn ar-Rāzī († 1209), dessen ›Ǧāmiʿ al-ʿulūm‹ ein hervorragendes Kapitel über Musik enthält. In Khorasan lebte der berühmte Astronom Naṣīr ad-Dīn aṭ-Ṭūsī († 1274), der Verfasser eines Traktats über Intervalle, das sich in der Bibliothèque Nationale, Paris, befindet. Im Jahre 1258 ließ der mongolische Eroberer Hūlāgū, nachdem er Persien unterworfen hatte, Baghdad, die »Stadt des Friedens«, zerstören, den letzten Kalifen hinrichten, den obersten Sänger des Kalifen, Ṣafī ad-Dīn ʿAbd al-Muʾmin († 1294), jedoch schonen und nach Samarkand bringen. Dessen beide Musikschriften ›Kitāb al-adwār‹ (Buch der Tonarten) und ›Risālat aš-šarafiyya‹ (Der Sharafian-Traktat über harmonische Beziehungen) waren, wie spätere Werke beweisen, drei Jahrhunderte lang die Quellen der musikalischen Kunst. Ṣafī, der aus Urmia in Aserbeidschan kam, war der Erfinder einer Erzlaute »muġnī« und einer rechtwinkligen Zither »nuzha«. Ihm ist auch die Klassifizierung der zwölf »maqāmāt« (Melodietypen), der sechs »evāzāt« (sekundären Tonarten) und der »šudūd« oder »šuʿāb« (Melodiemodelle) zu verdanken, von denen einige sehr alte Namen wie »iṣfahān« und »mihrğān« tragen. Ihre tonalen Formen waren jedoch verändert, da sich die Skala gewandelt hatte. Ṣafī ad-Dīn hatte die Khorasan-Skala aus limma-limma-komma so geordnet, daß 17 Intervalle auf die Oktave entfielen, im Gegensatz zu den 12 des alten pythagoräischen Systems der Araber. Schon Ibn Sīnā hatte eine siebzehnstufige Skala eingeführt, doch war seine Unterteilung der Oktave nicht so vollkommen wie die von Ṣafī. Zum Vergleich folgen Ṣafī ad-Dīns Versionen der oben angeführten drei Skalen des Ibn Sīnā: Navā [F] $E\ D\ C\ H\ A\ G\ F\sharp\ E$, Iṣpahān $E-\ E\flat\ D-\ C+\ H-\ A-\ G-\ G\flat\ E-$, Salmakī $C\ H-\ A\ G\ F$. Die letztere war zur fünf- (oder sechs-)stufigen Leiter geworden. Die Rhythmen, die alle auf arabische Vorbilder zurückgingen, waren geringfügig verändert oder erweitert und durch einheimische Rhythmen ergänzt worden.

Die bisher genannten Werke waren in arabischer Sprache geschrieben; dagegen ist der Abschnitt über Musik im ›Durrat at-tāğ‹ des Quṭb ad-Dīn aš-Šīrāzī († 1311) persisch verfaßt. Er enthält umfassende Informationen. Die Maqāmāt, Evāzāt und Šudūd hatten sich kaum verändert, doch zeigten die Rhythmen in den »ḍarb rāst« und drei neuen Turkī-Typen einige Neuerungen. Ein weiterer persischer Enzyklopädist war Muḥammad b. Maḥmūd al-Āmulī (Mitte des 14. Jahrhunderts), dessen ›Nafāʾis al-funūn‹ (Die Kostbarkeiten der Wissenschaften) ebenfalls der Musik einen gedankenreichen Abschnitt widmet. Wichtiger, besonders für die Instrumentenkunde, ist das ›Kanz at-tuḥaf‹ (um 1350); es ist fälschlich Amīr b. Ḥiḏr Malī aus Qaraman zugeschrieben worden, der jedoch nur der Kopist war. In diesem Buch werden beschrieben: die Lauten ʿŪd und Rubāb, die Erzlaute Muġnī, die Zither »qānūn«, die Streichlaute Kamānča, die turkmenische Streichlaute »ğišak«, die Flöte Bīšah, die Klarinette Nāy-i Siyāh. Nicht erwähnt sind die mit einem doppelten Corpus

versehene Laute »tār«, die zweisaitige »dūtār«, die dreisaitige »sītār«, die Rahmentrommel Dā'ira, die zweifellige Trommel
»dohol« und die Pauken Kōs und »naqāra«; die Mongolenherr-
scher verwendeten die gewaltige Pauke »kurga«. Viele dieser
Instrumente und zusätzlich das »urġanūn« werden auch von Ḥā-
fiẓ (†1389) in seinem ›Muġannī nāma‹ erwähnt.

Am Hofe des Šāh Šuġā' von Schiras (†1384) lebte der
Musiktheoretiker ʿAlī b. Muḥammad al-Ġurġānī (†1413), der das
ein Musikkapitel enthaltende ›Maqalīd al-ʿulūm‹ (Futtersack der
Wissenschaften) schrieb. Noch bedeutender ist sein monumenta-
les ›Šarḥ Maulānā Mubārak Šāh‹, das Šāh Šuġā' gewidmet ist und
einen arabischen Kommentar zum ›Kitāb al-adwār‹ des Ṣafī ad-
Dīn ʿAbd al-Mu'min darstellt. An demselben Hofe wirkte der
berühmte Musiker Yūsuf Šāh. Im Irak lebte am Hofe der Ġa-
lā'iriden der Sänger Riḍvān Šāh, der als der größte Musiker im
Mittleren Osten galt. Ihm wurde sein Vorrang mit Erfolg
von ʿAbd al-Qādir b. Ġaibī (†1435) streitig gemacht. Als Tīmūr
1401 Baghdad erobert hatte, nahm er ʿAbd al-Qādir mit sich nach
Samarkand. ʿAbd al-Qādir, der auch noch am Hofe des folgenden
Herrschers, Šāh Ruḫ (†1447), diente, war der Verfasser mehrerer bemerkenswerter Abhandlungen über Musik in persischer
Sprache, nämlich des ›Ġāmiʿ al-alḥān‹ (Melodiensammler), eines
kürzeren ›Maqāsid al-alḥān‹ (Sinn der Melodien) sowie eines
verschollenen ›Kanz al-alḥān‹ (Schatz der Melodien), das seine
Kompositionen enthielt. Der persische Historiker ʿAbd ar-Razzāq
versichert, daß am Hofe von Šāh Ruḫ die Musik der alt-
persischen Könige zu hören war, die von Virtuosen wie Yūsuf-i
Andakānī, Al-Haṭīb al-Mauṣilī und dem vom vorhergehenden
Herrscher Mīrān Šāh favorisierten Ardašīr-i Čangī gespielt
wurde. Bāysonġur, der 1433 auf den Thron kam, schenkte seine
Gunst dem Musiker, Dichter und Maler Amīr Šāhī. Unter dem
letzten großen Timuriden Ḥusain Mīrzā Bāyqarā (†1506) war
der wohltätige Wesir Mīr ʿAlī Šīr (†1501) tätig, der den Hof zum
Zentrum von Kunst und Wissenschaften machte. *Mongolische
und turkmenische Einflüsse* machten sich in vieler Hinsicht
bemerkbar, u.a. in der Übernahme der »ōzān« und »qōpūz«
genannten Lauteninstrumente. Entsprechend der Verschmelzung
persischer und hindustanischer Musik durch Amīr Husrau von
Delhi (†1325) verbanden Šams ad-Dīn as-Suhrawardī (†1340)
und Šihāb ad-Dīn aṣ-Ṣairafī (†1341) arabisch-persische und
mongolisch-turkmenische Musikstile miteinander. Inzwischen
war Westpersien den Ak Koyūnlū zugefallen; einer ihrer Herrscher, Ūzūn Ḥasan (†1477), begünstigte Ġalāl ad-Dīn Duvānī,
den Verfasser des ›Aḫlāq-i ġalālī‹ (um 1470). Das Werk behandelt die Mathematik der Musik. Mit dem »tanbūr turkī«, das ein
halbkugeliges Corpus besitzt, taucht ein weiteres türkisches

Musikinstrument auf, und eine Harfe »agrī«, mit ausgeprägterem Buckel auf dem Corpus, kam in Gebrauch. Mit dem Hervortreten der Ṣafaviden-Dynastie unter Šaiḫ Ḥaidar (†1492) macht sich so etwas wie eine *Renaissance der einheimischen Kunst* bemerkbar. Die Legende bezeichnet ihn als den Erfinder (?) der viersaitigen Langhalslaute »čārtār«, während das sechssaitige Instrument »šaštār« einem gewissen Riḍā ad-Dīn aus Schiras zugeschrieben wird. In Schiras soll auch die Klarinette »balapan« entstanden sein. Qūdūz Farhādī, der Bāyazīd, den Sohn des türkischen Sultans Suleymān I. (†1566), nach Persien begleitete, soll die dreisaitige, mit einem birnenförmigen Corpus versehene Laute »qarādūzan« erfunden haben. Verbesserungen wurden von ʿAbdallāh Fāryābī an der Rubāb und von Qul-i Muḥammad an der Ġišak vorgenommen. Inzwischen waren die Ottomanen im Vorderen Orient an die Macht gekommen. Als sie 1638 Baghdad den Persern weggenommen hatten, führten sie den obersten Musiker Šāh Qūlī und vier andere mit sich nach Konstantinopel, wo diese die Grundlagen der neueren türkischen Musik geschaffen haben sollen.

Reisende wie A. Barbaro, J. Contarini, Raphael du Mans und Jean Chardin erwähnen die Musik, doch müssen Angaben von Europäern über orientalische Musik mit Vorsicht gewertet werden. Den Berichten Chardins läßt sich jedoch entnehmen, daß die Perser noch 1665–1670 die Theorien des Systematikers Ṣafī ad-Dīn ʿAbd al-Muʾmin verwendeten, wie durch den Theoretiker Abuʾl-Vafāʾ b. Saʿīd belegt ist; in der Praxis jedoch wurde, wie der Verfasser des ›Kanz at-tuḥaf‹ (14. Jahrhundert) andeutet, die pythagoräische Skala angewendet. Die Perser bevorzugten die Laute ʿUd und die Streichlaute Kamānča; die indische »bīn sītār« findet sich in bildlichen Darstellungen. Eine Abbildung von Musikern am Hofe von Šāh Ṣafī (1629–1642) gibt die Harfe Čang, die Laute ʿUd, die Flöte Nāy und die Rahmentrommel Dāʾira wieder. Es gab noch einige Puritaner, die das Musikhören als eines Muslim unwürdig verdammten; andererseits erhoben sich im 17. Jahrhundert viele zu seiner Verteidigung, vor allem Muḥammad b. Ġalāl Riḍāvī (1619) und ʿAbd al-Ġalīl b. ʿAbd ar-Raḥmān (†1651). Zahlreiche für indische Herrscher geschriebene Abhandlungen über Musik waren persisch abgefaßt, so z. B. die des Qāsim b. Dōst ʿAlī al-Buḫārī (tätig um 1600). Für persische Leser sind das ›Taʿlīm al-naġamāt‹ (Das Lehren der Tonarten), ›Risāla ʿulūm mūsīqī‹ (Abhandlung über die Wissenschaft von der Musik) und ›Durr an-naqī fī fann al-mūsīqī‹ (Die köstliche Perle in der musikalischen Kunst) geschrieben worden. Letzteres ist eine arabische Version eines persischen Originals von ʿAbd al-Muʾmin al-Balḫī (um 1737). Zu Beginn des 18. Jahrhunderts beschrieb Engelbert Kaempfer die persische Musikpflege z. Z. seiner Reise; der indische Einfluß wird noch einmal in den Instrumenten »sārindā« und »danbal« (= »mandal«) deutlich. Mit dem 18. Jahrhundert verfiel die ältere klassische Musik. Die Harfe Čang, die Lauten 'Ūd und Rubāb, die Zither Qānūn und die Streichlaute Kamānča waren verschwunden; geblieben waren die Trapezzither »santūr«, die Flöte Nāy und die vielen Lauten der Typen Tār, Dūtār und Sītār. Als Rhythmusinstrument dienten Dā'ira und Dunbaq. Doch auch neu entwickelte Instrumente wie die Streichlaute »rūmuz« (1873) und zwei andere (»madīlan« und »ṭarab angīz«) traten noch auf. Was in diesem Jahrhundert jedoch wirklich blühte, das waren die Militärkapellen nach europäischem Vorbild, die von französischen Kapellmeistern unterrichtet wurden. Das Eindringen der europäischen temperierten Skala mißfiel den Klassizisten, doch die Menge spendete Beifall.

Zwar ist ein großer Teil der einheimischen einstimmigen Musik noch auf dem Lande zu hören, doch haben die europäischen Violinen und Flöten die Kamānča und die Nāy verdrängt; die europäische Klarinette ist außerordentlich beliebt geworden, während die schrille Surnāy den ländlichen Festen zugewiesen ist.

In Teheran wurde von 'Alī Nāqī Hān Vazīrī, Professor für Ästhetik an der dortigen Universität, ein Orchester gegründet, das einheimische Musik in harmonisierter Form aufführt. Mit der Einführung von Klavier und Grammophonen ist das iranische Volk an europäische Skalen und Vorstellungen gewöhnt worden. Seit einigen Jahren erscheint in Persien eine Zeitschrift ›Nāmah-i mūsīqī‹ (Buch der Musik), deren Inhalt im wesentlichen von Chopin und Schubert bis Brahms und Dvořák reicht. Sogar Chorvereinigungen sind auf Anregung eines Kulturbundes Junges Armenien entstanden, und die gleiche Gesellschaft gibt Arrangements von Volksmusik heraus. Es sind das europäische Klavier, die Militärkapellen, deren Instrumente nach der temperierten Skala gestimmt sind, und die russischen und kaukasischen Tanzkapellen in den Kaffeehäusern, die den europäischen Einfluß in der Musik verbreiten.

I. Vorbemerkungen

Wie die anderen Hochkulturvölker der antiken und der modernen Welt, im Orient und im Westen, haben auch die Inder ihre
Musik theoretisch analysiert und aufgebaut. Die Grundlagen
dieser Musiktheorie liegen zwar in der *Liturgie* der vedischen
Opfer, die bis in das 2. Jahrtausend v. Chr. zurückreicht, den
ersten Text der nicht-liturgischen Musik, das Bharata zugeschrie-
bene ›Nâtya Sâstra‹, kann man aber frühestens ins 2. Jahrhundert
v. Chr. datieren. Manche Gelehrte sprechen vom 2. oder 3. Jahrhundert n. Chr. Daß diese Musiktheorie eng mit der griechischen
verwandt sein dürfte, ließe sich schon aus der Verwandtschaft der
Sprachen und der Mythologie der alten indo-arischen Welt
vermuten, und man wundert sich daher auch nicht, wenn sich
herausstellt, daß die indische und die griechische (und demzufolge
auch die mittelalterliche) Theorie manche Übereinstimmungen
aufweisen.

Die indische *Melodik* ist fest in dem *monodisch-modalen
Prinzip* verwurzelt und hat ihre volle Entwicklung auch nur auf
diesem Gebiet gefunden, ohne die Änderungen, die Polyphonie
und Harmonie im Westen gebracht haben, zu kennen. Trotz der
Urverwandtschaft und mancher parallelen Entwicklung kann man
doch nie ohne weiteres das eine System mit dem anderen
gleichstellen, da die verschiedenen Völker ihre Musik aus ihrem
eigenen Wesen gestaltet haben. Wer die indische Musik mit der
griechischen identifiziert, verkennt ihre Natur. Während die
Griechen sich schon früh des Zusammenhangs von Musik und
Mathematik bewußt geworden waren, Intervallverhältnisse auf
diese Weise festgestellt und durch Saitenlängen absolute Tonhöhen festgelegt hatten, scheint diese Anschauungsweise in Indien
vollkommen gefehlt zu haben. Das war schon dem ersten
europäischen Forscher auf diesem Gebiet, Sir William Jones,
aufgefallen. Tatsächlich spielt in der modalen indischen Musik die
absolute Tonhöhe keine Rolle. Ein *Modus* wird seinem Wesen
nach bestimmt durch das Verhältnis der Intervalle innerhalb der
Oktave einem festen Punkt gegenüber. In Indien ist dieser Punkt,

also der Ausgangston des Modus, nicht nach seiner Tonhöhe bestimmt, sondern wird nach Belieben gewählt, wo es dem Sänger am besten paßt. Man kann also nie sagen, daß z.B. die »râginî bhairavî« (siehe III. 1. *b.*) ein *E*-Modus ist, sondern nur, daß die *Intervallverhältnisse* der Râginî Bhairavî die eines *E*-Modus sind, ungeachtet auf welcher Tonhöhe sie anfängt.

Weiter sind auch die verschiedenen Intervalle in der indischen Musik nie mathematisch bestimmt worden. Das Ohr war der einzige Maßstab, theoretisch wie praktisch. Saitenlänge als Maß kommt erst im 18. Jahrhundert bei Ahobala in seinem ›Sangîtaparijâta‹ vor, das 1724 ins Persische übersetzt wurde. Daß auch praktisch diese Methode nicht üblich war, bezeugt Francis Fowke, ein Mitarbeiter von Jones. An der Stelle der griechischen mathematischen Exaktheit steht in Indien die *Mythologie*. Bis in die jüngsten Zeiten hat die weltliche Musik ihre starke Bindung an die Religion behalten, und ohne Kenntnis der Religion ist ein richtiges Verständnis ihres Wesens kaum möglich.

Der Hintergrund des obengenannten ›Nâtya Sâstra‹ ist reine Mythologie, die eine viel realere Bedeutung hat als in Griechenland. Es ist keine rein-musikalische Abhandlung, sondern ein Lehrbuch der Theaterkunde. Musik tritt dabei nur als ein, wenn auch unentbehrlicher Bestandteil auf und zwar in sechs Kapiteln (28–33) in einer knappen, aber sehr eingehenden Auseinandersetzung. Soviel sich auch in den rund 2000 Jahren, die seitdem verstrichen sind, geändert hat, umfaßt doch auch heute noch, wo die Musik vom Theater vollkommen unabhängig geworden ist, das Wort für Musik, »sangîta«, eine *Dreieinheit*, nämlich vokale Musik (»gîta«), instrumentale Musik (»vâdya«) und Tanz (»nrtya«). Durch dieses Nrtya hängt Sangîta also noch immer mit dem Theater (»nâtya«) zusammen. Diese sich durch Jahrtausende hinziehende *Kontinuität* ist einer der bemerkenswertesten Züge der indischen Musik.

In seinem Buch erzählt der legendäre Verfasser Bharata, wie er zusammen mit seinen Söhnen von dem Gott Brahma Befehl erhielt, eine ganz neue Art der Darbietung, das erste Schauspiel, anläßlich einer großen Siegesfeier des Götterkönigs Indra aufzuführen. Brahma, der sich bewußt war, daß die Vedas mit ihren Riten nur für die höchsten Kasten bestimmt waren, hatte für die neue Kunst durch Meditation das Essentielle der vier heiligen vedischen Sammlungen herausgehoben und daraus einen fünften Veda, den »nâtyaveda«, geschaffen, der allen Kasten zugänglich gemacht werden sollte. Diese Aufgabe wurde jetzt dem Bharata gestellt. Das Rezitieren (»pâthya«) der neuen Kunst stammte aus dem »rigveda«, der Gesang (Gîta) aus dem »sâmaveda«, die Mimik (»abhinaya«) aus dem »yajurveda« und der Gefühlsinhalt (»rasa«) aus dem »âtharvaveda« (siehe I. 17). Bemerkenswert ist, daß Instrumente nicht erwähnt werden. Die klassische indische Musik hat sich in erster Linie auf die *rein vokale vedische Liturgie* gestützt. Daß sie in dieser Form zum weltlichen Gebrauch unzulänglich war, stellte sich bald heraus, als in dem Festspiel auch zarte (Liebes-) und weibliche Gefühle dargestellt werden sollten. In seiner Verlegenheit wandte Bharata sich an Brahma und sagte, daß er und seine Söhne dazu unfähig seien. Zwar hatten sie einen solchen zarten Stil in bestimmten Tänzen des Gottes Śiva beobachtet, aber Männer seien dazu unfähig, das gehöre zum Gebiet der Frauen. Da schuf Brahma nach einer neuen Meditation eine ganze Schar von himmlischen Nymphen, die den bedrängten Schauspielern das Darstellen dieser Gefühle abnehmen konnten. Hinter dieser mythologischen Geschichte stecken sehr reale Tatsachen: erstens daß Brahma nur für alles, was mit der vedischen Liturgie, also der ältesten indo-arischen Schicht, zusammenhängt, verantwortlich war, zweitens daß mit dem nicht-arischen Gott Śiva das volle Leben der eroberten Länder hereingekommen war. Jedenfalls wurden mit dem zarten Stil nun auch Instrumente hereingebracht. So kann man im Gegensatz Brahma-Śiva den Zusammenstoß der von den Eroberern mitgebrachten Traditionen und der bodenständigen Stile erkennen. Die im großen ganzen einheitliche *Musiktheorie*, die in den Sanskrit-Texten überliefert ist, ist das Produkt einer jahrhundertelangen gegenseitigen Beeinflussung zwischen der Kultur einer ziemlich kleinen Gruppe siegreicher Eroberer und den Traditionen unzählbarer Völker auf den verschiedensten Kulturstufen (manche unzweifelhaft höher als die der Sieger).

Nicht alle Werke, von denen entweder der Titel oder der Name des Verfassers in den verschiedenen Texten erwähnt wird, sind bewahrt geblieben. Wichtige Autoren, wie z. B. Kohala, sind bis jetzt nur aus Zitaten bekannt. Aus den Jahrhunderten unmittelbar nach dem ›Nâtya Śâstra‹ ist nichts erhalten geblieben. In den folgenden Texten von Dattila und Matanga, die man mit ziemlicher Sicherheit zwischen 700 und 1000 datieren kann, wird die Musik als selbständiger Gegenstand behandelt. Im übrigen folgen sie den von Bharata aufgestellten Regeln. Nur wird Brahma als Urheber immer schattenhafter. In Matangas Werk ›Bṛhaddeshî‹ erklärt Śiva seiner Gemahlin Pârvatî die Geheimnisse der Musik, die hier im Gegensatz zur Liturgie »deśî« (zum Land gehörig) genannt wird. In den folgenden Jahrhunderten, als die klassische Musik mehr und mehr zur Hofkunst wurde und ihre Beziehung zum Volksleben allmählich vollkommen schwand, änderte sich der Sinn dieses Wortes, und im 17. Jahrhundert bedeutet »deśî« gemein. Dâmodara sagt in seinem ›Sangîtadarpaṇa‹ (Spiegel der Musik; Anfang 17. Jahrhundert): »Sangîta ist zweiteilig, mârga und deśî. Dasjenige, was Brahma konzipiert und Bharata vor dem großen Gott Śiva ausgeführt hat, wird mârga genannt und schenkt Erlösung. Dasjenige aber, was in den verschiedenen Ländern nur zum Vergnügen der Menschen ausgeführt wird, heißt deśî.« Das Wort »mârga« bedeutet der Rechte Weg (zum Heil), und Erlösung heißt das Ende des Kreislaufs der Wiedergeburten.

Im 13. Jahrhundert schrieb Śârngadeva, ein Brahmane, der einer aus Kaschmir nach Süden gewanderten Familie entstammte, ein Riesenwerk über die Musik in all ihren Aspekten und nannte es ›Sangîtaratnâkara‹ (Ozean der Musik). Dieses Buch bildet die Grundlage für die meisten späteren nord- und südindischen musiktheoretischen Schriften. Mit den beiden überlieferten Kommentaren aus dem 14. und 15. Jahrhundert (von einem König namens Simhabhupâla und einem Kallinâtha genannten Minister) ist es bei weitem die vollständigste unter den erhaltenen Schriften. Zu Zeiten Śârngadevas gab es wenigstens in der Musiktheorie noch keinen deutlichen Unterschied zwischen nord- und südindischer Musik. Vom 14. Jahrhundert an aber machte sich in *Nordindien* der Einfluß der von den Mohammedanern importierten arabisch-persischen Musik stärker bemerkbar, während man im Süden ungehindert auf den alten Prinzipien weiterbauen konnte. So entstanden zwei ausgeprägte Stilarten. Das heutzutage in *Südindien* allgemein gültige System wurde um 1630 von einem gewissen Venkatamakhin zum ersten Mal klar definiert. Im Norden ist nie ein einziges, einheitliches System zustande gekommen, sondern nur eine Menge einander nahestehender Traditionen. Der Norden und der Süden benützen beide oft dieselbe aus dem klassischen Sanskrit stammende Terminologie, meinen aber jeder etwas ganz anderes und speziell· im Süden gar nicht dasselbe, was die älteren Sanskrit-Texte darunter verstanden. Prinzipiell hat sich an dem monodischen, modalen System nichts geändert. Sogar der Zusammenstoß der indischen und der islamischen Musik war nur eine Begegnung zweier gleichartiger Traditionen. Die gegenwärtige Berührung mit dem Westen aber brachte einschneidende Veränderungen und musikalische Mischformen verschiedenster Art. Wenn z. B. in der modalen Musik eine Tonleiter, die normalerweise eine reine Quarte hat, plötzlich eine übermäßige Quarte bringt, so wird dieses Intervall in Indien gemessen und genossen als Kontrast gegen den einen und unveränderlichen Grundton, während er im Westen als Andeutung einer Modulation zur Dominante empfunden wird. In Indien kann man heute so deutlich wie früher in Europa beobachten, daß das Modulationsprinzip den Tod der modalen Musik bedeutet.

Abgesehen von der katastrophalen Wirkung, die von der Musik des Westens ausgegangen ist, wirkt für die Zukunft der indischen Musik vernichtend, daß die *Gesellschaft*, in der sie entstanden und zur Blüte gekommen war, jetzt fast vollkommen verschwunden ist. Die Musik befand sich bis vor dem Kriege etwa in derselben Lage, in der die Sanskrit-Sprache sich 1500 Jahre früher befunden hatte, als sie als lebendige Volkssprache verschwunden war, aber von Gelehrten und Gebildeten an den Höfen gepflegt wurde. Ohne die fortwährende Reibung mit einer lebendigen Volksgemeinschaft konnte sie sich entwickeln und verfeinern, wie die Phantasie und die Gelehrsamkeit es vielen Generationen von Hofdichtern und Schriftstellern eingaben. Das Ergebnis war eine zarte, im Treibhaus gewachsene und bis in die letzten Glieder hinein verfeinerte Pflanze. Die Musik an den Höfen der indischen Fürsten konnte nur der ganz würdigen, der ebenso fein gebildet war wie die Musiker selbst. Wie der Zuhörer der Sanskrit-Poesie sollte auch das Publikum der Hofmusiker »sahṛdaya« (von gleichem Herzen) sein. In den letzten Jahrzehnten der englischen Herrschaft in Indien gab es immer weniger Fürsten, die als solche Sahṛdaya-Kenner der Musik angesehen werden konnten. Diese *Hofkultur* ist vollkommen vernichtet; Fürsten gibt es nicht mehr. Daher muß sich die Musik den neuen Verhältnissen anpassen. Ein Stil, der für einen engen Kennerkreis geschaffen ist, kann nicht ohne Änderungen in den Konzertsaal verpflanzt werden, und ein großes Publikum kann nicht Sahṛdaya sein, wie die alten Aristokraten es waren. Der Umschwung ist viel einschneidender als der Beginn des öffentlichen Konzertwesens in Europa, weil in Indien der Abstand zwischen Hof und Volk viel größer war, und obendrein das bodenständige System sich gegen den Zusammenstoß mit einer fremden Musik wehren muß. Der Erfolg aber, den heute eine ganze Reihe streng klassisch gerichteter Künstler hat, läßt es nicht unmöglich erscheinen, daß die hohe alte Kunst die Kraft haben wird, wenn auch etwas verändert, weiterzubestehen.

II. Liturgie

Wenn man die musikalische Bedeutung der vedischen Liturgie, aus der Brahma seinen Nâtyaveda schuf, werten will, so kann die mimische Kunst in Beziehung zum Yajurveda außer Betracht bleiben. Dagegen hat der Gefühlsinhalt (Rasa), den Brahma dem Âtharvaveda entnommen haben soll, für die rein musikalische Entwicklung eine überragende Bedeutung, da im Laufe der Geschichte das modale System sich immer stärker nach dem *Gefühlsinhalt der Musik* richtete und die Bedeutung der späteren Râgas nur in den verschiedenen emotionalen Wirkungen ihrer speziellen Tonfolgen zu suchen ist. Es ist hochinteressant, daß in dieser ältesten Schicht die Rasas mit dem Âtharvaveda verbunden werden, da dieser von alters her speziell das Buch der magischen

Formeln ist. Die in den mit den Râgas verbundenen Erzählungen immer wieder hervortretende *magische Wirkung* der Musik läßt sich durch die ganze Geschichte hindurch verfolgen.

Der Zweck der vedischen Opferzeremonien war nicht nur die *Aufrechterhaltung der menschlichen Gemeinschaft*, wie sie die alten Arier als Eroberer geschaffen hatten, sondern, kosmisch gesprochen, auch die *richtige Lenkung des Universums* mit allen Göttern. Ein nicht sofort korrigierter Fehler konnte nicht nur den von dem Opfernden bezweckten weltlichen Erfolg gefährden, sondern sogar den Lauf des Weltalls stören. Bei diesen Vorgängen waren die rituellen Bewegungen zwar wichtig, aber sie waren dem rezitierten oder gesungenen Wort, wie es der Rigveda und der Sâmaveda lehrten, ganz untergeordnet. Das richtig rezitierte Wort oder der richtig gesungene Ton waren die *Träger der kosmischen Schöpfungskraft*. Die in der späteren Philosophie eingehend ausgearbeitete Idee vom *Klang als Urschöpfungsprinzip* ist also schon in der vedischen Schicht zu finden. Das »brahman« im Sinne des undifferenzierten Schöpfungsprinzips und das »brahman« im Sinne der Opferformel stehen in engster Beziehung zueinander. Da die richtige Aussprache dieser Texte so wichtig war, entwickelte sich in Indien schon sehr früh eine *phonetische und grammatische Wissenschaft*, deren Ziel es war, die Aussprache und den syntaktischen Zusammenhang genau festzulegen, um kosmisch vernichtende Fehler möglichst zu vermeiden. Anscheinend waren die alten Inder mit einem feinen Gehör begabt; in Texten wie Pâninis acht Bücher umfassender Grammatik (5. oder 4. Jahrhundert v. Chr.) sind phonetische Phänomene so subtil analysiert, wie der Westen es erst im Laufe des 20. Jahrhunderts mit Hilfe von Präzisionsapparaten erreicht hat. Solange sich das orthodoxe vedische Opfersystem hielt, war es von größter Wichtigkeit, daß sich die Vortragsweise nicht änderte. Infolgedessen kann man auch heute noch mit ziemlicher Wahrscheinlichkeit ungefähr das zu hören bekommen, was im alten Indien rezitiert und gesungen wurde. Wenigstens prinzipiell hat sich nichts geändert. Aus der noch lebendigen Tradition des Rigveda und des Sâmaveda kann man also bis zu einem gewissen Grade feststellen, wie dieses rein melodische System sich entwickelt hat.

Bharata behauptet »Brahma entnahm das Rezitieren (Pâthya) dem Rigveda«. Es steht wohl fest, daß dieses Rezitieren die *Kristallisation einer archaischen Sprachmelodie* ist, die mit ihren drei Akzenten der Grundlage der altgriechisch-römischen entspricht. Aus der gegenwärtigen Praxis kann man schließen, daß es sich von jeher um eine Terz gehandelt hat. Unter einen Zentralton senkt sich die Stimme um einen Ton, und über ihn erhebt sie sich um einen Ton. Der mittlere Rezitierton heißt »udâtta« (der

Gehobene), die Senkung »anudâtta« (der Nichtgehobene), der obere Ton «svarita« (der Stimmhabende). Vielleicht bedeutet oder vielmehr bedeutete der Svarita noch etwas mehr als den bloßen höchsten Ton, nämlich ein nachträgliches Herabfallen der Stimme. Melodisch aber ändert das den Terzumfang nicht.

(1) Ausschnitt aus der Rezitation eines akzentuierten vedischen Textes (Taittirīya Araṇyaka 10, 11). Sänger: ein Brahmane aus Aleppey, Travancore

an-tar ba-hiś-ca tat sar-vam vyâ-pyâ nâ - râ-ya-naḥ sthi-ta-ha   om śân - ti śân - ti   śân - ti hi

Von einer selbständigen Melodie ist hier aber noch nicht die Rede. Die melodische Linie ist lediglich von dem Sinn der Worte in ihrer syntaktischen Beziehung, auch nicht von der Metrik, abhängig. In einem und demselben Wort kann ein langer Vokal einmal Udâtta, dann wieder Anudâtta oder Svarita sein, wie es im Satz paßt. In der Ausführung zeigt auch der Tonabstand erhebliche Schwankungen, zumal in der Bewegung nach oben, bei der man alle Schattierungen zwischen Halb- und Ganzton beobachten kann. Der Abstand zwischen Udâtta und Anudâtta ist allerdings ziemlich genau ein Ganzton. Im Sâmaveda aber, dem (laut Bharata) Brahma den Gesang entnommen hat, löst die *Melodie* sich vollkommen von den Worten los und scheint ein ganz autonomes Dasein zu führen, in so starkem Maße, daß man bei einem gesungenen »sâman« den ursprünglichen Text (meist eine rigvedische Hymne) kaum zu erkennen vermag. Die Worte werden, oft unter Einfügung von irrationalen Silben wie »ha, ho« usw., in unkenntliche Teile zerlegt: die grammatischen Regeln sind aufgehoben. In bestimmten Fällen, wenn der magisch-liturgische Brauch es verlangt, kann man im ganzen Sâman einen einzigen Vokal benützen; der ursprüngliche rationale Sinn der Worte wird also vollkommen vernichtet. Nicht das Wort, sondern der *Ton* ist im Sâmaveda das *aktive Prinzip*. Die Beziehung dieses Veda zur Geisterwelt der Vorfahren betont seine magische Bedeutung noch weiter. Er wird auch nicht, wie der Rigveda, bei den täglichen häuslichen Zeremonien, sondern nur während der großen und sehr kostspieligen Opfer benützt, und seine Tradition wird sehr geheim gehalten. Die Texte sagen, wenn ein nicht dazu Berechtigter den Klang eines Sâman hört, so sollen ihm die Ohren mit geschmolzenem Blei gefüllt, und wenn ein nicht berechtigter Mund ein Sâman singt, so soll er mit Blei vollgegossen werden. In Nordindien, wo unter der islamischen Oberherrschaft die weitläufigen, monatelangen vedischen Opfer schon seit vielen Jahrhunderten nur sehr selten vorkamen, ist die Tradition des Singens dürftig und sehr schlecht erhalten. Im Süden aber sind noch verschiedene sâmavedische Schulen vorhanden, obwohl auch dort die sich ändernden ökonomischen Verhältnisse es einem orthodoxen Sâmavedin immer schwerer machen, seinem Sohn die erforderliche zehn bis zwölf Jahre dauernde Erziehung zuteil werden zu lassen, noch dazu ohne jegliche Aussicht auf den Opferlohn, den in alten Zeiten Könige und sonstige Opferherren den Priestern entrichteten. Die verschiedenen *Schulen des Sâmaveda* (Kauthuma, Rânayanîya, Jaiminîya) weichen teilweise sehr voneinander ab. Bestimmte Sekten der Jaiminîyas z.B. überschreiten beim Singen der Hymnen kaum eine große Sekunde, manche Hymnen der Kauthumas (und der Rânayanîyas) aber benützen fast eine Oktave. Aber alle haben gemein, daß sie vom Sprechgesang des Rigveda vollkommen verschieden sind. Da aber die Tradition des Sâmaveda sich ebenfalls rein vokal entwickelt hat, entdeckt man doch oft eine dem Rigveda gleiche melodische Struktur, indem die Stimme um einen Zentralton auf- und abschwingt, jedoch mit einem viel größeren Ambitus, ohne dabei einen für eine ungeschulte Stimme bequemen Umfang zu überschreiten:

(2) Anfang des ersten Sâman des Grâmageyagânas. Süd-indischer Kauthuma-Stil

Zu beachten ist, daß auf dieser Entwicklungsstufe der Gesamtumfang der Melodie noch keine Bedeutung hat. Musikalisch bewußt ist nur die kleine Terz nach oben und die Quart nach unten, oder vielmehr der Quartensprung von der tiefsten Lage zum Zentralton, der übrigens auch immer die Finalis ist. Der Leitton zur Finalis ist wie im Rigveda ein stark ausgeprägter Ganzton.

Neben diesem zweifellos ältesten Melodietypus benützen die Kauthumas auch eine mehr ausgeprägte, mutmaßlich jüngere Form, in der die Finalis nicht mehr in der Mitte der Tonreihe, sondern am Anfang (oder Ende) liegt und in der nicht der Ganzton als Leitton, sondern die kleine Terz hervortritt:

In dieser Melodie wird der Ambitus als Ganzes betont, eine sich über eine Quinte ausdehnende absteigende Tonleiter, in der neben dem Quartsprung jetzt auch die Quinte auftritt.

Die vedische Liturgie ist vielleicht in der ganzen Musikgeschichte das einzige Beispiel einer dreitausendjährigen ungebrochenen Tradition (etwa 1000 v. Chr.–2000 n. Chr.). Die rigvedische Rezitation trägt den Kern der melodischen Entwicklung in sich, hat aber weniger musikalischen als phonetischen und linguistischen Wert. Der Sâmaveda aber ist ein lebendiges Beispiel der *Entstehung eines musikalischen Systems*. Das kritische Studium seiner Aufführungspraxis hat heute noch kaum begonnen; der esoterische Charakter dieser Tradition erschwert dem Nichtbrahmanen den Zugang außerordentlich. Überdies hat sich in den letzten Jahren (zumal im Süden, wo die Tradition noch am lebendigsten war) eine starke anti-brahmanistische Strömung entwickelt, die die Stellung der einmal so einflußreichen und herrschenden Brahmanenkaste stark beeinträchtigt und ihre Mitglieder wirtschaftlich und politisch entmachtet. Die dravidischen Sprachen sind bestrebt, sich von allen Sanskrit-Wörtern zu säubern; es ist fraglich, ob unter diesen Umständen die Überlieferung erhalten bleiben kann. Ein mächtiges historisches Dokument ist im Begriff zu verschwinden. Ohne die Praxis sind die Texte schwer zu verstehen. Nur für Eingeweihte geschrieben, beziehen sie sich auf Dinge, die den Novizen aus dem täglichen Gebrauch geläufig waren, aber den jetzigen Forschern unbekannt sind. Ohne Musik sind sie tot.

III. Das klassische System

1. Melodik

a. Grâmas und Mûrcchanâs
Es ließe sich sehr wohl denken, daß in einer Gesellschaft, die sich ganz auf die vedischen Gesetze gründete, Bharata der Welt sein ›Nâtya Sâstra‹ nur als einen von Brahma selbst aus den vier Veden abgeleiteten, fünften Veda gegeben hätte und daß man hinter dieser Genealogie keine musikalischen Tatsachen zu suchen

brauchte. Wenn man den Âtharvaveda und den Yajurveda, die keine nachweisbar musikalischen Bestandteile haben, außer Betracht läßt, so kann man nur sagen, daß der alte Rezitationsstil im Theater (Pâṭhya) vollkommen verschwunden ist und mit ihm auch die Möglichkeit zu beweisen, daß er mit dem Rigveda verwandt war. Es bleibt also nur der Sâmaveda übrig, um Bharatas Behauptung zu beweisen. Auf den ersten Blick läßt sich eine solche Verwandtschaft nicht ahnen. Dem Bharataschen System liegt der »ṣaḍjagrâma«, eine *heptatonische, aufsteigende Oktavleiter* zugrunde, deren Töne »ṣaḍja« (*sa*), »ṛṣabha« (*ri*), »gândhâra« (*ga*), »madhyama« (*ma*), »pañcama« (*pa*), »dhai-vata« (*dha*) und »niṣâda« (*ni*), in bestimmten, im Sâmaveda kaum vorhandenen Konsonanzverhältnissen zueinander stehen. Die Oktave als solche wird nicht genannt, sondern nur angedeutet durch die Wiederholung des Namens des ersten Tones (*sa*). Die Töne werden nach ihrem »śruti«-Inhalt klassifiziert. Die »śruti« ist ein Intervall, kleiner als ein Halbton, aber mathematisch nicht genau bestimmt. Man kann wohl annehmen, daß alle nur mit dem Ohr gemessenen *Śrutis* als gleich betrachtet wurden. Bharata spricht von zwei-, drei- und vier-Śruti-Tönen, die also mit Halbtönen, kleinen Ganztönen und großen Ganztönen verglichen werden können. Im »sa-grâma« enthalten *sa, ma* und *pa* vier, *ri* und *dha* drei, *ga* und *ni* zwei Śrutis. Als ein Überrest einer ursprünglich absteigenden vokalen Linie wird aber jedesmal die letzte Śruti als Namenśruti angedeutet; die vier Śrutis des *sa* liegen mithin zwischen *ni* und *sa* und nicht zwischen *sa* und *ri*. Das Schema des Ṣaḍjagrâma sieht folgendermaßen aus:

(4)

| sa | ri | ga | ma | pa | dha | ni | (sa) |

| | | | | | | | | | | | | | | | | | | | | | | | | | (| | | |) |

Zwei Töne können *konsonant, dissonant* oder *assonant* sein. Konsonant (»samvâdî«) sind nur Töne, die 9 oder 13 Śrutis voneinander entfernt sind (also *sa-ma*, die Quarte, *sa-pa*, die Quinte, und sonstige Quart-Quint-Abstände im Sagrâma). Dissonant (»vivâdî«) sind die Sekunden. Bharata, wieder von einer absteigenden Linie ausgehend, sagt »dissonant sind Töne die 20 Śrutis voneinander entfernt sind«, also *ri-ga* und *dha-ni*. Sämtliche anderen Tonabstände sind assonant (»anuvâdî«). »vâdî« heißt der melodische Mittelpunkt, im Sagrâma selbstverständlich der *sa*.

Wenn man auf einem Saiteninstrument, wie der »vîṇâ«, den *sa* auf der ersten offenen Saite spielt, ist der folgende Ton der *ri*, ein kleiner Ganzton, der nächste der *ga*, ein Halbton. Die vier Śrutis des *sa* kann man aber nur zu hören bekommen nach dem *ni*, also

199

als einen großen Ganzton, der Leitton zur Oktave ist. Die so entstehende Tonleiter ist mit einem *D*-Modus zu vergleichen. Die Vorstellung, daß die Śrutis unter dem Ton liegen, wird theoretisch noch bis in die Neuzeit beibehalten. Man kann aber feststellen, daß praktisch diese Fiktion schon vor einigen Jahrhunderten aufgegeben worden war und daß die Musiker, indem sie die erste offene Saite als *sa* betrachteten, die vier Śrutis des *sa* nach oben genommen und also die ganze Tonleiter um einen Ton herabtransponiert haben. Sir William Jones berichtet, daß zu seiner Zeit, also lange bevor man von einem europäischen Einfluß sprechen kann, die Musiker eine Tonleiter benützten, die von Dur nicht zu unterscheiden war. Vergleicht man aber die Tonleiter des Sagrâma mit der des sâmavedischen Beispiels (vgl. Notenbeispiel 2), so stellt sich heraus, daß beide dieselben Kennzeichen haben, die kleine Terz und den großen Ganzton als Leitton, daß aber die ursprüngliche Mitte, die Finalis, jetzt als Anfang der Reihe betrachtet wird. Es unterliegt also keinem Zweifel, daß Bharata sein System auf eine im Sâmaveda gebrauchte Tonfolge gegründet hat, wobei speziell die kleine Terz stark hervorgehoben wurde. Von dieser »Urskala«, auch »mûrcchanâ« genannt, werden dann noch weitere sechs Mûrcchanâs abgeleitet, jede auf der nächst tieferen Stufe. Die erste fängt also auf *sa* an, die zweite auf *ni* usw. In der *ga*-mûrcchanâ, die mit der Skala eines *F*-Modus gleichzustellen ist, tritt eine übermäßige Quarte auf, ein Intervall, das in Indien keineswegs so gemieden wird wie im Westen. Nur scheint Bharata hier sich selbst zu widersprechen, da er ausdrücklich sagt, daß alle Töne veränderlich sind, der Madhyama aber immer und unveränderlich feststeht, daß er unvernichtbar und der anderen Töne Ahnherr (»pravara«) ist. Dieser Widerspruch verschwindet aber, wenn er hinzufügt »das ist der consensus sämtlicher alten Weisen und Sâmasänger«. In Notenbeispiel 2 liegt der melodische Mittelpunkt eine Quarte über dem tiefsten Punkt und kann als Madhyama betrachtet werden.

Der Sagrâma, eine theoretische Analyse einer bestehenden Tonleiter, wird weiter als Maßstab für sämtliche musikalische Angaben gebraucht. Es gibt aber noch eine andere Tonleiter, die, wenn nicht als gleich ehrwürdig, doch als fast dem Sagrâma ebenbürtig anerkannt wurde und die in dem Bharataschen System den Namen »ma-grâma« erhielt, weil man sie auf dessen *ma* anfangen ließ. Das Śrutiverhältnis dieser Tonleiter war

(5)

ma	pa	dha	ni	sa	ri	ga	(ma)
‖‖	‖‖	‖‖‖	‖‖	‖‖‖	‖‖	‖‖	(‖‖)

Der Sagrâma hat eine kleine Terz, der Magrâma eine große. Daß es sich wirklich bei dem Sagrâma und dem Magrâma um diesen

200

Terzunterschied handelt, wird von Bharata selbst deutlich angegeben, wenn er sagt, daß man nur den *ga* des Sagrâma um zwei Śrutis zu erhöhen braucht, wenn man den Magrâma von *sa* aus spielen will. Der *ga* tritt dann an die Stelle des *dha* im Magrâma, der *ma* an die Stelle des *ni*, usw. Ganz am Anfang dieses modalen Systems wurde also *die Natur der ersten Terz* als das entscheidende Merkmal betrachtet. Man muß im Auge behalten, daß sowohl der Sagrâma als der Magrâma *theoretische Kristallisationen* bestehender und daher jedem bekannter Tonleitern waren. Wenn Bharata sagt: »Stimme eine Vîṇâ in dem Sagrâma«, so bedeutet das: Stimme die beiden ersten Saiten zu einer reinen Quinte (*sa-pa*). Wenn man jetzt, von dieser Tonleiter ausgehend, mit *ma* anfangend, den Magrâma spielen will, muß man den Tonabstand vom *ma*-Bund auf der ersten Saite zum *pa* auf der offenen Saite, durch das Herabstimmen dieser Saite zu einem kleinen Ganzton machen. Wenn man jetzt auf einer zweiten, vollkommen gleichen, auch im Sagrâma gestimmten Vîṇâ die *pa*-Saite anschlägt, kann man so unmittelbar das Intervall einer Śruti hören. Von dieser einzig demonstrierbaren Śruti ausgehend, leitet Bharata, der dieses Experiment mit den beiden Vîṇâs beschreibt, nach dem Ohr sämtliche anderen Śrutis ab. Es stellt sich dabei heraus, daß die Zahl der 22 Śrutis in der Oktave nicht durch eine Teilung zustande gekommen ist, sondern als eine Summe der in der Oktave vorhandenen zwei-, drei- und vier-Śruti-Töne. Dies ist wohl eine Nachwirkung des *vedischen Additionsverfahrens*, wobei die Stimme, von einem zentralen Ton ausgehend, allmählich einen Ton nach dem anderen ihrem Ambitus zufügte, von der Terz des Rigveda bis zur Oktave einiger sâmavedischer Hymnen. Es ist dem Divisionsprinzip, für das die griechische Saitenteilung das typische Beispiel ist, polar entgegengesetzt.

Aus der Tatsache, daß Bharata nur eine *D*- und eine *G*-Modus-Skala zu Leitern (»grâmas«) macht, darf man nicht schließen, daß die anderen modalen Leitern nicht bekannt waren. Tatsächlich lassen sie sich alle aus den Grâmas samt ihren Mûrcchanâs ableiten. Auch in der noch lebendigen Praxis archaischer, nichtklassischer Formen der indischen Musik kann man tatsächlich noch verschiedene andere *modale Tonleitern* entdecken, wie z.B. in den gesungenen Balladen der Dörfer im Pandschab oder in den Gesängen der buddhistischen Mönche auf Ceylon ein embryonaler *E*-Modus deutlich zu erkennen ist, nach demselben Muster wie der sâmavedische *D*-Modus des Notenbeispiels 2. Um aber den Magrâma innerhalb des einzigen Maßstabes des Sagrâma unterzubringen, war eine Śruti-Verschiebung notwendig. Sämtliche anderen modalen Leitern konnten ohne Śruti-Änderung in der Theorie der Mûrcchanâs Platz finden. In der Praxis wurden sie alle, wie noch heutzutage die Râgas, von demselben *sa* aus gespielt, wie Bharata selber es beim vom *sa* aus angefangenen Magrâma andeutet.

Abgesehen von dem einen scheinbaren Kreuz und den vier *b*, die bei dieser praktischen Transposition auftreten, die aber zum Wesen jeder einzelnen modalen Tonleiter gehören und deshalb unveränderlich sind, kennt Bharata auch *zufällige Erhöhungen* (aber nur zwei), die er »sâdhârana« oder auch »antarasvara« (die anderen Töne) nennt, die sich aber in beiden Fällen auf eine Erhöhung um zwei Śrutis, also um einen Halbton beziehen. Sâdhârana heißt gemeinschaftlich und bezieht sich auf die beiden Śrutis, die einmal zum einen, einmal zum anderen Ton gehören. Es sind der »kâkalî-ni« und der »antara-ga«, die jetzt beide vier statt zwei Śrutis haben, also das Halbtonintervall als Leitton zum *sa* und zum *ma*. Als zufällige Erhöhungen dürfen sie aber nur einen vorübergehenden Charakter tragen und sollen spärlich und nur in aufsteigender Linie gebraucht werden.

Einige Jahrhunderte nach Bharata ist ein dritter Grâma aufgetaucht, der »ga-grâma«, der mit *ga* anfängt, dessen Śruti-Verhältnis als 4.3.3.3.4.3.2. (4.) angegeben wird. Vom Anfang, sogar von Nârada, seinem Urheber, an wird aber ausdrücklich gesagt, daß dieser Grâma kein irdisches Dasein hat, sondern nur im Himmel zu finden ist. Bei den verschiedenen Kombinationen und Permutationen, die das Herz der mittelalterlichen Autoren erfreuen, wird er auch niemals mit in Betracht gezogen. Wie der Magrâma, weicht auch der Gagrâma nur an einer Stelle, und zwar in der ersten Terz, von dem Sagrâma ab. Was den Urheber dazu gebracht hat, ihn zu konstruieren, kann man nur vermuten. Er erfüllte ein Bedürfnis nach theoretischer Vollständigkeit. Einen zweiten Grund kann die Mythologie liefern. In der Genealogie der Töne stammen der *sa*, der *ma* und der *ga* von den Göttern ab; da *sa* und *ma*, die beiden göttlichen, schon ihren Grâma hatten, ziemte es sich, daß auch der *ga*, wenn auch nur im Himmel, den seinen bekam.

Aus den theoretischen Texten ist der Gagrâma in die Literatur gewandert, und man findet ihn häufig erwähnt. Der Esel in der Fabelsammlung ›Pañcatantra‹ rühmt sich, die drei Grâmas zu kennen. Eine der wenigen Stellen (im ›Harivamśa‹), wo er musikalisch belegt scheint, beruht aber auf einer falschen Übersetzung, da es sich dort nicht um den Gagrâma, sondern um den Gagrâmarâga (den *F*-Modus) handelt, der seiner übermäßigen Quarte wegen wohl eine besondere Erwähnung verdient.

b. Jâtis, Grâmarâgas, Râgas, Melakartas

Die beiden Grâmas und ihre Mûrcchanâs sind nur das Rohmaterial des modalen Systems. Der Sagrâma ist kein *D*-Modus, sondern nur die *Skala* eines solchen. Zu einem *Modus* wird er nur, wenn innerhalb dieser Tonleiter bestimmte *Charakterzüge* auftreten, deren Bharata zehn nennt: Anfang (»graha«), Zentralton (»aṃśa«), Ende (nyâsa«), Nebenende (»apanyâsa«), Höhe (»târa«), Tiefe (»mandra«), Vielheit (»bahutva«), Wenigkeit (»alpatva«), Hexatonalität (»ṣâḍavitâ«) und Pentatonalität (»auḍuvitâ«). Es soll also feststehen, mit welchem Ton der Modus anfängt, um welchen Ton er sich dreht, was die Finalis ist, ob neben der normalen Heptatonalität (»sampûrṇa«) Hexa- oder Pentatonalität in auf- oder niedersteigender Linie auftreten, ob er dem *sa* gegenüber hoch oder tief liegt, welche Töne viel oder wenig gebraucht werden (aber nicht in dem Maße, wie Hexa- oder Pentatonalität auftreten) und endlich, wo innerhalb einer Komposition ein Satz schließen kann. Nur die Gesamtheit aller dieser Merkmale macht eine Mûrcchanâ zu einer »jâti«.

Bharata erwähnt achtzehn Jâtis, sieben reine (»ṣuddha«) und elf gemischte (»vikṛta«). Die *sieben Śuddhajâtis,* die immer heptatonisch sind, fangen auf den sieben Stufen der Urskala an. Sie gehören teilweise zum Sagrâma, teilweise zum Magrâma und werden nach dem Anfangston genannt. Ihre Finalis muß immer der Namenston sein. Sie werden, anders als die Mûrcchanâs, in aufsteigender Reihe angegeben, also: »ṣâḍjî«, »arṣabhî«, »gândhârî«, »madhyama«, »pañcamî«, »dhaivatî« und »niṣâdavatî« (oder «naiṣâdî«). Zum Sagrâma gehören Ṣâḍjî mit ihren Nachbarn Dhaivatî, Niṣâdavatî und Arṣabhî; zum Magrâma Madhyama mit Gândhârî und Pañcamî. Diese sieben sind also genau mit den griechischen Modi (Phrygisch, Dorisch, Hypolydisch usw.) zu vergleichen, und jede einzelne kann, wie im modernen System, selbstverständlich verschiedene Formen annehmen, je nachdem in ihrer Tonfolge die Charakterzüge verschieden bestimmt werden. Die *gemischten Jâtis* sind aus zwei oder mehreren der Śuddhajâtis zusammengestellt, und auch hier zeigen sich schon manche Züge des späteren Râgasystems. Zwei Vikṛtajâtis, obgleich aus denselben Śuddhajâtis entstanden, sind doch verschieden, weil die eine Śuddhajâti in der ersten, die andere in der zweiten Vikṛtajâti den Charakter bestimmt. Die »jâti sâḍjakaiśikî« z.B. besteht aus den Śuddhajâtis Ṣâḍjî und Gândhârî, während »ândhrî« aus Gândhârî und Ṣâḍjî zusammengestellt ist. Bemerkenswert ist diese Mischung auch deshalb, weil die beiden Grâmas hier durcheinander gehen. Wenn man aus der gegenwärtigen Praxis einen Schluß ziehen darf, so wäre in Sadjakaiśikî die kleine Terz und die reine Quart der Ṣâḍjî die Hauptsache, während dann und wann die große Terz und die übermäßige Quart der Gândhârî aufträten. In Ândhrî dagegen wären die beiden letzteren charakteristisch, die kleine Terz und die reine Quart der Ṣâḍjî dagegen nur vorübergehend.

Auch den in den späteren Jahrhunderten allgemeinen Brauch,

Râgas nach dem Land ihrer Herkunft zu nennen, kann man schon im ›Nâtya Sâstra‹ beobachten. Ândhrî kann nur bedeuten »wie es in der Andhragegend (an der Ostküste) üblich ist«. Es unterliegt keinem Zweifel, daß in dem Bharataschen System die zugrundeliegende Skala nur z. T. und wie in den späteren Râgas vielmehr die Anwendung der inneren Merkmale den Charakter der hervortretenden Jâti bestimmt.

Das Wort Râga als Terminus technicus kommt aber bei Bharata nicht vor. Er gebraucht Râga in dem eigentlichen Sinne von »Farbe« oder »Reiz«, z. B. wenn er, von den zufälligen Erhöhungen sprechend, sagt, daß eine richtige Anwendung dieser »antarasvara« die Śrutis und den Reiz der Jâti (»jâtirâgam«) hervorhebt. Diese Aussage impliziert aber wohl schon den theoretischen wie den praktischen Aspekt der späteren Râgas. Theoretisch kann man durch die Anwendung dieser Erhöhungen den in Śrutis berechneten richtigen Umfang der Intervalle ausdrücken, während in der Praxis ein Śruti-Unterschied zwischen parallelen Intervallen zweier verwandter Jâtis den eigenen Reiz dieser Tongebilde hervorruft. Der Begriff *Râga*, im Sinne eines Modus samt seinen Kennzeichen und seinem emotionalen Widerhall, wird zum ersten Mal von Matanga gebraucht. Ein Râga zeichne sich entweder durch seinen speziellen Tonbestand und seine Merkmale (also durch seinen theoretischen Bau) oder durch seine »dhvani« aus. Mit Dhvani ist der emotionale Widerhall in der Seele des Hörers gemeint. Als philosophisches Kunstwort wurde Dhvani im 9. Jahrhundert allgemein gültig; das gibt einen Anhaltspunkt für die Datierung des Matanga. Er brachte aber keine Neuerung, sondern gab nur eine Definition eines schon bei Bharata vorhandenen Prinzips. Seine Râgas tragen noch meistens den Jâtis des Bharata nahestehende Namen.

Dieses *modale System* verfeinerte und verzweigte sich immer mehr. Die ursprünglichen 18 Jâtis des Bharata reichten nicht aus, um alle emotionalen Schattierungen, die man allmählich mit bestimmten Ton- und Intervallfolgen verband, unterzubringen, und so entstanden immer mehr Râgas. Theoretisch und praktisch gesprochen, kann man jede Variation in melodischer Akzentuierung als einen neuen Râga ansehen, sobald man sie als eine Stimmungsänderung empfindet. Daß in dieser üppigen modalen Entwicklung die einfache Zweiteilung der Grâmas ihre Bedeutung verlieren mußte, ist offensichtlich. Die auf Matanga folgenden Autoren haben zwar pflichtgetreu die Theorie des Bharata wiederholt, ihren Sinn aber immer weniger verstanden. Venkatamakhin endlich gelangte zu der Behauptung, es habe überhaupt nie einen Magrâma gegeben. Der Name Jâti kommt weniger häufig vor: Man findet im frühen Mittelalter dafür den Namen »grâmarâga«, der sich folgendermaßen erklären läßt: Wie in einem Grâma verschiedene Mûrcchanâs zusammen wohnten, wie Leute in einem Dorf (»grâma«), so fanden in einer Jâti verschiedene Râgas Platz.

Mit der wachsenden Bedeutung des *emotionalen Gehalts* der Râgas paarte sich eine immer stärkere Neigung zur *Personifikation*. Schon in der ältesten Schicht wurde die Beziehung zwischen Jâti und Emotion festgelegt, indem die verschiedenen Tonreihen mit den verschiedenen Rasas (Zorn, Freude, Liebe usw.) verbunden wurden. Eine weitere z.B. bei Sârngadeva zu findende Entwicklung war die Teilung in *männliche Râgas* und *weibliche Râginîs* sowie die Verbindung bestimmter Râgas und Râginîs mit bestimmten Jahres- oder Tageszeiten. Schließlich wurde die Persönlichkeit so stark ausgeprägt, daß sie in Versen beschrieben und in Miniaturen gemalt werden konnte. Diese Entwicklung erstreckte sich aber über einige Jahrhunderte; die ersten Râga-Miniaturen sind kaum früher als im 16. Jahrhundert zu finden, und dann nur im Norden. Der Süden hat diese Entwicklung nicht mitgemacht. Der geschichtliche Verlauf wird am deutlichsten, wenn man neben Matangas Beschreibung eines Râga aus dem 10. Jahrhundert, die des Sârngadeva aus dem 13. und schließlich die des Dâmodara aus dem 17. stellt, wie z. B. des Râga »mâlavakauśika«, der bei Matanga und im ›Sangîtaratnâkara‹ »mâlavakaiśika« genannt wird, d. h. »kaiśika« (ein schon bei Bharata vorkommender Name), wie er in der Mâlva-Gegend gesungen wird. Dieser Râga ist heutzutage unter dem Namen »malkaus« bekannt. Matanga sagt: »Der Râga Mâlavakaiśika gehört zum Magrâma und zwar zur Jâti Kaiśikî. *sa* ist Graha, Amśa und Nyâsa. *dha* ist schwach betont. Er hat den erhöhten *ni* und ist heptatonisch. Er gehört zu der Emotion getrennter Liebender und zum Heroismus usw. [nämlich: Zorn und Wunder]. Die aufsteigende melodische Linie hat den Vorrang.« Er fügt dann noch einige Regeln für die angewandten Tempi und Taktarten hinzu.

Sârngadeva sagt: »Mâlavakaiśika ist aus der Jâti Kaiśikî hervorgegangen. Er hat *sa* als Graha, Amśa und Nyâsa, benützt den erhöhten *ni* und steht in der auf *sa* anfangenden Mûrcchanâ. Die aufsteigende melodische Linie hat den Vorrang. Er ist verbunden mit den Gefühlen von Heroismus, Zorn, Wunder und Liebe der Getrennten und soll gesungen werden in der kalten Jahreszeit und am Ende des Tages. Er wird getragen von der Liebe zu Vişnu-Krişna.« Daß Dâmodara unter dem Namen Mâlavakauśika denselben Modus beschreibt, ist deutlich: »Mâlavakauśika hat den *sa* als Graha, Amśa und Nyâsa und ist heptatonisch. Er benützt den erhöhten *ni* und die erste Mûrcchanâ. Er ist rötlich, mit einem roten Stock, ein Held, der größte unter den Helden, von Helden getragen und behangen mit einem

Kranz aus Heldenschädeln.« Die Rasas bei Matanga und Śârngadeva stimmen überein, nur daß bei dem letzteren die »Liebe der Getrennten« zuletzt kommt. Sie werden aber bei Dâmodara, unter Ausschaltung der Liebe, zum Bildnis eines siegenden Helden ausgeweitet. Bezüglich dieses Râga gibt Dâmodara keine Jahres- oder Tageszeit an.

Zwischen der vedischen Gedankenwelt, aus der die meisten Äußerungen Bharatas stammen, und dem geistigen Hintergrund Śârngadevas besteht ein großer philosophischer und religiöser Unterschied. Die Musik, innigst mit der Kultur und dem Geistesleben verbunden, machte diese Veränderungen mit und wurde im Rahmen des allgemeinen Erlösungsbedürfnisses auch als *Weg zum Heil, zur endgültigen Erlösung* betrachtet. Während Bharata das Geistige als solches beiseiteläßt und sich und sein ›Nâtya Sâstra‹ nur durch seine persönliche Beziehung zu Brahma mit der vedischen Religion verknüpft, weist Śârngadeva der Musik eine Rolle zu, die in der älteren Schicht die Liturgie gespielt hatte. Wie in der vedischen Musik das Wort und der Ton die Gesellschaft, die Welt und die Götter gelenkt hatten und das Mittel waren, sich mit dem Jenseits in Verbindung zu setzen, so wird jetzt bei Śârngadeva die vom Bharataschen System abgeleitete Musik das Mittel, sich mit dem Urprinzip zu vereinigen und so der endgültigen Erlösung teilhaftig zu werden. Śârngadeva erklärt das folgendermaßen: Das schöpferische Urprinzip, das Brahman, ist »nâda« (Klang) an sich und wird daher »anâhatanâda« (nichtoffenbarter Klang) oder »nâdabrahman« genannt. Von dem Urprinzip nicht geschieden, sondern von ihm unterschieden ist die »jîva«, letzten Endes der göttliche Funke in jedem individuellen Menschen. Das Verhältnis zwischen Brahman und Jîva wird verglichen mit einem Ring aus Gold und mit Gold an sich. Aus dem neutralen Brahmaprinzip tritt dann gleichfalls der Schöpfer Brahma hervor, der allmählich das jetzt bestehende Universum (eines in einer endlosen Reihenfolge) hervorbringt. Da Brahma der Schöpfer und die Jîvas beide aus Nâda entstanden sind, sind beide selbstverständlich ihrem innersten Wesen nach auch Nâda. Nur das ewige, anfanglose Nichtwissen der Menschheit verhindert die Erkenntnis dieser Tatsache.

Wenn auch in der strengsten philosophischen Form dieser Lehre das Brahma hervorgehoben wird, so spielt in ihren populäreren Formen nicht Brahma, sondern Śiva als Nâdaśiva eine Rolle und nimmt die Stelle des schöpferischen Urprinzips ein.

In den Jahrhunderten nach Śârngadeva hat sich eine *stilistische Scheidung zwischen Nord- und Südindien* vollzogen. Der Grund dieses Auseinandergehens ist vor allem in der Erschütterung der Hindugesellschaft durch die aufeinanderfolgenden Invasionswel-

len im *Norden* zu suchen, die einen chaotischen Zustand hervor-
riefen und eine einheitliche Entwicklung sehr erschwerten. Teilweise blieben die Hindu-Reiche und -Höfe bestehen und nahmen
mohammedanische Musiker in ihren Dienst, teilweise zog der
Islam mit seinen arabisch-persischen Kulturgütern die Macht an
sich, ohne die Hindumusiker auszuschließen (wie z.B. den
berühmten Sänger Tan Sen am Hofe des Großmoguls Akbar).
Erst allmählich gelang es den beiden Kulturen, wenn auch ohne
einheitliches System, eine Art Fusion zustande zu bringen. Die
magische Kraft der Musik wurde auch von den vielen mohammedanischen Musikern nicht geleugnet, und die Philosophie des
Klanges als Urschöpfungsprinzip war auch in gewissen Schulen
des mohammedanischen Sufismus (zu dem viele Sänger gehörten)

(6)

That Kalyân, vgl. Bharatas Jâti Gândhârî

That Bilâval, vgl. Bharatas Jâti Niṣâdavati

That Khambâj (oder Khammâj), vgl. Bharatas Jâti Madhyamâ

That Kâfî, vgl. Bharatas Jâti Ṣâdjî

That Asâvarî, vgl. Bharatas Jâti Pañcamî

That Bhairavî, vgl. Bharatas Jâti Ârṣabhî

That Bhairava, vgl. persisch-arabisch Hejjâzi

That Mârva

That Pûrvî (oder Purabi)

That Toḍî

nicht unbekannt. Letzten Endes standen also die beiden Systeme sich weder theoretisch noch praktisch feindlich gegenüber. Losgelöst von der offiziellen Religion aber bot die Musik eine unerschöpfliche Gelegenheit zum Fabulieren, und aus dieser Zeit stammen denn auch die meisten Anekdoten über die durch die richtig gesungenen Râgas bewirkten Wunder sowie die ganze Theorie der festen Korrespondenz zwischen Melodie und Zeit. Daß es sich hier oft mehr um Theorie als um Wirklichkeit handelt, tritt deutlich aus Dâmodaras Aussage hervor: »Sie sollen zur richtigen Zeit gesungen werden, wie es die alten Regeln vorschreiben. Wenn aber der König es befiehlt, so sollen sie zu jeder Zeit gesungen werden, da braucht der Sänger sich an die richtige Zeit nicht zu kehren.«

Als einziger Versuch zu einer theoretischen Verschmelzung der nur locker als »Gatten und Gattinnen« zusammengebrachten Râgas und Râgiṇîs, kann man das aus diesen Jahrhunderten stammende System der »ṭhats« bezeichnen, das gerade in neuester Zeit, wo in den Schulen viel Musik gelehrt wird, weite Verbreitung gefunden hat, nicht zuletzt dank der unerschöpflichen Energie von Pandit Viṣnunârâyaṇa Bhatkhande (1860 bis 1936), der mehr als irgendein anderer für die Verbreitung der klassischen indischen Musik unter der Jugend in ganz Nordindien getan hat. *Ṭhat* ist ein aus der mohammedanischen Musikpraxis entlehntes Wort und bedeutet ursprünglich die Einstellung der verstellbaren Bünde unter den Saiten des »setar« für das Spielen eines bestimmten Hauptmodus (Grâmarâga). Die Mehrzahl der Ṭhats stimmt mit den Śuddhajâtis des Bharataschen Systems überein, aber unter Hinzufügung einiger nicht von Bharata stammender Tonleitern, wie z. B. der »bhairava ṭhat«, mit der aus dem Mittleren Osten bekannten »hejjaji«-Skala (auch Zigeunertonleiter genannt) mit zwei übermäßigen Sekunden. Bemerkenswert ist aber, daß unter den auf den Śuddhajâtis aufgebauten Ṭhats keiner vorkommt, der auf die »dhaivatîjâti«, also den *H*-Modus zurückgeht. Die häufigsten Ṭhats enthält das Notenbeispiel 6. Das folgende Beispiel zeigt, wie aus der Skala eines theoretischen Ṭhat mehrere individuelle Râgas abgeleitet werden können. Auf- und Abstieg können verschieden sein, Hexa- und Pentatonalität treten auf, die Aṃśa oder Vâdî (im Beispiel unterstrichen) wechselt, wie auch der Samvâdî (der mit einer Wellenlinie versehene Konsonant). Auch eine bestimmte Tonfolge kann unlöslich mit dem Charakter eines Râga verbunden sein:

(7)
Die Tonleiter des Ṭhat Khambâj

1. Râga Khambâj — Vâdî ga / Samvâdî ni

2. Ihinjoti — Vâdî ga / Samvâdî dha

3. Tilang — Vâdî ga / Samvâdî ni

4. Des — Vâdî ri / Samvâdî dha

5. Tilak-Kamod — oder — Vâdî ni / Samvâdî ga

Selbstverständlich sind auch andere, genau so legitime Formen dieser Râgas üblich, da im Norden von dem Nachwuchs der verschiedenen alten Lehrer immer nur die von ihrem eigenen Lehrer stammenden Traditionen als allein gültig angesehen werden.

In *Südindien* ist der Islam weder eine zerstörende noch eine bedeutende formende Kraft gewesen. Die hinduistische Kultur hat sich dort ihrer eigenen Art gemäß entfalten können, wenn auch die dravidische Bevölkerung natürlich das ursprünglich arische System mit ihrem eigenen Wesen beeinflußt hat. Die geistige Einstellung im Süden ist im großen und ganzen mehr intellektuell als emotional, und das gibt auch der Musik ihr Gepräge. Im Anfang des 17. Jahrhunderts faßte der Schriftsteller Venkatamakhin die Vereinheitlichungsversuche verschiedener Vorläufer (wie z. B. Timâmâtya und Somanâtha) zusammen, und das von ihm in seinem ›Caturdaṇḍaprakâśikâ‹ formulierte System ist noch heute das einzig Übliche. Anstatt der beiden alten Grâmas stellt er eine andere Zweiteilung auf. Seine 72 »melakarta«, moderne Vertreter der 18 Jâtis des Bharata und der mittelalterlichen Grâmarâgas (oder der nordindischen Ṭhats), zerfallen in zwei vollkommen parallele Hälften, in denen das Entscheidende nunmehr nicht, wie bei Bharata, die kleine oder die große Anfangsterz ist, sondern die reine oder die übermäßige Quart. Die modernen Südinder streiten eine direkte Verbindung mit den alten Grâmas ab, aber es ist bemerkenswert, daß gerade dieser Unterschied hervortritt, wenn man, wie es in der Praxis tatsächlich belegt ist, den Sagrâma um einen Ton hinabtransponiert und ihn zu einem *C*- statt zu einem *D*-Modus macht. Der Mágrâma wird dann automatisch zu einem *F*-Modus mit einer übermäßigen Quart. Es könnte auch für diese Abstammungstheorie der Melakartagruppen sprechen, daß sonst weder in der lebendigen südindischen Volksmusik noch in der Kunstmusik ein nachweisbarer Grund zu dieser besonderen Hervorhebung der übermäßigen Quart zu finden ist. Jede Gruppe von 36 zerfällt wieder in sechs, »cakra« genannte, kleinere Gruppen, die in den beiden Tetrachorden die erlaubten Tonerhöhungen bringen, und zwar in einer festen Reihenfolge. Das System hat einen ausgesprochen aufsteigenden Charakter. Die Anfangsposition ist in der tiefsten Lage, die allmählich von Melakarta zu Melakarta erhöht wird, bis in Melakarta 36 (oder 72) sämtliche erlaubte Tonerhöhungen vorhanden sind. Alle Töne, ausgenommen *sa* und *pa* (Grundton und Quinte) sind veränderlich. Der *ma*, der nur um zwei Śrutis erhöht werden kann, und dann »pratimadhya« heißt, wird aber bei diesen progressiven Erhöhungen nicht in Betracht gezogen, weil er der Grenzton zwischen den beiden Hälften (1–36 und 37–72) ist. Alle Änderungen beschränken sich deshalb auf den *ri* und den *ga* im unteren und auf den *dha* und den *ni* im oberen Tetrachord. Insgesamt weist die Reihe 16 Namen auf. Zwei von ihnen beziehen sich auf die unveränderlichen *sa* (Grundton) und *pa* (Quinte), zwei weitere auf die reine und die übermäßige Quarte, von denen die erstere (*f*) in den Reihen 1–36, die letztere (*fis*) in den Reihen 37–72 benützt wird. So bleiben zwölf wirkliche Tonveränderungen übrig, sechs in jedem Tetrachord.

Die ganze Reihe von *Sa* bis *sa* sieht also so aus (bequemlichkeitshalber ist hier *Sa* mit *C* gleichgesetzt):

Sa	*C*
suddha ri	♭*d*
catuḥśruti ri	*d*
śuddha ga	♭♭*e*
sâdhâraṇa ga	♭*e*
ṣaṭśruti ri	*d*♯
antara ga	*e*
śuddha ma	*f*
prati ma	*f*♯
pañcama	*g*
śuddha dha	♭*a*
catuḥśruti dha	*a*
śuddha ni	♭*b*
kaiśika ni	*b*
ṣaṭśruti dha	*a*♯
kâkalî ni	*h*

Die als »śuddha« bezeichneten Töne formen die Skala des ersten Melakartas, der demnach (von *C* aus) folgendermaßen aussieht:

(8) Skala des ersten Melakarta

Die parallele Skala in der zweiten Hälfte ist folgende:

(9) Skala des Melakarta Nr. 37

Das untere Tetrachord bleibt jetzt das ganze Cakra hindurch dasselbe, die sechs Änderungen vollziehen sich in bestimmter und unveränderlicher Reihenfolge im oberen Tetrachord (siehe Notenbeispiel 10). Weil die Skala in Nr. 6 schon den Kâkalî ni (*h*) enthält, kann sie nicht zur selben Zeit den Kaiśika ni (*b*) haben, daher die enharmonische Andeutung dieses Tons mit Ṣaṭśruti dha (*a* ♯). Genau dieselbe Reihenfolge findet im oberen Tetrachord

(10) Die Skalen der sechs Melakartas des ersten Cakra

1 (Kanakângi)   2. (Ratnângi)   3. (Gânamurti)

4. (Vânaspati)   5. (Mânavali)   6. (Tânarupi)

aller folgenden Cakras statt. Von Cakra zu Cakra wird aber im unteren Tetrachord jedesmal eine weitere Erhöhung angebracht in derselben Reihenfolge wie im oberen. Die unteren Tetrachorde sehen also folgendermaßen aus:

(11) Unteres Tetrachord

1–6   7–12   ·13–18   19–24

25–30   31–36   37–42   usw.

In 31–36 findet man die parallele enharmonische Bezeichnung, Ṣaṭśruti ri anstatt Sâdhâraṇa ga (für *d* ♯).

Seiner Funktion als Grâmarâga gemäß ist jeder Melakarta die Grundlage zahlreicher Râgas, die seine »janyas« (Sippengenossen) genannt werden. Jede Janyarâga betont selbstverständlich einen anderen in der Melakarta-Skala verborgenen Aspekt. Ein Melakarta mit seinen Janyas bildet einen Mela. Daß die bei dieser rigorosen Regelung enstehenden Tonleitern nur dann und wann mit lebendigen natürlichen Skalen zusammenfallen, hat den Erfinder und seine Nachfolger nicht gestört. Verschiedene Musiker, wie der Mystiker Tyâgarâja (1767–1847), haben sich bemüht, in verschiedenen dieser künstlich konstruierten Skalen zu komponieren, und der 1938 verstorbene Kotiśvara Iyar hat es fertiggebracht, sämtliche 72 Melakartarâgas in seinen Liedern zu benützen. Bemerkenswert ist aber, daß trotz dieser mechanischen Konstruktion der Skalen doch das Resultat eine oft sehr schöne und tiefe Musik ist. Die im Norden so ausgeprägte Individualität jedes einzelnen Râga ist aber verlorengegangen, und sogar die Bharataschen Śuddhajâtis kann man nur mit Mühe wiedererkennen. Die Jâti Sâḍjî, die als Sagrâma-Skala die Grundlage des ganzen Bharataschen Systems war, muß jetzt unter dem Namen »kharaharapriyâ« als Nr. 22 unter den 72 oder als fünfter Melakarta des vierten Cakras gesucht werden. Die Magrâma-Skala ist unter dem Namen »harikâmboji« als Nr. 28 oder als fünfter Melakarta des fünften Cakras zu finden. Sogar die Namen sind nichts als Code-Wörter. Wenn man den Schlüssel hat, kann man aus ihnen die Ordnungszahl des betreffenden Melakarta finden.

Daß in einem so intellektuell geprägten System die emotionalen Verpersönlichungen des Nordens keinen Platz finden, ist begreiflich. Die Râgas haben nur *musikalischen Wert*. Das Geschlecht, wenn auch noch angegeben, hat keine Bedeutung mehr. Rein technisch werden die nord- und südindischen Râgas in derselben Weise definiert und aufgebaut; im Stil und in der Atmosphäre sind sie grundsätzlich verschieden. Da sie aus derselben Tradition stammen, benützen beide oft dieselben Namen; dem Tonbestand nach aber bedeuten sie vollkommen verschiedene Râgas, oder verschiedene Namen bedeuten denselben Râga (z. B. »bhairavî« im Norden heißt »hanumattoḍî« im Süden).

In der Geschichte hat die nordindische Musik manchmal die südindische beeinflußt, weil am Hofe mancher südindischen Fürsten nordindische mohammedanische Musiker angestellt waren. Das Umgekehrte war weniger häufig, obgleich in den letzten Jahrzehnten, zumal durch den Rundfunk, die südindische Musik auch im Norden besser bekannt geworden ist. Von einer Fusion kann aber auch jetzt noch nicht die Rede sein. Die zwei Stile leben unabhängig weiter.

2. Kompositionsformen

In einer Musik, bei der jeder Ausführende gewissermaßen sein eigener Komponist ist, hat selbstverständlich die *Improvisation* einen hervorragenden Platz. Die wahre Größe eines Musikers liegt in der Weise, in der er das in den gewählten Râgas vorhandene melodische Material neu gestalten kann, so daß die Grenzen des allen bekannten Modells nicht überschritten werden, der Inhalt aber als neu empfunden wird. Die hervorragende *Variationstechnik* zeigt sich entweder in der Form eines Themas mit Variationen oder auch in einem ursprünglich mit der Poesie eng verbundenen und etwas strengeren Rahmen, der mit dem Rondo verwandt ist. Diese Form ist, sowohl in Süd- als auch in Nordindien, aus dem in den älteren Texten beschriebenen »dhrupad«, einer Liedform, die zwei bis vier Teile haben kann, entwickelt worden. Zu dem »sthâyî«, dem Thema, das als Ritornell immer, entweder ganz oder teilweise, wiederholt wird, tritt der »antara« als kontrastierende Alternative, z.B. Sthâyî tief – Antara hoch oder umgekehrt. Dazu können dann noch zwei Teile kommen, »sancârî«, eine weitere Entwicklung, und »abhog«, eine mit dem Sthâyî verwandte Koda. Die alten Namen haben sich in Nordindien erhalten. Im Süden werden sie, mit gleichfalls vom Sanskrit abgeleiteten Namen, »pallavî«, »anupallavî« und »caraṇam« genannt. Der Abhog hat in Südindien keinen eigenen Namen, kommt aber wohl vor. Dieser klassische, vom Dhrupad hergekommene Stil wird im Süden meist »kirtanam« genannt, ein Wort, das aber im Norden bzw. in Bengalen eine ganz bestimmte, technisch hochentwickelte, devotionelle Musik bezeichnet. In seiner technischen Entwicklung unterscheidet sich dieser bengalische Kirtan von dem denselben Geist atmenden »bhajan« der anderen Provinzen.

Prinzipiell sind die anderen, am meisten bekannten Kompositionsarten wie »kheyal«, »thumri« oder »tappa« vom alten strengen Dhrupad-Stil nicht verschieden. Der Unterschied liegt hauptsächlich in einer größeren Freiheit und in dem Charakter der Fiorituren; die Worte des zugrundeliegenden Gedichts verlieren mehr und mehr an Bedeutung und dienen schließlich nur noch als Haken zum Aufhängen der immer schwereren Koloratur-Girlanden. Der Dhrupad ist auf indischem Boden entstanden. Der Name Kheyal verrät arabisch-persischen Ursprung, Thumri und Tappa aber sind aus der Mischung der beiden Kulturen hervorgegangen.

Da die indische Musik immer *monodisch* geblieben ist, stehen die *vokalen* und die *instrumentalen Stile* einander sehr nahe. Während ursprünglich die Instrumente die Stimme nachzuahmen suchten, entwickelte sich von der spätislamischen Zeit an ein *Vokalstil*, der sich immer mehr auf *instrumentale Effekte* zuspitzte und sogar klanglich den Instrumenten nahezukommen versuchte. Man kann z.B. in Südindien ein Kirtanam genau so gut auf der Vîṇâ wie mit der Stimme ausführen. Auch verschiedene andere Liedformen sind von der vokalen in die instrumentale Musik

213

hinübergewandert, und andererseits ahmen die vokalen Ornamente vollkommen die Verzierungen des Vīṇāspiels usw. nach.

Durch *Improvisation* macht zunächst der Musiker sich selbst und seinem Publikum den *gewählten Râga* bewußt. Mit dem »âlâpa« (Introduktion) beginnt jede richtige Ausführung; er kann von einigen Minuten bis auf einige Stunden ausgedehnt werden. Regeln für den Âlâpa gibt es, von den Bedingungen des Râga abgesehen, nicht; er wird jedesmal aufs neue und den Umständen gemäß gestaltet. Meist wird er in einem freien Rhythmus und ohne Trommelbegleitung vorgetragen, und es hängt von der geschulten Phantasie des Musikers ab, wie er den gewählten Râga verwirklicht. Es kommt nur darauf an, daß er seine Charakterzüge deutlich und klar darstellt. Ein guter Musiker weiß mit seinem Âlâpa eine solche Atmosphäre zu schaffen, daß jeder Hörer von dem Tongebilde durchtränkt wird und eine Abweichung nachher fast als körperlich unangenehm empfindet. Obwohl die Entwicklung Âlâpa-Râga eine rein indische ist, darf man doch die Verwandtschaft mit der islamischen Maqâm-Tradition nicht aus den Augen verlieren.

Die im Zusammenhang mit der vokalen Musik zur Blüte gekommene *Trommeltechnik* hat sich später selbständig gemacht. Die Trommel kann nicht nur durch rhythmische Verfeinerungen, sondern auch durch Klangwechsel als Soloinstrument ein Publikum stundenlang bezaubern. In den verschiedenen »gats« (Trommelkompositionen) ist die Variationsform die Grundlage; die unterschiedlichen Klangfarben sind ein Beiprodukt.

3. Musikinstrumente

Die instrumentale Musik wird schon von Bharata, der sie »atodya« nennt, in vier Klassen eingeteilt: »tata« (gespannt; die Saiteninstrumente), »ghana« (solid; d. h. Idiophone wie Glöckchen, Zymbeln usw.), »avanaddha« (bespannt; die Trommeln) und »suṣira« (durchbohrt; die Blasinstrumente). Alle Instrumente kommen also schon in der ältesten Schicht der indischen Kunstmusik vor. Dennoch ist der Charakter der indischen Musik vor allem vokal, und die Entwicklung einer unabhängigen instrumentalen Musik hat eigentlich erst in der mohammedanischen Periode angefangen. Die *vorwiegend vokale Natur* der klassischen indischen Musik ist teilweise aus ihrer vedischen Abstammung zu erklären, da in den Vedas das richtig intonierte Wort die Achse des ganzen religiösen Systems war. Auch im Mittelalter hat die Stimme diesen hervorragenden Platz noch nicht verloren. Sârngadeva erklärt, daß der dem Menschen innewohnende unsterbliche Funken (»jîva« oder »âtman«) sich auszudrücken wünscht und daher den Geist anregt. Der Geist stachelt dann das im Körper befindliche Feuer an, das darauf den im Unterleib wohnenden *Lebensatem* (»prâṇa«) aufsteigen läßt. Dieser Prâṇa bringt nun auf seiner Reise nach oben verschiedene Klänge hervor, die dann schließlich im Munde Sinn erhalten. Sârṅgadeva erklärt weiter, wie dieser Klang entweder als Wort oder als Ton die Welt beherrscht. Das Wunder des vom ewigen göttlichen Prinzip angestachelten, sich in Laut verwandelnden Lebensatems erklärt die herrschende Stellung der Stimme. In der Dreieinheit des Begriffs Saṅgîta wird Gîta (die vokale Musik) als direkte Manifestation des göttlichen Nâda betrachtet, Vâdya (die instrumentale Musik) als eine sekundäre Äußerung, während Nrtya (der Tanz) von den beiden anderen abhängig ist. Man darf also wohl annehmen, daß die von Bharata klassifizierten Instrumente im großen und ganzen nur zur Begleitung des Gesangs oder des Tanzes gedient haben. Auffallend ist, daß die meisten indischen Instrumente, ausgenommen Flöten und Trommeln, fremden Ursprungs sind. Es ist wahrscheinlich, daß sogar die Vîṇâ (in der ältesten Periode nicht die jetzige Stabzither sondern eine Bogenharfe), ihrem Namen nach mit den Instrumenten des Nahen Ostens und Ägyptens zusammenhängt. Jedenfalls steht fest, daß die jetzt üblichen Instrumente fast alle *arabisch-persischen Ursprungs* sind, während in den letzten Jahrzehnten auch europäische Instrumente wie die Violine (besonders in Südindien), die Gitarre und die Klarinette vielfach Eingang gefunden haben und oft, wie die Violine, von den Indern selbst als bodenständige Produkte betrachtet werden. Diese Instrumente haben sich den indischen Bedürfnissen ohne weiteres anpassen können, während die temperierten Instrumente (Klavier, Harmonium, Akkordeon) ihrer Natur gemäß mit dem indischen System nicht zu vereinigen sind und von Anfang an großes Unheil gestiftet haben.

Im folgenden werden die wichtigsten gegenwärtigen Instrumente beschrieben.

a. Saiteninstrumente (geschlagen)

Die Vîṇâ, im Norden ein auf zwei Kürbissen ruhender Stab mit hohen Bünden (Rudravîṇâ), besteht im Süden aus einem Stab, der aus einem kürbisartigen Schallkörper aufsteigt, mit (24) festen Bünden versehen ist und am oberen Ende einen Kürbis als zweiten Schallkörper hat. Über die Bünde laufen vier Melodiesaiten; unter der rechten Hand sind seitlich noch drei auf *sa* und *pa* (oder *ma*) gestimmte Saiten angebracht, die fortwährend als Begleitung mit dem kleinen Finger angeschlagen werden. Dieses Instrument gilt als besonders bezeichnend für die indische Musik. Es ist der Göttin der Weisheit, Sârasvatî, geweiht und deren ständiges Attribut. Beim Spielen wird der zweite Schallkörper auf die linke Schulter gelegt, die Töne werden mit der linken Hand gegriffen und mit der rechten mit oder ohne Plektrum angeschlagen. Eine Nebenform dieser Vîṇâ, in Südindien »gotuvadyam«, in Nordindien »bicitrabîn« genannt, hat keine Bünde. Der Spieler erzeugt die Töne durch Reiben mit einem hölzernen Zylinder, eine Technik, die mit dem Spielen der Hawaii-Gitarre große Verwandtschaft hat. Verstellbare Bünde (16 oder 18) findet man bei dem Setar (siehe unter Ṭhat, III. 1. *b*.), einer Mischung der Vîṇâ mit einem persischen Instrument. Er hat drei bis sieben Saiten. Die Technik ist mit dem Vîṇâspiel sehr verwandt, aber der Setar hat unter den Spielsaiten oft noch eine ganze Schicht Bordunsaiten, die einen charakteristischen Widerhall hervorrufen.

Ein größeres Tonvolumen als die Vîṇâ oder der Setar hat der »sarod«. Er hat eine kleinere Anzahl von Bordunsaiten als der Setar und wird mit einem Plektrum geschlagen, das dem der Mandoline ähnelt. Er hat keine Bünde und erinnert in seiner Klangqualität oft an die Balalaika. Auch er stammt aus dem Nahen Osten.

Als Begleitinstrument unentbehrlich ist die »tambura«, deren vier, nur leer geschlagene Saiten (*pa-ṡa-ṡa-sa* oder *ma-ṡa-ṡa-sa*) als Bordun erklingend den festen Hintergrund für die wechselnde modale Struktur der ausgeführten Râgas formen.

b. Saiteninstrumente (gestrichen)
Die »sârangi« (volkstümliche Nebenform »sarinda«) hat mit ihren vielen Bordunsaiten einen schönen und vollen Klang, ist aber nicht sehr angesehen, weil sie früher von Tanzmädchen (Prostituierten) zur Begleitung gebraucht wurde. Dieser Makel haftet der »dilruba« und der »esraj« nicht an, die deshalb, und ihres leisen, lieblichen, etwas klagenden Klanges wegen, oft von Damen gespielt werden. Der Echo-Effekt der Bordunsaiten ist bei diesen Streichinstrumenten viel stärker als bei den geschlagenen Setar oder Sarod.

Eine sehr primitive Geige, die aber einen erstaunlich tragenden Klang hat, ist die zweisaitige »râvanatta«, die nur aus einem Stock und einer mit Pergament bespannten Kokosnußschale besteht. Sie wird mit einem sehr runden, oft mit Glöckchen behängten Bogen gespielt, der zwischen den beiden übereinanderliegenden Saiten durchgeht und mit einer Schnur an der Kokosschale befestigt ist. Dieses sehr volkstümliche Instrument hat Verwandte über den ganzen Orient, von Arabien bis Indonesien und bis in die Mongolei hinein.

c. Idiophone
Wenn sie keinen ausschließlich liturgischen Charakter haben (wie die Glöckchen), werden die Idiophone, zumal die Zimbeln,

meistens zur Betonung des Rhythmus gebraucht. Große Becken werden kaum benützt. Die im Fernen Osten üblichen Gongs sind nicht gebräuchlich. Lithophone sind jetzt ganz verschwunden. In verschiedenen südindischen Tempeln gibt es aber noch »singende Säulen«, die auf eine ehemalige Verbreitung dieser Gattung weisen. Das einzige lithophonartige Instrument, das noch heute eine gewisse Popularität besitzt, ist der unter seinem persischen Namen bekannte »jaltarang«, eine Reihe Porzellanschalen, die mit Wasser auf eine bestimmte Tonhöhe gestimmt und dann mit Stöckchen gespielt werden.

d. Blasinstrumente

Unter den Blasinstrumenten nimmt die Bambusflöte, quer oder längs gespielt, den ersten Platz ein. Sie wird in der Mythologie und in der Mystik mit dem Gott Kriṣṇa verbunden. Von arabischer Herkunft ist die »shannai«, eine Schalmei, die immer paarweise geblasen wird. Der eine Spieler spielt das Melodieinstrument, der andere hält den *sa*, den Grundton des Râga, als Bordun. Im Süden heißt dieses Instrument »nâgasvaram«. Der Dudelsack kommt auch als einheimisches Instrument vor (Kaschmir), ist aber sonst von den in der britischen Armee dienenden Soldaten eingeführt worden. Weitverbreitet sind Instrumente vom Typ der Schlangenbeschwörer-Schalmei, bei der das Rohrblatt innerhalb eines Kürbisses angebracht ist und die Melodie- und die Bordunpfeife am anderen Ende herausragen. Merkwürdigerweise findet man den Namen »bîn« für dieses Instrument, was darauf deuten könnte, daß Vîṇâ ursprünglich »Instrument an sich« bedeutete. Im Westen Indiens wird es auch »morli« genannt. Blasinstrumente, wie die »sringa« (ursprünglich aus Büffelhorn) oder der gedrehte »sarpa« (Schlange) aus Metall wurden ursprünglich nur zeremoniell gebraucht und können, wenigstens in Indien, nicht als Melodieinstrument betrachtet werden.

e. Trommeln

Trommeln gibt es in vielen Arten. Alles kann gelegentlich als Trommel benützt werden, sogar leere Konservenbüchsen. Wasserkrüge und Tongefäße, mit oder ohne Fell, werden auch jetzt noch vom Süden bis zum Norden als Trommeln geschlagen. Der größere Teil der indischen Trommeln wird mit den Fingern und nicht mit Stöcken gespielt, was eine viel variiertere und verfeinertere Technik möglich macht. Die in der klassischen Musik gebrauchten Trommeln werden auch meistens sehr genau auf eine bestimmte Tonhöhe (den vom Sänger gewählten *sa*) gestimmt. Wenn es sich um eine doppelseitige Trommel handelt, wird das zweite Fell nach Bedürfnis auf die Oktave, den *pa* oder den *ma*, gestimmt. In dieser Weise wird der feste melodische Grund noch stärker betont. Das Stimmen der Trommeln ist eine schwere und langwierige Prozedur. Die Felle sind meistens mit ledernen Bändern am Corpus befestigt. Zwischen das Corpus, das aus Ton, Holz oder Metall sein kann, und die Bänder werden Blöckchen eingeschoben, die, hinauf- oder heruntergehämmert, die Spannung des Fells haargenau regulieren können. Jede Art Trommelschlag hat ihren eigenen Namen, je nachdem, ob er mit der rechten oder der linken Hand oder mit beiden, ob mit den Fingern, der ganzen Handfläche oder nur einem bestimmten Teil usw. hervorgebracht wird. So kann ein Trommler vorher das ganze zu spielende Stück aufsagen. Die Namen, wie »da«, »dhin«, »dha«, »ṭa«, »ḍikki« usw., haben onomatopoetische Bedeutung. Im Süden benützt die klassische Musik meistens den »mṛdanga« (zylindrisch, mit zwei Fellen), der aber nicht mehr, wie der Name (»mṛd« = Ton) andeutet, aus Ton, sondern aus Holz angefertigt wird. Der nordindische Dhrupadstil bedient sich des »pakhwâj« oder »pakhâwaj« (gleichfalls zylindrisch mit zwei Fellen), der aber dem alten Mṛdanga näher steht. Immer aus Ton ist der »khol«, der mit dem religiösen Kirtanstil Bengalens engstens verbunden ist. Der Pakhâwaj hat einen sehr starken Ton, der für die späteren, weniger strengen Stilarten nicht geeignet ist. Dazu werden immer die »tabla« gebraucht, zwei Handpauken, die eine (halbkugelförmig und meistens aus Metall) für die linke, die andere (zylindrisch und aus Holz) für die rechte Hand. Der Name läßt auf ihre arabische Herkunft (arabisch »tabal«) schließen.

Da die Entwicklung der indischen Musik sich ausschließlich auf monodischem, modalem Gebiet vollzogen hat, tritt der *Rhythmus* als Gegenstück zur Melodie besonders hervor. Es gibt wahrscheinlich keine andere Hochkultur, in der das rhythmische System bewußt zu einer solchen Höhe entwickelt worden ist. Die Verfeinerung der Trommeltechnik läßt sich in jeder Hinsicht mit den Verfeinerungen der Melodik des Râgasystems vergleichen.

4. Rhythmik

Die zwei musikalisch wirksamen Prinzipien (d. h. das *additive* und das *divisive Prinzip*), die bis zu einem gewissen Grade bei der Entstehung des melodischen Systems beteiligt waren, finden sich bei der rhythmischen Entwicklung in einer viel ausgeprägteren Form wieder. Hier begegnen sich wieder die beiden Bezeichnungen Mârga und Deśî, wobei wie in der Melodik Mârga letzten Endes in Beziehung zu Brahma und der rezitierten Liturgie steht. Deśî ist mit Śiva und dem von Trommeln begleiteten kosmischen Tanz verwandt, und wie im melodischen System hat auch in der Rhythmik schließlich das »zum Land gehörende Element« die

Oberhand gewonnen. Diese Tatsache läßt sich aus dem Wort »tâla« schließen, mit dem sämtliche Taktarten, deśî sowohl wie mârga, bezeichnet werden. Tâla bedeutet ursprünglich Handfläche, dann das Klatschen der Handflächen, dann akzentuierter Taktschlag und schließlich Takt an sich. Es kann also nur aus einer akzentuierenden und nicht aus einer quantitierenden Musik stammen. Die Musik, von der Bharata sein System abgeleitet hatte, kannte das akzentuierende Prinzip nicht, sondern nur das quantitierende. Erst zusammen mit dem von seinem Attribut, der Sanduhrtrommel, untrennbaren Gott Śiva kam der Taktschlag, der *Tâla*, herein, der dann auch, im uneigentlichen Sinne, für die *quantitierenden Rhythmen* gebraucht wurde. Das bedeutet aber keinesfalls, daß die ältere Schicht, die in der Prosodie wurzelnden Taktarten verschwinden. Das vollendete System ist aus der gegenseitigen Beeinflussung der beiden Prinzipien entstanden. Die theoretischen Texte zeigen, daß die sogenannten Mârgatâlas ganz den *prosodischen Gesetzen* folgen, in denen von Taktschlag keine Rede ist. Es gibt drei große Klassen in der Sanskrit-Poesie. Typisch für die vedische Schicht ist der »anuṣṭubh«, der zwar aus vier Perioden von acht Silben besteht, aber mit Tâla im späteren Sinne nicht verwandt ist, weil innerhalb jeder Periode lange und kurze Silben nach Belieben gewählt werden können, so daß, nach Takteinheiten gemessen, die Länge jeder Periode variabel ist. Die einzige Vorschrift ist, daß die letzten vier Silben der letzten Periode jambisch sein müssen. Der rhythmische Lauf dieser Poesie hat also nur am Ende jeder Strophe etwas, das mit einer späteren Taktkadenz Verwandtschaft hat.

Mit dem Verschwinden des vedischen Tonhöhenakzents trat die Quantität stärker hervor. In der zweiten Klasse der Sanskrit-Poesie haben die vier Perioden, aus denen ein Vers besteht, eine feste Reihenfolge langer und kurzer Silben, und zwar von vier bis 26 einschließlich der ungeraden Zahlen. Die langen Silben haben die doppelte Länge einer kurzen. Auflösung einer langen in zwei kurze oder Verschmelzung von zwei kurzen zu einer langen Silbe ist nicht gestattet. Die Reihenfolge, die übrigens immer melodisch rezitiert wird, und zwar mit einer viel ausgeprägteren Melodie als es mit den drei syntaktisch gebundenen Tonakzenten des Rigveda möglich war, liegt ein für allemal fest. Es ist ein vollendetes Beispiel des additiven Prinzips. Ein bestimmter Rhythmus kristallisierte sich heraus, da die aufeinander folgenden kurzen und langen Silben so und nicht anders dem Ohr gefielen; erst nachher ergab sich, daß eine solche Periode elf Silben hatte (wie bei der »indravajra«) oder 19 (wie bei der »sârdûlavikrîḍitâ«). Es ist derselbe Vorgang wie bei der Oktave, die als anerkannte Folge bestimmter Ganz- und Halbtöne, erst nachher in 22 Śrutis analysiert wurde. Auch diese Klasse der Poesie ist, obwohl mit dem Taktschlagprinzip nicht zu vereinigen, im späteren System nicht vollkommen verschwunden.

Eine direkte Parallele mit dem Taktschlagsystem in der Prosodie findet sich erst in der dritten Hauptklasse, in der nicht die variablen Silben, sondern rhythmische Einheiten als Grundlage genommen werden, die sich nach Belieben vereinigen oder wieder teilen können. Hier tritt zum ersten Mal das divisive Prinzip hervor. Die Periode hat hier, wie in einem Takt, eine bestimmte Anzahl von rhythmischen Einheiten. Anstatt der Höhe und Tiefe der vedischen Schicht oder der festen Länge oder Kürze der zweiten Klasse tritt hier immer stärker (auch unter Einfluß des aus der Volkspoesie entnommenen Reims) das Stark-Schwach hervor. Die letzte Stufe der Entwicklung dieser prosodischen Gattung (deren ältestes Beispiel der »ârya« ist), findet sich in den sogenannten »mâtrasamakas« (die eine gleiche Anzahl rhythmischer Einheiten, »mâtras«, haben), d. h. vier Zeilen von je 16 Einheiten. Folgende Beispiele veranschaulichen einige Strophen aus den drei Schichten.

(12) Erste Schicht; vedischer Anuṣṭubh (viermal acht Silben, hoch-tief-Akzent):

```
∪ – ∪ – – ∪ ∪ ∪        ∪ – ∪ – – ∪ – ∪
∪ – – – ∪ – ∪ –        – – – ∪ ∪ ∪ ∪ ∪
∪ – – – ∪ – – –        ∪ – ∪ – ∪ – –
∪ – ∪ – ∪ – ∪ –        ∪ – – ∪ ∪ – –
```

Zweite Schicht; klassische Ŝârdûlavikrîḍitâ (feste Reihenfolge von 19 kurzen und langen Silben):

```
– – – – ∪ ∪ – ∪ – ∪ ∪ ∪ – – – ∪ – – ∪ –
```

(viermal wiederholt)

Dritte Schicht; Mâtrasamaka (vier Zeilen zu je 16 Einheiten, wobei zwei kurze zu einer langen verbunden sein können, mit deutlichem Taktschlag):

```
– ∪ ∪ – ∪ ∪ – ∪ ∪ –
∪ ∪ ∪ – ∪ ∪ – ∪ ∪ – –
– ∪ ∪ ∪ ∪ ∪ – ∪ ∪ – –
∪ ∪ ∪ – – – – – –
```

Dieses Hervortreten des *stark-schwachen Prinzips* zeigt sich vielleicht auch in der allmählichen Substitution der in den älteren Texten gebräuchlichen Benennungen »hrasva-dîrgha« (kurzlang) durch »laghu« (leicht) und »guru« (schwer), aber im Sinne von prosodisch kurz und lang. Das Wort »pluta« (gedehnt), das ursprünglich das Anhalten eines Vokals bedeutete, erhält im musikalischen System einen genau bestimmten Wert. Von Laghu als Einheit ausgehend bedeutet Guru die doppelte, Pluta die dreifache Länge. Die Dauer eines Laghu wird gleichgesetzt mit dem Aussprechen einer Folge von fünf kurzen Silben, »kacaṭatapa«. Erfahrungsgemäß läßt sich feststellen, daß das ungefähr mit einer Sekunde übereinstimmt. Die Grundlage des indischen

Taktsystems ist also ein Äquivalent des »tempo giusto«. Wenn auch für die Poesie genügend, waren diese drei Werte für die Musik doch unzulänglich, daher wurde der Laghu noch in zwei »druta«, der Druta wieder in zwei »anudruta« unterteilt. Wenn man den Laghu mit einer Viertelnote gleichsetzt, so kann man die rhythmische Reihenfolge durch

13)

♪ ♪ ♩ ♩ ♩. wiedergeben. In den indischen Texten schreibt man sie folgendermaßen: (14)

Anudruta	∪	♪
Druta	○	♪
Laghu	l	♩
Guru	ſ	♩
Pluta	ſ	♩.

Die Fahne ('), die das Guruzeichen zum Pluta macht, kommt auch selbständig vor und bedeutet dann den »virâma« (Ruhe), der genau die Funktion eines Punktes hinter der Note im Westen hat. In diesem Falle ist Guru mit Virâma gleich 1½ Guru oder drei Laghus, d. h. ein Pluta. In diesen Werten zeigt sich also die Anerkennung des binären wie des ternären Prinzips in dem Verhältnis Laghu-Guru bzw. Laghu-Pluta. Neben den binären (»caturasra«) und ternären (»tryasra«) Takten werden schon im Nâtya Śâstra‹ kombinierte Takte (z. B. fünf oder sieben) »san-kîrṇa« erwähnt. Ein Taktsatz besteht gewöhnlich wieder aus vier solchen Perioden.

Nach der *mythologischen Auslegung* wohnt die Göttin im Laghu, Śiva mit seiner Gattin Pârvatî im Guru und die Hindutri-nität, Brahma, Śiva und Viṣṇu im Pluta. Die kleineren Werte, Anudruta und Druta, kommen aber nur in den Deśîtâlas vor. In den Mârgatâlas ist der Laghu der kürzeste. Unter dem Namen Mârgatâla wird in den theoretischen Texten eine Art von Takten beschrieben, die der zweiten Klasse der Poesie genau parallel läuft, da sie nämlich eine bestimmte Anzahl von Laghus, Gurus und Plutas (also Bestandteile von wechselnder Länge) in festen Reihenfolge aufweist. Ein extremes Beispiel dieser Art ist ein Tâla namens »pâtâlakuṇḍala« (Kreis der Unterwelt), der zeigt, wie polar dieses additive Prinzip dem üblichen divisiven Taktprinzip gegenüber steht (Laghu = ♩):

15)

♩. ♩ ♩ ♩ ♩. ♩ ♩. ♩ ♩ ♩ ♩. ♩ ♩ ♩ ♩ ♩ ♩ ♩ ♩. ♪ ♪ 𝄽 𝄽 𝄽 𝄽

Ganz als Mârga könnte sogar der Urheber, Dâmodara, diesen Takt nicht bezeichnen, der beiden Druta am Ende wegen. Die letzten vier Viertelpausen bringen die totale Länge, vielleicht

221

unter Einfluß der Deśîtâlas, auf 32 silbenmäßige Einheiten und schaffen daher die Möglichkeit, dieses Schema, das aussieht wie eine ganz verwickelte Versregel des Śârdûlavikrîḍitâ-Typs, doch in dem regelmäßigen vier mal acht der späteren Deśîtâlas unterzubringen. Dâmodara sagt, daß dieser Tâla »das Herz des Zymbelspielers erfreut«, und wenn man sich vorstellt, daß man ein dieser Reihenfolge zugrunde liegendes, regelmäßiges Taktschema mit Zymbelschlägen akzentuieren soll, so läßt sich eine solche Freude wohl begreifen.

Obwohl in dem üblichen Taktsystem gewöhnlich ein *rhythmischer Satz* nie eine solche verwickelte Form, sondern meistens Perioden von fünf bis sechzehn Einheiten (z. B. Laghus) hat, so geht doch aus diesem Pâtâlakuṇḍala ein Prinzip des indischen Taktsystems hervor: der ganze Satz, nicht die Perioden, wird als Ganzes gefühlt. Der Taktstrich hat also in der klassischen indischen Musik keinen Platz, auch da nicht, wo man ihn ohne weiteres einfügen könnte. Die Reihe

(16)

♩ ♩ ♩ ♩ ♩ ♩ ♩ ♩ ♩ ♩ ♩ ♩ ♩ ♩ ♩ ♩

kann, im Westen analysiert, als vier ₵-Takte aufgefaßt werden. In Indien aber geht man vom Ganzen aus und nennt ihn »tritâl« (oder »tîntâl«), Drei-Tâl, da von den vier Perioden nur drei akzentuiert werden und also im ganzen Satz nur drei Tâl im Sinne von akzentuierten Taktschlägen vorkommen; die dritte Periode geht leer aus. Das Taktschema lautet also:

(17)

♩̂ ♩ ♩ ♩ ♩̂ ♩ ♩ ♩ ♩ ♩ ♩ ♩ ♩̂ ♩ ♩ ♩   (viermal wiederholt)

Sänger und Trommler haben das Schema des gewählten Tâla (auch wenn keine Zymbeln dabei sind, um es zu akzentuieren) fest im Bewußtsein und machen, wo immer möglich, ihre eigenen Variationen darauf, müssen aber auf dem ersten Schlag des nächsten rhythmischen Satzes zusammenkommen, ein Punkt, der also eine ganz hervorragende Bedeutung in der kompositorischen Struktur hat und daher »sam« (zusammen) genannt wird. Folglich schließt eine Komposition auch meistens auf dem Sam, weil dort die verschiedenen rhythmischen Linien sich vereinigen und das Ganze sich abrundet. Um dieses verfeinerte Spiel vollkommen genießen zu können, muß der Hörer das Taktschema so gut wie der Ausführende im Bewußtsein haben.

Taktschläge können laut (durch Händeklatschen, Zymbelschlag usw.) oder stumm (durch Handbewegung oder Fingerbiegen) angegeben werden. Das Abzählen der auf die akzentuierte Takteinheit folgenden unakzentuierten Einheiten an den Fingern ist auch heutzutage noch allgemein üblich.

Wenn Melodie und Tâla zur selben Zeit anfangen, spricht man von »sama«, wenn die Melodie vor dem ersten Taktschlag beginnt, von »atîta«; von »anutâla«, wenn die Melodie dem ersten Taktschlag folgt. Dâmodara gibt den verschiedenen Takttypen (»tâlajâtis«) eigene Namen, die teilweise auf Bharata zurückgehen, teilweise neueren Ursprungs sind. Die binären Takte heißen bei ihm noch »caturasra«, die ternären »tryasra«, aber für die wichtigsten kombinierten Taktarten gebraucht man heute folgende Namen: »khaṇḍa« (fünf), »miśra« (sieben) und »sankîrṇa« (neun Einheiten pro Periode). Im Norden gibt es, wie bei den Râgas, zahllose Taktarten wie »tritâl« ($16 = 4 \cdot 4$), »jhampak« ($5 = 2 + 3$), »tîvra« ($7 = 3 + 2 + 2$), »dhamar« ($14 = 5 + 5 + 2 + 2$), »choṭodaśkuśi« ($14 = 4 + 4 + 2 + 4$) usw. Sie führen ein individuelles Dasein, ohne daß jemals versucht worden ist, sie in einem System zusammenzubringen. Im Süden aber haben, wie für die Râgas, die Gelehrten auch für die Taktarten ein System von *35 klassischen Tâlas* aufgebaut; es besteht aus sieben Grundformen mit je fünf Varianten. Für diese Klassifikation wurden die alten Tâlajâti-Namen in einer neuen Deutung herangezogen. Guru und Pluta sind verschwunden; die einzigen Werte sind noch Anudruta, Druta und Laghu. Die Tâlajâti-Namen, die sich in den älteren Texten auf den Takttypus beziehen, werden in diesem System auf die frühere Takteinheit, den Laghu, bezogen, der jetzt also nicht mehr die Norm ist, sondern variabel wird. Er gilt als drei, vier, fünf, sieben oder neun Einheiten, je nachdem er als Tryasralaghu, Caturasralaghu usw. bezeichnet wird. Die Einheit ist der Anudruta, gemessen nach der Dauer eines Händeklatschens. Der Druta hat die Länge eines Händeklatschens und einer Seitwärtsbewegung der rechten Hand. Beim Laghu kommen dann die Fingerbiegungen (vom kleinen Finger der rechten Hand anfangend) dazu. Tryasralaghu gilt ein Händeklatschen und zwei Fingerbiegungen. Caturasralaghu ein Händeklatschen und drei Fingerbiegungen usw. Die gewählte Jâti bezieht sich selbstverständlich auf alle in der Grundform des Taktes vorkommende Laghus. Die sieben Grundformen werden immer folgendermaßen gelehrt:

(18)

1. Dhruva (laghu, druta, laghu, laghu)	| O | |
2. Mâthya (laghu, druta, laghu)	| O |
3. Rûpaka (druta, laghu)	O |
4. Jhampa (laghu, anudruta, druta)	| ∪ O
5. Triputa (laghu, druta, druta)	| O O
6. Aṭa (laghu, laghu, druta, druta)	| | O O
7. Eka (laghu)	|

Je nachdem man die Tâlajâti wählt, kann also der »ekatâla« den $^3/_4$-, $^4/_4$-, $^5/_4$-, $^7/_4$- oder $^9/_4$-Takt vertreten. Bemerkenswert ist der additive Charakter dieses Systems.

Wie bei den Râgas sind verschiedene dieser Tâlas rein theoretisch konzipiert und haben keinerlei Beziehung zu lebendigen Volks- oder gar klassischen Taktarten, obwohl die Grundschemata alle schon so in den alten Texten vorkommen. Besonders in der »sankîrṇajâti« fällt dieser gekünstelte Charakter auf. Die 22 Takteinheiten $(9+9+2+2)$ des »âṭatâla« (Sankîrṇajâti) sind eigentlich mehr eine rhythmische Übung als eine lebendige musikalische Tatsache. Trotzdem sind Musiker, die fließend sämtliche Varianten in allen Grundschemata vorführen können, keine Seltenheit.

Während in der indischen Melodik die Monodie alleinherrschend ist, verflechten sich in der Rhythmik mindestens zwei, manchmal sogar vier Stimmen miteinander. Gegeben ist das Grundschema, das mindestens durch die linke und die rechte Hand auf der Trommel kontrapunktisch behandelt wird. Die Zymbelschläge geben eine meist dem Grundschema am nächsten verwandte, dritte Linie, wozu dann noch die Melodie entweder auf einem Instrument oder in der Singstimme ihren eigenen Kontrapunkt hinzufügt. Mit Ausnahme der Idiophone wie der Zymbeln, die mit der gewählten Tonhöhe des *sa* nicht unbedingt verwandt zu sein brauchen, ist das ganze rhythmische Gewebe doch mit in das modale Prinzip einbezogen, weil die Trommeln, wenn sie überhaupt gestimmt werden können, auch mindestens den *sa* angeben und ihre sämtlichen sehr bedeutenden klanglichen Variationen immer nur in Beziehung und in Kontrast zum *sa* gemessen und genossen werden. Rhythmisch und melodisch scheinen die Variationsmöglichkeiten unerschöpflich zu sein, und wenn man das System von seinen ziemlich schlichten Anfängen bis zur Hochblüte betrachtet, so kann man nur den Ausspruch Dâmodaras bejahen: »Weder von Tâlas noch von Râgas ist irgendwo das Ende zu spüren.«

5. Tanz

Nṛtya, der dritte Bestandteil der Dreieinheit Saṅgîta, stammt laut Bharata wie Gîta, die vokale Musik, von den Veden ab, da der Schöpfer Brahma ihn dem Yajurveda entnommen hat. Tatsächlich ist in den vier noch lebendigen klassischen Tanztraditionen diese Verbindung mit liturgischen Bräuchen noch deutlich zu sehen. Die rezitierten oder gesungenen Hymnen wurden von bestimmten Hand- und Fußbewegungen begleitet (wie noch heute die rituellen Tänze in den Randgebieten des Hinduismus, z.B. Nepal oder sogar Bali), die z.T. zur Gedächtnishilfe, wie die guidonische Hand im Westen, z. T. aber formbildend waren und dann die magische Wirkung der Worte erhöhten. Dieser Aspekt findet sich im klassischen Tanz als sogenannter Abhinaya wieder, eine Mimik, die oft zu einer *rhythmischen Gebärdensprache* geworden ist. Am stärksten ist ein derartiger Abhinaya in den beiden südindischen Schulen vertreten. In dem heute als »Bharatanâtya« bezeichneten Stil, der modernen Form der alten Tempeltänze, stellt der Tanz den Text des gesungenen Gedichtes Wort für Wort dar, in der zweiten südindischen Tanztradition, dem Kathâkalitheater der Malabarküste, dagegen wird der Text hinter der Bühne von mit Trommeln begleiteten Sängern gesungen, und die Schauspieler führen nur das Gesungene mittels streng stilisierter Tanzbewegungen vor. In den beiden nordindischen Traditionen, »kathak« (z. B. im Staat Rampur oder in Lucknow) und »manipuri« (der Tradition des kleinen Staates Manipur in Assam), haben die Tanzbewegungen zwar oft eine pantomimische Bedeutung, sind aber mit einem bestimmten Text nicht untrennbar verbunden. Sie sollen vielmehr eine gewisse Stimmung erregen. In der ganzen Entwicklung, im Norden wie im Süden, ist aber die ursprüngliche enge Beziehung zur vokalen und zur instrumentalen Musik erhalten geblieben und die in den Texten gegebene Definition »Nṛtya ist von Gîta und Vâdya abhängig« also noch zutreffend.

IV. Volksmusik

Die Volksmusik befindet sich in einer noch gefährlicheren Lage als die Kunstmusik, weil sie, ihrer Natur gemäß, die vollkommene ökonomische Umstellung nicht mitmachen kann. Sie war mit den alten Bräuchen und Sitten ethnologisch verbunden, und mit dem Verschwinden des alten Lebensstils hat sie ihre Lebensgrundlage eingebüßt. Grundsätzlich sind die Probleme nicht verschieden von denen des Abendlandes; nur heben sie sich schroffer hervor, weil der Übergang von der bodenständigen Kultur der Landbevölkerung zur intensiven Industrialisierung des modernen Indien sich viel schneller und viel eingreifender vollzieht und obendrein noch fremden Ursprungs ist. Es ist denn auch fraglich, was Institutionen wie die ›Sangeet Natak Akadami‹ in Neu Delhi und viele verwandte Bewegungen in anderen Provinzen werden retten können. Jedenfalls bemühen sie sich, vieles, was noch lebt, auf dem Tonband festzuhalten, damit wenigstens ein Bild des alten Volkslebens erhalten bleibt, das sich von seinen primitivsten Stufen bis zu seiner höchsten Entwicklung in seiner Musik widergespiegelt hat.

Georgische Volksmusik

I. Allgemeines

Das kulturell hochstehende Volk der Georgier (georgisch Kharthweli, russisch Grusiner) bewohnt in der Zahl von etwa 4.700.000 (1970) den mittleren und westlichen Teil Transkaukasiens. Einige Stämme, so die Lasen, leben z. T. in den angrenzenden Küstengebieten der anatolischen Türkei, andere wiederum, wie z. B. die durch archaische Gebräuche bemerkenswerten Swanen, Chewsuren, Tuschen und Pschawen, in entlegenen, bis vor kurzem nur schwer zugänglichen Gebirgstälern des Hochkaukasus. Sprachlich und kulturell werden zwei Hauptgruppen unterschieden, eine östliche und eine westliche. Zu der östlichen gehören die Kachethier und Kharthlier, zu der westlichen die Imerier, Mingrelier und Gurier mit den Adsharen. Die sozioökonomische Grundlage bildete seit altersher Viehzucht, Feld-, Garten- und Weinbau sowie in den Städten der Handel und ein hochentwickeltes Kunsthandwerk. Bestimmend für das Land war sowohl in der Antike als auch im Mittelalter seine überaus günstige geographische Lage. Dank einem der Handelswege, die damals das Abendland mit dem Mittleren und Fernen Osten verbanden, nahm Georgien teil am Welthandel jener Zeiten. Genauere Nachrichten über die Georgier vermitteln erstmalig griechische Autoren, die über die märchenhaften Länder Iberia und Kolchis berichten, Ziel der Argonauten und Schauplatz der Prometheussage. Voll im Licht der Geschichte stehen jedoch die Georgier erst seit ihrer Bekehrung zum Christentum in der 1. Hälfte des 4. Jahrhunderts. Ungeachtet zahlreicher Invasionen seitens umliegender, nichtchristlicher Völker hielten sie an diesem Glauben fest, unter dessen Deckmantel viele Sitten und Vorstellungen aus heidnischer Vorzeit bis heute fortleben konnten. Gegen Ende des 1. Jahrtausends erstarkte das georgische Mönchstum. Im In- und Ausland erfolgten zahlreiche Klostergründungen mit Sängerschulen, so u. a. auf den Bergen Sinai und Athos. Nach vorübergehender Eroberung durch die seldschukischen Türken entstand seit dem 11. Jahrhundert unter dem Herrscherhaus der Bagratiden ein georgisches Großreich, das unter der Königin Thamara (1184–1212) seinen Höhepunkt erreichte. In dieser Blütezeit, die sich durch Weltoffenheit und kulturelle Fruchtbarkeit auszeichnete, entfaltete sich neben einem reichen kirchlichen und philosophischen Schrifttum eine weltliche höfische Literatur, deren glänzendstes Zeugnis die gewaltige epische Dichtung von Schota Rustaweli, ›Der Mann im Tigerfell‹, ist. Dieser Blütezeit folgte alsbald eine Periode des Niedergangs, verursacht durch innere feudale Zersplitterung und verheerende Einfälle der Mongolen. Verhängnisvoll für Georgien wurde aber vor allem die Eroberung Konstantinopels durch die osmanischen Türken im Jahr 1453, seit welcher der Welthandel andere Wege nahm und die Bindung an die christliche Welt des Mittelmeers abgeriegelt wurde. In der Folgezeit bildete Georgien ein loses feudales Staatsgebilde, das die Perser und Türken bald bekämpften, bald unterstützten, bis 1801 die Russen sich seiner bemächtigten. Heute ist Georgien in der Union der Sozialistischen Sowjetrepubliken eine autonome Republik mit Tiflis (georgisch Tbilissi) als Hauptstadt.

II. Forschung

Erste musikfolkloristische Berichte wurden bereits Mitte des 19. Jahrhunderts in georgischen und russischen Zeitschriften veröffentlicht. Diesen folgte die Herausgabe von Sammelbänden mit Volksliedern, so von D. Eristawi (1872–1874), Michail M. Ippolitow-Iwanow (1895), Ilja G. Kargareteli (1899, 1901) u. a. Festeren Grund gewann jedoch die Sammelarbeit erst durch die verdienstvolle Tätigkeit von Dimitri I. Arakischwili, der 1901–1908 im Auftrag einer musikethnologischen Kommission an der Universität Moskau in den verschiedenen Landesteilen Volkslieder phonographisch aufnahm, deren Transkription er in drei, musikfolkloristisch äußerst aufschlußreichen Publikationen vorlegte. Seitdem wurde die Sammel- und Forschungsarbeit in Georgien kontinuierlich fortgesetzt, u. a. von dem Historiker Iwan A. Dshawachischwili und Walentina K. Steschenko-Kuftina, die letztere mit einer beachtenswerten Monographie über die Panflöte. Auch in jüngerer Zeit haben einheimische Forscher wertvolle Untersuchungen veröffentlicht, wie z. B. Wladimir W. Achobadse, Schalwa S. Aslanischwili, Grigorij S. Tschchikwadse und Schalwa M. Mschwelidse. In Westeuropa hat erstmalig Robert Lach ein umfangreicheres, wenn auch nicht immer zuverlässiges Material herausgebracht, das auf Phonogrammaufnahmen von Kriegsgefangenen aus dem 1. Weltkrieg zurückgeht. Solches Material liegt auch der kleinen, aber überaus verdienstvollen Schrift von Siegfried Nadel zugrunde.

III. Musikleben

In Georgien wird überwiegend mehrstimmig gesungen. Diese usuelle Mehrstimmigkeit von einer z. T. ungewöhnlichen Komplexität bietet sich als Äußerung originärer volkstümlicher Praktiken dar und bildet das besondere Kennzeichen der georgischen Volksmusik. Sie hebt diese deutlich von derjenigen der umliegenden sowie aller anderen Völker des eurasischen Kontinents ab. In den mehrstimmigen Gruppengesängen, insbesondere der Männer, manifestiert sich das soziale Leben der Georgier und ihre Neigung zu gemeinsamen Handlungen, gleichviel ob es sich um altheidnische Kultriten handelt, um christliche religiöse Zeremonien, Feldbestellung, Erntearbeit, das Fällen und Flößen von Bäumen, Totenklagen, Krankheitsbeschwörungen, Hochzeitsfestlichkeiten, Tänze, traditionelle Gastmähler oder andere altüberkommene Gemeinschaftsbräuche. Neben mehrstimmigen Gesängen begegnen, vor allem bei den Stämmen des Hochkaukasus, auch einstimmige Gesänge, die teils dem Repertoire der Frauen, teils demjenigen der Männer angehören. Den ersteren sind insbesondere Wiegenlieder und Totenklagen vorbehalten, den anderen Arbeitsgesänge sowie in chorischer Besetzung ausgeführte Gesänge im Totenkult. Historische, lyrische, burleske und Liebeslieder werden von beiden Geschlechtern gesungen, jedoch stets getrennt und oft begleitet von den Langhalslauten »panduri« und »tschonguri«. Sehr geachtet und beliebt waren professionelle Volkssänger, die sogenannten »mestwire«, die mit der Sackpfeife in den Dörfern umherwanderten und epische und historische Dichtungen sowie Gesänge lyrischen, satirischen und moralischen Inhalts vortrugen. Ein anderes Gepräge weist die Musikfolklore in den Städten auf. Sie wurde vor allem in Ostgeorgien von umherwandernden professionellen Dichtersängern tradiert, den sogenannten »aschugi« und »sasandari«, die auch armenischer, persischer, aserbeidschanischer oder türkischer Herkunft sein konnten und die alteinheimischen Rhapsoden, die sogenannten »mgosani«, ablösten. Sowohl an den Höfen des Feudaladels als auch in den Häusern der städtischen Bevölkerung waren sie einst bei Festlichkeiten, Hochzeiten, Namenstagen usw. gern gesehen. Sie trugen eigene und Sologesänge anderer Rhapsoden sowie seit altersher bekannte epische Volksdichtungen vor, wobei sie sich vorwiegend persischer melodischer und rhythmischer Modelle bedienten. Ihre Kunst faßte im 17. Jahrhundert Fuß, als Ostgeorgien in einem Vasallenverhältnis zum Iran stand, und hatte ihre Blütezeit bis Ende des 19. Jahrhunderts. Seit Mitte des 19. Jahrhunderts fanden die Rhapsoden ihren Weg auch in die Dörfer, wo sie auf ihren Wanderungen bei Volks- und kirchlichen Festen ebenso willkommen waren wie andere Volkssänger und -musikanten. Etwa gleichzeitig verbreiteten sich in volkstümlicher Umbildung europäische, insbesondere russische und italienische Melodien, die von Kutais ausgingen, dem damaligen administrativen und kulturellen Zentrum Westgeorgiens.

IV. Mehrstimmigkeit

Die georgische Volkspolyphonie bietet ein überaus differenziertes und nur schwer überschaubares Bild dar mit einer faszinierenden Vielfalt von Stimmführungstechniken, Vortrags- und Besetzungsarten, regionalen und lokalen Melodiestilen sowie einer z.T. mächtigen Klangarchitektur. In der Regel wird dreistimmig gesungen. Die Stimmen haben eigene volkstümliche Bezeichnungen, die ihre besondere Funktion im Gruppengesang angeben. Entsprechend den ethnischen, sprachlichen und kulturellen Gegebenheiten unterscheidet sich die Volkspolyphonie Ostgeorgiens von derjenigen Westgeorgiens. In der ersteren überwiegt harmonikales Denken mit zwei solistisch ausgeführten, oft alternierenden Oberstimmen und beweglichen, häufig textlich rhythmisierten Borduntönen als Begleitung in der Unterstimme, wobei Dissonanzen möglichst vermieden werden (siehe Notenbeispiel 1).

(1) Kharthalinisch-kachetisches Trinklied (nach G. Tschchikwadse, Grundtypen der Mehrstimmigkeit im grusinischen Volkslied, in Beiträge zur Musikwissenschaft X, 1968, S. 181)

Der Stimmführung in den westgeorgischen, insbesondere gurischen Gesängen ist hingegen ein äußerst flexibles und kompliziertes melodisches Linienspiel eigen, das S. Nadel treffend als »Beispiel einer extrem konsequenten linearen Polyphonie« (Georgische Gesänge, Berlin 1933, S. 29) gekennzeichnet hat. Die Stimmen werden durch tradierte Gestaltformeln auf höchst eigenwillige Weise ohne Rücksicht auf konsonante oder dissonante Zusammenklänge entwickelt und münden lediglich an den Strophenschlüssen oder erst am Ende der Gesänge in den

Einklang ein. Die textlich und melodisch führende Stimme liegt häufig in der Mitte. Stimmkreuzungen sind gang und gäbe, ebenso scharfe Sekundreibungen, Terz-Quart- und Dreiklangsparallelen, fauxbourdonartige Fortschreitungen, engräumige Klangballungen sowie unvermittelte modale Verschiebungen, Tonhöhenalterationen und enharmonische Intervalle, die das musikalische Geschehen bei erstem Anhören als unentwirrbar erscheinen lassen. Eine Besonderheit des westgeorgischen Gesangs ist fernerhin eine eigenartige Gesangspraxis, der sogenannte »krimantschuli« (wörtlich »sich schlängelnde Stimme«), die aus stereotypen Figurationen vom Umfang einer großen Septime u. a. bei Hochzeits- und Arbeitsgesängen sowie historischen und Heldenliedern an bestimmten Strophenstellen von einem Solosänger auf Vokalen oder sinnfreien Silben im höchsten Falsett ausgeführt werden (siehe Notenbeispiel 2).

(2) Gurischer Gesang patriotisch-historischen Inhalts (nach S. Nadel, Georgische Gesänge, Berlin 1933, Nr. 12)

231

Eine weitere Eigenart der westgeorgischen Musikfolklore sind doppelchörige Gesänge, die von zwei Gruppen alternierend ausgeführt werden, wobei die eine solistisch, die andere chorisch besetzt ist. Neben dreistimmigen Gesängen begegnen in Westgeorgien auch vierstimmige Arbeitslieder, die sogenannten »naduri«, die in ihrer reichsten Entfaltung bei den Adsharen verbreitet sind. Gemeinsam für den georgischen Gruppengesang ist die Einleitung der Strophen durch die Melodieformel eines

Vorsängers. Während diese jedoch in Ostgeorgien im allgemeinen eine selbständige, abgeschlossene Phrase bildet, leitet sie in Westgeorgien als unablösbarer Teil des differenzierten melodischen Linienspiels organisch in den eigentlichen Gesang über. Im Gegensatz zu der im allgemeinen kräftigen und vollen Tongebung in Ostgeorgien überwiegt in Westgeorgien eine leicht kehlige Stimmfärbung. Diesen Unterschieden entspricht auch der rhythmische Habitus der Gesänge, der in Ostgeorgien bei recht freizügiger Behandlung der Zeitwerte mehr rubatoartig gedehnt ist und so melismatische oder rezitativische Formelbildungen zuläßt, in Westgeorgien dagegen prägnant und hastig pulsierend mit festen Grundwerten in taktmäßiger Gliederung, meist im alla breve-Takt. Eine Sonderstellung nehmen bei den Stämmen des Hochkaukasus zweistimmige bzw. solche Gesänge ein, die zwischen Ein- und Zweistimmigkeit wechseln. Insbesondere handelt es sich dabei um Gesänge, die mit archaischen Riten und kultischen Festen musikalisch-szenischer Art aus altheidnischer Zeit verknüpft sind, wie z.B. von Frauen chorisch ausgeführte Rituallieder, Reigen- und Arbeitsgesänge. Charakteristisch für

(3) Anrufung der Fruchtbarkeitsgöttin Nana (nach G. Tschchikwadse, Grundtypen, S. 173)

diese sind kurze, mehrfach wiederholte Singzeilen, meist Einzeiler, die z.T. lediglich aus Interjektionen bestehen, scharf akzentuierte Rhythmen, Quint- oder Sextambitus sowie in der chorisch ausgeführten Unterstimme mehr oder minder starr ausgehaltene Pedaltöne oder auch ostinatoartige Gebilde (siehe Notenbeispiel 3).

V. Analogien zur europäischen mittelalterlichen Mehrstimmigkeit und Alter der georgischen Volkspolyphonie

Die zahlreichen und auffälligen Analogien von volkstümlichen Mehrstimmigkeitsformen nicht nur im georgischen, sondern im gesamtkaukasischen Bereich und der mittelalterlichen Mehrstimmigkeit des Abendlandes führten zu der Annahme, daß sich Westeuropa einst kaukasische Techniken zu eigen gemacht habe. Diese Annahme gewinnt an Wahrscheinlichkeit, wenn man bedenkt, daß Georgien seit dem 4. Jahrhundert der christlichen Gemeinschaft angehörte und mehr als tausend Jahre nach Westen hin orientiert blieb. S. Nadel meint eine instrumentale Quintenmehrstimmigkeit in den Mittelmeerländern der Antike und die frühesten Belege volkstümlicher Mehrstimmigkeit in Nordeuropa von Georgien aus in Übereinstimmung bringen zu können, indem er sie als Komponenten einer alten eurasischen Gemeinkultur deutet, die altmittelländisch und altnordisch zugleich ist. Er bezeichnet allerdings seine Darlegungen als »Hypothesen, die, über riesige zeitliche und räumliche Lücken hinweg entworfen, mehr Fragen als Vermutungen sind« (Georgische Gesänge, S. 41). Auch Marius Schneider mutmaßt eine historische Verknüpfung von kaukasischer Mehrstimmigkeit mit der Ars antiqua des Westens, verlegt aber den Ursprung in ein iranisch-armenisch-georgisches Hochkulturzentrum, das mehrstimmige Techniken dem Abendland über den slawischen Osten und den Balkan vermittelt hat. Obwohl sich ein genetisch-historischer Zusammenhang einstweilen nicht eindeutig nachweisen läßt, dürfte außer Zweifel stehen, daß die georgische Volkspolyphonie eigenständig ist und ihre rezenten Mehrstimmigkeitsbildungen eine präsumtive stadiale Entwicklung von einfacher Diaphonie bis zu den kompliziertesten Gebilden linearer Polyphonie erkennen lassen. Das frühe Vorkommen von Bezeichnungen dreier realer Stimmen sowohl im kirchlichen als auch im volkstümlichen Bereich wird von dem bedeutenden georgischen Philosophen und Neuplatoniker Joane Petritzi (um 1055–1130) ausdrücklich bezeugt. Für frühe Mehrstimmigkeit im liturgischen Gesang, die nach I. A. Dshawachischwili aus dem Volksgesang heidnischer Vorzeit in den christlichen Gottesdienst übernommen wurde, scheint fernerhin die zweizeilige Notation in altgeorgischen Codices des 10. Jahrhunderts zu sprechen, deren Neumen im Gegensatz zu den byzantinischen und armenischen zugleich über und unter den Textreihen stehen, welch letztere gegebenenfalls als »cantus firmus« keiner Fixierung durch besondere semantische Zeichen bedurften.

VI. Musikinstrumente

Obwohl die mehrstimmigen Gruppengesänge, tief verwurzelt im sozialen Leben der Georgier, das eigentliche Wesen ihrer Volksmusik umschließen, begegnet allenthalben eine reiche instrumentale Kultur. Dem Hirtenwesen eigen sind vor allem Flöten, und zwar die schräg nach vorn gehaltene Kantflöte (»usno salamūri«) und die Schnabelflöte (»salamūri«) sowie eine einreihige symmetrische Panflöte mit 6 Rohren (»lartschemi«, bei den Guriern »sōinari«). Ebenso wie die Kant- und Schnabelflöte wird die Panflöte von den Hirten auf der Weide gespielt, zuweilen jedoch auch bei der Feldarbeit, Hochzeitsfestlichkeiten und Tänzen oder für Signalzwecke auf der Jagd. In Gebrauch waren früher auch 130–200 cm lange Holz- und Metalltrompeten (»chorotōto«, bei den Swanen »sāchwiri«), in die in Kriegszeiten zu Verständigungszwecken, in Friedenszeiten zur Einberufung von Zusammenkünften geblasen wurde. Die Sackpfeife (»gudastwiri«), einst in den Händen der Mestwire, hat zwei Melodiepfeifen mit aufschlagendem Rohrblatt und 6 + 3 Grifflöchern; die eine Pfeife diente zur Ausführung eines beweglichen Borduns in Sekundabstand. Sehr beliebt sind nach wie vor die sogenannten »mesurie«, professionelle Wandermusikanten, die in den Dörfern und Städten bei Hochzeits- und Volksfesten zwei Kurzoboen (»duduki«) zur Begleitung einer Zylindertrommel (»doli«) spielen, im Freien aber zwei Kegeloboen (»surnā«) in Symbiose mit einem kleinen Lehmpaukenpaar (»diplipīto«). Weit verbreitet in ganz Georgien ist die Rahmentrommel (»dairā«), die meist von Frauen zur Begleitung von Tänzen geschlagen wird, jedoch auch in Ensembles Verwendung findet. Typisches Fraueninstrument ist fernerhin die Winkel- bzw. Bogenharfe (»tschangi«) mit 6–11 Saiten aus Roßhaar, die sowohl solistisch als auch zur Begleitung von Liedern gespielt wird, zuweilen am Lager von Kranken, um deren Leiden zu lindern. Es ist noch unerforscht, ob sie ebenso wie andere kaukasische Harfen dem Alten Orient oder der iranischen Hochkultur entstammt oder skythischen Ursprungs ist. Vor allem Begleitinstrumente zu Chor- und Sologesang sind die Langhalslauten Panduri und Tschonguri mit 2–3 bzw. 4 Saiten in verschiedener Stimmung, unterständiger Saitenbefestigung und eingelassenen oder beweglichen Bünden. Sie unterscheiden sich heute insbesondere durch ihre Bauart. Während das Corpus des Panduri aus einem Stück Holz gefertigt ist und bei verschiedenen Stämmen Sonderformen aufweist, ist das tiefbauchige, in der Regel flaschenförmige Corpus der Tschonguri aus Spänen zusammengesetzt. Kennzeichnend für den Tschonguri ist noch die vierte Saite, die in etwa halber Höhe des Halses seitlich an einem Wirbel befestigt ist und den Grundton der tiefsten Saite in der oberen Oktave verdoppelt. Überwiegend Ensembleinstrument ist eine weitere tiefbauchige Langhalslaute (»tarī«) mit zweiteiligem Corpus, die meist in den Städten von den Sasandari in Kombination mit der Rahmen- und Zylindertrommel gespielt wird. Dieses Instrument, das auch in Persien, Armenien, Aserbeidschan und Daghestan vorkommt, dürfte der iranischen Hochkultur entlehnt worden sein. Ein Instrument der Sasandari war auch bis vor kurzem noch die arabisch-islamische Trapezzither (»zīnzila« bzw. »santuri«), ebenso die vielleicht bereits von den seldschukischen Türken entlehnte, 3–4saitige Stachelgeige (»kemantscha«) mit halbkugeligem Corpus und einem Metallstachel zum Aufstützen. Typologisch eng verwandt mit ihr, vielleicht eine Rückbildung, ist ein anderes, heute nur noch selten anzutreffendes Streichinstrument (»tschianduri«), gleichfalls mit halbkugelförmigem Corpus, das aus einem Stück Holz, bei den Swanen aus einem Kürbis gefertigt ist, mit Hautdecke und vorder- und seitenständigen Wirbeln für die Aufnahme von 2–4 Roßhaarsaiten, das zuweilen in einem eisernen Stützstachel endet. Das Instrument wird mit einem stark gekrümmten Bogen angestrichen. Eine weitere Spießgeige mit rundem Holzrahmen als Corpus, das hinten offen und vorn mit Haut bezogen ist, ist der »tschuniri«, dessen drei Roßhaarsaiten oben an Flankenwirbeln befestigt sind und gleichfalls mit einem stark gekrümmten oder fast halbkreisförmigen Bogen zum Erklingen gebracht werden. Das Instrument, mit dem meist rezitativische Gesänge begleitet werden, wird zwischen den Knien gehalten und häufig zusammen mit der Winkelharfe gespielt. Das von Curt Sachs (Handbuch der Musikinstrumentenkunde, Leipzig ²1930, S. 177) als »kaukasische Fiedel« bezeichnete Streichinstrument (»ardanütschi«) ist nur bei den Adsharen verbreitet und hat die gleiche Bauart und Spielweise wie die entsprechenden Instrumente an der südlichen Schwarzmeerküste und in Armenien. Diese schmale Geige mit drei Saiten in Sekund-Terzstimmung, die mit vorder- oder seitenständigen Wirbeln an einer Wirbelplatte oder einem Wirbelkasten befestigt sind, dient auch hier vor allem für den Vortrag von Liedern und zur Begleitung von Tänzen.

MARK SLOBIN
(Übersetzung aus dem Englischen von Margarete Hoffmann-Erbrecht)
Zentralasien

I. Einführung

Für den Begriff Zentralasien fehlt infolge der Unermeßlichkeit
des Gebietes und der Unterschiedlichkeit der Betrachter eine
klare Definition. Je nachdem, in welchem Jahrhundert und von
welchem Blickpunkt aus der Berichterstatter schrieb, kann man
als Grenzen etwa den Bereich zwischen Lena und Wolga bis
Nordindien, China und Zentralafghanistan festlegen. Ausschlag-
gebend für die Berichterstattung über dieses Gebiet war seine
historische Bedeutung für die angrenzenden Hochkulturen von
China, Indien, des Nahen Ostens und Osteuropas sowohl als
Schnittpunkt der Handelswege als auch einer Quelle immer
wiederkehrender Invasionen. So hat sich im Laufe der Jahrhunderte das Hauptaugenmerk der Beschreibungen von den iranischen auf die finnisch-ugrischen und später auf die turko-
mongolischen Völker verlagert. Diese drei großen Gruppen
bilden die bei weitem vorherrschende Bevölkerung von Zentralasien bis in die sowjetische Zeit.

Der in der Literatur des 19. Jahrhunderts auftauchende Begriff
Turkestan hat die bestehende Namensverwirrung noch vergrö-
ßert. Da der überwiegende Teil Zentralasiens in der Sowjetunion
aufgegangen ist und der Rest die westlichen Provinzen von China
(einschließlich Tibet) und die Mongolische Volksrepublik bilden,
läßt sich heute klarer von einem zentralasiatischen Gebiet sprechen. Für die Betrachtung der Musik scheint es angebracht, sich
auf jenes Gebiet zu beschränken, das von der Sowjetunion im
allgemeinen als Zentralasien bezeichnet wird und die Kirgisische,
Usbekische, Tadshikische und Turkmenische Republik zusammen
mit der angrenzenden Kasachischen umfaßt. Zu berücksichtigen
sind auch das benachbarte Altai-Gebiet, westchinesische, mongolische und tibetanische Gebiete und die Gegend an der Wolga.
Von der Musik der Altai-Bewohner und westchinesischen Völkerschaften gibt es nur kärgliche Berichte, während die Musik der
anderen genannten Gebiete in den Artikeln ›Mongolen‹ und
›Tibet‹ abgehandelt wird.

II. Historischer Hintergrund bis zu der Zeit des Kontaktes mit Europa

a. Frühzeit
Die meisten Informationen über alte zentralasiatische Musik beziehen sich auf *Instrumententypen.* Die umfassenden Arbeiten von Archäologen wie Aurel Stein haben ein umfangreiches ikonographisches Material und mannigfaltige Überreste zutage gefördert, die auf die Verbreitung der Musikinstrumente in Zentralasien in früher Zeit hinweisen. Arno Huth hat in ›Grove's Dictionary of Music and Musicians‹ (Instruments of Eastern Turkestan; 5. Auflage London 1954) einen Überblick über die Funde zusammengestellt. Dank der archäologischen Angaben konnten Wissenschaftler wie Claudie Marcel-Dubois, Laurence Picken und Shigeo Kishibe in Spezialstudien die Instrumententypen entlang der Handelswege des alten Zentralasien verfolgen.

Nach Kishibe begannen persische und indische Musikstile und -instrumente schon in der Han-Dynastie (2. Jahrhundert v. Chr. bis 2. Jahrhundert n. Chr.) auf diesen Wegen nach China einzufließen. Dieser Zustrom erreichte seinen Höhepunkt in der T'ang-Dynastie (7.–9. Jahrhundert). Kishibe hat die chinesische »p'ip'a« (sowohl vier- wie fünfsaitige Typen) und »k'ung-hou« (Harfen) bis zu ihrem zentralasiatischen und sogar nahöstlichen Ursprung hin verfolgt. Doppelrohrblatt-Instrumente durchquerten vermutlich auch Zentralasien vom Nahen Osten nach China (nahöstlich »surna« = chinesisch »so-na«). Andererseits zogen Aerophone mit freischwingendem Rohrblatt vom chinesischen »sheng«-Typ vom Fernen nach dem Nahen Osten.

Zwischen dem 3. und 8. Jahrhundert bestanden entlang der Karawanenstraßen in Zentralasien drei Zentren von kultureller Bedeutung: *Kucha* (chinesisch Kuei-tzu) im jetzigen Sinkiang (4.–8. Jahrhundert), *Khotan,* südwestlich davon (im 6. Jahrhundert), und *Turfan,* nordöstlich von Kucha (6.–8. Jahrhundert). Auf dem Höhepunkt des zentralasiatischen Einflusses in China enthielt die Musik von Kucha, Kashgar, Samarkand, Buchara und Turfan fünf der offiziellen »Zehn Arten der Musik«, wie sie 640–642 zusammengestellt worden waren. Zwar ist mancherlei über die Kleidung und sogar die Bezahlung der alten zentralasiatischen Musiker in der chinesischen Hauptstadt Changan bekannt, über die Natur der Musik selbst aber nur sehr wenig.

C. Marcel-Dubois hat weitere Musikinstrumente beschrieben, darunter Arten von Glocken und Trommeln, die von Indien durch Zentralasien nach China und weiter nach Japan kamen. Sie hat auf sechs Karten die Verbreitung der Instrumententypen aufgezeichnet. Mit großer Wahrscheinlichkeit werden zukünftige archäologische und ethnologische Forschungen in Sowjetisch-

Zentralasien, Sinkiang und Afghanistan neue Aufschlüsse über die musikalische Verbreitung in früheren Jahrhunderten geben.

Einige Instrumente haben ihren Ursprung in Zentralasien selbst. Die »qopuz«, eine türkische Laute, die wahrscheinlich ein Vorläufer des heutigen zentralasiatischen »komus«-Lautentyps ist, gelangte während der Yüan-Dynastie (1271–1368) als »ho-pi-szu« nach China. Im Nahen Osten trat sie vermutlich etwas früher auf. Außer Instrumenten hatten auch andere Erscheinungsformen musikalischer Traditionen ihren Ausgangspunkt in Zentralasien. Zoltán Kodály und Bence Szabolcsi gelang der Nachweis besonderer Verbindungen zwischen frühen Schichten der ungarischen Volksmusik und der Musik bestimmter finnisch-ugrischer und türkischer Völkerschaften, besonders der Tscheremissen (Mari) und Tschuwaschen. L. Picken nimmt bei einigen charakteristischen Zügen der Musik Kaschmirs zentralasiatischen Ursprung an. Daß möglicherweise die zentralasiatische Musik auch auf die indische Einfluß ausgeübt hat, ist noch nicht erforscht worden.

b. Die islamische Zeit

Während der *Ausbreitung des Islam* in der Zeit vom 8. bis zum 10. Jahrhundert tauchen in den Chroniken verläßliche und umfangreiche Berichte über Bevölkerung und Kultur Zentralasiens auf. Im 9. Jahrhundert konnte das islamische Zentralasien einen Philosophen und Musiktheoretiker vom Rang des Al-Fārābī hervorbringen. Ihm folgte ein Jahrhundert später Avicenna (Ibn Sīnā). Das Werk beider Männer beeinflußte das mittelalterliche europäische Denken.

Als sich der Islam ausbreitete, waren die *Turkvölker*, die späteste Gruppe der zentralasiatischen Völkervermischung, fest in ihren weit ausgedehnten Gebieten heimisch geworden. Diejenigen, die sich in den städtischen Zentren von Transoxanien und dem heutigen Nordafghanistan angesiedelt hatten, vermischten sich allmählich mit der eingeborenen iranischen Bevölkerung und nahmen in großem Maße den arabisch-persischen Einfluß in den Bereichen der Religion, Sprache (einschließlich Literatur) und Musik in sich auf. Andere Turk-Gruppen wie die Turkmenen, Kasachen und Kirgisen setzten ihr Nomadenleben fort und nahmen niemals völlig den Islam an. Sie behielten ihren schamanistischen und animistischen Glauben und dessen Praktiken bis ins 20. Jahrhundert. Einige iranische Gruppen, die sogenannten Berg-Tadshiken, zogen in hochgelegene Rückzugsgebiete. Einiges weist bei ihnen auf weit zurückgehende Bewahrung alter Stile hin.

Vom 11. bis zum 16. Jahrhundert spielte Zentralasien eine wichtige Rolle als Erneuerer für den Nahen Osten. Es war eine

Quelle für kulturellen Austausch, wobei auch neue Musikinstrumente eingeführt wurden, die durch mehrere aufeinanderfolgende Wellen turko-mongolischer Invasoren mitgebracht wurden. Die wichtigsten waren die Seldschuken-Türken (11./12. Jahrhundert), die Mongolen (13. Jahrhundert), deren Streitmacht zum großen Teil aus Türken bestand, Tamerlan (spätes 14. Jahrhundert) und die Usbeken (16. Jahrhundert).

Besonders während des 15. Jahrhunderts wurde Zentralasien unter den Timuriden-Herrschern (Nachkommen Tamerlans) ein Zentrum für nahöstliches Kunstleben. Samarkand und später Herat standen im Mittelpunkt größerer kultureller Unternehmen. Bedeutende Künstler und Handwerker jeder Art wurden aus dem Nahen Osten geholt. Zahir ud-din Babur (1483–1530), der Gründer des persianisierten indischen Mogulreiches, gibt in seinem bekannten ›Babur-nâme‹ wertvolle Informationen über die musikalische Tätigkeit unter den Timuriden.

Eine anschauliche Vorstellung über die *Vielgestaltigkeit* der zentralasiatischen Musik kann man aus der folgenden, von dem Historiker Hafez-i-Abru stammenden Beschreibung von den Festlichkeiten am Hof des Sohnes von Tamerlan, Schahruch (regierte 1405–1447), gewinnen: »Sänger mit schönen Stimmen und Instrumentalisten mit süßen Tönen sangen und spielten Motive im persischen Stil auf arabische Melodien nach türkischem Brauch mit Mogul-(mongolischen ?) Stimmen und folgten dabei chinesischen Gesangsprinzipien und Metren aus dem Altai.« Es ist bekannt, daß Schahruch Gesandte nach Indien und China schickte, um Informationen über kulturelle Ereignisse in diesen Ländern zu erhalten.

Zu dieser Zeit begann sich der »maqom«, die usbekisch-tadshikische *Vokal-Instrumentalsuite*, herauszubilden. Der ›Risole'i musiqi‹ des bekannten persischen Timuriden-Dichters Dschami (1414–1492) enthält die Namen zahlreicher Leitern und Rhythmen, die mit persischen und türkischen Praktiken verwandt sind. Viele werden heute noch in Zentralasien gebraucht. Seine Schreibung »buzrūk« für den Modus »bozorg« z. B. hat sich in dem *Maqom* erhalten. Unter dem Einfluß des gut ausgebildeten nahöstlichen Modalsystems entwickelten gebildete zentralasiatische Musiker einen örtlichen musikalischen Dialekt. Die Herausgabe der Standardtexte der sechs Zyklen der Maqom-Suiten, des ›Schaschmaqom‹, durch Mavlyan Kaukaba im 16. Jahrhundert weist auf einen gewissen Grad von Kodifikation hin. Viele der darin genannten Dichter kommen vom persischen Literaturkanon her (z. B. Hâfiz, Saʿdi), aber es sind auch einige einheimische Meister darunter. Ein verbindlicher musikalischer Satz für die Dichtung war offensichtlich bis in die letzten Jahrhunderte nicht festgelegt, denn im 18. Jahrhundert beschreibt der Theoretiker

Derwisch-Ali Maqom nur als einen Modus und nicht als Vokal-Instrumentalsuite. Bis zu welchem Ausmaß die Musik des frühen Maqom nationale Musiktraditionen widerspiegelte, bleibt unklar, genau wie die grundsätzlichere Frage, was man unter »einheimischer« zentralasiatischer Musik zu verstehen hat (siehe III. a.).

Es ist besonders schwierig, die frühe Musik zu beurteilen, da außer theoretischen Werken bis ins spätere 19. Jahrhundert jede Notierung fehlt. In den 1870er Jahren entwickelte ein usbekischer Musiker namens Pehlevan Niyaz Mirzabashi Kamil eine *Tabulatur* für den »tanbur«, eine Laute, die im Maqom eine wichtige Rolle spielt. Man weiß heute noch nichts über die Vorgänger dieser Notation, sofern es solche gegeben hat. Ihr charakteristisches Merkmal sind 18 horizontale Linien, die die Bünde des Tanbur darstellen, mit Punkten über und unter den Linien, die die Auf- und Abschlag auf den Saiten anzeigen. Die rhythmische Interpretation der Tanbur-Tabulatur, auch Chorasmische Notation genannt, bleibt unklar. Handschriftliche Zeichen geben das Rhythmus-Modell oder »usul« an, das die Grundbewegung des Stückes beherrscht.

III. Neuzeit

a. Zentralasien vor der Revolution

Mit dem Auftreten der Safaviden im Iran (1500), einer Dynastie, die offiziell die schiitische Form des Islam annahm, wurden die Völker Zentralasiens von ihren sunnitischen Glaubensbrüdern im Nahen Osten getrennt, und mit dem Einfall der Usbekenstämme im 16. Jahrhundert, der die Timuriden-Herrschaft beendete, wurde das Gebiet zum ersten Mal vom Hauptstrom der nahöstlichen Kultur isoliert. Die Wirkung auf die Musik mag in einer Festigung des örtlichen musikalischen Dialekts und bis zu einem gewissen Grade im Rückgang des persischen Einflusses zugunsten türkischer und vielleicht indischer Elemente bestanden haben.

Der enge Kontakt mit den Russen begann mit Peter dem Großen (regierte 1682–1725). Reiseberichte geben eingehende Informationen über lokale Verhältnisse. Aus ihnen wird deutlich, daß die oben angedeutete Teilung (siehe II. b.) zwischen *Nomaden und seßhaften Kulturen* schwerwiegende Folgen für den Musikstil hatte. Berichte aus dem 19. Jahrhundert erzählen von Schamanen-Ritualen bei den Nomaden, bei denen die Musik bis zur Raserei führte, und beschreiben die festverwurzelte und weitverbreitete mündliche Tradition der epischen Rezitation. Bei den Kirgisen allein sind über 400 000 Zeilen eines Epos, des »Manas«, übertragen worden. Das musikalische und dichterische

Leben der Altai-Bewohner in Sibirien entsprach dem der Kirgisen. Über Sinkiang oder »Chinesisch-Turkestan« gibt es nur wenige Nachrichten. A. Le Coqs Bericht über Kugelflöten bei Kucha findet in Russisch-Zentralasien keine Parallele, obwohl der einheimische Name »tschor« dem kirgisischen und altaischen Ausdruck für verschiedene Flötentypen entspricht.

In seinen kurzen Bemerkungen über tatarische, kasachische und turkmenische Musik (1911) betont Erich Moritz von Hornbostel den grundlegenden Unterschied zwischen der Musik der Nomaden und der der seßhaftenVölkerschaften und fügt hinzu »Die . . . Musikproben lassen den Gegensatz als einen allgemeinen erscheinen, der die Musik der Turkvölker von der persisch-arabischen scheidet.« Diese Zusammenfassung führt zu einem wichtigeren Problem, dessen Lösung von der zukünftigen Forschung über Zentralasien angestrebt werden muß: inwieweit ist die musikalische Praxis in dem besprochenen Gebiet Zentralasiens einheimisch und inwieweit ist sie als solche ein Phänomen das primär den turksprachigen Völkern zugerechnet werden kann?

Ein Weg zu dem genannten Problem führt zu dem Studium jener Elemente zentralasiatischer Musik, die nicht spezifisch nahöstlichen, europäischen oder indischen Ursprungs sind. In Sowjetisch-Zentralasien lassen sie sich in zwei prinzipielle Bereiche einteilen: *Tonleiterformationen* und bestimmte *Instrumentalstile*. Grundlegende *Tonleiterbildungen* der Kirgisen und in gewissem Maße auch der Kasachen sind nicht pentatonisch und folgen nicht den Strukturen arabisch-persischer oder indischer Modi. Wie von Hornbostel, M. G. Capus und russische Wissenschaftler festgestellt haben, klingen sie mehr europäisch, eine Erscheinung, die vielleicht teilweise auf einer Betonung der Terzen im melodischen Verlauf beruht. Obwohl diese Skalen noch nicht endgültig elektroakustisch gemessen sind, stimmt das kirgisische System mit dem temperierten System fast völlig überein, wie Wiktor Winogradow, ein bedeutender Kenner kirgisischer Musik, berichtet; lediglich die Terz ist nicht festgelegt, sondern schwankt (diese Differenzen sind auch für die usbekisch-tadshikische Musik charakteristisch).

Instrumentale Mehrstimmigkeit, die auf zwei- oder dreisaitigen Lauten und Fideln ausgeführt wird, ist im ganzen Gebiet der turksprachigen Völker verbreitet, von den Tuwinen in Südsibirien und den Uiguren von Sinkiang bis zu den Turkmenen jenseits der sowjetischen Grenzen im Iran und sogar bis in den Kaukasus (Dagestan) hinein. Die Stile dieser verschiedenen Völker haben viele Gemeinsamkeiten. Sie gehen entweder von einem bordunartigen Ton oder von paralleler Intervallbewegung aus (mitunter auch von beiden wie bei den Kirgisen, die eine dreisaitige Laute besitzen). Die systematische Erforschung der Mehrstimmigkeit befindet sich jedoch erst in den Anfängen. Weitere Studien werden die Verwandtschaft zwischen den genannten Instrumentalstilen der Turkvölker und denen der Anatolien-Türken am Schwarzen Meer in Kleinasien, der Georgier und Osseten (u.a.) im Kaukasus und der Mongolen und Tibetaner im Osten zu klären haben.

Viele andere Gemeinsamkeiten und Verschiedenheiten ließen sich durch den Vergleich der örtlichen Stile aufdecken, der Leitlinien für die Abgrenzung des in Frage stehenden Gebietes als musikalische Einheit innerhalb des größeren zentralasiatischen Zusammenhangs liefern könnte. Der gesamte Bestand an Musik für Längsflöten (die in ähnlicher Konstruktion in dem Gebiet weit verbreitet sind) ist im sowjetischen Schrifttum noch kaum beachtet worden. In dem Bereich der kosmopolitischen Musik des Fergana-Tals bieten die engen Verwandtschaften zwischen Usbeken und Tadshiken, zwei ethnisch und linguistisch verschiedener Gruppen, eine ungewöhnliche Gelegenheit, die Vorgänge einer musikalischen Überlagerung zu erforschen. Der ganze Komplex der Kunstmusik (›Schaschmaqom‹), die von diesen beiden Völkerschaften in verschiedenen Sprachen in grundsätzlich gleichem Stil aufgeführt wird, ist von außerordentlichem Interesse. Auch die Analyse des komplizierten Trommelrhythmus des Kunststils und des komplizierten heterometrischen Variationsstils der kirgisischen Musik harrt der Untersuchung. Die *rhythmische Praxis* zeigt eine große Vielfalt von Stilen; z.B. spielten im späten 19.Jahrhundert die Berg-Tadshiken Polyrhythmen auf Trommeln unterschiedlicher Größe. Schließlich bedürfen auch die Vokalstile sowohl in bezug auf den Klangstil wie auf den Ornamentalstil der Klärung.

b. Zentralasiatische Musik der Gegenwart

Die Musik der zentralasiatischen Völker unterliegt ständig bedeutsamen Umwandlungen. *Neue musikalische Gestaltungsprinzipien* sind in der sowjetischen Zeit aufgetreten. Diese umfassen hauptsächlich die gleichtemperierte Tonleiter, vokale und instrumentale Mehrstimmigkeit (bisher in fast allen Gebieten unbekannt), Aufführungen durch große Ensembles und die Schöpfung von Symphonien, Kammermusik und Opernkompositionen. Lenins These »national in der Form, sozialistisch im Gehalt« wird oft von sowjetischen Schriftstellern als eine Beschreibung der neuen musikalischen Tendenzen zitiert. Aram Chatschaturian sagte, man solle die Volksmusik nicht vergötzen, sondern die Komponisten sollten sich von ihr zur Schöpfung neuer, originaler Werke anregen lassen.

Eine wichtige Bestrebung in der modernen zentralasiatischen

Musik ist das Interesse an der *Rekonstruktion einheimischer Musikinstrumente.* Man begann in den 1930er Jahren, neue, im gleichtemperierten System gestimmte Instrumente familienweise für Ensemblezwecke herzustellen. Besonders die Akustiktheorie von Nikolai A. Garbusow hat die Aufmerksamkeit auf sich gezogen, derzufolge alle als Intervall registrierten Tonabstände in eine »Wahrnehmungszone« fallen, die 100 C gleichzusetzen ist. Damit erscheinen mikrotonale Intervalle, wie sie beispielsweise in der traditionellen usbekischen Musik gefunden werden, als Nuancen, denn sie werden vom Ohr angepaßt, damit sie der Grundzone von 100 C entsprechen. Sie haben keine funktionelle Bedeutung für die Leiter.

Der Verbreitung der bisher in Zentralasien unbekannten *mehrstimmigen Chormusik* widmeten die sowjetischen Musiker ihr besonderes Interesse. Die Kompositionstechnik, die man sich zu eigen gemacht hat, schließt den Gebrauch einheimischer Elemente wie *Sequenzen, Bordun* und *Imitation* ein, um einen antiphonalen und schließlich konzertmäßigen Chorstil zu erreichen. Die Förderung nationaler Tanzgruppen und Ballettvereinigungen hat den zeitgenössischen Musikern neuen künstlerischen Auftrieb gegeben.

IV. Stand der musikwissenschaftlichen Forschung

Die erste größere Untersuchung über das behandelte Gebiet von dem Österreicher August F. Eichhorn (Kapellmeister des zaristischen Militärorchesters in Taschkent) aus den 1880er Jahren gehört zu den wenigen umfangreichen Beiträgen über nationale Musik aus der Zeit vor der Revolution. Eichhorn gibt eine redliche, wenn auch etwas naive Darstellung des Materials. Im großen ganzen lag die Erforschung der Musik von Sowjetisch-Zentralasien fast ganz in russischen Händen. Beiträge von Robert Lach und von Hornbostel steuerten lediglich fragmentarische Erkenntnisse bei. Nur auf dem Gebiet der tibetanischen, mongolischen und finnisch-ugrischen Musik haben westliche Wissenschaftler wie Ernst Emsheimer, Ilmari Krohn, Peter Crossley-Holland, Armas O. Väisänen und Bence Szabolcsi wichtige Untersuchungen vorgelegt. Jüngere Arbeiten von Bruno Nettl, J. Spector und M. Slobin verraten ein neues Interesse westlicher Gelehrter an Zentralasien.

Unmittelbar nach der Revolution begannen russische Forscher, zahlreiche Volkslieder zu sammeln, die z.T. in umfangreichen Ausgaben veröffentlicht wurden. Seit dem zweiten Weltkrieg wurde über fast jedes Volk von Zentralasien, von den Eskimos an der Bering-Straße bis zu den Wolgakalmücken, mindestens ein größeres russisches Buch publiziert. Besonders gegen Ende der 1950er und zu Beginn der 1960er Jahre erschien eine beträchtliche Literatur. Phonographische Quellen über Zentralasien sind bisher noch selten.

I. Vorbemerkungen. – II. Volksmusik. – III. Kultmusik

I. Vorbemerkungen

Die Tibeter (Gesamtzahl etwa 7 Millionen) bevölkern in der Zahl von 3–4 Millionen das von gewaltigen Gebirgszügen umgürtete, schwer zugängliche und unwirtliche Hochland von Tibet, fernerhin die südlichen Himalajaabhänge, d.h. Sikkim, Bhutan, Nepal und Kumaon. Die Bewohner des eigentlichen Tibet sind überwiegend Hirtennomaden. Ackerbau kommt vor allem in den südlichen und südöstlichen Hochtälern vor.

Die Frühzeit der Tibeter ist durch die buddhistische Legende verdunkelt. Ins Licht der Geschichte treten sie erst im 7. Jahrhundert, als König gNamri-ssroń-btsan das *tibetische Großreich* begründete und sein Sohn Ssroń-btsan-cgampo den *Mahāyāna-Buddhismus*, vermengt mit tantrischen Riten, aus Nordindien einführte und in Anlehnung an das Sanskrit-Alphabet die tibetische Schrift entwickelte. Es bedurfte jedoch noch mehrerer Jahrhunderte, bis sich die buddhistische Lehre in der synkretistischen Form des *Lamaismus* gegenüber der alteinheimischer primitiv animistischen *Bon-Religion* durchsetzen konnte. Gegen den Widerstand des Adels und mit Unterstützung der Mongolen wurde die Stellung der *lamaistischen Hierarchie* immer stärker ausgebaut, bis in der 1. Hälfte des 17. Jahrhunderts die Dalai Lamas als geistliche Oberhäupter und machtvolle Territorialherren das Land mit der Hauptstadt Lhasa fest in ihre Hände bekamen. Die Dalai Lamas als höchste Würdenträger der gelben Kirche, die im 14. Jahrhundert begründet wurde, beherrschen das religiöse Leben Tibets und der Mongolei, die Anhänger der älteren Sekte der »Rotmützen« hingegen dasjenige der Himalajaländer. In den östlichen und nordöstlichen Randgebieten Tibets konnte sich noch in Klöstern und geschlossenen Gemeinden die alte Bon-Religion behaupten, allerdings stark modifiziert durch Übernahme lamaistischer Ideen, Techniken und Kultformen.

Seit 1951 ist Tibet autonomes Gebiet im Verband der chinesischen Volksrepublik.

II. Volksmusik

Musikethnologisch ist Tibet noch völlig unerschlossen. Einstweilen liegen nur vereinzelte Melodietranskriptionen vor, die wissenschaftlichen Ansprüchen genügen. Ihre geringe Anzahl gestattet keine gültigen Aussagen über die besonderen Eigenheiten der Volksmusik. Bis das heute in den Archiven vorliegende Material an Tonaufnahmen (überwiegend aus Randgebieten) bearbeitet sein wird, muß man sich mit der Feststellung begnügen, daß die tibetischen Volkslieder im großen ganzen breit und liedhaft vorgetragen werden, häufig einen weitbewegten Melodiestil sowie ausgeprägt anhemitonische Pentatonik aufweisen. Rhythmisch lassen sich taktmäßig gegliederte Lieder von solchen unterscheiden, die als freirhythmisch zu bezeichnen sind. Zu letzteren gehören vor allem *Hirtenlieder*, die mit angespannter Stimmmuskulatur in hoher Tonlage gesungen werden.

Diesem spärlichen Befund stehen zahlreiche Angaben in Reiseberichten und der ethnologischen Fachliteratur gegenüber, die einen gewissen, wenn auch oft recht diffusen Einblick in musikalische Traditionen gewähren und das Vorkommen besonderer Liedgattungen bezeugen. Sehr verbreitet in ganz Tibet sind offenbar *Arbeitsgesänge* (»t'oň-skad«), die u.a. bei kollektiven Unternehmungen wie z.B. Häuserbau oder Feldarbeiten im Wechselgesang von zwei Sängern oder einem Vorsänger und Chor angestimmt werden. Die Texte der kurzen Melodiephrasen in steter Wiederholung werden dabei durch sinnfreie Worte (»t'sig-lhad«) eingeleitet und beschlossen. Für Westtibet (Ladakh) nahe der indischen Grenze sind für solche Gesänge als vermutlich regionale Sonderart einfache *vokale Bordunformen* belegt, die sich aus dem Aushalten des Grund- und Finaltones bei Abschluß der Melodiephrase bis zu ihrer nächsten Wiederholung ergeben. Beliebt sind fernerhin *Liebeslieder*, die bei den Hirtennomaden vielfach als Dialog zwischen dem männlichen und weiblichen Partner in Form eines improvisierten Wortwettstreites ausgetragen werden. Wechselgesang liegt auch zumindest in Westtibet den *Tanzliedern* (»glu-gar«) zugrunde, bei denen sich zwei Gruppen gegenüberstehen, um sich in Strophe und Gegenstrophe abzulösen.

Besondere Beachtung verdienen *Brauchtumslieder*, so vor allem Gesänge des archaischen Hochzeitsrituals, die »eine Art Katechismus der vorbuddhistischen Religion des Landes darstellen« (A.H.Francke, Tibetanische Hochzeitslieder, Hagen–Darmstadt 1923). Teils handelt es sich um gleichfalls im Wechselgesang vorgetragene Rätsellieder (»nyo-pai-glu«), bei denen die Brautwerber eine lange Reihe Fragen in Liedform beantworten müssen, bevor sie in die Behausung der Braut eingelassen werden, teils um sogenannte Bierlieder (»c'an-glu«), die während des Hochzeitsmahles gesungen werden und oft magisch-mythische Themen behandeln. Rituelle Wechselgesänge kosmogonischen Inhalts zwischen jungen Mädchen und Burschen, meist in Verbin-

(1) Lied eines Ziegenhirten (aus Marius Schneider, Die musikalischen Beziehungen zwischen Urkulturen, Altpflanzern und Hirtenvölkern, in Zeitschrift für Ethnologie 70, 1938, S. 302)

dung mit Tanz sowie Wettspielen wie Pferderennen und Pfeilschießen, sind wesentliche Elemente der großen Volksfeste zu verschiedenen Jahreszeiten.

Eine Sonderstellung nimmt ebenso wie in anderen Gebieten Zentralasiens der *epische Gesang* ein, in dessen Mittelpunkt in Tibet die Taten des sagenhaften Helden Gesar stehen. Bruchstücke der epischen Zyklen werden im ganzen Land, zuweilen auch von Frauen, stets aber ohne instrumentale Begleitung, im intimeren Kreis gesungen sowie bei verschiedenen Gelegenheiten wie z.B. öffentlichen und privaten Gelagen oder auf längeren

(2) Arbeitsgesang aus Ladakh (aus A. H. Francke, La musique au Thibet, in Lavignac, Encyclopédie de la musique et Dictionnaire du Conservatoire, Band 5, Paris 1922, Spalte 3090)

Wanderungen. Eigentliche Träger der epischen Tradition sind jedoch besondere Barden (»srun-pa«), die sich unter Beachtung alter Bräuche wie Schamanen in Trance versetzen. Der epische Vortrag ist magisch religiöser Akt und begegnet als solcher auch bei dem Hochzeits- und Totenritual. Der Barde ist Medium, durch dessen Mund sich die Götter und Helden des Epos manifestieren und mit denen er identifiziert wird. Häufig erfolgt der Vortrag zu zweit in Form eines Dialoges, dessen der Barde bedarf, um durch Frage und Antwort inspiriert zu werden und in

(3) Lamaistischer Kultgesang (aus Laurence Picken, Tibet, in New Oxford History of Music, Band 1, London 1957, S. 138)

Glocken

Trommel

248

Trance zu geraten. Der Vortrag selbst besteht aus kurzen erzählenden Teilen in Prosaform, die parlandoartig in raschem Tempo rezitiert werden, und langen Gesängen auf einer begrenzten Anzahl Melodiemotive (»rta« = Pferd), die die Erzählung unterbrechen und das Reittier symbolisieren, auf dem sich der Barde in die übersinnliche Welt der Helden und Götter begibt. Sie kennzeichnen offenbar nicht Personen, sondern Situationen oder allgemeine Sinnesstimmungen wie Zorn, Freude, Triumph oder Trauer.

Nahe verwandt mit dem epischen Vortragsstil ist derjenige von *Theaterspielen* mit buffoneskem Einschlag (»ache-lhamo«), die während der großen Volksfeste vorgeführt werden. Im Mittelpunkt stehen auch bei ihnen lange Gesänge, die durch kurze, in raschem Tempo rezitierte Prosatexte interfoliert und vorbereitet werden. Obgleich die Theaterspiele vor allem der volkstümlichen Unterhaltung dienen, sind ihre Themen religiös belehrenden Inhalts, wobei vorbuddhistisches und lamaistisches Gedankengut eine eigenartige Symbiose eingegangen sind. Die Struktur der Theaterspiele scheint indischen, der Stil der Gesänge, die Gestik und Masken der Mitwirkenden hingegen chinesischen Ursprungs zu sein. Reine Pantomimen, wenn auch begleitet von dem Spiel auf Trommel und Becken, sind *rituelle Maskentänze*, die insbesondere während des Neujahrsfestes veranstaltet werden und ebenso wie die Theaterspiele zahlreiche buffoneske Elemente enthalten.

Die gleichen Themen wie die Theaterspiele behandeln in ganz Tibet wandernde *Sänger und Erzähler* (»ma-ṅi-pa«), die die Episoden der Handlung geichzeitig auf Bildern aufzeigen. Eine gewisse Entsprechung zu ihnen stellen wandernde *Bettelmusikanten* (»beda« oder »ral-pa«) dar; sie tragen ihre Lieder meist zur Begleitung einer 3-, 4- oder 6saitigen Geige (»sgra-snyan« oder »k'opoṅ«) vor, die oft mit einem Pferde- oder Drachenkopf bekrönt ist. Andere ausgeprägte *Volksmusikinstrumente* sind u. a. einfache, doppelte oder dreifache Kernspaltflöten (»gliṅ-bu«) sowie in Osttibet Maultrommeln aus Bambus (»k'a-pi«). In jüngster Zeit wurden nach chinesischem Vorbild die Wandermusiker vielfach in staatliche Konzertgruppen zusammengefaßt, die in den Städten Tibets auftreten.

III. Kultmusik

Die *lamaistische Kultmusik* in den zahlreichen Tempeln, Klöstern und Klosterstädten Tibets und der Himalajaländer, in denen Tausende von Mönchen zusammenleben, ist wesentlicher

Bestandteil eines äußerst prunkvollen und komplizierten Rituals mit täglichen Kulthandlungen für die unzähligen Buddhas, Bodhisattvas, Schutzgötter und Dämonen sowie besonderer Riten, die die Bannung böser Geister bezwecken. Träger der Kultmusik wie aller anderen geistlichen Handlungen sind Novizen und Vollmönche, denen von früher Jugend an während einer vieljährigen Lehrzeit die Rezitation der heiligen Texte beigebracht ist. Als mnemotechnische Stütze für deren gesanglichen Vortrag dient ein aus einigen Zeichen bestehendes, sinnvoll kombiniertes *Neumenschriftsystem* (»dByangs yig«), das einheimischer Überlieferung nach aus Indien eingeführt wurde, dessen Herkunft aber bisher noch nicht geklärt werden konnte. Die Melodiebewegung wird graphisch in Linien dargestellt, die in Kombination mit den Zeichen auch ausführungstechnische Details angeben wie Lautstärke, Tempo, Verzierungen oder Schleiftöne. Rote und schwarze Ziffern zeigen den Einsatz von Trommel- und Beckenschlägen an. »Während in den Ostkirchen die Neumen in der Regel als Zusatz zum Wort treten, bilden sie im buddhistischen Raum das tragende Element, an das die Worte unten klein beigefügt werden« (Walter Graf, Zur Ausführung der lamaistischen Gesangsnotation, in Studia Musicologica 3, 1962, S. 133–147). Ebenso wie die Tempel und Klöster eine in sich geschlossene Welt darstellen, die zwar dem einfachen Volk offen steht, an deren Götterdienst es aber nicht teil hat, folgt die lamaistische Kultmusik eigenen Regeln und Gesetzen, die mit denen der Volksmusik nichts gemein haben. Diese Gesetze konnten bisher noch nicht erforscht werden. Augenscheinlich dienen sie dazu, die Vorstellung bestimmter personifizierter Kräfte göttlicher oder dämonischer Art heraufzubeschwören und müssen demzufolge aufs genaueste eingehalten werden. Anhand von Tonaufnahmen lassen sich einstweilen zwei Hauptgruppen lamaistischen Kultgesangs erkennen: 1. *solistische Rezitation* auf einer begrenzten Anzahl melodischer Formelmotive und 2. *chorische Deklamation* in tiefer Baßlage auf einem oder einigen wenigen Tönen mit Terz- oder Quartumfang, deren metrische Akzente meist durch Trommel- und Beckenschläge wirksam unterstrichen werden. Für die richtige Ausführung der Deklamation tragen eigens beamtete Mönche (»dbu-mdsad«) die Verantwortung. Zu ihren Obliegenheiten gehört u. a., den Anfangston zu intonieren und den Chor zu führen.

Der *gesangliche Vortrag* wird häufig unterbrochen oder auch begleitet von dem *Spiel auf Instrumenten* (21 in kleineren Klöstern), die, aufgeteilt in kleine Gruppen, an verschiedenen Stellen in der Tempelhalle erklingen. Die Akkumulation ihrer Klänge, die sich aus dem Schmettern von Blasinstrumenten und dem Schall von Schlaginstrumenten zusammensetzen, ist feierlich, für europäische Ohren aber durchaus chaotisch. Musikalisches Zusammenspiel im westlichen Sinn ist nicht beabsichtigt. Entscheidend für den Einsatz der Instrumente und ihres Klanges ist vielmehr deren besonderer, religiös symbolischer oder magischer Sinngehalt. Dieser wird wirksam in den einzelnen Kulthandlungen, die jeweils einer der zahllosen Gottheiten des lamaistischen Pantheons gewidmet sind. So ist z.B. für die sogenannten »wilden« Gottheiten als furchterregende Schutzgötter und Hüter des Glaubens der Klang von Knocheninstrumenten vorgeschrieben wie u.a. Trompeten aus menschlichen Oberschenkeln (»rkaṅgliṅ«) oder denen eines Tigers (»stag-gliṅ«), reich verzierte sanduhrförmige Klappertrommeln aus Schädelschalen und der Haut von solchen, die eines unnatürlichen Todes starben (»thod-rnga«), fernerhin schmalrandige großbucklige Becken in waagrechter Spielhaltung mit kräftigem Schlag (»rol-mo«). Der Klang breitrandiger, kleinbuckliger Becken in senkrechter Spielhaltung mit leisem Schlag (»sil-snyan«) steht hingegen im Dienst der Buddhas und der sogenannten »milden« Gottheiten. Klappertrommeln aus Holz (»rnga-chuṅ«) werden während der Rezitation heiliger Texte von dem ministrierenden Lama rhythmisch geschlagen, um die Aufmerksamkeit der jeweiligen Gottheiten auf jene zu lenken oder aber auch um Aufenthalt im Ritus zu gebieten. Zu seiner Tischausrüstung gehört weiterhin als unerläßliches Kultgerät eine Stielhandglocke (»dril-bu«), die als weibliches Symbol gemeinsam mit dem männlich interpretierten Donnerkeilszepter die mystische Vereinigung von Weisheit und Methode versinnbildlicht. Außer diesen Schallgeräten gehören zu den wichtigsten lamaistischen Kultinstrumenten stets paarweise geblasene Langtuben (»rag-duṅ«) und Kegeloboen (»rgya-gliṅ«), kunstvoll gearbeitete Muscheltrompeten (»cös-duṅ«), verschiedene Arten Metalltrompeten (»dhan-duṅ« oder »zäṅs-duṅ«), große Stieltrommeln (»chos-rnga«) u.a.m. Auch außerhalb des engeren Tempelkultes werden ihre Klänge bei den verschiedensten Gelegenheiten wirksam wie z.B. bei religiösen Umzügen, Totenriten und den dramatischen Szenarien kultischer Maskentänze (»čam«), die die zahlreichen Zuschauer an den abstoßenden Anblick von Schutzgöttern und Dämonen im Zwischenzustand von Tod und erneuter Reinkarnation gewöhnen sollen.

Mongolen

I. Vorbemerkungen. – II. Die ältesten Nachrichten über die Musik der Mongolen. – III. Sammel- und Forschungsarbeit. – IV. Musikpraxis. – V. Liedgattungen. – VI. Allgemeine Charakteristik. – VII. Musikinstrumente

I. Vorbemerkungen

Die Mongolen (Gesamtzahl etwa 3–3,5 Millionen), ethnisch und sprachlich verwandt mit den Turkvölkern Zentralasiens, bewohnen überwiegend als Hirtennomaden die gewaltigen Steppengebiete der Äußeren und Inneren Mongolei von der Nordgrenze Tibets bis zum Amur. Zu ihnen rechnen ferner die Burjaten am Baikalsee und die Kalmücken am Unterlauf der Wolga.

Im 13. Jahrhundert erlangten die Mongolen unter Dschingis-Khan und seinen Nachfolgern weltgeschichtliche Bedeutung durch Bildung eines mächtigen Imperiums, das die Kulturgebiete des Fernen Ostens, Zentralasiens, des Vorderen Orients und Osteuropas miteinander verband und das christliche Abendland bald mit Zuversicht, bald mit Entsetzen erfüllte. Nach Zerschlagung des Imperiums und dem Untergang der mongolischen Yüan-Dynastie in China (1368) kehrten die Mongolen in ihre einstigen Wohngebiete zurück und nahmen rasch ihre ursprüngliche Lebensweise wieder an. Seit Anfang des 16. Jahrhunderts verbreitete sich unter ihnen der Buddhismus in seiner in Tibet ausgebildeten Form des Lamaismus mit einer Kultmusik in den Klöstern.

II. Die ältesten Nachrichten über die Musik der Mongolen

Die älteste Quelle für die Musik der Mongolen ist die ›Geheime Geschichte der Mongolen‹. Als inoffizielle Chronik in der Zeit der Bildung des Imperiums entstanden (1240), bringt sie zahlreiche Beispiele der Volksdichtung, u. a. Bruchstücke epischer Heldengesänge, Hochzeits-, Lob-, Preis- und Klagelieder sowie vereinzelte Angaben über die Musik, die durch Beobachtungen ergänzt werden, wie sie Pian del Carpini, Wilhelm von Rubruck und Marco Polo in ihren Reiseberichten mitteilen. All diese Angaben gewähren Einblick in musikalische Praktiken der *Alt-Mongolen* und bezeugen u. a. das Vorkommen schamanistischer Gesänge, das Spiel auf der Geige (»khuur«) bei Traueropfern und als Begleitung vermutlich epischer Gesänge, die Rhapsoden vor Beginn von Kampfhandlungen vortrugen, sowie den Gebrauch

einer mit dem Fell eines schwarzen Stieres bespannten Kessel-
pauke (»ko'urge« bzw. »ke'urge«) als musikalisches Emblem der
Heerführer, mit der bei Schlachten Befehle weitergegeben wurden. Sie vermitteln ferner die Kenntnis musikalischer Gepflogenheiten bei Trinkgelagen, Tänzen, Thronbesteigungen und Emp-
fängen von Gesandtschaften. Eine französische Quelle bezeugt
1289 einen mongolischen Rhapsoden als diplomatischen Sendbo-
ten des persisch-mongolischen Herrschers Arghun Khan am Hof
König Philipps des Schönen von Frankreich. Vereinzelte Berichte
erwähnen schließlich musikalische Neigungen von Mongolen-
Herrschern wie z.B. die Bevorzugung tangutischer Musiker durch
Dschingis-Khan. All diese Quellen bringen lediglich indirekte
Angaben. Die Musik im eigentlichen Sinne kann hingegen nur
mittelbar aus der heutigen Praxis erschlossen werden, die alte
Traditionen vielfach bewahrt hat.

III. Sammel- und Forschungsarbeit

Die Musik der Mongolen hat bereits frühzeitig die Aufmerksamkeit auf sich gelenkt. Die erste Melodieaufzeichnung brachte der
Tübinger Gelehrte J.Georg Gmelin in der Beschreibung seiner
Reise durch Sibirien, die er 1735–1745 im Auftrag der neuge-
gründeten russischen Akademie der Wissenschaften unternahm.
Ihm folgten im 19.Jahrhundert mehrere Reisende und Forscher.
Durch Zusammenfassung aller bis dahin veröffentlichten Aufzeichnungen einschließlich burjatischer und kalmückischer Melodien konnte der russische Mongolist Andrej D. Rudnew 1909
bereits 161 Melodien vorlegen, die (um weitere achtzig erweitert)
Ilmari Krohn 1920 als Ausgangspunkt einer analytischen Untersuchung dienten. An späteren Veröffentlichungen ist vor allem
diejenige von Joseph van Oost zu nennen, der bei den Ordos-
Mongolen in der Inneren Mongolei sammelte (34 Melodien),
ferner die Untersuchung des Repertoires eines professionellen
Rhapsoden der Khalkha-Mongolen aus der Äußeren Mongolei
(53 Gesänge von Pawel Berlinskij sowie Gesänge, die Madeleine
Humbert-Sauvageot nach dem Vortrag einer torgutischen Prin-
zessin aus der Dsungarei aufzeichnete (18 Gesänge). In den
Jahren 1928 bis 1939 brachte Henning Haslund-Christensen, der
dänische Mitarbeiter Sven Hedins, in der Äußeren und Inneren
Mongolei drei wertvolle Sammlungen von Schallaufnahmen
zusammen. Eine musikethnologische Auswertung des gesamten
bisher gesammelten Materials steht einstweilen noch aus.

IV. Musikpraxis

Ebenso wie bei den türkischen Reiternomaden Zentralasiens (Kasakhen, Kirgisen) waren auch bei den Mongolen bis vor kurzem die wichtigsten Träger und Bewahrer alter Tradition professionelle bzw. halbprofessionelle *Rhapsoden*, die aus der Mitte des einfachen Volkes, lamaistischer Mönche und der erblichen Steppenaristokratie hervorgingen. Als musikalische Elite wanderten sie von einem Stammesgebiet in das andere, um ihre Gesänge gegen Bewirtung und Ehrengeschenke bei öffentlichen und privaten Gelagen, in den Jurten herrschender Fürsten, den Kriegslagern, bei den großen Volksfesten oder längeren Wanderungen in der Steppe vorzutragen. Die Grenze zwischen gewöhnlichen Liebhabern und professionellen Rhapsoden dürfte allerdings schwer zu ziehen sein. Der »Professionalismus« bestand vor allem in der Schulung durch ältere angesehene Rhapsoden und in der allgemeinen öffentlichen Anerkennung, die die Stellung der Sänger innerhalb der Nomadengesellschaft eindeutig bestimmte. Die Institution des Professionalismus besteht nocht heute bei den Mongolen, wenn auch modifiziert durch die sozialen Umschichtungen in den letzten Jahrzehnten.

V. Liedgattungen

Im Gegensatz zu den Turkvölkern Zentralasiens besitzen die heutigen Mongolen im allgemeinen keine solchen Lieder, die bestimmten Gelegenheiten des Jahres- und Lebensablaufs, Alters- oder Geschlechtsgruppen vorbehalten sind. Eine Ausnahme bildet eine begrenzte Anzahl Lieder, die mitunter am dem Vorabend von Hochzeiten, bei Gelagen, Spielen und Tänzen gesungen werden sowie eine andere Gruppe Gesänge (»shasjider duun«) teils historischen (»aidsam duun«), teils religiösen oder lehrhaften Inhalts (»shabrae duun«), die nur bei besonderen feierlichen Gelegenheiten vorgetragen werden dürfen. Eine Sonderstellung nehmen schließlich schamanistische (»duudalga«) und epische Gesänge (»uliger«) ein, von denen die letzteren als Erbe vergangener Jahrhunderte vor allem bei den Oiraten in der Nordwest-Mongolei bis vor kurzem noch in hoher Blüte standen, von besonders angesehenen Heldensängern (»tultshi«) vorgetragen wurden und ein Gegenstück zu den großen epischen Zyklen der Burjaten (›Geser Khan‹) und der Wolga-Kalmücken (›Djanggar‹) bildeten. Infolge der zentralen Stellung der Mongolen in Asien sind ihre epischen Gesänge oder Motive durch Vermittlung der Tungusen teils bis zu den Korjaken und Tschuktschen an der

Beriṅgstraße gewandert, teils zu den Golden am Amur und darüber hinaus bis hin zu den Ainu auf der Insel Sachalin. Gegenwärtig scheinen die epischen Heldengesänge der Mongolen im Aussterben begriffen zu sein und nur noch in Bruchstücken oder in Prosaform fortzuleben.

VI. Allgemeine Charakteristik

Die Lieder der Mongolen (»duun«) sind vorwiegend *vierzeilige Strophenlieder*, die ebenso wie die Lieder zahlreicher anderer Völker der ural-altaischen Sprachfamilie textlich durch Alliteration und Assonanz zu Beginn der Zeilen sowie Parallelismus zusammengehalten werden. Sie werden im allgemeinen solistisch gesungen. Unisonem Chorvortrag begegnet man nur bei politischen Liedern, die zumindest textlich jüngeren Datums sind. *Zweistimmige freirhythmische Bordungesänge* konnte H. Haslund-Christensen in der Inneren Mongolei aufnehmen. Diese dürften jedoch einer lokal begrenzten Tradition angehören. Häufig werden die Gesänge instrumental begleitet sowie durch instrumentale Vor- und Zwischenspiele eingeleitet bzw. interfoliert.

Soweit das bisher veröffentlichte und recht begrenzte Material es gestattet, lassen sich als allgemeine *tonale und stilistische Kennzeichen* der Musik der Mongolen die folgenden Grundzüge feststellen: 1. anhemitonische Pentatonik mit gelegentlich auftretenden diatonischen Wendungen, die durch Kombination bzw. Überschneidung von zwei verschieden organisierten Fünftonreihen entstehen, 2. straffe oder aber auch weitgeschwungene liedhafte Gestaltung der Melodien mit oft großem Ambitus unter Verwendung weiter Sprungintervalle, 3. zielstrebiger melodischer Bewegungsduktus, 4. verhältnismäßig häufiges Vorkommen zweizonenhafter Tonraumgestaltung, wobei mitunter mehr oder minder verschleierte Quint- oder Quarttranspositionen stattfinden, 5.

(1) Ba se ling noyan-i üdeksen daguulal
Lied zur Begleitung des Prinzen Pa-szu-ling

♩=120
Männerstimme

große Bedeutung der Quarten und Quinten als Melodie- und Gerüstintervalle, 6. häufiger Wechsel der tonalen Funktion einzelner Melodietöne und 7. Freude an der variierten Wiederholung einzelner Motive oder Motivgruppen, die den Liedern das ihnen charakteristische ganzheitliche Formgepräge verleiht. *Rhythmisch* heben sich zwei Gruppen deutlich voneinander ab: 1. rational gestaltete, in Zwei- oder Viertaktgruppen periodisch gegliederte Gesänge und 2. freirhythmisch melismatische Gesänge, die sich von den ersteren durch eine etwas gepreßte oder gespannte Vortragsweise unterscheiden. Ein endgültiges Urteil über das Verhältnis von Textmetrum und Melodie kann erst gefällt werden, wenn eine größere Anzahl Übertragungen mit

(2) Khotala buyantu monggol, Alle tapferen Mongolen (aus The Music of the Mongols, Band 1 Eastern Mongolia, Stockholm 1943)

unterlegten Texten in phonetischer Transkription vorliegen wird. Auch eine ethnologische Deutung einzelner Stilarten und deren Schichtung kann nur zu befriedigenden Ergebnissen führen, sofern die komplizierten ethnogenetischen und kulturhistorischen Verhältnisse der eurasischen Völker entsprechende Berücksichtigung finden. So dürfte sich die Deutung der Tonraumspaltung als eine »durch türkische Einwirkung zu erklärende Eigenheit« (Werner Danckert, Hirtenmusik, in Archiv für Musikwissenschaft 13, 1956, S. 97–115) wohl kaum aufrecht erhalten lassen, da diese prototürkischen Völkern wie z.B. Jakuten, Kirgisen und Kasakhen unbekannt ist.

VII. Musikinstrumente

Die Musikinstrumente der Mongolen sind den Bedingungen des Nomadenlebens angepaßt, d.h. sie sind verhältnismäßig einfach herzustellen, handlich und leicht auf Wanderungen in den Steppengebieten mitzuführen. Das wichtigste Instrument ist die Geige (»khuur«), teils mit trapezförmigem oder auch rundem Corpus und zwei Roßhaarsaiten in Quintstimmung (»khil-khuur«), teils mit zylindrischem bzw. hexagonalem oder oktogonalem Corpus und vier Saiten (»dörwen-chikhe-khuur« = vierohriger Khuur), in dieser Form mit dem chinesischen »sze-hu« fast identisch. Zweisaitige Gitarren (»tobshuur«) kommen entweder mit dreieckigem oder trapezförmigem Corpus vor. Eine weitere Abart

(»shandze«) ist offensichtlich chinesischer Herkunft. Bereits im Aussterben begriffen ist eine ungegriffene Wölbbrettzither (»yatag« bzw. »itag« oder »yitag«), die in Bau- und Spielart dem chinesischen »tseng« nahe steht. Dieses Instrumentarium wird durch eine Querflöte (»limba«) ergänzt, die mit der chinesischen »ti-tzu« übereinstimmt. Trommeln sind den heutigen Mongolen ebenso wenig bekannt wie anderen Hirtennomaden Zentralasiens, abgesehen von der Schamanentrommel. Ebenso wie diese gehörte auch die Bügelmaultrommel (»temür-khuur« bzw. »aman-khuur«), der man heute gelegentlich noch begegnet, einst zu den Paraphernalia der Schamanen.

Kenneth Robinson und Hans Eckardt
China

I. Geschichtliche Entwicklung von der Frühzeit (Shang-Dynastie) bis zum Ende der Han-Zeit (1523 v. Chr. bis 220 n. Chr.). – II. Vom Ende der Han-Zeit bis zum Ende der Sui-Zeit (220–618). Der Einbruch westlicher Musik. – III. Die T'ang-Zeit (618–907). Die Rolle der westländischen (Hu-)Musik. Die Zehn Orchester. Die Musik der Zwei Abteilungen. Akademien und Konservatorien. – IV. Die Musik der Nach-T'ang-Zeit (907–960) und der Sung-Zeit (960–1279) bis zum Ende der Ts'ing-Dynastie (1644–1911)

I: Kenneth Robinson (Übersetzung aus dem Englischen und Bearbeitung von Hans Eckardt), II–IV: Hans Eckardt

I. Geschichtliche Entwicklung von der Frühzeit (Shang-Dynastie) bis zum Ende der Han-Zeit (1523 v. Chr. bis 220 n. Chr.)

Seit ältester Zeit stand die Musik bei den Chinesen in höchstem Ansehen. Jedes dynastische Geschichtswerk widmete der musikalischen Entwicklung ein besonderes Kapitel. Die Geschichte der chinesischen Musik beginnt mit der ältesten, historisch fixierbaren Dynastie Chinas, der Shang- (oder Yin-)Dynastie (ca. 1523–1028 v. Chr.). Dokumente aus dieser Zeit sind kurze Orakelinschriften auf Schildkrötenschalen und Knochen. Die benutzte Schrift war vorwiegend piktographisch. Von den in dieser Schrift dargestellten Gegenständen sind jedoch die einzigen mit einiger Sicherheit erkennbaren *Musikinstrumente* zahlreiche Arten von Trommeln mit Trommelstöcken und Schlägeln und die für China typischen Klingsteine, die als »k'ing« bezeichnet werden. Die Ausgrabungen von An-yang, der Hauptstadt der Shang-Zeit, beweisen ferner die Existenz einer Kugelflöte, eines in Jade gezeichneten zitherähnlichen Instruments und eines Klingsteinspiels. Auch gewisse Bronzeglocken glaubt man ohne Bedenken in die Shang-Zeit datieren zu können, wogegen für andere Instrumente nur hypothetische Schlüsse gezogen werden dürfen. Über die musikalische Praxis der Shang-Zeit ist wenig bekannt. Die in den Shang-Oden im ›Shi-king‹, dem Buch der Lieder, erwähnten Instrumente müssen nicht unbedingt auf die Shang-Zeit zurückgehen.

Die folgende Dynastie war die der Chou (ca. 1027–250 v. Chr.). Die *Poesie* der Chou, die eine neue, moralische und höfische Interpretation erhalten hatte, soll nach jüngerer Überlieferung von Konfuzius (551–479) selbst herausgegeben worden sein. Sie wurde als ›Buch der Lieder‹ früh unter die Kanonischen Bücher aufgenommen und ist noch heute eine der wichtigsten Quellen zur Information über die Musik jener Zeit, obwohl ihre

Melodien schon wenige Jahrhunderte nach Konfuzius in Vergessenheit geraten waren. Der Hauptakzent dieses Buches liegt (nach der Interpretation der konfuzianischen Schule) auf der Wichtigkeit des äußeren Zeremoniells im Hinblick auf die *wohlbegründete Ordnung einer feudalen Gesellschaft.* Dieses Ideal konnte nur erreicht werden durch die richtige Anwendung von *geeigneter Musik* und *entsprechenden Riten.* In der Chou-Zeit war Musik noch ein machtvolles Zaubermittel. Sie vermochte Regen herbeizuführen oder die Geister verstorbener Ahnen bei zeremoniellen Banketten zur Teilnahme zu bewegen. Doch bald ersetzten die Chinesen den Glauben, daß Musik die Naturkräfte beeinflussen könne, durch die erhabenere Anschauung, daß die Musik fähig sei, auch die aufrührerischen Herzen der Menschen zu besänftigen. Diese Wandlung im Denken war schon zur Zeit des Konfuzius im Gange, doch dauerte es noch etwa vier Jahrhunderte, ehe die Gelehrten der Han-Zeit ihr einen vollkommenen Ausdruck in den utopischen Ritualen für den untergegangenen Hof der Chou verliehen.

Von den Instrumenten der Chou-Zeit sind etwa vierzig Namen aus dem ›Shi-king‹ und dem ›Li-ki‹ überliefert, wenn auch genaue Beschreibungen selten sind. Die wichtigsten Instrumente mögen hier summarisch zusammengefaßt werden unter den Schlagworten der »pa yin«, der acht Klangkategorien, des ›Li-ki‹, das sie nach dem Material ihrer Herstellung klassifizierte: Metall, Stein, Erde, Leder, Seide, Holz, Kürbis, Bambus.

Metall (Glocken): Es gibt zwei Arten, die als »to« und »chung« bekannt sind. To ist augenscheinlich der ältere Typus und vermutlich sind alle chinesischen Glocken daraus entwickelt worden; es war eine geschwungene Handglocke mit Holzklöppel, aus der die Chung(-Hängeglocke) mit Metallklöppel entstand. Glocken wurden für militärische Zwecke und für Begräbnisriten benutzt; ebenso in Orchestern, wo sie entweder einzeln oder in Geläuten von abgestufter Größe aufgehängt wurden. *Stein* (K'ing): Für Klingsteinspiele benutzte man im allgemeinen schwarzen Kalkstein mit guten klanglichen Eigenschaften, obwohl auch gewisse Arten von Jade geeignet waren. Jeder Stein war in der Form eines stumpfen Zimmermannswinkels von nicht ganz gleicher Schenkellänge und verschiedener Gesamtgröße geschnitten und nach bestimmten, genau überlieferten Maßen genormt. Die genaue Stimmung war offenbar das Ergebnis von Versuchen und Erfahrungen. Die Steine, für die eine durchschnittliche Gesamtlänge von etwa 60 cm gilt, wurden wie Glocken an Gestellen, einzeln oder in Geläuten aufgehängt und mit gepolsterten Klöppeln angeschlagen. Das ›Buch der Lieder‹ enthält mehrere Erwähnungen ihres edlen Tones. Von Konfuzius wird berichtet, daß er dieses altertümliche Instrument gespielt habe, das den Vorzug besaß, von Klimaveränderungen unberührt zu bleiben und seine einmal gegebene Tonhöhe zu bewahren. *Erde* (Hün): Die »hün« war eine kugelförmige Flöte aus Ton in der Form und Größe eines Gänseeis mit sechs Löchern und kann etwa der europäischen Okarina verglichen werden. *Leder* (Trommeln): Viele Arten der chinesischen Trommeln stammen zweifellos aus ältester Zeit, denn die frühe Bilderschrift auf den Orakelknochen zeigt große Trommeln sowie Trommeln auf Gestellen und kleine Trommeln. Daß sie mit dem Blut von Kriegsgefangenen beschmiert und geweiht wurden, wird im ›Tsochuan‹, einem Geschichtswerk aus dem 4. Jahrhundert v. Chr., bestätigt. Im Kriege war das unaufhörliche Trommeln vom Streitwagen des Anführers aus das Signal zum Angriff; das Anschlagen einer Glocke oder einer Bronzeplatte dagegen galt als Signal des Rückzuges. *Seide* (Zithern): Die beiden wichtigsten Saiteninstrumente in der Chou-Zeit waren die »k'in« und das »shê« mit fünf und sieben, bzw. 17, 19, 23, 27, 36, 45 oder 50 Saiten. Die einzelnen Saiten waren aus einer Anzahl von Strängen feinster Seide zusammengedreht und wurden auf der leicht gewölbten Oberfläche des Instruments, die aus »t'ung«-Holz (Paulownia imperialis) bestand, aufgezogen. Der flache Boden der K'in wurde stets aus »tse«-Holz (Tecoma radicanus) verfertigt. Die Saiten wurden durch Handspannung auf den erforderlichen Grundton gestimmt. Die K'in ist 120 cm lang und 20 cm breit; das Shê ist ein massiveres Instrument von ungefähr 210 cm Länge. Beim Spielen sitzt der K'in-Spieler auf einem Stuhl, das Instrument vor sich auf einem eigens dafür bestimmten Tisch. Seinem Spiel ging ursprünglich eine Reinigungszeremonie voraus, die aus der magisch betonten Vergangenheit übriggeblieben war. *Holz* (Chu und Yü): »chu« war ein sorgfältig ausgeführter Reiskornmörser in der Form eines viereckigen Kastens, ungefähr 45 cm hoch, oben 70 cm und unten 55 cm breit. Er wurde mit einem hölzernen Schlägel auf der Innenfläche angeschlagen, um den Beginn eines Verses, einer Hymne oder eines Abschnittes einer zeremoniellen Feier anzukündigen. Das Instrument »yü« hatte die Form eines hölzernen Tigers von 30 cm Höhe und 70 cm Länge. Es hatte eine ausgezackte Rückenlinie mit 27 Zähnen. Mit einem aufgesplissenen Bambusstock strich der Spieler dreimal kräftig über diese Zähne und kündigte dadurch das Ende eines Verses, einer Strophe oder Zeremonie an. *Kürbis* (Shêng): Die hohle Schale eines Kürbis diente als Windkasten für die chinesische Mundorgel »shêng«. Sie wird im ›Buch der Lieder‹ häufig erwähnt. Eine Anzahl von Bambusröhren wurde in den oberen Teil des Windkastens eingelassen und durch ein seitliches Mundstück angeblasen. Der Ton jeder Röhre wurde durch ein freischwingendes Rohr- oder Metallplättchen, eine Zunge, hervorgebracht. *Bambus* (Flöten): Es ist schwierig, über frühe chinesische Flöten präzise Angaben zu machen, weil die Chou-Quellen nur ungenügende Hinweise enthalten. Die Namen vieler Flöten sind bekannt und einige noch in Gebrauch befindliche alte Bezeichnungen. Daraus folgt aber nicht, daß die alten und die modernen Instrumente identisch sein müssen. Von den Flötennamen scheint das Wort »kuan« im weiteren Sinne, etwa wie Pfeife, gebraucht worden zu sein und bezeichnet in den Schriften der Han-Kommentatoren sehr verschiedenartige Blasinstrumente. Der Name »siao« wird dagegen mit Längspfeife übersetzt. Chuang-tse (um 300 v. Chr.) spricht von aneinandergereihten Bambuspfeifen. Der Name einer solchen Bambusflötenreihe, der Panpfeife, ist »p'ai-siao«. Eine andere, in den klassischen Schriften häufig erwähnte Flöte ist die »yo«, die ursprünglich von Tänzern gespielt und später von ihnen als Tanzstab benutzt wurde. Es war eine Längsflöte mit drei Löchern. Sie ist bis in neuere Zeit im Zeremonialtanz verwendet worden. Im ›Li-ki‹, dem Ritualbuch, das kurz vor der christlichen Zeitrechnung kompiliert wurde, wird festgestellt, daß das Schatzhaus in der Hauptstadt des Staates Lu eine Flöte namens »wei-yo« besaß, die sich von der gewöhnlichen Yo dadurch unterschied, daß sie mit einem Rohrblatt versehen war. Eine Flöte, die häufig mit der Yo zusammen erwähnt wird, ist die »ti«. Darunter versteht man heute eine Querflöte mit sechs Löchern. Beide Flöten, Yo und Ti, waren offenbar über einen Fuß lang; ihre anderen Maße sind ungewiß. Eine besonders interessante Flötenart war die »ch'ih«, die quer gespielt, aber in der Mitte angeblasen wurde. Die Hoforchester der Chou-Zeit waren in ihrem Instrumentarium durchaus vielseitig. Sie wurden in Gärten oder Hallen nach Regeln gruppiert, die durch alte Tradition vorgeschrieben waren und die im ›I-li‹ verzeichnet sind.

Die *früheste Musiktheorie* in China bewegte sich im Rahmen subjektiver Empfindungen und befaßte sich etwa mit der Anordnung von Instrumenten nach deren Klangfarbe und den verschiedenen Gefühlswirkungen, die sie hervorrufen konnten. Tonleitern waren zweifellos schon jahrhundertelang in Gebrauch gewesen, noch ehe die Beziehungen von Ton zu Ton in einer Skala erkannt und benannt waren. Erwähnungen, die sich auf den Begriff der »Fünf Töne« beziehen, können nicht früher als die Kompilation des ›Tso-chuan‹ (4. Jahrhundert v. Chr.) datiert werden. Der früheste Hinweis auf die Namen der Töne würde demnach in den Schriften des Chuang-tse (um 300 v. Chr.) zu finden sein, wo die Entsprechungen des *do-re-mi-sol-la* als *kung, shang, kio, chi, yü* wiedergegeben werden. Es war dies die normale *pentatonische Leiter* des frühen China, die jeweils auf einem Grundton *kung* errichtet wurde. Da verschiedene Töne bei verschiedenen Gelegenheiten als Grundton benutzt wurden, entstanden mehrere Tonarten. Die Namen der Glocken, die solche Töne angaben, wurden allmählich zusammengestellt und bezeichneten schließlich eine Skala von festgelegten Tonhöhen. Die Bildung einer *Tonreihe von zwölf Halbtönen*, die im 2. Jahrhundert v. Chr. allgemein bekannt war und aus der Koordinierung verschiedener, bereits in Gebrauch befindlicher Leitern entstand, war sichtlich ein langsamer Prozeß gewesen. Diese zwölfstufige, chromatische Tonreihe fand als Tonleiter keine Verwendung, doch stellte sie den Tonvorrat dar, aus dem die fünf- und siebenstufigen Leitern über verschiedenen Grundtönen errichtet wurden. Frühe Texte sind durch die Verwendung abweichender Namen für die Glocken, die diese Töne angaben, unklar; und die verschiedenen Stufen musikalischer Entwicklung, wie sie im Text des ›Chou-li‹ zum Ausdruck kommen, werden von den Han-Herausgebern betrachtet, als ob sie musikalisch immer gültig gewesen seien. Die Idee einer *Tonleiter von festen Tonhöhen*, die von einem Satz Glocken auf die Instrumente eines Orchesters übertragbar war, kann man schon in frühen Texten sich entwickeln sehen. Die früheste Erwähnung eines vollständigen Satzes von *zwölf Glocken*, die eigens gegossen wurden, um die *Beziehungen der Töne* festzulegen, befindet sich im ›Lü-shih Ch'un-ts'iu‹, das um 240 v. Chr. entstanden ist. Hierin sind auch die Namen der zwölf Töne der Tonleiter in ihrer modernen Form angegeben. Sie werden dort auf Stimmpfeifen bezogen. Dieselben Namen wurden auch auf Glocken angewendet, wie im ›Kuo-yü‹, einem etwas später verfaßten historischen Werk, bestätigt wird. Daß Glocken früher als Stimmpfeifen für solchen Zweck benutzt wurden, wird ausdrücklich von Ts'ai Yung, einem Gelehrten des 2. Jahrhunderts n. Chr. erwähnt. Das ›Lü-shih Ch'un-ts'iu‹ gibt auch eine Formel zur Berechnung der Länge der Stimmpfeifen, mit denen man die Glocken genau stimmen zu können glaubte. Die Tonleiter, die von dieser Formel abgeleitet wurde, war die des Quintenzirkels. Jaap Kunst versichert in Übereinstimmung mit Erich Moritz von Hornbostel, daß die von Blasquinten abgeleiteten Skalen mit den Panpfeifen des alten China in Verbindung gebracht werden könnten. Ein Charakteristikum solcher Skalen ist die um das pythagoräische Komma verschobene Oktave.

Es bleibt zu überlegen, wie die Musik dieser alten Zeit geklungen hat. Man kann darauf keine befriedigende Antwort geben, da kein Beispiel einer musikalischen Niederschrift überliefert ist, das vor die T'ang-Dynastie (618–907) zurückreicht. Die früheste Erwähnung einer *Notation* stammt von Sse-ma Tş'ien (145–ca. 86 v. Chr.), der mitteilt, daß ein gewisser Musikmeister eine Melodie nach Gehör niederschrieb. Von dieser Notation ist nichts überliefert, doch legt die enge Verbindung zwischen Musik und Lied die Vermutung nahe, daß die Formen der Melodien denen der Poesie adäquat waren und daß nur gerade Takte benutzt worden sind. Es muß auch daran erinnert werden, daß die chinesische Kultur musikalische Einflüsse aus ihren Grenzgebieten absorbierte und daß es sogar zu einer so frühen Zeit wie der Chou-Periode eine deutlich unterschiedene *Musik des Nordens und des Südens* gab, wie im ›Tso-chuan‹ bezeugt ist. Darüber hinaus unterschied sich die *höfische Musik* mit Sicherheit von der *Volksmusik*, wenn auch vielleicht zuerst nur hinsichtlich der benutzten Instrumente, denn Glockenspiele und kostbare Klingsteingeläute waren ein Vorrecht der Fürsten.

Wenn Konfuzius von der höchsten Vollkommenheit der musikalischen Entwicklung sprach, so bezog er sich auf die schon in seinen Tagen *archaische Ritualmusik* und auf das Stück »shao«. Diese Musik erschöpfte sich jedoch nicht in dem Begriff der Melodie allein. *Das Wort Musik* (»yüeh«) bedeutete sehr viel mehr; es schloß Reihen von Tänzern mit Federfächern, Flöten und Streitäxten ebenso ein wie das Zusammenspiel verschiedener Instrumente, vor allem aber den Ausdruck religiöser Ehrfurcht. Diese ehrfurchtsvolle Haltung nahm in den Jahrhunderten nach dem Tode des Konfuzius ständig ab, so daß schon im 4. Jahrhundert v. Chr. ein Marquis Wen aus dem Staate Wei sagen konnte, daß er, wenn er diese alte Musik höre, nur die Furcht habe, einzuschlafen, daß er aber, wenn er die Melodien der Staaten Cheng und Wei höre, jede Langeweile vergäße. Die Musik von Cheng und Wei wird von Meng-tse (372–289) und anderen Schriftstellern als »Neue Musik« bezeichnet. Diese *Neue Musik* überschwemmte China bis zum westlichen Ts'in und verdarb die Moral, wohin sie kam, wie die konfuzianischen Gelehrten behaupteten. Die Töne der Musik von Cheng und Wei scheinen nicht mehr die reinen Töne der Pentatonik, sondern Nebentöne, Abweichungen oder Halbtöne gewesen zu sein. Das ›Tso-chuan‹ enthält jedenfalls zwei Hinweise auf die »Sieben Töne«, wie auch häufigere Erwähnungen der klassischen »Fünf Töne«. Wenn es eine einheimische Bewegung für heptatonische Musik gegeben hat, so stand sie sicherlich mit den geistigen Gärungserscheinungen im Zusammenhang, die der Einigung Chinas unter den Ts'in vorausgingen; möglicherweise war sie aber auch durch den Kontakt mit dem Westen angeregt worden. Das Auftreten der Stimmpfeifen-Berechnungsformel könnte ein Anzeichen dafür sein.

Daß die Neue Musik den Zusammenbruch des Hauses Ts'in im Jahre 206 v. Chr. nicht überlebt haben würde, ist verständlich. Ein unvergeßlicher Schritt, der bei der Einigung des Landes unternommen wurde, war die große *Bücherverbrennung* im Jahre 213 v. Chr., bei der alle Bücher, die das Prestige der alten Chou-

Dynastie in den Vordergrund rückten, vernichtet wurden. Das bedeutete die Zerstörung auch vieler Werke über die alte Musik. Weit schwerer wog jedoch der Verlust der Ts'in-Bibliothek, die Abschriften aller dieser Bücher enthielt und die im Jahre 206 v. Chr. der Brandlegung der Rebellen zum Opfer fiel. Als sich die nachfolgende Han-Dynastie (206 v. Chr. bis 220 n. Chr.) durchgesetzt hatte, wurden Versuche gemacht, das *Hof-Ritual* der alten Zeit wiederherzustellen. Der erste Kaiser Kao-tsu rühmte sich, sein Kaiserreich auf dem Rücken der Pferde gewonnen zu haben, und war aller Zeremonie abgeneigt. Als er aber gelegentlich ihren Wert erkannte, um den Thron aufrechtzuerhalten, beauftragte er den konfuzianischen Gelehrten Shu-sun T'ung mit der Einsetzung eines vereinfachten Rituals, das geeignet war, das Betragen seiner wilden Reitersgefolgschaft zu mäßigen. Shu-sun T'ung gelang dies mit Hilfe von dreißig Gelehrten aus dem Staate Lu, der als Heimat des Konfuzius der Urquell solcher Kenntnisse war. Im Jahre 191 v. Chr., unter der Regierung des zweiten Han-Kaisers, wurde der Erlaß, der den Unterricht in der alten Literatur verboten hatte und seit der Bücherverbrennung in Kraft gewesen war, formell aufgehoben. Jedoch erst während der Regierung des Kaisers Wu (140–87 v. Chr.) wurden positive Schritte zur *Wiederherstellung der alten Musik* unternommen. Als Ergebnis solcher Restaurationsarbeit gilt die Abhandlung ›Yüeh-ki‹ (Aufzeichnungen über Musik), die zu dieser Zeit aus verschiedenen, zweifellos alten Quellen kompiliert wurde. Die Aufgabe, die alten Tänze mit ihrer Musik wieder zu beleben, wurde einem Musikmeister anvertraut. Er entstammte der Chih-Familie, die Generationen hindurch die Musikmeister im Staate Lu gestellt hatte. Dieser Mann war zwar noch fähig, die Töne und die Tänze zu erneuern, aber nicht mehr deren Bedeutung zu interpretieren.

Die Festigung des Chinesischen Reiches unter den Han war in vieler Hinsicht ein Abfall von den großen Ideen und hatte eine entsprechende Reaktion zur Folge. Auf der anderen Seite aber war sie eine Periode großen Fortschritts, der sich auch in der Musik in theoretischen und praktischen Entwicklungen bemerkbar machte. Die Berührung mit der Außenwelt brachte die *Einführung neuer Instrumente* mit sich, von denen das bemerkenswerteste die »p'i-p'a« (Laute) war. Ein dem griechischen Aulos ähnliches Instrument kam ebenfalls zu dieser Zeit in Gebrauch und wird von dem Gelehrten Cheng Hüan (2. Jahrhundert n. Chr.) als aus zwei zusammengebundenen und so geblasenen Flöten bestehend beschrieben. Cheng Hüan selbst ist eine hervorragende Autorität für die orthodoxe Musik seiner Zeit, und man erfährt erstmalig von ihm, was die *60 Tonarten* (»tiao«) des alten China bedeuteten. Diese 60 Tiao wurden dadurch gewonnen, daß man auf jedem Halbton der Zwölftonleiter, wie sie durch die zwölf Stimmpfeifen gebildet wurde, eine Fünftonleiter mit den Tonstufen *kung-shang-kio-chi-yü* aufbaute; doch ist es zweifelhaft, ob diese 60 Tiao in der Praxis jemals benutzt worden sind. Ein anderer Gelehrter, K'ung Ying-ta (574–648), versichert, daß die bei der Neuen Musik erwähnte Siebentonleiter schon zu Beginn der Chou-Zeit eingeführt worden sei. Es ist nicht erwiesen, ob die Chinesen zu dieser Zeit schon mit der Modulation vertraut waren; aber Zeremonien, die einen häufigen Wechsel der Tonarten verlangten, waren geeignet, eine Lage zu schaffen, in der sich die Modulation entwickeln konnte. Auch das frühe Interesse der chinesischen Theoretiker an einer *temperierten Stimmung* könnte dadurch erklärt werden.

Das *kaiserliche Orchester* der Han-Zeit erreichte ein eindrucksvolles Ausmaß: es war in vier Sektionen eingeteilt und zählte nicht weniger als 800 Musiker. Unter der Regierung des Kaisers Wu (140–87 v. Chr.) wurde das *kaiserliche Musikbüro* »yüeh-fu« gegründet und mit der Überwachung nicht nur der höfischen, sondern auch der Volksmusik und der ausländischen Musik betraut. Yüeh-fu hießen auch die damals gesungenen Weisen, die in diesem Musikamt kontrolliert und in Form gebracht wurden. Sie stellen das *vorklassische chinesische Liedgut* dar, das etwa vom 1. Jahrhundert v. Chr. bis in das 8. Jahrhundert n. Chr. gesungen wurde und das seinen Höhepunkt im 3.–6. Jahrhundert erreichte. Alle diese Lieddichtungen und Weisen gehören noch in den geistigen Bereich der konfuzianischen Dichtung. Das staatliche Musikamt (Yüeh-fu) war verantwortlich für die Aufbewahrung von Dokumenten mit aufgezeichneten Melodien und für die *Bewahrung der korrekten Tonhöhe*; denn auf den Maßen der Grundstimmpfeife »huang-chung« beruhten alle anderen Längen- und Hohlmaße. Seit dieser Zeit beginnt auch die Suche nach den Maßen der Ur-Stimmpfeife Huang-chung, durch die man die Tonhöhe der alten Musik wiederzufinden hoffte. Es muß betont werden, daß eine solche Ur-Stimmpfeife niemals in der Chou-Zeit existiert haben kann. Die chinesische zwölfstufige Halbtonleiter ist allmählich entstanden, indem zuerst für die Festlegung der Tonhöhen Glockenspiele benutzt wurden. Erst in den letzten Jahrhunderten vor dem Beginn unserer Zeitrechnung traten unter dem Einfluß der babylonischen Mathematik die Stimmpfeifen in Erscheinung und übernahmen diese Funktion. Das ›Tso-chuan‹, das die Namen von mehreren solcher Stimmglocken angibt, erwähnt nicht einmal den Ton Huang-chung. In der Han-Zeit bearbeiteten die Herausgeber des Chou-Rituals viel echtes, altes Material, deuteten es aber in neue und oft etwas utopische Formen um. Die Musiktheorien in diesen Werken neigen daher stark zu Anachronismen. Die Abteilung ›Verordnungen für die Monate‹ im ›Li-ki‹ (aber auch schon im ›Lü-shih Ch'un-ts'iu‹)

vermittelt jedoch das wunderbare Bild höfischen Lebens, wie es gewesen sein muß, wenn es den Ritualen gemäß in synästhetischer Harmonie verlief. Zur Wintersonnenwende, wenn die lebenspendende Sonne auf ihrem tiefsten Punkt steht, ist auch die Musik auf der tiefsten Tonhöhe angelangt. Die Musik hält sich aber nicht nur an die Grundstimmungen der Jahreszeit, sondern sie bewahrt auch in allen anderen Dingen die *Harmonie mit der Natur*. Die Chinesen scheinen auch früh ein Gefühl für *Farbenharmonie* besessen zu haben: so wurde Gelb, das die Mitte des Spektrums einnimmt, der Jahresmitte zugeteilt, während Rot und Blau der erregenden, hochgestimmten Musik des Sommers bzw. der entspannenden, tiefgestimmten Musik des Winters zugeordnet waren. Obwohl die Chinesen deutlich dem babylonischen System verpflichtet sind, haben sie diese Ideen zu einem Grade ästhetischer Vollendung entwickelt, der in der Welt des Hellenismus unbekannt war. Das kostbarste Geschenk der Han-Periode an die Nachwelt war diese Konzeption einer *Harmonie von Himmel, Erde und Mensch*, wie sie in der damaligen Musik zum Ausdruck kam.

II. Vom Ende der Han-Zeit bis zum Ende der Sui-Zeit (220–618). Der Einbruch westlicher Musik

Die Han-Periode war die *Blütezeit des Konfuzianismus*. Alles, was formal geeignet erschien, wurde zum Modell oder zum Ritus, als Ausdruck eines streng geregelten Lebensgefühls. In der Han-Zeit begann auch die Überschwemmung Chinas mit den *Kulturgütern des Westens*. Die Eroberung der westlichen Randstaaten trug zwar zur Ausbreitung der chinesischen Kultur bei, öffnete aber umgekehrt dem Einstrom westlicher Musik nach China die Tore. Als Chang K'ien, der Entdecker Zentralasiens für die chinesische Welt, aus seiner Gefangenschaft bei den Hiung-nu zurückkehrte (126 v. Chr.), gelangte durch ihn bereits ein fremdes Tonstück, dessen Namen in chinesischer Umschrift die japanische Musikforschung als ›Mâhâ-Tokhara‹ zu deuten versuchte, nach China. Bis zum Ende der Tsin-Zeit (265–417) fanden jedoch keine musikalischen Umwälzungen statt, obwohl der langsame Einstrom westlicher Geistesgüter, westlicher musikalischer Gepflogenheiten und tänzerischer Praktiken ständig andauerte. Bis zum Beginn des 5. Jahrhunderts blieb die *alte höfische Zeremonialmusik*, die »ya-yüeh« des rekonstruierten Chou-Rituals, noch immer das musikalische Ideal. In dieser Zeit, zwischen Han und Tsin (3. Jahrhundert v. Chr. bis 5. Jahrhundert n. Chr.), gelangten iranische Kulturgüter wie die Laute P'i-p'a (das persische »barbat«) ebenso nach China wie die Harfe »k'ung-hou«. Mit hoher Wahrscheinlichkeit sind auch iranische Musikwerke übertragen worden, deren Weg über Gandhara führte. Gandhara wurde damals von dem Volk der Großen Yüeh-chih beherrscht und stand wiederum mit Indien in enger Berührung. Im 4. Jahrhundert n. Chr. (es war die Kunstblüte der indischen Gupta-Zeit) flossen die inzwischen vereinten Ströme *griechisch-persisch-indischer Kultur* nach Zentralasien und China und mit ihnen auch Instrumente der sassanidischen Zeit sowie indische Spiele, die bereits in der Östlichen Tsin-Dynastie in der Ära Yung-ho (345–356) in Liang-chou gezeigt wurden. *Der Ost-West-Verkehr* blühte in den Stadtstaaten an den alten Seidenstraßen, in Khotan, Kutscha und Turfan. Der Reichtum ihrer Musikkulturen ist aus den Ausgrabungen und Entdeckungen hinreichend bekannt. So stammen etwa aus Khotan Terrakotta-Figuren aus dem 3. Jahrhundert oder früher, die bereits ein Orchester westlicher Prägung darstellen, wie es in der Sui- und T'ang-Zeit am kaiserlichen Hof in China gepflegt wurde. Unter den Nördlichen Dynastien der Wei, Ts'i und Chou (386–581) wurde Nordchina von nichtchinesischen Herrschern regiert, die mit dem Westen in enger Berührung standen. Musik aus Indien und Zentralasien wurde gespielt, und damit gelangten wohl auch die *Anfänge des musikalischen Theaterspiels*, zumindest aber dramatische, musikbegleitete Pantomimen, in das Reich der Mitte. Das in den Älteren T'ang-Annalen (›Kiu T'ang-shu‹) erwähnte, berühmte Tanzwerk ›Po-t'ou‹, das vielleicht von einem der westlichen Turkvölker oder aus Indien stammt, ist ein typisches Beispiel hierfür. Das Werk wird noch heute in rudimentärer Form in der japanischen Bugaku tradiert.

Durch den Einfluß der »hu-yüeh«, der *Musik der westlichen Fremdvölker* aus Si-yü, aus den »Westlanden«, wurde die alte höfische Zeremonialmusik zurückgedrängt, die schließlich auch infolge der kriegerischen Zeiten zu verfallen und immer wieder in Vergessenheit zu geraten drohte. Diese Hu-yüeh übte seit der Zeit der Nördlichen und Südlichen Dynastien (420 n. Chr.) über die Sui-Zeit hinweg bis zum Ende des 8. Jahrhunderts einen entscheidenden Einfluß auf die Musik Chinas aus. So kam etwa über Liang-chou die Musik von Kutscha zur Geltung, vermischte sich mit der chinesischen Musik von Liang-chou und brachte einen neuen Stil, ein neues Genre, hervor: die »Si-Liang-yüeh«, die Musik von West-Liang, die später ein eigenes Orchester am Hofe der Sui- und T'ang-Kaiser erhielt. Mit der Ausbreitung der Nördlichen Wei unter ihrem Kaiser Wu (560–578) wurden die Musikstile von Kashgar, Buchara und Kutscha übernommen, während unter der Herrschaft der Nördlichen Chou die Musik von Samarkand bis China vordrang und auch Musik der T'u-küe (der Turkvölker), Musik aus Korea, ja sogar aus Japan, aus Funan (Kambodscha) und Lin-yi (Annam) in China bekannt wurde. Unter Kaiser Wu kam im Jahre 568 ein bedeutender Musiker aus Kutscha nach China. Sein Name lautete Su-ch'i-p'o; es ist jedoch anzunehmen, daß dies die chinesische Umschrift für einen indo-iranischen Namen (etwa Sujîva) darstellt. Su-ch'i-p'o brachte die »Sieben Tonarten« aus Si-yü mit und veranlaßte dadurch (12 Lü × 7 Tonarten) indirekt die Aufstellung des *84-Tonarten-Systems*. Über die Herkunft dieser sieben Tonarten ist noch kein endgülti-ges Urteil gesprochen worden. Zu Beginn der Herrschaft der Nördlichen Ts'i (6. Jahrhundert) waren im Innern Chinas bereits ausländische Spiele mit Gesang und Tanz anzutreffen und Hu-Instrumente nicht mehr unbekannt.

Die seit dem 5. Jahrhundert in China eindringende west-liche oder *Hu-Musik* – mit der zentralasiatischen Musik als gewichtigem Schwerpunkt – hatte die chinesischen Musikstile der höfischen Zeremonialmusik wie auch der chinesischen Profanmu-sik zu durchsetzen begonnen. Kaiser Wen (581–604) der Sui-Dynastie versuchte durch eine strenge Einteilung in *höfische und profane Musik* die westliche Überfremdung in geordnete Bahnen zu lenken und begründete an seinem Hof die »Sieben Musikabtei-lungen«, Orchester oder Spielzüge, die den Tatsachen und dem Musikbedürfnis seiner Zeit gerecht zu werden versuchten. Diese *Sieben Musikabteilungen* bestanden 1. aus der Musik von West-Liang, 2. der »ts'ing-yüeh« (d. i. die originalchinesische Profan-musik), 3. der Musik von Kao-li (Korea), 4. der Musik von T'ien-chu (Indien), 5. der Musik von An-kuo (Buchara), 6. der Musik von Kuei-tse (Kutscha) und 7. der »li-p'i«, einer zeremoniel-len Hofmusik, die auch unter dem Namen »wen-k'ang« bekannt ist. Kaiser Yang (605–616) der Sui-Dynastie erhöhte diese Orchester um weitere zwei auf die »Neun Orchester« (»kiu-pu-ki«), indem er noch die Musik von 8. K'ang-kuo (Samarkand) und 9. Su-lo (Kashgar) hinzufügte.

III. Die T'ang-Zeit (618–907). Die Rolle der westländischen (Hu-)Musik. Die Zehn Orchester. Die Musik der Zwei Abteilun-gen. Akademien und Konservatorien

Zu Beginn der T'ang-Zeit (618–907) wurde aus den neun Orchestern die zeremonielle Abschlußmusik Li-p'i herausgenom-men und dafür zwei neue Abteilungen eingesetzt: das Orchester von Kao-ch'ang (Turfan) und die »yen-yüeh«, so daß man nun von den »Zehn Orchestern« oder »shi-pu-ki« sprach, die in der T'ang-Musik eine bedeutende Rolle spielten. Sie bildeten das repräsentative Gerüst aller Musik- und Tanzaufführungen bei Hoffestlichkeiten und Staatszeremonien. Ihre Einteilung verschob sich etwas im Vergleich mit den neun Orchestern der Sui-Zeit, und sie bestanden nunmehr aus: 1. der Yen-yüeh; diese Yen-yüeh war eine Neuschöpfung des 7. Jahrhunderts und bestand aus einer Tanz-Suite von vier Einzelsätzen. Man könnte sie als neugeformte höfische Bankettmusik bezeichnen, denn sie ist eine Schöpfung, die die fremdländische Hu-Musik in die äußere Form höfischer Ya-yüeh einkleidete (28 verschiedene Instrumente, 31 Musiker, 20 Tänzer). Diese Yen-yüeh hatte die Li-p'i (die mit einem Maskentanz endende Abschlußmusik der Sui-Zeit) ersetzt, stand aber im Gegensatz zu dieser am Beginn der musikalischen Vorführungen; 2. der Ts'ing-Musik, die in dieser Zeit bereits eine Mischung aus höfischer, fremdländischer und originalchinesischer Profanmusik darstellte (15 Instrumente, 25 Musiker); 3. der West-Liang-Musik (18 Instrumente, 9 Tänzer); 4. der T'ien-chu-Musik (Indien; 12 Instrumente, 2 Tänzer); 5. der Kao-li-Musik (Korea; 15 Instrumente, 4 Tänzer); 6. der Kuei-tse-Musik (Kutscha; 14 Instrumente, 4 Tänzer); 7. der An-kuo-Musik (Buchara; 9 Instrumente, 2 Tänzer); 8. der K'ang-kuo-Musik (Samarkand; 2 Flöten, 2 Trommeln, Becken, 2 Tänzer); 9. der Su-lo-Musik (Kashgar; 10 Instrumente, 2 Tänzer); 10. der Kao-ch'ang-Musik (Turfan; 11 Instrumente, 2 [?] Tänzer), die jetzt die offizielle Abschlußmusik zu spielen hatte. Ihre Einreihung in die Shi-pu-ki bedeutete nichts anderes als die Anerkennung eines in der ersten Hälfte des 7. Jahrhunderts neu aus Si-yü eingedrungenen Musikstils, der sich indes von dem der Kutscha-Musik nicht wesentlich unterschied.

Jede dieser Orchestergruppen hatte ihre eigenen Instrumente, Musiker, Tänzer und Zeremonialgewänder. Bei Festlichkeiten war es üblich, daß jedes der *zehn Orchester* Werke seines Repertoires zur Aufführung brachte, doch soll die Gesamtzahl der nacheinander gespielten Werke 24 nicht überstiegen haben. Dabei wurden mehr als vierzig *Instrumentenarten* benutzt. In den ersten drei Abteilungen wurden chinesische Instrumente der Zeremonial- und Profanmusik gespielt, während in den restlichen Abteilungen die jeweiligen fremdländischen Instrumente erklangen; doch wurden einige der Hu-Instrumente wie die fünfsaitige Laute, die Panpfeife, eine Doppelrohrblatt-Oboe und die Querflöte in allen Abteilungen gleichermaßen benutzt. Jedes Orchester besaß einige für seinen Charakter typische Kompositionen.

Wenn man die Yen-yüeh und Li-p'i aufgrund ihrer gänzlich anderen Wesensart, die sie von den anderen Musikstilen deutlich unterschied, außer acht läßt, bestanden die Reste originalchinesischer Musik nur noch in der Gattung der Ts'ing-Musik. Die *Si-Liang-Musik*, die noch Rudimente chinesischer Musik enthielt, war durch den westlichen Einfluß bereits entscheidend umgewandelt und überfremdet. Die *Si-yü-Musik* (Musik der Westlande) zählte sechs Arten (Indien, Samarkand, Buchara, Kashgar, Kutscha, Turfan), und die der Ost-Barbaren war durch die Musik von Kao-li (Korea) vertreten.

Etwa gleichzeitig mit der Gründung der zehn Orchester (Shipu-ki) trat eine neuartige *Unterhaltungs- oder Bankettmusik* in Erscheinung, die unter Verwendung fremdländischer und chinesischer Profanmusik die höfische Musik inhaltlich dem Wesen der neuen Zeit anzupassen versuchte, die »yen-siang-yüeh«, die Große Bankettmusik, unter deren Großwerken sich auch das berühmte kriegerische Ballett ›Ts'in-wang p'o-chen-yüeh‹ befand. Kaiser Hüan-tsung (713–755) faßte die Werke dieser Art zusammen und teilte sie in die beiden Abteilungen »li-pu« und »tso-pu« ein, weshalb diese Musik den Namen »erl-pu-ki« (Musik der Zwei Abteilungen) erhielt. Die Li-pu musizierte stehend im Garten oder im unteren Teil der Zeremonialhalle, wogegen die Tso-pu im Sitzen im oberen Teil der Halle spielte. Das Li-pu-Repertoire bestand aus acht, das Tso-pu-Repertoire aus sechs Werken, von denen noch heute einige in veränderter Form in der altjapanischen höfischen Musik »gagaku« anzutreffen sind. Diese Yen-yüeh ist indes nicht ganz dasselbe wie die Musik der ersten Abteilung der zehn Orchester. Die dazu gehörende Yen-yüeh war eine besondere, für ihren Zweck im Rahmen der zehn Orchester geschaffene Musik und stellte vermutlich eine Bearbeitung der drei repräsentativen Großwerke der Großen Bankettmusik (Yen-siang-yüeh) für den intimeren Gebrauch innerhalb der Abteilung Tso-pu dar.

Wenn man daher zu Beginn der T'ang-Zeit von der *Hu-Musik,* der Musik der Fremdvölker, spricht, so hatte sie sich im wesentlichen innerhalb der *zehn Orchester* ein eindrucksvolles Denkmal gesetzt. Sie wurde Vorbild einer weltweit anerkannten *Aufführungspraxis* und schuf dadurch einen für den asiatischen Kontinent verbindlichen Stil, in welchem Musik überhaupt zu erklingen hatte. Sie war jedoch in den formalen Rahmen der höfischen Musik eingespannt und mußte in dieser Form mit ihr untergehen, als die T'ang-Kultur durch andere Epochen abgelöst wurde.

Schon im Jahre 754 n. Chr. wurden die ausländischen Namen und Bezeichnungen bekannter Werke der Hu-Musik abgeändert und sinisiert. Für die in der Mitte der T'ang-Zeit weitgehend mit der Hu-Musik verschmolzene chinesische Profanmusik schuf man ein eigenes System von 28 Tonarten, das aus dem 84-Tonarten-System abgeleitet worden war, und gegen Ende der T'ang-Zeit gab es bereits einen völlig neuen Musikstil, der aus der beiderseitigen Durchdringung hervorgegangen war: die *neue chinesische Profanmusik.* Damit aber war die westliche Musik in ihrer ursprünglichen, musikalisch und ethnologisch reizvollen Form verschwunden. Als dann die Sung-Zeit (960–1279) aus diesem Stil der neuen chinesischen Profanmusik abermals eine Yen-yüeh entwickelte, wurden die schon unkenntlich gewordenen Umrisse der Hu-Musik endgültig vernichtet.

Die T'ang-Zeit war nicht nur die *Hochblüte der klassischen chinesischen Musikkultur,* sondern die letzte, weithin sichtbare Blütezeit der orientalischen Musik überhaupt. Ihre ausländischen Komponenten zeigen die weltoffene Haltung des Reiches der Mitte, das alle Einflüsse aufnahm, pflegte und fruchtbar werden ließ. Dennoch restaurierten auch die Kaiser Kao-tsu (618–626) und T'ai-tsung (627–649) aus Gründen der Staatsraison die alte höfische Musik rein formaler Prägung, die seit dem Einbruch der Hu-Musik mehr oder weniger nur noch dem Namen nach bestanden hatte.

Die Musik der T'ang-Zeit wurde durch *kaiserliche Musikämter oder Konservatorien* gelenkt und überliefert. Dem Musikamt »t'ai-ch'ang« unterstanden in der frühen T'ang-Zeit alle Zweige des musikalischen Lebens. Das Amt T'ai-ch'ang war unter dem Namen »feng-ch'ang« in der Ts'in-Zeit (255–206 v. Chr.) begründet worden und bekam in der Han-Periode die Bezeichnung »ta-ch'ang« oder »t'ai-ch'ang«. Unter den Nördlichen Ts'i (550–557) wurde es ein Staatsamt (»sse«) mit zwei Direktoren und diente der Verwaltung des Staatszeremoniells. In der späteren T'ang-Zeit unterstanden ihm die musikalischen Zeremonien im kaiserlichen Ahnentempel, außerdem aber auch die Musik der zwei Abteilungen (Erl-pu-ki) als einer Musik »im Range zeremonieller Hofmusik« sowie die Musik der zehn Orchester (Shi-pu-ki). Das Amt bestand formell bis zum Untergang der Ts'ing-Dynastie im Jahre 1911. Kaiser Hüan-tsung, bekannter unter dem Namen Ming-huang, entschied im Jahre 714, daß die profane Musik aufgrund ihrer dem Zeitwandel unterworfenen Veränderungen von der staatlichen Zeremonialmusik getrennt werden müsse und gründete zur *Pflege der zeitgenössischen Musik* zwei staatliche Konservatorien, die bis 1730, mehr oder weniger hervortretend, aufrechterhalten blieben: die beiden »kiao-fang«. Kaiser T'ai-tsung hatte zwischen 618 und 626 im Palast zu Ch'ang-an ein inneres Kiao-fang eingerichtet, das jedoch ausschließlich dem Studium der höfischen Musik gewidmet war. Dieses wurde nun in die profanen Kiao-fang umgewandelt, die in Ch'ang-an und in der zweiten Residenz Lo-yang errichtet wurden. Im Gegensatz zum inneren Kiao-fang wurden sie als äußere Kiao-fang bezeichnet. Sie zerfielen wiederum in ein linkes und ein rechtes Kiao-fang, wobei dem linken vorwiegend die Ausbildung in Instrumentalmusik und Tanz, dem rechten die Gesangsausbildung zufiel.

Außer der neuen chinesischen Profanmusik, dem Ergebnis der Vermischung fremdländischen und originalchinesischen Musikgutes, existierten noch Reste der altchinesischen Profanmusik, der Ts'ing-yüeh der Sui-Zeit, von der es zur Zeit der Kaiserin Wuhou (684–705) noch 44 Werke gegeben hatte. Aus einer Verschmelzung dieser alten Ts'ing-Musik mit der sinisierten Hu-Musik war der Typ einer *neuen Unterhaltungsmusik* entstanden, die als »fa-k'ü« (im Sinne von vorbildlicher Musik) bezeichnet wurde und der sich das besondere Interesse des Kaisers Hüantsung zuwandte. Zur Pflege dieser Fa-k'ü wurden von Minghuang innerhalb des Palastes die Musikakademien des Li-yüan, des Birnengartens, und des I-ch'un-yüan, des Ewigen Frühlingsgartens, eingerichtet, in denen der Kaiser selbst die Musik der Fa-k'ü zu unterrichten pflegte. Im Birnengarten erhielten junge Männer, im Frühlingsgarten junge Mädchen ihre musikalische Ausbildung. Die Organisation der Musik der T'ang-Zeit trennt sich demnach in die *Zeremonialmusik* des T'ai-ch'ang und in die *Profanmusik*, die im Palast den höfischen Fa-k'ü, in den Kiaofang der profanen Unterhaltungsmusik in der Form der »hu-pu sin-sheng«, der seit dem Beginn der T'ang-Zeit aus Si-yü neu eingeführten Melodien und Stücke, gewidmet war. Etwa 300 junge Männer gehörten zum Li-yüan, doch nahmen auch Hunderte von Palastdamen am Unterricht des Li-yüan teil. Auch in den Kiao-fang wurden vorwiegend Mädchen ausgebildet. Es war die Zeit der *Damenorchester*, der Gruppentänze von mehreren hundert Palastdamen zur Musik der Erl-pu-ki, der zwei Abteilungen, oder anderer Werke. Zum Repertoire dieser höfischen Akademien gehörten beispielsweise so verschiedenartige Stücke wie »su-mo-che« (eine Hu-Musik vermutlich sogdischer Herkunft), rein chinesische Tanzwerke, oder aber auch das dramatische, mit Masken getanzte Werk »lan-ling wang«, das ursprünglich den »san-yüeh« zugehörte. Diese San-yüeh sind die »po-hi«, die Hundert Spiele der Sui-Zeit, deren Name unter den T'ang geändert worden war. Sie kamen vorwiegend aus den Westlanden, aus Indien und Westasien, und bestanden zumeist aus Gaukeleien mit musikalischer Begleitung von Flöten, Trommeln und Schlaghölzern. In der Sung-Zeit (960–1279) zeigten sie bereits *theatralische Elemente* und entwickelten *literarische Inhalte*.

Die Kiao-fang, die in der T'ang-Zeit insgesamt etwa 2 000 Mitglieder zählten, hatten in der Sung-Zeit nur noch 200. Die späteren Dynastien, vor allem die Yüan (1279–1368), ließen immer noch einige Lehrgänge in den Kiao-fang bestehen. Erst im 7. Jahr der Ära Yung-chêng der Ts'ing-Dynastie (1729) wurde alles geändert. Die musikalischen Begabungen wurden aus dem Volk ausgewählt und bildeten nun eine Gruppe von etwa 120

Musikern. Jetzt erst, nach mehr als 1 000 Jahren, erloschen die Kiao-fang, die den größten Teil der chinesischen Musik gepflegt und tradiert hatten. Die T'ang-Zeit war auch die Epoche der *großen lyrischen Dichtung* (Li T'ai-po, Tu Fu) und schuf sich, nachdem die Yüeh-fu allmählich verklungen waren, in der neuen Form der »ts'e«, etwa seit der Mitte des 8. Jahrhunderts, das *klassische chinesische Lied*, dessen Höhepunkte in der Zeit der Fünf Dynastien (907–960) und in der anschließenden Sung-Zeit (960–1279) lagen. Ts'e bedeutet etwa die Komposition einer literarischen Worttonmelodie, die durch Musik gestützt und begleitet wurde.

Aus dem *zeitgenössischen Schrifttum* über die Musik der T'ang-Zeit haben drei Werke grundlegende Bedeutung erlangt: das ›Kiao-fang-ki‹ des Ts'ui Ling-k'in, das zwischen 713 und 755 entstand und Aufschluß über die Aktivität der Kiao-fang in ihrer Blütezeit gibt. Es beschreibt die Aufführungspraxis vieler Werke und gibt Hinweise auf ihre Entstehung. Insgesamt führt es 324 Namen von damals bekannten Musikwerken an. Es berichtet im wesentlichen über die neue Profanmusik. Ferner das ›Yüeh-fu tsa-lu‹ des Tuan An-tsie aus dem 9. Jahrhundert, das die höfische Musik, die Profanmusik und die Hu-Musik behandelt und einfache Erklärungen über Instrumente und Musikwerke enthält. Es spiegelt die in der Ära K'ai-yüan und T'ien-pao (713–755) aufkommenden Tendenzen zur völligen Verschmelzung der Hu-Musik mit der chinesischen Profanmusik wider und bringt u. a. die 28 Tonarten der Profanmusik in vollständiger Ordnung. Schließlich das ›Kie-ku-lu‹ des Nan Cho (zwischen 847 und 859), das etwa 130 Namen von Musikstücken anführt, die mit der Trommel »kie-ku« begleitet worden sind. Es ist dies die in der japanischen höfischen Musik Gagaku noch heute gebräuchliche Trommel »kakko«, die in der T'ang-Zeit – aus nordwestlichen Grenzgegenden Zentralasiens schon im 6. Jahrhundert eingeführt – in China modern wurde. Kaiser Ming-huang liebte sie sehr und soll 92 Stücke dafür komponiert haben. Die Kie-ku wurde allgemein in der westländischen Hu-Musik benutzt.

IV. Die Musik der Nach-T'ang-Zeit (907–960) und der Sung-Zeit (960–1279) bis zum Ende der Ts'ing-Dynastie (1644–1911)

In der Zeit der Fünf Dynastien (907–960) trat die glanzvolle höfische Musik Ya-yüeh immer mehr zurück, aber auch die profane Unterhaltungsmusik verlor an Boden. Zwar stellte Kaiser Shih-tsung aus der Späteren Chou-Dynastie (951–959) die traditionelle Ya-yüeh wieder her und bezeichnete sie noch einmal stolz als die echte Musik der Großen Chou (»Ta-Chou cheng-yüeh«), und auch die ersten Herrscher der Sung-Dynastie (960–1279) restaurierten die höfische Musik, indem sie das System der T'ang mit neuem Geist zu erfüllen versuchten, aber der Schwung war gebrochen. Eine Blüte der *Musiktheorie* zeichnete sich nun ab und dokumentierte sich in dem umfassenden Werk ›Yüeh-shu‹ des Ch'en Yang (1101), das in 200 Kapiteln einen Überblick über Theorie und Geschichte der bis dahin bekannten Musik Chinas bietet.

Die Profanmusik der T'ang-Zeit wurde noch als Yen-yüeh in den Kiao-fang weitergelehrt. Man bezeichnete sie jetzt als *Kiao-fang-Musik*. Allgemein aber bedeutete die Sung-Zeit einen deutlichen Verfall der Musik. Zwar wurde das Reich noch einmal geeint, doch der Druck der Mongolen drängte das chinesische Kulturleben nach Süden. Die chinesische Musik erhob noch einmal das Haupt, vermochte aber keine musikalischen Schöpfungen mehr hervorzubringen, wie sie die weltumspannende Kultur der T'ang einst besessen hatte. Kammermusik kleinen Formats, Vernachlässigung der Orchesterpraxis, dafür aber ein Anwachsen der Vokalmusik: Gesang lyrischer Gedichte (»shi«) und der bereits erwähnten Ts'e, die den Boden für die später in den theatralischen Spielen gesungenen Stücke bereiteten, sind einige Tendenzen der Musik der Sung-Zeit, die als Ganzes als eine Reaktion des Chinesentums gegen die Überfremdung der T'ang- und Nach-T'ang-Zeit angesehen werden darf.

Nachdem sich die K'ü von den Ts'e gelöst hatten, entwickelten sie sich selbständig weiter. Ursprünglich nur bei festlichen Zusammenkünften gesungen, wurden sie jetzt kunstvoller. Tänze traten hinzu, und die damals modernen Possen und Schwänke fanden Eingang, so daß sich die Anfänge des *dramatischen Singspiels* herausbildeten, das sich dann zu opernhaften Formen auswuchs. Diese verschmolzen mit Pantomimen und sonstigen schauspielerischen Elementen; aber erst gegen Ende der Sung-Zeit scheint sich das wirkliche Schauspiel entwickelt zu haben, das unter der Mongolenherrschaft (in der nördlichen Stilart) seinen Höhepunkt erreichte.

Die Herrschaft der Liao- (916–1125) und der Kin- (1125–1234) Dynastien änderte das Bild nicht mehr wesentlich, wenn auch die Fremdherrscher der Liao und Kin die Musik nach den alten Vorbildern restaurierten und als ausländische Musik jetzt diejenige der Uiguren gespielt wurde, die seit dem 8. Jahrhundert Ostturkestan zu besiedeln begonnen hatten. Bis zur Yüan-(Mongolen-)Zeit (1279–1368) verlor sich das System der alten höfischen Musik immer mehr, und auch die profane Unterhaltungsmusik ging in die für die Sung-Zeit typischen Orchestergruppen (wie »yüeh-yin wang-tui«, »shou-huang-tui«,

»shou-fa-tui«) über. Die Musik wurde somit eigentlich von den theatralischen »tsa-k'ü« und den neuen Liedformen der »yüan-k'ü« absorbiert. Die Melodietypen dieser theatralischen Spiele erfuhren große Veränderungen; auch setzte sich die islamische Musik der Araber während der Sung- und Yüan-Zeit in Zentralasien durch und beeinflußte nicht unwesentlich die profane und die Theatermusik. Viele Musikinstrumente, die der T'ang- und der Sung-Zeit fremd und unbekannt waren, drangen jetzt in China ein und eroberten sich einen festen Platz.

Die musikalische Leistung der *Mongolen-Zeit* lag in den K'ü, den Liedformen der theatralischen Spiele, die einen ungeheuren Aufschwung nahmen. Durch die Entwicklung eines nördlichen und eines südlichen Stils, der in den »pei-k'ü« bzw. »nan-k'ü« seinen Ausdruck fand, wurde hier bereits der Stilwandel vorgebildet, der die Theaterpraxis Nord- und Süd-Chinas bis auf den heutigen Tag unterscheidet.

In der Ming-Zeit (1368–1644) vermischten sich die letzten Reste der alten höfischen Musik mit der Kiao-fang-Musik, und um 1400 wurde die »t'an-tsieh-yüeh«, die *neue kaiserliche Hofmusik*, auch bei Banketten gespielt. Eine versuchte Restauration blieb ohne Wirkung, doch errechnete Prinz Chu Tsai-yü im Jahre 1584 die temperierte Leiter von 12 gleichen Halbtönen, um ein leichteres Transponieren zu ermöglichen.

In die Ming-Zeit hatte sich auch der starke Strom der *Theatermusik der Mongolenzeit* ergossen. Die Tsa-k'ü, die vermischten melodramatischen Schöpfungen, bildeten das musikalische Theater mit Rezitativen und Arien, das auch literarisch bedeutend war und um 1400 mit mehr als 500 bekannten Werken ein achtunggebietendes Repertoire besaß. Am Anfang des 16. Jahrhunderts entwickelte sich der elegante »k'un-k'ü«-Stil, der bis zur Mitte des 19. Jahrhunderts führend war, aber heute nur noch von Freunden dieses Stils gelegentlich gespielt wird, zwar nicht in der ursprünglichen Form, doch als »k'un-k'iang«. Dieser Stil wird zurückgeführt auf den genialen Musiker Wei Liang-hu, der das im Jahre 1345 von Kao Ming verfaßte, berühmte Theaterstück ›Pi'-p'a-ki‹ um 1530 in der neuen Form vertonte.

Aus dem K'un-k'ü entwickelte sich ein etwas rauherer Typus, der »kao-k'iang«, der zu Beginn der Ts'ing-Dynastie (1644–1912) an Boden gewann und den südchinesischen K'un-k'ü-Stil zeitweilig auszuschalten vermochte.

Unter Kaiser K'ang-hi (1662–1722), der großes Theaterinteresse besaß, kam ein neuer Stil, ein neuer Musiktyp, zur Herrschaft, der sich »pang-tsu« nannte, und unter Kaiser Yung-chêng (1723–1735) entstanden zwei weitere Opern-Singstile, die »erl-huang« und »hi-pi«. Diese beiden (neben vielen anderen) verschmolzen zur »king-tiao«, zur Residenz-Melodie, d. h. zum hauptstädtischen Opern-Singstil, nachdem sie in Peking zur großen Mode geworden waren, und bildeten das melodramatische chinesische Theater heraus, das man heute allgemein als *Chinesische National-Oper* zu bezeichnen pflegt. Die beiden Musikstile beherrschen noch heute das chinesische Theater, während der Pang-tsu-Stil an Einfluß verloren hat und nur noch in der Provinz gespielt wird.

Die Ts'ing-Dynastie ist in mancher Hinsicht zur letzten Höhe der chinesischen Musikgeschichte geworden: nicht nur durch die großzügige Wiederbelebung der altklassischen Hofmusik der K'ang-hi-Zeit (um 1700), in der zum letztenmal die großen klassischen Orchester erklangen; nicht nur durch die theoretischen Schriften (›Lü-lü-cheng-i‹), sondern vor allem durch die mutige Rekonstruktion der Musik unter Kaiser K'ien-lung (1736–1796), die, durch das Erscheinen der Fortsetzung des ›Lü-lü-cheng-i‹ (›Lü-lü-cheng-i hou-pien‹) gestützt, der Welt noch einmal einen matten, aber grandiosen Abglanz von der einstigen Größe der chinesischen Musik zu schenken vermochte.

Diese letzte kaiserliche Musik der Ts'ing-Dynastie wurde noch in diesem Jahrhundert in Peking in einer privaten musikgeschichtlichen Gesellschaft gepflegt und aufgrund eingehender Studien abermals restauriert. Während des 2. Weltkrieges waren bereits sechzehn Werke des alten Repertoires wieder aufführbar.

I. Geschichtlicher Abriß

1. Frühzeit

Koreanische Musik ist erstmals im ›San-kuo chih‹ (Geschichte der
Drei Königreiche) von Chen Shou (bis 297 n. Chr.) beschrieben.
Danach sollen in Mahan (Provinzen Ch'ung-ch'ŏng und Chŏlla)
Opfer nach dem Säen und dem Ernten dargebracht worden sein,
bei denen die Bauern Tag und Nacht sangen, tanzten und tranken.
Die gleiche Quelle erwähnt auch ein dem chinesischen »chu«
ähnliches einheimisches Saiteninstrument in der Gegend von
Pyŏnhan (Provinz Süd-Kyŏngsang). Dieses erste Musikinstrument scheint aber bereits vor dem 6. Jahrhundert nicht mehr
gespielt worden zu sein, als im südlichen Staate Kaya das
»kayago« (»kayagŭm«) erfunden wurde. Im Norden Koreas
finden sich Darstellungen von Musikern und Musikinstrumenten
auf den 357 n. Chr. datierten Fresken des Grabes Nr. 3 von An-ak
(Provinz Hwanghae), die bezeugen, daß chinesische Instrumente
der Han-Dynastie in der chinesischen Militärkolonie in Nordko-
rea bekannt waren. Chinesische Zeremonialmusik (»ku-ch'ui«)
fand offenbar ihren Weg bis an die Höfe der Drei Königreiche.

2. Die Zeit der Drei Königreiche (bis 668 n. Chr.)

Im *Königreich Koguryŏ* erfand Minister Wang San-ak in der
Mitte des 6. Jahrhunderts ein zitherähnliches Instrument, das
»kŏmungo«. Dieses basierte auf dem Modell einer aus China
überlieferten Zither, besaß 16 Bünde und 4 (später 6) Saiten, die
mit einem Holzstäbchen angeschlagen wurden. Dieses Instrument
ist abgebildet auf einer Wand des »Tanz-Grabes« in T'ung-kou
(Mandschurei). Koguryŏ scheint sehr unter dem *Einfluß zentralasiatischer Musik* gestanden zu haben. Dies ist bezeugt in der

›Geschichte der Sui-Dynastie‹, in der eine fünfsaitige Laute (»wu-hsien-ch'in«) und eine zylindrische Oboe (»p'iri«), beide aus Zentralasien stammend, erwähnt werden. Als weiterer Beweis dafür, daß zentralasiatische Musik bereits vor der Übernahme von T'ang-Musik allgemein verbreitet war, mag die Darstellung zentralasiatischer Maskenspiele als »koreanische Musik« in ›Hyang-ak chabyŏng osu‹ (Fünf Gedichte über koreanische Musik) von Ch'oe Ch'i-wŏn (857 n.Chr.) gelten. Die Musik im *Königreich Paekche* im Südwesten Koreas scheint sich anfänglich ähnlich wie die von Koguryŏ entwickelt zu haben. Erst nach der Einführung des Buddhismus am Ende des 4.Jahrhunderts in Koguryŏ aus Nordchina und in Paekche aus Südchina scheint sich ein deutlicher Unterschied herausgebildet zu haben. Paekche geriet in der Folge unter *südchinesischen Einfluß.* Im südlichen *Königreich Kaya* erfand in der ersten Hälfte des 6.Jahrhunderts König Kasil das Kayago, nachdem er aus China das »chêng« erhalten hatte, und befahl dem Musiker U Rŭk, Musik für das neue Instrument zu komponieren. Als wenig später Kaya durch das Königreich Silla zerstört wurde, kamen Musiker und Musikinstrumente nach Silla.

Der Einfluß koreanischer Musik auf Japan war bedeutend. Die Musik der Drei Königreiche wurde vermutlich bereits in der ersten Hälfte des 6.Jahrhunderts nach Japan gebracht, wo am Hof »koma-gaku« (japanisch für Musik aus Koguryŏ), »kudara-gaku« (japanisch für Musik aus Paekche) und »shiragi-gaku« (japanisch für Musik aus Silla) aufgeführt wurden. Lehrer aus allen drei Königreichen unterrichteten in Japan Musik und Tanz. Koguryŏ-Musik, bereichert durch die zentralasiatischen Instrumente, wurde auch in China am Sui-Hof und später am T'ang-Hof als eine der zahlreichen nationalen Musikgattungen gespielt.

3. Vereintes Silla (668–935)

Das größte Ereignis dieser Epoche war die Einführung der *T'ang-Musik* nach Korea, vermutlich im frühen 9.Jahrhundert. Von dieser Zeit an wird in Korea scharf zwischen koreanischer Musik (»hyang-ak«) und T'ang-Musik (»tang-ak«) unterschieden. Quellen über T'ang-Musik dieser Zeit sind spärlich. Heute ist sie sowohl in China als auch in Korea verschwunden und nur noch in Japan als »to-gaku« zu hören. *T'ang-Instrumente* wie die viersaitige »t'ang-p'ip'a«, die »t'ang-p'iri«, die Eisenplatten »fang-hsiang« und die Klapper »p'o-pan« kamen neu nach´Korea. Vermutlich wurde T'ang-Musik in einer höheren Tonlage als die ursprüngliche koreanische Musik gespielt. Koreanische *Musikinstrumente* dieser Zeit waren Kayago und die drei Flöten »taegŭm«, »chunggŭm« und »sogŭm«, das aus Koguryŏ übernommene Kŏmungo und die »pak« aus T'ang-China. Der Gebrauch der letzteren läßt auf einen ziemlich hohen Stand der Musik dieser Zeit schließen.

4. Koryŏ (918/936–1392)

Der erste König der Koryŏ-Dynastie, T'aejo, übernahm zwei Zeremonien aus der Silla-Zeit, die bis zum Ende der Dynastie aufgeführt wurden, das »p'algwan-hoe«, während dessen ein Priester für den Frieden des Landes betete, und die buddhistische Laternenzeremonie (»yŏndŭng-hoe«). Beide verbanden koreanische Musik und T'ang-Musik mit Tänzen und Akrobatenkünsten (»paek-hŭi«).

Das Jahr 1114 ist in den Annalen der Koryŏ-Dynastie von besonderer Bedeutung: in jenem Jahr sandte Kaiser Hui-tsung der Sung-Dynastie die Musikgattung »a-ak« (chinesisch »ta-ch'eng ya-yüeh«; siehe II. 3. und III. 1.) an König Yejong von Koryŏ. Zu den seltenen Musikinstrumenten, die damals nach Korea gelangten, gehören Klingsteinplatten (»shih fang-hsiang«), ein zweisaitiges Instrument (»shuang-hsien«) und die speziell in A-ak gespielten Instrumente wie die Flöte mit dem Mundstück »ch'ih«, die Panpfeife »hsiao« und die Okarina »hsün«. Für *A-ak* wurden ferner Bronzeglocken (»pien-chung«), Klingsteine (»pien-ch'ing«), ein trogähnliches Instrument (»chu«), die Tigersäge (»yü«) u. a. verwendet. Bis 1188 war A-ak mit der einheimischen koreanischen Musik gänzlich vermischt (»hyang-ak kyoju«) und wurde erst zu Beginn des 15. Jahrhunderts von späteren Zusätzen wieder gereinigt.

Wichtig in jener Zeit war auch die Einführung von *Sung-Musik*, die die T'ang-Musik in Korea allmählich verdrängte. Die chinesische Musik, die am Koryŏ-Hof aufgeführt wurde, war *Tz'u-Musik*, d. h. Musik gesetzt zu der poetischen Form »tz'u«, die aus unregelmäßigen Zeilen bestand. Die ›Geschichte von Koryŏ‹ enthält 41 solcher Gedichte. Berühmt unter diesen ist das ›Loyang-ch'un‹ (Frühling in Loyang) von Ou-yang Hsiu (1000–1072), ein aus zwei vierzeiligen Stanzen bestehendes Gedicht, dessen Musik in dem im 18. Jahrhundert entstandenen Musikbuch ›Sogak wŏnbo‹ aufgeschrieben steht. Die chinesische Tz'u-Musik kann syllabisch oder neumatisch genannt werden. Sie kennt weder ein Vor- noch ein Zwischenspiel.

Die koreanische Musik jener Zeit ist in den beiden Musikbüchern ›Taeak hubo‹ und ›Siyong hyangakpo‹ enthalten. Die dazu gehörigen koreanischen Gedichte sind in drei (z. B. ›Kasiri‹) oder fünf Zeilen (z. B. ›Ch'ongsan pyŏlgok‹) komponiert. Eine Zeile besteht aus einer unregelmäßigen Zahl von Silben. In der koreanischen Musik ertönt die Klapper zu Beginn einer Phrase, während sie in der chinesischen Musik das Ende einer Phrase bezeichnet. Der koreanische *Rhythmus* ist sehr viel unregelmäßiger als der chinesische. In der koreanischen Musik fällt ferner die Kadenz allmählich zum tiefsten Ton (eine Oktave unter dem Grundton) ab, während in der chinesischen Musik der letzte Ton lang angehalten wird. Die koreanische Musik hat, mit wenigen Ausnahmen, ein Vor- und Zwischenspiel.

An den königlichen Festgelagen wurden koreanische Musik und Tanz mit chinesischer Musik und Tanz abwechselnd aufgeführt.

5. Erste Hälfte der Yi-Dynastie (1392–1593)

Zu Beginn der Dynastie wurde noch hauptsächlich Koryŏ-Musik aufgeführt. Doch unter König Sejong (1419–1450) begann unter dem Einfluß des *Neo-Konfuzianismus* eine eigentliche Neubesinnung auf *A-ak*, die während der Koryŏ-Zeit stark von koreanischen Elementen durchsetzt worden war. Typische A-ak-Instrumente wie z.B. die Bronzeglocken, die Klingsteine, die Zithern »ch'in« und »se«, die Mundorgel »sheng« und die Panpfeife Hsiao, die bisher aus China eingeführt worden waren, wurden jetzt in Korea gebaut. A-ak selbst wurde auf ihre Echtheit geprüft und schließlich im Konfuzius-Tempel durch die Musik von Lin U, die in der ›Chronik König Sejongs‹ aufgezeichnet steht, ersetzt. Die unter Sejong gereinigte A-ak, die zeitweilig sogar am königlichen Hof anstelle der chinesischen Tz'u-Musik gespielt wurde, wird bis heute aufgeführt. Der Neo-Konfuzianismus trug jedoch nicht nur zur Wiederherstellung der A-ak bei, sondern änderte die Musikkonzeption als Ganzes: die Musik sollte nicht nur angenehm für die Ohren, sondern aufbauend für den Geist sein. So wurden die *Lieder* der Koryŏ-Zeit, die von Liebe sangen, neu durchgesehen. Ihre Musik wurde z.T. beibehalten, die Texte jedoch durch solche aus dem ›Shih-ching‹ ersetzt (z.B. ›Shui-lung-yin‹, ›Hsia-yun-feng‹ und ›I-ch'ui-hsiao‹) oder neu geschrieben (z.B. ›Manjŏn-ch'un‹). Oft wurde der koreanische Text durch einen chinesischen ersetzt und auch die Musik leicht abgeändert (z.B. ›Sanghwa-gok‹). Dazu kamen aber auch ganz neue Lieder. Nach der Erfindung des koreanischen Alphabets (1443) wurde das lange Gedicht ›Yongbi ŏch'ŏn-ga‹ (Fliegende Drachen herrschen über die Himmel) 1447 auf koreanisch gedruckt. Der Titel des Liedes versinnbildlicht einen zum Thron aufsteigenden König, der über die Welt regiert. Dieses Gedicht wurde zu zwei verschiedenen Melodien, die beide pentatonisch und in »p'yŏng-jo« (siehe II. 2.) waren, gesungen: die eine wurde »ch'ihwa-p'yŏng« (in 3 Sätzen), die andere »ch'wip'ung-hyŏng« (in einem Satz) genannt. Das gleiche Gedicht, ins Chinesische übersetzt und mit chinesischer Musik verbunden, ist als ›Yŏmillak‹ (Der König teilt seine Freuden mit dem Volk) noch heute als Orchesterstück bekannt, während die koreanischen Versionen in Vergessenheit geraten sind.

Ebenfalls z. Z. König Sejongs wurden zwei chinesische Lieder-zyklen geschaffen: ›Pot'aep'yŏng‹ (11 Lieder in P'yŏng-jo) preist die zivilen Taten der Yi-Könige, während ›Chŏngdaeŏp‹ (15 Lieder in »kyemŏn-jo« [siehe II. 2.]) ihre militärischen Erfolge besingt. Die Musik für diese Lieder wurde bereits bestehender koreanischer Musik oder Ku-ch'ui-Musik entnommen. Diese Zyklen wurden 1464 gekürzt und als Musik für den Tempel der königlichen Ahnen übernommen. Der Abschnitt ›Hŭi-mun‹ aus dem ›Pot'aep'yŏng‹ wird heute auch als Konzertstück aufgeführt.

Unter König Sejong wurde eine neue *Musiknotation* einge-führt. 1493 entstand der erste *Musiktraktat* ›Akhak kwebŏm‹, der Musiktheorie, die Anordnung der Orchestermusiker, Choreo-graphie, Musikinstrumente, Kostüme und Requisiten genau beschreibt. Diesem Buch, das mit reichen Abbildungen versehen ist, ist es zu verdanken, daß die alte Musik nach den verheerenden japanischen Einfällen Ende des 16. Jahrhunderts wieder rekon-struiert werden konnte.

6. Zweite Hälfte der Yi-Dynastie (1593–1910)

In der wiederhergestellten Hofmusik war das neue A-ak-Orche-ster viel kleiner als das frühere, und die beiden Orchester, von denen eines nur chinesische Musik, das andere nur koreanische Musik gespielt hatte, wurden zusammengelegt (»hyang-tang kyoju«). Die zwei noch bestehenden Stücke von Tz'u-Musik, ›Pu-hsü-tzu‹ und ›Loyang-ch'un‹, veränderten sich stark und glichen sich mehr koreanischer Musik an. Die koreanische Musik für den königlichen Ahnentempel wurde durch chinesische Musik ersetzt. Kŏmungo und Kayago wurden aus dem Orchester verbannt, und chinesische Instrumente wie die Bronzeglocken, die Klingsteine, Chu und Yü erlangten erneut Bedeutung. Die Musik selbst näherte sich dem *syllabischen chinesischen Stil*. Unter dem Einfluß des konfuzianischen Musikideals mußte die koreanische Hofmusik majestätisch und langsam sein. Ein Beispiel dafür ist das »chŏng-ŭp« (oder »suje-ch'ŏn«), dessen Charakter durch lang angehaltene Noten und eine subtile Dynamik geprägt ist. Außerhalb des Hofes war die koreanische Musik jedoch schnell und lebhaft. Der ursprünglich buddhistische Gesang ›Yongsan hoesang‹ wurde für Instrumentalbesetzung in 4 Sätzen umge-schrieben, die spätere Zusätze erhielten.

»Kagok« war die einzige Gattung, die ihre alte Form bewahrte. Im 19. Jahrhundert jedoch verlor sich der erste langsame Teil, weil er als altmodisch empfunden wurde, und etwas später sang man auch den mittleren Teil in gemäßigtem Tempo nicht mehr, so daß nur noch der letzte schnelle Teil bis heute gesungen wird. Diese schnellen letzten Teile vermischten sich oft mit Volksmusik zu unterhaltenden, humorvollen Liedern.

»Sijo«, das die Texte des Kagok übernahm, aber den melismatischen Stil aufgab, wurde hauptsächlich von den Gelehrten geschätzt. Die früheste Sijo-Musik ist in dem Werk für »yang-gŭm« von Yi Kyu-gyŏng, ›Kura ch'ŏlsa kŭmbo‹ (frühes 19. Jahrhundert), enthalten.

»P'ansori«, zuerst im ›Manhwajip‹ (1754) erwähnt, war bereits im frühen 18. Jahrhundert hauptsächlich in Südkorea verbreitet und wurde von Volksmusikern (»kwang-dae«) aufgeführt. Diese Art von *Volksopern* drücken menschliche Gefühle frei aus und sind voll ursprünglicher Dramatik. Eng verbunden mit diesem Stil ist die *Solomusik für Kayago* (»kayago sanjo«), die Kim Ch'ang-jo (etwa 1842–1897) zugeschrieben wird. Obschon der Aufbau mit langsamem, gemäßigtem und schnellem Teil dem klassischen Stil folgt, drückt die Musik durch keine Vorschriften unterdrückte Gefühle aus.

II. Aufbau der koreanischen Musik

1. Tonsystem

In enger Anlehnung an das chinesische Musiksystem basiert A-ak auf einer *Siebentonleiter*, die aus den Tönen *kung, sang, gak, pyŏn-ch'i, ch'i, u* und *pyŏn-kung* besteht, und Tang-ak auf einem *Sechstonsystem* aus den Tönen *kung, sang, gak, pyŏn-ch'i, ch'i* und *u*. Beide Leitern werden von der Quinte und Quarte hergeleitet, d. h. es entstehen die Haupttöne *kung, sang, gak, ch'i* und *u*, denen im ersten Fall zwei, im zweiten Fall ein Halbton (»pyŏn«) beigefügt werden. Beide Leitern können theoretisch über einem beliebigen Ton der ebenfalls aus China übernommenen chromatischen Zwölftonleiter, die als Tonvorrat, nicht aber für melodische Zwecke gebraucht wird, aufgebaut werden. Hyang-ak besteht aus dem Ton *kung* und vier höheren Tönen (*sang-il, sang-i, sang-sam, sang-sa*), die nicht den chinesischen Tönen entsprechen und deren Feststellung noch unklar ist. Die koreanische Musik ist grundsätzlich *pentatonisch* oder *tritonisch*. Ihre Stimmung stützt sich aber eher auf Praxis als auf Theorie.

2. Tonausschnitte

In der koreanischen Musik werden grundsätzlich zwei Tonausschnitte gebraucht. Der eine wird über einer Tonhöhe, die ungefähr *B* entspricht (*B, c, es, f, g*), aufgebaut und heißt dann P'yŏng-jo oder über *es* und heißt dann »u-jo«. Der andere (*B, des, es, f, as*; später *B, es, f, as*) wird Kyemyŏn-jo genannt und wird ebenfalls entweder über *B* oder *es* aufgebaut. Während Melodien in *P'yŏng-jo* Überlegenheit ausstrahlen und diejenigen in *U-jo* eher lebhaft und hochgestimmt sind, ist die Klangfarbe der Melodien in *Kyemyŏn-jo* pathetisch und klagend. P'yŏng-jo kann nach Kyemyŏn-jo »umgekehrt« werden, und auch der Übergang von Kyemyŏn-jo nach P'yŏng-jo ist gebräuchlich. Diese Übergänge erzeugen einen Kontrasteffekt.

3. Rhythmik

A-ak besteht aus gleichen Schlägen ohne bestimmte rhythmische Form. Tang-ak setzt für jede Silbe des Originaltextes einen Schlag; diese Schläge haben meistens den gleichen Zeitwert, außer dem letzten Schlag einer Phrase, der gelängt wird. Hyang-ak kennt den regelmäßigen Takt nicht, sondern braucht 20 Schläge in verschiedenen metrischen Formen. Typisch ist die Form 4, 2, 4, 4, 2, 4 (z.B. im ›Sogak wŏnbo‹). Diese 20 Schläge bilden eine Phrase (»ilgak«), die zur Grundeinheit der koreanischen Rhythmik wird. (Vor Beginn des 17. Jahrhunderts war hauptsächlich die Form 3, 2, 3, 3, 2, 3 [16 Schläge] gebräuchlich.) Wenn ein Schlag das Metronommaß 30 hat, würde man das rhythmische Muster kaum mehr heraushören, wenn die »changgo« nicht den Rhythmus angäbe. Ein Schlag auf das tiefgestimmte linke Trommelfell mit der Hand begleitet die Gesangssilbe, während leichte Schläge mit dem Schlegel auf das höher gestimmte rechte Trommelfell die Melodie unterstreichen. Ein Wirbel mit dem Schlegel zeigt das Ende einer rhythmischen Phrase an. (Ein gutes Beispiel hierfür ist das Sijo.) Die Volkslieder sind selten so langsam wie die klassischen Gesänge. Typisch für sie ist der Tripeltakt $^6/_8$ (»kutkŏri«), der in China und Japan selten ist. Wenn die Trommel den Tanz begleitet, wird der erste Schlag jedes $^6/_8$-Taktes deutlich geschlagen. In schnellem Tempo hören sich zwei $^6/_8$-Takte wie ein $^4/_4$-Takt an, dessen Schläge dreigeteilt sind. Bei Gesangsbegleitungen im $^3/_4$-Takt (»chung-mori«) werden 12 Schläge auf 4 Takte von je 3 Schlägen verteilt. Doch sind nur der erste Schlag des ersten Taktes und der dritte Schlag des dritten Taktes deutlich hörbar. Der reimlose Gesangstext ist aus sprachlichen Gründen (die koreanische Sprache kennt keine Präpositionen, sondern nur Postpositionen) meist trochäisch, d.h. einen Auftakt gibt es nicht. Der letzte Schlag wird nicht gelängt.

4. Grundzüge der koreanischen Musik

In der koreanischen Musik verbanden sich ursprünglich Liedtext und Musik zu einem Ganzen. Mit der Zeit gingen jedoch besonders in der Hofmusik die Liedtexte verloren, und die Musik wurde *reine Instrumentalmusik*. Abgesehen von Gattungen wie »sanjo« und »chŏng-ak« besteht deshalb kein grundsätzlicher Unterschied zwischen Vokal- und Instrumentalmusik. Daraus läßt sich erklären, daß die koreanische Musik (z.B. Kagok und Sijo) einen *strophischen Charakter* hat. Eine neue Strophe beginnt mit einer variierten Phrase (»hwandu«) und endet mit einer Wiederholung (»toduri«). »Kasa« und P'ansori hingegen kennen keine Strophen und sind in einem Stück komponiert, wobei die Einheit durch leicht erkennbare Abschlüsse hergestellt wird. Die koreanische Musik ist im allgemeinen *kontrastarm*, was auch in ihrem Aufbau deutlich in Erscheinung tritt: ein langsamer erster Teil wird von einem Teil in gemäßigtem Tempo abgelöst; ein rascher Teil beschließt das Stück. Die fallende »Kadenz«, die das Stück beendet, gibt den Eindruck eines abrupten Endes. Vor allem die klassische Musik wird in einem so langsamen Tempo gespielt, daß der Rhythmus kaum spürbar ist, die *Dynamik* und die *mikrotonischen Schattierungen* jedoch deutlich heraustreten. Der Ausdruck irgendwelcher Emotionen wird streng vermieden, wodurch der Eindruck unpersönlicher Distanzierung entsteht. Eine weitere Eigenart der koreanischen Musik ist das Fehlen eines harmonischen Systems. Die einzelnen Instrumental- und Vokalstimmen entfalten sich in *Heterophonie*, besonders im »taep'yŏng-ga« des Kagok und in der Tanzmusik (»sinawi«).

5. Notenschrift

Eine *mensurale Notenschrift* wurde in der Regierungszeit König Sejongs zum erstenmal ausgearbeitet. 5 vertikale Kolonnen wurden in 16 Quadrate eingeteilt, d.h. pro Schlag ein Quadrat. Von rechts nach links bezeichnete je eine Kolonne die Stimme des Saiteninstruments, des Blasinstruments, der Changgo, der Klapper und des Sängers. Eine weitere Entwicklung hat die Notenschrift unter König Sejo (1456–1468) erfahren. Die 16 Quadrate wurden in 6 Gruppen von 3, 2, 3, 3, 2 und 3 Quadraten unterteilt. Obschon der Zeitwert der einzelnen Noten durch die Quadrate zum Ausdruck kommt, fehlt eine Angabe für das Tempo. Außerdem gibt es Gedächtnishilfen für das Spiel verschiedener Instrumente, z.B. eine *Tabulaturnotenschrift* für das Kŏmungo und eine Art *neumatische Notierung* für Kagok.

III. Gattungen der koreanischen Musik

1. Hofmusik

Ein allgemeiner Begriff, der die ganze höfische Musik, die sakrale sowie die säkulare, umfaßt, ist A-ak, »elegante, raffinierte Musik«, ein Begriff, den bereits Konfuzius zur Bezeichnung der aus der Chou-Zeit überlieferten »reinen« Musik brauchte im Gegensatz zur »unreinen« zeitgenössischen Musik. Als Oberbegriff bezeichnet er sowohl die aus China stammende nicht-sakrale Musik (Tang-ak) als auch die einheimische klassische Musik (Hyang-ak).

a. Opfermusik

A-ak wurde ursprünglich bei der Opfermusik (»cherye-ak«) u. a. bei folgenden Gelegenheiten gespielt: bei den Opferzeremonien für den Himmelsgott (»hwan'gudan-je«) und für den Erdgott und den Getreidegott (»sajik-che«), bei den Opfern für die königlichen Ahnen (»chongmyo chehyang«) und für Konfuzius (»sök-chön-je«). A-ak ist heute nur noch in den alljährlichen Opferfeiern für Konfuzius zu hören. Die Musik wird von zwei Orchestern gespielt, das eine ist auf der Terrasse vor der Halle aufgestellt (»tüngga«), das andere in einiger Entfernung auf ebener Erde (»hön'ga«). Die Zusammensetzung der beiden Orchester ist nicht ganz gleich; das Terrassenorchester nimmt einen der 6 »yin«-Töne, das Bodenorchester einen der 6 »yang«-Töne als Grundton. Die beiden Orchester spielen immer abwechselnd, nie zusammen. Zu den merkwürdigsten Instrumenten für A-ak gehören die Glocken, die Metallplatten und die Klingsteine, ferner verschiedene Trommeln, die Idiophone »ŏ« (chinesisch Yü) und »ch'uk« (chinesisch Chu). Die schlichte, unverzierte Ritualmusik, die in sehr langsamem Tempo gespielt wird, setzt pro Silbe einen Schlag. 8 Takte, die je 4 Silben enthalten, bilden eine Phrase. 3 Trommelschläge auf der 4. Silbe bezeichnen das Ende eines Taktes.

b. Bankettmusik

Bankettmusik (»yöllye-ak«) wurde bei verschiedenen Hofzeremonien aufgeführt. Wenn der König die Festhalle betrat, wurden Melodien wie ›Yŏmillak‹ (Der König teilt seine Freuden mit dem Volk) oder ›Sŏngsu mugangchigok‹ (Eines Erhabenen Leben ist ohne Grenzen) gespielt. Während er die vierfachen Verbeugungen seiner Minister entgegennahm, erklang ›Nagyangch'un‹ (Frühling von Nagyang [chinesisch Loyang]). So begleitete Musik jede seiner Handlungen bis zum Ende der Zeremonie. Neben der Musik wurden auch Tänze aufgeführt. Die gespielte Musik war hauptsächlich Tang-ak und Hyang-ak. Für die erstere sind die Instrumente Tang-pip'a und Tang-chŏk, für Hyang-ak Kŏmungo, Kayagŭm und Pip'a sowie Taegŭm und P'iri typisch. Trommeln fehlen natürlich in beiden Arten nicht. Heute sind Tang-ak und Hyang-ak miteinander vermischt. Hyang-ak beginnt mit einem Zusammenspiel von P'iri, Taegŭm, »haegŭm«, »ajaeng«, Changgo und »chwago«, wobei Ajaeng und Haegŭm das Melodiegerüst, P'iri die Melodie und Taegŭm die Figuration spielen. Während P'iri und die Trommeln aussetzen, spielen die Saiteninstrumente und Taegŭm allein weiter. Nach einem Übergang (»yŏnŭm«) beginnt wieder eine neue Phrase mit allen Instrumenten.

c. Militärmusik

Militärmusik (»kun-ak«) wurde hauptsächlich in königlichen Prozessionen außerhalb der Stadtmauern, zur Öffnung und Schließung der Kasernentore u. a. aufgeführt. Die Musikanten waren in 2 Gruppen aufgeteilt. Die an der Spitze des Umzugs bestand aus »taep'yŏngso«, »nabal«, »sora«, »chabara« oder »tongbal«, »ching« und »yonggo«. Die hintere Gruppe, die klanglich eine sanftere Musik spielte, setzte sich aus P'iri, Taegŭm, Haegŭm, Changgo und runder Trommel zusammen.

2. Volksmusik

a. Instrumentalmusik

Chŏng-ak (Orchester- und Kammermusik) wurde hauptsächlich als Vergnügen von Gelehrten gespielt und basiert auf dem ›Yongsan hoesang‹, einem buddhistischen Gesang, der ursprünglich von Tanz begleitet war. Mit der Zeit verlor sich der Gesangstext, und die Musik wurde zur reinen Instrumentalmusik. Das Kammerorchester setzt sich aus Kŏmungo, Yanggŭm, Haegŭm, Taegŭm, einer kleineren Form des Taep'yŏngso und Changgo zusammen.

Muyong-ak (Tanzmusik), auch »samhyŏn« genannt, gliedert sich in 3 Teile. Der erste langsame und bedächtige Teil (»yŏmbul«), in dem zu 6 Schlägen 2 Tanzschritte gemacht werden, wird von einem rhythmisch lebhafteren Teil im $^{12}/_8$-Takt (»t'aryŏng«), zu dem 4 schnelle Schritte pro Takt gehören, abgelöst, und ein ziemlich schneller Teil in $^6/_8$ mit je 2 ausholenden Schritten beschließt den Tanz. Relativ wenige Melodien werden ständig wiederholt, wobei allerdings die Heterophonie immer komplizierter wird. Die dazu gespielten Instrumente sind die gleichen wie die der zweiten Gruppe der Militärmusik.

Sanjo (Solo-Instrumentalimprovisation) wird von professionellen Musikern auf Kayagŭm oder Taegŭm gespielt zur Begleitung der Changgo. Die 3 Teile, deren Tempo und Dynamik sich gegen das Ende langsam steigern, geben dem Musiker die Gelegenheit, seine Virtuosität zu zeigen.

Lebhaftigkeit, Ursprünglichkeit und Spontaneität zeichnen die *Bauernmusik* (»nong-ak«) aus, die hauptsächlich z.Z. der Reisumpflanzung und -ernte gespielt wird. Die meist in einem Dreiertakt gehaltene Musik wird von Schlaginstrumenten, zu denen sich ab und zu Taep'yŏngso gesellt, gespielt.

b. Vokalmusik

Kagok, ein langes, lyrisches Gedicht, das heute nicht mehr oft aufgeführt wird, setzt sich aus 26 Stücken, die wie Variationen nacheinander gesungen werden, zusammen. 11 sind in U-jo, 13 in Kyemyŏn-jo, während 2 von U-jo nach Kyemyŏn-jo modulieren. Kagok, in dem sich Musik aufs engste mit dem Gedicht verbindet, wird von weiblichen oder männlichen Berufssängern vorgetragen zur Begleitung des Kŏmungo, Yanggŭm, »sep'iri«, Taegŭm und Changgo. Eine komplette Aufführung dauert viele Stunden.

Kasa (erzählendes Lied), ein dem Kagok ähnliches, mit Kopfstimme gesungenes klassisches Lied, ist entweder durchkomponiert oder wiederholt sich in Refrains, wobei die Sprache eine besondere Rolle spielt. Der Rhythmus ist meist in 6 Schlägen, und das Tempo ist sehr langsam. Taegŭm und Changgo, oft nur die letztere, begleiten.

Ähnlich dem Kagok ist das *Sijo*, ein kurzes, lyrisches Gedicht, das weniger verziert und nur von Changgo begleitet wird. Es zeichnet sich durch die Intensität der lang angehaltenen Töne aus.

Die opernartigen Stücke von *P'ansori* (episch-erzählende Volksoper), die sehr oft in Kyemyŏn-jo gehalten sind, werden von einem Berufssänger, der einen Fächer in der Hand hält, zur Begleitung der Changgo, vorgetragen. Seine Erzählung, sein Gesang, seine Gestik verflechten sich zu einem dramatischen Ganzen. Naive Tonmalerei, die das Publikum zum Lachen oder Weinen bringen soll, wird reichlich verwendet. Das Wort bestimmt weitgehend den Rhythmus. Von den ursprünglich 12 Stücken sind heute nur noch 5 erhalten, von denen ›Ch'unhyang-jŏn‹ (Die Geschichte der Ch'unhyang) die beliebteste ist.

Die *Volkslieder* (»minyo«), die sich durch den Tripeltakt und das Fehlen von Strophen auszeichnen, spiegeln deutlich die sprachlichen Eigenheiten der verschiedenen Landesgegenden wider. Daher bestehen oft vom gleichen Lied verschiedene Versionen. In vielen dieser Lieder übernimmt ein Vorsänger die Führung und improvisiert eine Solomelodie, zu der ein Chor einen Refrain, der fast ausschließlich aus bedeutungslosen Silben besteht, singt. Meistens bilden 4 Takte eine Phrase.

Das im 8.Jahrhundert aus Indien eingeführte »pŏmp'ae«,

buddhistische Vokalmusik, gelangte wohl während der Koryŏ-Zeit, als der Buddhismus in Blüte stand, zu besonderer Entfaltung. Bis zum Ende der Yi-Dynastie gesungen, ist die Musik dieser Gattung heute fast gänzlich verschwunden, und nur die chinesischen Texte und die Reihenfolge der Aufführungen sind noch erhalten. Die Musik, die kein rhythmisches Muster hatte, war melismatisch und von »t'aejing« (Gong) und »mokt'ak« (einer Art hölzerner Glocke) begleitet.

IV. Musikinstrumente

Hier nicht berücksichtigt werden die zur chinesischen A-ak gehörenden Instrumente, die Idiophone P'yŏn-chong (chinesisch Pien-chung; Glocken), »p'yŏn-gyŏng« (chinesisch Pien-ch'ing; Klingsteine), »pang-hyang« (chinesisch Fang-hsiang; Eisenplatten), Ŏ (chinesisch Yü; Tigersäge), Ch'uk (chinesisch Chu; Holzstampfer) und »pu« (chinesisch »fou«; Schlagtopf), mehrere Membranophone, die zitherähnlichen Chordophone »kŭm« (chinesisch Ch'in) und »sŭl« (chinesisch Se) und die Aerophone »hun« (chinesisch Hsün; Okarina), »chi« (chinesisch Ch'ih; Flöte) und »saeng« (chinesisch Sheng; Mundorgel). Traditionsgemäß werden die Musikinstrumente nach Art ihres Baumaterials in acht Kategorien eingeteilt: Metall, Stein, Seide, Bambus, Kürbis, Ton, Leder und Holz.

1. Idiophone

Die Klapper Pak, bestehend aus 6 länglichen Holzplatten, an einem Ende mit einer Hirschlederschnur in der Art eines geschlossenen Fächers zusammengehalten, wird für die rhythmische Akzentuierung sowohl chinesischer als auch koreanischer Musik gebraucht. Die unterste Platte wird von der linken Hand gehalten, während die übrigen 5 Platten mit der rechten Hand geöffnet und energisch mit der untersten zusammengeschlagen werden. Zur Eröffnung eines Musikstücks wird die Klapper einmal, zum Schluß dreimal rasch zusammengeschlagen.

Tongbal oder Chabara, leicht konkave Messingbecken, kommen in vielen verschiedenen Größen vor. Die schwersten und größten werden hauptsächlich in buddhistischen Zeremonien gebraucht, während die kleinsten, die wie Kastagnetten gehalten werden, ein beliebtes Tanzinstrument sind. Chabara gehörte auch zur Militärmusik.

2. Membranophone

Die einem Stundenglas gleichende Changgo hat 2 Trommelfelle. Das linke ist dick und wird mit der linken Handfläche angeschlagen. Seine Tonhöhe kann nicht verändert werden. Die rechte Seite ist mit einem dünneren Trommelfell bespannt, das mit einem schlanken Schlegel angeschlagen wird und dessen Tonhöhe mittels Schnüren variiert werden kann. Die Changgo ist schon auf Wandbildern der Koguryŏ-Zeit nachweisbar und wohl eines der ältesten Musikinstrumente Koreas. Sie wird für chinesische und für koreanische Musik, für klassische Musik sowie für Volksmusik, gebraucht. Um den Toneffekt zu erhöhen, wird sie in bäuerlicher Musik mit 2 Schlegeln angeschlagen.

Die Chwago, eine große, an einem Ständer befestigte Trommel, verstärkt hauptsächlich die Changgo, und zwar, wie bereits Bilder aus dem 18. Jahrhundert zeigen, zur Tanzbegleitung.

Die Yonggo wird so um die Schultern gehängt, daß die Fellseite von oben mit 2 Schlegeln angeschlagen werden kann. Früher hauptsächlich in der Militärmusik beliebt, ist sie heute noch das wichtigste Instrument zur Begleitung des P'ansori. Die linke Handfläche schlägt das Trommelfell, während ein Schlegel in der rechten Hand auf die hölzerne Trommeleinfassung schlägt.

3. Chordophone

Kŏmungo, auch »hyŏngŭm« genannt, ein zitherähnliches Instrument, wurde angeblich von Wang San-ak erstmals gebaut. 6 Saiten sind über einen länglichen Resonanzkörper gespannt, und zwar so, daß die zweite, dritte und vierte Saite über 16 stegartige Bünde gespannt sind, während der Rest über beweglichen, vogelfußförmigen Stegen liegt. Die Stimmung ist *Es, B,B,B,B,B'*. Die erste Saite schwingt frei mit, während die Melodie ausschließlich auf der zweiten und dritten Saite gespielt wird. Die weiteren Saiten werden nur am Ende eines Stückes hintereinander angerissen. Ein stäbchenartiges Holzplektron, das zwischen dem Zeige- und Mittelfinger der rechten Hand gehalten wird, reißt die Saiten über einem Lederstück, das ganz rechts über den Resonanzkörper geklebt ist, an. Der Ringfinger der linken Hand drückt beim vierten Bund auf die zweite Saite und der Mittelfinger auf die dritte Saite. Werden diese Saiten horizontal vom Spieler weggedrückt, erhöht sich ihr Ton, und ein Vibrato entsteht. Ursprünglich nur für koreanische Kammermusik und zur Begleitung des Kagok gespielt, wurde es später auch für chinesische Musik gebraucht.

Das wohl im 6. Jahrhundert im südlichen Königreich Kaya erfundene, zitherähnliche Instrument Kayago, auch Kayagŭm genannt, ist zweifellos das populärste koreanische Saiteninstrument. 12 Saiten sind über den länglichen Resonanzkörper gespannt und liegen auf 12 beweglichen Stegen auf. Die Stimmung der Saiten, die für die Volksmusik und Sanjo gebraucht wird (es gibt auch eine für klassische Stücke), ist *Es, As, B, es, f, as, b, c′, es′, f′, as′, b′.* Der Zeigefinger, Mittelfinger und Ringfinger der linken Hand pressen die Saiten hinunter, wodurch ein Vibrato und Mikrotöne entstehen. Der Zeige- oder Mittelfinger der rechten Hand, gestützt vom Daumen, schlägt mit dem Nagel gegen die Saiten. Diese werden gelegentlich auch gezupft. Obschon Kayagŭm für die koreanische Kammermusik und zur Begleitung des klassischen lyrischen Gesangs gebraucht wird, wird es auch oft in der Volksmusik gespielt.

Die heute nicht mehr gespielte Mondlaute »wŏlgŭm« kann bereits auf Koguryŏ-Wandgemälden nachgewiesen werden. 4 Saiten waren von einem runden Resonanzkörper über einen langen Hals auf 4 Wirbel gezogen. Die Stimmung war die gleiche wie die koreanische Stimmung der Tang-pip'a.

Tang-pip'a, eine ursprünglich nur für chinesische Musik, seit dem Ende des 15. Jahrhunderts auch für koreanische Musik gebrauchte viersaitige Laute, hat einen nach hinten geknickten Hals und einen eher flachen Resonanzkörper mit 2 kleinen Resonanzlöchern. Spielte man chinesische Musik, wurden 4 breite, konvexe Bünde auf dem Fingerbrett, für koreanische Musik noch 12 zusätzliche Bünde auf dem Resonanzkörper benötigt. Für chinesische Musik brauchte man ein hölzernes Plektron, für koreanische Musik die bloßen Finger. Je nach Art der gespielten Musik war die Stimmung verschieden. Heute wird sie nicht mehr gespielt.

Die seit der Silla-Zeit bekannte koreanische Laute Hyangpip'a hat einen geraden Hals und 5 Saiten, die über 10 Bünde gespannt waren. Sie wurde mit einem Holzstäbchen angeschlagen, wird aber schon seit dem 15. Jahrhundert nicht mehr gespielt.

Die aus einem kleinen zylinderförmigen Resonanzkörper und einem langen Hals bestehende Geige Haegŭm wird auf das linke Knie aufgestützt. Der mit Pferdehaar bespannte Bogen wird zwischen den 2 Saiten, die eine Quinte auseinander liegen, hindurchgezogen. Die Geige gehört nicht zu den Instrumenten, die aus China nach Korea kamen, doch ist bekannt, daß sie bereits im 13. Jahrhundert zusammen mit Kŏmungo und Kayagŭm gespielt wurde. Das Instrument wird sowohl für chinesische als auch für koreanische Musik gebraucht und fehlt vor allem in keinem Tanzorchester.

Die siebensaitige Zither Ajaeng, die nicht wie z. B. das Kayagŭm auf die Knie, sondern auf ein kleines Holzgestell aufgestützt wird, wird mit einem haarlosen, mit Harz eingeriebeen Bogen aus Forsythienholz angestrichen. Dieses ursprünglich aus China eingeführte Instrument wurde später auch für koreanische Musik gespielt.

Die »westliche Zither« Yanggŭm (ein hackbrettartiges Instrument) soll am Ende des 16. Jahrhunderts von Matteo Ricci nach China und von dort von Hong Tae-yong (1731–1783) nach Korea gebracht worden sein. 14 vierfache Messingsaiten sind so über und unter 2 Messingstegen durchgezogen, daß sie abwechselnd zuerst über den ersten Steg und unter dem zweiten Steg durchlaufen oder umgekehrt. Die Saiten werden mit einem Bambusstäbchen angeschlagen. Yanggŭm ist vor allem im ›Yongsanhoesang‹ wichtig und ist auch Teil des Begleitorchesters für Kagok geworden.

4. Aerophone

Die große Querflöte Taegŭm ist mit rund 75 cm Länge die längste Flöte. Sie hat ein Blasloch, ein Loch, das mit einer Membran überdeckt ist, 6 Fingerlöcher und 5 offene Löcher am unteren Ende. Wird die Flöte, die wie eine Querflöte gehalten wird, angeblasen, vibriert die Membran und bringt im Diskant einen etwas schrillen Ton hervor. Der Abstand zwischen den Fingerlöchern ist gleich. Halbtöne werden durch verstärktes Blasen oder durch nur halbes Schließen der Löcher erzielt. Sind alle Löcher geschlossen, entsteht der Ton B, der innerhalb eines Orchesters zum Stimmen der Instrumente dient. Die Taegŭm wurde zusammen mit ihren zwei kleineren Versionen Chunggŭm (mittlere Querflöte) und Sogŭm (kleine Querflöte) bereits z. Z. der Drei Königreiche geblasen und später sowohl für koreanische als auch für chinesische Musik gebraucht. Chunggŭm und Sogŭm werden heute nicht mehr gespielt.

»Tanso« ist eine kleine, gerade gehaltene und direkt angeblasene Flöte mit 4 Fingerlöchern an der Vorderseite und einem Loch an der Rückseite; sie kam vermutlich erst im 17. Jahrhundert in den allgemeinen Gebrauch. Sie wird nur in koreanischer Musik, hauptsächlich in Kammermusik gespielt und erfreut sich im Zusammenspiel mit Mundorgel (Saeng) und Yanggŭm großer Beliebtheit.

Unter den 3 Oboenarten P'iri, die aus Bambus gefertigt sind, 8 Fingerlöcher (davon eines auf der Rückseite) und ein Mundstück aus einem doppelten Rohrblatt haben, ist die Tang-p'iri (chinesische P'iri) dicker und kürzer als die Hyang-p'iri (koreanische P'iri). Tang-p'iri, die, wenn alle Löcher geschlossen sind, ein c hervorbringt, wird ausschließlich für chinesische Musik gebraucht. Auf der Hyang-p'iri hingegen, deren tiefster Ton As ist, spielt man koreanische Musik. Vor allem bei Tanzmusik bläst sie die Hauptmelodie. Die weich tönende Se-p'iri (kleine Oboe) wird zur Begleitung der Saiteninstrumente in der Kammermusik gespielt.

Die konische Oboe Taep'yŏngso besitzt ebenfalls ein Doppelrohrblatt. Ihr Blaskörper, der 7 vordere und ein hinteres Loch hat, endet in einem Messingschallbecher. Sie hat einen durchdringenden Ton und wird deshalb meistens im Freien geblasen. Im 15. Jahrhundert von China eingeführt, wurde sie Bestandteil der Militärkapellen. Heute fehlt sie kaum in bäuerlichen Musikgruppen.

I. Vor- und Frühgeschichte

Das aus mehreren rassischen Komponenten entstandene Volk der Japaner zeigt bereits in frühgeschichtlicher Zeit die Begabung zu Gesang und Tanz. Mythen und Lieder der ältesten Zeit fanden Aufnahme in die ersten Schriftdokumente der japanischen Geschichte, das ›Kojiki‹ (Aufzeichnungen alter Begebenheiten) von 712 und das ›Nihongi‹ oder ›Nihonshoki‹ (Japanische Annalen) von 720. Die meisten der etwa 250 Liedertexte aus diesen Werken sind, wie aus Aufbau und Vortragsbezeichnung geschlossen werden darf, gesungen worden. Eine musikalische Überlieferung hat sich jedoch nicht erhalten. Das Bild der *altjapanischen Musiktradition*, soweit es in diesen ältesten Schriftwerken sichtbar wird, trägt bereits die Züge einer großen Kulturrezeption der kontinentalen Spitzenleistungen. Die verwendeten Ausdrücke und Namen, an das chinesische Schriftbild gefesselt, treffen daher nicht immer den ursprünglichen Zustand, wenn auch die alten Instrumentenbezeichnungen großenteils bestehen geblieben zu sein scheinen. Rückschlüsse aus den literarischen Quellen und Vergleiche mit den ältesten überlieferten Instrumenten ergeben folgendes Bild. In frühgeschichtlicher Zeit existierte mit Sicherheit eine *Flöte* (»ama-no-toribuë« oder »ama-no-iwabuë«), die zur späteren »yamatobuë« wurde und, im Laufe ihrer technischen Fortentwicklung, schließlich als »kagurabuë« (Kagura-Flöte) bezeichnet wird. Diese Kagurabuë, noch heute im Gebrauch, dient ausschließlich zur Begleitung der »kagura«, der musikalisch-tänzerischen Zeremonien an shintôistischen Heiligtümern. Sie ist (heute) eine Bambusquerflöte mit sechs Grifflöchern und einer Tonreihe (*d, e, fis, g, a, c*), die bereits den Einfluß kontinentaler Theorien sichtbar werden läßt. Archäologische Funde, die auf das Vorhandensein früher Bambusflöten schließen lassen, sind bislang nicht gemacht worden; dagegen wurde eine »tamabuë«, eine Kugelflöte aus Stein, in wenigen Exemplaren ausgegraben. Sie besitzt nur ein Loch und bringt beim Anblasen einen schrillen Ton hervor. Da diese Kugelflöte nur in den Korea gegenüberliegenden Landstrichen, die einst von koreanisch-tungusischen Siedlern bewohnt waren, gefunden wurde, ist ein Zusammenhang mit ähnlichen, aus koreanischen Hügelgräbern geborgenen Kugelflöten wahrscheinlich. Eine Verwandtschaft mit den chinesischen, aus Ton gefertigten »hün« mag dahingestellt bleiben. Für *Schlaginstrumente* verwenden die alten Schriftdokumente das chinesische Ideogramm für Trommel, das im Japanischen »tsuzumi« gelesen wird. Unter Tsuzumi versteht man mit Tierhäuten bespannte Schlaginstrumente, die indes in frühgeschichtlicher Zeit in Japan unbekannt waren. Tsuzumi ist also eine in späterer Zeit eingeführte Bezeichnung nichtjapanischen Ursprungs. Als Schlagwerkzeuge existierten vermutlich Schlitztrommeln aus Holz, wie sie noch heute als »mokugyo« (Holzfisch) in buddhistischen Klöstern benutzt werden, sowie mörserähnliche Instrumente in der Art der koreanischen, aus Ton verfertigten Klangschalen, die mit einem aufgespaltenen Bambusstab angeschlagen werden, oder in der der auf den Marshall-Inseln gebräuchlichen, aus dem Holz des Brotbaumes hergestellten Trommeln, die unter dem Namen »aje« bekannt sind. Ferner gebrauchte man *Schellen* (»suzu«), zunächst aus Ton, später aus Kupfer; sie wurden zahlreich ausgegraben und finden auch heute noch im shintôistischen Zeremonialbereich als Überbleibsel Verwendung, etwa beim »sambasô«-Tanz im ältesten Nô-Spiel ›Okina‹, oder bei den Tänzen der »miko«, der Schreintänzerinnen, die Stöcke halten, an denen zahlreiche Schellen befestigt sind. Ob auch die vielfach ausgegrabenen Glocken aus Bronze (»taku«) japanischen Ursprungs sind, ist noch ungeklärt. Hisao Tanabe hält sie für altjapanisch, da sie von den aus China eingeführten Glocken, die mit einem Klöppel versehen gewesen seien, abweichen. An *Saiteninstrumenten* wird ein als »koto« bezeichnetes Instrument erwähnt, über dessen ursprüngliche Gestalt jedoch keine Klarheit zu gewinnen ist. Einerseits soll es aus Schiffsplanken verfertigt worden sein (Brettzither?), andererseits aus einer Haselgerte (Musikbogen?) oder aus Bambus (Halbröhrenzither?). Als »ame-no-norigoto« wird es bezeichnet, wenn es die Herrschenden zur Zwiesprache mit den Göttern benutzten. Da die Miko der Shintô-Schreine bei ihren Tänzen noch heute einen Bogen tragen, dessen ursprüngliche Bedeutung in Vergessenheit geriet, ist es nicht ausgeschlossen, daß das Koto einst ein Musikbogen gewesen ist, dessen zarter Klang die Götter des Shintô-Kultes zu Orakeln veranlaßte.

Das Koto der Nara-Zeit (8. Jahrhundert) ist eine sechssaitige *Zither*, die als »yamatogoto« oder auch als »wagon« bezeichnet wird. Es ist zweifellos ein uraltes Instrument, das jedoch in seinen ältesten bekannten Exemplaren deutliche Einflüsse des koreanischen »shiragigoto« oder auch des koreanischen »genkin« aufweist. Die sechs verschiebbaren hohen Stege und das Spiel mit dem »kotosaki«, einem Plektron aus Wasserbüffelhorn, sind weniger eigenartig als die Stimmung des Instruments:

Sie deutet auf Zusammenhänge mit der Musik der Ainu, der nach Norden abgedrängten Urbevölkerung der japanischen Inseln, hin. Die Ainu stimmen ihre fünfsaitige Zither »tonkori« in ähnlicher Weise:

Das *Tonsystem*, das sich aus der Yamatogoto- oder Wagon-Stimmung ergibt, bezeichnet H. Tanabe

als das urjapanische Tonsystem, das keine ausländischen Einflüsse erkennen lasse. *Tänze* werden in den alten Schriftdenkmälern allenthalben erwähnt, angefangen vom lasziven Tanz der Göttin Ama-no-uzume vor der Felsenhöhle, in welcher sich die Sonnengöttin zornig verborgen hielt, bis zu Tänzen der Kaiser und ihrer Gemahlinnen bei allerlei feierlichen oder geselligen Gelegenheiten, ja bis zu den ausgelassenen Festen der »utagaki« oder »kagai«, der sogenannten Liederhecken, bei denen sich das Volk beiderlei Geschlechts in Tanz und improvisiertem Liebeslieder-Wettstreit ungehemmt zusammenfand. Vorbilder für diese Reihentänze finden sich zahlreich auf Formosa und den Ryûkyû-Inseln. Ein anderer Zweig frühester Tanzkunst sind die Stocktänze, die sich noch heute auf Okinawa, aber auch in Okadamura auf Izu-Oshima (am Hachiman-Schrein) und in Kishû-Wakanoura (am Wakamiya-Schrein) als Reste erhalten haben. Sie gehen zurück auf die Stocktänze der Südsee (Palau, Yap), die einst mit dem großen Strom unbekannter Einwanderer die japanischen Inseln erreichten. Außer diesen gab es zahlreiche Arten von Tänzen, deren Namen aus den Annalen überliefert sind, die jedoch in ihrer äußeren Gestalt untergingen. Während der ersten nachchristlichen Jahrhunderte gab es auf den Inseln noch Stämme verschiedener rassischer Herkunft. Neben den schon legendären Kumaso sind es z. B. die noch bis ins 9. Jahrhundert deutlich nachweisbaren Hayato, über deren tänzerische und musikalische Darbietungen bei Hofe berichtet wird. Man darf daher sagen, daß die musikalische Kultur bis zur Herausbildung tragender Stützpunkte (kaiserlicher Hof; buddhistische Tempel; shintôistische Heiligtümer) nicht einheitlich gestaltet war, daß vielmehr die verschiedenen Stämme und Regionen eigene musikalische Überlieferungen besaßen, die teilweise in das spätere Repertoire der nationaljapanischen Musik Eingang gefunden haben.

Beim Übergang vom Altertum zum frühen Mittelalter drang die als »sankangaku«, als *Musik der Drei Koreanischen Reiche*, bekannte und bereits hochentwickelte Instrumentalmusik mit Tänzen in Japan ein. Zum Tode des Kaisers Ingyô (453 n. Chr.) entsandte der König des koreanischen Staates Silla (japanisch Shiragi) ein Orchester von achtzig Musikern, das zu den Beisetzungsfeierlichkeiten musizierte. Dies ist die älteste Nachricht über koreanische Musik auf japanischem Boden. Danach schweigen die Quellen etwa hundert Jahre, während derer jedoch koreanische Musik in Japan gepflegt wurde; denn als Kaiser Kimmei im Jahre 554 von dem koreanischen Staat Paekche (japanisch Kudara) die Entsendung von Musikmeistern erbat, trafen vier koreanische Musiker, deren Namen überliefert sind, in Japan ein, um, wie es heißt, andere Musiker abzulösen. Auch zu dem Staate Koguryŏ (japanisch Koma) ergaben sich, wenn auch erst etwas später, musikalische Beziehungen. Die Sankangaku (Musik der Drei Reiche) bestand also aus den Gattungen der »shiragigaku«, der »kudaragaku« und der »komagaku«. Die dabei vorwiegend benutzten Instrumente sind Shiragigoto (Zither), »ôteki« (Bambusquerflöte), »kugo« (Harfe) und »makumo«, eine Bezeichnung, die auf ein heute völlig unbekanntes Blasinstrument hinzudeuten scheint.

II. Suiko- und Nara-Zeit (7./8. Jahrhundert)

Seit etwa 600, unter der Herrschaft der Kaiserin Suiko und des Prinzregenten Shôtoku-Taishi, des Förderers und Wegbereiters des Buddhismus in Japan (offizielles Einführungsdatum 552), wurde die *Sankangaku* besonders gepflegt. Als 612 der Tänzer Mimashi aus Kudara in Japan einwanderte, um in kaiserlichem Auftrag die von ihm eingeführte »gigaku« zu unterrichten, war ein erster Höhepunkt erreicht, der auf die Entwicklung späterer musikbegleiteter Tanzformen einen nachhaltigen Einfluß ausübte. Die *Gigaku* waren Maskentänze, die von Flöten und Trommeln begleitet wurden. Aus den 164 allein in Shôsôin, dem kaiserlichen Schatzhaus in Nara, überlieferten Masken darf man auf eine stark entwickelte und ausdrucksvolle Tanzkunst schließen, die in vielem indochinesische, zentralasiatische und wohl auch noch hellenistische Züge trug. Diese von Mimashi eingeführten Tänze oder Tanzspiele, die an den buddhistischen Tempeln aufgeführt wurden, sind mit hoher Wahrscheinlichkeit den »po-hsi«, den Hundert Spielen, gleichzusetzen, die um 612 im China der Sui-Dynastie in höchster Blüte standen. Gegen die später eindringenden Tanzformen der chinesischen T'ang-Kultur konnten sich die Gigaku auf die Dauer nicht halten; sie gingen in ihrer ursprünglichen Form zugrunde. Die letzte Beschreibung einer Gigaku-Aufführung ist dem Tänzer Koma Chikazane zu verdanken, der sie 1233 in seinem Traktat ›Kyôkunshô‹ aus verschollener Quelle darzustellen bemüht war. Gegen Ende des 7. Jahrhunderts wurde die Sankangaku nicht nur an den buddhistischen Tempeln, sondern auch bei Hofe als Bankettmusik großen Stils aufgeführt, die 661 noch durch die als eine kurze Episode in der japanischen Musikgeschichte auftretende »toragaku«, die Musik von Tora (nach der Korea vorgelagerten Insel Tora oder Tonra; das heutige Saishû oder Quelpart), bereichert wird. Die *Toragaku* scheint vornehmlich aus musikbegleiteten Tanzspielen unterhaltsamer Art bestanden zu haben. Mit der seit der Mitte des 7. Jahrhunderts einsetzenden Aufnahme diplomatischer und kultureller Beziehungen zum China der T'ang-Dynastie beginnen die Meisterleistungen der größten Musikkultur des asiatischen Kontinents nach Japan vorzudringen. Die kontinentale Musik (gefördert durch ausländische Meister, durch die Entsendung japanischer Künstler nach China, durch den lebhaften Verkehr zwischen dem bewunderten Musterstaat der T'ang und dem jungfräulich aufgeschlossenen Kulturboden Japans) wurde jedoch nicht planlos übernommen. Die fremdländische Musik erhielt sogleich ihren festen Platz im Rahmen einer höfischen Organisation. 702 wurde unter Kaiser Mommu (regierte 697–707) das »gagakuryô« eingerichtet, das Amt für die kaiserliche Hofmusik, aus dessen personeller Veränderungen wichtige Schlüsse über die Stellung und Bedeutung der einheimischen und der kontinentalen Musik gezogen werden können. Das *Gagakuryô* war im Jahre 702 folgendermaßen besetzt. *Japanische Musik*: 4 Liedmeister, 30 Sänger, 100 Sängerinnen; 4 Tanzmeister, 100 Tänzer; 2 Flötenmeister, 6 Flötenschüler, 8 Flötenmacher; insgesamt 254 Personen. *Sankangaku*: 4 Meister der Koma-Musik, 20 Schüler; 4 Meister der Kudara-Musik, 20 Schüler; 4 Meister der Shiragi-Musik, 20 Schüler; insgesamt 72 Personen. *Tôgaku* (d. i. die chinesische Musik der T'ang): 12 Meister der T'ang-Musik mit 60 Schülern; insgesamt 72 Personen.

Dreißig Jahre nach der Gründung des Gagakuryô (731) wurde eine Neubesetzung mitgeteilt, aus der die inzwischen erfolgte Verschiebung der Kräfteverhältnisse deutlich hervorgeht. Das Musikamt bestand jetzt aus 39 Musikern für die »daitôgaku«, die Musik der Großen T'ang-Dynastie; für die Musik aus Kudara werden 26, für die Musik aus Koma 8 und für die Musik aus

Shiragi 4 Musiker erwähnt, für die Sankangaku insgesamt also 38 Musiker. Hinzu treten als einmalige Kuriosität 62 Musiker auf Tora sowie 28 Tänzer für die Tanzspiele der fremdstämmigen Bevölkerungsteile auf der Insel Kyûshû.

736 wanderte der indische Priester Bodhisena in Japan ein; er wurde begleitet von einem historisch nicht mit Sicherheit fixierbaren Annamiten Buttetsu, dem die Einführung der *Acht Musikwerke aus Rinyû* (»rinyû-hachi-gaku«) zugeschrieben wird. Unter Rinyû ist Linyi, das heutige Annam, zu verstehen. Sicher ist, daß durch die Einwanderung der Inder die buddhistische Liturgie entwickelt und gefördert wurde. Die sehr problematische Rinyû-Musik besteht aus Werken, die im Zuge der Rezeption der T'ang-Musik übernommen wurden. Es handelt sich um prominente Tanzwerke, die z. T. indischer (d. h. auch zentralasiatischer) Provenienz waren, aber bereits in China einen neuen Aufführungsstil erhalten hatten. Eine besondere Art Musik mit Tänzen fand durch die diplomatischen Beziehungen mit dem Reich Pohai (japanisch Bokkai) Aufnahme. Diese »bokkaigaku«, *Musik aus Po-hai,* die niemals durch besondere Lehrmeister gepflegt worden zu sein scheint, war in der Aufführungspraxis der Sankangaku ähnlich, zeichnete sich jedoch durch auch heute noch erkennbare folkloristische Elemente mandschurischer und tungusischer Herkunft aus. Neben solchen Aufführungen der Sankangaku, Bokkaigaku, Rinyûgaku und Tôgaku, die aus dem Zusammenspiel größerer Instrumentalgruppen bestanden, gab es jedoch musikalische und tänzerische Aufführungen in kleiner Besetzung und im kleinen Kreise, wie sie etwa aus den Buchmalereien des ›Kako-genzai-ingwa-kyô‹ (Sutra über die Verflechtungen von Vergangenheit und Gegenwart) um 740 bekannt sind. Hielten sich Sankangaku und Tôgaku zu Beginn des 8. Jahrhunderts noch die Waage, so gewann bereits um die Mitte dieses Jahrhunderts bei Gelegenheit der international gefeierten Einweihung der Riesen-Buddhastatue von Nara (752) die T'ang-Musik durch die Aufführung glanzvoller »bugaku« (Tänze mit Begleitung von Orchestermusik) das Übergewicht.

III. Heian-Zeit (9.–12. Jahrhundert)

Mit der Verlegung der kaiserlichen Residenz von Nara nach Heian-kyô (dem heutigen Kyôto) im Jahre 794 begann eine grundlegende Wandlung in der japanischen Musikgeschichte, die mit dem Erwachen eines kulturellen und nationalen Selbstbewußtseins, der Perfektion höchst verfeinerter Lebensformen und

298

der Beherrschung der übernommenen, immer stärker assimilierten Kulturgüter zusammenhing.

Die Besetzung des Gagakuryô von 809 ergibt, trotz der im Zuge staatlicher Sparmaßnahmen erfolgten Einschränkung des Lehrkörpers, folgendes Bild: Tôgaku (T'ang-Musik): 12 Meister, 2 Querflötenmeister; Rinyûgaku (sogenannte indische Musik): 2 Meister; insgesamt 16 Meister. Komagaku: 4, Kudaragaku: 4, Shiragigaku: 2; insgesamt 10 Meister. Toragaku: 2 und Gigaku: 2 Meister. Die von den Meistern der Sankangaku im Jahre 809 unterrichteten Instrumente waren in der Koma- und Kudaragaku: Querflöte, Kugo (die ursprünglich iranische Harfe sassanidischer Herkunft, chinesisch »k'ung-hou«) und Makumo; in der Shiragigaku: Koto (Shiragigoto); in der Toragaku: Trommel. Das bedeutete das Ende der alten Sankangaku, die seit dem 5. Jahrhundert eine so entscheidende Rolle auf japanischem Boden gespielt hatte.

Unter den musikliebenden Kaisern Saga und Nimmyô, deren Regierungen die Jahre 810 bis 850 umfassen, begann, was die Japaner als die »Reform des Musiksystems« bezeichnen. Diese Reform bestand in der Schaffung eines *genormten Orchesters*, das allen musikalischen Ansprüchen genügte. Instrumente früherer Zeit, die unvollkommen waren oder deren Spieltechnik nicht mehr einwandfrei beherrscht wurde, fielen der Reform zum Opfer (etwa die Saiteninstrumente Shiragigoto, Kugo; die Blasinstrumente Makumo, die größere der beiden Oboen »hichiriki« u. a.). Mit einer drastischen Kürzung der Zahl der zur Ausbildung zugelassenen Musikschüler von 134 auf 35 für die alten nationaljapanischen Musik- und Tanzformen, von 60 auf 36 für chinesische Musik und von 60 auf 29 für die Reste der koreanischen Musik begann im Jahre 848 die Umstellung auf ein kaiserliches Musikbeamtentum und die Pflege nunmehr feststehender Formen und Traditionen durch berühmte Musikersippen, die noch heute existieren und denen die Gegenwart die Erhaltung ältester Musik- und Tanzformen einer orientalischen Hochkultur verdankt. Neben das Musikamt Gagakuryô, das jetzt ausschließlich der Pflege der assimilierten Musik des Kontinents und der in diesem Stil entstandenen japanischen Neuschöpfungen diente, trat das »ôutadokoro«, das Amt für altjapanische Lied- und Tanzkunst, das erstmalig 850 erwähnt wird, aber schon um 810 entstanden sein dürfte. Ferner wurden jetzt die ursprünglich in der Aufführungsart abweichenden Stile der Tôgaku (T'ang-Musik) und Rinyûgaku (Musik aus Linyi) einander angeglichen und in der Art der Tôgaku gespielt. Die Reste der Sankangaku (sechs auch noch heute bekannte Tanzwerke) wurden restauriert und mit Resten der Gigaku und den überlieferten Werken der Bokkaigaku (Musik aus Po-hai) zur *Komagaku* zusammengeschlossen, die nun nichts mehr mit der alten Sankangaku gemein hatte und der nun auch südostasiatische und zentralasiatische Musikwerke zugewiesen wurden. Die Gesamtbezeichnung für diese höfische, klassisch gewordene Musik der Heian-Zeit war »gagaku« (d.h. elegante, vornehme Musik). Sie wurde in drei Gruppen eingeteilt: 1. die altjapanische Lied- und Tanzkunst, 2. die eingeführte oder neukomponierte Orchestermusik, 3. die neue Vokalmusik. 1. *Die altjapanische Lied- und Tanzkunst* wurde in mancherlei Hinsicht dem neuen Aufführungsstil angepaßt. Dazu gehörten die Kagura (shintôistische Zeremonialmusik), »azuma-asobi« (Lieder und Tänze der Ostprovinzen), der »gosechi-no-mai« (Frauentanz bei festlichen Anlässen im kaiserlichen Palast) u.a. Tänze, die von Instrumental- oder Vokalmusik begleitet wurden. Die begleitenden Instrumente waren: die Kagura-Flöte, die »komabuë« (koreanische Flöte) und die Zither Yamatogoto oder Wagon. Die aus China übernommene Doppelrohrblattoboe Hichiriki wurde seit der Mitte des 8. Jahrhunderts ebenfalls zur Begleitung altjapanischer Lied- und Tanzformen benutzt. 2. *Die Orchestermusik* war entweder aus China, Indien, Korea, Po-hai u.a. Gebieten Asiens eingeführt oder in demselben Stil in Japan neu komponiert worden. 3. *Die instrumental begleitete, neue japanische Vokalmusik* umfaßte die Liedformen der »eikyoku« (»saibara«, »rôei« und »imayô«). Die Orchestermusik der Gruppe 2 wurde als »kangengaku« bezeichnet; als Begleitmusik zu den meist dazugehörigen Tänzen hieß sie »bugaku«. Diese Musik zerfiel in die Gruppen der *Alten Musik* (»kogaku«) und *Neuen Musik* (»shingaku«). Zur Alten Musik wurden die Werke indischer oder mutmaßlich indischer Herkunft ebenso gerechnet wie die vor dem Beginn der T'ang-Dynastie (618–906) entstandenen Schöpfungen. Zur Neuen Musik gehörten die in der T'ang-Zeit geschaffenen Werke chinesischer Provenienz, die aus Koma (Korea) und Bokkai (Po-hai) überlieferten Kompositionen und schließlich die in Japan neu verfaßten Musik- oder Tanzwerke. Nach dem Tode des Kaisers Nimmyô († 850) trat die Einteilung der Alten und Neuen Musik in *Linksmusik* (»sahô-no-gaku«) und *Rechtsmusik* (»uhô-no-gaku«) etwa ab 877 in Erscheinung. Diese Einteilung hatte ihren Ursprung wohl in der Aufstellung der Musikzelte (»gakuya«) links und rechts der Tanzbühne (»butai«), wobei im linken Zelt die Musiker der Tôgaku, im rechten diejenigen der Komagaku musizierten. Zur Linksmusik rechnete man die T'ang-Musik (Tôgaku), die aus Indien stammenden Werke der Rinyûgaku und die in diesem Stil in Japan neu geschaffenen Werke. Sie wurden unter der Bezeichnung Tôgaku zusammengefaßt. Zur Rechtsmusik gehörten die aus Korea (Koma) und Po-hai (Bokkai) eingeführten oder die in diesem Stil in Japan neu geschaffenen Werke.

Sie wurden unter dem Namen Komagaku zusammengefaßt. Das Orchester der Linksmusik (Tôgaku) benutzte die Instrumente: Ôteki, auch »ryûteki« genannt (Querflöte); Hichiriki (Doppelrohrblattoboe); »shô« (Mundorgel); »gakubiwa« (große viersaitige Laute westasiatischen Ursprungs); »sô-no-koto« (13saitige Wölbbrettzither; beide Saiteninstrumente werden mit Plektren angerissen); ferner »taiko« (große, im Rahmen aufgehängte Pauke); »shôko« (aufgehängter Bronzegong, stets mit harten Schlegeln gespielt) und »kakko« (zylindrische Trommel, von beiden Seiten mit Schlegeln bedient). Das Orchester der Rechtsmusik benutzte die Instrumente: Komabuë (koreanische Querflöte), Hichiriki, Taiko, Shôko, »san-no-tsuzumi« (koreanische Sanduhrtrommel »dritter Größe«). Bei der Aufführung von Tanzwerken (Bugaku) fielen bei der Tôgaku die Saiteninstrumente fort. Die Rolle der Instrumente innerhalb des *Gagaku-Orchesters* kann wie folgt charakterisiert werden: melodieführendes Instrument war die Hichiriki, melodieumspielendes Instrument die Ôteki oder Ryûteki; das Shô bot eine mehrstimmige Akkordstütze und vermittelte den eigenartig sphärischen Klang, der die Tôgaku auszeichnet. Die Blasinstrumente konnten mehrfach besetzt werden. »Biwa« und Sô-no-koto skandierten in arpeggierenden Figuren den rhythmischen Ablauf der Melodie, während die Taiko mit der Shôko den Bau der Taktgruppen kennzeichnete, die von der beweglichen Kakko zusammengehalten wurden. Die nach verschiedenen Taktschemata aufteilbaren Taktgruppen der »hyôshi« waren das formal tragende Gerüst der Musikwerke.

Bei der Komagaku entfiel das Shô; die Kakko wurde durch die San-no-tsuzumi ersetzt, die einem gänzlich anderen Rhythmus gehorchte. Die Saiteninstrumente fielen fort. Ferner wurden für die höfische Musik Gagaku sechs *Tonarten* (aus dem Zwölf-Halbtonsystem) ausgewählt, die seither Gültigkeit besitzen und unter dem Namen »gagaku-no-roku-chôshi« (die sechs Tonarten der Gagaku) bekannt sind. Sie wurden in Anlehnung an die chinesische Musiktheorie in die beiden Tongeschlechter »ryo« und »ritsu« unterteilt (siehe Notenbeispiel 4). Die drei Koma-Tonarten, »koma-ichikotsuchô«, »koma-sôjô« und »koma-hyôjô«, basieren ebenfalls auf diesem Prinzip.

Das einst gewaltige, aber auch heute noch etwa fünfzig aufführbare Werke umfassende Repertoire der *Bugaku* zerfällt (in Anlehnung an die Einteilung der Orchestermusik in Links- und Rechtsmusik) in Linkstänze (»sa-no-mai«) und Rechtstänze (»u-no-mai«). Da bei den Aufführungen in der Regel ein Linkstanz und ein Rechtstanz zusammengehören, spricht man von *Paartänzen* (»tsugai-mai«), deren Kombination traditionell festgelegt ist. Rot und Grün sind die Grundfarben in den

Gewändern der Tänzer für die Links- und für die Rechtstänze. Es sind die Farben, die einst dem Fünften und Sechsten Rang der höfischen Beamten entsprachen. Es entstehen jetzt auch die Arrangements von Tänzen in der Form ein-, zwei- oder dreisätziger Werke (»jo« = Einleitung; »ha« = aufgebrochener Rhythmus; »kyû« = schnell) und demgemäß die klassische Einteilung des Repertoires in Groß-, Mittel- oder Kleinwerke. Diese Einteilungen sind noch heute unverändert gültig. Die Bugaku, z. T. mit Masken getanzt, bewahrt auch heute in deutlich erkennbarer Form die auf dem Kontinent untergegangene und vergessene Musikkultur des 7. und 8. Jahrhunderts in japanischem Gewande.

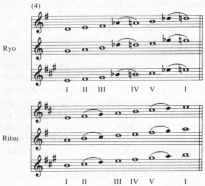

Das 9. Jahrhundert kann daher als die Zeit der *Japanisierung* des übernommenen Musikgutes bezeichnet werden. 895 wurden die diplomatischen und kulturellen Beziehungen zu T'ang abgebrochen. Der offiziellen Übertragung von Musikstücken war damit für lange Zeit der Boden entzogen, und die Bewunderung der chinesischen Tradition ließ nach. Aus dieser Zeit sind die ersten großen Musikerpersönlichkeiten nach Namen und Werken bekannt: Kaiser Nimmyô (810–850), Ôbe-no-Kiyogami, Owari-no-Hamanushi (733–848), Wanibe-no-Ôtamaro (798–865), Staatsrat Yoshimine Yasuyo (785–830), Minister Minamoto Makoto (810–868) u. a. Sie alle haben an der Einschmelzung der kontinentalen Musik in japanische Formen und in die japanische Gefühlswelt mitgewirkt, bis im 10. Jahrhundert das größte musikalische Genie der Heian-Zeit, der Hofmarschall der Kaiserin, Minamoto Hiromasa, auch Hakuga-no-Sammi (d. h. Hiromasa im Dritten Hofrang; 918–980) genannt, den neuen, unabhängigen japanischen *Instrumentalstil* schuf. Neben zahlreichen historischen Berichten ist mit Sicherheit nur ein einziges einsätziges Werk (›Chôkeishi‹) von Hakuga nachzuweisen, in dem der

eigenwillige Ausdruck einer rein japanischen Diktion und der elegante Schwung eines die Technik völlig beherrschenden, unbeschwert schreibenden Meisters zutage tritt. Mit Hakuga war die höfische Instrumentalmusik Japans selbständig geworden. Das 9. und 10.Jahrhundert waren auch entscheidend für die Entwicklung der japanischen *Vokalmusik*, die hier ihre endgültige Gestalt und die verbindlichen Formen ihres Aufführungsstils erhielt. Die 37 bis heute überlieferten und in Tonschrift aufgezeichneten Gesänge der Kagura gehen in ihrer jetzigen musikalischen Gestalt auf das Wirken des Ôno Shizemaro († 886) zurück, den Ahn der Musikersippe der Ôno, die noch heute existiert. Die Saibara, Volkslieder, die dem höfischen Vortragsstil mit Instrumentalbegleitung angepaßt wurden, eroberten sich eine bedeutenden Platz im intimen Musikleben des Hofes. Von ihrem einst beträchtlichen Repertoire sind indes'nur sechs Lieder musikalisch überliefert. Von den Rôei, den von Ôteki, Hichiriki (und Shô) begleiteten gesungenen Rezitationen lyrischer Gedichte, die sich weit über die Heian-Zeit hinaus gehalten haben, ist nur zu 14 Gesängen die Musik erhalten. Alle diese Formen, zu denen um die Wende des 10. zum 11.Jahrhundert noch die aus den buddhistischen Hymnen »wasan« und aus Volksmusikgut entstandenen Gesänge der Imayô traten, werden mit dem Sammelnamen Eikyoku bezeichnet. Vortragsstil und Aufführungsart verdankten sie Minamoto Masanobu (920–993) und Fujiwara Toshiie (1019–1082).

Das 11. Jahrhundert war die Epoche der nun völlig ausgereiften Instrumental- und Vokalmusik, die alle Ereignisse des höfischen Lebens begleitete und umrahmte. Aber schon das 12.Jahrhundert brachte mit den Anzeichen des anbrechenden Feudalismus eine Spaltung. Neben den klassischen Formen der höfischen Musik Gagaku, die über alle politischen Veränderungen der japanischen Geschichte hinweg ihren Fortbestand immer wieder zu sichern vermochten, entstanden unter dem Namen »zôgei« (Vermischte Künste) die *Chansons mit Tänzen*, die auch von den Höflingen begeistert aufgenommen wurden. Zu diesen zählte man auch die »shirabyôshi«, die von Berufstänzerinnen zum Gesang der Imayô getanzt wurden. Flöten, Tsuzumi (Handtrommel) und »dobyôshi« (kleine Bronzebecken), die dabei benutzt wurden, entstammen den Resten der einstigen Gigaku. Ein solches Instrumentarium nannte man »hayashi«. Es blieb für immer mit den tänzerisch-musikalischen Formen des Theaterspiels verbunden. Unter buddhistischem Einfluß begannen sich bereits in der Heian-Zeit musikalische Formen und Gepflogenheiten zu entwickeln, die mit dem Durchbruch des feudalen Rittertums in den Vordergrund traten und, seit etwa 1200, eine neue Epoche der japanischen Musikgeschichte einleiteten. Die aristokratische Gagaku verlor an Bedeutung; die neuen politischen Herren, die landhungrige Ritterschaft, standen der formalistischen Orchestermusik mit ihrem im höfischen Zeremoniell verankerten konventionellen Ablauf fremd gegenüber.

IV. Kamakura-Zeit bis zum Ende des Shôgunates der Ashikaga (13. Jahrhundert bis 1573)

Das 13., 14. und 15. Jahrhundert waren gekennzeichnet durch die Ausbildung neuartiger Notationssysteme für die gesungenen Formen der *buddhistischen Liturgie*, durch eine mit der Entwicklung der Kamakura-Sekten heraufgeführte Einwirkung des Chorals auf die breiten Volksmassen und die Übernahme liturgischer Rezitations- und Gesangselemente in die melodramatischen, tänzerischen und theatralischen Kunstgattungen, die sich außerhalb der Mauern des Kaiserpalastes und abseits des sich immer mehr auflockernden Lebensstiles des Hofadels herausgebildet hatten. »Bombai« hieß die psalmodierende oder gesungene Rezitation kanonischer Texte, die einst von Indien nach China kam und dort seit dem 2. Jahrhundert n. Chr. tradiert wurde, um später vorwiegend von Priestern soghdischer und zentralasiatischer Herkunft (Turfan, Kutscha) verbreitet zu werden. Einige dieser Melodien wurden noch während der T'ang-Zeit gesungen; drei davon entstammen einer Sammlung des Chih Sheng (japanisch Chishô) von 730 und haben sich bis zur Gegenwart in Japan gehalten. Seit dem Aufkommen der scholastischen Sekten Shingon und Tendai hat sich für die gesungene Rezitation die Bezeichnung »shômyô« durchgesetzt. Der Mönch Kakui erfand dafür zwischen 1264 und 1275 eine Notenschrift, die in der Liturgie der Shingon-Sekte mit wenigen Abweichungen noch heute gebräuchlich ist und die, in ein System von drei Oktavschichten geteilt, die Töne der pentatonischen Leiter durch breite Striche in jeweils verschiedener Lage deutlich fixiert.

Ryônin (1073–1132) schuf für die Liturgie der Tendai-Sekte eine Notation, die neumenartig die Melodik der Stimme »ins Auge« springen läßt und die daher die Bezeichnung »meyasuhakase« erhielt. Beide Systeme wurden im 13. Jahrhundert kombiniert und sind noch heute in den Hochschulen beider Sekten in Gebrauch. Diese kombinierte *Notenschrift* der Tendai-Sekte wurde von fast allen anderen buddhistischen Sekten mit nur wenigen Änderungen übernommen. Ihre vereinheitlichende Wirkung auf die Gestaltung der musikalischen Produktion und den Vortrag gesungener Formen war ihr entscheidender Beitrag für etwa 300 Jahre. Neben einer ausgedehnten musikalischen Hymnendichtung entwickelten sich die »kôshiki«, Dichtungen, die in eigens dafür geschaffenen Feierstunden gesungen vorgetragen wurden und die Gläubigen in tiefer Andacht zusammenschlossen. Diese *Hymnen* und die *Kôshiki* (etwa Lobpreisungszeremonien) weisen nun in ihrer musikalischen Diktion bereits die hervorstechendsten Merkmale des Shômyô-Gesangs auf, die nur wenig später in den gesungenen Formen profaner Dichtung wieder auftraten: das leichte Umspielen eines Rezitationstons mit Lektionsformeln, die Anwendung gelenkter Melismatik innerhalb fester Melodietypen mit ihren auffallenden Quart- und Doppelquartsprüngen oder die Verwendung von Wechselgesängen zwischen Solostimmen und Chor.

In den »enkyoku« (wörtlich Bankettlieder), die unbegleitet gesungen wurden (erst im 14. Jahrhundert trat die Bambus-Blockflöte »shakuhachi« hin und wieder dazu), lag eine klare Beeinflussung durch die liturgischen Gesangsformeln des Tendai-Shômyô vor, die auf höfische Rudimente aus der Gesangspraxis der Rôei aufgepfropft wurden; aber auch die melodramatischen Rezitationen epischer Werke richteten ihre Formeln am liturgischen Vortrag aus. So sangen etwa die »biwa-hôshi« (wörtlich Lauten-Priester) zur Begleitung einer eigens dafür gebauten fünfstegigen Biwa, der »heike-biwa«, das gewaltige Epos ›Heike-Monogatari‹ (Lied vom Untergang der Taira-Sippe; um 1250) in der Art priesterlicher Rezitation der Kôshiki-Texte und trugen damit die Kenntnis fester melodischer Formeln in die breite Masse. Die Rezitation dieser umfangreichen Dichtung wird noch heute von einigen wenigen Meistern beherrscht.

Auch in der Gestaltung des *priesterlichen Theaterspiels*, in den »ennen-no-mai« (Tänze zur Verlängerung des Daseins), die, eine Art Revue alter und neuer instrumentaler, tänzerischer und gesungener Formen, auch Elemente der »jushi-sarugaku«, der Riten buddhistischer magischer Beschwörung, aufnahmen, erwies sich der Vortrag von Dialog und Chorgesang im Stile liturgischer Gepflogenheiten als vorteilhaft. Hier begegnet zuerst die Bühne mit der späterhin so wichtigen »Brücke«, dem Auftrittssteg, hier erscheinen auch die gesprochenen und gesungenen Dialoge der »tsurane« und »fûryû«, kleiner dramatischer Kurzstücke. Alle diese theatralischen Elemente finden sich auch in den »dengaku« und den »sarugaku«, volkstümlichen Sing- und Tanzspielen, die um die Mitte des 14. Jahrhunderts bereits zu ernsten musikalisch-dramatischen Kunstgattungen emporgewachsen waren und sich um jene Zeit nicht mehr wesentlich voneinander unterschieden. Neben diesen Formen existierten noch andere, die allenthalben bekannt waren und die ihre Hauptbestandteile an die alles an sich reißenden dramatischen Singspiele abgeben mußten. Nach heftigen ästhetischen Kämpfen setzte sich das Sarugaku-Spiel durch und erhielt nun, gefördert durch die Shôgune Yoshimitsu und Yoshimasa aus dem Hause der Ashikaga, seine feste Gestalt durch die größten Meister der Zeit, den Tänzer und Shintô-Priester Kwanami Kiyotsugu (1333–1384) und seinen Sohn, den Tänzer, Dichter und Kunstphilosophen Seami Motokiyo (1363–1444). Man bezeichnete das Spiel jetzt als »sarugaku-no-nô«, in neuerer Zeit einfach als Nô oder Nô-Spiel. Es besteht aus Rezitativen und Wechselgesängen zwischen (in der Regel) zwei Hauptschauspielern und einem Chor, der um 1420 als fester Bestandteil eingeführt wurde. Das *Nô-Spiel* ist ein lyrisches Chordrama, in dessen Mittelpunkt ein symbolhafter, stilisierter jeder Realistik barer Tanz als kultisches Kraftzentrum steht. Die musikalische Gestaltung der Nô-Spiele (die Melodik der gesungenen Partien entstammt den Kôshiki, den Hymnen »raisan« und den liturgischen Choralformen des Shômyô) erschöpft sich in neun gesungenen Tonformeln, die in allen Stücken gleich sind und die, von langen Rezitativen unterbrochen, immer wiederkehren. Der Rhythmus der Texte (12 Silben in der Anordnung 7 + 5) wird als »kusari« (Kette) bezeichnet und geht in einem musikalischen Taktschema von acht Akzenten auf, dem sogenannten »yabyôshi« (Achtertakt). Das begleitende Instrumentarium (Hayashi) enthält keine Melodieinstrumente; denn auch die Flöte »nôkwan« spielt nur einige wenige vorgeschriebene Tonfloskeln; hinzu treten eine größere und eine kleinere Sanduhrtrommel (»ô-tsuzumi« oder »ôkawa« und »ko-tsuzumi«) und eine Faßtrommel (Taiko); diese wird mit Holzschlegeln bedient. Die Instrumente skandieren den Gesang, diktieren den Tanz, schaffen Klangzauber und kultisch geladene Atmosphäre. Ihre Töne werden in Tabulaturen notiert. Zur Notation der gesungenen Partien genügen 34 neumenartige Zeichen. Es handelt sich um eine typische Notation für Vokalmusik mit feststehenden, dem Sänger bekannten Melodieformeln.

Das Nô-Spiel ist, gewachsen auf den ästhetischen Prinzipien des esoterischen *Zen-Buddhismus*, zum sublimsten Ausdruck japanischer Kultur geworden und galt bis tief in das 17. Jahrhundert hinein als die bevorzugte Kunst der Bushi, der Ritter. Es hat seine ursprüngliche Gestalt, ohne wesentliche Änderungen erfahren zu haben, bis auf die Gegenwart behalten und wird heute von den fünf klassischen Schulen (Kwanze, Hôshô, Komparu, Kongô, Kita) sowie einer in neuester Zeit abgespaltenen sechsten Schule (Umewaka) gepflegt.

V. Vom Ende der Ashikaga-Zeit bis zum Ende des Tokugawa-Shôgunates (1573–1868)

Zwei unscheinbar anmutende musikalische Ereignisse begleiteten die kriegerischen Auseinandersetzungen, die 1603 zur Gründung des friedlichen Shôgunates der Tokugawa führten, die Einführung des »shamisen« (dreisaitige Langhalsgitarre) und die Umgestaltung des höfischen Sô-no-koto zum modernen Koto. Lagen in der Einführung des Shamisen schon die Keime zur Entwicklung der musikalisch-dramatischen Großformen der Tokugawa-Zeit, so ermöglichte das neue Koto die Entstehung einer volkstümlichen und selbständigen *Koto-Musik*, wie sie heute bis zu höchster Virtuosität gesteigert in Japan blüht.

Die im südlichen China mit Schlangenhaut bespannte Form des *Shamisen* kam um 1390 auf die Ryûkyû-Inseln. In der Ära Eiroku (1558–1570) tauchte das Instrument zum ersten Male in Sakai bei Ôsaka auf. Seine Handhabung war unbekannt. Die Biwa-Rhapsoden spielten es mit ihrem Plektron, dem die Schlangenhautbespannung nicht standhielt. So ging man zur Bespannung mit Katzenhaut über, die noch heute allgemein üblich ist. Die ältesten, noch bekannten Kompositionen für Shamisen nannte man in Erinnerung an die Herkunft des Instruments »ryûkyû-kumi« (Ryúkyû-Suiten). Sie stellen indes keine Musik von den Ryûkyû-Inseln, sondern rein japanische Schöpfungen dar, die der fast legendäre erste Meister des Instruments, Ishimura-Kengyô (um 1580), in Anlehnung an die »kumi-uta« der »tsukushi-ryû-sôkyoku« (Liedersuiten der Alt-Kyûshûer Koto-Schule) komponierte. Das Instrument kam damals einem weiten Bedürfnis entgegen; es wurde von zahlreichen Musikern übernommen, die, der Mode ihrer Zeit folgend, ihre »ko-uta« (Kleine Lieder) und auch Volkslieder damit begleiteten. Torazawa-Kengyô, ein Schüler des Ishimura, komponierte bereits zahlreiche, bekannt gewordene Kumi-uta (Liedersuiten mit Shamisen-Begleitung), die als »honte-no-kumi« (etwa Urformsuiten) bezeichnet werden. Um die Mitte des 17. Jahrhunderts brach der aus Ôsaka stammende Meister Yanagawa-Kengyô, ein Schüler des Torazawa, mit allen bisherigen Traditionen und komponierte die unter dem Namen »hade-no-kumi« (etwa moderne Suiten) bekannten Liedersuiten mit Shamisen-Begleitung. Diese Honte- und Hade-no-kumi sind die älteste, historisch greifbare national-japanische Shamisen-Musik. Auf Yanagawa folgten der blinde Meister Sayama, Asazuma, Ichikawa u. a., auf die die später zu voller Ausbildung gelangten Formen der »ji-uta« zurückgehen. Unter Ji-uta versteht man eine Gruppe von shamisenbegleiteten Liedformen, die in der Gegend um Ôsaka und Kyôto entstanden und die man deshalb auch unter dem Landschaftsnamen »kamigata-uta«

zusammenfaßt. Dazu gehören die »kumi-uta«, »naga-uta«, »ha-uta«, »tegotomono«, »jôrurimono« und andere shamisenbeglei-tete Liedformen verschiedener Herkunft. Zu Beginn des 17. Jahr-hunderts trifft man auf einen Heike-Rezitator Sawazumi, der den biwabegleiteten Rezitationsstil mit der Shamisen-Technik in Ein-klang brachte und so erstmalig shamisenbegleitete »katarimono« schuf. *Katarimono* sind melodramatisch rezitierte literarische Schöpfungen, die späterhin alle mit dem erfolgreichen Shamisen begleitet wurden oder als Jôruri in die Theatermusik des 17. und 18. Jahrhunderts übergingen.

Die Entwicklung des *Koto* aus dem höfischen Sô-no-koto ist nicht minder bedeutend gewesen. In der Heian-Zeit gab es innerhalb der Orchestermusik der Gagaku eine festgelegte, arpeggierende Spieltechnik, die keinerlei individuelle Spielmanie-ren gestattete; andererseits weiß man von bedeutenden Virtuo-sen, die das Sô-no-koto in solistisch reizvoller Art gemeistert haben. Ob die im nördlichen Kyûshû überlieferte und als Tsu-kushi-ryû (Kyûshû-Schule) bezeichnete eigenwillige Art des Koto-Spiels auf die Solistenpraxis der Heian-Zeit zurückgeht, ist nie befriedigend geklärt worden. Man nimmt jedoch an, daß bei den kriegerischen Auseinandersetzungen, die den Durchbruch des feudalen Rittertums begleiteten, flüchtende Höflinge die damals übliche Spieltechnik, die sich dann bis weit in das 16. Jahrhundert hinein gehalten hat (und auch heute noch spora-disch beherrscht wird), nach Kyûshû brachten. Das in Kyûshû gebräuchliche Instrument ist dem Sô-no-koto der Heian-Zeit sehr ähnlich; die plektronartigen Fingeraufsätze zum Anreißen der Saiten sind jedoch länger als beim Sô-no-koto der Gagaku. Die Zahl der Spielmanieren, Grifftypen und Modulationen ist im Verhältnis zur Gagaku zwar reichhaltig, auf das Ganze gesehen und mit der in der späteren Tokugawa-Zeit in Mode gekomme-nen Fingertechnik verglichen jedoch gering. Auf archaische Weise wird in langgezogenen Tönen musiziert; es handelt sich zweifellos um eine Musik älteren Datums. Auch die Gründung der ersten modernen Koto-Schule des Yatsuhashi-Kengyô geht auf die Kyûshû-Tradition zurück. Durch Priester des Tempels Zendôji in Kurume, die die Tsukushi-Schule pflegten, gelangte ihre Spielweise an den Shamisen-Virtuosen Yamazumi, der sie übernahm, verbesserte und eine eigene Schule in Kyôto gründete, die er um 1650 unter gleichzeitiger Änderung seines Namens als »yatsuhashi-ryû« bezeichnete.

Zu dieser Zeit fand jedoch die Shamisen-Musik immer mehr Anhänger. Ihr interessantes Liederrepertoire und die sich immer reicher entwickelnde Spieltechnik zog die Geister von der archaisch wirkenden, strengen Spielart des Yatsuhashi-Koto-Stiles ab. Erst einem Enkelschüler des Yatsuhashi, dem Meister

Ikuta-Kengyô (1655–1715), gelang es, eine neue Entwicklung der Koto-Musik heraufzuführen. Er schuf zahlreiche neue Musikstücke, zu deren Vorbild er die moderne Shamisen-Musik und ihr zeitnahes Repertoire benutzte. Die »ikuta-ryû« übernahm vor allem die in ihrem Gebiet verbreiteten und vorhandenen Ji-uta und schuf nach diesem Modell neue Werke. Sie legte großen Wert auf virtuose Spieltechnik und betrachtete als ihre Hauptform die »tegoto«. Ikuta-Kengyô veränderte Stimmung und Spieltechnik des Koto und begann nun, etwa um 1695, seine eigene Schule unter dem Namen Ikuta-ryû auszubreiten. Noch heute herrscht im Kansai-Gebiet, d. h. im westlichen Japan, fast ausschließlich die Ikuta-Tradition.

Mit dem kulturellen Erblühen von Edo (dem heutigen Tôkyô) um 1800 und der Herrschaft der shamisenbegleiteten Jôruri-Rezitationen entstand dort in der Ära Bunka (1804–1818) die *Koto-Schule* des Meisters Yamada-Kengyô, der sich nun diese »uta-jôruri«, die gesungenen Jôruri, zum Vorbild nahm und besonders die »utamono« (kotobegleitete Gesänge) ausbildete. Noch heute ist im Kantô-Gebiet, d. h. im östlichen Japan, die Yamada-Tradition vorherrschend. Erst seit der Meiji-Zeit (seit 1868) haben sich beide Stile angenähert, und die Ikuta-Schule spielt heute ebenso typische Repertoirestücke der Yamada-Schule wie umgekehrt; doch ist die Spieltechnik beider Schulen auch heute noch verschieden.

Die Koto-Musik scheidet sich in einige grundlegende Formen: die rein solistischen Instrumentalstücke bezeichnet man als »shirabemono« oder »dammono«; Kompositionen, die zur Begleitung von Gesängen geschrieben werden, heißen Utamono. Die Kumi bestehen aus einigen locker zusammengestellten Kurzgedichten, die zu einer einheitlichen Komposition zusammengeschlossen werden. Da diese Kumi auf die alte Tsukushi-ryû zurückgeführt werden, nennt man sie auch »tsukushi-gumi«. Seitdem sie von der Yatsuhashi-Schule übernommen und stark popularisiert wurden, heißen sie auch »yatsuhashi-gumi« und werden in die vier Gruppen der »omote-«, »ura-«, »naka-« und »oku-gumi« unterteilt. Der Wesenszug der Kumi ist, daß die menschliche Stimme oder der Inhalt der vorgetragenen Gedichte nicht ins Gewicht fallen; diese dienen nur dazu, die kunstvolle kompositorische Technik, die reine musikalische Form, besonders klar zutage treten zu lassen. Gegen Ende der Tokugawa-Zeit (um 1850) erlebte die Kumi-Komposition noch einmal einen Höhepunkt in den »kokin-gumi« des Meisters Yoshizawa-Kengyô aus Nagoya.

Die *Tegoto*, vorwiegend von der Ikuta-Schule gepflegt, stellen die auf das Koto-Spiel projizierte, virtuose Shamisen-Musik dar, dürften aber treffender als Mischstil aus Shirabemono und Kumi aufgefaßt werden, da sie der Shamisen-Musik gegenüber viele neuartige Züge aufweisen und eine eigene Form besitzen. Sie treten auch innerhalb der Kumi-Kompositionen als virtuose, solistische Suitensätze auf.

Die *Utamono*, die Domäne der Yamada-Schule, bezwecken (im Gegensatz zu den Kumi) die sinnfällige musikalische Ausdeutung der Textinhalte in impressionistischer Weise und die Erwekkung der im Text enthaltenen Stimmung im Hörer.

Die Musikentwicklung der Tokugawa-Zeit (1603–1868) bietet im ganzen gesehen das krause Bild einer genialischen Produktion auf allen Gebieten, die unter der Politik des *Sakoku*, d.h. der Abschließung des Landes von der Außenwelt, rein japanische Züge annahm und darum auch heute noch typisch für die Umsetzung eigenständiger Gefühlswerte in Dichtung und Musik erscheint. Die Bedeutung von Sprache und Literatur steht übergewichtig im Vordergrund, so daß die Musik fast ausnahmslos dem Wort verbunden bleibt. Aus eindringlichen, romanesken Anfängen kristallisierte sich ein festgefügtes Formenrepertoire heraus, das noch heute in Blüte steht und durch keine nennenswerte Neuschöpfung übertroffen wurde. Die Tokugawa-Zeit ist im wesentlichen gekennzeichnet durch das Aufkommen der shamisenbegleiteten melodramatischen Rezitationen oder Gesänge und durch das Hereingreifen des klassischen Puppentheaters und des »kabuki« in die Musikgeschichte.

Der feingeschliffene Geist der Muromachi-Zeit (1392–1481), der im Nô-Spiel sein musikalisches Endstadium erreicht hatte, wurde nunmehr überdeckt von den neuartigen Strömungen einer leidenschaftlichen, die elementaren Gefühle realistisch darstellenden und erregenden Vokal- und Instrumentalmusik.

Jôruri, gesungene Rezitationen, gab es schon am Ende des 16. Jahrhunderts. Wurden die ersten Jôruri noch mit den rhythmischen Schlägen eines Fächers und späterhin von der Biwa begleitet und ähnelten sie wohl im ganzen den »sekkyôjôruri«, den erbaulichen Rezitationen buddhistischen Inhalts, so trat durch den bereits erwähnten Sawazumi bald das Shamisen als beherrschendes Instrument hinzu. Ein Schüler dieses Sawazumi namens Menukiya Chôzaburô setzte sich als erster mit dem Puppenspieler Hikita aus Nishinomiya in Verbindung und ließ zu den musikalisch rezitierten Katarimono Puppen auftreten. Dies ist der Beginn des *klassischen Puppentheaters.*

Erst der geniale Satsuma Jôun (1595–1673), ebenfalls ein Schüler des Sawazumi, schuf einen völlig neuartigen und eigenen Vortragsstil, indem er sich von den Vorbildern der bisher üblichen Rezitationsart der buddhistisch beeinflußten Sekkyô löste und sich frei erfundenen oder historischen Inhalten zuwandte. Hier liegen die Anfänge der späteren Einteilung des Theaterrepertoires in die »sewamono«, die bürgerlichen Trauerspiele, und in die »jidaimono«, die historischen Dramen der romantisierten Ritterzeit. Satsuma Jôun gründete in Edo ein kleines Puppentheater und verbreitete von dort leidenschaftlich seine neuen »ningyô-jôruri«, seine von beweglichen Puppen zur melodramatischen Rezitation gespielten Theaterstücke. Durch seine Schüler und Enkelschüler übte er großen Einfluß auf die Entwicklung des Theaters und die musikbegleiteten Katarimono aus. Seine berühmtesten Schüler sind: Nidaime Satsuma Jirôemon, Sakurai Tamba-no-jô, Sugiyama Tango-no-jô und Toraya Gendayû. Von Sakurai (um 1685) ist überliefert, daß er mit dem Dichter Oka Seibei zusammen eine ritterliche Phantasiegeschichte mit dem rauhen Helden Sakata-no-Kimpira schuf, die als Puppenstück aufgeführt wurde. Mit lauter Stimme habe er, mit einer eisernen Stange zu seiner Rezitation den Takt trommelnd und oft genug sein Lesepult dabei in Stücke schlagend, vorgetragen, während sein Sohn Izumidayû in einer wilden, unnachahmlichen Art die Puppen dazu bedient habe. Dieses Jôruri, als »kimpirabushi« (der Kimpira-Singstil) bekannt, war eine romaneske, barbarische Art, Wort und Ton miteinander zu verbinden. Die grausige, blutrünstige Art der Darstellung war damals in Edo beliebt. Sie ging auf das Kabuki-Theater über, als sich Ichikawa Danjûrô (1660 bis 1704), der Ahn der berühmten Schauspielerdynastie, in seinen Kraftrollen (den Aragoto) diesen Stil zum Vorbild nahm.

Geki-dayû, ein Schüler des Nidaime, schuf den lebhaften Singstil des »gekibushi«, ein Nachkomme der Sippe des Jôun, Ôzatsuma Shuzen-dayû (1694–1759), den berühmten »ôzatsumabushi«. Beide Stile gingen in die Theatermusik des *Kabuki* über, wo sie noch heute gespielt werden. Der Ôzatsumabushi hat sich inzwischen mehr und mehr dem klassischen Naga-uta genähert, so daß er heute einen Mischtyp darstellt. Er ist ein außergewöhnlich eindrucksvoller Musiktyp, der auf dem Theater meist bei einem Szenenwechsel vor dem Vorhang vorgetragen wird, wobei der Shamisen-Spieler, stehend und einen Fuß auf ein Podest stützend, mit höchster Virtuosität das Shamisen schlägt.

Waren die Anfänge des Jôruri zu Beginn der Tokugawa-Zeit lebhaft, wildromantisch, kriegerisch und rauh, so machten diese Töne im Verlauf der segensreichen Friedensjahre einem weicheren Geschmack Platz. Schon Sugiyama schlug um 1655 einen weicheren Ton an; unter seinen Schülern wurde Edo Hizen-no-jô durch seinen Musikstil »hizenbushi« bekannt; aber erst Edo Handayû, der den Sekkyô-Stil mit dem Hizen-Typ vermischte, schuf im »handayûbushi« (1684) eine weiche und geschmeidige Musik, die zur Krönung der verfeinerten Edo-Musik hinführte, zum »katôbushi«, dem Singstil des Masumi Katô (1683–1725), von dem in der Originalfassung heute noch etwa fünfzig Stücke gesungen werden. Diese beiden Melodietypen und Singstile nennt man auch zusammen die »edobushi«. In ihnen verkörpert sich der repräsentative Edo-Geschmack, der Stil des eleganten »zashiki-jôruri«, d. h. des nicht im Theater, sondern im kleinen Raum intim singbaren kammermusikalischen Kunstwerks. Beide Stile werden noch heute gepflegt und gesungen.

Toraya Gendayû hatte drei berühmte Schüler in Kyôto: Inoue Harima-no-jô, Yamamoto Kakudayû und Isejima Kunai. Aus der Schule des Inoue ging der größte Meister des Jôruri überhaupt hervor: Takemoto Gidayû (1651–1714), nach welchem der berühmte »gidayûbushi« (der Singstil des Gidayû) benannt wird. Der Schule des Kakudayû entstammen Miyakodayû Itchû († 1724), der den »itchûbushi« schuf, und Okamoto Bunya (1633–1694), dessen »bunyabushi« ein eigenartiges Geschick bis auf unsere Tage erhielt. Aus der Schule des Kunai ging Ujikagano-jô (1635–1711) hervor. Er ist der einzige, der auch als Schriftsteller einen Ruf besaß und seine Texte selbst verfaßte. Bei ihm ging auch Takemoto in die Lehre, ehe er in Ôsaka auftrat und dort Aufführungen im eigenen Stil herausbrachte. Aber erst der Zusammenschluß des Takemoto mit dem großen Dramatiker Chikamatsu Monzaëmon (1653–1724) und den genialen Puppenspielern Yoshida Saburôbei und Tatsumatsu Hachirôbei brachte den nationalen Siegeszug seiner Musik, die alle anderen Formen überwältigte, so daß man etwa den zeitgenössischen Bunyabushi in reiner Form heute nur noch auf der einsamen Insel Sado vorfindet, wo er zu primitiven Puppenspielen noch vorgetragen wird. Der musikalische Typ des *Gidayûbushi* entsprach dem Geist und Lebensstil der bürgerlichen Gesellschaft von Ôsaka, wie sie in getreuer Nachbildung in den Sewamono, den bürgerlichen Trauerspielen jener Zeit, entgegentritt. Die musikalische Form wird am Inhalt gefunden und paßt sich ihm mit der Elastizität der Jôruri-Melodietypen an. Die Probleme des täglichen Lebens, die gesellschaftlichen Auseinandersetzungen einer neuen Zeit, der Konflikt mit den Konventionen, die Blüte des Hetärentums, die Verwirrung der Gefühle schaffen eine Theatermusik von imposanter Eindringlichkeit, Größe und hinreißender Kraft. Der Gidayûbushi als melodramatisch-musikalische Großform ist der adäquate Melodietyp, der allein imstande ist, durch Rezitation, Gesang und festgelegte typologisch-musikalische Schwerpunkte auf der Basis freier Improvisation genialer Musiker alle Empfindungen realistisch und drastisch zum Ausdruck zu bringen. Die Schönheit des gesungenen Tones wird bedenkenlos dem plastischen Ausdruck bewegter Tragik aufgeopfert. Die Gewalt der melodramatischen Darbietung überbrückt die Kluft zwischen der menschlichen Tragik und ihrer Darstellung durch die Ningyô, die leblosen Puppen. Die große dramatische Literatur des 18. Jahrhunderts in Japan wurde für das Puppentheater geschrieben.

Erst in der Mitte des 18. Jahrhunderts wurde der Gidayûbushi nach Edo (Tôkyô) übertragen, ging dort aber ganz in das klassische Kabuki über. Die Tradition des Puppentheaters wich dem menschlichen Schauspieler. Sie hat sich jedoch in alter Form bis heute im Bunraku-Za-Theater in Ôsaka gehalten. Während der Gidayûbushi subjektiv und dramatisch erzählt, ist der *Itchûbushi* (1678), die gleichzeitige musikalische Großform Kyôtos, das genaue Gegenteil. Der Itchûbushi ist eine nicht dramatisch gebundene, vornehme Katarimono-Musik. Sein Schöpfer stellte sich damit in völligen Gegensatz zu allen anderen zeitgenössischen Richtungen. Der Itchûbushi ist die Projektion des »yôkyoku«-(Nô-)Gesangs des Muromachi-Zeitalters auf das Jôruri der Tokugawa-Zeit. Eine neue Art des Singens und Spielens begann sich mit dem Erfolg des Itchûbushi anzubahnen. Kunidayû, ein Schüler des Miyakodayû Itchû, ging 1730 nach Edo und errang dort (er änderte seinen Namen in Miyakoji Bungo-no-jô) mit seiner neuen Musik »bungobushi« Erfolg. Die große menschliche Ausdruckskraft dieser Musik aus dem Kansai-Gebiet fesselte in Edo, bis sie 1740 durch die Regierung verboten wurde, weil sie schließlich allzu stark mit erotischen Inhalten durchsetzt war. Unter den Schülern dieses Meisters ragen als musikgeschichtlich bedeutsam hervor: Tokiwazu Mojidayû, Fujimatsu Satsuma-no-jô und Miyakoji Shigedayû. Auch Tokiwazu (1708–1781) stammte aus Kyôto. Er schuf einen neuen Musikstil, den er 1749 erstmalig vortrug und der als »tokiwazubushi« in die Geschichte einging. Er gehört heute zu den beliebtesten Gattungen der nationalen japanischen Musik. Der *Tokiwazubushi* ist ein stark dramatischer Gesang mit lebhafter Shamisen-Begleitung. Gesprochene Dialoge mit drastischen Stimmungsschilderungen werden nicht selten in den musikalischen Ablauf eingebaut. Der Shamisen-Klang ist klar und metallisch.

Auf einen Schüler des Fujimatsu, Tsuruga Wakasa-no-jô, geht die Entstehung des »shinnaibushi« zurück, der in seiner Großform heute selten zu hören ist und auch im Theater nur noch wenig Verwendung findet. Er ist an eine etwas sentimentale Erotik geknüpft und hat einst in den Freudenvierteln des alten Edo eine große Rolle gespielt, bis er 1804 verboten wurde.

Shigedayû löste sich ebenfalls vom Bungo-Stil und schuf (zwischen 1735 und 1745) einen eigenen Typ, den »shigedayûbushi«, der indes selten geworden ist, aber in der Gegend von Ôsaka noch hier und da gespielt wird. Das Erbe übernahmen die Schüler und Enkelschüler, die unter den Namen »sonohachibushi« und »miyazonobushi« (1750–1775) eine berühmte, gepflegte Musik schufen; sie verbreitete sich von Kyôto aus über das ganze Land, fand aber erst um 1820 herum in Edo Eingang. Beide Stile sind heute im Verschwinden begriffen.

In der Nachfolge des Tokiwazu gab es u. a. einen Musiker Tomimoto Buzen-no-jô, der 1744 eine Schule eröffnete; seit der Periode Meiji (1868) ist sie fast völlig erloschen. Aus der Tradition dieses Stiles jedoch entstand der »kiyomotobushi« durch den genialen Kiyomoto Enjussai (1727–1802). Der *Kiyomotobushi* gehört neben dem Tokiwazubushi und dem Naga-uta zu den lebendigsten Formen der noch heute allenthalben gepflegten Musikstile der späten Tokugawa-Zeit. Der Kiyomotobushi kann als arioser Gesang aufgefaßt werden; tiefer Gefühlsausdruck, Reife des Vortrags und Schönheit der technisch gut durchgebildeten Stimmen spielen die Hauptrolle bei diesem heute als Kunstmusik am höchsten zu bewertenden Typ. Sein Charakter ist getragen und oft von leichter Einsamkeitsstimmung umweht. Der Shamisen-Klang ist nasal; das »bachi« (Plektron) wird sehr weich gebraucht. Diese aus der Tradition des Bungobushi entwickelten Stile des Tokiwazu-, des Tomimoto- und des Kiyomotobushi bezeichnet man auch als die »bungo-san-ryû« (Drei Bungo-Schulen).

Über alle Musikstile der Tokugawa-Zeit erhebt sich jedoch eine Form, die den Anspruch hat, als klassisch bezeichnet zu werden: der *Naga-uta*. Sein Name tauchte bereits innerhalb der Ji-uta in der Kamigata-Gegend auf. In der Ära Hôei (1704–1711) wird er im Zusammenhang mit dem Theater in Edo erwähnt. Eine Fülle von Themen (man schätzt sie auf mehr als zweitausend) ist durch den musikalischen Form- und Melodietyp des Naga-uta gestaltet worden.

Wenn sich der nervöse Edo-Geschmack im Katôbushi das Feine, Herbe und Raffinierte und im Kiyomotobushi etwa das Ariose und Elegante schuf und erwählte, so im Naga-uta das Klare, Offenherzige, alles Durchdringende. Der Typ des Naga-uta bedeutet die Klarheit der melodischen Gestaltung um jeden Preis, den Schwung ohne Sentimentalität. Kein Schmerz, keine Trauer, keine Erotik belasten ihn. Er ist schlackenfreie Heiterkeit, höchstes Ebenmaß in Klang, Form und Inhalt. Auch der Naga-uta kennt mehrere Stile: so den »meriyasu«, der, nachdem er aus dem Liedgut der Kamigata-uta in das Repertoire des Nakamura-Za-Theaters übergegangen war, 1731 zum erstenmal in Edo erklang. Seine Blütezeit liegt in den Jahren 1770–1780. Heute ist er fast nur noch im Theater zu hören, wo er als getragene Stimmungsuntermalung, als Begleitmusik für lyrische Szenen oder auch für Solotänze benutzt wird. Zwei andere Stile sind die in der Art der Uta-jôruri entwickelten, deren Texte nicht lyrisch sind, sondern den Katarimono angenähert erscheinen: der *Ôzatsumabushi*, der als Mischstil bereits erwähnt wurde, und die

Utaimono, die am bekanntesten sind durch das Hayashi genannte Orchester der Nô-Spiele und die Massenbesetzung mit Shamisen-Spielern. Bei allen Naga-uta ist die Bachi-Technik scharf und hart.

Neben den musikalischen Formtypen sind in allen Arten der japanischen Musik auch die Singarten unterschieden. Der Hörer kann an der Stimmgebung erkennen, welcher Musikstil gesungen wird. Schwieriger ist die Bachi-Technik zu unterscheiden, die, im wesentlichen auf einer Verschiedenheit der Stege und des Anschlages beruhend, für alle erwähnten Arten und Typen eine besondere Klangfärbung herausgebildet hat.

Die strenge Einteilung der bürgerlichen Gesellschaft der Toku-gawa-Zeit in Stände und Gilden wahrte einen Lebensstil der Freude an den erlaubten Dingen innerhalb der Grenzen des Standes; die Liebe zu den Dingen wie sie sind, zur schönen Farbe, zum materiellen Luxus der Gebrauchsgegenstände, zum sauberen und gekonnten musikalischen Ton, kurz: die Neigung zum Handwerklichen entwickelt auch den Gefallen an einem Gesangs-stil, bei dem die Fähigkeit und die Geschicklichkeit des »Orna-mentierens« als künstlerisches Kriterium gilt.

VI. Die Neuzeit (seit 1868)

Mit dem Zusammenbruch des Tokugawa-Shôgunates und seiner Politik der gewaltsamen Abschließung des Landes, die Japan eine Friedenszeit von einem Vierteljahrtausend und die Möglichkeit einer gartenhaften, völlig eigenständigen Kulturentfaltung geschenkt hatte, geriet eine Zeitlang auch das traditionelle Gebäude der japanischen Musik ins Wanken. Unter dem über-wältigenden Einstrom westlicher Kultur und Zivilisation verlor die Musik des Bürgertums der Tokugawa-Periode ihren Wert als Ausdruck ihrer Zeit. Kaiser Meiji (regierte 1868–1912), der Schöpfer des modernen Japan, förderte durch Vorbild und Erlaß die Kenntnis der europäischen Kultur, bewahrte aber (ein in der Geschichte Japans immer wieder wirksam werdender Charakter-zug) die Schöpfungen der japanischen Kultur vor Verfall und Vergessenheit. 1870 wurde das Amt für die kaiserliche Hofmusik (»gagaku-kyoku«) im Hofministerium neu gegründet. Die Nach-kommen der alten Musikersippen sammelten sich wieder und führen seither *Gagaku* und *Bugaku* nicht nur bei Hofe, sondern auch öffentlich auf. Seit 1874 erlernen die Hofmusiker jedoch neben ihren altklassischen japanischen Instrumenten je ein europäisches Instrument und spielen unter der Leitung eines ständigen, bisher ausländischen Kapellmeisters auch *europäische*

Musik. Das erste öffentliche Konzert dieser Art fand 1881 statt. Die Gagaku wird außerdem in Liebhaber-Vereinigungen und von den Musik- und Tanzgruppen der großen Schreine und Tempel ohne Unterbrechung weitergepflegt. 1872 wurde nach ausländischem Vorbild die *Militärmusik* eingeführt, deren bedeutendste Lehrmeister der Engländer John W. Fenton und der preußische Militärkapellmeister Franz Eckert (1852–1916) gewesen sind. 1879 wurde im Kultusministerium eine Abteilung für europäische Musik eingerichtet, aus der die ersten Schulmusiker hervorgingen, die (vor allem unter Anleitung des Amerikaners Luther Whiting Mason, 1828–1896, seit 1880) das Singen im *europäischen Tonsystem* in den Schulen einführten und dadurch einen entscheidenden Beitrag für die spätere reibungslose Aufnahme der europäischen Musik und ihre Ausübung lieferten. 1882 erschienen die ersten Lehrbücher für den Musikunterricht in den Schulen. Harmonium oder Klavier sind die obligatorischen Instrumente, die seither an jeder Schule zur Verfügung stehen. 1887 ging aus der Musikabteilung des Kultusministeriums die Kaiserliche Akademie für Musik hervor, an der neben einigen angesehenen städtischen und privaten Musikhochschulen (Musashino-Akademie in Tôkyô; Akademien in Ôsaka und Kyôto) die abendländische Musik von japanischen und ausländischen Lehrern unterrichtet wird. Die Staatliche Akademie für Musik in Tôkyô besitzt eine eigene Abteilung für Japanische Musik. Es wäre falsch, daraus auf ein allmähliches Absterben der nationaljapanischen Musik zu schließen; sie zieht sich zwar mehr und mehr auf den Bereich des klassischen Theaters und auf das Haus zurück, wurde jedoch nach japanischer Gepflogenheit von jeher durch bestimmte Musikersippen unterrichtet und tradiert. Auf diese Weise ist auch das Repertoire der musikalischen Schöpfungen der Tokugawa-Zeit im modernen Japan ungebrochen lebendig geblieben. Unter diesen Musikern, die die Werke der Vergangenheit pflegen und weiterreichen, ragen einige wenige durch Neuschöpfungen innerhalb der alten Tradition hervor. Es entstehen dann Werke in der alten Technik, doch in modernen Zusammenstellungen. So gibt es etwa Kompositionen für zwei oder mehrere Koto, wodurch eine bisher ungekannte Klangfülle entsteht und neuartige tonale Kombinationen ermöglicht werden. Der hervorragendste Meister dieser Richtung war der als Sänger, Virtuose und Komponist gleichermaßen bedeutende Miyagi Michiwo († 1956). 1897 gründete der Deutsche August Junker das erste Orchester, das noch heute in der Form des Orchesters der Staatlichen Musikakademie weiterlebt. Mit der fortschreitenden Entwicklung wurden andere Orchester gegründet, unter denen heute das Japanische Philharmonische Orchester (›Nippon Kôkyô Gakudan‹) und das Orchester des Japanischen Rundfunks in Tôkyô die namhaftesten sind. 1956 wurde in der Stadt Kyôto das erste Städtische Orchester nach deutschem Muster ins Leben gerufen. Eigene Kompositionen im europäischen Stil treten seit 1920 in Erscheinung. Unter den heute zahlreichen Komponisten, die seit 1930 in der Vereinigung moderner Komponisten Japans (›Nippon Gendai Sakkyokka Remmei‹) zusammengeschlossen sind, waren die ersten Bahnbrecher auf dem Gebiet der Oper und des Liedes: Kôsaku Yamada und Kiyoshi Nobutoki, die beide in Deutschland studierten. Seit 1931 gibt es in der Staatlichen Musikakademie eine Abteilung für Komposition. Das tastende Nachahmen europäischer Vorbilder in der Komposition gehört bereits der Vergangenheit an. Die japanischen Komponisten schöpfen heute entweder aus dem Melodiengut der eigenen Vergangenheit und bieten ältere Werke in neuer Technik dar oder sie lassen sich von den Klängen alter Musik zu Neuschöpfungen anregen. Wie man heute in der europäischen Musik die nationalen Stile unterscheidet, so wird auch die moderne Musik Japans auf dem Kontinent in europäischem Gewande auftreten und ihre Herkunft in der ihr eigenen Diktion offenbaren.

JUDITH BECKER
(Übersetzung aus dem Englischen von Thomas M. Höpfner)
Südostasien

Die Musiktraditionen Südostasiens sind unter dem Einfluß mannigfaltiger geschichtlicher Strömungen entstanden und entwickeln
sich auch heute noch in den verschiedensten Richtungen. In
diesem Abriß wird gedrängt die Musik von *Burma, Thailand,
Kambodscha, Laos, Malaysia* und *Indonesien* behandelt. Die
Philippinen und Vietnam rechnen zwar geographisch zu Südostasien, doch muß ihre Musik hier ausgeklammert werden, da sich
die vorherrschenden Musikstile dieser Länder von den Musiksy-
stemen der zentralen südostasiatischen Länder unterscheiden.
Die Musik von etwa 90 Prozent der Einwohner der Philippinen
leitet sich von spanischen Musikformen her, die während der
vierhundertjährigen spanischen Besetzung der Inseln dort Eingang fanden, und ist anderen spanisch-beeinflußten Musiksyste-
men wie denen Mexikos und Südamerikas viel enger verwandt als
denen der südostasiatischen Nachbarländer. Die einzige bemerkenswerte Ausnahme stellen die Gong-Ensembles der südlichen
Insel Mindanao dar (vgl. III. 5. *b.*). Ähnlich ist es in Vietnam, wo
die vorherrschenden Musikstile mit chinesischen Musikformen
verwandt sind und südostasiatische Musikstile nur selten bei in
den Bergen lebenden Minderheiten auftreten.

I. Historischer Hintergrund

Jede Erörterung der Kunst Südostasiens muß auf die Kulturgeschichte des Gebiets und den tiefgreifenden *indischen Einfluß*
verweisen, der seinen Höhepunkt zwischen dem 1. und 10. Jahrhundert n. Chr. erreichte und noch an der Tempelarchitektur, an
philosophischen Denksystemen, in der Literatur, der Sprache,
den Schriftsystemen und der Staatsverwaltung zu erkennen ist.
Der indische Einfluß auf die Musikinstrumente und besonders auf
die Musiksysteme ist allerdings minimal. Reiche Beispiele für die

vormalige Bedeutung indischer Musikinstrumente enthalten die Tempelreliefs mit den Darstellungen verschiedener Flöten, Trommeln, Lauten und Zithern indischer Bauart. Aber die indischen Musiktraditionen scheinen in Südostasien auf Hofkreise beschränkt gewesen zu sein und sind heute restlos verschwunden. Bodenständige Musikinstrumente haben nicht nur die ehedem starke Überlagerung durch die indische Kultur überlebt, sondern auch die philosophischen Systeme und den Sanskritwortschatz, die mit der indischen Musik verknüpft sind, absorbiert. Musiktheoretische Abhandlungen und das musiktechnische Vokabular bergen in sich viel indisches Denken und indische Begriffe. Doch die allermeisten Instrumente, die Instrumentennamen sowie zumal die Musikstile Südostasiens sind originäre *einheimische Leistungen*, die mit indischen Musikstilen weder in der Struktur noch in der Konzeption etwas gemeinsam haben.

Die frühesten historischen Dokumente bezeugen das Vorhandensein hochzivilisierter Königreiche, in denen sich indische Kultureinflüsse bereits deutlich abzeichnen. Aus dem 5. Jahrhundert n. Chr. liegen Berichte über Reiche vor, in denen indische Brahmanenpriester bei höfischen Zeremonien ihres Amtes walteten und die Herrscher Sanskrittitel annahmen. Durch ihre Handelsverbindungen wurden südostasiatische Königreiche mit dem prächtigeren Lebensstil an den indischen Höfen bekannt, den man genauer studieren und nachahmen lernte, als man indische Priester ins Land holte. Für eine großangelegte Kolonisierungsarbeit der Inder in Südostasien gibt es jedoch keine Belege. Hinduistische und buddhistische philosophische Systeme überlagerten den allgemein verbreiteten Animismus oder die Geisteranbetung in Südostasien. Dies führte zum Entstehen einer reichen, symbolischen Bildsprache, in der einheimische Naturgeister Seite an Seite mit Hindu-Gottheiten, Buddhas und Bodhisattwas auftreten. Neue Glaubensrichtungen verdrängten nun nicht die alten, sondern fanden Eingang in die alten Systeme. Sie alle wurden weiterhin praktiziert.

II. Merkmale der Musik in Südostasien

Kennzeichnend für südostasiatische Musikensembles ist das Vorhandensein von *Metallstabspielen* und *gebuckelten Gongs*. Die weit verbreitete Schmiedekunst, der diese Instrumente zu verdanken sind, blickt in Südostasien auf ein unermeßliches Alter zurück, und die Figur des Schmiedes (oder eine, die ursprünglich ein Schmied war) steht im Mittelpunkt vieler Legenden. Die ersten zuverlässigen historischen Zeugnisse der Verwendung von Xylophonen und gebuckelten Gongs dort finden sich in Zentral-

Java in den Reliefs der Dieng-Tempel (vor 750 n.Chr.), von Borobudur (824) und Prambanan (um 850). Es ist unmöglich, den Ursprungsort dieser Instrumente zu rekonstruieren. Da sich aber das Gegenteil nicht schlüssig beweisen läßt und viele Einzelheiten dafür sprechen, kann man vernünftigerweise annehmen, daß gebuckelte Gongs und Xylophone *bodenständige Errungenschaften* Südostasiens sind und keine importierten Klangwerkzeuge aus anderen asiatischen Kulturkreisen.

Eine gewisse Ähnlichkeit der *Ensembles* läßt sich in allen Tiefland- oder Talzivilisationsgebieten Südostasiens feststellen, d.h. im Irawadi-Flußtal in Burma, im Mekong-Tal in Laos und Kambodscha, im Menam-Flußtal in Thailand sowie auf den indonesischen Inseln Java und Bali. Diese Ensembles bestehen in ihrem Kern aus Buckelgong- und Xylophoninstrumenten und werden mit Trommeln, Flöten, Oboen und Saiteninstrumenten kombiniert. Die jeweilige Zusammenstellung ändert sich von Land zu Land, der Xylophon-Metallophon-Kern indes ist überall anzutreffen. Diese Gruppen haben nicht nur die morphologisch übereinstimmenden Instrumente, sondern auch einen funktionellen Aspekt gemeinsam. Ihre wichtigste Aufgabe ist nämlich die musikalische Begleitung von Schauspiel und religiösem Ritual, die oft eine unauflösliche Einheit bilden, denn die Beziehung zwischen *Musik, Schauspiel, Tanz und Dichtung* ist sehr innig.

1. Musikstile

Südostasien in seiner Gesamtheit ist gekennzeichnet durch eine Fülle miteinander wetteifernder Stile mit vielen regionalen Abweichungen, doch kann man anhand der Musizierweisen der Schlaginstrumentenensembles zu einigen brauchbaren Verallgemeinerungen gelangen. Diese Ensembles spielen die charakteristischste Musik der Region, die *Zeremonien-, Ritual- und Theatermusik,* und beeinflussen oft den Stil von Instrumenten, die in diesen Ensembles selbst nicht vertreten sind.

Die zugrundeliegende *Phrasenstruktur* gibt in diesen Gruppen die führende Trommel mit einem rhythmischen Muster. Die Muster sind gewöhnlich 8, 16 oder 32 Schläge lang. Das rhythmische Muster der Trommel wird so oft wiederholt, wie es die gewünschte Länge des Stückes erfordert. Das Ende einer Phrase wird stets durch einen tiefen Trommel- oder durch einen Gongschlag angezeigt (vgl. Notenbeispiel 1a und 1b). Die Trommelmuster werden nicht nur kinästhetisch mit den Händen memoriert, sondern auch vokal mit Hilfe onomatopoetischer Silben, die den einzelnen Trommelschlägen entsprechen (vgl. Notenbeispiel 1c und 1d).

Die Schlaginstrumentenensembles spielen traditionelle Stücke,

1a) Rhythmusmuster mit 32 Schlägen   Kambodscha

1b) Rhythmusmuster mit 8 Schlägen   Malaysia

1c) Rhythmusmuster mit 16 Schlägen   Kambodscha

tak=dumpfer Schlag und treng=starker Schlag auf die Fellmitte; chung=leichter Schlag und ka=leichter, trockener Schlag auf den Trommelrand.

1d) Rhythmusmuster mit 32 Schlägen   Java

tak=scharfer Schlag auf das linke Fell und dung=klarer Schlag auf die Mitte des rechten Fells des Ketipung; dang=volltönender Schlag nahe dem Rand des rechten Fells des Kendang gending und gleichzeitiger Schlag auf das linke Fell des Ketipung (beide Instrumente von einer Person gespielt).

deren wichtigste melodische Fortschreitungen sowohl den Spielern als auch den Zuhörern vertraut sind. Alle Stücke des Repertoires sind in ein *System modaler Kategorien* gestellt, die sich nach Anzahl, Art und Komplexheit von Land zu Land unterscheiden. Diese modalen Strukturen sind Gegenstücke zu der grammatikalischen Struktur einer Sprache. Wie deren grammatikalischer Aufbau dem Sprecher, so zwingt die musikalische Grammatik oder Modalstruktur dem Musiker gewisse Auswahlbeschränkungen auf, und genau diese Begrenzungen machen eine Sprache oder ein Musiksystem funktionsfähig. Jeder kompetente südostasiatische Musiker weiß intuitiv über den Modus und die daraus resultierenden Einschränkungen des einzelnen Stückes Bescheid. Gemeinsam ist allen südostasiatischen Modalstrukturen die Verwendung stereotyper, mit einem bestimmten Modus identifizierter Kadenzformeln.

In Burma werden u. a. folgende *Gesangstypen* mit ihren entsprechenden Modalkategorien verwendet: der Modus »hnyinlone« für die Gesangstypen »kyo«, »bwe« und »tachingon«, der Modus »aukpyan« für die Gesangstypen »patpyo«, »lawkanatthan« und »lehtwe thankat«, der Modus »pulè« für die Gesangstypen »yodaya«, »talaing«, »mon«, »bawlè« und »thansan« und der Modus »myinsaing« für die Gesangstypen »tehtat«, »shitsehbaw« und »dainthan«. Yodaya-Gesänge des Modus Pulè beruhen auf einer besonderen poetischen Form, einem mehrzeiligen Vers, der nicht wiederholt wird. Diese Gesänge sollen nach der Überlieferung gegen Ende des 18. Jahrhunderts aus Thailand gekommen sein, werden heute aber im burmesischen Stil aufgeführt. Unauflöslich mit ihnen verquickt ist ein bestimmtes *rhythmisches Muster*, gespielt von einer kleinen, handgroßen Bambusklapper (»wa«) und einem Paar winziger Zimbeln (»si«). In einer acht Schläge umfassenden Phrase ergäbe sich folgender Rhythmus:

1	2	3	4	5	6	7	8
	Si		Si			Wa	

Dieses Schema wird während des ganzen Gesanges wiederholt.

Yodaya-Gesänge werden mit Hilfe bestimmter Melodiefragmente aufgebaut, die von den Melodiefragmenten anderer Modi abweichen. Diese Bruchstücke verbinden sich zu *Melodiemustern*, die sich ebenfalls von den Melodie-Grundmustern anderer burmesischer Modi unterscheiden (vgl. Notenbeispiel 2 mit dem

(2) Melodiemuster eines Yodaya-Gesangs aus den Fragmenten a und b

Melodiemuster aus den Fragmenten a und b). In anderen Zusammenhängen erscheinen z. B. die beiden Fragmente a und b des Notenbeispiels 2, ohne wie in der Kadenzformel zusammengefügt zu werden. Daher sind Yodaya-Stücke an den größeren melodischen Phrasen sowie an den die Phrasen ergebenden, kombinierten Fragmenten zu erkennen. Ein anderes Bestimmungsmerkmal ist die Leiter. Aus einem möglichen Tonbestand von sieben Tönen werden in Yodaya-Gesängen nur fünf benutzt (vgl. Notenbeispiel 3, die einzelnen Noten geben nicht etwa die

(3) Yodaya-Gesänge

genaue Tonhöhe wieder, sondern sollen das Verhältnis von Tönen zueinander verdeutlichen helfen).

Das gesamte Tonspektrum wird von den zentraljavanischen Musikern in *zwei selbständige Leitersysteme*, »slendro« und »pelog«, aufgeteilt, die miteinander nichts zu tun haben (siehe

S. 326; vgl. dazu den Artikel ›Java‹, S. 367 ff.). Jedes Leitersystem hat drei »patet« genannte Modalkategorien, die eng mit bestimmten Zeitabschnitten und Stimmungen zusammenhängen. Im Gegensatz zum burmesischen System melodischer Fragmente, die zu Mustern zusammengefügt werden, geht es bei den javanischen Modalstrukturen nicht um das Herstellen von Mustern (in verschiedenen Modi werden vielfach dieselben Muster verwendet), sondern um deren Häufigkeit und Stellung. Die Schläge einer musikalischen Phrase sind strikt hierarchisch. Jeder Modus bevorzugt auf wichtigen Positionen bestimmte Noten. Diese »hervorgehobenen« Noten sind nicht von Modus zu Modus die gleichen. So kann und wird z.B. das viertönige Melodiemuster des Notenbeispiels 4 (in der javanischen Ziffernnotation 2 1 6 5) in allen Slendro-Modi auftauchen, dies aber unterschiedlich häufig und je nach dem Modus an anderen Stellen tun. Der wichtigste Schlag der Phrase ist der letzte, zu dem der größte Gong erschallt. Da g

(4) Ladrang Pangkur. Slendro Patet Sanga

oder 5 im »patet sanga« des Slendro die bevorzugte Schlußnote ist, erscheint dieses Muster oft als Schlußmuster. Als eine im Patet Sanga sehr häufige Bildung kann es auch in anderen Positionen als nur zum Schluß auftreten (vgl. Notenbeispiel 4).

2. Mehrstimmigkeit

Soviele Instrumente auch in einem gegebenen Ensemble vereinigt sein mögen, kaum je spielen zwei Instrumente genau dieselben Noten. Jedes Instrument hat seine eigene Funktion; entweder akzentuiert es die Phrase, oder es spielt die melodische Hauptlinie, oder es schmückt die Melodie mit hinzugefügten Noten zwischen den Hauptnoten einer Komposition aus. *Interpunktierende Instrumente* sind oft hängende Gongs, waagrechte topfförmige Gongs, große mit dem Stock geschlagene Trommeln oder

(5) Phraseninterpunktion in der Formstruktur Ladrang

| Schläge | 1 | 2 | 3 | 4 | 5 | 6 | 7 | 8 | 9 | 10 | 11 | 12 | 13 | 14 | 15 | 16 | Java |

+ = Ketuk
∩ = Kempul
U = Kenong
o = Gong

kleine Handzimbeln (vgl. Notenbeispiel 5). Die Töne der interpunktierenden Instrumente können wechseln, doch bleibt ihre Stellung innerhalb einer gegebenen Komposition unverändert. So kommen z. B. in der »ladrang«-Form ohne Rücksicht darauf, wie oft die 32 Schläge umfassende Phrase wiederholt wird, »ketuk« stets auf 2, 6, 10, 14, 18, 22, 26 und 30, »kempul« stets auf 12, 20 und 28, »kenong« auf 8, 16, 24 und 32 sowie »gong« auf 32.

Die vielgestaltigen Xylophone und Spiele topfförmiger Gongs, die in diesen Schlaginstrumentengruppen Melodien ausführen, spielen nur selten die als Basis dienenden Tonfortschreitungen eines Stückes; vielmehr gestalten sie diese gewöhnlich kunstvoll aus, aber nicht in freien Improvisationen, sondern nach überlieferten, ungeschriebenen *Formeln*, die bestimmen, nach welcher Methode die jeweils fällige Tonhöhe erreicht wird. Wenn der Musiker einen Ausschmückungspart versieht, denkt er stets weniger an den eben erklungenen als an den folgenden, wichtigen Ton. Jedes Instrument gelangt nach seiner eigenen Methode oder seinen eigenen Formeln zum nächsten Ton, so daß sich zwei instrumentale Ausarbeitungen kaum jemals decken. Von dem *Vielschichtigkeitseffekt* vieler verschiedener interpunktierender und ausgestaltender Stimmen ausgehend, hat man diese Art Musik mit dem Begriff »polyphone Schichtung« bezeichnet. »Polyphon« ist hier in dem Sinne gemeint, daß viele musikalische Linien gleichzeitig in Erscheinung treten, und »Schichtung«

(6) Aus der Komposition Sāthukān (nach David Morton, The Traditional Music of Thailand, Philosophical Dissertation University of California, Los Angeles 1968, maschinenschriftlich)

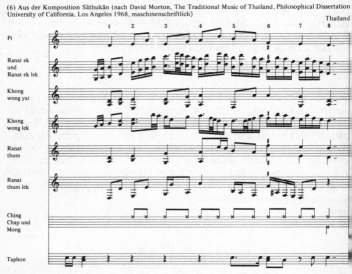

bezieht sich darauf, daß diese Linien Unterschiede in Bewegungs-
tempo und Dichte aufweisen. Die Dichte der Linie entspricht oft
ungefähr dem Register des Instruments: je höher das Register,
desto dichter die musikalische Linie (vgl. Notenbeispiel 6, das die
Prinzipien sowohl der melodischen Verzierung als auch der
melodischen Dichte illustriert).

3. Musikpädagogik

Die seit undenklichen Zeiten praktizierte Methode des rein
mechanischen Nachahmens herrscht in Südostasien auch heute
noch vor. Der angehende Schüler beobachtet einfach, hört nach
bestem Vermögen zu und versucht sich auf einem Instrument,
wenn kein anderer zugegen ist. Nach einer nicht genau abge-
grenzten Periode des Beobachtens und privaten Probierens mag
dem »Schüler« erlaubt werden, sich der Gruppe anzuschließen
und mitzumachen, so gut es geht, bis er entweder entmutigt
aufgibt oder sich die nötige Fertigkeit aneignet. Nach dieser
traditionellen Methode wird heute noch in fast allen ländlichen
Gegenden Südostasiens verfahren.

Eine andere Tradition der Unterweisung (in Indien die bekannteste) beruht darauf, daß sich der Schüler einen berühmten Guru
sucht und bei ihm lebt. Zur *Guru-Schüler-Methode* gehört meist
das, was man in Burma als »Eintritt in die Sklaverei« bezeichnet,
d.h., daß der Lehrling alle möglichen häuslichen Arbeiten ver-
richten muß und schlechthin wie ein gemeiner Dienstbote gehalten wird. Nach mehrjährigen, gewissenhaften Studien beim Meister kann es der Schüler dann selbst zum Lehrer bringen.

Wo der Staat mittlerweile künstlerische Hochschulen eingerichtet hat (wie in Burma, Thailand, auf Java und Bali), stehen
westliche Lehrmethoden im Vordergrund. Die Studenten hören
Vorlesungen und erhalten Einzel- oder Klassenunterricht an den
Instrumenten. Man arbeitet mit Notationssystemen, man formalisiert und intellektualisiert musikalische Konzeptionen. Wie sich
das Umschmelzen mündlicher Überlieferungen in die pädagogi-
sche Form westlicher, schriftlich fixierter Traditionen auf lange
Sicht auswirken wird, ist noch nicht abzusehen. Da die staatlichen
Schulen beträchtliches Prestige genießen, können ihre Absolven-
ten die traditionelle Musiklehre stärker beeinflussen, als anderen-
falls zu erwarten wäre. Man hat Grund zu der Annahme, daß sich
die überlieferten südostasiatischen Unterrichtsmethoden unter
dem Einfluß der nationalen Kunstakademien schon jetzt verändern oder doch bald verändern werden.

4. Stimmsysteme

Die meisten Musiksysteme Südostasiens benutzen in irgendeiner Form die *siebentönige Skala*. In Burma entsprechen die ersten drei Töne sowie der fünfte und sechste Ton der Leiter ungefähr den Tönen der westlichen Dur-Tonleiter, aber der vierte Ton ist höher und der siebte Ton etwas niedriger als ihre westlichen Entsprechungen. In burmesischen Kompositionen können fünf, sechs oder sieben dieser Töne verwendet werden.

In Thailand ist die siebentönige Reihe anders aufgebaut. Die sieben Töne sind ungefähr abstandsgleich angeordnet, jeder Ton ist von seinem Nachbarton ungefähr gleich weit entfernt. Nach A.J.Ellis' System der Unterteilung des gleichschwebend temperierten Halbtons in 100C oder des entsprechenden Ganztons in 200C belaufen sich die Intervalle der Thai auf Tonabstände von annähernd 171C. In der Thai-Musik werden in einer Komposition gewöhnlich nicht alle sieben Töne verarbeitet. Im Thai-Stil gelangen in einem Stück nur fünf der sieben Töne zur Verwendung, während es im Mon-Stil sechs oder alle sieben Töne sein können.

Auf Java und Bali werden innerhalb desselben Musiksystems zwei verschiedene, miteinander nicht verwandte Tonsysteme benutzt. Das erste, *Slendro*, besteht aus fünf weit auseinanderliegenden Stufen je Oktave, die sich in ungleichen Abständen zueinander befinden. Das *Pelog-System* hat sieben ungleiche Stufen je Oktave. Nach der Pelog-Stimmung treten in jedem Stück nur fünf der möglichen sieben Töne regelmäßig auf. Bei jedem Ensemble handelt es sich entweder um eine Slendro- oder um eine Pelog-Gruppe. Auf Java trifft man sehr große Ensembles aus einer Slendro- und dazu einer Pelog-Gruppe an, indessen werden die beiden nicht zusammen gespielt (vgl. den Artikel ›Java‹, S. 360–363).

Der Begriff der absoluten Tonhöhe existiert in Südostasien nicht. Somit gibt es keine »Standard«-Stimmung, an die sich alle halten, sondern einen zulässigen Spielraum von einer Tonstufe der Leiter zur anderen. Innerhalb des Ensembles werden die einzelnen Instrumente mit größter Sorgfalt aufeinander abgestimmt. Nur kennt man eben den Begriff einer einzigen »richtigen« Stimmung nicht. Vielmehr werden gerade die verschiedenen Stimmungen als angenehm empfunden: die Gefühlslage, in die die eigentümliche Stimmung eines gegebenen Ensembles versetzt, kann Gegenstand langer, begeisterter Diskussionen sein.

5. Musik als Ritual

Das Musizieren hat in Südostasien häufig stark rituelle Züge. Wie die Theateraufführungen, mit denen Musik so oft gekoppelt wird, vermag es die Musik, den einzelnen mit *geistigen Kräften und Mächten* in Verbindung zu bringen, die normalerweise außerhalb seines Horizonts liegen. Da die Kontaktnahme mit spirituellen Kräften nicht nur potentiellen Gewinn verheißt, sondern auch Gefahren heraufbeschwört, haben die Musiker zuvor oft besondere Schutzvorkehrungen zu treffen. In Zentral-Java müssen die Musiker eine Periode des Fastens und der Selbstreinigung durchstehen, bevor die heiligen Gamelans zu dem einmal im Jahr stattfindenden »Sekaten«-Fest erklingen dürfen. In Kambodscha bringen die Schauspieler und die Musiker Opfer dar und sprechen Gebete, ehe sie mit der Aufführung eines Schattenpuppenspiels beginnen.

Musik kann in dem gleichen Sinne wie etwas Materielles ein *Opfer* sein, das man geistigen Mächten zudenkt. Überall in Südostasien begegnet man der Vorstellung, daß der Musiker, der sich seinem Instrument ruhigen und reinen Herzens nähert, kraft seiner Musik eine höhere Bewußtseinsebene zu erreichen vermag. Musik, so glaubt man, ist eine der Brücken zwischen den Menschen und den Göttern; sie ist etwas Schönes, aber auch eine Macht, mit der nicht sorglos umgegangen werden darf. Schließlich gilt die Musik als ein Göttergeschenk.

III. Analysen südostasiatischer Musikinstrumente und ihrer Verwendung nach Ländern

1. Kambodscha

Als ehemaliger Mittelpunkt großer und mächtiger Königreiche, besonders der Khmer-Kultur ungefähr vom 6. bis zum 12. Jahrhundert, ist Kambodscha zu Recht stolz auf seine Geschichte und seine ehrwürdigen Baudenkmäler, die Ruinen von Angkor. Nach Meinung der Kambodschaner leiten sich ihre heutigen Kunstformen unmittelbar von denen ihrer hochgeschätzten Vergangenheit her. Man findet die auf den Basreliefs von Angkor Wat abgebildeten Instrumententypen noch heute in kambodschanischen Dörfern. Es ist bekannt, daß die in Kambodscha angetroffenen Musikinstrumente typmäßig weit in die Geschichte zurückreichen und daß die dortigen Musikstile Verbindungen zu anderen südostasiatischen Musikstilen haben, die weder neueren Datums noch aus dem Ausland eingeführt sind. Da die Bauformen der Instrumente des südostasiatischen Festlandes so sehr übereinstimmen, werden hier nur die kambodschanischen Formen im einzelnen beschrieben. Instrumente, die nicht in Kambodscha vertreten sind, werden in den Abschnitten über die einzelnen Länder behandelt.

Gezupfte Saiteninstrumente:

Die Monochord-Zither »khse diev« oder »khse muoy«, eines der wenigen aus Indien stammenden südostasiatischen Instrumente, das bis heute überlebt hat, besteht aus einem schmalen Stab auf einer Kalebasse als Klangkörper und wird vom Spieler gegen die Brust gehalten. Eine einzige Messingsaite überspannt die ganze Länge des Stabes. Melodien werden erzeugt, indem der Spieler die Finger auf die Saite drückt und dadurch deren Länge und Tonhöhe verändert. Dieses Instrument wird in »arak«-Ensembles verwendet, um die Hilfe überirdischer Mächte gegen Krankheiten und anderes Mißgeschick zu erflehen. Man spielt die Monochord-Zither auch bei Hochzeitszeremonien, als Soloinstrument und begleitend zu Epen, improvisierten Satiren und Volkstänzen. Die Langhalslaute »chapei veng« wurde wegen ihres flachen Klangkörpers und des langen Halses von westlichen Ethnologen oft als Gitarre bezeichnet. Charakteristisch für die Chapei veng-Musik ist die Verwendung einer Saite als Brummstimme. Das Instrument wird in Hochzeitsensembles, als Soloinstrument und zur Begleitung von Epen und Gesangsimprovisationen eingesetzt. Die »Krokodil«-Zither »krapeu« gehört zu einer in Südostasien weit verbreiteten Familie ähnlicher Zithern. Sie hat einen langen, dicken Körper, der auf kleinen Füßen ruht, und charakteristische ungewöhnlich hohe Stege. Das Instrument findet im »mohori«-Orchester (siehe S. 331) sowie solistisch Verwendung. Es ist wahrscheinlich erst in neuerer Zeit aus Thailand nach Kambodscha gekommen.

Gestrichene Saiteninstrumente:

Die Stachelfidel »tro khmer« wird aufrecht mit dem geschnitzten Holzdorn, der unten am Schallkörper sitzt, gegen den Boden gestemmt. Der Bogen hängt nicht mit dem Instrument zusammen. Ungeachtet des Namens ist dieser Fideltyp auch in Burma, Thailand, Malaysia, auf Java und Bali bekannt und ein Ableger der nahöstlichen »rebāb«-Familie. Das Tro khmer wird im Arak-Ensemble (siehe S. 330f.), in Hochzeitsensembles, als Soloinstrument und als Begleitinstrument zu Gesang gespielt. Die Namen der Schoßgeigen »tro chhe«, »tro sor« und »tro ou« ändern sich je nach Größe und Form des Corpus. Im Gegensatz zur Stachelfidel, die auf dem Boden steht, ruht diese Fidel im Schoß des Spielers. Sie hat einen zylindrischen oder kokosnußförmigen Resonanzkörper, zwei Saiten und einen zwischen den Saiten permanent eingeschlossenen Bogen. Von den Geigen des Dorn-Typs mit ihren seitenständigen Stimmwirbeln unterscheidet sich die Schoßgeige ferner dadurch, daß ihre Wirbel an der Rückseite des Halses stehen. Diese Instrumente werden im Mohori-Orchester sowie solistisch gespielt.

Blasinstrumente:

Die Bambusflöte »khloy« tritt als Längs- wie als Querflöte auf und wird sowohl im Mohori-Orchester als auch solistisch eingesetzt. Die gerade Doppelrohrblattoboe »pey« besteht aus einem zylindrischen Rohr, an dessen oberem Ende ein Loch mit einem dünnen Blatt Papier abgedeckt ist. Das Instrument findet in Arak- und in Hochzeitsensembles Verwendung. Die Oboe »sralay« oder »pey« hat vier Blätter und unterscheidet sich von der Doppelrohrblattoboe »pey« durch die ungewöhnliche Corpusform. Der Zylinder ist in der Mitte ausgebuchtet, verjüngt sich vom Zentrum aus nach jeder Seite und weitet sich an den Enden wieder aus. Das vierfache Blatt besteht aus vier dünnen Palmbätter- oder Kupferzungen. Das Instrument wird im »piphat«-Ensemble und in Ensembles bei Begräbnisfeierlichkeiten gespielt. Aufgrund des Namens würde man das Instrument »pey pork« für einen weiteren Vertreter der Oboenfamilie halten, doch gehört es zur Ein-Blatt-Familie und ist wie eine Querflöte geformt. Am Mundloch, seitlich am Zylinder, sitzt ein einzelnes freies Blatt, das dem Instrument einen überraschend tiefen und weichen Ton verleiht. Es wird gewöhnlich als Soloinstrument eingesetzt.

Melodieführende Schlaginstrumente:

Das Metallophon »roneat dek« hat 21 Klangstäbe auf einem rechteckigen Schallkasten und wird mit zwei Klöppeln geschlagen. Es findet im höfischen Piphat-Ensemble Verwendung. Das Bambus-Xylophon »roneat ek« ist die am weitesten verbreitete Form der Xylophonfamilie in Kambodscha und auf dem südostasiatischen Festland. Seine 21 Klangstäbe sind zwischen den emporgebogenen Enden des bootsförmigen Resonanzkastens elegant an Schnüren aufgehängt. Man begegnet dem Instrument im Piphat-Ensemble. Das Holzstabspiel »roneat thom« oder »roneat thoung« ist mit 16 Stäben größer als die übrigen Xylophone. Es ist der »Baß« der Familie und wirkt im Piphat- und im Mohori-Ensemble mit. Unter »kong thom« oder »kong tauch« versteht man einen Kreis aus 16 gebuckelten, topfförmigen Gongs gestaffelter Größe, die halbkreisförmig angeordnet und auf einem niedrigen Holzgestell montiert sind. Die Gongs haben einen Tonumfang von über zwei Oktaven. Der Spieler sitzt in der Mitte des Halbkreises und schlägt die Gongs mit zwei Schlägeln. Neben dem Roneat ek ist dieses Instrument eines der verbreitetsten Musikinstrumente Südostasiens. In Kambodscha hört man es im Piphat-Ensemble.

Rhythmus-Schlaginstrumente:
Die Bechertrommel »skor arak« wird im Arak- sowie im Hochzeitsensemble und zu Volkstänzen als Begleitinstrument gespielt. Die längliche Bechertrommel »skor chhayam« begleitet Volkstänze. Das Trommelpaar »skor romonea« besteht aus einer Becher- und einer Flachrahmentrommel. Ein Spieler schlägt auf beiden Trommeln ineinandergreifende rhythmische Bildungen. Dieses Trommelpaar ist im Mohori-Ensemble vertreten. Die doppelfellige, horizontale Faßtrommel »sampho« sitzt auf einem Holzrahmen auf; ihre beiden Felle werden von einem Spieler mit den Händen geschlagen. Sie hat im Piphat-Ensemble die Führungsrolle inne. Den Namen »skor thom« trägt ein Paar großer, vertikaler Faßtrommeln. Sie werden hochkant hingestellt und an einen Rahmen angehakt, der ein Vorwärtsneigen der Trommeln gestattet. An einem Ende mit zwei Holzschlägeln geschlagen, wirken sie im Piphat-Ensemble mit. Die zweifellige Röhrentrommel »skor yol« hängt sich der Spieler um den Hals und schlägt sie mit beiden Händen. Sie wird bei Begräbniszeremonien gespielt. Das Paar winziger Handzimbeln »ching« wird in allen traditionellen kambodschanischen Ensembles verwendet. Größere Zimbeln (Becken) sind »chap«, die in Begleitensembles zu Volkstänzen anzutreffen sind.

Vervollständigt wird das Register der gebräuchlichen kambodschanischen Instrumente durch große, gebuckelte Hängegongs, wie man sie in Begräbnisensembles und als Begleitinstrumente bei Volkstänzen hört. Es gibt auch große Gongs ohne Mittelbuckel, die allerdings nicht in Musikensembles integriert sind. Diese flachen Gongs werden heute bei Hochzeitszeremonien sowie bei religiösen Feierlichkeiten und wurden früher bei königlichen Umzügen eingesetzt.

Die kambodschanischen Instrumentalensembles sind ein wichtiges Element öffentlicher *Zeremonien* und *Rituale.* Das Arak-Ensemble, das dazu dient, den Beistand der Geister herbeizurufen, und das Hochzeits-Begleitensemble gleichen einander. Beider Textur wird von der Verwendung von Oboe, Saiteninstrumenten und Trommeln bestimmt. (Die nachfolgenden Ensemble-Besetzungslisten sind mehr allgemeine Kategorien als bindende Aufstellungen, da sich die Realität in den einzelnen Ländern unendlich mannigfaltiger und flexibler präsentiert. So nicht anders angezeigt, ist unter jeder Instrumentenangabe ein Instrument zu verstehen; Verdoppelungen von Instrumenten sind in Südostasien eher die Ausnahme als die Regel.) Das *Arak-Ensemble* spielt »pleng arak«, eine besondere Musikform für Zeremonien, in denen Geister angerufen werden, um die Ursache eines Unglücks wie etwa einer Krankheit zu ermitteln. Das Ensemble besteht aus Pey, Tro khmer, Chapei veng, Khse muoy,

Ching und zwei Skor arak. Das *Hochzeitsorchester* ist genauso besetzt, unterscheidet sich jedoch im Repertoire. Es untermalt jedes Stadium der Hochzeitszeremonie mit bestimmten Stücken, die der jeweiligen Situation entsprechen.

Wie das Arak- und das Hochzeitsensemble bilden auch das bei Begräbnissen verwendete Ensemble und das Piphat-Ensemble ein verwandtes Paar. In beiden findet man vielfach die gleichen Instrumente, wenn sie auch in ·Funktionen und Repertoire voneinander abweichen. Das *Begräbnisensemble* wurde früher als Militärmusik eingesetzt. Heute begleitet es nicht nur Begräbnisfeierlichkeiten, sondern auch Boxkämpfe, ein Abglanz seiner ehemaligen militärischen Aufgabe. Zum Begräbnisensemble gehören Sralay, Skor thom, Kong thom und die ebenfalls »kong« genannten großen Hängegongs. Das *Piphat-Ensemble* ist nicht nur das im Lande verbreitetste, sondern auch das variabelste. Seine Formenvielfalt reicht vom eleganten, aufwendig besetzten Palastensemble bis zu ein paar einfachen ländlichen Instrumenten, die in einem entlegenen Dorf erklingen. Ein großes Piphat-Palastensemble kann folgende Instrumente umfassen: Sralay, Roneat dek, Roneat ek, Roneat thoung, Kong thom, Ching, Sampho und Skor thom. Ein Dorfensemble landläufigeren Typs würde aus folgenden fünf Instrumenten bestehen: Sralay, Roneat ek, Kong thom, Sampho und Skor thom. Das Piphat-Ensemble nimmt die verschiedensten Aufgaben wahr. So begleitet es traditionelle Hoftänze, religiöse Zeremonien, Schattenpuppenspiele und Aufführungen des aus dem Indischen stammenden ›Ramayana‹-Epos als Tanzspiel. Es teilt seine Instrumentalformen, seine Funktion und seine Musikstile mit den anderen Schlaginstrumentenensembles Südostasiens.

Das *Mohori-Orchester*, dessen Beliebtheit sich ausschließlich auf den Hof beschränkte, zeigt überaus deutliche chinesische Einflüsse in seinen Instrumenten, in der Verwendung der Fünftonleiter und im Texturklang. Der Einsatz von Instrumenten, die in anderen kambodschanischen Ensembles nicht mitwirken, aber in Thailand populär sind (z.B. die »Krokodil«-Zither Krapeu), sowie die sehr begrenzte Verbreitung dieses Ensembletyps scheinen nahezulegen, daß es erst in neuerer Zeit aus Thailand importiert worden ist. Das Mohori-Orchester besteht aus Khloy, Roneat ek, Roneat thoung, Krapeu, Tro chhe, Tro sor und Tro ou, Skor romonea und Ching. Dieses Ensemble beschränkt sich auf leichte volkstümliche Musik.

2. Thailand

Ein großer Teil der sogenannten *traditionellen Thai-Musik*, die auf Tonträger aufgenommen und von thailändischen Kulturmissionen exportiert worden ist, war ausschließlich höfische Kunst. Mit dem Zusammenbruch der alten Stadtkönigreiche und dem späteren politischen Umschwung im Jahre 1932, der der Monarchie nur noch symbolische Macht beließ, sind die früher an den Höfen kultivierten Musikformen so gut wie völlig verschwunden. In anderen Teilen Südostasiens kann man traditionelle Musik regelmäßig bei dörflichen Riten und Festen hören, wo aufmerksame Zuhörerscharen die Ensembles umlagern. Gleichwohl ist die künstlich konservierte Musik Thailands heute ein wichtiges Symbol thailändischer Eigenstaatlichkeit und der historischen Überlieferungen des Landes sowie eine Quelle des Nationalstolzes. Viele Musikinstrumente sind identisch mit den kambodschanischen, ein Anzeichen für die fortgesetzte gegenseitige Beeinflussung der beiden Länder.

In den Musikschulen Bangkoks werden die Standardensembles Piphat und Mohori, dazu »khruang sai« gespielt. Wichtigstes Ensemble ist das *Piphat-Ensemble* mit folgender Grundbesetzung: »pi nai« (gebauchte Oboe mit Vierfachrohrblatt), »ranat ek« (Xylophon), »khong wong yai« (Kreis mit 16 gebuckelten topfförmigen Gongs auf einem Holzrahmen), »ching« (kleine Handzimbeln), »taphon« (horizontale Faßtrommel, die das Ensemble leitet) und »klong that« (ein Paar großer Faßtrommeln). Durch das Hinzutreten weiterer Instrumente zu diesem Grundstock entstehen zwei umfangreichere Ensembles. Im nächstgrößeren Piphat-Ensemble werden Pi nai, Ranat ek und Khong wong yai von »pi nok« (einem kleineren Pi nai), »ranat thum« (einem tieferen Ranat ek) und »khong wong lek« (einem höher gestimmten Khong wong yai) verdoppelt. Ferner kommen der Gong »khong mong« und die großen Becken »chap« hinzu. Beim größten Piphat wirken auch die beiden Metallophone »ranat ek lek« und »ranat thum lek« mit. Das *Mohori-Ensemble* Thailands verwendet die kleineren, melodieführenden Schlaginstrumente sowie Saiteninstrumente: Ranat ek, Khong wong yai, die Bambusflöte »khlui«, die im Schoß des Spielers gehaltene Bechertrommel »thon«, die damit verbundene Flachrahmentrommel »rammana«, Ching, Chap, Mong, die dreisaitige Stachelfidel »so sam sai«, die beiden zweisaitigen Schoßfideln »so duang« und »so u« sowie die dreisaitige »Krokodil«-Zither »chakhé«. Das *Khruang sai-Ensemble* besteht aus folgenden Instrumenten: So duang, So u, Chakhé, Khlui, Thon, Rammana, Ching und Mong. Diese drei Ensembles spielen ein abwechslungsreiches Repertoire von höfischen Kompositionen, bearbeiteter Volksmusik und neuerer komponierter Musik. Die vielleicht wichtigste Aufgabe des Piphat-Ensembles ist die Begleitung der auf dem ›Ramayana‹-Epos beruhenden populären Tanzspiele.

Außerhalb der Hauptstadt werden nach wie vor verschiedene

andere Formen des musikalischen Ausdrucks gepflegt, von denen manche zweifellos sehr alt sind. Kleine Piphat-Ensembles spielen noch heute bei buddhistischen Zeremonien auf den Dörfern. Im Südstreifen von Thailand nahe der malaysischen Grenze begleitet ein kleines, aus Pi nai, Trommeln, Bambusklappern und Gong bestehendes Ensemble das ländliche Drama ›Manora‹, ein in etwa ähnliches Ensemble aus Oboe und Schlaginstrumenten die Thai-Version des Schattenpuppentheaters ›Nang Talung‹. Dieses Schattenpuppentheater spielt Episoden, die auf das ›Ramayana‹-Epos zurückgehen. Während die Puppen eindeutig thailändische Gestalt haben, sind die Instrumente des Ensembles fast identisch mit denen, die das malaiische Schattenpuppentheater begleiten.

3. Laos

Das Hoforchester von Luang Prabang in Laos gleicht dem höfischen Piphat-Ensemble des kambodschanischen Hofes in Phnom Penh und den Piphat-Ensembles der Musikschulen in Bangkok, wohin auch laotische Hoftänzer zu fortgeschrittenen Studien gehen. So setzte sich die jahrhundertealte Geschichte der gegenseitigen künstlerischen Beeinflussung der höfischen Zentren von Laos, Kambodscha und Thailand fort. Oft haben die höfischen Traditionen dieser Länder mehr Ähnlichkeit miteinander als mit den jeweiligen bodenständigen bäuerlichen Überlieferungen. Die Hofensembles haben wenig Bedeutung für das einfache Volk, sind indes wichtig als Symbole nationalen und regionalen Stolzes, als einheimische, in Südostasien autochthone Kunst.

Das *Piphat-Ensemble*, wie es im Palast von Luang Prabang auftrat, besteht aus folgenden Instrumenten: »rang nat« (ein Xylophon), 2 »khong vong« (topfförmige gebuckelte Gongs auf einem kreisförmigen Holzgestell), »pey« (ein Vierblatt-Blasinstrument mit gebauchtem Körper), »taphon« (eine zweifellige Faßtrommel), »khong thab« (ein Paar großer Faßtrommeln), »ching« (ein Paar kleiner Handzimbeln) und »chap« (ein größeres Paar gebuckelter Zimbeln). Dieses Piphat-Ensemble begleitet wie die in Thailand und Kambodscha die Tanzspiel-Darbietungen der ›Ramayana‹-Geschichten. Wenn es leichtere Musik spielt, treten »so u« und »so i« (zweisaitige Schoßfideln) hinzu.

Weit verbreitet in den Bergregionen von Nordlaos, Ostburma und Nordthailand ist die mehrpfeifige Mundorgel, die in Laos »khene« heißt. Ein äquivalentes Instrument gibt es in China (»sheng«), Japan (»sho«) und auf Borneo (»kledi«). Diese Mundorgel besteht aus mehreren schmalen Pfeifen, die in einem einzigen Windkasten stecken. Jede Pfeife enthält ein Metallblatt, das vom Spieler in Schwingungen versetzt wird, indem er das

Loch unter dem Blättchen abdeckt und dann in den Windkasten bläst. Mit diesem Instrument lassen sich sowohl Melodien als auch Stützakkorde hervorbringen. In Laos wird die Mundorgel Khene als Soloinstrument sowie zur Begleitung von Volkstänzen, Sologesängen und improvisierten Wettsingen zwischen einem Mann und einer Frau (»mohlam« genannt) eingesetzt.

Im Gegensatz zu diesem Wettsingen basiert die dramatische Form ›Mohlam Luong‹ (Geschichte Mohlam) auf der volkstümlichen thailändischen dramatischen Form ›Likay‹, die irgendwann im frühen 20. Jahrhundert aus Thailand nach Laos kam. Dort ersetzte man die thailändischen Instrumente durch die Mundorgel Khene sowie den größten Teil der thailändischen Dialoge und Tänze durch den traditionellen laotischen Gesangsstil Mohlam und schuf so eine neue Form des laotischen Musiktheaters, ein Beispiel für den stilistischen Einfluß angrenzender Länder.

4. Burma

a. Die Musik der Burmesen

Die Isolation Burmas sowohl in der Vergangenheit als auch in neuerer Zeit half uralte Musikinstrumente bewahren, die in anderen Teilen von Südostasien gänzlich oder fast ausgestorben sind. Die gleiche Abgeschlossenheit hat auch in hohem Maße das Musiksystem des Landes vor westlichen Einflüssen geschützt, allerdings auch eine systematische Erforschung verhindert. Demzufolge fühlt heute der burmesische Musiker, so stolz er auf seine eigene Kunst auch ist, schmerzlich den Mangel an Austausch mit der Außenwelt.

Das bedeutendste burmesische Ensemble »hsaing waing« heißt nach seinem wichtigsten Klangwerkzeug, einem Satz von 21 gestimmten Trommeln, die senkrecht in einem kreisförmigen Holzgestell hängen; ein Spieler in der Mitte schlägt jeweils auf das obere Fell. Das Gestell ist höher, massiger als das der Buckelgong-Kreise und reich verziert. Die Trommeln selbst sind größenmäßig abgestuft und haben zusammen einen Umfang von über drei Oktaven. Es sind geschnürte Trommeln der üblichen südostasiatischen Handtrommelform, konisch mit einer gerundeten Ausbuchtung zum oberen Ende hin. Im Gegensatz zu allen seinen südostasiatischen Kollegen, die auf ihren Trommeln rhythmische Muster spielen, führt der Hsaing waing-Spieler, der zugleich Leiter des Ensembles ist, Melodien aus. Außerhalb Burmas findet man den Trommelkreis kaum. Ein ähnliches Instrument wurde in Kambodscha nachgewiesen, doch ist es im Vergleich zu dem burmesischen Beispiel sehr einfach und nur von marginaler Bedeutung. In Indien hat man nach Abbildungen auf Tempelreliefs einen Kreis gestimmter Trommeln nachgebaut. Das

Vorhandensein dieses Instruments im alten Indien und die indische Methode, die Trommeln durch Auftragen eines Gemischs aus Eisenfüllseln und Reisbrei auf einen gemalten braunen Kreis auf dem Trommelfell zu stimmen, zeigen an, daß es sich hier um eines der wenigen überlebenden Klangwerkzeuge aus der Zeit der indischen Beeinflussung Südostasiens handelt. Das burmesische *Hsaing waing-Ensemble* ist den Piphat-Ensembles in Thailand, Laos und Kambodscha stammverwandt, enthält indessen Instrumente, die dort nicht auftreten, an Melodieinstrumenten: Hsaing waing (auch »pat hsaing« genannt, um Verwechslungen mit dem Hsaing waing-Ensemble zu vermeiden), »kyi waing« (Kreis von 21 gebuckelten Gongs an einem Holzgestell; auch »kyi naung« genannt), »maung zaing« (Satz von 18 oder 19 gebuckelten Gongs in fünf Holzrahmen mit 3, 3, 4, 3 und 5 bzw. 6 übereinander angeordneten Gongs; die Rahmen werden flach auf den Boden gelegt, nur der tiefsttönende Satz wird gewöhnlich gegen das Kyi waing gelehnt; das Instrument soll eine ziemlich junge Entwicklung sein und stammt vielleicht erst aus den 1920er oder 1930er Jahren) und »hnè« (eine Doppelrohrblattoboe mit einem konisch zulaufenden Körper und einer großen, bauchigen Glocke, die am Ende locker aufsitzt); an Rhythmusinstrumenten: »chauk lon bat« (ein Satz von 6 Trommeln, bestehend aus 4 von Hand geschlagenen Bechertrommeln, 1 »sahkun«, zweifellige horizontale Trommel auf einem Gestell, und 1 »patma«, große, von einem Gestell herabhängende Faßtrommel, die alle von einem Mann bedient werden); an interpunktierenden Instrumenten: »byauk« (kleiner geschlitzter Gong, ein ausgehöhlter Block mit einem schmalen Spalt an der Oberseite, der mit einem Stock geschlagen wird), »walet hkok« (langes gespaltenes Bambusstück, das mittels eines Scharniers eine Klapper ergibt, von einem Spieler gehandhabt), »yagwin« (große Zimbeln), »si« (kleine Handzimbeln) und »maung« (große hängende Buckelgongs). Endlich gibt es noch mehrere verschiedene Trommeln für besondere Verwendungszwecke in speziellen Stücken.

Dieser Instrumentenkatalog stellt das Hsaing waing-Ensemble in seiner vollständigsten Form dar; gleichwohl vermöchte ein Dorf mit beschränkteren Möglichkeiten das gesamte überkommene musikalische Repertoire auch in einer stark verkleinerten Version der oben angegebenen Besetzung zu spielen.

Das eine sehr schwungvolle, ungestüme Musik spielende Hsaing waing-Ensemble ist in Zentral-Burma ein wesentliches Element aller *Tänze* und *Tanzspielaufführungen, buddhistischer Zeremonien* und *Geisteranbetungsrituale.* Die Musiker sind meist Berufsmusiker, fast immer jugendlich, gewöhnlich aus Rangun oder Mandalay, und gehören einem bis in die kleinsten Dörfer umherziehenden Wandertheater an. Daher ist das traditionelle Repertoire des Hsaing waing wohlbekannt und wird von kleineren, nicht so gut geschulten Dorfgruppen mehr oder weniger erfolgreich nachgeahmt.

Bietet die Musik des Hsaing waing-Ensembles auch das charakteristischste Klangbild in Burma, so tragen doch andere Instrumente und Kombinationen von Instrumenten zu einer Vielfalt weiterer Musikstile bei. Zu den beliebtesten Hausmusikinstrumenten gehört das Xylophon »pattala«, dessen Klangstäbe über einem geschwungenen, bootsförmigen Resonanzkörper liegen. Es ist identisch mit den kambodschanischen und thailändischen Versionen des gleichen Instruments. Soll ruhige, gedämpfte Musik gespielt werden, tritt oft die am Ende angeblasene Flöte »palwè« hinzu. Auch die populäre Zither »do min« wird für Aufführungen sowohl traditioneller als auch neukomponierter Musik herangezogen.

Von den burmesischen Instrumenten genießt keines höheres Ansehen als die Bogenharfe »saung gauk«. Das Corpus besteht aus einem hohlen, etwa 75 cm langen Block, in dessen einem Ende ein anmutig geschwungener Hals steckt. 14 Saiten laufen vom Hals zum Corpus, das lackiert und mit Blattgold und Edelsteinen verziert ist. Dieses uralte Musikinstrument tauchte erstmals in Mesopotamien um 3200 v. Chr. auf. Vom 2. Jahrhundert v. Chr. bis zum 8. Jahrhundert n. Chr. wurde es häufig auf indischen Tempelreliefs abgebildet, später auf von Indien beeinflußten Tempelreliefs in Südostasien (Angkor Wat, Borobudur, Pagan). Heute ist es aus seiner mittelöstlichen Heimat, aus Indien und aus anderen Gegenden Südostasiens verschwunden. Die Bogenharfe war früher ausschließlich für den höfischen Bedarf reserviert, doch heute werden auf ihr alljährlich einige wenige Studenten an den Kunsthochschulen in Mandalay und Rangun unterrichtet. Sie hat dasselbe Repertoire von traditionellen Gesängen wie die anderen Kammermusikinstrumente und der Trommel-Kreis Hsaing waing.

Die Anziehungskraft *westlicher Schlagermusik* auf die Jugend ist unbestreitbar und läßt befürchten, daß die jungen Leute ihre Traditionen vergessen. An einigen Orten (in Bangkok sowie in Djogdjakarta, Djakarta und Surabaja in Indonesien) gibt es Schulen für westliche klassische Musik. In Thailand scheinen *westliche Traditionen* sowohl der klassischen als auch der unterhaltenden Musik zum Niedergang der überlieferten thailändischen Musik beigetragen zu haben. Anderswo, so auf Java und in Burma, sind die einheimischen Musiktraditionen noch stark. Dennoch haben westlich inspirierte Neuerungen in ganz Südostasien Fuß gefaßt, wenn auch nicht überall in gleichem Maße. In Burma wird dies besonders an der weiten Verbreitung bestimmter westlicher Musikinstrumente wie namentlich der Geige, der Hawaii-Gitarre und des Klaviers deutlich. Aber in jedem Falle wurde der fremde Import »eingebürgert« und restlos in das burmesische Musiksystem eingefügt. Die Violine und die Hawaii-Gitarre sind für eine solche Umformung außerordentlich gut geeignet. Beide lassen sich mühelos in der burmesischen Skala stimmen und können auch die Gleittöne hervorbringen, die ein so bezeichnendes Element der burmesischen musikalischen Phrasen sind. Auch das Klavier wurde zu einem burmesischen Instrument. Nach der Neustimmung wird es im perkussiven Stakkatostil des Hsaing waing, Kyi waing und Pattala gespielt.

b. Die Musik der Mon

Der Volksstamm der Mon bildet keine Nation, sondern eine Minderheitsgruppe, die Gebiete Südburmas und Westthailands bewohnt. Die Mon sind nicht zahlreich und haben sich durch Heirat stark mit den Nachbarvölkern vermischt. Sie behaupten, unmittelbare Nachfahren der mächtigen Mon-Khmer-Reiche des Mittelalters (Thaton und Pagan in Burma, Angkor in Kambodscha) zu sein, und halten ihre eigene Kultur für älter und höherstehend als die der sie umgebenden Thai und Burmesen sowie die verschiedener anderer Volksstämme. Man weiß nicht genau, in welchem Grade die Mon den Musikstil der Burmesen und Thai mitgeformt haben, doch wird immerhin einer der gängigen thailändischen Stile als Mon-Stil bezeichnet.

Gesicherter ist der Beitrag der Mon zur Entwicklung der Musikinstrumente. Die Bogenharfe Saung gauk aus Burma war früher ein Mon-Instrument. Ebenso wird der Gong-Kreis in seiner archaischen Form als ein umgedrehtes U noch heute von den Mon gepflegt. Die in Burma gespielte »Krokodil«-Zither »mi gyaung« ist ein Mon-Instrument und hat ihre ursprüngliche Krokodilform bewahrt. Verwandte »Krokodil«-Zithern in Thailand (Chakhé), Kambodscha (Krapeu) und auf Java (»katjapi«) haben sich von der früheren tiersymbolischen Gestalt der Mon-Zither fortentwickelt.

Während die oben genannten Instrumente auf eine ausgeprägt konservative Haltung der Mon verweisen, zeigt ein anderes ihrer traditionellen Instrumente eindeutig Veränderungen jüngeren Datums. Die Mon-Version der Stachelfidel »tro«, eine aus der nahöstlichen Rebāb entstandene Form, hat heute den Körper der westlichen Viole. Auf diesem westlich geprägten Corpus sitzt ein schwerer, reichgeschnitzter Wirbelkasten traditioneller Art.

5. Malaysia

a. Die Malaiische Halbinsel

Die Malaiische Halbinsel kennt zwar auch Gongs, doch hat sich in deren Anwendung die Gewichtung verschoben. Der Wechsel von diatonischen Melodien, wie sie von Burma bis Kambodscha auf Xylophonen gespielt werden, zu den überladenen, melismatischen, beschränkten Konfigurationen, die die Malaien der Stachelfidel Rebāb oder der Oboe »serunai« entlocken, bedeutet einen Wechsel von bodenständigen südostasiatischen Musikstilen zum Musikstil des Nahen Ostens. Musikalische Phänomene können niemals aus ihrer historischen und kulturellen Umwelt ausgeklammert werden. Die Malaiische Halbinsel und die benachbarte Insel Sumatra sind die dem *Islam* am stärksten verhafteten Gebiete Südostasiens, dessen Vorherrschaft sich in den verschiedenen Musikstilen spiegelt. Zum einen hat sich der Akzent von diatonischen, auf Schlaginstrumenten gespielten Kompositionen hinwegverlagert, zum anderen sind die hochentwickelten Tanzspiel-Traditionen Südostasiens in Malaysia fast völlig verschwunden. Daß der Islam solche Kunstformen ablehnt, ist erwiesen, doch macht ihre Präsenz in allen übrigen südostasiatischen Ländern, die mehr von der hinduistisch-buddhistischen Kultur geprägt wurden, die Annahme sehr wahrscheinlich, daß sie einst auch in Malaya gebräuchlich waren, nach dem Eindringen des Islam indessen verkümmerten. Die geographische Lage der Malaiischen Halbinsel mit ihren natürlichen Möglichkeiten, den Handel zwischen Europa, Indien, China und den indonesischen Inseln zu kontrollieren, ließ sie vom 16. bis zum 20. Jahrhundert zum Schlachtfeld rivalisierender europäischer Mächte werden. Doch trotz aller fremdländischen Einflüsse haben einige traditionelle Künste überlebt, und wenn auch nicht weit verbreitet, so bestätigen doch diese Überlieferungen noch immer die kulturellen Beziehungen Malayas zu den unmittelbar benachbarten Ländern.

Einen schwachen Abglanz vergangener Prachtentfaltung der malaiischen Sultanate gibt die »nobat« genannte *Königsmusik* der malaiischen Höfe. Die königlichen Nobat-Instrumente begleiteten königliche Hochzeiten, Geburten, Krönungen usw. Zu jedem Stadium der Zeremonie oder zu jeder spezifischen Handlung erklang eine eigene Weise. Wie königlichen Ensembles in der ganzen Welt, wurden auch den Nobat-Instrumenten übernatürliche Kräfte zugeschrieben. Das *Nobat-Ensemble* besteht aus folgenden Instrumenten: 2 »nengkara« (große Kesseltrommeln; Name und Form dieser Instrumente deuten auf nahöstlichen Einfluß), »gendang« (große Faßtrommel), 2 »gendang peningkah« (zweifellige Röhrentrommel), Serunai (Doppelrohrblattoboe mit einer sich sanft verbreiternden, konischen Form und bauchiger Glocke am Ende), »keprak« (Flachrahmentrommel; nahöstlicher Einfluß) und 2 »cherachap« (Bambusklappern).

Das klarste Beispiel für nahöstliche Musizierstile liefert das Singen von Versen zum Preise Allahs, des Propheten, und dessen Familie. Begleitet von der Flachrahmentrommel »rebana« oder vom Gendang, werden diese »dikir« genannten Lobgesänge die ganze Nacht lang bei Hochzeiten, Beschneidungen und bei Feierlichkeiten am Geburtstage des Propheten gesungen.

Obwohl *Theateraufführungen* in Malaysia nicht die gleiche kulturelle Bedeutung wie z. B. in Burma oder auf Java haben, sind sie doch historisch und künstlerisch noch immer recht interessant. Früher konnte man in den nördlichen Teilen der Provinzen Kelantan und Trengganu ein gesungenes Drama mit dem Titel ›Ma'yong‹ sehen, das keine offensichtlichen Verbindungen zu den vielen anderen verwandten Formen in Südostasien aufwies. Die Geschichten sind keineswegs die üblichen ›Ramayana‹- oder ›Mahabharata‹-Epen, sondern alte malaiische Volksmärchen. Das ›Ma'yong‹ vertritt nicht den gewöhnlichen Typus des südostasiatischen Dramas, in dem sich sämtliche Personen nur stilisiert bewegen; es ist vielmehr eine naturalistischere Form des Theaterspiels. Das ›Ma'yong‹-Ensemble gruppiert sich nicht wie das übliche Ensemble um melodieführende Schlaginstrumente, sondern um die dreisaitige Rebāb. Andere Instrumente des Ensembles sind »tawak tawak« (zwei große gebuckelte Gongs verschiedener Tonhöhe), Serunai und 2 Gendang, außerdem in Ensembles, die von der Thai-Tanzspielform ›Manora‹ beeinflußt sind, »chanang« (zwei kleine Metallzimbeln auf niedrigem Holzgestell) und Cherachap (Bambusklappern).

›Ma'yong‹ scheint eine einheimische Schöpfung zu sein; das »wayang kulit« (Schattenpuppenspiel) indessen hat direkte Beziehungen zum javanischen »wayang kulit«. Die technische Terminologie in Altjavanisch, Bühnengebräuche und Aufführungsstil (historische Belege für einen jahrhundertelangen Austausch zwischen malaiischen und javanischen Königreichen) lassen darauf schließen, daß hier eine javanische Form unmittelbar entlehnt wurde. Das Begleitensemble allerdings ist anders. Statt der vollen Gamelan-Begleitung Javas verwenden die Malaien ein viel einfacheres Ensemble ähnlich dem des südthailändischen Schattenpuppentheaters. (Die schlichten Ensembles Thailands und Malayas könnten von archaischen javanischen Wayang kulit-Begleitungen herstammen.) Das malaiische *Wayang kulit-Ensemble* umfaßt folgende Instrumente: 2 kleine horizontale Buckelgongs im Holzgestell, Serunai, 2 Gendang, eine Bechertrommel und Tawak tawak.

b. Nordborneo

Die Perkussionsensembles, die auf der Malaiischen Halbinsel fehlen, sind in den malaysischen Provinzen Serawak, Brunei und Sabah auf Nordborneo noch sehr stark vertreten. Die *Buckelgong-Ensembles* in Nordborneo sind in ihrer Besetzung und im Namen identisch mit denen ihres nahen Nachbarn, der südphilippinischen Insel Mindanao. In Brunei besteht das Buckelgong-Ensemble »gulintangan« aus folgenden Instrumenten: dem eigentlichen »gulintangan« (einem Gestell mit acht topfförmigen gebuckelten Gongs, die melodische Muster spielen) und einem Satz großer gebuckelter Hängegongs in einem Gestell mit 2 »gong« (größter Gong), 2 »chanang« (kleinerer Buckelgong), 2 »tawak« (breitrandiger Gong) und »gendang labit« (zweifellige Röhrentrommel, von einem Mann gespielt). Die hängenden Gongs unterstützen die Melodien des Gulintangan mit rhythmischen Mustern. Der Gulintangan war früher ein Bestandteil der heiligen Regalien des Sultanats Brunei und erklang bei allen Staatsfeierlichkeiten. Heute wird er noch zur Begleitung jahreszeitlicher Rituale eingesetzt. Der Besitz weich und schön klingender Gongs ist in den Gemeinden ein soziales Statussymbol.

6. Indonesien

Die gewaltige Ausdehnung Indonesiens und seine kulturelle Vielfalt machen eine einfache Zusammenfassung der dortigen Musikstile unmöglich. Das Gebiet reicht vom islamischen Sumatra im Westen über die Gamelan-Zentren Java und Bali ostwärts bis zu den Kleinen Sunda-Inseln, den Großen Sunda-Inseln wie Celebes und die Molukken mit ihrer Hinneigung zu pazifisch-polynesischen Kulturen und bis West-Irian mit seinen Beziehungen zum übrigen Neuguinea und dem Australien der Ureinwohner, und es gibt zahlreiche verschiedene Stilbereiche, die sich nur wenig überschneiden.

a. Sumatra

Die Musiktraditionen Sumatras scheinen mit denen der Malaiischen Halbinsel viel enger zusammenzuhängen als mit denen anderer Teile Indonesiens. Bei den Batak-Völkern in Nordsumatra begleitet ein aus der Oboe »serunai«, dem Haupt-Melodieinstrument, und einigen unterstützenden Trommeln sowie mehreren gebuckelten Gongs und einem geschlitzten Gong/Trommel-Instrument, die die Phrase interpunktieren, viele Feste und Feiern. Die Verwendung von Buckelgongs nur für Interpunktionszwecke, nicht aber in ihren kleineren Formen als Melodieinstrumente, und die Bedeutung des oboenähnlichen Instruments Serunai verknüpfen Nordsumatra musikalisch mit seinem nächsten Nachbarn Malaysia. Bei den Minang Kabau Westsumatras sind entschieden nahöstliche Klänge zu hören. Ein gepreßt singender Sänger wird oft von einer Längsflöte begleitet, die nach Art der Heterophonie dicht der Gesangslinie mit zusammengezogenen melismatischen Melodieverzierungen folgt. Oder ein kleines Ensemble aus Flöten, einem kleinen Xylophon und einer Stachelfidel, die alle dieselbe Melodielinie spielen, bekommt dazu die Zählzeiten von einem Gong markiert. Dieser Musikstil ist weit entfernt von der kunstvollen Polyphonie einheimischer südostasiatischer Musikstile.

b. Java

Auf den Inseln Java und Bali erreichen die perkussiven Gongensembles Südostasiens ihren höchsten Entwicklungsstand, wobei Unterschiede in der Besetzung zwischen Sunda (West-Java), Zentral-Java und Ost-Java bestehen. Jedes Ensemble von 5 bis 75 Instrumenten unter Einschluß von Xylophonen und Buckelgongs wird *Gamelan* genannt. Der Gamelan begleitet meist *Rituale, Theater- und Tanzaufführungen.* Diese Darbietungen umfassen die gesamte Stilskala vom raffiniertesten bis zum urtümlichsten.

Das populärste und in der javanischen Mentalität am tiefsten verwurzelte der so verschiedenen Theatergenres Javas und zugleich dasjenige, welches alle Klassenschranken durchbricht, ist das Puppenspiel *Wayang kulit*. Die Geschichten des Wayang kulit entstammen gewöhnlich dem ›Mahabharata‹- oder dem ›Ramayana‹-Epos. Diese die ganze Nacht während Aufführungen unter freiem Himmel werden zur Feier einer Geburt, einer Hochzeit, zur Anrufung hilfreicher Geister bei Krankheiten, als Danksagungen an Geister für die Erfüllung eines Wunsches sowie in den städtisch geprägten Gebieten zuweilen einfach zur Unterhaltung veranstaltet. Die Repertoirestücke, mit denen der Gamelan festgelegte Szenen untermalt oder typische Figuren ankündigt, sind vielleicht die bekanntesten Stücke auf Java.

Allerdings sind die Gamelan-Traditionen Javas nicht ohne Konkurrenz geblieben. In Sunda (West-Java) läßt sich häufig ein Kammerensemble hören, das aus zwei oder drei »katjapi«, einer langen kastenförmigen Zither, die auf dem Boden ruht, und der zweisaitigen »rebāb« oder der am Ende angeblasenen Bambusflöte »suling« besteht.

Ein beliebtes sundanesisches Volksinstrument ist der »angklung«, eine Art gestimmter Rassel. Jedes Instrument ist ein einzelner, von einem Mann bedienter Bambusrahmen, an dem drei gleichgestimmte Bambusröhren befestigt sind. Wird der Rahmen geschüttelt, so entsteht ein vibrierender Ton. Wenn die Rahmen nacheinander geschüttelt werden, ergibt sich aus den

Einzeltönen der Instrumente nach Art des Hoquetus eine Melodie. In ihrer natürlichen Umgebung werden stets nur wenige Angklung zusammen gespielt. Die Musik besteht in einfachen repetierten Phrasen. Sie erklingt bei Reispflanz- oder Erntefesten, wobei jeder Mann sich stilistisch und rhythmisch passend zu der Musik bewegt, während er sein Angklung hält. Mit diesem einfachen, aber reizvollen Instrument wird heute in Schulen allenthalben in Indonesien westliche wie national-indonesische Musik unterrichtet. Die Ensembles lassen sich auf einen Gesamtumfang von mehreren Oktaven ausbauen; sie können Töne verdoppeln oder verdreifachen und sind in der westlichen diatonischen Leiter gestimmt. An diesen Instrumenten lernen Schulkinder westliche Harmonien und westliche Melodien. Die *Angklung-Gruppe* wurde heute zum festen Bestandteil der Feierlichkeiten in Grund- und höheren Schulen sowie von Staatszeremonien. Demgegenüber dominiert auf Java bei privaten Festen wie Hochzeiten, Geburtstagen oder Beschneidungen noch immer der Gamelan.

Eine alte Übernahme aus westlichen Quellen ist die Musik der zahllosen »krontjong«-Kapellen Indonesiens. Die Grundbesetzung besteht aus einer Gitarre, einem gezupften Violoncello, einer Ukulele, einer Sängerin und bisweilen einer Flöte. Das ursprüngliche Vorbild waren die Saiteninstrumentenensembles, die im 16. Jahrhundert nach Ost-Indonesien gelangte *portugiesische Volksweisen* spielten. Manche Kapellen haben die westliche diatonische Leiter, die ausgewogenen Phrasen und den leichten Unterhaltungscharakter ihrer europäischen Modelle behalten. Andere Gruppen erzeugen einen stark von Gamelan-Stilen beeinflußten Klang. Aus der westlichen diatonischen Skala können 5 Töne ausgewählt werden, die eine der Pelog-Reihe ähnliche Leiter ergeben. Die Gesangsphrasen erinnern oft an die der Solistin im Gamelan. Mitunter gemahnt ein hartnäckig wiederholter Pulsschlag der Ukulele an die Funktion des »ketuk« (kleinerer Gong) im Gamelan. Durch solche kleinen, subtilen Änderungen wird ein fremder Stil allmählich zu einem einheimischen Stil umgeformt.

Die *Gamelan-Überlieferungen* Javas sind heute zwar nirgendwo vom unmittelbaren Untergang bedroht, aber doch viel ernster gefährdet als je zuvor, die Zeit der Einführung des Islam und der Kolonisierung der Insel durch die Holländer inbegriffen. Indonesien ist jetzt eine Nation, die sich schnell modernisiert und nach draußen blickt. Man fördert neue künstlerisch-symbolische Formen, die mehr das ganze Indonesien als nur Java allein repräsentieren. Regierung und breite Volksschichten wollen Indonesien möglichst rasch und umfassend zu einer Nation des 20. Jahrhunderts machen, die letzten Spuren des Feudalismus tilgen und den tiefsitzenden, mit hinduistischen Elementen vermischten Animismus überwinden, der noch heute die religiöse Haltung vieler, nominell mohammedanischer Javaner prägt. Am gefährlichsten ist der Versuch vieler führender Politiker und der meisten Intellektuellen des Landes, die Weltanschauung des Volkes von einer elementar mystischen, nichtrationalen, von Ehrfurcht erfüllten Lebensauffassung, die äußeren Erscheinungen zutiefst mißtraut, die innere Wirklichkeit verbirgt und davon ausgeht, daß unsichtbare Mächte in alle Aspekte eines Menschendaseins hineinwirken, zu einer westlich orientierten, rationalen Einstellung zum Universum umzuformen, in der die Dinge das sind, was sie zu sein scheinen, unsichtbare Mächte entweder ignoriert oder bezweifelt werden und das Schicksal des einzelnen wie das der Nation als kontrollierbar gilt. Die Welt des Gamelan ist nicht die eines modernen, zielgerichteten, nationalistischen Strebens, sondern eine transzendentale, aufs Innere lauschende. Die modernen Gamelan-Komponisten sind sich der ihnen erwachsenden Probleme schmerzlich bewußt und suchen nach vernünftigen Lösungen.

c. Bali

Die *Gamelan-Traditionen* Balis bedienen sich zwar im Grundsätzlichen der gleichen Instrumente und des gleichen Musizierstils wie die javanischen Ensembles, sind indessen in einem solchen Maße weltberühmt geworden, daß sie in jeder Erörterung südostasiatischer Musik einen besonderen Platz beanspruchen dürfen. Durch ein paar geringfügige Veränderungen an der Instrumentierung, durch den Einsatz harter hölzerner anstelle wattierter Schlägel, ferner durch Anziehen der Tempi und das Betonen von Gegenrhythmen verwandelt sich die in ihrem eigentlichen Wesen ruhige musikalische Textur des javanischen Gamelan in die vielleicht brillanteste, rasendste Musik der Welt. Die Geschwindigkeit und die absolute Präzision, mit der ein gut geschulter balinesischer Gamelan gespielt wird, sind fast unglaublich. Keine andere asiatische Musikkultur legt einen solchen, dem Westen nur allzu vertrauten Wert auf technischen Drill und exakte Repetition wie die Balinesen.

Die balinesische Musik ist untrennbar mit sämtlichen Aspekten des balinesischen rituellen Lebens verknüpft. Es gibt mannigfache Spielarten des Gamelan, und jede hat ihre eigene Kombination von Instrumenten, ihr eigenes Repertoire und ihre eigene Aufgabe. Viele klingen übrigens zarter und delikater als die berühmten Groß-Ensembles.

d. Ost-Indonesien

Nördlich und östlich von Bali liegen Sulawesi (Celebes) und die Molukken-Inseln. In diesem Gebiet setzen sich mehr und mehr instrumentale Eigenheiten des pazifisch-ozeanischen Raumes durch, z.B. Nasenflöten, eine aus einem Bambusrohr gefertigte Zither, Panflöten und viele Spielarten gezupfter Saiteninstrumente europäischer Herkunft wie Gitarre und Ukulele. Die Bewohner der Molukken-Inseln mischen ihre anscheinend bodenständige Vokalharmonik mit westlichen, von Missionaren gelernten Harmonien und sind als Chorsänger berühmt.

Den östlichsten Teil Indonesiens bildet West-Irian, die indonesische Hälfte von Neuguinea. Die Musik dieser riesigen Insel ist nahezu unbekannt. Die Küstengebiete reflektieren die Musikkulturen der Nachbarinseln, während das Landesinnere von Kontakten in der neueren Geschichte fast völlig unberührt blieb. Eine ungefähre Übereinstimmung der Kulturformen und physischen Merkmale sowie mögliche Sprachverwandtschaften zwischen Neuguinea und dem Australien der Ureinwohner vorausgesetzt, müßte die Musik West-Irians der der australischen Ureinwohner ähneln. Aber diese Verbindungen sind nicht geklärt. In Neuguinea dominiert die Vokalmusik, die dort in mannigfaltigen polyphonen, vielstimmigen Formen wie Kanons, Antwortstrophen, kontrapunktischen Formen und mehrstimmigen Zusammenklängen zu hören ist. Panflöten, riesige Zeremonienflöten, große horizontale Schlitztrommeln bzw. -gongs und schmale, einfellige Sanduhr-Trommeln sind häufig.

JAAP KUNST
(Übersetzung aus dem Niederländischen von Susi Klein)
Indonesische Musik

I. Allgemeines. – II. Sumatra und die umgebenden Inseln. – III. Borneo. – IV. Celebes. – V. Kleine Sunda-Inseln. – VI. Molukken

I. Allgemeines

Der indonesische Archipel ist in musikalischer und musikhistorischer Hinsicht eines der reichsten Gebiete der Welt. Viele Rassen und Kulturen haben sich in diesem riesigen Inselkomplex zusammengedrängt, sich beeinflußt und einander abgelöst. Jede Rasse brachte ihre eigene Kultur und Musik mit. In historischer Zeit ist das alt-indonesische Erbgut, das selbst wahrscheinlich das Produkt verschiedener noch älterer Kulturkomponenten ist, im 2. Jahrtausend v. Chr. mit seinen Trägern in verschiedenen Immigrationswellen in den Archipel eingeströmt und hat dort vielleicht (sowohl durch den Kontakt mit Einwohnergruppen, die es dort bereits antraf, als auch durch anfängliche insulare Abgeschiedenheit) noch gewisse Änderungen erfahren. Diese Musik ist dann im ersten nachchristlichen Jahrtausend indischen und chinesischen, danach arabischen und, seit dem 16. Jahrhundert, abendländischen (portugiesischen und niederländischen) Einflüssen unterworfen gewesen. Diese Einflüsse haben sich bei den verschiedenen Inselbewohnern in verschiedenem Maße und ungleicher Dosierung geltend gemacht, und dadurch hat, obwohl eine gemeinschaftliche indonesische Basis überall zu erkennen ist, jede Insel, ja, oft jeder Inselteil und jeder Stamm seinen eigenen musikalischen Charakter. Die zahlreichen instrumentalen und kompositorischen Formen, welche man heutzutage im Archipel antrifft, können hier nicht vollständig beschrieben werden. Es genügt, ein zusammenfassendes Bild von den Äußerungen eines bestimmten Gebietes zu geben und überdies die merkwürdigsten und wichtigsten Formen zu erwähnen. Einige Gebiete, Perioden und Instrumente wurden anderweitig behandelt (vgl. die Artikel ›Bali‹, ›Gamelan-Musik‹, ›Hindu-javanische Musik‹, ›Java‹ und ›Südostasien‹).

II. Sumatra und die umgebenden Inseln

Mit Ausnahme einiger heidnisch-christlicher Gebiete ist hier überall das *Instrumentarium* und häufig auch der *Gesang* stark vom *Islam* und der *persisch-arabischen Kultur* beeinflußt. Charakteristisch hierfür sind: »gambus«, eine Zupflaute mit einer einzelnen und drei Doppelsaiten; »rebana« oder »redep« (eine Rahmentrommel); eine kleine, flache, zweifellige Trommel, gewöhnlich »marwas« genannt; »bangsi«, eine Bambus-Schnabelflöte, die im allgemeinen sechs Fingerlöcher an der Vorder- und ein Loch an der Rückseite hat, und eine Holzschalmei, die meistens mit einem etwas veränderten persischen Namen »serunai« (ursprünglich »surnai«) belegt wird. Daneben findet man überall einige echt *indonesische Instrumente* wie die Maultrommel, die gewöhnlich mit ihrem malaiischen Namen »génggong« genannt wird, und die zweifellige (manchmal bauchige, gewöhnlich abgestumpft-konische) Trommel (»kenḍang«, »genḍang«, »göṇḍrang«, »göndra«).

In den *Batakländern* und auf der Insel *Nias* findet man, neben manchen bereits genannten Instrumenten, auch noch eine Anzahl Flötenformen (Nias: »sigu mbawa«, »suruné ndrawa«; Batakländer: »sordam«, »salodap«, »salohat«, »taratoit«, die letzten drei sogenannte Mittellochflöten), Xylophone (Nias: »doli-doli«; Batakländer: »garantung«) sowie auch Bambuszithern (Nias: »koko«; Batakländer: »nungneng«, »tanggetong«) und Spießlauten, welche gestrichen werden; letzteren auch nördlichen in Atjèh (Nias: »lagija«; Batakländer: »arbab«; Atjèh: »hareubab«). Für die Batakländer (sowohl Toba als Karo) ist ferner eine zierlich geformte, vortrefflich ausgearbeitete Zupflaute charakteristisch, die mit zwei aus Palmfasern (»riman«) gemachten Saiten bespannt ist, wie die meisten Lauten des Archipels (und die bootförmigen sundanesischen Zithern) »katjapi« (»hasapi«, »hapetan«; Karo: »kultjapi«) genannt; daneben große und kleine Gongs, die z.T. im Lande selber hergestellt werden (so im Dorfe Kuta tengah, im Lingga-Gebiet in den Karoländern), teilweise aus Java (Semarang) via Padang importiert werden; außerdem kommen Trommeln und kleine Schalmeien vor. Die Gongs, die man auf Nias bei den Stammeshäuptlingen antrifft (große, die »gong«, und kleine, welche »faritia« oder »saraina« genannt werden), sollen alle von Java herstammen. Schließlich müssen in Nias auch noch die vielen prachtvollen Trommeln erwähnt werden (einige zweifellige, die anderen einfellige Bechertrommeln, die manchmal 2¹/₂ bis 3 Meter lang sind), die man dort, vor allem im Süden, antrifft: »tamburu«, »tsjutsju«, »göndra«, »fodrahi«, »taburana«. Das merkwürdigste Instrument auf Nias ist der zweitönige Bambus-Summer »druri dana«. Die Verbreitung dieses Instruments stimmt überein mit der Verbreitung der ältesten der beiden *megalithischen Kulturen*, welche den Archipel erreicht haben. Man vermutet, daß die Träger dieser Kultur, die aus Yünnan (Süd-China) stammen, das Instrument über die

Philippinen nach dem Archipel mitgebracht haben. Außer auf Nias trifft man es heute auch in Serawak (West-Borneo) an, ferner in einem Teil von Malaya (in der Nähe der Landenge von Krah; »génggong sakai«), auf den Sangihe- und Talaud-Inseln (»sasesahèng«), auf Ternate (»baka-baka«; hierhin wurde es aber erst kürzlich aus Celebes importiert), auf Celebes (»réré«, »talalo«), auf Banggai (»tatalu«), auf den Sula-Inseln und auf Ost-Sumbawa. Man nimmt das Instrument, in dessen röhrenförmig gelassenem unteren Teil (der als Griff und gleichzeitig als Klangkörper dient) zwei diametral einander gegenübergestellte Löcher angebracht sind, durch deren Schließung der Ton ungefähr einen Ganzton niedriger wird, in die rechte Hand und schlägt es mit seinen Lamellen auf das linke Handgelenk oder, wenn, wie auf Nias, der Spieler in jeder Hand ein solches Instrument hält, auf die Kniescheibe. Auf Nias ist von einem Druri-Paar immer das eine Instrument kleiner als das andere und gibt dadurch einen (ungefähr um einen Ganzton) höheren Klang. Gibt das eine Instrument also die Töne *c* und *e*, dann läßt das andere die Töne *d* und *fis* hören. Zusammen geben sie also eine Tonreihe, welche einen Tritonus umspannt: *c d e fis*. Das ist die Tonleiter, welche die Basis für die meisten der süd-niassischen Lieder abgibt. Die Skala des folgenden Liedes aus Süd-Nias ist *des es f g*:

In den *Toba-Batakländern* findet man ganze Reihen zueinander gehörender, in Tonleiterfolge gestimmter Trommeln, die mit Stöcken geschlagen werden; gute Spieler lassen mit erstaunlicher Virtuosität Kompositionen hören, die durch kanonische Imitationen und subtil ausgewogene Rhythmik auch den abendländischen Zuhörer fesseln. Eine solche Trommelreihe (»tataganing«, »gondang«) gibt es außerhalb der Tobaländer, soweit bekannt, in Asien nur in Burma. Für Atjèh müssen außer den bereits genannten typisch mohammedanischen Instrumenten und den Hareubab u. a. noch kleine einfellige Vasentrommeln (»geudumba«) und dreisaitige Bambuszithern genannt werden (»tjanang triëng«).

Süd-Sumatra und der daran grenzende Teil Zentral-Sumatras ist das *Land der Tänze* der »gadis« (der jungen Mädchen); sie machen ihre feierlichen Tanzschritte zu den Tönen von fünf oder zehn kleinen Gongs, die auf gekreuzten Schnüren auf einem Holzgestell oder auf zusammengefalteten Bananenblättern liegen, einiger Trommeln und eines größeren hängenden Gongs.

Für dasselbe Gebiet muß auch die komplizierte Tauben-Lockflöte (»dakut«, »dikut«) genannt werden, die übrigens, des

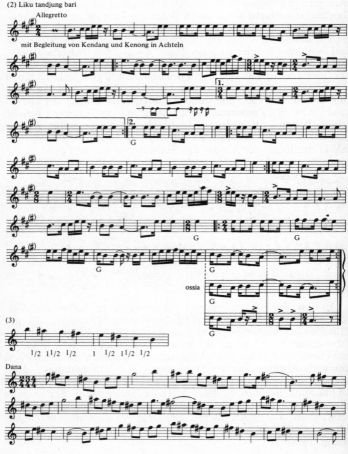

(4) Djeruk purut

öfteren unter gleichem Namen, auch auf Borneo (in Serawak) gefunden worden ist, sowie die merkwürdige Fischrassel (das bekannte Haifisch-Sistrum »oro-oro« aus dem Riouw- und Lingga-Archipel. Dieses Instrument gibt, wenn man es halb im und halb über dem Wasser auf und nieder schüttelt, ein rasselndes und schäumendes Geräusch und wird als Lockinstrument von den Haifischfängern gebraucht. Es hat ein sehr beschränktes Verbreitungsgebiet: außer aus dem Riouw- und Lingga-Archipel ist es nur noch bekannt von den Kai-Inseln, Natuna (»uruk-uruk«), Banka (»orok-orok«), der malaiischen Halbinsel (»ra'u-ra'u«) und von einigen melanesischen Inseln.

Die *Musik Süd-Sumatras* zeigt Spuren verschiedener Kulturen, welche im Laufe der letzten 2000 Jahre dort ihren Einfluß geltend gemacht haben. Das Instrumentarium ist größtenteils javanisch (Gong-Typen, Trommeln) oder arabisch (Gambus, Marwas, Rahmentrommeln); die Skala der kleinen Gamelans ist identisch mit den Skalen Thailands und Burmas (heptatonisch gleichstufig), die Struktur der Instrumentalkompositionen verrät chinesiche und indo-chinesische (siehe Notenbeispiel 2), die mancher Lieder arabische (siehe Notenbeispiel 3) oder altportugiesische (»krontjong«) Einflüsse (siehe Notenbeispiel 4).

III. Borneo

Kalimantan, der indonesische Name für Borneo, ist von jeher an seinen Küsten fremden Einflüssen ausgesetzt gewesen. Die dort wohnenden Malaien und fremden Asiaten haben keine speziell für sie charakteristische Musik und Musikinstrumente; Serawak ist bekannt wegen seiner schön geformten, chinesischen Einfluß verratenden Drachengongs; im Süden (vor allem in der Umgebung von Bandjermasin und Martapura) kann man immer noch starken javanischen Einfluß wahrnehmen, der bis in die Tage von

Madjapahit (14. Jahrhundert) zurückzuführen ist und in der Tänzen der Mädchen und der sie begleitenden Instrumente welche nichts anderes als alt-ostjavanische Gamelans sind, zum Ausdruck gelangt. Ferner findet man in der südwestlichen Ecke in einigen Dörfern, deren Einwohner sich rühmen, javanischer Ursprungs zu sein, den »anklung«, ein Schüttelinstrument aus Bambus, welches heute vor allem in West-Java noch häufig zu sehen ist.

Die *Dajaks* im Innern haben ihren eigenen, für europäische Ohren sehr monoton klingenden Gesang und eine Anzahl Instrumente, worunter einige weitere Erwähnung verdienen, nämlich die »kasapi« (»sapeh«, »sapoh«), eine große, flache, mit zwei Rotangsaiten bespannte rot- oder weißhölzerne Zupflaute, die oftmals schön bemalt ist, sowie die aus Hinterindien herrührende, vielleicht von den Kajans und Kenjas selbst nach Borneo mitgebrachte »kledi« (»kaldei«, »kediré«, »kerunai«, »keruri«, »gordi«), ein Instrument mit einem überraschend schönen Orgelklang, aus sechs (in Serawak auch manchmal acht) ungleich langen Bambusröhren bestehend, welche mit der Unterseite in einer langgeschnauzten Kalebasse (Kledi) befestigt und mit einer Durchschlag-Zunge versehen sind, und die nur dann erklingen, wenn der Spieler das Loch, welches in der betreffenden Röhre angebracht ist, beim Anblasen der Kledi-Schnauze schließt. Das Instrument wird so bespielt, daß der niedrigste Ton dauernd angehalten wird, auf dieselbe Art wie ein Dudelsack-Orgelpunkt oder die »drone« der vorderindischen Instrumentalmusik; mit den fünf (bzw. sieben) anderen Röhren werden einfache Melodien gespielt.

Es müssen ferner die Reihen ungleich langer, schräg zulaufender Schlagbambusse (»senajong«) erwähnt werden; Stampfbambusse; Reisstampfer und Pflanzstöcke (»entogal«) mit einfachen oder doppelten »klikklak« am oberen Ende; Schwirrhölzer, die hier ihre magische Funktion noch nicht, wie sonst im Archipel, verloren haben; eine Art Harfe; Mundharfen; einige Membranophone, z. B. eine im allgemeinen sehr sorgfältig ausgearbeitete, langgestreckte, einfellige Bechertrommel (»sobang«, »ketobung«) und eine andere, manchmal bis zu drei Meter lange, aus einem schweren ausgehöhlten Baumstamm gemachte, ebenfalls einfellige Trommel sowie einige Flötensorten, darunter eine Nasenflöte und die bereits genannte Tauben-Lockflöte (Dakut, Dikut). Keine Flöte, sondern ein Glottophon (Zungen-Instrument), nahe verwandt mit der gerade beschriebenen Kledi und vielleicht der Vorläufer dieses Instruments, ist der »djerupai« aus Kutei, eine Bambusröhre, worin nahe dem einen Ende eine durchschlagende Zunge angebracht worden ist, die vier Fingerlöcher an der Vorderseite und ein Loch an der Rückseite hat. Der

Spieler läßt die Zunge durch das direkte Anblasen schwingen und bringt damit das Instrument zum Erklingen. Schließlich muß noch der aus Semarang bezogene, breitgeränderte Gong (»tawak«) genannt werden. Die Bewohner der nahe liegenden *Sulu-Inseln* kennen oder kannten bis vor kurzem den Mundbogen.

IV. Celebes

Süd-Celebes, das Land der Makassaren und Buginesen, ist das Gebiet der *gesungenen Heldengedichte* (»sinrili«). Der Sänger begleitet sich selber auf einer doppelsaitigen Streichlaute (makassarisch: »késo-késo«, buginesisch: »gésong-késong«). Andere für diesen Inselteil charakteristische Instrumente sind z.B. noch die schlanke, oft sehr schön à jour geschnitzte, doppelsaitige, in einer Quarte gestimmte Bootlaute (Katjapi), welche gezupft wird; eine Oboe in der Art wie die Serunai der Bataks, »puwi-puwi« genannt; eine lange, sechslöchrige Bambus-Bandflöte (»suling« oder »basing bugisi«); eine große, zweifellige Trommelart (»genrang«), deren größtes Fell mit einem gebogenen Schlagstock und deren kleineres mit der bloßen Hand geschlagen wird, und die in mohammedanischen Gebieten immer vorkommenden Rebanas. Ebenfalls muß die »basing-basing« erwähnt werden, eine zierliche Bambus-Doppelklarinette. Letztere findet man auch auf der südlich des südöstlichen Arms von Celebes liegenden Insel Muna.
  Neben diesen Instrumenten, die alle mehr oder weniger wohl klingen, kennt Süd-Celebes auch noch andere, welche die *Vertreibung böser Geister* bezwecken und dementsprechend abstoßende oder überraschende Geräusche hervorbringen. Sie werden vor allem bei der Geburt von Fürstenkindern bespielt, und zwar von den »bisu« genannten männlichen Priestern, die wie Frauen erzogen worden sind. Die merkwürdigsten Instrumente sind die eisernen, mit kleinen Rasselketten versehenen, messerartigen »tjuriga«; die »sinto«, aus zwei in Baumwolle genähten Lontarblattstreifen bestehend, die aufeinandergelegt und an den Außenseiten mit einem flachen Knoten aneinander befestigt werden, werden dadurch zum Erklingen gebracht, daß sie an den Knoten angefaßt, diese daraufhin erst zueinander hingeführt und dann schnell wieder voneinander entfernt werden, wodurch die Streifen mit einem knallenden Geräusch aneinanderschlagen; ferner die »alosu«, eine große, langleibige, vogelförmige Rassel, die aus farbigen Lontarblattstreifen geflochten wird.
  Im *Toradjagebiet* (Zentral-Celebes) findet man monotonen Gesang, der sich nur über einige Töne erstreckt, und als Instrumente einsaitige, oft schön geschnitzte und schwarz, weiß und rot ·

gefärbte, langhalsige Streichlauten (ebenfalls Gésong-késong genannt) mit einem Klangkörper aus Kokosschale oder aus Holz, die immer zu zweit oder zu dritt gleichzeitig bespielt werden, so daß hübsche zwei- und dreistimmige Klänge (oft Terzentriller) entstehen. Daneben verdienen die schönen, mit geschnitzter und gebrannter Verzierung versehenen Bambusflöten Beachtung (sowohl lange Band-, als etwas kürzere Querflöten). Die erstgenannte Flötenart ist an der Unterseite oft mit einem Klangtrichter aus Karbauhorn versehen. Ein ziemlich großes Verbreitungsgebiet haben auch die einsaitigen Stabzithern (To Wana: »popondi«; Banggai: »talindo«), welche eine halbe Kokosschale als Klangkörper haben. Eine seltene Form der Doppelflöte scheint auf das Gebiet um Mamasa herum in den südlichen Toradjaländern beschränkt zu sein. Auch Nasenflöten kommen vor. Schließlich wäre für dieses Gebiet noch ein Instrument zu erwähnen, welches auch bereits bei Nias genannt wurde: der Bambus-Summer (Réré, Talalo).

In der *Minahassa* (Nord-Celebes) findet man, obwohl sie mit der Zeit beinahe all das Eigene durch fremde Einflüsse verloren haben, doch noch hier und da vier- oder mehrstimmige primitivpolyphone Ernte-Reigengesänge. Dort und überall in den anderen Teilen von Celebes (ebenfalls auf den Molukken), wo das Christentum durchgedrungen ist, bläst die Schuljugend auch noch auf ursprünglich von Ambon herkommenden, sechs-, fünf- und vierlöchrigen Bambusquerflöten, von denen man fünf Oktav-Gattungen unterscheidet.

Das an die ·Minahassa grenzende, streng islamische *Bolaäng Mongondow* hat wiederum das bereits genannte typisch mohammedanische Instrumentarium.

Die größtenteils christlichen *Sangihe- und Talaud-Inseln* (nördlich von Celebes) haben unter dem Einfluß der Mission ihre alten Gesänge und Instrumente fast aufgegeben. Neben dem bereits genannten Bambus-Summer (Sasesahèng), trifft man dort, wie beinahe überall im Archipel, die Bambus-Maultrommel (hier »oli« genannt) an, ferner die Bambuszither (die doppelsaitige »salude«), des weiteren eine einfellige Bechertrommel (»tagonggong«), eine langhalsige Streichlaute (»arababu«, die ebenfalls das typische Streichinstrument der ganzen Molukken ist) und eine vierlöchrige Bambus-Bandflöte (»bansi«).

V. Kleine Sunda-Inseln

Die Musik der Kleinen Sunda-Inseln zeigt in ihren musikalischen Äußerungen und instrumentalen Formen eine auffallende Verschiedenheit. Von *Madura* werden hier nur die kleinen Orchester genannt, die aus abgestimmten Schlitztrommeln (»kentongan«), Schalmei (»serbung«) und doppelfelliger Trommel (»ghenddang«) zusammengestellt sind, und welche die berühmten Stier-Rennen (»karapan«) begleiten.

Lombok steht sehr unter dem kulturellen Einfluß Balis. Die Gong-Paare, welche auf Bali noch oft die Original-Halter-Form aufweisen, werden im allgemeinen auf Lombok auf einem Holzrahmen befestigt, der an einer Schnur um den Hals gehängt wird.

Von der mohammedanischen Insel *Sumbawa*, welche von musikologischem Standpunkt aus wenig wichtig ist, verdient nur der östliche Teil, Bima, Erwähnung, weil dort, durch den Einfluß des Sultanats, im Tanz einige javanische Elemente wahrzunehmen sind. Instrumental ist es ein richtiges Mischgebiet: neben den charakteristischen islamischen Instrumenten, wobei u. a. verschiedene Schalmeiformen (»silu«) vorkommen, bespielt man dort merkwürdig gut gebaute, selbstgemachte Geigen (mit Altstimmung); ferner trifft man dort alt-indonesischen Kulturbesitz an, wie Bambus-Schlagröhren (»katongga«), Maultrommeln (Génggong), viersaitige Bambuszithern, Palmblatt-Klarinetten (»muri«), sechs- oder siebenlöchrige Bandflöten (»saroné«) und Bambus-Summer; letztere scheinen hier aber etwa degeneriert zu sein und nur ein Fingerloch zu besitzen, welches, wenn man es schließt, eine Tonerniedrigung von einer Quarte zur Folge hat.

Von der Insel *Sumba* muß der grelle Schreitrillergesang der Frauen erwähnt werden, das Freudengeschrei, womit früher die Männer, wenn sie von einem erfolgreichen Kriegszug oder einer Kopfjagd zurückkehrten, empfangen wurden (was ebenfalls auch genauso von den Toradjas erwähnt wird). Von dem nicht reichen Instrumentarium verdient vor allem die zweisaitige Bootlaute aus Zentral-Sumba Erwähnung, ferner die einsaitige Stabzither aus dem westlichen Teil der Insel, welche identisch ist mit der bei den Ost-Toradjas; beide Instrumente werden »djungga« genannt; ebenfalls findet man hier einfellige Trommeln (»lamba«), Maultrommeln (»nggungga«), Gongs (»katala«) und, angeblich, eine Nasenflöte.

Savu kennt ebenfalls einfellige Trommeln (»déré«), eine Bootlaute (»ketadu«), Gongs (»namongu«) und die Maultrommel (»tebé«). Daneben auch noch eine Bambusflöte (»kehido«).

An der Küste von *Timor*, vor allem um und in Kupang, sind, wie gewöhnlich, wieder fremde Einflüsse am Werke: die Bewohner der naheliegenden Insel Roté haben ihr nationales Instrument dorthin importiert, die »sesando«, eine heterochorde Bambuszither mit 10–36 Kupfersaiten und einem halbkreisförmigen aus Nipa-Palmblatt gemachten Klangdeckel, dessen Achse die Zither selber formt. Früher war diese Sesando idiochord. Von den

Atoni-Instrumenten seien genannt: eine als Tanzrequisit verwendete Rassel (»flolo«), aus Körbchen bestehend, die von einem Büschel geflochtener Lontarblattstreifen gemacht werden, worin sich kleine Steine befinden; ferner die Bambus-Maultrommel (»knobe oh«); ein Xylophon (»séne ha'uh«); eine sechssaitige Halbröhrenzither (»séne kaka«); eine kleine, hölzerne, keulenförmige Okarina (»féku«), ein Karbauhüter-Instrument, das nirgendwo sonst im Archipel angetroffen wird, doch mit der westafrikanischen »gunda« (aus Nordnigeria) identisch ist; verschiedene Bambus-Flötenarten (»bobi«, »foé«, »semaku«); Karbauhörner (»knité«); einfellige Trommeln und kleine, vermutlich aus Java importierte Gongspiele sowie eine Panpfeife. Die östlicher, an der portugiesischen Grenze und über sie hinaus wohnenden *Belus* kennen als Instrumente nur Maultrommeln (»kakeit«), kleine Bechertrommeln (»tihar«, »bibiliku«), Mittellochflöten (»fu'i dolé«) und sechssaitige Bambuszithern (»dadako«).

Alor schließlich ist vor allem bekannt wegen seiner (wie es scheint) aus Gresik (Ost-Java) stammenden, stundenglasförmigen Kesselgongs (»moko«), die heute nur noch als Brautkaufpreis gebraucht werden. Daneben findet man dort einige allgemeinindonesische Instrumente: Maultrommel (»tedang«), Bambus-Idiochord (»paking«, »kenadi«), Bandflöte (»hilu«), Schwirrholz (»garèng-garèng«) und Bambus-Schalmei (»puwi-puwi«, »kaborung«). Alles in allem haben die Kleinen Sunda-Inseln noch recht viele alte volkstümliche Instrumente bis heute retten können. Daß sie bis jetzt überliefert wurden, ist eher eine Folge der langjährigen verhältnismäßig strengen Isolierung dieser Völker, als das Resultat eines bewußt kultivierten und im Stande gehaltenen eigenen Kulturbesitzes. Nur Bali weiß, was es besitzt und was es durch Kontakt mit dem Westen verlieren kann.

VI. Molukken

Im schroffen Gegensatz zu den Kleinen Sunda-Inseln findet man auf den Molukken eine (außer auf Sangihe und Talaud und in der Minahassa) nirgends im Archipel so weit getriebene *Verleugnung des Eigenen*. Nur hier und da gibt es noch reine Reste alten Kulturbesitzes. Das Instrumentarium ist in diesem ganzen Gebiet ziemlich einförmig. Typisch sind, neben den importierten Gongs: einsaitige Streichlauten Arabau (»rabab«; Ternate: »koka«, »kalibaboe«) mit einem langen Bambushals, einem Klangkörper, der aus einer halben Kokosschale besteht, worauf ein Oberblatt aus Pergament oder Baumrinde angebracht ist, ferner Bambuszithern (»tatabuhan«; Tidore: »tifa tu'i«), Muschelhörner (Halmaheira: »fuk-fuk«) und Bechertrommeln (»tifa«). Zu diesem gemeinschaftlichen instrumentalen Besitz fügt beinahe jede Inselgruppe noch das eine oder andere Instrument hinzu, welches charakteristisch für ein bestimmtes Gebiet ist. So haben in den Nordmolukken Halmaheira, Batjan, Ternate und Tidore eine Anzahl der bereits genannten islamischen Instrumente, die Gambus, die Rebana und die Schnabelflöte, welche hier »bangsil« oder »gala« heißt; Ternate besitzt ferner noch den bereits genannten Bambus-Summer (Baka-baka), Bambus-Federklapper (»dopa-dopa«) und einen zierlichen Spätling der Erdzither-Familie, die »kumbi-kumbi«, welche die Form eines Bambus-Musikbogens hat, der mit einer Metallsaite bespannt wird; das Instrument wird mit einem Stock geschlagen und auf einer halben Kokosschale, die mit einer aus Baumrinde hergestellten Decke versehen ist, so montiert, daß die Saite nach oben gerichtet ist. Dazu kommt ein Bambus-Schwirrholz (»bubuwas«), welches dem genannten Instrument von Alor, Java und Nias ähnelt, aber größere Maße hat. Für Halmaheira und Batjan wäre noch die »sulépe« zu nennen, eine einsaitige Stabzither mit einem Klangkörper aus einer halben Kokosschale, ähnlich dem bei den Toradjas und auf Sumba vorkommenden Instrument.

Die *Sula-Inseln* haben ungefähr dasselbe Instrumentarium wie Ternate und Tidore, allerdings mit eigenen Namen (die Bechertrommel »sawat«; die Bambus-Federklapper »auhéda«; eine kleine doppelfellige Trommel des Marwas-Modells »tuba kaujota«; eine Bambuszither »tuba aujota«; Bandflöte »pin«; Querflöte »suling«).

Für die *Südmolukken* sind noch einige Instrumente zu erwähnen, die dort beschränkte Verbreitung gefunden zu haben scheinen. Die Ambon-Inselgruppe kennt z. B. Xylophone mit 10–16 Tasten (»tatabuhan kaju«), ein Ersatz für die sowohl dort als auf Banda vorkommenden Gongspiele, in der Art wie die javanischen »bonangs« (»gong sembilan«, »gong duwabelas«); die bekannten Bambusquerflöten, welche von Ambon aus die östliche Archipelhälfte erobert haben und, insoweit das Gebiet nichtchristlich ist, die bereits öfter genannten islamischen Instrumente.

Seran ist arm an Instrumenten; viel mehr als Tifa, Génggong, ein Muschelhorn »kulit bii«, eine Schnabelflöte und den Tifa-gong (identisch mit der oben für Ternate erwähnten Kumbi-kumbi) trifft man dort nicht an. Aber man kennt dort melodisch ziemlich hochentwickelte Lieder. *Banda* ist musikologisch Ambon vollkommen ähnlich.

Auch die *Südwestlichen Inseln* (Kisar, Babar usw.) sind arm an Instrumenten; sie kennen, wie es scheint, ausschließlich Bechertrommeln (Tifa) verschiedener Form und verschiedenen Formats, aber Kisar kann sich außerdem sehr stilvoller Reigen- und Kriegstänze und hübscher Ruderlieder rühmen.

Von den *Kei-Inseln* sind die schönen, diatonischen, manchmal im ⁵/₄-Takt sich bewegenden Gesänge (»sik-sikar«) beachtenswert (siehe Notenbeispiel 5).

(5)

Von dem Instrumentarium der Kei-Inseln verdienen, neben der allgemein vorkommenden Bechertrommeln (»tiwa«) und den aus Java importierten Gongs, noch das Muschelhorn (»atwur«, »tewur«), die Rebana, eine Bambus-Schlitztrommel (»letlot«), die bereits genannte Fischrassel, einige Klarinetten- und Oboenformen sowie eine Anzahl Schnabel- und Bandflöten (»sawergnil«) Erwähnung.

Von den *Tanimbar-Inseln* ist neben den unvermeidlichen Trommeln als einziges Musikinstrument nur die geschickt montierte, automatisch vom Wind zum Erklingen gebrachte »dedelak«, eine vogelscheuchende Bambus-Schlitztrommel, bekannt.

Jaap Kunst
Hindu-javanische Musik

Als im 5. Jahrhundert n. Chr. die Hindus auf Java ankamen, fanden sie eine Gesellschaftsordnung vor, die eine ziemlich hohe Entwicklungsstufe erreicht hatte. Die *Ureinwohner* von Java kannten bereits eine geordnete Gemeinschaft in Dörfern und Dorfkonglomeraten unter der Leitung von Häuptlingen und Dorfältesten, den Terrassenreisbau (ob der nasse Reisbau schon bekannt war, ist nicht sicher), eine geordnete Rechtsprechung und bemerkenswerte Kunsterzeugnisse wie Gewebe und Schnitzereien in Holz und Bein. Diese Bevölkerung hatte auch bereits eine eigene *vokale und instrumentale Musik*. Instrumente aus Bambus und Holz wurden gebraucht. Metall spielte keine Rolle (nach manchen Forschern sollen die Indonesier, bevor sie nach Java kamen, die Metallbearbeitung schon beherrscht, diese Kunst aber wieder aufgegeben haben, weil es auf Java keine Erzvorkommen gibt). Mit dem Auftreten der *Hindus* begann die historische Periode Javas, und erst von diesem Zeitpunkt an kann man sich ein leidliches Bild von dem dortigen Musikleben machen.

Die Kenntnis der *prähinduistischen Musik* beschränkt sich auf die bronzenen Kesseltrommeln, von denen oft nur Fragmente erhalten sind. Sie dürften etwa im Anfang der christlichen Zeitrechnung aus Südchina über Hinterindien eingeführt und als Kriegsinstrumente oder für den »Regenzauber« gebraucht worden sein. Vergleiche mit dem Kulturbesitz der auf dem asiatischen Festland zurückgebliebenen indonesischen Völkerreste (z. B. der Naga-Stämme auf der Grenze von Burma und Assam) und der Bevölkerung anderer Inseln haben erwiesen, daß viele der heute gebrauchten (oder in der hindu-javanischen Periode noch vorkommenden) Instrumente aus Bambus, Holz und Kalebasse auch damals schon vorhanden gewesen sind (Schlitztrommeln, Mundharfen, Flöten usw.).

Hingegen bietet die *hindu-javanische Epoche* der Forschung reiches Material. Es setzt sich zusammen aus Bodenfunden (Bronze-Instrumente, Bronzefiguren von musizierenden Göttern und Menschen), aus Tempelreliefs und aus Mitteilungen in alt-javanischen Urkunden und Dokumenten.

Aus der ältesten, der sogenannten *mittel-javanischen Periode* stammen die wichtigsten Quellen, die Reliefs von Barabudur (Anfang 9. Jahrhundert) und (in geringerem Maße) Prambanan

(Mitte 9. Jahrhundert). Daneben gibt es eine Anzahl von Mitteilungen auf Bronze- und Stein-Urkunden und einige ausgegrabene Bronze-Instrumente. Ob einige alt-javanische Schriften schon aus dieser frühesten Periode stammen, ist eine unbeantwortete Frage. Es ist sehr wahrscheinlich, daß die alt-javanische Fassung des vorderindischen Epos ›Râmâyana‹ schon aus dem 9. Jahrhundert datiert. Wenn das in der Tat der Fall wäre, so gäbe es auch literarische Beweise für die Existenz zahlreicher *Musikinstrumente* schon in der damaligen Zeit. Jedenfalls erweist sich an den Funden, von denen wohl unumstößlich feststeht, daß sie aus der mittel-javanischen Periode stammen, mehr als deutlich, welchen wichtigen Platz die Musik in der damaligen Gesellschaft eingenommen hat, an den Fürstenhöfen wie unter dem Volke, beim Gottesdienst wie bei weltlichen Vergnügungen. Viele musikalische Würdenträger sind aus den Urkunden bekannt geworden. Immer wieder werden der Haupt-Trommler, der Anführer der Alarmblock-Schläger, der Leiter des Orchesters, der Chef der Lautenspieler, der Ober-Beckenschläger genannt. Unzählige Namen von Instrumenten treten auf, von denen man die meisten mit großer Sicherheit hat bestimmen können. Für die jüngere, die sogenannte *ost-javanische Periode* (13.–15. Jahrhundert) fügt sich zu den bereits genannten Quellen (Reliefs, Urkunden und ausgegrabene Instrumente) noch in reichlichem Maße die Literatur.

Das *hindu-javanische Instrumentarium* erweist sich als auffallend reich und vielgestaltig. Außerdem aber ist es größtenteils anderer Art als das modern-javanische. Vor allem in der mittel-javanischen Periode tritt eine Anzahl von Instrumenten (besonders Saiteninstrumente: Stabzithern, Lauten und Bogenharfen) in den Vordergrund, die, wie es scheint, diese älteste Periode nicht oder kaum überlebt haben. Sie waren offenbar zu sehr und zu ausschließlich auf die Kultur der (damals noch ziemlich rein hinduistischen) herrschenden Kaste, also auf den Hof und seine Umgebung, beschränkt und wurden niemals zum Besitz des eigentlichen Volkes. Unter den übrigen Instrumenten befindet sich eine Anzahl (wie Gong, Trommel »keṇḍang«, Flöte »suling«, kleiner, horizontal aufgestellter Gong »bonang«, Metallophon mit liegenden Tasten »saron«), die heutzutage einen Teil des *Gamelan* bilden. In der ost-javanischen Periode kommen allmählich auch noch die übrigen Gamelaninstrumente hinzu, namentlich »gendèr« (Metallophon mit schwebend aufgehängten Tasten) und »gambang kaju« (Xylophon). Nur der »rebab« (zweisaitige, wie ein Cello gespielte Streichlaute) scheint noch gefehlt zu haben. Nichts zeigt jedoch, daß diese Instrumente schon zu Orchestern, ähnlich oder wenigstens vergleichbar den heutigen Gamelans, vereinigt worden wären. Vermutlich existierte der sehr an den archaischen Stil angelehnte, noch immer in hohen Ehren gehaltene und nur in den Kratons vorkommende Gamelan »kjahi munggang« in der madjapahitischen Zeit (1293 bis ca. 1520) schon und spielte in dem damaligen (hinduistischen) Kraton die Rolle, die der »gamelan sekati« in den heutigen mohammedanischen Kratons erfüllt. Aber von der Anwesenheit anderer, größerer, gewöhnlicher Ensembles, mit ihrem Reichtum an instrumentalen Schattierungen, zeigt sich nichts. Bei Prapança, der in seinem Lobgedicht ›Nagarakrtagama‹ aus dem Jahre 1365 eine ausführliche Beschreibung des Kratons zu Madjapahit hinterlassen hat, ist keine einzige Erwähnung der Existenz oder auch nur ein indirekter Hinweis auf das Dasein solcher großen Orchester zu finden.

Man wird nicht weit von der Wahrheit entfernt sein, wenn man annimmt, daß die letzten hindu-javanischen Jahrhunderte hauptsächlich zwei instrumentale Gruppierungen gekannt haben: eine gleichsam *weibliche Kombination* leise klingender, an erster Stelle auf den Gebrauch im Hausinnern angewiesener Instrumente wie Gendèr, Gambang und Suling, und ein anderes, typisch *männliches und für Männerarbeit bestimmtes Ensemble* kräftiger, laut klingender Instrumente wie Trommeln, Becken und verschiedene, hängend oder liegend aufgestellte Gongarten, die in der Hauptsache im Freien, zur Einleitung und Begleitung der (Tempel-)Feste, im Lager und als Kriegsmusik erklungen sein dürften. Derartige männliche Orchester findet man auch jetzt noch in verschiedenen Teilen des Archipels, u. a. auf den Inseln Nias und Flores. Der oben genannte Gamelan Munggang ist tatsächlich auch noch nicht mehr als dieses Orchester.

Vermutlich hat die Verbindung von männlichen und weiblichen Ensembles erst nach dem Ende der hindu-javanischen Periode dauernde Gestalt angenommen.

JAAP KUNST
(Übersetzung aus dem Niederländischen von Hans Albrecht)
Java

Von allen gegenwärtig noch erhaltenen alten Musikkulturen
Südostasiens ist die von Java, vor allem von Mittel-Java, wohl
die höchstentwickelte. Sie äußert sich sowohl in einer reich
gestuften vokalen Melodik (»tembang«, hochjavanisch »sekar«)
als auch in komplizierten Kompositionen (»genḍing«) für Orchester (»gamelan«). Die javanische Musik bedient sich zweier
Tonsysteme, »sléndro« (»saléndro«) und »pélog«. Der einfachere
Aufbau des *Sléndro* läßt ihn älter als das *Pélog* erscheinen; doch
hat eine umfassende Untersuchung zu der Annahme geführt, daß
auf Java das Pélog eher vorhanden war als das Sléndro. Dieses
kennt eine fünftönige Leiter mit nahezu gleich großen Intervallen.
Die gebräuchlichsten Namen der Sléndro-Töne sind von unten
nach oben: *barang, gulu* (hochjavanisch *djangga), ḍaḍa (tengah),
lima* (hochjavanisch *gangsal*) und *nem.* Die Gleichheit des
Abstandes zwischen diesen Tönen ist jedoch nie vollkommen,
gewöhnlich sind zwei etwas größere (etwa 260 C) und drei etwas
kleinere Tonschritte (225–230 C) vorhanden, die das europäische
Ohr zu kleinen Terzen bzw. Ganztönen zu »korrigieren« pflegt.
Bei Intervallmessungen an Metallophonen aus vielen Dutzenden
von Gamelans hat sich herausgestellt, daß die beiden größeren
Tonschritte nicht an einen festen Platz in der Skala gebunden
sind, sondern auf jeder Stufe liegen können, aber mit der
Einschränkung, daß sie niemals unmittelbar aufeinander folgen.
Da in der musikalischen Praxis jedoch eine Komposition auf
jedem Gamelan in derselben Weise zu Gehör gebracht wird, kann
man die Faustregel aufstellen: die Sléndro-Skala wird funktionell
so gehandhabt, als ob sie aus gleichen Tonschritten gebaut wäre.
Für einen tonal hörenden Europäer hat das zur Folge, daß eine
und dieselbe Sléndro-Komposition auf verschiedenen Gamelans
geschlagen, in einem Falle etwa in einer anderen Tonart zu stehen
scheint als in einem anderen.
    Das System des *Pélog* scheint auf den ersten Blick siebentönig
zu sein, da in der instrumentalen Oktave sieben Tonschritte
vorkommen. Diese heptatonische Reihe kann, in Cents ausgedrückt, annähernd folgendermaßen wiedergegeben werden (siehe
Beispiel S. 361). Sie ist jedoch als Materialleiter anzusehen, eine
Art von kleinstem gemeinsamen Vielfachen einer Anzahl von
fünftönigen Gebrauchsleitern. Auch in diesen pentatonischen

Pélog-Skalen findet man jeweils wieder zwei größere und drei kleinere Tonschritte. Aber diese beiden Gruppen gehen ganz offensichtlich stärker auseinander als beim Sléndro; die beiden großen Intervalle liegen überdies in der Leiter stets an derselben Stelle. Das europäische Ohr »korrigiert« die Pélog-Gebrauchsleitern zu einer Reihe, die aus Halbton, Ganzton, großer Terz, Halbton und großer Terz aufgebaut ist. Infolge der eigenartigen Aufeinanderfolge dieser Pélog-Intervalle beschränkt sich die javanische Orchesterpraxis auf drei Gebrauchsleitern, nämlich auf die, welche mit dem ersten, dem vierten und dem fünften Ton der Materialleiter beginnen; von diesen dreien ist dann noch die

penunggul (bem)		gulu (djangga)		dada (tengah)		pélog	
I	120	II	150	III	270	IV	130

lima (gangsal)		nem		barang		penunggul alit (bem alit)	
V	115	VI	165	VII	250	I'	

mit dem vierten Ton beginnende allmählich vermieden worden, weil ihre Skalenmelodik sich nicht völlig an die der beiden anderen angleicht. Nur diese drei Leitern (sie lassen entweder die vierte und siebente oder die siebente und dritte oder die erste und vierte Stufe der Materialleiter im allgemeinen unbenutzt) genügen der Forderung, daß sie den Aufbau klein-klein-groß-klein-groß zeigen. Wäre die heptatonische Pélog-Materialleiter aus gleichen oder annähernd gleichen Tonschritten aufgebaut, dann wäre diese Beschränkung auf nur drei (oder zwei) »Tonarten« naturgemäß nicht nötig gewesen. (Thailand und Burma, die eine solche siebentönige, aus gleichen Stufen aufgebaute Materialleiter verwirklicht haben, kennen denn auch ebenso sieben Tonarten, wie die europäische Musik mit ihren zwölf Tonstufen deren zwölf unterscheidet.) Auf der Tabelle wird eine Übersicht über

(1)

Europäische 12stufige Leiter	100	100	100	100	100	100	100	100	100	100	100	100
Kjahi Kanjut Mèsem (Mangku Nagara, Solo), Sléndro	223		253		236		225		263			
dasselbe, Pélog I–I'	125		146		417			100		412		
dasselbe, Pélog IV–IV'	165		100		412			125		398		
dasselbe, Pélog V–V'	100		167		370		146		417			

die Sléndro- und die drei möglichen Pélog-Skalen gegeben, wie sie auf einem der schönsten Soloneser Orchester, dem Gamelan »kjahi kanjut mèsem« von S.H.Mangku Nagara in Surakarta, realisiert sind; sie sind mit der europäischen, zwölfstufigen Leiter verglichen.

361

Vollständigkeitshalber ist dann noch zu bemerken, daß ein großer Teil des javanischen Kindergesangs, wo dieser nicht, wie vor allem in bergigen Gebieten, durch die Gamelan-Musik beeinflußt ist, auf einer Skala beruht, die weder Sléndro noch Pélog, sondern rein anhemitonisch-pentatonisch ist und daher mit der altchinesischen Leiter identisch zu sein scheint. Endlich ist darauf hinzuweisen, daß der Gesang sowohl im Sléndro (zwischen allen fünf Tönen) als auch im Pélog (nur bei den großen Intervallen) sich noch einer Anzahl von Zwischentönen bedient.

Das javanische *Gesangsideal* unterscheidet sich von dem europäischen insofern, als der Stimmklang, vor allem bei den Frauenstimmen, etwas Nasales und Gepreßtes hat. In das Stimmengewebe des Gamelan ordnet sich dieser javanische Stimmklang besser ein, als es der offenere europäische tun würde. Die *Lieder* gehören zu verschiedenen Kategorien; man unterscheidet hauptsächlich drei Gruppen: 1. »tembang gedé« (hochjavanisch »sekar ageng«; sie besitzt als Text Strophen in klassischen indischen Metren); 2. »tembang tengahan« (d.h. mittlerer Tembang); 3. »tembang matjapat«. Der Strophenbau in den Texten der beiden letztgenannten soll rein indonesisch sein. Beide sind gekennzeichnet durch eine bestimmte Anzahl von Verszeilen pro Strophe, eine bestimmte Anzahl von Silben pro Verszeile und eine vorgeschriebene Reihenfolge der Vokale der Endsilben. Das Schema der Tembang matjapat-Form, die »dangdang gula« heißt, lautet z. B.: zehn Reihen pro Strophe, die aus je zehn, zehn, acht, sieben, neun, sieben, sechs, acht, zwölf und sieben Silben bestehen und der Reihe nach auf einer Silbe mit den Vokalen i, a, é, u, i, a, u, a, i, a endigen. Jede Dichtungsart hat ihr besonderes *Ethos*. So werden »kinanti«, »asmarandana« und »midjil« vor allem für Liebesgesänge gebraucht, »sinom« für didaktische Poesie, »pangkur« und »durma« für Kriegslieder, »mas kumambang« für die Vertonung des Heimwehs.

Orchestrale Musik wird zuweilen um ihrer selbst willen ausgeführt; meist aber hat sie dienende Funktionen, indem sie entweder den Tanz begleiten muß oder beim »wajang« spielt, sowohl beim Puppenwajang mit allen seinen vielen Formen als auch beim »wajang wong«, dem getanzten Schauspiel. Die Stoffe der Wajangaufführungen sind entweder der indischen oder der altjavanischen Sagenwelt entnommen. Im erstgenannten Fall muß der Wajang durch Sléndro-Musik begleitet werden, im zweiten durch Pélog-Musik. Da nun die indischen Sagen (die hauptsächlich den großen Heldengedichten ›Mahabharata‹ und ›Râmâyana‹ entlehnt oder von ihnen inspiriert sind) viel öfter aufgeführt werden als die altjavanischen, die gewöhnlich die Abenteuer des Helden (Stammheros) Pandji zum Gegenstand haben, finden sich auf Java viel mehr Sléndro- als Pélog-Gamelans. Im ganzen trifft man auf der Insel mehr als 17 000 Orchester an. Die Mehrzahl, darunter alle guten *Gamelans*, besitzen Gongs und metallene Platten- oder Klangkesselinstrumente aus »prunggu« oder »gangsa«, einer Art Bronze. Da diese Legierung jedoch ziemlich kostbar ist, begegnet man auch, vor allem in den Dörfern, oft eisernen und zuweilen Bambus-Gamelans. Die schönsten Orchester befanden sich im Besitz der Kratons, d. h. der Fürstenresidenzen, in den Wohnungen einiger Adelsherren und bei einzelnen reichen chinesischen Musikliebhabern. In den Kratons tragen die Gamelans meist einen poetischen Eigennamen: »guntur madu« (Honigvulkan), »lipur tomba neng« (Gemütsruhe schenkendes Trostmittel), »udan asih« (Liebesregen) usw. Solche vortrefflichen Orchester tragen den Titel »kangdjeng kjahi« (Ehrwürdiger Herr), und jeden Donnerstagabend entzündet man bei ihren Trommeln oder Gongs Weihrauch.

Die *Sléndro- und Pélog-Gamelans* besitzen fast die gleichen Instrumente. Ein paar kleine Gongarten mit rhythmisch-phrasierender Funktion niederer Ordnung, die einmal in hängender, dann wieder in liegender Form begegnen, findet man ausschließlich in einer der Orchesterarten, den »kempyang« im Pélog-Gamelan, den »engkuk« und den »kemong« im Sléndro-Gamelan. Was die *Funktionen der verschiedenen Instrumente* im Ensemble betrifft, so muß man unterscheiden zwischen Kernmelodieträgern, Gegenmelodieinstrumenten, phrasierenden (interpungierenden, colotomischen) Instrumenten, umspielenden (paraphrasierenden) Instrumenten und tempounterstützenden oder -beeinflussenden (agogischen) Instrumenten. Die Gruppe der »saron« (von oben nach unten: »saron barung«, »saron demung«, »saron slenṭem«), Metallophone mit Tasten, die auf einem Holztrog liegen, sind die vornehmsten Träger der *Kernmelodie*, einer Art von Cantus firmus. Diese Kernmelodie (»balunganing genḍing«) wird zwei- oder dreifach oktaviert vorgetragen und bewegt sich tatsächlich durch ungefähr zwei Oktaven (»gembyangan«). Da indessen jeder der genannten Sarons nur eine Oktave Umfang hat, wird die Kernmelodie notwendigerweise auf jedem von ihnen teilweise »umgeklappt«, gewissermaßen in ein einoktaviges Prokrustesbett gepreßt. Durch den höchstklingenden Saron, den »saron panerus« oder »saron peking«, wird sie synkopiert, zuweilen auch rhythmisch verdoppelt. Der Zweck der »bonang« (auf Kreuzfäden in einem hölzernen Rahmen ruhende, aufrecht stehende Reihen kleiner Klangkessel) ist nicht mit einem Wort wiederzugeben. Im kräftig geschlagenen (»sabetan«) Genḍing lassen auch sie die Kernmelodie hören; oft geben sie aber noch etwas mehr, einfache Paraphrasen, Auffüllungen zwischen den Kerntönen. In leiser geschlagenen Kompositionen spielen sie zuweilen etwas vorweg den Ton, den sofort hinterher die Singstimmen (Solo: »sindèn«, Unisono-chor: »gérongan«) beim Einsetzen treffen müssen. Einige Instru-mente, wie die Bambusflöte (»suling«) und die zweisaitige Streichlaute (»rebab«) spielen in leise geschlagenen (»alus«) Stücken selbständige Melodien. In regelmäßigen Abständen wird die Kernmelodie mit einer tieferen Oktave verstärkt, z. B. jedes-mal nach vier »keteg« (rhythmische Einheit, eigentlich Hart-schlag). Die verstärkten Haupttöne (»dongding genḍing«) werden mitgeschlagen auf dem »slenṭem gantung« oder »gendèr panem-bung«, einem einoktavigen Instrument mit bronzenen Platten, die über sympathisch abgestimmten Klangröhren aufgehängt sind, und (aber nur in Jogja) einem großformatigen, tief klingenden Bonang, dem »bonang panembung«. Jede Kernmelodie wird in *Phrasen* unterteilt, ungefähr wie ein Gedicht durch Kommata, Semikola und Punkte, nur sehr viel regelmäßiger. Die größten Perioden werden durch einen Schlag auf den großen Gong, den »gong geḍé« (hochjavanisch »gong ageng«), beendet; diese Schläge sind sozusagen die Punkte, die die vollen Sätze des Klanggedichts abschließen. Jeder dieser Gongabschnitte (»gongan«) ist wieder unterteilt in eine Anzahl (gewöhnlich zwei oder vier) kleinerer Phrasen, die jeweils durch einen Schlag auf den heller klingenden »kenong« beschlossen werden. Kenong ist eine einzeln auftretende, hochrandige, auf gekreuzten Fäden in einem hölzernen Kasten liegende Gongart. Die Kenongschläge könnte man als Semikola des Tongedichts betrachten. Auf das Ende des letzten Kenongabschnitts (»kenongan«) innerhalb einer Gongperiode fallen also sowohl ein Gong- als auch ein Kenong-schlag. Jeder Kenongabschnitt wird dann wieder unterteilt durch Schläge auf den »keṭuk«, einen ebenfalls einzeln auftretenden und liegend aufgesetzten Schlagkessel, der kleiner und nicht so hochrandig wie der Kenong ist und einen kurzen, dumpfen Klang besitzt, immer auf *gulu* gestimmt. In einigen Kompositionsformen (»ladrang« und »ketawang«) wechseln die Schläge auf den Keṭuk noch mit Schlägen auf den »kempul« ab, eine hängende, ziemlich kleine Gongart. Keṭuk und Kempul könnte man als Komma-Instrumente bezeichnen. Nach den Verschiedenheiten der hier skizzierten colotomischen Struktur teilt man die Gamelankompo-sitionen in eine Anzahl *Kategorien* ein; diese heißen, von der am breitesten ausgebauten bis zur kürzesten, etwas frivolen: »gen-ḍing ag? ng«, »genḍing tengahan«, »genḍing alit«, »ladrang« und »ketawang«.

Das mit Hilfe der oben genannten Instrumente geschaffene musikalische »Fachwerk«, das als der unentbehrliche Kern der Kompositionen betrachtet werden darf, wird nun durch eine Anzahl anderer Instrumente mit feingesponnenen Figurationen ausgefüllt und mit zierlichen Arabesken umrankt. Dieses *Lauf-*

werk, das besonders in mehr lyrischen Partien zur vollen Entfaltung kommt, wird auf den »panerusan«, den paraphrasierenden Instrumenten, vorgetragen. Die bedeutendsten sind der »gendèr barung«, der »gendèr panerus« (mehroktavige Metallophone mit Platten, die über abgestimmten Klangröhren schwebend aufgehängt sind), der »gambang kayu« (ein mehroktaviges Xylophon) und, sofern vorhanden, der »tjlempung« (eine Art Zither mit 13 Doppelsaiten). Der letztgenannte bestand zur Zeit von Thomas St. Raffles (um 1810) noch aus einem um die Längsachse etwas gebogenen, trapezförmigen Brett, über das die Saiten liefen. Seitdem hat er einen auf kleinen Füßen stehenden Resonanzkörper erhalten. Während die Kernmelodie und die Phrasengliederung eines Gending unveränderliche Größen sind, steht es den Spielern der Panerusan frei, ihre Paraphrasen nach ihren eigenen Einfällen zu formen. Wie in allen orientalischen Kunstäußerungen, wird auch die Freiheit jedoch stark durch Tradition gebunden.

Die zweisaitige Rebab und der Bambus-Suling lassen (sofern sie gespielt werden, was im allgemeinen nur in den leiser geschlagenen Kompositionen der Fall ist) gegen die Kernmelodie, jedes für sich, eine mehr oder wenige selbständige Melodie hören; infolgedessen muß man das übrigens in der Hauptsache *heterophone Gamelanspiel* also in gewissem Sinne als *polyphon* bezeichnen. Die Singstimmen handeln ebenso: sie geben Gegenmelodien und setzen dabei, wenn gleichzeitig eine Solostimme und ein (Unisono-)Chor mitwirken, oftmals nacheinander ein; dadurch entsteht eine Art von fugiertem Stimmgewebe.

Auf den Trommeln (»kenḍang«) schließlich wird das *Tempo* unterstützt, eventuell beschleunigt oder verlangsamt; außerdem spielt man auf ihnen schöne *rhythmische Figurationen*. Es gibt viele Anschlagsnuancen, von denen jede ihren eigenen Namen hat, ebenso wie jedes Trommelschlagmuster. Der »kenḍang gending«, zuweilen auch die »tjiblon« genannte Trommel, ist das Instrument des Orchesterleiters (»lurah gending«), sofern dieser nicht die Rebab spielt; im letztgenannten Falle gibt er mit der Rebab seine Anweisungen an den in seiner Nähe aufgestellten Kenḍang weiter. Das javanische Orchester wird demnach nicht, wie das europäische, visuell dirigiert, sondern auf auditivem Wege. Die notwendigen Spielanweisungen werden den Spielern (»niyaga«) mittels Spielnuancen gegeben, die für den Nichteingeweihten kaum bemerkbar sind. (Notenbeispiel 3 zeigt eine Seite einer Gamelan-Partitur, in europäische Notation übertragen.)

Kleinere Klangkörper als die oben beschriebenen müssen nicht unbedingt unvollständig sein. Es gibt solche mit einer grundsätzlich anderen Zusammensetzung, wie die ehrwürdigen Gamelans »munggang« und »koḍok ngorèk«, beide nur dreitönig, sowie den

365

Gamelan »sekati«. Ihnen eignet eine bestimmte, eng umschriebene Aufgabe im Rahmen der javanischen Feierlichkeiten und Feste des Jahreskreises.

Jede Gamelankomposition beginnt mit einer *Einleitung*, »bebuka gending« (oder »bukaning gending«), in deren Verlauf die Spieler Gelegenheit haben, in die Sphäre des zu spielenden Stücks einzudringen; dem kommt in erster Linie die Tatsache entgegen, daß eine gute Bebuka die »Essenz« des folgenden Stücks enthält. Man unterscheidet verschiedene instrumentale Bebukas, z.B. »bebuka bonang«, »bebuka (saron) barung«, »bebuka kendang« (diese drei für stark geschlagene Kompositionen, Gending Sabetan), »bebuka rebab«, »bebuka gendèr« (für leise geschlagene Kompositionen, Gending Alus), je nach dem Instrument, das die Einleitung hauptsächlich bestreitet. Daneben kennt man auch eine vokale Einleitung, die »bebuka swara« (auch »bawa« genannt). Alle Einleitungen schließen mit einem Schlag auf dem Gong Ageng, dann folgt attacca der eigentliche *Gending*. Bei den Kompositionen, die aus einem *Vorder- und Nachsatz* bestehen, d.h. in allen Gending Ageng und Gending Tengahan, wird gewöhnlich erst der Vordersatz (»mérong«) einige Male wiederholt. Will man dann in den Nachsatz (»munggah«) übergehen (»tiba« oder »ndawa« = fallen), so gibt das der Lurah Gending nach dem letzten Kenongschlag des Mérong (unmittelbar oder mit Hilfe der Rebab) auf dem Kendang an; das Spiel beschleunigt sich etwas, wird lebendiger und, wenn der Gongschlag fällt, setzt der Munggah ein. In Ausnahmefällen besteht dieser aus einer auch wohl selbständig vorkommenden Ladrang- oder Ketawang-Komposition. Auch er wird einige Male wiederholt. Will man schließen, so wird vom letzten Kenongschlag ab das Tempo wieder getrieben (»sesekan«) und ganz zum Schluß stark ritardiert (»suwook«). Der letzte Gongschlag schwingt wie in den ewigen Weltraum aus. Natürlich kommen etliche Ausnahmen von dieser Regel vor. Außer den erwähnten Kompositionsgruppen gibt es z.B. die bei den Wajang gebräuchlichen orchestralen und instrumentalen Formeln (»suluk«); von diesen seien die Gruppe der »lagons« oder »patetan« und der »ada-ada« genannt. Es sind Reihen von gewöhnlich ziemlich kurzen Melodien; die erstgenannten helfen sowohl die Tonsphäre als auch das geistige Klima auf der Bühne schaffen, die letztgenannten kündigen bestimmte Gefühlsäußerungen der zum Schauspiel geführten Personen an und begleiten sie:

Zu diesen Gruppen gehören ferner das »ajak-ajakan«, das das Auftreten der Wajangfiguren und der Wajang-wong-Tänzer begleitet, sowie »srepegan« und »sampak«, Begleitmusik für Bühnenkämpfe.

Man unterscheidet außerdem verschiedene *Tempi* (»wirama«), z.B. »lomba« (Andante), »rangkep« (Adagio, wörtlich doppelt) und »tojomili« (Allegro, wörtlich strömendes Wasser).

Obwohl auf Java in den letzten 60 oder 70 Jahren verschiedene *Notenschriften* entstanden sind, wird niemals vom Blatt gespielt. Die Notation dient ausschließlich als eine Art von Ratgeber, den man erst dann fragt, wenn die Spieler die Kernmelodie eines auszuführenden Stückes nicht mehr ganz genau im Gedächtnis haben. Die originellste Notenschrift ist die 1889 von zwei musikalischen Kratonregenten in Zusammenarbeit mit einigen hervorragenden Orchesterleitern entworfene, berühmte Jogja-sche Kraton-Rautenschrift.

Das gesamte javanische Orchesterrepertoire gehört zu sechs verschiedenen »patet«, von denen drei in Sléndro, drei in Pélog stehen. Die *Sléndro-Patet* sind »patet nem«, »patet sanga« und »patet manyura«; die *Pélog-Patet* sind »patet lima«, »patet nem« und »patet barang«. Jeder von ihnen gehört zu einem Teil der Wajangnacht. Der Sléndro-Patet nem und der Patet lima beherr-schen den Abend ungefähr bis Mitternacht; Patet sanga und der Pélog-Patet nem herrschen von Mitternacht bis ungefähr drei Uhr; Patet manyura und Patet barang beherrschen den Rest der Nacht bis Sonnenaufgang. Patet bedeutet Bettung, Lage, Begren-zung, und tatsächlich ist jeder Patet durch eine bestimmte Lage, ein Register, gekennzeichnet. Sie liegen, theoretisch, im Quintab-stand voneinander. Da die melodieführenden Instrumente aber nur eine Oktave Umfang haben, fällt diese Quintversetzung nicht sofort auf. Der Patet kommt in erster Linie in den Schlußkaden-zen der Kompositionen (bzw. Kompositionsteile) zum Ausdruck, und zwar besonders in der Art und Weise, in der die Endtöne der Bebuka Gending, der »bebuka opaq« (des ersten Gongabschnitts des Gending) und des letzten Gongabschnitts des Gending, bzw. (wenn das Stück zweiteilig ist) des Mérong und des Munggah, erreicht werden. Ferner wird jeder Patet durch den jedem von ihnen eigenen »dasar« (Zentralton, wörtlich Grundlage, Boden) gekennzeichnet; im Hinblick darauf liegen die bedeutendsten

(3) Aus einer Partitur des Gending (Ladrang): < Surung dayung > (Patet nem Pélog), aus dem Kraton in Surakarta

Gongtöne (d. h. die letzten Töne des Gongan, mit denen jedesmal ein Gongschlag zusammenfällt) nach unten zu im Quint- oder Doppelquintabstand. Im Sléndro-Paṭet nem z. B. ist der Dasar der Ton *nem*, die Gongtöne sind daher *gulu* und *lima* (und als dritter der Ton *nem* selbst). Dieses sehr komplizierte Problem des Paṭet ist sehr klar von Mantle L. Hood behandelt worden, der als erster gezeigt hat, daß die »umgeklappte« Form, die den Endkadenzen durch die einoktavigen Sarons aufgezwungen wird, in erster Linie den Charakter der verschiedenen Paṭet bestimmt.

Die Musik der Bewohner des west-javanischen Berglandes, der *Sundanesen*, weicht in mancher Hinsicht von der javanischen ab; besser: die javanische Musik hat sich weiter spezialisiert als die sundanesische, die sich mehr als die javanische an das überlieferte Erbgut gehalten hat. In den Sundaländern gibt es nur wenige große *Gamelans*, die meisten befanden sich im Besitz der Regenten (der höchsten regionalen Machtträger). Für dieses Berggebiet sind jedoch ein paar kleine fünftönige Ensembles charakteristisch: die Gamelans »degung« und »rèntèng«. Der erste befand sich ausschließlich im Besitz der Regenten und ist gekennzeichnet durch fünf oder sechs in einer Fläche nebeneinander aufgehängte, mittelgroße Gongs, von denen er seinen Namen hat. Der andere ist ein mehr volkstümliches kleines Orchester; sein Kennzeichen ist eine lange Reihe sich über zwei oder drei Seiten eines Rechtecks erstreckender, liegend aufgesetzter Klangkessel vom Bonangtypus. Ferner findet man bei den Sundanesen viel mehr Bambus-Instrumente in Gebrauch als im übrigen Java. Das bekannteste ist der »anklung«, ein Spielzeug, bei dem zwei oder drei, gewöhnlich in Oktaven gestimmte Bambusröhren, die in einem Bambusrahmen aufgehängt sind, hin und her geschüttelt werden. Vielleicht das für die sundanesische Musik bezeichnendste Ensemble ist das Tarawangsa-Orchesterchen; es besteht aus einer muldenförmigen Zither (»katjapi«) mit 6–18 Saiten, einem Bambus-Suling und einer »tarawangsa« genannten Streichlaute mit zwei oder drei Saiten und einer hölzernen Decke (die der javanischen Rebab ist aus Pergament oder aus Büffelmagenhaut). Das letztgenannte Instrument wird jedoch oft durch eine Singstimme ersetzt. Die für diese Kombination angewandten *Tonskalen* werden als »mèlog« und »njorog« bezeichnet. Beide besitzen wiederum fünf Haupttöne. Mèlog wird vom europäischen Ohr genauso gedeutet wie die Pélog-Skalen; die Njorog-Skala wird dadurch gewonnen, daß man den dritten Ton von unten der Mèlog-Leiter um ungefähr einen Ganzton erhöht. Zugleich wird dadurch die Skalenbasis eine Quinte tiefer verlegt. Es ist eine ungelöste Frage, ob man Mèlog und Njorog zum Pélog- oder zum Sléndro-System rechnen muß. Im ersten Falle (der Name Mèlog, der »in Pélog« bedeuten muß, könnte dazu veranlassen) müßte man Mèlog zum Paṭet nem und Njorog zum Paṭet lima zuteilen, doch stehen beide Tonreihen der hemitonischen Diatonik näher als den genannten Pélog-Skalen. Rechnet man beide Leitern zum Sléndro-System, dann müßten sie zu einer der allerdings nur in den Vokalstücken geltenden Sléndro-Skalen mit einzelnen erniedrigten Tönen gehören, von der Art, die man in den Sundaländern als »madenda« (mit erniedrigter erster und dritter Stufe) und »degung« (mit erniedrigter erster, dritter und vierter Stufe) unterscheidet.

Die häufig als typisch indonesische oder sogar javanische Musik zu Gehör gebrachte »krontjong«-Musik geht auf die im 16. und frühen 17. Jahrhundert von den Portugiesen in den Archipel eingeführte *portugiesische Volksmusik* zurück; sie wird in der Hauptsache von der indoeuropäischen Bevölkerung ausgeübt. Die kleinen Krontjong-Orchester bestehen aus einer Anzahl Saiteninstrumenten von unverkennbar europäischer Herkunft (Violine, Mandoline, Gitarre), zuweilen eine Flöte und ein Tamburin, dazu eine einen malaiischen Text singende Singstimme. Diese Musik besitzt einen oberflächlichen Charme, etwa in der Art der sogenannten Hawaiian Music. Daß ihre Pflege in rein javanischen Kreisen auf Kosten der ihr hoch überlegenen eigenen Tonkunst Boden gewinnt, ist sehr zu bedauern.

Jaap Kunst
(Übersetzung aus dem Niederländischen von Hans Albrecht)
Gamelan-Musik

Gamelan ist der allgemeine Name für orchestrale Ensembles auf Java und Bali. Das Wort ist eine Substantivierung des Verbums »gamel« = hantieren. Der Gamelan-Bestand auf beiden Inseln ist sehr beträchtlich. Bali besitzt im Verhältnis noch mehr Orchester als Java; es gibt dort Distrikte, in denen ein Ensemble auf je 250 Einwohner kommt. Sowohl auf Java als auch auf Bali haben viele Orchester einen sehr bestimmten und eng umschriebenen *Zweck* zu erfüllen, so auf Bali der Gamelan »selunding«, ein Orchester aus Metallophonen mit eisernen, schwebend aufgehängten Tasten, und auf Java z.B. die Gamelan »munggang«, »koḍok ngorèk« und »sekati«, alle drei Ensembles von festgelegter Zusammensetzung. Sie erfüllen ihre Aufgabe außerdem stets auf festen, dazu angewiesenen Plätzen. Auch einige der großen Orchester, besonders in den Kratons, haben ihre eigene Aufgabe und Wirkungssphäre.

An den ehemaligen mittel-javanischen Fürstenhöfen waren die meisten Gamelan doppelt, d.h. sie bestanden aus einer »pélog«- und einer «sléndro«-Hälfte, die nur einige Instrumente gemeinsam hatten, nämlich nur die, die nicht als Träger einer bestimmten Tonhöhe angesehen wurden (»gong ageng«, das Gongspiel »ketjèr«, die verschiedenen Trommelformen) oder auch leicht umgestimmt werden konnten (die Streichlaute »rebab«). In solchen Fällen ist oft einer der Töne aus den beiden Skalen gleich gestimmt. Es sind ausschließlich die *nem*, die *lima* oder die *djongga*, die dann auf dieselbe Tonhöhe genommen werden. Man nennt das »tumbug« = zusammenfallen und entsprechend Gamelan »tumbug nem«. Dieses Verfahren bietet zwei Vorteile: 1. man kann über den gemeinschaftlichen Ton vom einen in das andere Tonsystem modulieren, was früher sehr selten war, heute aber, in neuen Kompositionen, häufiger geschieht; 2. es vermindert die Kosten des Orchesters, indem man nun mit einigen großen bronzenen Schlagkesseln (»kenong« und »kempul«) weniger auskommen kann.

Der *Islam* stand, als er einmal auf Java festen Fuß gefaßt hatte (Anfang des 16. Jahrhunderts), der »heidnischen« Gamelan-Musik ziemlich feindlich gegenüber. Diese Abneigung ist z.T. dem mohammedanischen Puritanismus zuzuschreiben; er richtete sich gegen die Auswüchse, die mit dem Tanzen der »ronggèng« und »talèḍèk« verbunden waren. Diese Tänze werden vom

Gamelan begleitet und von den öffentlichen Tanzmädchen getanzt. Aber die Javanesen des 16. Jahrhunderts waren (und die heutigen sind es auch) schließlich in erster Linie Kinder ihres Landes und ihrer Kultur und erst in zweiter Linie zu einem neuen Glauben bekehrte Seelen. So schien es den neuen geistlichen Machthabern untunlich, die von altersher überlieferte und bei den Schauspielvorstellungen (»wajang«) unentbehrliche Musik auszurotten; daher wurden sogar einzelne orchestrale Ensembles in das Gefüge des neuen Gottesdienstes aufgenommen, die Gamelan Sekati und Munggang. In der »sekatèn«-Woche, d. h. in der Woche, in der des Todes des Propheten gedacht wird, spielt das erstgenannte Orchester fortdauernd. Nur in einer Nacht schweigt es, und man hört dann ununterbrochen den dreitönigen Gamelan Munggang. In den schweren, auf einer großen und an einer Kette aufgehängten hölzernen Trommel mit zwei festgenagelten Schlagfellen erzeugten Schlägen meint die gläubige Bevölkerung zu hören, wie Dewi Fatima, die Tochter Mohammeds, sich in dem wahnsinnigen Schmerz über den Tod ihres Vaters die Brust schlägt. Der Gamelan Sekati wurde noch geschlagen während der Beschneidung eines Fürstensprößlings, bei der Hochzeit eines Kindes einer Hauptfrau des Fürsten und beim Defilieren des Kraton-Corps Prayalata während eines der drei großen halbreligiösen Kratonfeste (»garebeg«), d. h. beim »garebeg mulud«.

Unter Gamelan »klenéngan« versteht man auf Java ein Orchester, das man als *Kammerorchester* bezeichnen könnte. Im Gegensatz zum vollständigen großen Gamelan fehlen hier immer die kleinen Klangkessel (»bonang«) und meist auch die Metallophone mit Tasten (»saron«). Sind die Saron doch vorhanden, so spricht man von »klenéngan tengahan«, einem mittleren Klenéngan oder Gamelan »wayangan«, dem typischen Wayang-Orchester. Ferner ist in diesen Ensembles der Gong ag stets ersetzt durch den »gong suwukan«, ein Schlagbecken von etwas kleinerem Format, oder durch den »gong kemodong«, ein Instrument, das aus zwei großen bronzenen, über einem Resonanzkasten aufgehängten Tasten besteht.

Zur Begleitung des Tanzes der ehemaligen Hoftänzerinnen, der «beḍaya« oder »serimpi«, dient ein noch mehr reduziertes Orchester. Dieses besteht, außer aus den zwei Trommelformen »kenḍang genḍing« und »ketipung«, nur noch aus den drei bedeutendsten phrasierenden Instrumenten Gong ageng, Kenong und »keṭug«, während die Melodie rein vokal durch einen Unisono-Chor vorgetragen wird. Manchmal aber hört man in dieser Zusammenstellung zur Wahrung eines straffen Rhythmus auch noch ein Paar »kemanak«, ziemlich selten vorkommende, eigenartige, kleine bronzene Schlagbecken, die mehr oder weniger die Form ausgehöhlter, gestielter Bananen haben.

Außerhalb der großen Städte, im Binnenland, findet man noch verschiedene kleine *Bambus- oder Holzorchester*. Diese bestehen hauptsächlich aus Bambus-Idiochorden (wie der Gamelan »bumbung« und der Gamelan »gumbeng«) oder aus verschiedenen Instrumenten mit Tasten in Form von Bambusstreifen, die wie eine Gänsefeder zugeschnitten sind (Gamelan »djemblung«, Gamelan »tjalung«).

ERNST SCHLAGER
Bali

I. Allgemeines. – II. Vokalmusik. – III. Musikinstrumente. – IV. Skalen. – V. Gamelanorchester

I. Allgemeines

Obwohl Java besonders im 14. und 15.Jahrhundert starken Einfluß auf die Musik Balis ausübte, ist die heutige Musik beider Inseln sehr verschieden. In Bali sind die Dörfer die Träger der Musikkultur. Darum ist die Musik weniger fixiert, behält jedoch immer den Anschluß an die Tradition und ist in einer ständigen Entwicklung begriffen. Es gibt keine Standardstimmungen; alte Instrumente werden aus Pietät nicht gestimmt, neue Gamelan unterliegen Modeströmungen. Theoretische Schlüsse über Gamelanstimmungen sind deshalb vorsichtig zu fassen. Trotz eines ausgesprochenen Formalismus besteht keine bewußte Musiktheorie.

II. Vokalmusik

Die hauptsächlichen Arten der durchweg einstimmigen Vokalmusik sind das »kekawin« (das Singen und Rezitieren der in altjavanisch verfaßten hinduistischen Heldengedichte ›Râmâyana‹, ›Mahabharata‹ u.a.m.) und das »mekidung« (das Kidung-Singen von Gedichten aus der mittel-javanischen Sprachperiode bei Tempelfesten). Beim Aufbau der Kidung-Gedichte sind maßgebend: der »guru wilangan« (Anzahl der Silben pro Verszeile) und der »guru lagu« (der Endsilbenvokal der Verszeile). Als Beispiel eines solchen Schemas diene die Weise ›Sinom‹: 8a, 8i, 8o, 8i, 7i, 7u, 7a, 8i, 4u, 8a, d.h. die erste Verszeile hat 8 Silben und endet mit dem Silbenvokal a, die zweite Zeile hat 8 Silben und endet mit dem Silbenvokal i, usw. Eine dritte Art Vokalmusik sind Kinder- und Volkslieder, die z.T. auch bei den »sanghjangs« (exorzistische Trancetänze) gesungen werden.

III. Musikinstrumente

Schlaginstrumente mit gestimmten Skalen sind »gangsa« (auf einem Holzblock sind Tasten aus Bronze, Eisen oder Bambus

aufgehängt, »gantung«, oder aufgelegt, »djongkok«, und für 2–4
Tasten sind Resonanzlöcher im Holzblock vorhanden); »gendér«
(die Tasten liegen oder hängen über für jeden Ton individuell
gestimmten Bambusrohren); die gongartigen Instrumente »trompong« (javanisch »bonang«) und »rejong«. Ferner gibt es die
Flöte »suling« und das Saiteninstrument »rebab«. Die Trommeln
kommen in verschiedener Größe vor und fast immer paarweise in
einer größeren (»wadon« = weiblich) und in einer etwas kleineren (»lanang« = männlich) Form: »kendang gupekan« ohne
Schlägel, »kendang pegongan« mit Schlägel. An Schlag- und
Lärminstrumenten werden verwendet: Gong, »kempul«,
»kemong«, »kempli«, »bendé«, »kadjar«, »tjéng-tjéng« (Cym-
bal), »kumanak«, »gentorak« (Schellenbaum). Die meisten
Instrumente kommen paarweise vor, um ein geringes verstimmt,
damit Schwebungen entstehen, die nach dem balinesischen
Begriff den Ton erst zum Leben bringen.

IV. Skalen

Die Wiedergabe der Skalen mit Hilfe des temperierten Systems
ist lediglich als Annäherung anzusehen, von der nicht konstante
Abweichungen bis $^1/_8$-Ton vorkommen. Die gebräuchlichste Stimmung ist »selisir«: *cis d e gis a*; die Stimmung »sunarén«: *fis gis a
cis d* ist im Aussterben begriffen; ferner sind zu nennen »pewa-
jangan«: *e fis gis h cis* und »angklung«: *g a h d*, außerdem die
rituelle Siebentonskala: *e f g a h c d*. Die alt-balinesischen Dörfer,
in denen diese Skalen noch gebräuchlich sind, waren früher
autonome Dorfrepubliken mit eigenen Gebräuchen. Auch die
Gamelanstimmungen differieren von Dorf zu Dorf durch Erhöhung oder Erniedrigung eines oder mehrerer Töne der Skala. Die
Siebentonskala dient nicht zur Ausführung von Siebentonmusik,
sondern von Fünftonmusik. Die siebentönige *Materialtonleiter*
ermöglicht nämlich die Ausführung von sieben Fünftonskalen
nach dem Schema 1 2 3   5 6, wobei jeder Ton der Siebenton-
reihe = 1 sein kann. Es können auch sechs Töne in einem Stück
vorkommen. Sie ermöglichen das Spiel von zwei Modi; z. B. *e f g a
h c* ermöglichen *e f g h c* und *a h c e f*. Von dem siebentönigen
System des Gamelan »semar pegulingan«: *e fis gis a h cis d* =
ding dong déng penjorog dung dang peméro kommen meist fünf
Töne in einer Komposition vor, *penjorog* und *peméro* werden nur
gelegentlich benutzt. Jeder Ton von *e* bis *d* kann theoretisch *ding*
sein, praktisch werden nur fünf Modi bei diesem Gamelan
verwendet.

V. Gamelanorchester

Es gibt mehr als 20 verschiedene Gamelan-Gattungen. Die wichtigsten lassen sich in fünf Gruppen einteilen.

1. Der Gamelan »gendér wajang« besteht aus vier Gendér zu je zehn Bronzetasten; zwei Instrumente sind eine Oktave höher und spielen denselben Part wie die tieferen. Die Töne heißen *ding dong déng dung dang* und sind ungefähr *e fis gis h cis*. Das Gendér Wajang-Orchester dient zur Begleitung des »wajang kulit« (Schattenspiel) für rituelle Zeremonien wie Zahnfeilung, sowie unter Zusatz von Schlagzeug zur Begleitung des »wajang wong« (›Râmâyana‹-Legenden). Die Aufführung im alten Stil wird »selten sich deckend« (»lamba rangkap«) genannt (siehe Notenbeispiel 1 a), die im modernen Stil »ausgefüllt« (»renjab«; siehe Notenbeispiel 1 b, c).

(1)

In diesem Beispiel ist die Melodie eine Ostinatofigur im Baß und wird von allen Spielern mit der linken Hand gespielt, während mit der rechten Hand die *Figuration* ausgeführt wird. Diese Figuration wird so perfekt unter zwei Spielern aufgeteilt, als wäre sie von einem einzigen gespielt. Die Technik des »Ineinanderspielens« besteht auch bei den Trommeln, etwa bei den Tjéng-tjéng. Notenbeispiel 1 b ist eine auf drei, c eine auf vier Tönen aufgebaute Figuration.

2. Die rituellen Siebenton-Gamelan sind vermutlich balinesischen Ursprungs oder zumindest bei einer sehr frühen javanischen Einflußnahme nach Bali gekommen. Der Gamelan »saron« besteht aus zwei Gangsa und zwei Saron. Die Gangsa haben je sieben Bronzetasten, einer ist eine Oktave höher gestimmt. Sie dienen zur Wiedergabe der Melodie in Oktaven, die durch einen einzigen Mann ausgeführt wird. Von den zwei Saron, Holzblöcke mit aufgehängten Bambustasten, hat der »saron menanga« sieben Tasten und spielt wie die Gangsa die Melodie, wobei er jedoch jeden Ton zweimal anschlägt; der »saron pengulu« hat zweimal vier Tasten zur Ausführung der Figuration (zwei Hämmer). Die Figuration folgt der Melodie, indem der erste Figurationston mit dem Melodieton identisch ist:

(2)

Die Melodie besteht aus Kidung-Gesängen und ist in der hauptsächlich verwendeten *Notenschrift* notiert:

Zeichen:	↘	∿	—	↺	↲	↳	○
Name:	ding	dong gedé	dang gedé	déng	dung	dang tjenik	dong tjenik
Ton:	e	f	g	a	h	c	d

In der Tonbezeichnung kommen *dong* und *dang* zweimal vor und zwar je in einer großen (tiefen) und in einer kleinen (hohen) Ausgabe, wobei »groß« und »klein« keine fixierten Intervalle bezeichnen, denn dieses System ist ursprünglich vokal. Der Beweis dafür ist in einigen Kidung-Texten zu finden, bei denen eine »wortgetreue« Vertonung durchgeführt wurde, nach dem Prinzip: Der Silbenvokal ist der Schlüssel für den Ton (z.B. »madu« = *dang dung*). Wenn auch bei den meisten Kidung-Notationen dieses Prinzip nicht mehr für jede Silbe verwendet wird, so ist es beim Verszeilenschluß (Guru lagu) obligat. Da es nur fünf Vokale gibt, müssen zwei notgedrungen doppelt vorkommen, wodurch der ursprünglich vokale Charakter dieses Systems erwiesen ist. Der Gamelan »gambang« ist im Prinzip dem Saron gleich. Die beiden Gangsa führen die Melodie aus, die Figuration erfolgt jedoch durch vier Instrumente mit je vierzehn Bambustasten, die mit je zwei gabelartigen Hämmern angeschlagen werden. Die Gabelhämmer der rechten Hand treffen jeweils Ton 1 und 4, die der linken Hand Ton 1 und 3. Die Anordnung der Tasten ist so, daß jeweils mit einer Gabel dieselben Töne in verschiedenen Oktaven angeschlagen werden. Die Figuration enthält gewöhnlich acht Töne pro Melodieton, doch gibt es auch kompliziertere Spielweisen. Die Melodie wird im Gambang-Rhythmus wiedergegeben ♩ ♪♩, d.h. 5 + 3. Der Eisengamelan »selunding« ist der heiligste Gamelan; er darf in den meisten Dörfern nur von Priestern durchgeführt werden. Heute werden noch etwa zehn bespielt, deren Eisentasten z.T. bis zu einem Meter lang sind. Die Spielweise weicht in den verschiedenen Dörfern stark voneinander ab. In Ngis werden z.B., wie beim Saron, Gangsa mit Bronzetasten zur Melodieausführung benutzt, wobei die Eiseninstrumente die Figuration übernehmen; in anderen Dörfern wird die Melodie ebenfalls durch Eiseninstrumente ausgeführt. In der Dorfrepublik Tenganan kommen Figurationen bis zu 32 Einheiten pro Melodieton vor, die selbst melodischen Charakter besitzen. Der »gong luang« oder »gong saron« in Tangkas ist prinzipiell ebenfalls der obigen Anordnung ähnlich. Die Melodie wird von Bronze-Gangsa gespielt, als Figurationsinstrumente dienen Trompong und ein bis zwei Saron; ferner findet sich eine sehr kleine Trommel (»kendang tumba« = Wanzentrommel), die einzelne Perioden durch spezielle Signale markiert, nämlich den Halbteil durch einen Schlag, den Abschluß einer Periode durch ♩ ♫ 𝅗𝅥 ; auf der letzten Note erfolgt ein Gongschlag. Die Gong luang im Westen der Insel stellen bereits Zwischenstufen mit dem heutigen Gamelan »gong gedé« dar und führen z. T. auch Gong-Kompositionen aus.

3. Die Gambuh-Semar-Pegulingan-Gruppe sowie die Gong-Gruppe sind vermutlich mit der javanischen Immigration im 14. Jahrhundert nach Bali gekommen. Im Gamelan »gambuh«, einem kleinen Ensemble zur Begleitung von Tanzdramen, werden die Melodien durch fast einen Meter lange Bambusflöten und Rebab gespielt, die durch verschiedene Schlaginstrumente (Kumanak, Tjéng-tjéng, Gentorak, Kadjar, Kempul, ferner »kenjir«, »selepita« und »kleneng«) und zwei Trommeln begleitet werden. Die Form ist durch das »tabuh«, den Trommelsatz, gegeben. Es werden vier Modi gespielt: Selisir (ungefähr *cis d e gis a*), Sunarén (ungefähr *g a b d e* [*es*]), »baro« (ungefähr *d es fes a b*) und »lebang« (ungefähr *e f gis h c*). Der Gambuh wurde auf den Semar Pegulingan (großes Orchester von ca. 20–50 Spielern) übertragen, das früher in einer siebentönigen (fünf Modi: »tempung«, Sunarén, Baro, Lebang, Selisir), in einer sechstönigen (Selisir und Sunarén) und schließlich in einer fünftönigen Ausgabe (Selisir oder Sunarén) existierte. Heute ist der Semar Pegulingan fast ausgestorben, und man findet ihn fast nur noch in reduzierten Abkömmlingen wie »pelegongan« (zur Begleitung des »legong«), »djogéd« (früher Metall-, heute Bambustasten; zur Begleitung eines Flirttanzes), »bebarongan« (zur Begleitung des Tanzdramas ›Barong‹) und einem Ensemble zur Begleitung des Tanzdramas ›Tjalonarang‹. Die Tabuh-Einheiten z. B. im Pegulingan bestehen aus vier Schlägen »djégog«, auf jeden Djégog-Schlag kommen acht Schläge »djublag« (nächstkleineres Instrument), und auf jeden Djublag-Schlag kommen acht Figurationstöne. Das Tabuh wird durch Schlaginstrumente interpungiert. Es gibt drei verschiedene *Tabuh*, die je eine entsprechende Anzahl von Tabuh + Abschluß (vier Djégog-Töne) enthalten. Die Trommeln werden mit der Hand geschlagen. Melodieführend sind beim vollständigen Semar Pegulingan der Trompong, beim

reduzierten ein Gendér. Anfang und Schluß werden vom ersten Gendér, Dynamik und Choreographie von der Trommel dirigiert. Der Schlußpunkt wird durch einen Kempul-Schlag markiert, die Zwischeninterpunktionen durch Kemong (kleiner Gong) und Kadjar (ein dem Bonang ähnlicher Gong) gegeben. Die klassische Form ist dreiteilig: »pengalihan« (meist solistisch gespielte Einleitung), »pengawak« (Rumpf) und »pengétjét« (rascher Satz). Daneben kommen die ständig wiederholten Kurzmotive »batél« und »bapang« vor.

4. Zu den gongartigen Orchestern gehört der »gong gedé«, das Prunkorchester (bis über 50 Spieler) bei Tempelfesten und fürstlichen Zeremonien sowie zur Begleitung des »baris« (Kriegstanz) und des ›Topeng‹ (Maskenspiel zur Verherrlichung javanischer Fürsten). Die Instrumente haben zehn Tasten und sind in Selisir gestimmt. Die Melodie wird durch das Trompong gespielt. Die Trommeln werden mit Schlägeln geschlagen, die Gongs sind größer als beim Semar Pegulingan und auch die Tabuh sind wesentlich verschieden, denn die Tabuh-Einheit besteht aus zwei Djégog-Schlägen, abwechselnd durch Kempul und Gong interpungiert. Die Trommelsätze sind regional verschieden, ebenso die Zusammenstellung der Sätze. Als ständig wiederholte Kurzmotive kommen vor: »kali« (analog dem Batél) und »gilak«. Eine neue Entwicklung ist der »gong kebijar«, der durch ein außerordentlich lebendiges Spiel gekennzeichnet ist. Tempowechsel, Crescendi, Generalpausen, plötzliches Aufhören der Figuration, Unisono sind raffiniert verwendete Mittel. Die Trommeln werden mit der Hand angeschlagen, der Trommelstil ist vollständig verschieden von dem klassischen. Eine große Rolle spielt der »trompong barangan«, der als Figurationsinstrument dient und neben der üblichen noch eine eigene Figuration durch vier Spieler enthält. Neben rhapsodieartigen Stücken werden auch alte Gongkompositionen im neuen Stil gespielt.

5. Der »angklung« besteht aus viertönigen Gamelan-Instrumenten (ungefähr *g a h d*) und wird hauptsächlich bei Totenzeremonien gespielt. Die Kleinheit der Instrumente macht diesen Gamelan für *Prozessionsmusik* besonders geeignet. Seit neuerer Zeit gibt es auch fünftönige Angklung-Orchester, auf denen Kebijar-Kompositionen gespielt werden. Der »génggong« besteht aus einem etwa 15 cm langen, dünnen Bambusstück, in das eine Zunge geschnitten ist. An beiden Enden sind Schnüre angebracht, eine zum Halten und eine zum Spielen (ruckartiges Anziehen). Das Instrument wird vor den Mund gehalten und die Bambuszunge zur Vibration gebracht. Durch Verstellen des Mundes kommt ein entsprechender Oberton zur Resonanz. Gut spielbar sind vier Töne, weshalb hauptsächlich Angklung-Kompositionen ausgeführt werden. Gewöhnlich spielen zwei Leute

zusammen (»Ineinanderspielen«); es gibt aber auch Ensembles von etwa zehn bis zwanzig Spielern in Sanur und Batuan, bei denen z.T. noch Schlaginstrumente mitwirken.

Der Gamelan »baléganjur« besteht ausschließlich aus Schlaginstrumenten (zwei Trommeln, drei Tjéng-tjéng, ein Kemong, ein Kempul) und wird zu Prozessionen gespielt. Verschiedene Ensembles aus Schlaginstrumenten und Flöten begleiten den »ardja« (Oper) und den »djanger«, ein aus den exorzistischen Sanghjang-Gesängen entstandener, verweltlichter Tanz, bei dem sich Knaben und Mädchen in einem Quadrat gegenübersitzen und zu einem Sitztanz rhythmisch prägnante Gesänge singen; diese bilden den Rahmen zu einer höfischen Handlung. Seltene Ensembles sind der fünftönige »kembang kirang« und der »gong béri«, der hauptsächlich aus Schlaginstrumenten besteht. Der »ketjak« ist ein vokaler Gamelan, bei dem etwa 150 Männer in rhythmischer Weise die Silben ke tja ke tja in verschiedenen Zusammenstellungen ineinander weben und choreographisch darstellen. Der Gamelan »sekati« ist ein kleiner Gamelan, bei dem der Trompong als Figurationsinstrument benutzt wird. Eine besondere, sekati-artige Figurationsart wird »njekatin« genannt.

AUSTRALIEN UND OZEANIEN

Marius Schneider
Australien und Austronesien

Unter den sprachlich bedingten Begriffen »Australien« und »Austronesien« wird hier die Musik der indonesischen, australischen, melanesischen und polynesischen Völker beschrieben, soweit sie nicht zu ausgesprochenen Hochkulturgebieten (Bali, Java) gehört. Um den in Frage kommenden geographischen Bezirk vollständig zu erfassen, müssen jedoch neben den Völkern australischer und austronesischer (= malayopolynesischer) Sprache (mit ihren drei Untergruppen: indonesisch, melanesisch und polynesisch) auch die Tasmanier, die Träger der sogenannten »Papuasprachen« und die den Malayen sehr nahestehende Naga des tibetoburmanischen Sprachstamms behandelt werden.

Zur ältesten Schicht gehören die *Pygmäen*, die *pygmoiden Völker* und die *Tasmanier*, welche die Reste einer voraustralischen und voraustronesischen Bevölkerung bilden. Der musikalische Formenreichtum dieser ältesten Kulturen ist erstaunlich groß, insofern er bereits eine große Reihe von Tongebilden (entweder rhythmisch oder melodisch) im embryonalen Zustand enthält, von denen die späteren Kulturen oft nur das eine oder andere Gebilde aufgreifen, um es zu einer höheren Entfaltung zu bringen. Diese Primitivformen der Musik beschränken sich keineswegs auf die sogenannte »enge Melodik«, d.h. Motive mit melodischem Ambitus von zwei bis drei Tönen. Die Klagegesänge, die Tiertänze und Naturkonzerte mit ihren äußerst realistischen Tonnachahmungen enthalten eine Fülle von Motiven, die unbedingt den Anspruch auf Musik erheben können, denn ihre Imitation der Naturgeräusche besteht nicht nur in der einfachen realistischen Nachahmung, sondern sie wählt wesentliche Motive aus, deren spontane Weiterführung der Wiederholung allmählich eine eigene melodische Form und Phrasengestaltung aufprägt. Es ist zwar nicht möglich, diese primitiven Erscheinungen musikalisch zu klassifizieren, weil sie sich keinem bestimmten rhythmischen oder melodischen Modell (Kompositionsschema) anpassen. Die Gestaltung der musikalischen Idee ist immer subjektiv und stets einmalig, und gerade weil es kein Modell, d.h. keine konventionelle Form gibt, in die das Lied gegossen wird, ist die Vielfalt so außerordentlich groß.

Zu diesen Grundformen primitiven Musizierens gehört auch die »rein musikalische«, spontane (d.h. nicht durch Nachahmung veranlaßte) Motiverfindung. Jedoch scheint eine solche Differenzierung bei Naturvölkern nur in sehr beschränktem Ausmaße durchführbar zu sein, weil in der Geistesverfassung der außerordentlich stark rezeptiv veranlagten Primitiven die Subjekt-Objektgrenze sich dauernd verwischt.

Enge Melodik mit Sekund- oder Terzambitus ist in den Torresstraits bei Tasmaniern, Australiern, Pygmäen, Pygmoiden und Papuas bekannt geworden.

(1) Totengesang, Torresstraits, Malu

U - wau Izib eiri - am o Izib a eiri - am a_____!

Sie erscheint bald fest rhythmisch, bald in metrisch und motivisch sehr verschwommener Art. Letzteres ist besonders dort der Fall, wo freie Texte oder pantomimische Bewegungen auf die Melodiebildung einwirken. Die Musik löst sich nur ganz langsam aus ihrer ursprünglichen Bindung an Text und Gebärde. Dieser Zug charakterisiert die enge Melodik auch in den höheren Kulturen, wo sie in den mythologischen Erzählungen oder in den psalmodierend vorgetragenen Einführungen in die Stammesgesetze wieder auftritt. Es hat den Anschein, als ob der Kanon (der sogar mit Motiven auftritt, die nur aus der Repetition des gleichen Tones bestehen) zum primitiven Jäger- und Sammlertum, d.h. zum ältesten Erbe der Musikkultur, gehörte.

(2) Kenta, Semangvolk in Malakka

Bei der Erweiterung des Tonraumes lassen sich verschiedene Typen erkennen. Sehr weit verbreitet ist die Manier, mit einem relativ hohen Ton fermatenhaft einzusetzen und dann mehr oder weniger glissandomäßig auf das enge Thema herabzugleiten.

(3) Jahai, Malakka

Ein anderer Typus bewegt sich rund um einen tonalen Mittelpunkt und bildet oft arpeggienhafte Formen aus,

383

oder es entwickelt sich eine fanfarenartige Melodik.

(5) Awembiak, Neuguinea

Ke - no - ké a - - boe a ka___ ja lo di dé - o, a é___.

Bei solchen melodischen Voraussetzungen entsteht oft eine diskantartige Mehrstimmigkeit.

(6) Kongara, Salomonen

Über dieser primitiven Schicht lagern sich die Völker der *primitiv-malaiischen und melanesischen Rasse*, die sich sehr stark mit den Völkern der australisch-tasmanischen und der später eintreffenden polynesischen Rasse vermischten. Bei den Murrey-Insulanern, den Australiern der Beagle Bay, den Karesau-Papuas und Marind-anim (Neuguinea) wird das kurze, enge Motiv in hoher Lage angestimmt und dann in kleinen Transpositionsabständen in die Tiefe geführt, oder der dynamische Kern der engen (meist absteigenden) Melodik erscheint plötzlich in der Oberquinte oder Oberoktave, um dann ebenfalls treppenartig wieder zum Grundton der Thema-Exposition zurückzukehren.

(7) Totenlied, Insel Malu

Wau a - ka o a - de - et ma - lu - et e pa - det a - au e - ma - rer, e - ma - rer,

e - ma - rer usw. . . .

In den melanesischen und malaiischen Kulturen erhält die enge Melodik ein sinnfälligeres oder übersichtlicheres Gepräge, weil das Thema meist ein sehr bestimmtes metrisches Modell aufweist, das sich allmählich in kleinere Werte aufspaltet. Auffallend ist auch die frühe Ausbildung eines kurzen Epilogs, der die Zeilenschlüsse hervorhebt und sich in den späteren Kulturen zum Schlußostinato entwickelt.

384

Die glissandohaften Liedeinsätze werden stärker mit dem Melodiegefüge verbunden.

(9) Truck

Die Dreiklangsmotive werden melodisch stärker durchgeformt.

(10) Geistergesang der Hube, Neuguinea

Strenge Transposition kommt sehr selten vor. Meist erscheinen nur die großen Umrisse des Themas in der tieferen Lage. Die Höherentwicklung zeigt sich vor allem darin, daß die Motive der Primitiv-Kulturen allmählich zu Themen werden, die Transpositionsabstände sich vergrößern und im Konsonanzverhältnis zueinander stehen. Im Notenbeispiel 11 (Bukaua, Neuguinea) fließt aus dem in die Unterquart transponierten Thema noch ein Nachsatz heraus, der das Lied allmählich zum Ausklingen bringt.

(11) Bukaua, Neuguinea

Das starke Hervortreten der Quarte oder des Quint-Quartwechsels als Melodiestruktur scheint in den melanesischen Kulturen mit der bäuerlichen Zweiklassenkultur parallel zu laufen, während die mit vielen wiederholten Noten (teilweise rezitativisch) durchsetzte Melodik auf ältere, totemistische Musikformen zurückgehen dürfte. Jedoch ist die Vermischung totemistischer und bäuerlicher Kulturen in Melanesien so stark, daß sich schwerlich darüber etwas Entscheidendes aussagen läßt.

Äußerst eigentümlich ist die Umbildung der Fanfarenmelodik in die »gebrochene« Fanfarenmelodik des Bismarckarchipels, wo sich dieser Stil durch den raschen Wechsel zwischen langen und kleinen Gruppen von kurzen Notenwerten manifestiert.

(12) Barriai

Mehrstimmigkeitsformen bilden sich durch langgezogene vokale Bordunbildung, durch Diskant, durch einen mit Hilfe des Diskant mehr oder weniger verschleierten Parallelismus in Terzen, Quarten oder Quinten,

(13) Buin, Salomonen

♩ = 96

durch freie Transposition des Motivs bei gleichzeitigem Erklingen des Epilogs der nichttransponierten Melodie in der Oberstimme.

(14) Barriai

Ostinatobildungen unter zwei diskantierenden Stimmen und rhythmisch nach dem Metrum der Hauptstimme geformte Bordunstimmen lassen auf polynesischen Einfluß schließen.

Die *austronesische mittlere Bauernkultur* Südostasiens tritt uns besonders bei den Binnenstämmen der indonesischen Inselwelt entgegen, während die Ufervölker viel stärker von den malayopolynesischen und den späteren Hochkulturausstrahlungen Indiens und Chinas beeinflußt sind. Auch hier wird das alte Dreiklangsmelos viel stärker melodisch durchgeformt.

(15) Engano

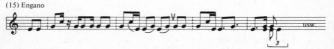

Der einfache ein- bis zweitönige Ostinato entwickelt sich zum Chormotiv, das entweder das Thema des Solisten verkürzt bzw. im Kern wiederholt oder eine neue musikalische Idee darstellt.

(16) Flores

♩ = 120

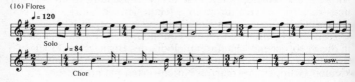

Viel mehr als im melanesischen Gebiet hat hier der Wechsel von Vorsänger und Chor eine formgebende Kraft. Sehr oft ist das Thema des Chors um ein Drittel langsamer als das des Solisten (siehe Notenbeispiel 16). Ebenso pflegt der Chor die Motive des Solisten in einer tieferen Lage wiederzugeben, und zwar so, daß man den Eindruck einer Themamutation erhält.

(17) Dayak, Borneo

Die in kurzen Intervallabständen transponierende Treppenmelodik wird im malaiischen Bezirk zur »Terrassenmelodik«, d. h. die Themen sind breiter und die Transpositionsabstände größer. Der musikalische Raum wird dabei um so leichter erweitert, als die Transpositionen teilweise durch den tiefen Chor durchgeführt werden, der der hohen Solostimme gegenübertritt.

Die in Nias, Flores und Assam auftretende Tritonusmelodik bringt Jaap Kunst (Music in Flores, Leiden 1942, S. 36), insofern sie dreiteiligen Metrums ist, mit dem megalithischen Kulturkreis in Zusammenhang. Ob diese Einschränkung in bezug auf das Metrum notwendig ist, mag zunächst dahingestellt bleiben. Vielleicht ist nur das *fa* contra *si* wesentlich, da in anderen megalithischen Kulturarealen auch die verminderte Quinte und ohne dreiteiliges Metrum auftritt.

(18) Flores

Untersuchungen über Tonsymbole zeigten, daß musik-astrologisch der Ton *h* als Zeichen des Fisches den Tod und *f* (Löwe) die Lebenskraft darstellt. Die Vereinigung beider Töne scheint also den kosmischen Dualismus zu versinnbildlichen.

In der Mehrstimmigkeit herrscht die Bordunbildung vor, die die Melodik durch eine Fermate oder gleichmetrisch begleitet.

19) Naga

Auf Flores und bei den Sakei Malakkas findet sich der Kanon wieder, der sich zuweilen über einem Bordunton entwickelt. Da

diese polyphonen Formen ein sehr altertümliches Element darstellen und in den höheren Kulturen (Kopfjäger-Gesänge der
Naga) nur noch mit sehr weiten Imitationsabständen auftreten
(und mehr den Aspekt von zwei überlappenden Wechselchören
annehmen), so ist es wahrscheinlich, daß der Kanon in mittleren
Ackerbaukulturen Indonesiens und Hinterindiens als ein sehr
altes Relikt zu betrachten ist. Bei den Sakei würde er sich durch
die Nähe der Semangstämme (siehe Notenbeispiel 2), in Flores
durch die dort noch erhaltene Papua-Unterschicht erklären.
Andererseits sind diese Formen in ihrem Vortrag so stark von
dem straffen Stil der Polynesier durchdrungen, daß eine direkte
Beziehung zwischen dieser alten Schicht und der polynesischen
Musik nicht abzuweisen ist.

Da in der polynesischen Rasse ein *europäides Element* unverkennbar ist, so hat auch ihre Musik etwas, was die Europäer in
sehr direkter Weise anspricht. Dies gilt nicht nur für die Musik,
sondern auch für die an romanische Skulpturen erinnernde
Holzschnitzerei der Maori und den ebenso in Polynesien wie in
Nordeuropa auftretenden Mythos von der Midgardschlange. Die
Melodik ist stark rezitativisch geformt und der Rhythmus äußerst
sinnfällig.

(20) Ritualgesang. Raiatea
♩ = 104

Die Kanonformen (Samoa) sind in überlappende Wechselchöre
aufgelöst. Die übrige Mehrstimmigkeit beruht auf langgezogenem
oder metrisiertem Bordun. Als abgesunkenes musik-astrologi-
sches Hochkulturgut sind wahrscheinlich auch die Gesänge in
Sekundparallelen zu werten, deren Basis das *mi* contra *fa* (der
klassische Kampf zwischen Stier und Löwe) ist.

(21) Huvea

In der Mehrstimmigkeit Samoas ist noch der starke Gebrauch von »Akkorden« mit Doppelquarten zu erwähnen.

Nach einer sehr weit verbreiteten Vorstellung ist die Welt durch ein donnerndes Wort (Donner und Blitz) bzw. durch einen klingenden Rhythmus erzeugt worden, der aus der Höhle der schwarzen Regenwolken oder eines mystischen Felsengebirges entsprang. Die Substanz der Welt ist akustischer Natur, und alles Leben wird durch den Gesang der toten Ahnen und der Götter erzeugt, die in Höhlen (= Resonanzkästen) wohnen. Daher ist die primitive Musik, so lebensfreudig sie auch in vielen Fällen erscheint, grundsätzlich im *Totenkult* verankert, aus dem alles Leben sprießt. Auf der gleichen Basis sind das äußerst große Repertoire von Klageliedern und die Mystik der Musikinstrumente mit Resonanzkörpern entstanden. Als der australische Schöpfergott mit einem Stab die Urgewässer schlug, da teilten sie sich und die Totemgötter kamen aus ihren Höhlen. Die Totemgötter sind Klänge, welche, als sie noch auf Erden »reisten«, die Menschen die zur Erhaltung der Welt nötigen Tänze, Riten und Lieder lehrten, um sich dann wieder in ihre »Höhlen« zurückzuziehen und zu sterben.

Auf der Insel Er (Torresstrait) wird erzählt, daß die beiden Urahnen Pop und Kod, die auf einem Baume lebten, einen Gesang machten und dann herabstiegen, um Kontakt mit der Erde zu nehmen. Auf Neuguinea heißt es, daß Gott dem ersten halb mensch-, halb fischartigen, frierenden Lebewesen ein Feuer aus Bambusholz anzündete. Beim ersten Knall öffneten sich die Ohren, beim zweiten die Augen, beim dritten die Nasenlöcher, beim vierten der Mund, und so entstand nach und nach der Mensch.

Im klingenden Rhythmus, besonders aber in der Sprache und im Gesang, liegt auch das Wesen des Menschen. Daher sind auch der Klang seines »richtigen« Namens (homonyme Menschen gelten als identisch!), sein eigener Pfiff oder sein »Eigenlied« wichtige Teile der individuellen Substanz des Menschen. Jemanden bei seinem Namen anrufen oder ansingen, heißt jemanden durch das Aufklingen seiner Substanz zur Stelle zwingen, ganz gleich, ob der Gerufene physisch da ist oder nicht, lebendig oder tot ist. Solche Gedankengänge liegen den Anrufungen der Toten, den Totemtiergesängen (= tote Ahnen) und denjenigen Liedern zugrunde, deren Text nur aus der dauernden Wiederholung eines Namens besteht. Das gleiche gilt für die Gesänge bei der Kopfjagd, da fremde Köpfe gebraucht werden, damit ihre Namen für die Kinder der Sieger benutzt werden können. Singend atmen ist ein Sühneopfer, in dem der Mensch den lebenspendenden Totengeistern Tribut und neue Aufbaumaterie abliefert. Erst mit zunehmender Zivilisation und geistiger Verflachung werden

Bootslieder und Pflanzgesänge, die ursprünglich Opfer an die Wasser- und Erdgeister waren, zum Zeitvertreib.

Das Übereinstimmen von Tönen gilt als Symbol des gegenseitigen Einverständnisses. Auf den Salomonen schickt man einige Zeit vor der Einladung zu einem Treffen die Maße der Panflöten damit die Gäste ihre Rohre entsprechend zu stimmen vermögen und die gegenseitige Begrüßungsmusik im besten Einklang erfolge. Wenn die jungen Männer singen und einer unter ihnen plötzlich eine so hohe Vokalise anstimmt, daß ihm die anderen Sänger in dieser hohen Lage nicht folgen können, so nimmt zuweilen ein junges Mädchen die Stimme auf und führt die Melodie weiter. In diesem Falle nimmt man an, daß zwischen dem jungen Paar ein Liebesverhältnis besteht.

Als *Musikinstrument* gilt in den ältesten Kulturen zunächst jedes Ding, das dem Tänzer oder Sänger in die Hände gerät, um damit rhythmischen Lärm zu erzeugen. Die Art des Schalles bestimmt seinen Symbolwert. Der volle Schall des Körperschlages gilt ebenso wie der trockene Klang von Knochen und Rasselgehängen als fruchtbar. Der erste stellt das den Tod erzeugende Leben, der zweite den das Leben gebärenden Tod dar. Viele Australier tragen Totenknochen und Rasselgehänge aus totem (vertrocknetem, knöchernem) Material als Lebensspender mit sich.

Zum ältesten Bestand der Musikinstrumente gehört das Schwirrholz, dessen erstaunliche akustische Ausdruckskraft die Substanz, d. h. die Stimme oder der Klang der Schöpfermacht des mythischen Ahnherrn ist. Durch die rituelle Wiederholung seiner Gesänge wird die Schöpfung am Leben erhalten. Das Instrument wird schon vor der Geburt für das erwartete Kind geschnitzt und in einer Höhle aufbewahrt. Nach der Geburt wird es dem Kinde als Verkörperung seines Ahnen in das Traggestell gelegt. Sein Schwirrholz schwingend erklärt sich der junge Mann seiner Braut. Dieser »mystische Leib« des Ahnen tritt besonders bei Regen-, Feldbau- und Medizinriten in Tätigkeit. Seine Verwendung im Totenzeremonial scheint jüngeren (und nicht-australischen) Ursprungs zu sein. Bei den Semang wird ein quergelegter Baumstamm (Schlagbalken) mit Stöcken bearbeitet. Die Gegenschlagstäbe Australiens und der Südsee scheinen einem Regenzauber zu entspringen, in dem die zwei Stöcke den Blitz und die Wolke darstellen.

Etwas jünger sind die zur gruppentotemistischen Schicht gehörigen Längstuben aus Holz oder Rohr, deren dumpfer Klang in den Totenriten den lebenspendenden Höhlenton erzeugt. Es wird in dieses Rohr mehr hineingeschrien als geblasen. Die Muscheltrompete ist ein sehr weitverbreitetes Symbol des fruchtbaren Wassers. Ihre rituelle Verwendung ist daher sehr groß (Ernte,

Hochzeit, Regen, Tod, Initiation, Krieg). Sie gilt in Polynesien als das Tor der Nacht, die alle Schöpfung in sich birgt.

Die Schlitztrommel ist in der ganzen Südsee und bei den malaiischen Binnenstämmen vertreten. Sie hat oft anthropomorphe Formen, da sie einen (meist freiwillig) gestorbenen Ahnen darstellt, der »spricht« bzw. »antwortet«, wenn man ihn schlägt, d.h. fruchtbar macht. Trommeln gelten besonders als Regenspender. Ihre praktische Verwendung zur Nachrichtenübermittlung ist kulturgeschichtlich jünger.

Die Panpfeifen werden symmetrisch und asymmetrisch, einreihig, zweireihig und gebündelt zu einem Ganzen zusammengestellt. Die einzelnen Rohre haben oft eigene Namen (Vater, Onkel, Sohn, Mutter usw.). Die Walzentrommel ist vorwiegend in der Südsee verbreitet. Nach Curt Sachs ist der Musikbogen, der zur Zwiesprache mit den Geistern dient, der Zweiklassenkultur zuzurechnen; das Stampfrohr hingegen ist polynesischen Ursprungs. Die dumpfklingenden Schlagröhren gehören im wesentlichen der malayopolynesischen Kultur an.

Unter den Flöten scheinen Gefäß- und Kerbflöten älter zu sein als Quer- und Mittellochflöten. Nasenflöten und Schnabelflöten

(22) Truck

gehören zu einer noch späteren Schicht der malayopolynesischen Kultur. Flöten gelten im allgemeinen als phallische Instrumente; aber ihr dualer Charakter scheint älter zu sein (männliche Form + weiblicher Ton). Die Parakflöte in Neuguinea gilt als der Schleier, mit dem der Gott Wunekau das Geheimnis von Tod und Zeugung umgibt. Bei den indonesischen Nad'a darf die Längsflöte nur während der Reisreife gespielt werden.

Die ersten Formen des Xylophons (Bohlen über den Schenkeln des Spielers) treten bereits in der Südsee auf, aber eine höhere Form erreichen sie erst in der Metallzeit, deren Kulturelemente einen starken Zusammenhang Indonesiens und Afrikas aufzeigen. Der Höhepunkt der Xylophonentwicklung liegt im Bereich der hier nicht zu behandelnden Hochkulturen.

Zur mutterrechtlichen Bogenkultur gehört die in Melanesien und Mikronesien sehr verbreitete einfellige Sanduhrtrommel, während die Klarinette nur in der indonesischen und mikronesischen Kultur erscheint. Die im mittleren Bauerntum auftretenden Gongs sind als abgesunkenes Hochkulturgut zu betrachten.

BARBARA B. SMITH UND PETER PLATT
(Übersetzung aus dem Englischen von Dieter Christensen)

Ozeanien

I. Allgemeines. – II. Melanesien. – III. Mikronesien. – IV. Polynesien. – *a. Allgemein.* – *b. Hawaii.* – *c. Neuseeland (Maori)*

I–IV. *b*: Barbara B. Smith, IV. *c*: Peter Platt

I. Allgemeines

Der Terminus Ozeanien, der mit wechselnden Grenzen für die Inseln des Pazifischen Ozeans verwendet wird, ist hier im engsten Sinne zu verstehen: er umfaßt Melanesien, Mikronesien und Polynesien. Die Musikübung der autochthonen Kulturen wurde durch die natürlichen Rohstoffe begrenzt und charakterisiert, die die Vulkaninseln, die Korallenatolle und die tropische See lieferten.

Schneckentrompeten und Flöten aus Bambus wurden in ganz Ozeanien verwendet. Andere Aerophone wie Panflöten, Trompeten aus Bambus, Gefäßflöten (meistens aus Kürbis- oder Nußschalen), Blattoboen, Schwirrhölzer und sogar ein Klarinettentyp kamen regional vor. Wie in anderen primitiven Kulturen gab es einen großen Typenreichtum an Idiophonen. Schlitztrommeln waren gut entwickelt, und es gab viele Instrumente, für die Bambus und die langen Blätter tropischer Bäume sinnreich verwendet wurden. Auch Maultrommeln kamen vor. In Melanesien sind viele Typen von Membranophonen gefunden worden, in Polynesien waren jedoch nur stehende zylindrische Trommeln mit Haifischhautbespannung weit verbreitet, und aus großen Teilen von Mikronesien sind überhaupt keine Membranophone bekannt geworden. Chordophone waren praktisch auf den Musikbogen beschränkt, daneben sind in Teilen von Melanesien auch Röhrenzithern gefunden worden.

Ein instrumentales Melos wurde im Flöten-, Maultrommel- und Musikbogenspiel verwirklicht. Viele der Schallgeräte waren mit dem Tanz verbunden: sie wurden von den Tänzern selbst oder von begleitenden Musikern gespielt. Andere Instrumente dienten zur Nachrichtenübermittlung, hatten magische oder religiöse Funktionen oder waren Spielzeug. Einige Instrumente wurden nur für eine bestimmte Gelegenheit benutzt und dann weggeworfen, während andere sorgfältig und unter Beachtung eines Rituals aufbewahrt wurden. Die Ornamentierung der Instrumente schwankte zwischen dem Fehlen jeglichen Schmucks (vielfach in

Mikronesien und Nordpolynesien) und kunstvollem, gelegentlich totemistischem Schnitzwerk oder Flächenschmuck. Metall war nicht verfügbar, Stein wurde gelegentlich verwendet.

Die geographischen Grenzen zwischen Melanesien, Mikronesien und Polynesien sind mit den kulturellen nicht identisch, und selbst innerhalb jeder Kultur gibt es zahllose Varianten, die nicht alle hinreichend untersucht sind. Jahrhunderte hindurch sind Einwanderungswellen unterschiedlicher Rasse, kulturellen Niveaus und musikalischer Traditionen in Ozeanien eingedrungen. Einige fluteten an älteren Niederlassungen vorbei; andere vermischten sich; manche fluteten weiter, während wieder andere die früheren Siedler zwangen, sich auf entferntere oder weniger begünstigte Inseln oder in das Inland zurückzuziehen, wo sich ihre Traditionen einer neuen Umgebung anpassen mußten.

II. Melanesien

Melanesien ist kulturell so stark differenziert, daß es Beispiele für fast alle Charakteristika primitiver Musik liefern kann; es bietet ein reiches Arbeitsfeld für das Studium der Entwicklungsphasen von primitiven zu entwickelten Stilformen (vgl. den Artikel ›Australien und Austronesien‹). Eine knappe Beschreibung der Musik des ganzen Gebietes muß sich über zahlreiche Ausnahmen hinwegsetzen.

Trommeln und Schlitztrommeln sind in den meisten Regionen von großer Bedeutung; sie werden zur Begleitung von Tänzen und Chorgesängen sowie zur Nachrichtenübermittlung benutzt (z. T. in einer hoch entwickelten »Trommelsprache«). Eine große Anzahl von Schallgeräten hat außermusikalische Funktionen, besonders in Kulturen, die von Geheimbünden beherrscht werden (der Ursprung der Geräusche, die als Geister- und Vogelstimmen usw. ausgegeben wurden, war nur den Initiierten bekannt). Kultmusik wurde sorgfältig bewahrt und überliefert, während sich Profanmusik durch neue Kompositionen und Übernahme aus benachbarten Quellen schneller wandelte. Die Melodien sind gewöhnlich kurz; es gibt ausgezeichnete Beispiele sowohl für geringstufige Tonsysteme und engen Ambitus wie für fallenden Melodieverlauf mit aufwärts gerichteten Sprüngen, die ein erneutes Abfallen bei gleicher Tonfolge ermöglichen, für Dreiklangsmelodik und für Melodien, die Brust- und Kopfstimme in Jodeltechnik nebeneinander verwenden.

III. Mikronesien

Mikronesien besitzt Kulturformen, die weniger mannigfaltig sin‹
als die Melanesiens im Süden, aber auch weniger formalisiert i›
ihrer religiösen und sozialen Organisation als die Polynesiens ir
Osten. Einige der kleinen Inseln tragen nur eine außerordentlic‹
bescheidene Fauna und Flora, und Bambusstäbe (als Waffe un‹
Tanzinstrument zugleich) und Schneckentrompeten (zur Nach‹
richtenübermittlung) sind die einzigen weitverbreiteten Schallge‹
räte. Daneben finden sich (z.T. offensichtlich fremde›
Ursprungs) auf einer oder mehreren Inseln: Gegenschlagstäb‹
Trommel, Schlitztrommel, Schlagmatte, Blattoboe, Klarinette
Nasenflöte, Musikbogen, Schwirrblatt und Knallknoten. Die ar
höchsten entwickelte, charakteristische und weitverbreitete musi
kalische Tanzform ist der Bambusstab-Tanz. Die rhythmische›
Geräusche der Bambusstäbe, laute Rufe am Anfang, an Ein›
schnitten und am Ende und anscheinend rhythmisch irrelevant‹
Rufe, die die Mittänzer anfeuern sollen oder die physisch
Anstrengung ausdrücken, sind die einzige »musikalische« Beglei
tung zu vielen dieser komplizierten Figurentänze. Variierte For
men von einigen Inseln können auch Gesang enthalten. Frühe›
wurden sie von Männern während der Kriegsvorbereitungen ode
von Frauen in Nachahmung der männlichen Tätigkeiten ausge
führt. Heute stellen sie nur eine Form der Unterhaltung dar. I›
anderen Tänzen, besonders den Reihenschreittänzen, Platzwech
seltänzen und Sitztänzen, werden Körpergeräusche, Stampfen
Schlagen und verschiedene Arten von Klatschen, gleichzeitig ode
alternierend mit Gesang verwendet. Gesänge mit und ohne Tan›
werden für Klagen, Gebete, Anrufungen, Aufzählungen histori
scher Ereignisse, Naturbeschreibungen und zur Unterhaltun‹
verwendet. Einige haben archaische Texte, die die Ausführende›
selbst nicht verstehen; manche können kaum von Sprache unter‹
schieden werden. Einige sind praktisch ein-tönig, viele zwei- ode›
drei-tönig mit Terz-, Quart- oder Quintambitus. Manche Gesäng‹
mit Klagen oder Rufen haben Septim- oder sogar mehr al‹
Oktavambitus, manche verwenden vokale Mehrstimmigkeit i›
Form von Quart-, Quint-, seltener Sekund- oder Terzparallelen
oder als Bordun. Mit gewissen Anlässen sind Melodietype›
verbunden, denen beliebige angemessene Texte unterlegt werde›
können. Die Ausführung kann zwischen dem gesprochenen un‹
gesungenen Vortrag des gleichen Textes variieren, und währen‹
des Gesangs können Silben zugefügt oder ausgelassen werden
Heute werden traditionelle und akkulturierte Stile gelegentlic‹
gemeinsam verwendet. Beispielsweise läßt man auf der Inse
Palau auf ein einleitendes Sololied

(1) ♩ = 72 – 92

A - li - ba - so - soi - ia - (ka) mem de - bo - ra chei.   usw.

eine ein-tönige Gruppenrezitation folgen:

(2)

(Ake-) diou mai - ti - tiou - wei

Daran schließt sich eine von der Mission beeinflußte Melodie mit einem zweiten Teil, der »nach dem Ohr« im autochthonen Mehrstimmigkeitsstil mit Bordun und Parallelismus ausgeführt wird:

(3)

A - li - ba - so - soi - ia   me-m(a) de - bo - ra   chei.   usw.

Schließlich folgen einige Phrasen, die »nach dem Ohr« in vollständigen Dreiklängen harmonisiert werden. Die angefügten Teile variieren bei verschiedenen Ausführungen, die Melodie kann unisono gesungen werden, das Sololied am Anfang und seine Wiederholung am Schluß werden jedoch als wesentlich angesehen.

Zu den neu übernommenen Instrumenten gehören Harmonika, Mundorgel, Ukulele und Gitarre. Außer den Kirchenmelodien haben volkstümliche japanische und hawaiische Musik und Jazz die akkulturierten Stile beeinflußt.

IV. Polynesien

a. Allgemeines

Die Polynesier hatten ihre rassische und kulturelle Verschmelzung wahrscheinlich schon im Gebiet von Samoa und der Gesellschaftsinseln vollzogen, bevor sie ihre waghalsigen Entdeckungsfahrten zu den entfernten Inseln unternahmen. Trotz ihres ausgedehnten Siedlungsgebietes (Hawaii–Neuseeland–Osterinsel) bewahrten sie sich eine relativ homogene Kultur. Ein Teil der alten Musik- und Tanztradition ist bis auf den heutigen Tag erhalten geblieben.

Gesang spielte eine bedeutende Rolle im Alltag der frühen Polynesier, denn im Gesang (den sie als von der Dichtkunst untrennbar ansahen) setzten sie sich mit den Mächten auseinander, die ihr Leben formten: der Natur, den Göttern, Ahnen und Heroen, der Familie und Gemeinschaft, sogar der Arbeit. Jede

395

bedeutende Gelegenheit, Geburt, Tod, Reise, Haus- oder Bootsbau, forderte die Ausführung einiger altehrwürdiger Gesänge und die Komposition eines neuen. Dies wurde manchmal durch einen geschickten Dichter (wie noch jetzt in Samoa) oder von einer Gruppe ausgeführt, und der neue Text konnte auf eine alte Melodie gesungen werden. Das Lied wurde Eigentum derjenigen Person, für die es geschaffen worden war. Der Textinhalt war das wichtigste Element, und der Gesang galt als Mittel, ihn zu überliefern. Dies führte zur Betonung von Aspekten des Stils und des Überlieferns: Aussprache, richtiger Stimmansatz, Tonlage (auf den Marquesas-Inseln gab es für Männer und Frauen je sechs scharf definierte Register) oder vollständiger Vortrag einer ganzen Phrase in einem Atemzug. Unbegleitete Gesänge wurden solo vorgetragen, und der Rhythmus wurde ausschließlich vom Text bestimmt. Improvisierte Gesänge des täglichen Lebens ebenso wie religiöse Gesänge (Anrufungen und Gebete) gehörten zu diesem Typ. Begleitete Gesänge wurden von einem Einzelsänger oder einer Gruppe ausgeführt und hatten einen regelmäßigeren Rhythmus. Sehr ausdrucksvolles und diszipliniertes Chorsingen war charakteristisch für Polynesien. Der rhythmischen Begleitung dienten Körperschläge (oftmals in Verbindung mit Tanzbewegungen), Idiophone, die im Zusammenhang mit Tanzbewegungen gespielt wurden, oder Idiophone und Trommeln, die von einer besonderen Gruppe von Musikern gespielt wurden. Die meisten unbegleiteten Lieder und viele der begleiteten verwenden ein System von nur zwei oder drei Tönen im Ambitus einer reinen Quarte. Auf einigen Inseln verwendeten Tanzlieder ausgedehntere Tonsysteme, im allgemeinen herrschen jedoch Sekunden, Terzen und reine Quarten als melodische Intervalle vor. Vokale Mehrstimmigkeit war recht verbreitet, und in Samoa wurden Sekund-, Terz- und Quartparallelismus, Bordun, Initialimitation der zweiten Stimme und weite Intervalle (mehr als eine Oktave) verwendet.

b. Hawaii

Das wichtigste Instrument der autochthonen Tradition in Hawaii ist das Aufschlaggefäß »ipu«. Es besteht aus einem großen Kürbis, auf dem ein kleinerer befestigt ist. Das Instrument wird auf den Boden gestampft und außerdem mit den Fingern geschlagen. Es wird zur Begleitung der zeremoniellen und profanen Typen des »hula« benutzt. Seine charakteristischen rhythmischen Formeln sind:

Diese Formeln werden oft zu Phrasen aus drei »kahela« und einem »pa« kombiniert, mit einem »Absatz« zwischen den Hula-Figuren, der aus einem »kuku« und einem »pa« besteht. Ein anderes wichtiges Begleitinstrument ist die aus dem Stamm der Kokospalme gefertigte Trommel »pahu«. Ein altes Lied erzählt, wie La'a-mai-Kahiki das Instrument bei seiner Rückkehr von einer Reise nach Tahiti auf die Inseln brachte (z. Z. der frühen Wanderungen war es nicht Teil der materiellen Kultur Polynesiens gewesen). Es war ursprünglich eine große Tempeltrommel, wurde aber in kleineren Abmessungen hergestellt, als es sich über die Inseln verbreitete und zur Begleitung der Hula verwendet wurde, zunächst der den Göttern geweihten, später der den »ali'i« (dem Adel) vorbehaltenen und jetzt vieler Typen. Man schlägt die Membrane mit den Fingern und den Rahmen mit dem Handballen. Die wichtigste rhythmische Formel lautet:

(5)

Finger

Handballen

Die kleine Kesseltrommel »puniu« wurde aus einer Kokosschale hergestellt und an ein Knie gebunden oder in dessen Nähe plaziert. Sie wurde mit dem geknoteten Ende einer geflochtenen Schnur geschlagen und in Verbindung mit Pahu oder Ipu gespielt. Sie ist außerhalb von Hawaii unbekannt. Der Bambus von Hawaii ist dünnwandig und hat lange Internodien; das verleiht zwei Instrumenten eine gute Tonqualität, den Stampfröhren »ka'eke-'eke« und der Aufschlagrute »pu'ili«. Letztere wird von den Tänzern in einer Sitz-Hula gegen die Schulter, die Hand und den Boden geschlagen, wodurch ein ruhig flatterndes Geräusch entsteht. Aus Kürbis bestehen zwei Rasseln, »'uli'uli«, die mit Federn geschmückt ist und von Tänzern benutzt wird, und »'ulili«, ein dreifacher Kürbis, der außer Gebrauch ist. Steinkastagnetten »'ili'ili« werden in schlichten Rhythmen bei der Sitz-Hula von dem Tänzer geschlagen, der auch das Lied singt. Notenbeispiel 6 von Hawaii ist sowohl für die Melodie als auch für den 'Ili'ili-Rhythmus typisch.

(6)

'Ili 'ili

Ko - na   ka - i   o - pu - a   i   ka - la   'i

Zu den übrigen einheimischen Instrumenten gehören der Musikbogen »'ukeke«; die Nasenflöte »'ohe-hano-ihu«; die Schneckentrompete »pu«; die Kürbis-Gefäßflöte »hokiokio«; die Blatt-

oboe »pu laˤi«; die Maultrommel »niˤau kani«; die Gegenschlagstäbe »ka laˤau«; das Stampfbrett »papa hehi« und das Schwirrholz »oeoe«. Die »ukulele« ist in Hawaii oder Ozeanien nicht
einheimisch. Es ist die portugiesische »bragha«, die 1879 von
eingewanderten Landarbeitern eingeführt wurde. Sie wurde am
Hof von Hawaii durch einen Armeeoffizier beliebt, der den
Spitznamen »Ukulele« (Springender Floh) trug, weil er klein und
beweglich war. Die Gitarre kam ebenfalls aus Europa, und was als
Hawaii-Gitarre bekannt ist, ist eine Spielweise, in der ein
Metallstab statt der Finger die schwingende Länge der Saiten
bestimmt. Die Kirchenliedmelodien wurden von christlichen
Missionaren seit 1820 eingeführt und von den Einwohnern
Hawaiis übernommen; sie beeinflußten die Entwicklung des
heute als Hawaii-Stil bezeichneten Singens.

Die einheimische Musik von Hawaii und anderer Teile Polynesiens hat nicht die Bedeutung, die sie in früheren Jahrhunderten
hatte. Was davon jedoch dem Akkulturationsprozeß widerstan-
den hat, nimmt einen neuen Platz ein: es wird als entscheidender
Beitrag zum kulturellen Leben einer gebildeten Gesellschaft
angesehen.

c. Neuseeland (Maori)

Die Maori sind ein musikalisches Volk; ihre hohe Intelligenz
gestattet ihnen eine schnelle Anpassung: ihr chorisches Singen
der »pakeha« (= westlichen) Lieder, die oft im Hawaii-Stil in
Terzen harmonisiert werden, ist in Neuseeland berühmt und hat
zu der Vorstellung geführt, daß ihre alte Musik ausgestorben sei.
Diese irrige Meinung läßt zwei Umstände unberücksichtigt: das
»tapu«, das die Verbreitung von Stammesmusik verbietet und den
Maori nur ungern seine eigene Musik vor Fremden singen läßt,
und die große Bedeutung, die der Maori der Genauigkeit in der
mündlichen Überlieferung beimißt. Viele der alten Gesänge
existieren zumindest in der älteren Generation noch, und in den
letzten Jahren sind viele Tonaufnahmen gemacht worden, um die
Musik zu erhalten. Die Instrumentalmusik hingegen scheint völlig
ausgestorben zu sein. Dem Maori gilt seine Musik als Reposito-
rium seiner Literatur und Geschichte. Sie ist wortgezeugt.
Gesänge werden nach ihrer Funktion klassifiziert. Zu den Rezi-
tationsgesängen, deren oft komplexe Rhythmen textbedingt sind,
gehören die »patere«, historische Erzählungen, in denen
berühmte Grenzzeichen des Stammesgebietes eine Rolle spielen;

(7) Patere: Tenei ka noho ka rau maharatanga

Te-nei ka noho ka rau maha-ra-ta-nga kai te ru-ru au e ru-ru a-ke nei

ferner die »karakia«, Beschwörungen und Zaubergesänge, die als sehr heilig gelten: die Karakia der christlichen Kirche der Maori, der Ringatu, die 1868 von Te Kooti gegründet wurde, dürfen nicht aufgenommen werden; dann die »haka«, Tanzlieder, die aber nicht unbedingt zu Kriegstänzen gehören, wie gelegentlich angenommen wird; außerdem verschiedene Willkommens-, Abschieds- und Verleumdungslieder. Zu den gesungenen Liedern gehören die sehr zahlreichen »waiata tangi«, Klagelieder (oder besser Trostlieder), die »waiata aroha«, Liebeslieder, jedoch nicht persönliche: ein häufiges Thema ist Liebe zur Heimat. Schließlich gehören dazu die »oriori«, historische Lehrlieder, die oft als Wiegenlieder gesungen werden. Die Auffassung der Maori von einer genauen Überlieferung geht aus zwei Beispielen hervor: Maori des Rotorua-Distrikts behaupten, noch die Karakia des Arawa-Kanu zu singen, die zur Besänftigung der See bei der großen Einwanderung von 1350 diente; Maori probten einen Gesang vor der Tonaufnahme bis zu einer $^3/_4$ Stunde lang und sangen ihn nicht, solange die geringste Gefahr eines Fehlers bestand. Der Begriff »whakaeke« bezeichnet größte Genauigkeit und Einmütigkeit in der Ausführung. Ein Verstoß gegen Whakaeke ist Unsicherheit, ein anderer Unterbrechung eines Gesangs. Genaugenommen sollte ein Gesang ununterbrochen und ohne Atempause vorgetragen werden; deshalb sind gewöhnlich wenigstens zwei Sänger beteiligt, die an verschiedenen Stellen atmen. Parallelismus, wie Singen in Quinten, ist nicht gestattet. Jedoch ist es zulässig, daß ein Sänger von einem höheren Ton aus in einen Gesang einfällt. Gegen Whakaeke verstoßen ferner falscher Rhythmus, falsche Aussprache und falsche Melodie. Es existieren Termini technici für alle diese Fehler; wer sie begeht, wird vom Singen ausgeschlossen. Für die Wahl eines Anführers beim Gesang sind Befähigung oder Erbfolge oder beides gemeinsam entscheidend. Gesänge werden oft in der Dunkelheit gelehrt, um Ablenkungen zu vermeiden; den Schülern wird nicht der geringste Fehler gestattet. Der Stimmansatz erfolgt in der Brust, nicht in der Kehle. Text und Melodie werden von der gleichen Person geschaffen: traditionellerweise komponieren die Männer die Rezitationsgesänge und die Frauen die Waiata. Die Melodien der Waiata verlaufen wellenförmig (niemals fallend oder steigend), sie kreisen um den Hauptton »oro«. Von 77 Waiata, die Mervyn Evan McLean analysiert hat, weisen 58 den maximalen Ambitus einer reinen Quarte und zwei den einer großen Sexte auf. 46 verwenden Drei- oder Viertonskalen, sechs sind sechstönig; echte Pentatonik fehlt. Engstufigkeit ist in diesen Liedern selten und scheint eher zufällig als tendiert zu sein. Einer der Informanten von McLean glaubte jedoch, daß engstufiges Singen früher häufiger als heute gewesen sei. Waiata-Musik besteht gewöhnlich aus der Wiederholung kurzer melodischer Phrasen, die nicht notwendigerweise mit den Textzeilen übereinstimmen (diese sind in der Maori-Dichtung immer variabel). Synkopierung wird häufig verwendet, es gibt jedoch ein erkennbares Grundmetrum, wie komplex der Rhythmus auch sei. Das Tempo wird gewöhnlich, jedoch nicht immer, während eines Stückes beibehal-

(8) Tangi: Tenei ka noho i te whatitoka (Klage über Nahrungsmangel)

ten. Das Notenbeispiel 8 erläutert die meisten der oben erwähnten Charakteristika. Gesänge der Maori werden häufig mit Händeklatschen und Fußbewegungen begleitet. Die Blasinstrumente der Maori (alle außer Gebrauch) gehörten drei Formen an: »kouauau« war eine offene Flöte mit gewöhnlich drei Grifflöchern, etwa 15 cm lang und 2,5 cm im Durchmesser, »nguru« eine etwas dickere Flöte (wahrscheinlich nicht eine Nasenflöte, wie oft angenommen worden ist) in Form eines Walzahnes, oft kunstvoll beschnitzt, mit zwei oder drei seitlichen Löchern und einem weiteren am Ende der gebogenen Spitze; »putorino« war eine kunstvoll beschnitzte, 25,4–61 cm lange Flöte, in der Mitte ausladend, mit einem großen Mittelloch versehen und am unteren Ende geschlossen. Als Trompete geblasen, erzeugt es eine Obertonreihe; es ist jedoch möglicherweise nur als Megaphon verwendet worden.

AMERIKA

Zygmunt Estreicher
Eskimo-Musik

I. Allgemeines. – II. Verbreitung der Eskimos. – III. Erforschung der Eskimo-Musik. – IV. Musikpraxis. – V. Allgemeine Charakteristik. – VI. Einzelne Stile und ihre Entstehung

I. Allgemeines

Die Musik der Eskimos ist aus mehreren Gründen von Interesse. Sie stellt ein Beispiel eines in sich abgeschlossenen, geradezu klassisch primitiven Musikstils dar, dessen Strukturprinzip verhältnismäßig leicht zu entschleiern ist. Dieses Prinzip verbindet sich mit einer bestimmten Struktur der Tonleiter, Melodik, Tektonik, Rhythmik usw., ist ihr aber übergeordnet und läßt sich daher bei Gelegenheit auch mit anderen als den gewöhnlich gebrauchten Tonleitern, Profilen, tektonischen Strukturen, Rhythmen usw. verwirklichen. Die Klassifizierung der Eskimo-Musik mit Bezeichnungen wie »treppenmelodisch«, »pentatonisch«, »dreiklangsmelodisch«, »engmelodisch«, »mittelweites Überhöhungsmelos« u. a. m. genügt nicht, da diese Beschreibungen nicht alle wesentlichen, sondern manchmal sogar unwesentliche und oft auch nur zufällige Merkmale in Betracht ziehen.

Die Eskimo-Musik liegt weiter in mehreren Lokalvarianten vor. Diese entstanden während der langen Wanderungen der Eskimos. Vermutlich haben die Eskimos einmal an einem gemeinsamen Ort gewohnt, sind heute aber über ein Gebiet von mehr als zehntausend Kilometern zerstreut. Die Wanderungsrichtung ist in großen Linien bekannt, und darum läßt sich aus der heutigen rein geographischen Entfernung zweier Stilvarianten ihr relatives Alter ableiten. Somit ist man imstande, die Geschichte der Eskimo-Musik in großen Zügen zu rekonstruieren, freilich nicht ohne namhafte Schwierigkeiten. In dieser Hinsicht bildet die Eskimo-Musik einen in der gesamten Musikethnologie alleinstehenden Fall.

Schließlich ist es nicht ausgeschlossen, daß sich in der Eskimo-Musik ein Stil erhalten hat, der früher in Nordamerika weit verbreitet war. Beispielsweise fand man bei den Urvölkern Südkaliforniens einige Melodien und tonale Systeme, welche denjenigen der Eskimos auffallend ähneln. Doch ist diese Frage noch nicht untersucht worden.

Die Eskimo-Musik hat manche oberflächliche Beeinflussung seitens der Indianer erfahren. Die Vermutung von Erich Moritz von Hornbostel, daß sie nur eine Unterart des jüngeren Indianerstils bildet, ist jedoch bestimmt unzutreffend.

II. Verbreitung der Eskimos

Das Gebiet der Eskimos läßt sich etwa folgendermaßen umreißen: Östliches Sibirien (etwa neun Stämme, Musik unbekannt), Aleutische Inseln und Alaskaküste südlich von Yukon (stark mit anderen Völkern vermischt), übrige Küsten von Alaska und Kanada, Tundra westlich der Hudson Bay, Küsten von Labrador (Musik unbekannt) und Grönland sowie die Inseln der Polargegenden. Die Gesamtzahl beträgt 30–40000. Die Haupternährungsquelle ist Seetier-, gelegentlich auch Rentierjagd. Nur die Binnenland-Eskimos an der Hudson Bay sind ausschließlich Rentierjäger (daher ihr Name Rentier- bzw. Karibu-Eskimos).

Die Eskimos teilen sich in zahlreiche Stämme von loser Organisation auf. Als größere Einheiten für die Untersuchung der Musikkultur kommen in Frage: die Alaska-Eskimos (Alaska nördlich von Yukon einschließlich der Gegend des Mackenzie-Deltas), Kupfer-Eskimos (Nordkanada), Rentier-Eskimos, Zentral-Eskimos (Baffinsland und Nachbargebiete) und Grönland-Eskimos.

III. Erforschung der Eskimo-Musik

Erste Notizen über grönländische Musik gibt es im 18. Jahrhundert (Hans Egede, 1741, und David Cranz, 1765), zwei erste Notenaufzeichnungen von William Edward Parry 1821 (Iglulikstämme, Melville-Halbinsel). Mehrere spätere Aufzeichnungen verschiedener Forscher sowie seine eigenen bringt Franz Boas (The Central Eskimo, 1888, 648 ff., 19 Lieder). 1902 veröffentlichte Richard Heinrich Stein 38 Lieder aus dem Smith-Sound-Gebiet (Nordwestgrönland). Am Anfang des 20. Jahrhunderts setzte die Sammeltätigkeit von Carl William Thalbitzer (erste Phonogrammaufnahmen) in Grönland, besonders in Ammassalik (Ostküste) ein. Die Hauptergebnisse wurden 1911 veröffentlicht (ausgezeichnete musikwissenschaftliche Bearbeitung der Aufnahmen durch Hjalmar Lauritz Thuren). Thalbitzer verfaßte auch mehrere andere Schriften zur grönländischen Musik. Die »Canadian Arctic Expedition« (1913–1918, geleitet von Vilhjalmur Stefansson) sammelte über hundert Gesänge der Kupfer- sowie einige Gesänge der Alaska- und Rentier-Eskimos (übertragen und bearbeitet von Helen Hayes Roberts 1925). Einige Lieder aus Grönland und der Gegend an der Hudson Bay hat Christian Leden aufgezeichnet. 1938/39 hat Jean Gabus (Neuchâtel, Schweiz) einige 200 Schallplatten bei den Rentier-Eskimos aufgenommen, die Anlaß zu Studien von Zygmunt Estreicher gaben. In den Zentralgebieten wurden in den letzten Jahren einige Lieder aufgenommen (nähere Berichte fehlen).

IV. Musikpraxis

Die Eskimo-Musik ist ausschließlich *vokal*. Als einziges einheimisches Instrument gilt eine *Rahmentrommel*. Bei den älteren Stämmen (Kanada) ist ihr Durchmesser groß (1 m und mehr), in anderen Gebieten kleiner. Sie wird meistens in der linken Hand vom Solotänzer gehalten und mit dem Schlägel auf die Rahmenunterseite geschlagen. Die Zeiteinheit des Trommelrhythmus ist im Prinzip von jener des gleichzeitig erklingenden Chorgesanges verschieden; dazu wechseln beide Einheiten scheinbar kapriziös innerhalb eines Musikstückes.

Tanzgesang der Rentier-Eskimos, Schlußstrophe. Komponist: Okratschiar. Aufnahme: J. Gabus, August 1938, im Eskimozelt

∘ = Trommelschlag. ! = Ausruf des Tänzers. — = leichter Nachdruck. ⌣ = Verkürzung des Zeitwertes. ⌒ (⌒) = Hinauf-(Herab-)Schleifen des Tones.

403

Die Hauptgelegenheit zum Singen bieten die häufigen (nach einigen Forschern sogar allabendlichen) *Tanzfeste*. Die Lieder werden vom Frauenchor zum Tanz des jeweiligen Komponisten und ausschließlichen Besitzers des Gesanges einstimmig vorgetragen. Die einzige einheimische Tanzform ist der »Einzeltanz beider Geschlechter (hauptsächlich jedoch tanzen nur die Männer) mit leichtem Hüftschaukeln vor und zurück ... In der Regel tanzen sie auf der Stelle« (Curt Sachs, Eine Weltgeschichte des Tanzes, Berlin 1933, S. 144). Westlich von Mackenzie ist der Tanz mehr krampfhaft (»aton«), in anderen Gegenden Kanadas gelöster und ruhiger (»piherk«). In den peripheren Gebieten haben die Eskimos auch andere Tanzarten von anderen Völkern übernommen.

Die Tanzfeste stehen oft mit den schamanistischen Handlungen in Beziehung, sind aber mit ihnen nicht zu verwechseln. Eine Gelegenheit zum Singen bietet auch der *Trommelstreit*, das wichtigste Mittel im eskimoischen Gerichtsverfahren: zwei Gegner schleudern sich wechselweise trommelbegleitete Schmählieder ins Gesicht, bis sich eine der Parteien beschämt mit ihrem Gefolge zurückzieht. Der Trommelstreit ist besonders für Grönland typisch, man trifft ihn aber auch in anderen Gegenden. Die Streitlieder, wie auch die *Fußballspiel-Lieder* u. a. m. sind vom musikalischen Standpunkt aus den Tanzliedern gleich. Anders die *magischen Gesänge*. Diese werden von einzelnen Eskimos bei Jagd, in Gefahr usw. zu Zauberzwecken vorgetragen. Einige von ihnen sollen altüberliefertes Gut darstellen, andere sind bestimmt jungen Datums. Oft bestehen sie nur in einer rhythmisierten Rezitation. Ihre magische Kraft haftet an den Worten, am Rhythmus, an der Melodie und angeblich auch an ihrer Schönheit. Die Zauberlieder sind verhältnismäßig wenig zahlreich und stilistisch heterogen. Die Hauptmerkmale des Musikstils der Eskimos sind daher in den Tanz-, Streit- und Fußballspiel-Liedern zu suchen. Im Prinzip ist der Gesang der Eskimos naturalistisch. Im Chor singen die Frauen laut, hoch und schreiend. Beim solistischen Gesang ist die Stimme ruhig, mild und meistens tief. Doch ist die Vortragsart mehrerer Stämme noch nicht gut beschrieben.

V. Allgemeine Charakteristik

Die Eskimo-Musik kennt ein festgelegtes *Gravitationszentrum* (Ruhepunkt), das meistens auch zum Schlußpunkt der Melodie wird. Neben diesem zentralen Ton (kurz: Tonika) ist ein *Bewegungszentrum* (kurz: Dominante) vorhanden. Je nach dem

Zusammenhang kann die Dominante eine zentripetale (d.h. zur Tonika strebende) oder eine zentrifugale (aus der Tonika heraus tendierende) Bewegung einleiten. Im ersten Fall werden der Grundtoncharakter und die Schlußtonfunktion der Tonika stark hervorgehoben und der Abschluß der Melodie bzw. eines selbständigen Abschnittes herbeigeführt. Im zweiten Fall wird die Tonika (als Funktion, nicht aber als Tonstufe) durch die Melodie irgendwie verschwiegen. Der Melodieinhalt erschöpft sich dann in heftiger, gelegentlich auch sprungartiger Aufwärtsbewegung und langem, unentschlossenem Abfall bis zum Ausgangspunkt (Dominante). Für diese zweite Melodieart bildet die Dominante eine Art Stützpunkt, doch nur im linearen, nicht im tonalen Sinn: sie ist der Ausgangs- und Schlußpunkt jedes Melodiebogens, bildet aber kein Ruhezentrum der Melodie. In einigen Gegenden bzw. in einigen Melodietypen haben sich gewisse Funktionen der meistens unterhalb der Tonika liegenden Dominante auf den Hauptkulminationston übertragen (meistens obere Quinte der Dominante).

Als *Grundform der Eskimomelodie* kann folgendes Gebilde gedacht werden: Erste Bewegung ist Tonika (z.B. g') – Dominante (z.B. f'), die als Quelle zentrifugaler Bewegung gedacht wird; es folgt eine Reihe konvexer Kulminationsbögen, die an Höhe allmählich zunehmen (z.B. sind die Gipfeltöne konsekutiv g', a', c'), um nachher wieder zusehends kleiner zu werden; Schluß auf der Dominante. Damit ist der erste Teil der Melodie (der »Vers«) zu Ende. Der zweite Teil (der »Refrain«) beginnt mit dem Hervortreten der zentripetalen Funktion der Dominante (der Schlußton des Verses ist oft auch der Anfangston des Refrains), wodurch die Tonika in ihre vollen Rechte eingesetzt wird. Die Refrainmelodie besteht in einer Folge konkaver Bögen, die von der Tonika herabhängen und immer weniger tief sind (sie reichen also konsekutiv z.B. bis zum d', f' und fis'). Die Bewegung ist im Refrain ruhiger als im Vers (im Vers gibt es mehrere Achtel, im Refrain überwiegend Viertel).

Das der Melodie zugrunde liegende *Strukturprinzip* ist sehr einfach und eben darum schwer zu formulieren. Es offenbart sich auf drei typische Weisen: linear durch Aufwärtsbewegung von einem gegebenen Nullniveau, welcher ein Abfall bis unter das Nullniveau und die Rückkehr zur Ausgangsebene folgen; tonal und melodisch durch die Bewegung g (»Ausgangspunkt« und »schwebende Mitte« bzw. »provisorische Tonika«) – f (»erster Zielpunkt« und »zentrifugal gerichtete Dominante«, d.h. eine Parallelerscheinung zur Subdominante in der harmonischen Musik) – f (»Ausgangspunkt der Rückbewegung« und »zentripetal gerichtete Dominante« – analog zur Oberdominante in der harmonischen Musik) – g (»Ziel- und Schlußpunkt«, »gefundene

Mitte« bzw. »eigentliche Tonika«); tektonisch durch die Form A
B A', wobei A' ein A + B mit Überwiegen des A-Elementes ist
(diese Form beschränkt sich meistens auf die Verse). Die innerli-
che Identität dieser drei Erscheinungsweisen des Strukturprinzips
läßt sich z.B. daran erkennen, daß das lineare Schema auch als
eine graphische Darstellung des tonalen und tektonischen
Geschehens aufgefaßt werden kann.

Das beschriebene Strukturprinzip ist nicht in jeder Beziehung
spezifisch eskimoisch (teilweise gilt es auch für die authentische
Kadenz), und die allgemeine Melodiebeschreibung, wie sie soeben gegeben wurde, kann ebenso für nicht-eskimoische Melodien gültig sein. Charakteristisch für die Eskimo-Musik ist aber
die Verbindung einer spezifischen Variante des beschriebenen
Strukturprinzips mit einer bestimmten, doch ziemlich freien
Auswahl von Ausdrucksmitteln.

Vers und Refrain bilden zusammen eine Strophe. Ein Gesang
enthält im Prinzip mehrere Strophen, doch gibt es wichtige
Lokalvarianten. Alles deutet darauf hin, daß die beschriebene
Melodiestruktur mit der pentatonischen Skala *d f g a c* (bzw. *des f
g as c–des*) die Grundlage der gesamten Eskimo-Musik und ihre
älteste nachweisbare Form bildet. Engere Melodien (z.B. von nur
zwei Stufen) sind zwar heute vorhanden, man muß aber in ihnen
eher eine Reduktion auf die »Kernzelle« (Marius Schneider)
erblicken als einen Überrest des primitiven Zustandes. Neben den
Kernzellen im Sekundintervall (*g–f*) gibt es auch solche im
Terzintervall, die vermutlich auf alten fremden Einfluß zurückgehen. Innerhalb des angeführten Melodieschemas bestehen verschiedene Möglichkeiten der künstlerischen linearen, rhythmischen, tonalen und tektonischen Gestaltung.

VI. Einzelne Stile und ihre Entstehung

Der älteste Stil hat sich in relativ reiner Form nur bei den *Rentier-
Eskimos* erhalten. Sie haben ihn in mehrfacher, vor allem in
tonaler und tektonischer Hinsicht bereichert: Der gewöhnliche
tonale Ablauf wird durch »Modulationen« ausgeziert (der Vers
enthält also mehrere Abschnitte von refrainartigem Charakter
und umgekehrt), und die Tektonik mehrerer Lieder zeigt die
Übereinanderschichtung mehrerer Gesetzlichkeiten (z.B. ist die
Melodie gleichzeitig zwei- und dreiteilig). Die Rentier-Eskimos
sind die einzigen Eskimos, welche eine Art Polyphonie herausge-
arbeitet haben (es sind nur drei Beispiele bekannt). Trotz ihrer
Kompliziertheit, welche übrigens zur Armut der Ausdrucksmittel
in krassem Gegensatz steht, lassen sich alle Lieder der Rentier-

Eskimos auf eine einfache musikalische Idee zurückführen. Darum kann man hier von einem »organischen«, einem »klassischen« Stil sprechen. Es fällt auf, daß die ästhetische Bewertung der Gesänge seitens der Eingeborenen mit den Ergebnissen der Analyse übereinstimmt.

Die Rentier-Eskimos haben nach der Zeit der Ausarbeitung des spezifischen Musikstils der Eskimos keine Wanderungen unternommen. Andere Stämme sind dagegen nach *Alaska* gewandert: Ihre Lieder erfuhren hier folgende Umgestaltungen (in chronologischer Ordnung):

1. Bereicherung des Vorrats an metrischen Werten (zu den Vierteln und Achteln kamen größere und kleinere Werte hinzu);
2. Unterstreichung der fallenden Linien bei gleichzeitiger Erweiterung des Ambitus;
3. Zweiteilung der Versskala in zwei analog gegliederte Zonen und Verteilung der Tonfunktionen auf je ein Paar von Tönen, die im Quintintervall stehen (die Melodie wird durch Quintsprünge von der einen zur anderen Zone getragen);
4. Vereinfachung des Strophenbaus (der Gesang besteht oft aus einer einzigen langen Strophe).

Dieser neue Stil wurde durch die Eskimos in östlicher Richtung getragen. Die Stadien 1. und 2. erreichten Grönland vermutlich vor mehr als tausend Jahren; das Stadium 3. ist am Smith-Sound-Gebiet zum Stehen gebracht worden; das Stadium 4. ist nirgendwo außer in Alaska festgestellt. Seine Verbreitung wurde wahrscheinlich durch das Vordringen der *Kupfer-Eskimos* vom Binnenland zum Meeresufer (Wohngebiete zwischen der Halbinsel Kent und dem Bathurst Inlet) verhindert. Die Kupfer-Eskimos haben vor dem Vordringen nach Norden ihre eigene Variante des Grundstils entwickelt. In dieser stützte sich die Melodie mit Vorliebe auf die Terzkernzelle; das Melodieprofil wurde vereinfacht (z.B. enthielt die ganze Strophe einen einzigen Melodiebogen) bei gleichzeitiger Erweiterung des Ambitus (Versambitus oft über eine Oktave); der Strophenbau ist komplizierter (eine Strophe zerfiel in zwei analog gebaute Unterstrophen), aber schematischer geworden; das tonale Geschehen wurde vereinfacht und durch kühne, gewissermaßen »autonome« Linien überschattet. Nachdem die heutigen Kupfer-Eskimos das Meer erreicht hatten, vermischte sich ihr Stil mit dem alaskaischen. Daher ist ihre Musik heute stilistisch uneinheitlich und entwicklungsmäßig jung.

Demgegenüber ist der *Grönland-Stil* alt, d.h. er ist erstarrt und formelhaft. Die Grönländer haben aus ihren Gesängen die Refrains ausgelassen (noch vor hundert Jahren fand man aber in Ostgrönland ein Lied mit vollständigen Strophen) und nur die

Verse beibehalten. Gesänge, die aus lauter »Refrains« bestehen, gibt es auch, sie sind aber äußerst selten. Der Ambitus ist eng geblieben (meistens eine Quinte). Im typischen Fall besteht das ganze Lied aus mehreren kurzen Kulminationsmotiven (oft über 20), z. B. $f'-c''-a'-g'-f'$ (nach der Notierung von Thuren), wobei einige Töne manchmal wiederholt werden. Der Rhythmus stützt sich auf fein abgestufte metrische Werte und auf Akzente von differenzierter Stärke.

In den *zentralen Gegenden* findet man Lieder, die keinen selbständigen Stil ergeben. Man bemerkt hier Einflüsse aller übrigen Eskimo-Stile (vor allem Alaska-, Rentier- und Grönland-Eskimos).

Die geschilderte Entwicklung der Eskimo-Musik erstreckt sich wohl über einige Jahrtausende. Heute unterliegt diese Musik einem starken europäischen Einfluß und ist in einigen Gegenden (z. B. in West- und Südgrönland) völlig in Vergessenheit geraten.

Bruno Nettl
Indianer Nordamerikas

I. Die Erforschung. – II. Die Rolle der Musik in der Kultur. – III. Allgemeine Stilmerkmale. – IV. Topographie. – V. Musikinstrumente. – VI. Texte

I. Die Erforschung

Die Erforschung der Indianermusik begann am Ende des 19. Jahrhunderts gleichzeitig in Deutschland und den USA. Die frühe deutsche Musikethnologie unter Carl Stumpf, Erich Moritz von Hornbostel und Otto Abraham brachte eine Reihe von Pionierarbeiten hervor, deren erste, Stumpfs ›Lieder der Bella-kula-Indianer‹ (1886), allgemein als die erste Monographie im Rahmen der modernen vergleichenden Musikwissenschaft gilt. Die deutschen Forscher um Stumpf konzentrierten sich haupt-sächlich auf die musikalisch-technischen Fragen, während die amerikanischen Wissenschaftler sich mehr mit der Rolle der Musik im Leben der Indianer beschäftigten. Benjamin I. Gilman, John C. Fillmore und Alice C. Fletcher gelten als die bedeutend-sten Indianerspezialisten Amerikas um 1900. Schon im 19. Jahr-hundert fing Frances Densmore, die fruchtbarste Indianerfor-scherin, an, im Auftrage des Bureau of American Ethnology Schallaufnahmen zu machen. Während der nächsten fünfzig Jahre reiste sie zu zahlreichen Stämmen und gab eine lange Reihe bedeutender Arbeiten (darin zahlreiche Transkriptionen) über die Musik einzelner Stämme sowie auch einige weniger wichtige über die Indianermusik im allgemeinen heraus. Besonders ragt George Herzog, ein Schüler Hornbostels, hervor, der die Metho-dik der deutschen Musikethnologie nach Amerika brachte und mit den Grundsätzen der von Franz Boas gegründeten amerikani-schen anthropologischen Schule vereinigte. Herzogs Beiträge bestehen aus Einzelstudien über verschiedene Stilarten und einer Anzahl umfassender Werke und Versuche, die Beziehungen zwischen Sprache und Musik bei den Indianern zu erforschen. Schon im 19. Jahrhundert wurden von Theodore Baker (1882), später von Herzog (1928) und Densmore (1926), endlich in genauerer geographischer Weise von Helen H. Roberts (1936) und Bruno Nettl (1954) Arbeiten publiziert, die sich mit der Gliederung und der Darstellung der nordamerikanischen India-nermusik im einzelnen befassen.

Seit den 1930er Jahren haben hauptsächlich amerikanische Forscher über die Indianermusik gearbeitet. Dabei hat das Interesse an besonderen Fragen der Gegenwart (wie z.B. das

Problem der Musik in der europäisierten Indianerkultur) und an historischen Problemen erheblich zugenommen. Auch mit dem Verhältnis zwischen Musik, Tanz und Sprache wie mit der Sammlung und Aufbewahrung der letzten Überreste der echten Indianermusik beschäftigt sich eine beträchtliche Anzahl amerikanischer Musikethnologen.

II. Die Rolle der Musik in der Kultur

Die Musik der Indianer nördlich von Mexiko ist wahrscheinlich das besterforschte Gebiet der primitiven Musik. Es gibt jedoch eine ganze Anzahl von Stämmen, deren Musik noch völlig unbekannt ist; dazu kommen noch diejenigen Stämme, die unter der Einwirkung der europäischen Kultur bereits eingegangen sind, oder die von ihrer ererbten Musik keinen Gebrauch mehr machen. Man kann die Indianermusik in zwei geschichtliche Perioden einteilen: die voreuropäische, die von der abendländischen Kultur noch unberührt ist, und die spätere, in der die Musik von der europäischen zwar beeinflußt, aber noch nicht aufgesogen wurde. Die Erscheinungen, die man noch jetzt beobachten kann, bilden Reste aus beiden Perioden.

Zur Zeit der Entdeckung Amerikas lebte (nach Alfred L. Kroeber) nördlich von Mexiko kaum eine Million Indianer (einschließlich der Eskimos) mit etwa 1 000 verschiedenen Sprachen, die ca. siebzig Sprachfamilien zugehörten. Es existierten damals etwa 1 000 getrennte Stämme, mit je 300 bis 30 000 Angehörigen. Beträchtliche Unterschiede bestanden zwischen den Kulturen der verschiedenen geographischen Gebiete. Das betrifft das Wesen sowie den Stand der Kultur; manche Stämme wie z.B. die Bewohner der Wüstengegend in Nevada und Utah existierten in Zuständen, die den primitivsten der Welt gleichen, während die Pueblo-Indianer und manche Bewohner des Südostens der USA auf einem fast dem der orientalischen Hochkulturen entsprechenden Niveau lebten. Im allgemeinen entspricht auch die Entwicklungsstufe der Musik derjenigen der Kultur. Es gibt bei den Indianern musikalische Stilarten, die den einfachsten der Welt gleichen, aber auch andere, die man mit der orientalischen Musik vergleichen kann. Heute sind größtenteils die Stammeseinheiten verschwunden; die verschiedenen Stämme sind durch die Beförderung auf Reservationen durcheinandergebracht worden, und die alte Musik hat unter diesen Umständen wie unter dem europäischen Einfluß gelitten. Dennoch hat sich bei den Indianern die Musik besser als viele andere Elemente ihrer Kultur erhalten, weil sie nicht von der allgemeinen Mechanisierung des Lebens berührt wurde und weil sie grundsätzlich von der europäischen Musik (im Gegensatz z. B. zu der afrikanischen Negermusik, deren Grundlagen denen der europäischen einigermaßen entsprechen) so verschieden war, daß eine Stilvermischung nicht in Frage kam. Andererseits scheint die Musik der Stämme der südöstlichen USA gelegentlich von der Negermusik beeinflußt worden zu sein, wenigstens was das Variieren von Liedern im antiphonalen Stil betrifft. Dieser Einfluß mag wohl durch die Tatsache begründet sein, daß diese Indianer auch Neger als Sklaven hielten.

Im Leben der Indianer hat die Musik eine wichtige Rolle gespielt. Sie war (und ist noch) fast immer mit anderen Tätigkeiten verbunden. Der größte Teil der Musik diente den Zwecken des Kultus. Dabei handelte es sich nicht nur um Zeremonienlieder, sondern auch um Heilungszeremonien, Liebeszauber, Kriegstänze usw. Außerdem gibt es Musik für Gesellschaftstänze, zur Begleitung von Wettspielen, zum Zusammentreffen verschiedener Verbände, Kinderlieder, gelegentliche Arbeitslieder und Lieder, die während der Erzählung von Märchen gesungen werden. Rein erzählende Lieder (wie etwa Balladen) gibt es kaum. Nur in der Wüste Nevadas und Utahs wurde das rezitativartige Singen von Märchen gelegentlich gepflegt. Die einzige rein instrumentale Musik (mit Ausnahme vereinzelter Stämme) sind Liebeslieder, die auf einem blockflötenartigen Instrument gespielt werden. Konzertmäßig ausgeführte Musik gibt es nicht. Die Indianer selbst bezeichnen die Musik kaum jemals als schön, sondern eher als »mächtig« oder »gut«. Bei manchen Stämmen hat die Musik hohen Wert; Lieder können gekauft, geerbt und gestohlen werden, z. B. an der Westküste.

In vielen Stämmen kennt die ganze Gemeinschaft das vollständige Repertoire. Es gibt aber auch Spezialisten, die besondere Lieder beherrschen und ausschließlich befugt sind, sie zu singen. Solche Musiker sind meist auch gleichzeitig die Betreuer der Religion, Medizinmänner und Schamanen. Die Männer spielen im allgemeinen eine weitaus größere Rolle als die Frauen. In all diesen Dingen aber bestehen auch große Unterschiede zwischen den Stämmen und Gebieten.

Über das Kompositionswesen ist noch nicht viel bekannt. Die Kompositionen selbst sind im allgemeinen festgelegt und ändern sich verhältnismäßig wenig, obgleich sie nur mündlich überliefert werden. Die Kompositionstechnik selbst jedoch ist noch kaum erforscht. Man weiß, daß manche Indianer die Lieder »träumen«, d. h. sie haben die Vorstellung, sie von Schutzgeistern im Traume gelernt zu haben. Diese Lieder werden nach dem Traume »geprobt«, d. h. sie werden nun in Wirklichkeit ausgearbeitet, nachdem im Traume eine grundsätzliche Idee wahrgenommen worden ist. Diese Art von Komposition wird in manchen Stämmen vom Großteil der Bevölkerung, in anderen von Spezialisten, die zuweilen geistig der Kultur nicht angepaßt sind, ausgeübt. Gelegentlich sind auch Fälle, in denen alte Lieder verändert oder Bestandteile verschiedener Lieder vereinigt worden sind, berichtet worden.

Da es nur mündliche Überlieferung gibt und da musiktheoretische Begriffe gänzlich fehlen, lassen sich fallweise Änderungen eines Liedes kaum vermeiden. Doch sind willkürliche Änderungen in vielen Fällen verboten und werden dadurch verhindert, daß in manchen Stämmen die Lieder systematisch geprobt und Fehler bestraft werden. Dies sowie auch das Schaffen neuer Lieder aus älterem, schon vorhandenem Material hat einen gewissen Konservatismus in der Musikkultur der Indianer verursacht, der die Ansicht, daß die Stile der Indianermusik sich in mehreren Jahrhunderten nur wenig verändert haben, durchaus gerechtfertigt erscheinen läßt.

Das Improvisieren spielt bei den Indianern nur eine geringe Rolle. Es gibt jedoch Fälle, in denen es wenigstens theoretisch als Kompositionsmittel dient. Bei einigen Eskimostämmen z.B. werden Streitigkeiten durch Wettgesänge, bei denen satirische und spöttische Lieder gesungen werden, ausgetragen.

III. Allgemeine Stilmerkmale

Die folgenden Eigenschaften gelten für die nordamerikanische Indianermusik im allgemeinen. Sie ist fast immer einstimmig. Mehrstimmigkeit gibt es nur in ganz vereinzelten Fällen, die oft eher als Zufälle denn als systematische Polyphonie bezeichnet werden können. Im Vergleich zu sonstiger außereuropäischer Musik ist die Melodik hoch entwickelt. Die Melodien sind meist absteigend. Jedoch ist die sogenannte »Terrassenmelodik«, die von Stumpf und Hornbostel als die charakteristische angesehen wurde, nicht allgemein verbreitet, sondern auf ein gewisses Gebiet des Kontinents beschränkt. Die Rhythmik ist sehr kompliziert. Meist herrscht eine Einteilung in Takte verschiedener Länge vor. Mit der rhythmischen Polyphonie Afrikas und Indiens ist die indianische Rhythmik nicht zu vergleichen. Der Aufbau der Lieder ist oft strophenartig, selten durchkomponiert; oft trifft man auf eine Art Mittellösung zwischen diesen beiden Formen, eine unregelmäßige Abwechslung mehrerer Phrasen oder Abschnitte. Die Klangfarbe ist gekennzeichnet durch eine gewisse Spannung der Stimmbänder, deren Grad aber auch in den verschiedenen Gegenden des Kontinents unterschiedlich ist.

In vielen Fällen gibt es enge Beziehungen zwischen den Stilarten Nord-, Mittel- und Südamerikas, obgleich die Kulturen sonst wenig und die Sprachen fast überhaupt nichts miteinander gemein haben. So sind z. B. die einfachsten Liedtypen Nordamerikas auch bei den Primitivstämmen Brasiliens und Feuerlands und st die Terrassenmelodik bei den Chaco-Indianern zu finden. Einige der Stilmerkmale, denen man im südlichen Teil der USA begegnet, scheinen unter mexikanisch-indianischem Einfluß entstanden zu sein (vgl. den Artikel ›Lateinamerikanische Musik‹).

IV. Topographie

Was die verschiedenen musikalischen Stilarten betrifft, so kann man den Kontinent in sechs Gebiete aufteilen, die gewissermaßen (aber auch mit bedeutungsvollen Ausnahmen) mit den kulturell verschiedenen Gebieten übereinstimmen. Zu den nördlichsten dieser Musikgebiete gehören die Eskimos, die Indianer der Nordwestküste, die sich auch durch Lachsfischerei, fortgeschrittene Bildhauerkunst (Totempfähle) und die sogenannten Potlatsch-Zeremonien (bei denen eine Familie ihren Reichtum systematisch zerstört, um einen stolzen und würdigen Eindruck zu machen) hervorheben, und die benachbarten Selisch-Indianer des Binnenlandes der Staaten Washington und Oregon. Musikalisch

1) Thompson River Indianer (British Columbia; aus O. Abraham und E. M. von Hornbostel, Phonographierte Indianermelodien aus British Columbia, Boas Anniversary Volume, New York 1906, Lied Nr. 34)

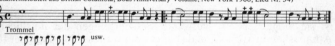

ist dieses Gebiet durch relative Einfachheit der Melodik, durch einen besonderen Reichtum an Instrumenten und an komplizierten Rhythmen, die sich oft der rhythmischen Polyphonie nähern, ferner durch eine etwas weinerliche Vortragsweise und gelegentliche bordunartige Mehrstimmigkeit gekennzeichnet. Der Aufbau der Lieder ist meist nicht strophisch; er zeichnet sich vielmehr durch jeweilige Variationen und Änderungen kurzer Motive aus; das gilt besonders für die Eskimos. Die Eskimomusik dieses Gebietes (vgl. den Artikel ›Eskimo-Musik‹) ist bedeutend einfacher als die der Nordwestküste; doch sind die Stilarten verwandt und mögen gleichen Ursprungs sein.

Die einfachste Musik Nordamerikas findet man in der Wüste östlich der Küste der Staaten Kalifornien und Oregon und in Nevada und Utah, in einem Gebiet, das meist »Great Basin« genannt wird. Hier herrschte auch eine besonders primitive

(2) Paiute (Nevada; aus G. Herzog, Plains Ghost Dance and Great Basin Music, in American Anthropologist 37, 1935, S. 419)

Kultur, die Völker lebten nomadisch ohne Landwirtschaft. Die Musik ist durch kleinen Ambitus (Quinte oder Sexte), tetratonische Leitern, einfache Rhythmen und eine verhältnismäßig unangespannte Vortragsweise charakterisiert. Das wichtigste Kennzeichen jedoch ist der Aufbau der Lieder; jeder Teil des Liedes wird einmal wiederholt. Als Liedformen erscheinen meist AABB oder AABBCC; dabei sind die späteren Phrasen gewöhnlich kürzer als die ersten. Auch ein allgemeiner Mangel an Instrumenten, besonders an den sonst häufigen Trommeln, und eine leicht absteigende Melodik sind in diesem Gebiet anzutreffen. Dieser Stil hat sich in den letzten Jahrzehnten zu anderen Stämmen dadurch verbreitet, daß er mit der sogenannten »Ghost-Dance«-Religion, die den früheren Wohlstand der Indianer durch den Tod der Weißen und die Auferstehung der getöteten Indianer und Büffel zurückbringen sollte, von vielen Stämmen, besonders in den Präriestaaten, angenommen wurde.

Die Musik der Athapasken (Navaho und Apachen) in den

(3) Navaho (Arizona; aus B. Nettl, North American Indian Musical Styles, Philadelphia 1954, S. 47)

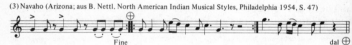

südwestlichen USA (nach vorläufiger, noch ungenauer Kenntnis ist sie möglicherweise verwandt mit derjenigen der nördlichen Athapasken in West-Kanada) bildet ein weiteres Musikgebiet für sich. Hier handelt es sich um primitive Kulturen, deren fortgeschrittenste, die der Navaho, stark von den Pueblo-Indianern und deren hochentwickeltem Zeremonienwesen beeinflußt worden ist. Die Lieder der nördlichen Athapasken sind sehr einfach, die der Apachen etwas komplizierter, während die Navaho einen durchaus reichen Musikstil aufweisen. Allen drei Gruppen gemeinsam ist das Merkmal eines einfachen Rhythmus, der meistens auf zwei Notenlängen (Viertel- und Achtelnoten) aufgebaut ist. In anderen Beziehungen ist dieses Gebiet nicht so einheitlich wie die anderen; jedoch besteht es ausnahmsweise aus Mitgliedern einer einzigen Sprachfamilie. Einige Kennzeichen dieses Stils haben sich auch in den Liedern der Peyote-Zeremonie, die seit einigen Jahrzehnten durch die ganze Indianerwelt der USA verbreitet worden ist, erhalten; dies könnte wohl dadurch erklärt werden, daß diese Zeremonie aus Mexiko durch die Apachen den anderen Stämmen allmählich überliefert worden ist.

Ein viertes Gebiet bilden die Indianer des mittleren und südlichen Teils von Kalifornien und die Mitglieder der Yuma-Sprachfamilie in Süd-Arizona. Hier ist die Musik durch einen

(4) Mohave (Arizona; aus F. Densmore, Yuman and Yaqui Music, Washington 1932, S. 82)

Fine   D. C. al Fine

entspannten Gesangstil und durch eine spezialisierte Melodik gekennzeichnet. Die Lieder bestehen aus zwei Teilen, einem tieferen, der mehrmals wiederholt wird, der aber gelegentlich von dem anderen, höheren abgelöst wird. Die Musik bewegt sich also auf zwei Ebenen, deren höhere von den Indianern selbst als »rise« bezeichnet wird; hier offenbart sich so etwas wie der Anfang einer Musiktheorie.

Das bekannteste und am besten erforschte Gebiet der indianischen Musik ist das der Prärie- und Pueblo-Indianer. Es erstreckt

(5) Blackfoot (Montana; gesammelt und transkribiert von B. Nettl)

sich vom westlichen Teil der großen Seen in südwestliche Richtung bis zum Norden des Staates Arizona. Die Kultur der Prärie-Indianer, die nomadisch lebten und sich vom Büffel ernährten, und die der Pueblos, eine hochentwickelte, auf Zeremonien spezialisierte Kultur, haben eigentlich wenig Gemeinsames. Auch die Musiktypen der beiden Stammgruppen sind verhältnismäßig verschieden; jedoch scheinen die Pueblo-Indianer, die sonst von den Mitgliedern anderer musikalischer Gebiete umgeben sind, vieles von den Präriestämmen gelernt zu haben. Sie haben allerdings maßgebende gemeinsame Merkmale: eine sehr gespannte Vortragsweise, die aus plötzlichen Akzenten, einer gewissen Rauheit und einem pulsierenden Beben auf den längeren Tönen besteht, ferner eine in Stufen absteigende Melodik, die sich schematisch durch die folgende Skizze darstellen läßt:

(Terrassenmelodik)

Gemeinsam ist ihnen auch ein Aufbau, bei dem das Lied zweimal gesungen wird: das erstemal mit bedeutungslosen Silben, das zweitemal etwas verändert mit dem eigentlichen Text. Innerhalb dieses großen Gebietes gibt es auch kleinere Stammesgruppen, die sich musikalisch weiter auszeichnen. Z.B. findet man bei den Indianern um den Lake Superior (Menomini, Ojibwa) eine besonders große Anzahl isorhythmisch aufgebauter Lieder. Die eigentlichen Prärie-Indianer, die noch keinen Ackerbau entdeckt

415

oder ihn wieder verloren hatten, besaßen viele vierstufige Leitern. Die Pueblo-Indianer, ihrer Kultur entsprechend, hatten hochentwickelte, lange Lieder, die man womöglich mit recht tiefer Stimme singen mußte, im Gegensatz zu den Präriestämmen, die eine hohe Stimme mehr schätzen. Die Pima und Papago der Wüste in Arizona und New Mexico gehören einigermaßen zu diesem Gebiet; doch nehmen sie an den Hauptmerkmalen des Stils nicht immer teil und können deshalb nur als Randerscheinungen dieses Gebietes betrachtet werden.

Die im Osten der USA und Kanadas lebenden Stämme bilden ein sechstes Musikgebiet (siehe Notenbeispiel 6). Viele der

(6) Iroquois (New York; aus W. N. Fenton und G. P. Kurath, Symposium on Local Diversity in Iroquois Culture. Washington 1951, S. 124)

zugehörigen Völker sind aber schon seit Jahrzehnten als Stammeseinheiten verschwunden; die übrigen sind wiederholt umgesiedelt und haben mit den Mitgliedern anderer Musikgebiete intimen Kontakt genommen. Dennoch kann man gewisse Kennzeichen finden, die das Gebiet zusammenfassen. Das wichtigste ist der responsorische und antiphonale Gesang, der hauptsächlich in den Gesellschaftstänzen hervortritt. Es handelt sich hier meist um die Wiederholung einer kurzen, rufartigen Phrase von Solist und Chor, wobei manchmal ein primitiver Kanon entstehen kann, indem die Solisten allmählich vom Chor eingeholt werden. Vermutlich waren die Indianer des Ostgebietes dabei, einen mehrstimmigen Stil zu schaffen, als sie von der europäischen Kultur überrannt und behindert wurden. Ferner wird dieses Gebiet durch wellenförmige Melodik, gespannte Vortragsweise und Aufbau aus Abwechslung und Wiederholung einer kleinen Anzahl kurzer Phrasen gekennzeichnet.

Diese Gliederung vergröbert und schematisiert den wirklichen Sachverhalt. In jedem Stamm gibt es auch Lieder, die die geschilderten Merkmale nicht aufweisen, auch gibt es ganze Stämme, die Ausnahmen bilden. Überdies entspricht die hier versuchsweise vorgelegte Gliederung nicht vollständig den früher üblichen Einteilungen der Indianermusik, doch deckt sie sich in manchen Punkten mit den älteren Einteilungen.

V. Musikinstrumente

Die meisten Instrumente der nordamerikanischen Indianer gehören zur Gattung des Schlagzeugs. Ein blockflötenartiges Instrument ist das einzige für das Melodienspiel wichtige; sonst gibt es vereinzelte Beispiele primitiver Oboen, Trompeten und Fiedeln. Auch soll der Musikbogen (eigentlich ein Jagdbogen) bei manchen Stämmen des Südwestens bekannt gewesen sein. Jedoch ist die Musik für diese Instrumente kaum bekannt oder phonographisch aufgenommen worden.

Vom Schlagzeug sind Rasseln verschiedener Art am meisten verbreitet. Es gibt sistrumartige Rasseln, die aus Hirschhufen gebaut sind, kleine Kürbisse oder Ledersäckchen mit Steinen gefüllt, hölzerne Schrapinstrumente, die manchmal in Tierform geschnitzt und mit einem Schallkörper versehen worden sind. Unter den Trommeln sind am verbreitetsten die tamburinartigen mit nur einem Fell und die tympanumartigen, deren Fell auf einen Topf aus gebranntem Ton geschnallt wird. Stets werden Trommelschlegel verwendet; mit der Hand wird kaum jemals getrommelt. Zu den Instrumenten können auch verschiedene Pfeifen aus Knochen, Holz und Ton (manchmal in Vogelform geschnitzt) gerechnet werden; sie bringen jedoch nur jeweils einen Ton hervor.

VI. Texte

Eine große Anzahl der Indianerlieder hat nur bedeutungslose Silben als Text. Diese sind jedoch abwechslungsreicher und komplizierter als etwa das deutsche »Tralala«. Oft gibt es sogar wort- und satzartige Silbengebilde, die mit dem Rhythmus der Musik übereinstimmen, besonders z.B. in den Liedern der Peyote-Zeremonie, die bei vielen Stämmen gleich sind und sich von den Silbentexten anderer Lieder wesentlich unterscheiden.

Enge Beziehungen zwischen Text und Musik bestehen häufig auch bei denjenigen Liedern, die bedeutungsvolle Texte haben. Solche Beziehungen gelten oft nicht dem Zusammentreffen der akzentuierten Silben mit den betonten Noten oder der langen Noten und Silben; sie sind vielmehr im allgemeinen Aufbau spürbar. Isorhythmischer Aufbau z.B. mag durch eine Wiederholung einer textlichen Zeile verursacht sein. In einem zweiteiligen Aufbau mag eine Hälfte von bedeutungslosen Silben, die andere vom Text selbst besetzt sein. Die Texte sind oft nicht im europäischen Sinne dichterisch; sie gleichen eher der Prosa. Einteilung in Zeilen oder Strophen gibt es in manchen Gebieten, in anderen wieder gibt es nur schlichte Sätze, die nicht immer die Melodie ausfüllen und die dann durch bedeutungslose Silben ergänzt werden. Text und Musik bilden häufig keine Einheit; ein Text kann mit verschiedenen Melodien, eine Melodie mit verschiedenen Texten versehen werden. Bei den Prärie-Indianern z.B. gibt es Kriegsliedmelodien, auf die nach Schlachten immer die kriegerischen Tätigkeiten der Stammesmitglieder besungen und die deshalb gelegentlich mit neuen Texten versehen wurden. Diese Lieder dienen heute manchmal auch als Andenken an die Taten der Indianersoldaten in der amerikanischen Armee. In den letzten Jahrzehnten haben sich auch Indianertexte in englischer Sprache entwickelt, da ja viele Indianer schon besser Englisch als ihre Stammessprachen sprechen und da die Mitglieder verschiedener Stämme jetzt gemeinsame Zeremonien, Tänze und Gesellschaften veranstalten. Die Musik dieser Lieder jedoch ist von der europäischen nicht direkt beeinflußt worden. Wenn Melodien von einem Stamm zum anderen übertragen werden, was oft der Fall ist, werden die Texte übersetzt oder durch neue substituiert. Für die Indianer sind die Texte von den Melodien untrennbar; sie haben im Gespräch Schwierigkeiten, Text und Melodie zu unterscheiden, da sie meist nur den einen zusammenfassenden Begriff Lied besitzen.

Kurt Pahlen und Vicente Teodulo Mendoza
Mittelamerika

I und III: Kurt Pahlen, II: Vicente Teodulo Mendoza

I. Allgemeines

Kaum eine andere Region der Welt bietet dem Musikforscher ein so kompliziertes Arbeitsfeld wie jene, die im Süden vom Panamakanal, im Norden von der mexikanisch-nordamerikanischen Grenze, im Westen vom Pazifischen Ozean und im Osten vom äußersten Wall der Antillen und Westindischen Inseln gebildet wird und die man unter den geographischen Begriffen Mittelamerika und Karibisches Gebiet zusammenfaßt. Es ist eine äußerst bunte Musikwelt, die in ihrer Gesamtheit noch nicht studiert wurde. Sie umspannt nicht nur herkunftsmäßig die größten Kontraste, sondern ist auch in ihrer Entwicklung von lokalen Einflüssen abhängiger als andere Weltgegenden, da die topographische Beschaffenheit, die klimatischen Bedingungen, die rassische Zusammensetzung, die Intensität und Art der Besiedlung völlig verschieden sind von Tal zu Tal, von Insel zu Insel, von Stadt zu Stadt. Die *drei Grundrassen*, die hier vertreten sind, bestehen teilweise rein, zum größeren Teil jedoch in verschiedenen Graden der Mestizisierung. Die indianische Urrasse zerfällt wiederum in eine Fülle von Stämmen, bei denen es oft schwerfällt, an einen gemeinsamen Ursprung zu glauben. Sie sprechen Sprachen, die nichts miteinander gemein haben, und auch in ihrer Musik läßt sich kein verbindendes Element feststellen. Dazu kommt noch, daß einige von ihnen einen höchst primitiven Zivilisationsstand aufweisen, andere jedoch zweifellos Abkömmlinge so hoher Kulturen wie jener der Mayas, Azteken und Tolteken genannt werden müssen. Es gibt Indios, die dem weißen Ansturm Stand hielten und in jahrhundertelangem Zusammenleben zivilisatorische und musikalische Mischformen ausbildeten, und andere, die vor den hispanischen Eindringlingen flohen, stille Winkel fanden, in denen sie unberührt im Körperlichen und Geistigen weiterleben konnten, aber durch so lange Inzucht gänzlich herabkamen. Das weiße Element wurde nahezu ausschließlich durch Spanien beigetragen; aber gerade die iberische Halbinsel war (besonders im entscheidenden 16. Jahrhundert) alles eher als ein einheitliches Kulturgebiet. Immerhin ist von den drei in Mittelamerika zusammengeströmten Rassen die weiße doch als die einheitlichste anzusehen. Denn das dritte Element,

der Neger, stammt aus den verschiedensten Regionen Afrika
und weist krasse Gegensätze in Körperbau, Hautfarbe, Zivilisa-
tionsgrad usw. auf. Bunt wie die Menschen selbst ist ihre
Verteilung innerhalb des mittelamerikanischen und karibischen
Raumes. Im allgemeinen kann gesagt werden, daß die Indios
die Bergregionen des Festlandes sowie die Urwälder besetzt halten
die Neger die tropisch heißen Küstenstriche und Inseln und die
Weißen die Städte sowie deren nähere Umgebung. Aus dieser
äußerst schematischen Gruppierung geht bereits hervor, daß es
Hunderte von Punkten einer Überschneidung und gegenseitiger
Beeinflussung gibt, was gerade in musikalischer Beziehung oftmals
deutlich nachgewiesen werden kann. Zu den ethnographischen und
geographischen Gruppierungen kommen allerdings auch noch
solche sozialer Natur: wenn etwa in einigen Städten das »Musikleben« jenem der europäischen Städte gleicht, die Volksmusik der
Vorstädte hingegen negerhaften Ursprungs ist und wenige Kilometer davon entfernt Reste indianischer Musik von den Ackerbauern oder Viehhirten erhalten werden.

II. Die Zeit vor der Entdeckung

Am weitesten fortgeschritten ist die Untersuchung der *indianischen Musik* auf dem Boden Mexikos, wo ja besonders seit der
großen Revolution zu Beginn des 20. Jahrhunderts das indianische Element im Leben und in allen Künsten auf einem dem
weißen ebenbürtigen, wenn nicht sogar bevorzugten Platz gestellt
wurde. Die ersten musikhistorischen Arbeiten in dieser Richtung
sind allerdings bereits älteren Datums und stammen von den
Ethnographen Carl Lumholtz und Konrad T. Preuss. Bis zum
heutigen Tage liegen Studien über folgende Stämme vor: Papa-
gos, Seris, Yaquis, Mayos, Tarahumaras, Coras, Huicholes, Purepechas, Otomis, Azteken, Mixteken, Zapoteken, Tzotzilen
Lacandones und Mayas. Von diesen kann angenommen werden
daß ihre Musik noch wesentliche Elemente der vorkolumbianischen Zeit enthält. Diese Quelle, so fraglich sie auch sein mag, ist
in diesen Gegenden immer noch ergiebiger als die beiden
anderen, theoretisch denkbaren: die Berichte der ersten Weißen
(Konquistadoren, Priester, Chronisten), die mit den Indios in
Berührung kamen, und das Überleben vorkolumbianischer
Instrumente. Bei der heute überlebenden indianischen Musik und
den Rückschlüssen auf die Epoche vor der Entdeckung durch die
Spanier muß eine Tatsache als äußerst wichtig vorausgeschickt
werden: daß die soziale, ökonomische und politische Struktur der
früheren indianischen Reiche und ihrer Gesellschaft keineswegs

mit den gegenwärtigen Lebensumständen ihrer Nachfahren verglichen werden kann und daß vor allem heute die religiöse Basis, die die seinerzeitige Musik der indianischen Kulturen aufwies, völlig verlorengegangen ist.

Denn so wenig auch über die vorkolumbianische Musik bekannt ist, eines steht fest, daß ihre wichtigsten Äußerungen in engem Zusammenhang mit der Religion standen, nicht anders, als es in den asiatischen Kulturen der Fall war. In altmexikanischen Städten (Tenochtitlan, Tzintzuntzan, Cholula, Zaachila, Mayapan, Texcoco, Tlacopan, z.T. heute noch vorhanden) wurden an Musikschulen Musiker-Priester ausgebildet, denen die Gesänge und Tänze in den Tempeln anvertraut waren. Der Franziskanermönch Fray Bernardino de Sahagún, einer der frühesten christlichen Chronisten, erzählt von *altmexikanischer Tempelmusik* und überliefert die Namen, die damals in Gebrauch standen: »cuicacalco« hieß der Musikraum, in dem Lieder und Tänze geprobt wurden, »ometochtli« der Leiter oder Dirigent, »tlapitzcatzin« der Instrumentenbauer. Ein anderer Chronist, Fray Diego Durán, erwähnt einen »cuicapicque«, der mit der Abfassung der Gesänge beauftragt war. Aber diese Namen sind nur in der Gegend um die heutige Stadt Mexiko gültig. In Michoacán, dem Land der Purepechas, waren die entsprechenden Namen folgende: »curinguri« hieß der oberste musikalische Leiter, »ataparba« der Musiker, der die »atabales«, die kleinen Trommeln schlug, »pinzacucha« der Bläser, der flöten- und trompetenähnliche Instrumente spielte, »cuiripecha« jener, der größere, den europäischen Alphörnern ähnelnde Blasinstrumente handhabte, und »sescuasecha« der Choreograph und Vortänzer. In Tehuantepec, wo die Zapoteken ein bemerkenswertes Reich errichtet hatten, waren folgende Bezeichnungen im Gebrauch: »copeeche tol na« für den Dirigenten, »copeeche toyaha« für den Choreographen, »copeeche tocechi« für den Instrumentalmusiker im allgemeinen, »copeeche huecuechia pijchije« für den Flötisten, »copeeche penihuijilaxeni« für den Trommler. Erwähnt seien schließlich noch einige musikalische Ausdrücke aus dem Großreich der Mayas im heutigen mexikanischen Yucatan und guatemaltekischen Petén: »holpop« hieß der Dirigent oder Vorsänger, dem zugleich die Obhut über alle Instrumente oblag, »ahpax« der Instrumentalmusiker im allgemeinen, »ahpax chul« der Flötennacher, »ah tuz kay« der Sänger und Verfasser von Gesängen, »ah okot« der Tänzer, der Ausführende der »holcan-okot«, ritueller kriegerischer Tänze.

Macuilxochitl war der *Gott der Musik*, Protektor auch des Tanzes, der Spiele, der Freude und sogar des Lachens sowie der Poesie. Ihm zu Ehren wurden zahllose Hymnen komponiert, und sein Bild ist vielfach überliefert worden: das eines nackten

Mannes mit rotgemaltem Körper, einem Schild mit vier Edelsteinen, einem Zepter in Form eines Herzens und einer Maske, die
dem Quetzal (heute noch Wappenvogel Guatemalas) nachgebildet war. Er kommt in verschiedenartigsten Verkleidungen vor: als
Musiker, als Sänger, als Tänzer, als Vogel und sogar als Kojote
(amerikanischer Wolf), der ein »huehuetl« (mexikanische Trommel) spielt. In seinen Tempeln wurden ihm Nachbildungen von
Instrumenten in Ton geopfert, wobei es zu großen musikalischen
Zeremonien kam.

Einiges weiß man über die *Instrumente* und die Zusammensetzung der indianischen Orchester aus vorspanischer Zeit. Es gab
einige Blasinstrumente sowie die Trommelarten, die heute noch
»huehuetl« und »teponaztli« oder »teponaxtli« genannt werden.
Groß war die Gruppe des Schlagzeugs: Neben den verschiedenartigen Trommeln gab es vor allem klingende Steine, klingende
Hölzer (xylophonartig, wie sie heute noch als Marimba das
Volksinstrument Guatemalas bilden), »chicahuaztle«, getrock-
nete Kürbisse oder verwandte Früchte, in denen durch Schütteln
die Samen zum Klingen gebracht wurden, »omichicahuaztli«,
Menschenknochen, in die Kerben geritzt waren und über die mit
einer Muschel hingestrichen und hierdurch ein kratzender Klang
erzeugt wurde. Leider sind die Kenntnisse der vorspanischen
Instrumente nicht vollständig. Die Zapoteken verwendeten in
ihren Orchestern verschiedene Kombinationen von Kürbisschalen sowie Schildkrötenpanzer neben den über ganz Mittelamerika
verbreiteten Trommeln. Das Maya-Orchester gebrauchte Klappern und Schellen, Schildkrötenpanzer und vertikal gestellte
Trommeln (»tlalpan-huehuetl«). Ein in Chama aufgefundenes
Gefäß zeigt den Zug eines Häuptlings, in dem drei lange
Holztrompeten gespielt werden, die Fresken von Bonampak
mehrere dieser Instrumente im Augenblick des Kampfes.

Vicente T. Mendoza gibt folgende Zusammenstellung der
wichtigsten Maya- und Azteken-Instrumente.

Mayas: »zacatan« (vertikale Trommel), »tunkul« (horizontale Trommel aus einem einzigen Stück Holz), »ritzmoc«
(Schellen, die die Kinder an den Füßen tragen), »cheh oc
mazcab« (Schellen, die von Tänzern verwendet werden),
»chul« (Flöte), »hom« (Trompeten- oder Posaunenart),
»kayab« oder »bexelac« (Schildkrötenschale).

Azteken: »huehuetl« (Trommel mit Fell, offen oder geschlossen), »panhuehuetl« (Trommel, die auf einem Gestell befestigt
wird), »tlal panhuehuetl« (Trommel, die vertikal auf die Erde
gestellt wird), »teponaztli« (Trommel aus hohlem Baumstamm, mit Öffnung; bringt zwei verschieden hohe Töne
hervor), »tecomopiloa« (dasselbe, z.T. mit Wasser gefüllt),
»chicahuaztle« (Matraca aus Metall), »omichicahuaztle«

(Schraper), »ayacaztle« (hohle Frucht mit Samen), »coyolli« (Schellen), »tlapitzalli« (Flöte aus Ton), »huilacapitztli« (Okarina aus Ton, die den Gesang der Turteltaube nachahmt), »pitztli« (Pfeife), »chililitli« (Pfeife aus Ton), »zotzoloctli« (Trompete aus Kürbis), »atecocolli« (Trompete aus einem Meerschneckengehäuse).

Der erwähnte Bernardino de Sahagún versuchte *indianische Melodien* aufzuzeichnen. Anscheinend bestand in keinem der indianischen Reiche eine Notation. Sowohl aus Sahagúns Forschungen wie aus Angel Maria Garibay, ›Historia de la Literatura Nahuatl‹ (Mexiko 1953/54), ist zu schließen, daß es melodische und rhythmische Formeln gab, aus denen Lieder und Tänze zusammengesetzt wurden. Die rhythmischen Formeln hatten Silben zur Grundlage (siehe Notenbeispiel 1), die melodische Basis scheint pentatonisch gewesen zu sein. Mancher Gesang begnügt sich allerdings mit der Viertönigkeit, woraus sich Kombinationsmöglichkeiten von Sekunden, Terzen, Quarten und Sexten ergeben:

(1) Aztekische Rhythmen (nach B. de Sahagún, Historia de las Cosas de Nueva España, Mexiko 1938)

(2) Der Coyote (Yaqui)

(3) Der Knabe schläft (Seri)

Oe shi mu-me-te o-e shi mu-me-te o-e ku-ke pe-ta

ma-sho oe shi mu-me-te

(4) Blume auf schlankem Rohr

Jai sa-ma-chi-cai bo-to-bo-li ce-hua ni-min-se-ye-huai-lo

ju-ya-ta-na sú-cu-ni tá-shi-shi ve-la ce-ce-hua___

ce-ce-hua ni-le ma-chi-cay bo-to-bo-li ce-hua ai sa ma-chi-cai

ay bo-to-bo-li ce-hua ni-min se-ye-huai-lo.

(5) Lied von den Vögeln. Wohl aus einer Tierpantomime.

Chu-chu-ri ji-mi-na-ma chu-chu-ri ji-mi-na-ma chu ca-

quí cu-ba-ta na-ma ji-mi-na-ma. Mu-mú ñu-ñú ca-quí cu-ba-ta

na-ma ji-mi-na-ma. Chu pa-de yu-ju chu pa-de yu-ju

chu ca-quí cu-ba-ta na-ma ji-mi-na-ma. Já.

(6) Lied an Chac, den Gott des Regens. Wahrscheinlich sehr alt; teilweise zweistimmig.

O-ro-ra-re o-ro-he ha-ho

O-ro-ha-ra ha-o ho-re-ra he-a ha-ho ho-
Ho-ra-re ho-ra ho-ra o-ro-ra-re ho-ra a-

-ra-ra ho-re hu-ra ha-o ho-a ho-a ho-he
-ho e-ro o-ho-ra ha-ho e-ro-o-o-o-o

424

O - ro - ra - re o - ro - ra ho - re - a - ha o - ro - ra - re

o - ro - ra - re o - ro - a - ha o - ha o - ro re - o

A - ho____ He ha - he o - ro - re - ra o - re ra - re

Fin

ro - he O - ro - re - ra ho - re - ra o - re - ra - re ra - ro.

M - ha A - ho____ hi - ho - ha - ro - re - o e - ro-

- ra - re ra - re ra - re o - ro - re ho - ho e - ro - ra o - ra

ha - re e - ro - o - a ha - a ha - re - o o - re - o - ro Ha a - ho

o - ro - re - e ro - e ro - ho e - ro - e o - e - ro - o - o

) Wiegenlied (Otomi). Freirhythmisch und aperiodisch.

Ya - ga tze - je syo yan - ta ran' to____ re - van - tzí hua - ni deh - ñia - já

ga - ma ja - ra n'go por - que vi - dé____ co - ra - zó.

) Lied der Mayas (nach G. Baqueiro Foster, El secreto armónico y modal de un antiguo aire maya, in Re-
sta Musical Mexicana Nr. 1, Mexiko 1942). Aus einem kultischen Sonnenspiel. Dazu Instrumentalbeglei-
ng in komplizierter Polyrhythmik.

Co - nex co - nex pa - le - xen xí - cu - bin xí - cu - bin yo - kol kin

Co - nex co - nex pa - le - xen xí - cu - bin xí - cu - bin yo - kol kin____

425

Mendoza hat aufgrund von Sahagún folgende Resultate aufge zeichnet. Es kommen insgesamt vier verschiedene Silben vor zwei Vokale (i und o) sowie zwei Konsonanten (t-c oder die gleichlautenden t-qu). Die Kombinationen mit i, »ti« und »qui« (gesprochen ki), sind naturgemäß mit höheren Klängen verbunden als jene mit o, »to« und »co«. Längere Werte werden stets auf die Silben mit o gesungen. Mit diesen Grundelementen kommt es zu zahlreichen Kombinationen, die dem Wunsch des Indios entspre chen, keine Formel genau zu wiederholen, sondern diese stets abzuwandeln, zu Ehren der Götter, in deren Kult die Gesänge gebraucht werden. Mendoza und andere Forscher haben Samm lungen indianischer Gesänge angelegt, die nicht nur als »rein« gelten können, sondern aus denen möglicherweise gültige Rück schlüsse auf die Musik der mexikanischen Hochebene vor dem Einfall der Europäer gezogen werden können.

III. Die Kolonialzeit

Nach dem Eindringen der Weißen und der gewaltsamen Ver pflanzung afrikanischer Sklaven wurde das bunte Bild völlig unübersehbar. Während weite Gegenden nahezu unberührt ihr früheres Leben weiterführten, d.h. auch ihre Bräuche, Tänze und Lieder mit nicht allzugroßen Varianten bis nahe an die Gegenwart fortsetzen konnten, kam es an anderen Stellen zu umwälzenden Veränderungen. Wo die Spanier Stützpunkte errichteten, bemüh ten sich sowohl die Konquistadoren wie die Priester, alles Heidnische auszurotten. Die Musik, Teil des Kults, mußte als wichtiges Bindeglied der indianischen Gemeinschaft vernichtet werden. In diese Teile Mittelamerikas strömte die Musik Europas ein. In den Kirchen, in den Salons und Palästen, und von dort aus in das Volk sickernd, wurde Spaniens Musik mit allen ihren verschiedenen Elementen die Musik Mexikos, Guatemalas, Kubas und aller anderen Punkte, die in direktem Kontakt mit Spanien standen.

Die afrikanischen Sklaven, die ihrerseits wiederum von den verschiedensten Stämmen des »dunklen« Erdteils genommen wurden, brachten ihre Musik mit, die sich als genauso lebensfähig ja ausbreitungskräftig erwies wie ihre Träger selbst. Bald beherrschten afrikanische Tänze, Gesänge und Instrumente jene Landstriche, in denen es Sklaven gab, vor allem die tropisch heißen Küstenstriche.

KURT PAHLEN
Südamerika

I. Die indianische Epoche. – II. Die Kolonialzeit. – *a. Argentinien. – b. Bolivien. – c. Brasilien. – d. Chile. – e. Ekuador. – f. Kolumbien. – g. Paraguay. – h. Peru. – i. Uruguay. – k. Venezuela*

I. Die indianische Epoche

Was aus Südamerikas Vergangenheit bekannt ist, kann nur zum geringsten Teil auf vorkolumbianische Zeiten zurückgeführt werden. Selbst über die Musik des relativ gründlich erforschten Inkareiches läßt sich nur wenig Unangefochtenes aussagen. Meist wird behauptet, sie sei pentatonisch gewesen, von jener Fünftönigkeit, die noch heute ein wichtiges Merkmal der indianischen Musik weiter Landstriche ist. Vor den Inkas hat Südamerika eine Reihe anderer Kulturen beherbergt; einige Forscher haben (schwer zu begründende) Theorien aufgestellt, nach denen die den Inkas vorausgehenden Völker kompliziertere Musiksysteme gekannt hätten. In diesem Falle hätte die Eroberrerasse eine Vereinfachung durchgeführt (die aufgrund analoger Beispiele in der Geschichte denkbar wäre). Vielleicht erschien dieser Kriegerkaste die vorhergehende Musik als zu »weich« (durch chromatische Einflüsse ?), oder sie stand ihr mit dem gleichen Mißtrauen gegenüber wie später die Spanier der Inkamusik: es war Musik der unterworfenen Völker, die jedes moralischen Stützpunktes beraubt werden mußten. Auf dem Sonnentor von Tiahuanacu (Tiahuanaco, Tihuanaco), das in einsamer Umwelt nahe dem Titicacasee als einer der letzten Reste einer einst wohl großartigen Stadt aufrechtsteht, ist u. a. ein Indianer abgebildet, der Trompete bläst. Die übrigen Zeichen sind durchweg religiösen und astronomischen Inhalts, so daß hieraus vielleicht auf eine bedeutende Stellung der Musik in jener untergegangenen Kultur geschlossen werden kann. Was hier und da als »inkaische« Melodie auftaucht, ist nur mit Vorsicht als solche anzusprechen. Immerhin besteht die Möglichkeit, daß manche der heute im bolivianisch-peruanischen Hochland gesungenen Lieder aus vorkolumbianischer Zeit stammen könnten. Jedenfalls kann für jenen Zeitraum als sicher angesehen werden, daß das musikalische Niveau bei verschiedenen Völkern und Stämmen und in verschiedenen Epochen äußerst vielschichtig gewesen ist.

II. Die Kolonialzeit

Mit der Entdeckung Amerikas und dem Eindringen der Konquistadoren begann für den ganzen Erdteil eine völlig neue Epoche, die in gerader Linie in die Neuzeit mündet.

a. Argentinien

Die ältesten Städte des Landes, Buenos Aires (1536), Santiago del Estero (1553), Mendoza (1561), Tucumán (1565), Santa Fé (1573), Córdoba (1573), La Rioja (1591), wurden durch die Franziskaner- und Dominikanerpatres zu ersten *kirchenmusikalischen Mittelpunkten* einer jungen Kultur. 1585 soll es in Santiago del Estero schon eine Orgel gegeben haben; die Statuten des Bistums Buenos Aires weisen 1622 die Organisation einer ständigen Kirchenmusik mit Organisten, Sängern und Schola auf. Der später heilig gesprochene Franziskus Solano (1549–1610), der ab 1595 in Tucumán und La Rioja bis hinauf in den Chaco, besonders im Stromgebiet des Paraná und des Paraguay, tätig war, machte die Musik zur Grundlage seiner erfolgreichen Bekehrungsarbeit. Großartige Leistungen vollbrachten die Jesuiten in den sogenannten »Indio-Reduktionen« oder »Missionen«. Hier entstanden zu einer Zeit, als die Musikpflege in den Städten noch ärmlich genannt werden muß, mitten im Urwald wahre Kulturzentren, von denen allerdings (aus politischen Gründen) wenig Nachricht in die Welt drang. Seit 1691 besaß Yapeyú eine Musikschule hohen Ranges, die Missionen unter den Lules, Mocobí und Chiquitos waren bedeutend, die Musikliebe der Guaranis (am Oberlauf des Paraná) wahrhaft vorbildlich. Zu den Lehrmeistern gehörten Jean Vaisseau (1583–1623), Louis Berger (1588–1639), der Tiroler Anton Sepp von Seppenburg zu Reinegg (1655–1733), der deutsche Kirchenmusik und bezifferten Baß einführte, Instrumente baute und komponierte, Florian Baucke (1719–1780 ?), Martin Dobrizhoffer, Martin Schmid, Johann Mesner, Julianus Knogler, Juan Fecha. Jede Jesuitenmission besaß ein regelrechtes Orchester, reichhaltige Instrumentensammlungen, Musikarchive, ja sogar Kostüme und Kulissen, um allegorische Opern und Ballette aufführen zu können. In den Musikschulen waren neben den Jesuiten auch Indios als Lehrer tätig. Die Musiker, Sänger und Tänzer aus den Indianerreduktionen unternahmen des öfteren Kunstreisen nach Córdoba, Santa Fé und Buenos Aires. Hier wirkten sie 1747 bei den Festlichkeiten mit, mit denen der Gouverneur die Krönung Ferdinands VI. von Spanien beging. Florian Baucke reiste mit den Mocobí-Indianern nach Buenos Aires, wo der dortige Adel ihm anbot, eine Musikschule für ihn zu gründen; er lehnte aber ab. Die Jesuitenklöster entsandten ihre begabten Negersklaven in diese

Missionen, um sie musikalisch ausbilden zu lassen. Daher ist es nicht verwunderlich, daß selbst nach der tragischen Zerstörung der Reduktionen und Austreibung der Jesuiten (1756) viele Berufsmusiker in den Städten Indios oder Neger waren. So gab es gegen Ende des 18. Jahrhunderts einen Mulatten namens Mateo als Organisten in Córdoba und einen Indio namens Ignacio Azurica in gleicher Eigenschaft in Buenos Aires. Besonders erwähnenswert ist der Indianer Cristóbal Pirioby (1764–1794), der aus seiner heimatlichen Reduktion nach Buenos Aires kam, den Namen José Antonio Ortiz annahm und Musiklehrer der höchsten Kreise wurde, wobei er sich mit den Werken Joseph Haydns, Luigi Boccherinis, Muzio Clementis usw. völlig vertraut zeigte. In Córdoba hatten die Jesuiten 1622 eine Universität gegründet. In dieser Stadt, dem wahren geistigen Mittelpunkt des damaligen Argentinien, lebte Domenico Zipoli, berühmter römischer Orgelmeister, der 1716 seine Vaterstadt verließ und ein Jahr später als Organist in Córdoba nachzuweisen ist. Seine Kompositionen, deren Bedeutung durch neuere Forschungen bestätigt wurde, bildeten noch jahrzehntelang die Grundlage des Repertoires in Kirchen und Musikschulen der Städte und Missionen. In vielen Städten gab es vom Ende des 16. Jahrhunderts an *musikalische und dramatische Darbietungen*, hauptsächlich von »Jesuitendramen« und bukolischen Allegorien. Im 18. Jahrhundert wurden Serenaden und Maskenbälle Mode. Der Vizekönig Vertiz gründete in Buenos Aires 1783 das erste ständige Theater, in dem u. a. spanische Tonadillas gesungen wurden. 1803 wurde ein weiteres Theater, das Coliseo provisional, gebaut. So wuchs eine Generation von Berufsmusikern und -sängern heran, die sowohl in Kirchen wie in Theatern tätig waren. Zu nennen sind der Organist Francisco Vandemer, die Chorleiter Antonio Belis, Bernabé San Ginés, Ignacio de San Martin, Antonio Aranaz, Francisco Faa. Louis Joben baute 1791 die Orgeln der Franziskanerkirche in Buenos Aires und der Kathedrale von Córdoba. In der bedeutenden Kantorei des bischöflichen Seminars von Buenos Aires unterrichtete u. a. Juan Bautista Goiburu (1759–1813), dessen Schüler José Antonio Picazarri ab 1807 Kapellmeister der Kathedrale und die bekannteste Musikerpersönlichkeit des zur Hauptstadt eines neuen Landes werdenden Buenos Aires wurde.

b. Bolivien

In einer spanischen Chronik des 16. Jahrhunderts werden indianische Tänze aufgezählt (»auki-auki«, »khaluyo«, »pala-pala«), die heute noch lebendig sind. Nach Teofilo Vargas, einem der besten Kenner der Musik seines Landes, haben die Eingeborenen und die Spanier sich gegenseitig beeinflußt. Die Eingeborenen haben die Melodien der Spanier gehört, und die Spanier wiederum, von der Seltsamkeit der indianischen Gesänge angezogen, haben diese verarbeitet und sogar in Kirchengesänge eingefügt, wobei sie sich manchmal indianischer Tonarten bedienten. Boliviens eigentliche Musikgeschichte beginnt erst im 19. Jahrhundert, obwohl angenommen werden muß, daß die Stadt Potosi z. Z. ihrer kolonialen Hochblüte über beträchtliche Musikausübung verfügt haben muß.

c. Brasilien

Jean de Léry erwähnt, er habe viel Musik und sogar gewisse Formen von Musiktheater unter den Eingeborenen angetroffen (Histoire d'un voyage faict en la terre du Brésil, Genf 1578). Die bald einsetzende *Rassenmischung*, die weitestgehende des Kontinents, hat eine Fülle von Formen der Kunst- wie volkstümlichen Musik hervorgebracht. Mario de Andrade schreibt (Ensaio sobre musica brasileira, São Paulo 1942), die brasilianische Musik sei zum kleineren Teil indianisch, zu einem wesentlich stärkeren afrikanisch, aber in erdrückender Proportion portugiesisch, außerdem gebe es einen spanischen Einfluß, besonders hispano-amerikanischer Art. Die erste Musikausübung im modernen Sinne fand sich in den Missionen; sie lagen im Südwesten des Landes und nahmen unter Karl III. (von Spanien) ein tragisches Ende. Längs der Küste stand das Musikleben während des 16. und 17. Jahrhunderts ganz im Zeichen der *Kirche*. Die »autos sacramentales« (Mysterienspiele) gaben die Möglichkeit zur Einführung volkstümlicher Melodien. Die reichen Grundherren hielten mit Vorliebe private Negerchöre und -orchester, die bei Festen und beim Gottesdienst Verwendung fanden. Diese Sklavenensembles breiteten sich über das Land aus und spielten zu den Glanzzeiten von Minas Gerais (1780, während zur Epoche der Goldfunde die Hochblüte aller Künste trat) eine hervorragende Rolle. Um 1750 wurden in Recife und Bahia Orgeln und andere Instrumente gebaut, die bis dahin aus Portugal eingeführt wurden. 1760 wurde in Olinda die Bruderschaft der Hl. Cäcilie gegründet und vom Papst mit dem Privileg des Musikunterrichts ausgestattet. 1766 entstand der Chor des Domes von São Paulo, zu dessen wichtigsten Leitern der portugiesische Komponist André da Silva Gomes (1752–1844) gehörte. In den größeren Städten wurden schon gegen Ende des 18. Jahrhunderts »Casas de Opera« errichtet, deren Name allerdings nicht wörtlich genommen werden darf. Es handelte sich um Vorstellungen von *Komödien* und *Dramen* mit Musikeinlagen. Immerhin scheint es schon damals (und dem übrigen Amerika voraus) wirkliche Opernvorstellungen gegeben zu haben, besonders solche von Lustspielopern. Die Mode kam aus Portugal. Einer der populärsten Komponisten portugiesischer Opern war übrigens in Brasilien geboren: Antonio José da Silva (1705–1739), genannt »o judeo« (der Jude), der sich nach dem großen Erfolg vieler Werke, in denen z.T. die politischen Zustände gegeißelt wurden, mißliebig machte und von der Inquisition verbrannt wurde. Als Kuriosum sei erwähnt, daß 1790 in der weit im Inneren gelegenen Stadt Cuiaba (Matto Grosso) Nicola Porporas Oper ›Ezio‹ aufgeführt wurde. Die Rollen wurden durchweg von Männern dargestellt. Die wichtigste Blütezeit der Kolonialmusik erlebte Minas Gerais, deren Erforschung vor allem Francisco Curt Lange zu danken ist. In Vila Rica (dem heutigen Ouro Preto) sowie in benachbarten Städten kam es zu einer unglaublich regen Musiktätigkeit sowohl auf geistlichem wie weltlichem Gebiet. Hier tauchten in der 2.Hälfte des 18.Jahrhunderts Komponisten auf, zumeist Mulatten, die wertvolle Werke schufen: José Joaquim Emerico Lobo de Mesquita, Marcos Coelho Netto, Francisco Gomes da Rocha, Ignacio Parreiras Neves, Jeronimo de Souzo Lobo. Lange weist mehr als hundert Komponisten und mehr als tausend Berufsmusiker nach. Die Kompositionen waren überwiegend für vierstimmiges gemischtes Vokalquartett mit Streichern und Cembalo oder Orgel geschrieben; die Partituren verlangten gelegentlich auch Holz- und Blechbläser. In Vila Rica wurden Orgeln und Cembali guter Qualität hergestellt; in den Archiven fanden sich neben Werken einheimischer Musiker Stücke von Haydn, Boccherini, Ignaz Joseph Pleyel, Georg Christoph Wagenseil u.a. In Rio wirkte die wohl genialste Musikergestalt aus Brasiliens Kolonialzeit, der Mulatte José Mauricio Nunes Garcia (1767–1830), der vor allem Kirchenmusik schrieb, 1798–1808 Kapellmeister an der Kathedrale war, von König João VI. zum Inspektor der Hofkapelle ernannt und 1816 pensioniert wurde.

d. Chile

Ethnographisch wie musikalisch läßt Chile sich in zwei deutlich getrennte Gebiete teilen. Nördlich des 33.Breitengrades fand eine weitgehende Rassenmischung sowie die Annahme des Christentums und der europäischen Musik statt. Südlich aber wehrten sich die Araukaner fast bis zum heutigen Tage gegen jede Unterwerfung. Sie erhielten, wenn auch in bescheidenstem Maße, ihre Sprache, ihre Sitten und ihre Kunst. Die wichtigsten Instrumente sind hier seit Jahrhunderten die »trutruca« und das »kulltrum«, erstere ein Blasinstrument von fast anderthalb Metern Länge, aus fellumwickeltem Bambusrohr, letzteres eine Trommel, die mit kleinen Steinen und Körnern gefüllt ist. Die feuerländischen Indios sind ausgestorben, aber Martin Gusinde hat noch einige phonographische Aufnahmen ihrer Musik machen können, die Erich Moritz von Hornbostel wissenschaftlich untersucht hat. Er fand hier, ein Unikum in ganz Amerika,

Beispiele für das Parallel-Organum. Im Norden des Landes hat die indianische Pentatonik sich mit dem europäischen Dur-Moll-System gemischt. Hier herrscht die »kena« (oder »quena«), die Hirtenflöte der Hochanden, vor, die zwischen vier und sechs Grifflöcher besitzt. Der erste in Chile geborene Komponist dürfte Manuel Robles (1780–1837) gewesen sein, der die ursprüngliche Nationalhymne schrieb. Außerordentlich populär wurde das patriotische Lied ›La marcha de Yungay‹ (zur Erinnerung an eine Schlacht der Befreiungskriege), dessen Autor José Zapiola (1802–1855) später Direktor des 1851 gegründeten National-konservatoriums und Kapellmeister an der Kathedrale von Santiago wurde.

e. Ekuador
Quito, auf 2600 Metern Seehöhe gelegen, gehört architektonisch zu den Perlen Südamerikas. Seine zahlreichen Kirchen dürften in der Kolonialzeit Pflegestätten wertvoller, vielleicht sogar im Lande geschriebener religiöser Musik gewesen sein, doch stehen genauere Untersuchungen noch aus. Die Volksmusik aus jenen Jahrhunderten zeigt starken hispanischen Einschlag. Die meistgebrauchten Volksinstrumente sind Gitarre und Harfe, wobei unter letzterer ein ziemlich primitives, der paraguayischen »arpa india« verwandtes Instrument ohne Pedal zu verstehen ist. Beide sind erst von den Spaniern ins Land gebracht worden. Älteren Ursprungs könnte der »rondador« sein, eine sehr große Panflöte, zumeist aus dicken Bambusstäben verfertigt. Kunstmusik entwikkelte sich erst spät. Die erste Orgel wird zwar schon 1730 in der Kathedrale von Cuenca erwähnt, aber das Musikleben war höchst bescheiden und beschränkte sich auf das Spiel von Klavier, Gitarre und Harfe.

f. Kolumbien
Die frühesten Daten sind spärlich und vage. Ein Jesuitenpater José Dadey (1574–1660) soll große Verdienste um die Kirchenmusik gehabt haben. In Bogotá entstand 1783 ein Theater, in dem auch Stücke mit Musik gegeben wurden. Zu Beginn des 19. Jahrhunderts sollen die ersten nichtreligiösen Werke komponiert worden sein, von denen zwei patriotische Lieder erhalten sind (›La Vencedora‹ und ›La Liberadora‹, letzteres dem Befreier Simon Bolivar gewidmet).

g. Paraguay
Auf heutigem paraguayischen Boden standen einige der bedeutendsten Missionen, wahre Wunderreiche im Urwald, in denen auch die Musik blühte. Wieviele der Tänze, Melodien und Instrumente, die noch heute gepflegt werden, vorkolumbiani-

schen Ursprungs sind, ist nicht mehr festzustellen. Die baldige und restlose Vermischung zwischen spanischem und indianischem Element schuf Zwischenformen, bei denen der rassische Anteil kaum zu bestimmen ist. Tatsache ist, daß die hier lebenden Indianer, die Guaranis, zu den musikalisch begabtesten des Erdteils gehören. Sie kennen eine Reihe von Blasinstrumenten, zumeist generell »memby« genannt, wobei die Spezies dann »memby-apará«, »memby-chué« usw. heißen. Eine primitive Kriegstrompete heißt »inubia«, eine Trommelart »trocano«, andere (die Guaranimusik ist wie die aller Indios reich an Schlaginstrumenten) »matapú«, »curugú« usw. Die frühesten Musiker sind der Jesuitenmissionar Louis Berger und D. Zipoli.

h. Peru

Der Erzbischof von Lima ordnete 1614 an, daß alle in Indiohänden befindlichen Musikinstrumente zu verbrennen seien. Auf Widerstände standen schwere Strafen. Ein Jesuitenpater erzählt voll Stolz, wie er selbst 603 große und 3418 kleine Musikinstrumente zerstört, zudem 679 Indios gegeißelt habe, die ihre Instrumente nicht abliefern wollten. Da Peru das Herzstück des spanischen Kolonialreichs in Südamerika war, ist seine kulturelle Entwicklung besonders gut bekannt. Das Musikleben Limas war von 1550 bis 1820 ein recht getreues, wenn auch proportionell verkleinertes Abbild von jenem Madrids. Die *Kirchenmusik* muß hochentwickelt gewesen sein; hier entstanden auch früher als anderswo (mit Ausnahme der Jesuitenmission am Paraná) Orchester und Chöre. Aus dem Jahre 1551 wird ein Organist in der Kathedrale von Cuzco erwähnt, der ein Chorwerk im pentatonischen System (inkaisch?) komponierte und mit einem indianischen Text singen ließ. Am Hofe der Vizekönige gab es viel Musik; viele waren Musikliebhaber, einige sogar Amateurmusiker. Langsam entstanden die *Salons*, in denen Hausmusik gepflegt wurde, zuerst die der Aristokratie, später die der reichen Bürger. Das meiste wurde aus dem Mutterlande importiert, einiges aber auch in der Kolonie komponiert. Dazu kamen bald die *Theater*, in denen vor allem spanische Tonadillas gegeben wurden. Außer Gavotte und Menuett wurden bald auch einheimische Tänze gepflegt; ein Franzose namens A. F. Frézier erzählt von einem »zapateado«, einem Steptanz, für den es im Mutterland anscheinend noch kein Vorbild gab.

Uruguay

In dem »weißesten« Land Südamerikas (keine Indios und kaum ½ % Neger) findet sich die am meisten europäisierende Musik; die Folklore ist hier am deutlichsten von Europa (Spanien vor allem) beeinflußt, aber auch am wenigsten interessant. In Montevideo wird noch wie zu Kolonialzeiten der afrikanische Tanz »candombe« getanzt (unter Führung der Neger), aber von seiner religiös-symbolischen Bedeutung ist nichts übriggeblieben. Auf dem Lande finden sich die Lieder »vidala«, »cifra« und »estilo«, Überbleibsel der Gauchomusik und den Liedformen der angrenzenden argentinischen Provinzen durchaus ähnlich, sowie der Nationaltanz »pericón«, der ein deutlicher Nachkomme europäischer Hof- und Salontänze des 17. und 18. Jahrhunderts ist. Die Städte entstammen durchweg der jüngeren Kolonialzeit. Die Quellen, die ihre Musikkultur speisten, waren die Kirche, der Salon und das Theater. Eine der frühesten Musikergestalten war der Priester Manuel Ubeda (1760–1823), Autor einer ›Misa par el día de difuntos‹ (1802). In den Salons tanzte man zur Begleitung von Gitarre, Harfe und Klavier die europäischen Modetänze der Epoche: Kontretanz, Menuett, Gavotte, Passepied usw. Um 1820, während der Unabhängigkeitskämpfe, wurde hier durch Einschub eines rascheren Intermezzos im Dreiachteltakt eine nationale Abart des Menuetts geschaffen, in der der Mann »zapateado« (gestept) tanzt und die Mädchen Kastagnetten handhaben; er erhielt als Anspielung auf die Freiheitskämpfer den Namen »minué montonero«. Das erste Theater entstand 1793, zur Aufführung gelangten kleine Singspiele und Komödien mit eingelegten Liedern und Tänzen nach spanischem Muster (Tonadillas).

k. Venezuela

Auch hier sind die Melodien, Rhythmen und musikalischen Auffassungen dreier Rassen während der Kolonialzeit zusammengeflossen. Der indianische Anteil ist der geringste und unbedeutendste. Die Folklore weist starke spanische Züge auf. Der »tono llanero« (ein Tanzlied aus den Llanos, den großen Savannen, den Pampas Argentiniens ähnlich) kann in Dur oder Moll stehen, hat viertaktige Perioden und zeichnet sich dadurch aus, daß die ungeraden Takte (1, 3, 5, 7 usw.) Sechsachtel-, die geraden aber Dreivierteltakt aufweisen. Der verbreitetste Tanz ist der »joropo« mit raschen Zeitmaßen und im Sechsachteltakt. Auch der »merengue« kommt vor, der seine Heimat im Antillenmeer hat, von wo überhaupt wichtige musikalische Einflüsse kommen, vor allem der »schwarze« Einfluß in Venezuelas Musik. 1698 wurde ein Musiklehrer am Priesterseminar angestellt, 1711 eine Orgel in der Kathedrale gebaut, 1725 wurden Musikkurse unter Leitung von Francisco Pérez Camacho an der Universität von Caracas eingeführt. In der zweiten Hälfte des 18. Jahrhunderts machten sich mehrere deutsche und österreichische Musiker hier seßhaft. Der Priester Pedro Palacios y Sojo gilt als Patriarch der venezolanischen Musik; er reiste nach Madrid und Rom und gründete nach seiner Rückkehr (1770) eine wichtige musikalische Vereinigung. José Antonio Calcaño schreibt ihm solche Bedeutung zu, daß er die zweite Hälfte des 18. Jahrhunderts (Sojo starb 1799) als »die Epoche des Paters Sojo« bezeichnet. In das Jahr 1796 soll die Einführung des ersten Klaviers fallen. Kurz nach der Jahrhundertwende entstanden die ersten Orchester. Bei einem frühen Operngastspiel französischer Sänger (1808?) wurde das Orchester in Caracas zur Verfügung gestellt. Zum ersten Jahrestag der Revolution (1811) scheint eine Art Monsterkonzert von angeblich 150 Musikern stattgefunden zu haben. Zu den wichtigsten Musikern der Kolonialzeit gehören ferner: Francisco de Miranda (1750–1816), eine der bedeutendsten politischen Gestalten des Erdteils, der ein guter Flötist war, in Wien Haydn besuchte und zu den wichtigsten Opernnovitäten seiner Zeit reiste. Juan José Landaeta und José Luis Landaeta, Onkel und Neffe (?), waren als Komponisten und ausübende Musiker Stützen des Musiklebens. Juan José (1780–1813) schuf eine später zur Nationalhymne erklärte Melodie, wurde aber als Revolutionär hingerichtet. Der beste Komponist dieser Gruppe scheint José Angel Lamas (1775–1814) gewesen zu sein, von dem etwa vierzig geistliche Werke erhalten sind. Ferner seien Lino Gallardo und Cayetano Carreño genannt (dieser der Großvater der weltberühmten Pianistin Teresa Carreño) sowie Juan Meserón, Pedro Nolasco Colón, José Francisco Velasquez und José Antonio Caro de Boesi.

BRUNO NETTL
Lateinamerikanische Musik

I. Allgemeines. – II. Indianermusik. – III. Europäische Volksmusik in
Lateinamerika. – IV. Negermusik

I. Allgemeines

Die lateinamerikanische Musik ist ein äußerst vielfältiges und
bisher noch größtenteils unerforschtes Gebiet. Zu der Musik der
verschiedenen Bevölkerungsgruppen (Indianer, Spanier, Portugiesen, Franzosen und Engländer in den Antillen, die für einen
großen Teil des Gebiets ausschlaggebenden und eine Mehrheit
konstituierenden Neger und schließlich die im letzten Jahrhundert eingewanderten Deutschen, Italiener, Slawen und Inder)
kommt eine Reihe von Kultur- und Musikstilkombinationen, die
den eigentlichen Beitrag Lateinamerikas zur Volksmusik der Welt
ausmachen. Was Rasse und Kultur betrifft, ist die Bevölkerung in
einem größeren Grade gemischt als in Nordamerika, da sich hier
keine wesentlichen Grenzen zwischen Indianern und Weißen und
nur geringe zwischen Weißen und Negern entwickelten. Die
Staaten mit großer und dichter Bevölkerung (Brasilien, Argentinien, Mexiko) haben weniger indianische Kultur und Musik in
ihre Volksmusik aufgenommen als diejenigen Länder (Bolivien,
Peru, Mittelamerika usw.), deren Bevölkerung hauptsächlich aus
Indianern besteht. Auch der afrikanische Einschlag ist unterschiedlich; er erstreckt sich von den fast ausschließlich von
Negern bewohnten Inseln Haiti und Jamaica über Surinam und
Guayana, wo es große, von den Weißen getrennte Negergemeinden gibt, bis nach Brasilien und Argentinien, wo nur kleinere,
aber musikalisch nicht minder produktive Negersiedlungen vorhanden sind.

Die lateinamerikanische Musik wurde bisher nur wenig nach
den Methoden der Musikethnologie untersucht. Versuche, von
den einzelnen Ländern als Musikgebieten auszugehen, haben sich
als nicht gangbar erwiesen. Es gibt wohl eine ganze Reihe
zuverlässiger Sammlungen und ernster Arbeiten von lateinamerikanischen sowie von europäischen und nordamerikanischen Forschern, welche aber über das Gebiet ungleichmäßig verteilt sind.
Die unvermischte Indianermusik ist nur stellenweise vertreten;
bekannt ist sie von einigen Stämmen in Mexiko, im Innern
Brasiliens, in Peru, Südargentinien und Südchile. Die Eigenschaften der mit europäischer Musik kombinierten Indianerstile sind
noch nicht ausgiebig festgelegt worden. Die Volksmusik spani-

scher und portugiesischer Herkunft dagegen ist viel gesammelt worden, die Sammlungen aber wurden nur selten wissenschaftlich ausgewertet. Am besten bekannt ist die Musik Argentiniens, Brasiliens und Mexikos. Der im allgemeinen bekannteste Zweig der lateinamerikanischen Musik ist der der Neger, da er die Vorstufen des Jazz und einiger moderner Tänze bildet und für den Völkerkundler besonders gute Akkulturationsbeobachtungen ermöglicht. Am ausgiebigsten behandelt wurden Haiti, Surinam und der brasilianische Bundesstaat Bahia. Schließlich gehört auch zur lateinamerikanischen Musik die der spanisch-sprechenden Siedlungen im Süden und Südwesten der Vereinigten Staaten, wo sich folkloristische Erscheinungen aus dem Entdeckungszeitalter gut erhalten haben.

II. Indianermusik

Obwohl eine kleine Anzahl der Indianerstämme einen vermutlich vorkolumbianischen Musikstil behalten hat, hat sich die Mehrzahl der Indianerstile wenigstens teilweise und oft grundsätzlich hispanisiert. Dies bedeutet oft eine Stilmischung, kann sich aber auch auf Verarmung der Musik und des Musiklebens beziehen. Aber durch den ständigen Kontakt zwischen Indianern und Weißen ist der ursprüngliche Indianerstil der meisten Stämme verlorengegangen und kann heute nur noch durch ganz einfach lebende Stämme erforscht werden. Daß die indianischen Hochkulturen (Inka, Maya, Azteken) die bei ihnen eingeführte europäische Musik beeinflußt haben, ist möglich; jedoch beschränkt sich dieser Einfluß auf einige wenige Musikelemente wie z.B. Skalen, Mehrstimmigkeit, die Auswahl der Instrumente usw. Man kann daher über die gesamte Indianermusik Lateinamerikas kaum allgemeine Schlüsse ziehen und muß sich auf einzelne Beispiele beschränken.

Wenn auch einiges über die *vorkolumbianische Indianermusik* aus zeitgenössischen Stilarten entnommen werden kann, ist die Musikwissenschaft für konkrete Auskunft darüber von archäologisch entdeckten Instrumenten, Bildhauereien und anderen Kunstwerken, die sich mit Musik befassen, und einigen Berichten der ersten Reisenden und Missionare (Juan de Torquemada, Gonzalo Fernández de Oviedo) abhängig. Am besten erforscht sind jedoch die Hochkulturen Mittel- und Südamerikas, deren vermutlich hochentwickelte Musikstile kurz nach der spanischen Eroberung in Vernachlässigung gerieten und deren Pflege von Missionaren systematisch eingeschränkt wurde. Schließlich kann Vorgeschichtliches auch aus der geographischen Verbreitung der verschiedenen Stilarten in Amerika und in der ganzen Welt entnommen werden. So lassen z. B. das Vorhandensein von Panpfeifen in Südamerika sowie gewisse Eigenschaften der Vokalmusik auf eine (obwohl umstrittene) Verwandtschaft mit Ozeanien schließen. Die Verbreitung der einfachsten Stilarten in verschiedenen Teilen Nord- und Südamerikas deutet auf das hohe Alter von zwei- und dreistufigen Melodien mit Litaneiform; die Anwesenheit terrassenartiger Melodien in beiden Kontinenten läßt einen vorgeschichtlichen Kontakt zwischen den beiden Gebieten vermuten.

Daß die *mexikanischen Hochkulturen* eine mehrstimmige Musik pflegten, geht aus folgendem hervor. Die Codices der *Maya* zeigen Gruppen von Melodieinstrumenten, die gleichzeitig gespielt wurden und deren Produkt wenigstens eine Art von Heterophonie gewesen sein muß. Die Verbreitung einfacher Mehrstimmigkeit bei den Stämmen im Süden der Vereinigten Staaten (z. B. Kanon, Bordun, Heterophonie), deren Kulturen sonst stark von Mexiko her beeinflußt wurden, weist wahrscheinlich auf eine höhere Entwicklung dieser Formen bei den Azteken und Mayas hin. Diese Vermutungen werden auch durch die Entwicklung einer großen Anzahl von Instrumenten unterstützt. Was die Instrumente Altmexikos selbst anbetrifft, so sind Aerophone und Idiophone überwiegend. Unter den Idiophonen sind bemerkenswert die »teponaztli«, eine Schlitztrommel aus Holz, deren zwei Töne im Abstand einer großen Sekunde oder kleinen Terz gestimmt waren, sowie Schildkrötenrasseln und Schrapidiophone, in Tierform geschnitzt. Keramische Pfeifen, oft in Vogelform, und Musikbogen sind ebenfalls charakteristisch. Nach Theodore Baker soll harmonisch begleiteter Gesang bekannt gewesen sein, und die Frauen sollen hier, im Gegensatz zu den einfacheren Stämmen, eine den Männern gleichwertige Rolle gespielt haben. Ob die Mayas über eine Notenschrift verfügten, wie aus manchen Codices hervorzugehen scheint, ist bisher unbekannt.

Im Gebiet der *Inka* und ihrer Vorgänger ist viel an Instrumenten ausgegraben worden. Am wichtigsten sind vermutlich die Panpfeifen und die verschiedenen Arten von Flöten und Einzelpfeifen sowie auch Trommeln, Rasseln, einfache Muscheltrompeten und vielleicht auch der Musikbogen. Diese Instrumente waren auch nach der Entdeckung Amerikas bei einigen Stämmen in Nordwest-Südamerika bekannt. Panpfeifen aus Rohr und Ton hatten eine besonders hohe Entwicklung, wurden offen und gedackt gebaut und in Reihen von drei bis neun und mehr gebunden. Eine Sondererscheinung sind die Riesenpanpfeifen Perus, deren Länge bis etwa zwei Meter betrug und die von drei Jungen getragen werden mußten. Die Stimmung der Panpfeifen war unterschiedlich, und die Methode des Stimmens wurde der Gegenstand einer grundlegenden Auseinandersetzung mehrerer Musikethnologen (Erich Moritz von Hornbostel, Marius Schneider, Manfred Bukofzer, Georg Schünemann). Die folgende Skala (nach W. C. Mead) ist einer offenen Panpfeife entnommen:

(1)

Daß bei dem Stimmen nicht nur die Tonhöhen, sondern auch die sichtbare Symmetrie eine Rolle spielen, wird allgemein angenommen. Obwohl auf den Instrumenten oft mehr als fünf Töne vorhanden sind, wird nach der überlieferten Vokalmusik die anhemitonische Pentatonik meist als die für die Inkas typische Skala betrachtet. Eine entwickelte Mehrstimmigkeit scheint bei ihnen nicht vorhanden gewesen zu sein. Die Rolle dieser Hochkulturen in der Vorgeschichte der Indianermusik ist keineswegs geklärt, denn die Möglichkeiten einer Entwicklung eines mittelamerikanischen Kulturzentrums durch ozeanischen Einfluß und die einer Strömung von Norden nach Süden widersprechen einander. Daß die mexikanischen Kulturen (besonders gekennzeichnet durch einen spannungslosen Gesangstil) auch in Südamerika Einfluß gewannen oder dort ihren Ursprung hatten und in dem Gebiet der Andenkulturen Einschläge machten, scheint die Überlegenheit und das höhere Alter der mexikanischen Musikkultur zu beweisen. Mexikanische Instrumente fanden ihren Weg auch an die kanadische Westküste, wo sie (z. B. vogelförmige Pfeifen, Panpfeifen) eine hohe Entwicklung durchmachten. Im allgemeinen darf man annehmen, daß die indianischen Hochkulturen ein ungefähr manchen orientalischen Musiken entsprechendes Niveau erreichten.

Die *Ähnlichkeit zwischen Nord- und Südamerika* ist für ein Verständnis der Vorgeschichte wichtig, denn sie ist in der Musik viel mehr spürbar als in der Kultur sonst oder in der Sprache (worin keine Verwandtschaft zwischen den Kontinenten besteht). Besonders die Vortragsweise des Gesangs zeigt diese Beziehung und ist vielleicht auf physiologische Grundlagen zurückzuführen. Oft findet man in Südamerika angespannte Gesangsweise, pulsierenden Vortrag der längeren Töne und sogar die Terrassenmelodik, Eigenschaften, die für den Mittelteil Nordamerikas typisch sind. Auch sonst entsprechen die süd- und mittelamerikanischen Stilarten denen in Nordamerika. Die einfachste Musik der beiden Kontinente, z. B. die der Feuerländer, der Stämme des oberen Amazonasgebiets, der Eskimo und des nördlichen Kaliforniens, zeigt deutliche Verwandtschaft. Hier handelt es sich um zwei- und dreistufige Skalen, kurze litaneiartige Formen, unregelmäßige

Rhythmen, kleinen Umfang und Sekunden und Terzen als Melodieintervalle. Im allgemeinen ist die mittel- und südamerikanische Indianermusik einstimmig. Sie wird meist gesungen (von Solisten oder Chor); pentatonische und von der Pentatonik stammende Leitern findet man sehr häufig. Die Rhythmen sind von wenigen Notenlängen abhängig, werden aber durch komplizierte und unregelmäßige Metrik gegliedert (siehe Notenbeispiel

(2) Uitoto Gesang (nach F. Bose, Die Musik der Uitoto, Berlin 1934, Beispiel 26)

2). Stellenweise wurde durch Zufall oder willkürlich eine einfache Mehrstimmigkeit entwickelt, wie z.B. die Quintenparallelen der Feuerländer (siehe Notenbeispiel 3), doch führte dies offensicht-

(3) Yamana Indianer (Feuerland; nach E. M. von Hornbostel, The Music of the Fuegians, in Ethnos, 1948, S. 99)

lich zu keiner von den Stämmen allgemein akzeptierten Musikpraxis. Reine Instrumentalmusik ist nicht ganz so selten wie in Nordamerika. Wechselgesang ist oft die Vortragsweise kurzer Formen; es gibt aber auch strophenartige und variierte Lieder. Daß regional entwickelte Eigenschaften bestehen, ist selbstverständlich. Aber eine geographische Einteilung in Stilgebiete ist bisher nicht möglich gewesen. Verwandtschaft zwischen geographisch nicht anschließenden Gebieten besteht auch, wie z.B. zwischen Südmexiko und den venezolanischen Kariben.

Idiophone bilden den Großteil des *Instrumentenguts*, dessen Reichtum von der Kargheit Nordamerikas absticht. Rasseln verschiedener Art und Trommeln findet man bei den meisten Stämmen, sowie auch das Schlagen verschiedener Körperteile. Trommeln aus hohlem Holz und Xylophone mit zwei bis vier Tasten werden gelegentlich (z.B. in Mexiko und im Amazonasgebiet) für Sprach- und Signalzwecke verwendet. Unter den Aerophonen überwiegen Kernflöten aus Holz und Knochen. Panpfeifen aus drei und mehr Rohren sind besonders im Norden Südamerikas zu finden; rudimentäre Formen von Trompeten und Rohrblattaerophonen sind in Mittel- und Südamerika vorhanden. Im Gegensatz dazu gibt es aber auch Stämme, bei denen keine Instrumente gefunden wurden, z.B. die bolivischen Siriono.

Die Chordophone sind besonders durch den europäischen Einfluß bei den Indianern eingeführt worden; vor der Entdekkung wurden der Musikbogen, der aber viel weiter verbreitet ist als in Nordamerika, sowie vereinzelte Formen mehr entwickelter Zupfinstrumente von den Indianern stellenweise verwendet. Instrumentalspiel ist meist mit Gesang verbunden. Schließlich sind auch noch einige Instrumente (Stäbchen, Schwirrholz usw.) zu erwähnen, die nicht der eigentlichen Musik dienen, die aber bei den Riten verwendet werden und bei wenigen Stämmen (Feuerländer) das gesamte Instrumentengut ausmachen.

Wie bei den meisten Naturvölkern, dient die Indianermusik hauptsächlich der *Religion* und dem *Tanze.* Von der Entstehung der Lieder weiß man wenig, aber es ist gewiß, daß sogar die einfachsten Stämme ein ständiges Repertoire mit fixierten Liedern haben und daß das reine Improvisieren nur selten vorkommt. Lieder werden einander »nachkomponiert«, und es besteht eine Tendenz, Lieder, die zweckmäßig zusammengehören, einander auch stilistisch anzugleichen. Stilmischungen zwischen europäischer und indianischer Musik gibt es des öfteren, und ganze europäische Liedgruppen haben sich in ursprünglich indianische Zeremonien eingenistet. Die Art der Stilmischungen kann etwa folgendermaßen aussehen: In der Dominikanischen Republik dienen kurze, allgemein bekannte Motive (»tonadas«) zur Bildung strophenartiger Melodien. Eine Tonada wird wiederholt, variiert und entwickelt, bleibt aber der Mittelpunkt des Liedes. Obwohl das Lied dann nach dem Tonsystem und dem Rhythmus europäisch klingt, entspricht die Form doch dem indianischen, und wahrscheinlich entstanden viele Indianerlieder vor dem spanischen Kontakt auch auf diese Weise.

II. Europäische Volksmusik in Lateinamerika

Das *spanische* und *portugiesische Volkslied* ist das führende Element lateinamerikanischer Musik; es unterscheidet sich aber von dem des Heimatlandes durch seine Vermischung mit den Indianerstilen sowie dadurch, daß es hier manchmal in älteren Formen und Gesangsweisen erhalten geblieben ist als in Europa selbst. Stark beeinflußt wurde es auch durch die *spanische Kirchenmusik,* die schon im 16. Jahrhundert sehr gepflegt wurde und bereits damals in die Indianerkulturen eindrang. Obwohl die verschiedenen Teile Lateinamerikas gewisse Unterschiede zeigen, kann man doch von einigen gemeinsamen Eigenschaften, die auch in Spanien und Portugal vorhanden sind, sprechen. Besonders zahlreich und noch im Volke lebendig sind Tanzlieder und verschiedene Tanzarten. Im Rhythmus überwiegen $^3/_4$- und $^6/_8$-Takt, oft im einzelnen Liede abwechselnd; auch andere rhythmische Verschiebungen sind bemerkenswert. Mehrstimmigkeit hat meistens die Form von Terzenparallelen (siehe Notenbeispiel 4). Gitarren- und Mandolinenbegleitung ist oft auf

(4) Mexikanischer Corrido (nach V. C. Mendoza, Romance y Corrido, Mexico 1939)

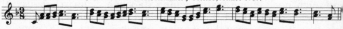

Abwechslung von Tonika und Dominante beschränkt. Die heptatonische Durtonart überwiegt stark. Der neuere, lyrische, italienisch beeinflußte Stil der spanischen Volksmusik ist viel mehr in Lateinamerika verbreitet als der dramatische, ornamentierte, der auf das mohammedanische Mittelalter zurückgeht. Reine Pentatonik wird gebietsweise als Evidenz indianischen Einflusses gedeutet. Schließlich hat sich auch ein volkstümlicher Liedstil entwickelt, der in patriotischen und Soldatenliedern besonders spürbar ist und der dem italienischen Kunstgesang des 19. Jahrhunderts entnommen ist und ihn vereinfacht hat.

Am reinsten hat sich die hispanische Volksmusik in den Ländern mit relativ kleiner Indianerbevölkerung erhalten, d.h. in Brasilien, Argentinien und in Chile. In Mittelamerika, Peru und Bolivien hat sich ein Mestizo-Stil herausgebildet, in dem der indianische Einfluß stärker ist. Hier hört man Melodien hispanischen Stils, welche aber mit den pentatonischen Skalen der Indianer und manchmal auf ihren Instrumenten (Panpfeifen,

(5) Brasilianisches Tanzlied (nach M. de Andrade, As Danças Dramáticas do Brasil, in Boletín Latino-americano de Música VI, 1946, S. 71)

Blockflöten) aufgeführt werden. In Kolumbien soll dagegen das spanische Liedgut wegen der starken Isolierung des Landes in früheren Formen erhalten sein als anderswo.

Auch durch die Neger ist der hispanische Volksliedstil stellenweise stark verändert worden. So ist z.B. der typisch portugiesische Rhythmus ♩♩♩ ♩ ♪ (6) auf das typisch brasilianische ♫♩♫ (7) geändert worden, weil die Negermusik fast immer den ⁴/₄-Takt verwendet.

Zu den aus Europa am besten erhaltenen Liedarten gehören in erster Linie die Kinderlieder, die sich kaum verändert haben. Die gesungenen Heldensagen (»romance«) Brasiliens und der mexikanische »corrido« (politisches Lied) gleichen den hispanischen Balladentypen, denen sie entnommen sind. In Mexiko sind es der walzerartige »jarabe«, der »cancion«, ein lyrisches Lied mit Instrumentalritornellen, der »son«, der oft durch Tiernamen bezeichnet wird (»el toro«, »la gallina«, »el mosquito«, »la ucaracha«), die zu den Volksliedern im spanischen Stil gehören. n Argentinien ist es der »canto cruzado«, der im Wechselgesang nprovisiert wird, in Brasilien die »modinha«, eine lyrische Form, ie den europäischen Ursprung der Tradition durchblicken lassen. Aber nur ein kleiner Anteil der Hunderte von Liedarten und anzformen, die aus der iberischen Halbinsel stammen und dann nter fremdem Einfluß verändert wurden, können hier erwähnt erden.

Die Volksmusik der anderen Einwanderer aus Europa und Asien nach Lateinamerika ist kaum erforscht. Der Einfluß der taliener und Deutschen ist besonders in Argentinien und Brasien spürbar, und ihre Volkslieder haben sich wenigstens einigermaßen erhalten. Obwohl es sich hier hauptsächlich um rein uropäische Lieder handelt, gibt es doch einige, die das besondere chicksal der europäischen Einwanderer widerspiegeln (siehe Notenbeispiel 8, das von nach Argentinien ausgewanderten

) Deutsches Volkslied aus Argentinien (nach M. Schneider, Volksdeutsche Lieder aus Argentinien, in Arjiv für Musikforschung IV, 1939, S. 198)

Kommt ihr Ge - brü - der lasst uns zie - hen! Uns - re Päss sein schon ge - schrie-ben.

Fort nach dem bra - si - li - schen Ort, weil es gibt kein Win - ter dort.

Deutschrussen stammt). Unter den echten Volkstänzen ist auch ine Reihe ursprünglich slawischer und westeuropäischer, wie .B. die Mazurka, die Polka, die Polonaise, das Menuett, der avotteartige Cuando und der Walzer. Eine geographische Einteiung der europäischen Volksliedarten und Stile in Lateinamerika st noch nicht vorhanden. Für Brasilien hat Luiz Heitor Corrêa de Azevedo acht Gebiete nachgewiesen, die nach dem Grade der remden Einflüsse voneinander unterschieden sind und meist mit ulturell und historisch begründeten geographischen Einheiten bereinstimmen.

V. Negermusik

n der Musik der meist aus Westafrika stammenden lateinamerianischen Neger hört man fast rein afrikanisches sowie auch stark emischtes Stilgut, obwohl die Anzahl der tatsächlich aus Afrika tammenden Kompositionen ganz gering ist. Im allgemeinen aben sich afrikanische Elemente hier besser erhalten als in Nordamerika. Dafür sprechen besonders zwei Gründe: 1. die

Negerbevölkerung ist stellenweise sehr dicht und isoliert, wie z. B. in Haiti, das fast ausschließlich von Negern bewohnt ist, und im Urwald von Surinam, wo Flüchtlinge aus der Sklaverei die afrikanischen Sitten und Bräuche weiterführten; 2. das westafrikanische Kultleben mit seinen Hunderten von großen und kleiner Gottheiten entspricht mehr der Heiligenhierarchie des Katholizismus, so daß sich die afrikanischen Religionen oft innerhalb des katholischen Glaubens am Leben erhielten, was im protestantischen Nordamerika nicht möglich war. Stilmäßig haben sich die in Westafrika am stärksten entwickelten Elemente am besten erhalten, während die anderen meistens durch ihre europäischen Äquivalente ersetzt wurden. So ist z. B. die Kultmusik Haitis in afrikanischer Weise von Trommeln begleitet, stark synkopiert und im Wechselgesang vorgetragen. Sie besteht oft aus kurzen, vielfach wiederholten Phrasen (obwohl diese länger sind als die acht- und zehntönigen westafrikanischen Strophen), die mit vielen Variationen erscheinen. Besonders durch die hohe Entwicklung des Improvisierens zeichnet sich die Negermusik Afrikas sowie der Neuen Welt aus, eine später zum Jazz führende Eigenschaft. Anders ist es mit der Melodik, die ziemlich europäisch, in Haiti z. B. französisch klingt und die manchmal dem französischen Volkslied entnommen ist. Die Musik in Haiti ist gewöhnlich einstimmig im Gegensatz zu der oft mehrstimmigen afrikanischen, jedoch erscheint Mehrstimmigkeit bei den Negern der Neuen Welt vielleicht etwas häufiger als bei den Weißen. Die graduelle Beschleunigung des Tempos sowie die rauhe und unnatürliche Stimmbehandlung geben der Musik einen fast rein afrikanischen Klang. Ähnlich ist es in den anderen Negergebieten, doch ist der europäische Einfluß meistens stärker. Die Musik Haitis und des Urwalds von Surinam steht jedoch der afrikanischen am nächsten. Ihnen folgt die der Neger Bahias (siehe Notenbeispiel 9), Kubas und Trinidads, wo der spanische Einschlag stärker ist, und schließlich Jamaica und Guayana. Die

(9) Afro-bahianischer Kultgesang (nach A. M. Dauer, Der Jazz, Kassel 1958, S. 209)

444

Negermusik der Vereinigten Staaten ist der afrikanischen viel weniger verwandt als die Lateinamerikas. Auch wenn europäische Melodien von den Negern übernommen werden, handelt es sich vielfach um solche, die den afrikanischen Stilarten entsprechen. Auf sie wird die afrikanische Vortragsweise übertragen: Wechselgesang, Improvisieren, Kürzung der Formen, Steigerung der rhythmischen Komplikationen, Neigung zur Mehrstimmigkeit und zur Instrumentalbegleitung. Innerhalb der Negergemeinden kann man auch den Grad der afrikanischen Grundlagen in verschiedenen Musikschichtungen unterscheiden. So hat z.B. Mieczyslaw Kolinski (Suriname Music, in M.J.Herskovits, Suriname Folklore, New York 1936, S.491–760) festgestellt, daß in Surinam fast alle Lieder der Urwaldneger im afrikanischen Stil gehalten sind, während dies nur für weniger als die Hälfte der Lieder der Stadtbewohner gilt. Ferner haben sich die afrikanischen Eigenschaften besser in den religiösen (kultischen) Liedern erhalten als sonst, denn in Surinam sind 37% dieser Lieder afrikanischen Stils, in den bei Erzählungen gesungenen Liedern 13%, in den weltlichen nur 10% (es handelt sich hier vermutlich überhaupt nicht um aus Afrika gebrachte Lieder, sondern um in diesem Stil neukomponierte). Die enge Beziehung der Musik zum

(10) Merengue Rhythmus, Dominikanische Republik (nach J. M. Coopersmith, Music and Musicians of the Dominican Republic, Washington 1949, S. 58)

Kult sieht man auch in den Trommelrhythmen, von denen jeder zu einem der Dutzende von Kulten gehört. Man kann daher der Zweck eines Liedes durch den Rhythmus der Trommelbegleitung feststellen. Aus diesen Rhythmen haben sich einige der modernen Tänze und Schlagertypen, z.B. Samba, Mambo, Rumba usw. entwickelt (siehe Notenbeispiel 10).

Aus dem instrumentenreichen Afrika sind auch einige der *wichtigsten Instrumente* Lateinamerikas gekommen. Das Xylophon, verschiedene Idiophone (korbartige Rasseln, Schrapinstrumente, Stäbchen), mit der Hand geschlagene Trommeln (die Indianer verwendeten Schlegel) sowie auch die Sanza (Fingerxylophon) haben sich auch bei anderen lateinamerikanischen Gruppen verbreitet und sind z.T. zu den grundsätzlichen Instrumenten des Jazz geworden. Sogar arabische Instrumente sind über die Neger zu den Indianern geraten. Neue Instrumente wurden von den Negern erfunden, wie z.B. die Stahltrommel, ein aus Ölbehältern geschmiedetes Melodie-Idiophon, dessen Boden mit Hämmern ausgeschlagen und gestimmt wird; es hat sich seit etwa 1945 in Trinidad entwickelt. Neben der Übertragung afrikanischen Guts haben die Neger Lateinamerikas auch ihre Fähigkeit zur Übernahme fremden Materials gezeigt. So ist z.B. die Kultur der ausgestorbenen Kariben der Antillen nur bei den sogenannten schwarzen Kariben erhalten, einer karibisch-sprechenden Gruppe in Mittelamerika lebender Neger, die vor Jahrhunderten die Antillen verließen. Diese Anpassungsfähigkeit und die Gabe, Musikelemente verschiedener Kulturen zu kombinieren, haben die lateinamerikanischen Neger zu den Schöpfern der für die allgemeine Musikgeschichte wichtigsten Volksmusikart ihres Kontinents gemacht.

LITERATUR
zusammengestellt von Rüdiger Schumacher

Die nachfolgende Bibliographie, die dem interessierten Leser eine weiterführende Orientierung erleichtern will, enthält eine Auswahl der wichtigsten Veröffentlichungen zur außereuropäischen Musik. Auf der Grundlage älterer Standardwerke wird besonders das neuere Schrifttum berücksichtigt, wobei separate Buchpublikationen bevorzugt, Zeitschriftenbeiträge aber nur in wenigen Fällen aufgenommen wurden. In einem ersten, allgemeinen Teil findet der Leser die grundlegende Literatur verzeichnet: Bibliographien, einführende Schriften, Gesamtdarstellungen, Werke zur Instrumentenkunde sowie die wichtigsten Zeitschriften und Jahrbücher. Die im zweiten Teil genannten Studien zur Musik einzelner Regionen und Länder sind im wesentlichen entsprechend der in diesem Buch gewählten Artikelfolge angeordnet.

I. ALLGEMEINES

A. BIBLIOGRAPHIEN

BANG-SONG SONG, An Annotated Bibliography of Korean Music (= Asian Music Publications A, 2), Providence (Rhode Island) 1971, Music Department, Brown University, in cooperation with the Society for Asian Music.
–, Supplement to an Annotated Bibliography of Korean Music (I–V), in: Korea Journal 14, 1974, Nr. 12, S. 59–72, und 15, 1975, Nr. 1, S. 59–72, Nr. 2, S. 58–68, Nr. 3, S. 64–70, Nr. 4, S. 69–76.
–, Korean Music. An Annotated Bibliography. Second Supplement, in: Asian Music 9, 1978, S. 65–184.
CHASE, GILBERT, A Guide to the Music of Latin America, Washington ²1962, Pan American Union and Library of Congress.
DREWAL, MARGARET T., und GLORIANNE JACKSON, Sources on African and African-related Dance, New York 1974, American Dance Guild.
FARMER, HENRY GEORGE, The Sources of Arabian Music. An Annotated Bibliography of Arabic Manuscripts which deal with the Theory, Practice, and History of Arabian Music from the Eighth to the Seventeenth Century, Leiden 1965, E. J. Brill.

GASKIN, LIONEL JOHN PALMER, A Select Bibliography of Music in Africa (= African Bibliography Series B), London 1965, The International African Institute.

GILLIS, FRANK, und ALAN P. MERRIAM, Ethnomusicology and Folk Music. An International Bibliography of Dissertations and Theses (= Special Series in Ethnomusicology Nr. 1), Middletown (Connecticut) 1966, Wesleyan University Press.

GOURLAY, KEN, A Bibliography of Traditional Music in Papua New Guinea (= Institute of Papua New Guinea Studies), Port Moresby 1974, University of Papua New Guinea.

HAYWOOD, CHARLES, A Bibliography of North American Folklore and Folksong, New York [2]1961, Dover Publications.

KUNST, JAAP, Ethnomusicology. A Study of its Nature, its Problems, Methods, and Representative Personalities to which is added a Bibliography, Den Haag [3]1959, Supplement 1960, M. Nijhoff.

LAADE, WOLFGANG, Gegenwartsfragen der Musik in Afrika und Asien. Eine grundlegende Bibliographie (= Sammlung musikwissenschaftlicher Abhandlungen Band 51), Baden-Baden 1971, V. Koerner.

LEKIS, LISA, Folk Dances of Latin America, New York 1958, Scarecrow Press.

LIEBERMAN, FREDRIC, Chinese Music. An Annotated Bibliography (= Asian Music Publications, Serie A, Nr. 1), New York 1970, Society for Asian Music.

–, Addenda to Chinese Music-Bibliography, in: Asian Music 5, 1973, S. 65–85.

MCLEAN, MERVYN, An Annotated Bibliography of Oceanic Music and Dance (= Polynesian Society Memoir Nr. 41), Wellington 1977, The Polynesian Society.

MERRIAM, ALAN P., An Annotated Bibliography of African and African-derived Music since 1936, in: Africa 21, 1951, S. 319–329.

PRASAD, HARISHCHANDRA, A Bibliography of Folklore of Bihar. Books, Articles, Reports, and Monographs in English and Hindi, Kalkutta 1971, Indian Publications.

RHODES, WILLARD, North American Indian Music. A Bibliographical Survey of Anthropological Theory, in: Notes 10, 1952, S. 33–45.

SEN GUPTA, SANKAR, A Bibliography of Indian Folklore and Related Subjects, Kalkutta 1967, Indian Publications.

THIEME, DARIUS L., African Music. A Briefly Annotated Bibliography, Washington 1964, Library of Congress.

VARLEY, DOUGLAS H., African Native Music. An Annotated Bibliography (= Royal Empire Bibliographies Nr. 8), London 1936, The Royal Empire Society.

WATERMAN, RICHARD A. u.a., Bibliography of Asiatic Musics, in: Notes 5–8, 1947–1951.

ZILE, JUDY VAN, Dance in India. An Annotated Guide to Source Materials, Providence (Rhode Island) 1973, Asian Music Publications.

B. EINFÜHRUNGEN, GESAMTDARSTELLUNGEN, SAMMELPUBLIKATIONEN

Encyclopédie de la musique et Dictionnaire du Conservatoire, herausgegeben von Albert Lavignac und Lionel de La Laurencie, 11 Bände, Paris 1913–1931, Librairie Ch. Delagrave (Band 1: Ägypten, Assyrien – Babylonien, Syrien, Persien, Hethiter-Reich, Phrygien, China – Korea, Japan, Indien, Band 5: Arabische Gebiete, Türkei, Persien, Tibet, Burma – Indochina, Java, Borneo, Sumatra, Äthiopien, Südafrika, Madagaskar, Kanarische Inseln, Indianer-Gebiete, Mexiko, Peru, Ecuador, Bolivien).

Encyclopédie des musiques sacrées, herausgegeben von Jacques Porte, 4 Bände (Band 4 = Schallplatten), Paris 1968–1970, Labergerie (Band 1: L'Expression du sacré en Orient, Afrique, Amérique du Sud, darin 1. Origines et symboles de la musique sacrée, 2. Les religions élémentaires, 3. Musiques traditionnelles en Extrême-Orient – Hindouisme, Bouddhisme, Autres musiques traditionnelles en Extrême-Orient, 4. Les musiques traditionnelles au Moyen-Orient et en Méditerranée – Antiquité, Musique musulmane).

Histoire de la musique, herausgegeben von Roland-Manuel, 2 Bände (= Encyclopédie de la Pléiade Band 9 und 16), Paris 1960 und 1963, N[ouvelle] R[evue] F[rançaise] – Gallimard, und Paris 1977, Gallimard (Band 9: Le rôle de la musique dans la mythologie et les rites des civilisations non européennes, La musique d'Afrique noire, de Bali, chinoise, japonaise, indienne, vietnamienne, dans l'ancien orient, iranienne, arabe, populaire du proche-orient arabe, turque).

The New Oxford History of Music, Band 1: Ancient and Oriental Music, herausgegeben von Egon Wellesz, London–New York –Toronto 1957, Nachdrucke 1960 und 1966, Oxford University Press (darin Primitive Music, The Music of Far Eastern Asia – China and Other Countries, India, Ancient Mesopotamia, Ancient Egypt, Islam).

BLACKING, JOHN, How Musical is Man?, London 1976, Faber & Faber.

BOSE, FRITZ, Musikalische Völkerkunde, Freiburg i. Br.–Zürich 1953, Atlantis.

Creating a Wider Interest in Traditional Music. Proceedings of Conference held in Berlin in Cooperation with the International Music Council (12.–17.6.1967), Berlin 1967 International Institute for Comparative Music Studies and Documentation.

HOOD, MANTLE, The Ethnomusicologist, New York 1971 McGraw-Hill.

Institute of Ethnomusicology of the University of California at Los Angeles. Festival of Oriental Music and the Related Arts Los Angeles 1960, Neudruck 1973, University of California

KOLINSKI, MIECZYSLAW (Herausgeber), Studies in Ethnomusic ology, 2 Bände, New York 1961 und 1965, Oak Publications

LAADE, WOLFGANG, Musik der Götter, Geister und Menschen Die Musik in der mythischen, fabulierenden und historischen Überlieferung der Völker Afrikas, Nordasiens, Amerikas und Ozeaniens. Eine Quellensammlung (= Sammlung musikwis senschaftlicher Abhandlungen Band 58), Baden-Baden 1975 V.Koerner.

MCALLESTER, DAVID P. (Herausgeber), Readings in Ethnomu sicology, New York–London 1971, Johnson Reprint Corpora tion.

MERRIAM, ALAN P., The Anthropology of Music, Evanston (Illinois) 1964, Northwestern University Press.

NETTL, BRUNO, Theory and Method in Ethnomusicology, Glen coe–London 1964, The Free Press of Glencoe und Collier MacMillan Ltd.

RAMSEYER, URS, Soziale Bezüge des Musizierens in Naturvolk kulturen. Ein ethno-soziologischer Ordnungsversuch, Bern-München 1970, A. Francke.

REINHARD, KURT, Einführung in die Musikethnologie (= Bei träge zur Schulmusik Heft 21), Wolfenbüttel 1968, Möseler.

ROYCE, ANYA PETERSON, The Anthropology of Dance, Bloom ington (Indiana)–London 1977, Indiana University Press.

SACHS, CURT, Eine Weltgeschichte des Tanzes, Berlin 1933 'D.Reimer.

–, The Rise of Music in the Ancient World, East and West, New York 1943, W.W.Norton & Co., deutsch als Die Musik der Alten Welt in Ost und West. Aufstieg und Entwicklung herausgegeben von Jürgen Elsner unter Mitarbeit von Gerd Schönfelder, Berlin 1968, Akademie-Verlag.

–, Vergleichende Musikwissenschaft. Musik der Fremdkulturen (= Musikpädagogische Bibliothek Band 2), 2. neubearbeitet Auflage Heidelberg 1959, Quelle & Meyer.

–, The Wellsprings of Music, herausgegeben von Jaap Kunst, Den Haag 1962, M.Nijhoff.